Hellwald, Friedrich von; Beck, L.C.

Die heutige Türkei

Hellwald, Friedrich von; Beck, L.C.

Die heutige Türkei

Inktank publishing, 2018

www.inktank-publishing.com

ISBN/EAN: 9783747775943

Die heutige Türkei.

Bilder und Schilderungen aus allen Theilen des Osmanischen Reiches in Europa.

Herausgegeben

von

Fr. v. Hellwald und L. C. Beck.

Mit 120 Text-Abbildungen, fünf Tonbildern und einer Karte.

Leipzig.
Verlag von Otto Spamer.

1878.

Vorwort.

Im gegenwärtigen Augenblicke ist die Aufmerksamkeit der gesammten gebildeten Welt in höchster Spannung dem Osten zugewendet, der am Vorabend hochwichtiger, die Karte unsers Erdtheils möglicherweise umgestaltender Ereignisse steht. Das große, über drei Erdtheile ausgebreitete Osmanische Reich befindet sich in schwerem Kampfe mit seinem mächtigen Nachbar.

Der frühere oder spätere nothwendige Zerfall des Osmanenreiches ist ein Ereigniß von solcher Tragweite, daß die Interessen aller übrigen europäischen Völker dadurch auf das Innigste berührt werden, und man begreift die ängstliche Spannung, mit welcher allerwärts dem Ausgange des Dramas auf der Balkanhalbinsel und am Bosporus entgegen gesehen wird. Eine Beurtheilung der Zustände im Türkischen Reiche ist aber nur dann möglich, wenn wir alle durch Lage, Natur und Bevölkerung oft so heterogenen Provinzen der Türkei gleichmäßig ins Auge fassen und kennen lernen, um die Kräfte abzuschätzen, mit welchen die Osmanen in den großen Kampf einzutreten vermögen. Dies versucht das vorliegende Werk, welches auf Grund der neuesten Quellen und Forschungen ein getreues Bild des Türkischen Reiches in allen seinen Theilen zu entwerfen sich bestrebt und den Leser in den Stand setzt, in allen Fragen, welche die so wechselvolle Gegenwart in Bezug auf den hinsiechenden Osmanenstaat aufwerfen kann, sich ein eigenes Urtheil zu bilden.

Der vorliegende erste Band enthält außer einer Einleitung, in welcher Geographie und Geschichte, politische Eintheilung, soziale Verhältnisse u. s. w. Berücksichtigung fanden, eine Beschreibung von Land und Leuten in den europäischen Vasallenstaaten des Osmanischen Reiches und in der Europäischen Türkei selbst. In gleicher Weise wird das Osmanische Reich in Asien (erscheint in nächster Zeit), Egypten und der Nordrand Afrika's von uns behandelt werden.

Leipzig im Juli 1877.

Die Redaktion des „Neuen Buches der Reisen und Entdeckungen".
Friedrich v. Hellwald. Richard Oberländer.

Inhaltsverzeichniß.

Einleitung.

Die europäischen Vasallenstaaten des Osmanischen Reiches und Montenegro.

Die Europäische Türkei.

Tonbilder u. s. w.

Einleitung.

Auf der asiatischen Seite des Bosporus.

I. Geographische Uebersicht des Osmanischen Reiches.

Zusammensetzung des Osmanischen Reiches. — Die untere Donau. — Gestaltung der Illyrischen Halbinsel. — Bodenplastik. — Die Dinarischen Gebirge. — Zrnagora (Montenegro). — Die Landschaft Albanien bis Thessalien. — Die Inseln des Aegäischen Meeres. — Das Balkangebirge. — Rhodope und Vitosch. — Klima und Produkte der Europäischen Türkei. — Asiatische Türkei. — Kleinasien oder Anatolien. — Taurus und Antitaurus. — Kleinasien's Klima und Produkte. — Das armenische Hochland. — Mesopotamien. — Die Syrische Wüste; Syrien und Palästina. — Die türkischen Besitzungen in Arabien.

Das Osmanische Reich der Gegenwart ist unter allen Staaten der Welt der einzige, der in drei Erdtheilen über innig zusammenhängende Länderstrecken gebietet, denn es umfaßt das südöstliche Europa oder die sogenannte Illyrische, auch Thrakische Halbinsel, fast ganz Vorderasien, nämlich Kleinasien bis tief hinein nach Armenien und Kurdistan, die Tiefländer Mesopotamiens und die syrischen Küstenstriche bis hinab, wo Asien in den Wüsten des Isthmus von Suez in Afrika übergeht. In diesem letzten Welttheile endlich herrscht der osmanische Padischah über den gesammten Nordrand, bis im Westen die Besitzungen der Franzosen in Algerien der Türkenmacht endlich

Schranken ziehen. Allerdings ist die osmanische Herrschaft in Nordafrika eine blos mehr nominelle denn eine thatsächliche; sie beschränkt sich auf die Suzeränetät über drei Vasallenstaaten, Egypten, Tripolis und Tunis, wovon nur Tripolis bisher von einem türkischen Pascha regiert ward, die beiden anderen aber mit einheimischen Herrschern an der Spitze ziemlich unabhängige Staaten sind. Besonders Egypten hat im jüngst verflossenen Dezennium sich zu einem ausgedehnten selbständigen Reiche entwickelt, dessen völlige Loslösung von der „Hohen Pforte" wol nur mehr eine Frage der Zeit sein kann. Thatsächlich erstreckt sich also die Osmanenherrschaft blos über die europäischen und asiatischen Gebiete, und diese allein bilden deshalb auch den Gegenstand der Erörterung und Darstellung in vorliegendem Bande. Sie müssen wir auch in großen Zügen skizziren, ehe wir an die Detailschilderung der einzelnen Länderabschnitte herantreten, und beginnen natürlich mit dem uns zunächst liegenden europäischen Theile, der sogenannten Europäischen Türkei, welche ja auch in mannichfacher Hinsicht den wichtigsten Länderbesitz der Osmanen bildet.

Die Illyrische, Türkisch-griechische oder Balkan-Halbinsel hängt mit dem übrigen europäischen Festlande durch eine breite Landmasse zusammen, und kann man den Unterlauf der Donau und ihren Nebenfluß, die Save, als nördliche Abgrenzung dieses Gebietes betrachten. Der Lauf dieser beiden Gewässer bildet im Allgemeinen eine ziemlich gerade Linie in westöstlicher Richtung, nahezu vom Nordwinkel der Adria bis zum Schwarzen Meere, in welches sich die Donau, Europa's gewaltigster Längenstrom, durch ein weites Delta ergießt. Am linken, nördlichen Ufer dieses Stromes dehnt sich bis zum Fuße der Karpathen-Gebirge eine fruchtbare Ebene aus, welche das Fürstenthum Rumänien einnimmt. Geographisch gehört dieses als Karpathenland zwar zu Mitteleuropa, staatlich jedoch steht es zur Ottomanischen Pforte in einem losen Vasallenverhältnisse, gerade wie auch das etwas westlicher und südlich von der Donau gelegene Fürstenthum Serbien, welches durch diesen Strom und die Save von der Oesterreichisch-ungarischen Monarchie geschieden wird. Ehe sie in Rumänien eintritt, hat die Donau eine Reihe schwieriger Defileen in den Bergen zu durchbrechen, welche eine Art Verbindung zwischen dem Karpathensysteme und den serbischen Höhenzügen herstellen. Bis kurz vor Turnu-Severinu, dieser rasch aufblühenden rumänischen Donaustadt, halten an beiden Ufern die waldbedeckten Berge noch an, dann aber werden sie rundrückiger und niedriger und treten weiter und weiter zurück. Wir kommen nun in das weite untere Donau- oder Ister-Becken, welches man auch, da die östliche Umgrenzung, wenn auch geologisch angedeutet, doch orographisch wenig auffallend ausgeprägt ist, als eine große, weit in das Land reichende Bucht des einstmaligen Sarmatischen Meeres auffassen kann. In einem großen, nach Süden gerichteten Bogen durchströmt die Donau das weite, nur wenig über das Meeresniveau erhobene Land. Dabei zeigt sich, daß der Strom an seinem linken Ufer von einer weiten Alluvialebene begrenzt ist, während am rechten Ufer eine Terrasse mehr oder weniger steil ansteigt, die auf ein weithin sich erstreckendes Plateau führt, in das alle zur Donau fließende Wässer ihre tiefen Thalfurchen eingenagt haben. Der Strom hat seine in früherer Zeit mehr westöstliche Richtung ganz allmählich geändert und ist nach Süden gerückt, bei welchem Vorgange die zahlreichen, an seinem linken Ufer einmündenden Nebenflüsse mit ihren Anschwemmungen das Ihrige mit beigetragen haben mögen. Sie sind weit zahl- und wasserreicher als die dem im Süden des Stromes aufsteigenden Balkangebirge entquellenden Gewässer. Der Alluviallehm bedeckt die weite walachische Niederung und bildet stellenweise auch hier auf dem linken Ufer über 12 m. hohe Terrassen und Uferstufen, während auf dem bulgarischen Plateau eine „Driftlehm"- (Löß-) Decke die unten lagernden sarmatischen Bildungen überzieht. Das Delta der Donau ist von nur geringem geologischen Alter und mäßigem Wachsthum, das es noch nicht um Vieles weiter gebracht hat, als zur Ausfüllung des spitzwinkligen Dreiecks, dessen zwei lange Schenkel die Ablagerungen früherer Zeiten mit steilen Rändern bilden.

Die Dardanellenschlösser.

Der Strom hat sich zwischen Tuldscha und Ismail in zwei Arme gespalten, von denen der nördliche oder Kilia-Arm dermalen noch der wasserreichere ist und $^{17}/_{27}$ der ganzen Wassermasse enthält. Der südlichere St. Georgs-Arm entläßt dann noch einen dritten, den Arm von Sulina, von seinen $^{10}/_{27}$ der gesammten Wassermenge ihm $^{2}/_{27}$ übergebend. Das Delta ist sumpfig und der letzte Theil des Donaulaufes durch stehende Gewässer charakterisirt, an welchen wir alle Stufen der Seebildung neben einander beobachten. „Becken, die schon tief ins Binnenland gerückt und mit ihrem Abflusse dem Strome zollpflichtig geworden sind, dann näher der Mündung zu Seen, die durch Nehrungen, aufgebaut aus Donauschlamm, ihren alten Zusammenhang mit dem Pontus verloren haben, und solche, die, in Limans verwandelt, ihrer gänzlichen Absperrung nur durch den Beistand eines Flusses, wie der Dnjestr, noch entgangen sind, der sich einen Abfluß offen halten muß." Das Delta besitzt auch seine hochstämmigen Wälder, den Wald von Letti nördlich, den Kara-Orman

1*

im Südwesten von Sulina; sie bringen als dunkle Wasser wohlthuende Abwechslung in das fahle Grün des Deltabildes, einen eigenthümlichen Kontrast gegenüber der bald düster grollenden, bald heiter tänzelnden See. Die ganze Eigenthümlichkeit dieser Stromlandschaft schildert ein Kenner mit folgenden Worten: „Am sumpfigen Ufer, tief eingetaucht, die Büffelherde, dort eine Schar von Enten, ein kleiner Zug von Reihern, gelegentlich ein Pelikan und allenthalben gravitätische Störche, an der Lößwand dort, die voll ist von Schwalbenlöchern und umschwärmt von deren emsigen Bewohnern, auf schwankendem Strauche ein prächtiges Paar von Mandelkrähen und gleich darunter, in komischer Eilfertigkeit, eine wuchtige Landschildkröte, fürwahr es fehlt nicht an bunter Staffage. Man muß es aber selbst betrachtet haben, dieses Bild von der untern Donau, um das ganze Leben des herrlichen Stromes zu erfassen."

Fassen wir die Illyrische Halbinsel südlich von der hier geschilderten Donaulinie ihren äußeren Umrissen nach ins Auge, so sehen wir, wie im Westen und Osten, in zwei Meeren gebadet, in der blauen Adria und im flutlosen, an großen Momenten armen Schwarzen Meere oder Pontus, einer See von sehr junger Entstehung, die breite Landmasse der Türkei eine starke Verjüngung von Osten her erleidet, um einem tief eingreifenden Meeresbusen, dem Aegäischen Meere, Platz zu machen. In diesem zerstreut liegen die Inselgruppen der Kykladen und Sporaden, die Rücken oder Bruchstücke hinabgeschwebter Landtheile, wenn auch ihre Trennung vom Festlande erst vor kürzerer Zeit sich zugetragen haben mag. Diesen Inseln des Griechischen Archipels begegnen wir an jener Stelle, wo sich Südeuropa und Kleinasien nähern. Auch der Verlauf der illyrischen Westküste ist mit zahlreichen Eilanden, den Dalmatinischen und Jonischen Inseln, verziert. Im Südosten bemerken wir eine massive Halbinsel, und auf ihr liegt Istambul, die Hauptstadt des Reiches; sie ist jedoch ungeschlacht und unausgebildet, eigentlich gar keine Halbinsel, sondern ein Isthmus, der Europa und Asien verknüpft, den aber der enge Bosporus und die wenig breiteren Dardanellen mit dem inzwischen eingebetteten Marmara-Meere durchbrochen haben. Die Gliederung der Illyrischen Halbinsel entspricht überhaupt dem Bau der gegenüberliegenden Küste Kleinasiens. Zwei Gebirgswelten, die sich vereinigen möchten oder vereinigt waren, sinken dort unter Wasser. Als Peninsularerscheinungen treten gegenwärtig die nach Südosten lang gestreckte Halbinsel von Gallipoli, welche mit dem Festlande den Golf von Saros bildet, und der Dreizack von Chalkis auf; letzterer, zwischen den Busen von Rendina und Saloniki eingefangen, streckt wie drei Finger drei bergige Halbinseln Kassandra, Longos und Hagion Oros ins Meer hinaus, welche wiederum zwei kleinere Golfe, nach der ersten und der letzten der drei Halbinseln benannt, bilden. Hagion Oros (Heiliger Berg) trägt an seiner äußersten Spitze den seit dem Alterthum berühmten Berg Athos mit seinen Klöstern. An dem sich verjüngenden Massiv des Balkan-Festlandes, mit den türkischen Landschaften Epirus und Thessalien, nimmt ein Stück des heutigen Königreiches Griechenland oder Hellas Theil, welches wiederum in einer Halbinsel endigt, der Peloponnes oder Morea mit ihrer umgebenden Inselschar und ihren vorgestreckten fingerartigen Gliedern, vom geistreichen

Strabo mit einem Platanenblatt verglichen. Nur der schmale, flache Isthmus von Korinth stellt die Verbindung zwischen der Peloponnes und dem Festlande her, zwischen welche sich der nach Westen geöffnete tiefe Golf von Korinth einschiebt. Der Verlauf der Westküste nordwärts vom korinthischen Golfe ist zwar ein ziemlich wechselvoller und gestaltenreicher, besonders erwähnenswerth sind indeß, von der Reihe der Jonischen Eilande abgesehen, blos der weit ins Land eindringende Golf von Arta, weiter nördlich die merkwürdigen sogenannten Bocche di Cattaro, die Halbinsel Sabbioncello, der dann die zahlreichen Inseln des reichgegliederten dalmatinischen Küstenlandes folgen.

Die ganze Balkanhalbinsel oder, wie man sie auch zu nennen liebt, das Illyrische Dreieck ist vollkommen gebirgig, leider aber noch lange nicht genugsam durchforscht, um über die Einzelheiten seiner Bodenplastik genauen Aufschluß zu geben. Erst die letzten Jahre haben auch hierin einige Klarheit gebracht. Im Allgemeinen kann man zwei Hauptgebirgssysteme unterscheiden, neben welchen jedoch noch mehrere andere untergeordnete auftreten. Das erste, westliche dieser Hauptsysteme zieht in der Richtung der Apenninen von Südwesten nach Südosten als Wasserscheide zwischen dem Adriatischen und Jonischen Meere einer-, dem Aegäischen andererseits, zugleich als die höchste und längste Gebirgsader durch die ganze Halbinsel. Man könnte es das Periapenninische Gebirge nennen.

Der Anfang dieses Gebirgssystemes ist schon in dem österreichischen Kronlande Krain, im sogenannten Karstgebirge zu suchen, dort, wo die Alpen ihr Ende erreichen. Dieser Karst durchzieht dann in breiter Ausdehnung Kroatien und tritt mit dem Dinaragebirge (mitunter, aber sehr unpassend Dinarische Alpen genannt) und den ihr gleichlaufenden Ketten in das Türkische Reich ein, und erfüllt die Räume zwischen den Längenthälern und Querdurchbrüchen der meist in nahezu ostwestlicher Richtung der Adria zuströmenden Flüsse, wie der Narenta, des Lim, der Tara und Moratscha bis zum Drin, wo es mit den Gebirgen Albaniens und Makedoniens in Berührung tritt. Die Kammhöhe dieses Gebirges scheidet das österreichische Kronland Dalmatien, einen schmalen Küstenstrich am Adriatischen Meere, von den türkischen Provinzen Kroatien, Bosnien und Herzegowina, welche den äußersten Nordwesten des Osmanischen Reiches einnehmen. Der Charakter des aus Kalk und Kreide zusammengesetzten Karstes — zahlreiche Mulden mit und ohne Wasserlauf, verschwindende Flüsse, Plattenbildung — herrscht in dem ganzen Zuge vor und ist auch dem Vorlande des Karstes, Dalmatien, aufgeprägt sowie der Inselreihe, welche, wie wir schon wissen, eigentlich nur die hohen Rücken schon ins Meer tauchender Parallelzüge vorstellt. Der höchste Gipfel dieses Gebirges ist der 1811 m. hohe Monte Dinara, aus ganz kahlem, weißem selbst durch schwarze Schutzgläser die Augen blendenden, eintönigen Rudistenkalke gebildet; die gegen das Meer abfallenden Vorberge gehören dem Eocän an. Südlich vom Monte Dinara und an den westlichen Gehängen des hier beginnenden südöstlich verlaufenden Marinogebirges liegt der Ursprung der Cetina, eines dalmatinischen Küstenflusses, der aus einem seeartigen tiefen Becken mit mächtigem Arme weiterströmt. Oberhalb dieses Ursprungs befindet sich im Kreidekalk eine weithin bekannte Tropfsteinhöhle. Unweit von der Cetinaquelle und gleichfalls am Monte Dinara liegt der Urſprung der Kerka, eines andern Küſtenfluſſes, deſſen Lauf durch eine Reihe maleriſcher Waſſerfälle charakteriſirt wird. Die vielen einzelnen Bergketten, welche das Bergland Bosniens und der Herzogewina ausmachen, führen keine gemeinſchaftlichen Namen. Im nördlichen Bosnien zeichnen ſich der Stog (1620 m.) und die Konja-Planina (1950 m.) durch ihre Höhe aus. Südlich von der Herzegowina und öſtlich von den Landſchaften Schupa (Župa) und Krivoſchie (Krivošie; das ſlaviſche ž ſpricht man wie ein weiches, š wie hartes ſch) liegt das kleine, unabhängige Fürſtenthum Zrnagora oder der „Schwarzen Berge“, beſſer unter dem Namen Montenegro bekannt, ein wildes, zerklüftetes und armes Bergländchen, welches jedoch eine Schar tapferer Männer bewohnt. Die Türkei betrachtet, wiewol mit Unrecht, die Zrnagora als eine Art Vaſallenſtaat, und werden wir daſſelbe demnach gleich nach den beiden effektiven Vaſallenländern Rumänien und Serbien abhandeln; in Wirklichkeit iſt jedoch Montenegro durchaus unabhängig. Südlich davon und der Küſte nahe liegt der See von Skutari, das größte ſtehende Gewäſſer der Illyriſchen Halbinſel, welches die Moratſcha, den Hauptfluß Montenegro's, aufnimmt. Das Gebiet zwiſchen der öſtlichen Zrnagora und dem weſtlichen Serbien, einen etwa durchſchnittlich 60 Km. breiten Landſtrich, nennt man Raſcien, und wird derſelbe von dem nämlichen Karſtgebirge durchzogen, wie Bosnien, Herzegowina, Zrnagora und Serbien. Den meiſt mit der adriatiſchen Küſte parallelen Längenthälern entſtrömen mehrere Flüſſe, die in der Regel nach Norden ihren Lauf in die Save nehmen; wir nennen darunter als die bedeutendſten die Unna, den Werbas und die Bosna in Bosnien, dann die Drina; welche zwiſchen Bosnien und Serbien die Grenze bildet. Serbien ſelbſt wird der Länge nach von Süden nach Norden durch die bei Semendria ſchon in die Donau mündende Morawa durchſchnitten, welche, als Bulgarska Morawa von Süden kommend, zuerſt rechts die Niſchawa, dann links die Serbska Morawa aufnimmt, deren anſehnlichſter Zufluß wieder der Ibar iſt. Dieſer durchbricht die im Süden Serbiens ſtreichende Kette Javor Golja Planina, und hinter dieſem Durchbruche erheben ſich im Oſten zwiſchen Ibar und Morawa der Kopaonik (1840 m.) und die Jaſtrebatſch-Planina (596 m.), auf deren Kamm die Grenze zwiſchen Serbien und Türkei läuft. Im Oſten des Morawa-Laufes iſt Serbien gleichfalls mit Gebirgen angefüllt, die verſchiedene Namen tragen und deren höchſter Punkt, der Stole, 1300 m. hoch emporragt. Dieſe Ketten ſind theils die Uebergangsglieder zu dem zweiten großen Gebirgsſyſteme der Illyriſchen Halbinſel, dem Balkan, theils ſtellen ſie die Verbindung mit den Südkarpathen an den Engpäſſen der Donau her.

Südlich vom Durchbruche des Drin biegen die Karſtgebirge, welche nunmehr in die Landſchaft Albanien treten, gegen Süden um, bis ſie von den Flüſſen Devol und Ergent durchriſſen in die Parallelketten von Epirus übergehen, deren letzte, das Tſchikogebirge, ſteil zum Meere abfällt. Der Drin entſteht aus der Vereinigung des Weißen und des Schwarzen Drin, welch letzterer, parallel mit der Küſte ſtrömend, aus dem in 692 m. Seehöhe gebetteten See von Ochrida, einer nicht unbeträchtlichen Waſſerfläche, hervorkommt. Dieſes Thal des Schwarzen Drin begrenzt im Oſten mehrere durch Einſenkungen getrennte Parallelketten krystallinischer Gebirge, deren nördlichste der Schar-Dagh (Dagh = Gebirge) oder die Schara Planina (Scardus der Alten) zwischen den Städten Ueskűb und Prisren in der Babasanitza zu 2270 m. aufsteigt und in seiner südöstlichen Fortsetzung auf der Grenze Albaniens bis zum Ochridasee als Bora-Dagh zieht. Nördlich vom Schar-Dagh breiten sich zwei kleine Ebenen aus, eine tiefer gelegene bei Ipek, eine höhere, das historisch berühmte Kossowo-Polje (Amselfeld), bei Prischtina.

Der Paß von Belogradschik in Bulgarien.

An den Bora-Dagh schließt sich das Grammosgebirge mit der 1690 m. hohen Wassilitzaspitze und außerdem die Scheidewand zwischen Epirus und Thessalien, der bis an die Südspitze Griechenlands streichende mächtige Pindos, zwischen welchem und dem Jonischen Meere südlich von der kleinen Ebene bei Janina mit dem gleichnamigen See mehrere Meridianketten als Scheiden der Längenthäler des Arta und Aspropotamosflusses ziehen. Andererseits entsendet der Pindos nach Osten zwei Seitenarme, den Othrys im Süden, der die beiden Staaten Türkei und Hellas von einander scheidet und das Schabkagebirge im Norden. Beide reichen bis zum Meere an den Golf von Saloniki und umfangen das Becken des Salamoria (des Peneios der Alten), welches gegen das Meer durch die drei berühmten Berginseln des Alterthums, den Olymp (2973 m.), den Ossa, heute Kißowo genannt

(1953 m.), und den Pelion, nunmehr Pleßidi (1618 m.), abgeschlossen wird. Dieses Becken bildet die Landschaft Thessalien, an welche im Norden, also jenseit des Schabkazuges, Makedonien stößt. Mit diesem Gebirge parallel fließt die Wistriza, welche in geringer Entfernung von dem westlichen Hauptstrome Makedoniens, dem Wardar, in den Golf von Saloniki sich ergießt. Dieser kommt aus Nordwesten vom Schar-Dagh und nimmt den Karasu (türkisch: schwarzes Wasser) mit streng südnördlichem Laufe auf. Zwischen Wistritza und Karasu bemerken wir eine kleinere innere Reihe paralleler Erhebungen, während eine vierte Gruppe sich gegen den Wardar vorschiebt und im Nidsche-Berge (2500 m.) ihre größte Höhe erreicht. Folgen wir dem Pindoszuge nach Süden, so gelangen wir in das überaus gebirgige Rumelia, wie der nördliche Theil des heutigen Königreichs Hellas heißt, dessen Erhebungen mit jenen des kaum minder gebirgigen Peloponnes wol in keinem Zusammenhange stehen.

Gleichwie Rumelia und die Peloponnes sind auch alle Inseln des Aegäischen Meeres durchaus gebirgig. Die höchsten und imposantesten Gruppen besitzt das türkische Kriti (Kreta), das größte dieser Eilande. Sie bilden durch Einsenkungen unterbrochen drei Hauptmassen: den Aspra-Vuna (Leutscha, 2469 m.), den Psiloriti (Ida, 2456 m.) und den Lasithi mit 2164 m. Am Südrande erhebt sich das Messora-Gebirge. In der Kykladen-Gruppe ist der Oxia (Drius) auf Naxia (Naxos) der höchste Gipfel mit 1002 m. In der Mitte des vom Meere ausgefüllten Kraters der Insel Santorin erhebt sich der kleine Centralvulkan von Kaimeni. Auf dem griechischen Evripo ist der Delphi-Berg (1137 m.) der höchste Punkt; auch die Sporaden, sowol die griechischen wie die türkischen, sind durchweg gebirgig, wenngleich nicht in so hohem Maße.

Das zweite wichtigste Gebirgssystem der Illyrischen Halbinsel ist jenes des Balkan, mit welchem türkischen Ausdrucke für Hochgebirge überhaupt das ganze Erhebungssystem des Hämus der Alten bezeichnet wird. Doch ist derselbe auf das krystallinische und paläolithische Hauptgebirge, den Chodscha-Balkan, zu beschränken und jeder andere Höhenzug, der wegen seiner relativ bedeutenden Erhebung mit dem Namen Balkan beehrt wird, davon wohl zu unterscheiden. Der nackte Steinkamm des Chodscha-Balkan erreicht, wo er am höchsten ist (südöstlich von der bulgarischen Industriestadt Gabrovo), nicht die Seehöhe von 2000 m. Das ganze Gebirgssystem verknüpft sich mit den serbischen Höhen im Westen und zieht sich ziemlich parallel mit der Donau und in einem Abstande von 100—120 km. von derselben bis ans Schwarze Meer, wo es mit dem steilen Kap Eminéh (780 m.) endet. Dieses Land zwischen Donau und Balkan ist Bulgarien. Unmittelbar am rechten Donauufer steigt, wie wir wissen, eine baumlose, monotone Lößterrasse an, welche sich allmählich bis an den Fuß des Balkan erhebt und von zahlreichen Zuflüssen der Donau durchschnitten wird. Die wichtigsten darunter sind: der Timok, welcher die Ostgrenze Serbiens gegen Bulgarien bildet, der Artscher, Lom, Isker, Wid, Osma, Jantra und der östliche Lom. Als maßgebende Formation des Balkan hat die Kreide zu gelten; sie ist es, die am nördlichen Gehänge des Hochgebirges die größte Fläche einnimmt und bis an den Lößsaum, ja unter ihm bis an die Donau, jene breite Stufe bildet. Wenn man dem einförmigen, allmählich verflachenden Kamme des Gebirges sich nähert, so stößt man auf Kalk und Schiefer, namentlich auf Talk- und Glimmerschiefer; die Pässe, welche über den Balkan von Bulgarien nach Rumili oder Rumelien (dem alten Thrakien) führen, sind meist beschwerlich und von ansehnlicher Höhe. In neuerer Zeit ist der Balkan am genauesten von dem hochverdienten Reisenden F. Kanitz in Wien erforscht worden.

Das Vorgebirge des Balkan beginnt schon im Westen von der türkischen Donaufestung Widin und zieht im Bogen als Sveti-Nikola-Balkan und Stara Planina (alte Alpe) bis zum Durchbruche des Isker. Der Sveti-Nikola Balkan tritt südöstlich mit dem Berkovica-Balkan durch die Einsattelung und Paßhöhe von Ziporoviza in Verbindung und bildet durch seine nordwestliche Abdachung die Grenze zwischen Serbien und Türkei. Der höchste Punkt dieser serbisch-bulgarischen Grenzgebirge ist die 1106, nach anderen Angaben nur 950 m. hohe Ivanova-Livada. Aus der Region der Sedimentärgebilde und tertiären Formationen des Timok-Thales erhebt man sich allmählich in die krystallinische Zone. Während die südlichen kahlen Gehänge des Sveti-Nikola-Balkan ein verwittertes, durch die graugrünliche Farbe gesteigertes untröstliches Aussehen erhalten, sind seine nördlichen Abdachungen mit prachtvollen Buchen und Eichen bestanden. In den höheren Partien walten Nadelhölzer vor; die höchsten Gipfel sind jedoch nackt und gewöhnlich schon Anfangs Oktober mit Schnee bedeckt. Die Höhe des Passes maß Kanitz zu 1384 m., jene des Gipfels schätzt er um 300 m. höher. Die südliche Begrenzung dieses Zuges bildet das Thal der Nischawa, worin die Stadt Piros (türk. Scharköi) liegt, und das sich gegen Südost mit dem berühmten Becken von Sofia verbindet. Es ist dies eine von Schotter- und Lehmmassen erfüllte, von zahlreichen Wasserrissen durchfurchte, gegen Nordwest hin sich verengende Ebene, worin unfern vom Isker die Stadt Sofia liegt, die stets ein Brennpunkt gräco-slavischer Intelligenz gewesen und durch die Eisenbahnverbindung mit Nisch einerseits, Philippopel andererseits eine besonders hohe Bedeutung gewann. Am nördlichen Sveti-Nikola-Balkan entspringt das freundliche Artscher-Thal, an dem sich das hohe, am Fuße stark bewaldete und nach oben in langgestreckte, nackte, terrassenförmige Mauern übergehende Stolovi-Gebirge, aus dichtem Kalkstein bestehend, erhebt, von dessen Passe oder Einsattelung der Blick auf das wundervolle Gemälde schaut, welches die Festung Belogradschik dem entzückten Auge darbietet. Merkwürdige Formation und Gruppirung, seltsame prächtige Färbung und Oxydirung des Materials, aus dem die Natur bei aller bizarr-phantastischen Gestaltung des Details die in sich doch harmonisch abgeschlossene Felslandschaft schuf, wirken hier, gehoben durch den Reiz wechselnder Beleuchtung, zur Erzielung wunderbarer Effekte zusammen. Geographisch hochwichtig ist das Isker-Défilé, denn es steht nunmehr unumstößlich fest, daß die durch 6 Längengrade streichende Balkankette nur an einem einzigen Punkte und zwar allein vom Isker-Flusse nordsüdlich durchbrochen wird. Dieses pittoreske Bergthor befindet sich inmitten mächtig ausgedehnter krystallinisch-eruptiver Bildungen. Neben und aus den rothen Konglomeraten ragen abwechselnd Schiefer, Diorite, Porphyr und hellgelbe Granite in imposanter Höhe auf. Bei Kloster Zerepis beginnend, halten sie durch viele Stunden an und gestalten die Landschaft oft hochromantisch, z. B. bei Slidol, wo ein schöner Wasserfall im Granit niedergeht. Wol lagern auf den rothen Konglomeraten Kalke stellenweise auf; doch gelangt die mesozoische Formation erst im südlichsten Theile des Defilés wieder zur Alleinherrschaft. Jenseits, d. h. östlich vom Iskerdurchbruche, setzt das Gebirge als Etropol- und dann als Chodscha-Balkan weiter gegen Osten fort. Ueber den etwa 1460 m. hohen Etropol-Balkan führt nordöstlich von Sofia der Orhanie-Paß; über den Chodscha-Balkan bestehen mehrere Passagen, worunter nach Herrn Kanitz, der sie alle bereiste, die Kalofer- und Teteven-Passage die wichtigsten sind. Immer nach Osten hin nimmt die Hauptkette den Namen Schibka-Balkan an, und über diesen führt ein sehr leichter Uebergang im malerischen Engpasse der hier entspringende Jantra von dem fleißigen Bulgarenstädtchen Gabrovo nach dem thrakischen Schiras, jenem vielgepriesenen, in Wahrheit einzig prächtigen Rosenbecken von Kazanlik, das durch seine Rosenölindustrie zu einem wahren Weltrufe gelangt ist. Dieses riesige türkische „Tekne von Kazanlik" ist „eine von sanft gewellten Bergen gegen Südwest-Stürme gesicherte Ebene, erfüllt von Rosengärten und gelben, erntereifen Saatfeldern, zwischen welchen, von leuchtenden Wasserbändern durchzogen und von mächtigen Nußbaumgruppen beschattet, zahlreiche osmanische Ortschaften mit rothen Ziegeldächern und weißen Minareten einladend zum Besuche reizen." Wenige Stunden westlich von Kazanlik, das in etwa 340 m. Seehöhe liegt, entfließt die Tundscha der höchsten Partie des gesammten Balkanzuges, und schon bald unterhalb der Stadt strömt sie in ansehnlicher Breite. Sie ist der bedeutendste Zufluß der Mariza, mit welcher sie bei Adrianopel sich vereinigt, und diese wieder der mächtigste Strom der Türkei südlich vom Balkan. Von Kazanlik kann man auf dem östlicheren Travna-Passe nach dem gleichnamigen Industrieplatze und weiterhin gegen Norden nach der altbulgarischen Zarenstadt Tirnovo an der Jantra gelangen, deren Lage geradezu überraschend ist. Graf Moltke behauptet, nie eine romantischere Stadt gefunden zu haben, und nennt die Felsbildung, in welche sie hineingebaut, „höchst abenteuerlich". Der weitere Zug des Balkan zum Kap Emineh weist noch verschiedene Päſſe auf, so das Eiserne Thor (türk. Demir Kapu) mit circa 1000 m., die Slivno-Passage und den Dobrol-Paß (650 m.). Die ganze Balkankette wird im Süden und Norden von parallelen Höhenzügen begleitet: im Süden von der Sredna-Gora (1600 m.), im Westen vom Karadscha-Dagh (970 m.) und vom Bair-Dagh. Im Norden löst sich beim Eisernen Thorpasse der Kütschük-Balkan (Kleine Balkan) ab, der nur 715 m. Höhe erreicht und sich zwischen den beiden Zweigen des Kamtschyk-Flusses erhebt, eines der bedeutenderen Zuflüsse des Schwarzen Meeres.

Der nördlich vom Balkan bis ans Meer sich erstreckende östliche Theil Bulgariens ist von dem westlichen sehr verschieden, und bezeichnet der bei der türkischen Donaufestung Rustschuk mit vier Mündungen in die Donau sich ergießende östliche Lom einen merklichen Abschnitt. In seiner Vereinigung durchfließt er eine geologisch höchst interessante mäanderartige Spalte, die in ganz Bulgarien einzig in ihrer Art. Westlich von der Eisenbahnlinie Rustschuk-Rasgrad, wo auf unseren Karten zahlreiche Wasseradern zur Donau abfließen, fand Herr Kanitz nur eine, die heute noch wasserreich in diese mündet.

Römische Straße in Bulgarien.

Die Betten aller übrigen sind vollkommen trocken. Physikalisch-geographisch beginnt also bereits östlich von Rustschuk die wasserlose Dobrudscha, mit welchem Namen man sonst das nördlich von der Senke zwischen der Donau und Küstendsche am Schwarzen Meere gelegene isolirte Hügelland belegt.

Diese Gebiete sind weit bevölkerter, als man anzunehmen geneigt war, und vorherrschend von Türken bewohnt.

Außer den beschriebenen zwei Hauptgebirgssystemen streichen im Südost der Illyrischen Halbinsel noch mehrere andere Höhenzüge von zwar geringerer Ausdehnung, aber zum Theile nicht minder imposanter Erhebung als der Balkan. Längs des Pontus ziehen von der Bai von Burgas bis gegen Konstantinopel die Ketten des Istrandscha-Gebirges, welche im Gök-Tepe (türkisch: blauer Berg) ihren Höhepunkt mit 1200 m. erreichen und mit der Schlußkette des Balkan in Berührung stehen. Dem Schwarzen Meere senden ihre Flanken nur wenige unansehnliche Küstengewässer zu, ihrer östlichen Abdachung entströmen dagegen zahlreiche parallele Zuflüsse des Erkeneh, der sich kurz vor ihrer Mündung ins Meer mit der Mariza vereinigt. Eine andere Küstenkette, Serian Tepe, mit dem Tschelebi (890 m.) und dem St. Elias-Berge streicht am Marmara-Meere gegen die Halbinsel von Gallipoli hin. Den weiten Raum zwischen dem rechten Ufer der Anfangs westöstlich, von Adrianopel an aber nordsüdlich fließenden Marica bis zum Wardar in Makedonien nehmen mehrere Gebirgszüge ein, worunter das Rhodope-Gebirge oder Despoto-Dagh, ein ausgezeichnetes Massengebirge, mit dem 2274 m. hohen Kruschowa das bedeutendste ist. Ihm entquillt der Karasu oder Mesta, welcher der Insel Thaso fast gegenüber ins Aegäische Meer mündet. Den nördlichen Eckpfeiler des Rhodope bildet der Rilo-Dagh (2750 m.), nach dem Olymp der höchste Berg der Balkanhalbinsel. In einer herrlichen Waldschlucht dieses Gipfels, an dessen südlichem Abhange, liegt — fast so hoch über dem Meere als die Spitze der Riesenkoppe —, und eine gute Tagereise entfernt von den nächsten Städten, von Samakov, von Dubnitza und Dschumaja, das Rilo-Monastir, das großartigste Kloster der Türkei und einzig in seiner Art. Gegen Süden entsendet der Rilo-Dagh zwischen Karasu und Struma den Perim-Dagh, an den sich der Bos-Dagh anschließt. Die Berginseln auf Chalkis, das Cholomonda-Gebirge mit dem Kortatsch (1185 m.) und seinem berühmten Ausläufer, dem kühngestalteten, nackten, marmorweißen Athos, der sich zu einer Höhe von 1935 m. schroff aus den Fluten erhebt, stehen dagegen mit dem Rhodope in keiner Verbindung. Zwischen dem Rilo-Dagh und dem Schar-Dagh in Albanien steigt am linken Wardar-Ufer der niedrige Kara-Dagh, zwischen Rilo und Balkan aber als Zwischenglied das Gneisgebirge von Ichtiman und der unvergleichliche Syenitstock des Vitosch (2330 m.) empor, welcher durch seine Gesteinsmasse, die ihn durchsetzenden Eruptivgebilde und seinen Gehalt an Magneteisen eine Merkwürdigkeit ist, und dessen orographische Stellung „recht eigenlich im Herzen der Europäischen Türkei" von Ferd. von Hochstetter scharf gezeichnet wurde. (F. v. Hochstetter. „Das Vitoš-Gebiet in der Central-Türkei", in Petermann's „Geographischen Mittheilungen" 1872).

Die transversale Lage der Balkankette übt begreiflicherweise eine tiefe Wirkung auf die klimatischen Verhältnisse des illyrischen Dreiecks. Während im Norden ein noch ziemlich kontinentales Klima herrscht, mit strengen Wintern, in denen die untere Donau meist fest zufriert, erfreut sich der Süden einer milderen Temperatur, in der alle Südfrüchte gedeihen. Das Verhältniß ist hier das nämliche wie in Mitteleuropa dies- und jenseit der Alpen. Gerade so wie in Italien die Tramontana, so bringen auch in der südlichen Türkei und in Hellas nur die Nordwinde im Winter Kälte. Konstantinopel hat mit Venedig eine gleiche mittlere Jahrestemperatur. Griechenland speziell genießt eine herrliche Mischung der Jahreszeiten. Weniger begünstigt erscheinen die westlichen Gebiete der Halbinsel sowol in klimatischer wie in produktiver Hinsicht. In den eigentlichen Karstländern, in Dalmatien, Zrnagora, Herzegowina und Bosnien, bringt der unfruchtbare Boden kaum das Nothwendigste hervor. Anders dagegen in Bulgarien, wo reichlich Ackerbau auf den Stufengebieten und blühende Viehzucht auf den Höhen getrieben wird. In den schönen Waldungen des Balkan treiben sich Bären und Wölfe herum, sonst bietet die Fauna keine nennenswerthen Merkwürdigkeiten, doch erscheint ausnahmsweise als Mahnung an das nahe Asien in Konstantinopel das Kameel. Die Produkte der Halbinsel sind vornehmlich gute Schafe mit feiner Wolle, Ziegen und Pferde, Wein, Rosinen, Korinthen, trefflicher Tabak, Baumwolle, Baumöl, Safran, Krapp, Seide, edle Früchte, Gummibäume und Getreide. Die großartigen Mineralschätze ruhen ausnahmslos noch unausgebeutet im Schoße der Erde. Commander Spratt von der englischen Marine, ein tüchtiger Geologe, berichtet, daß an der Nordküste des Marmara-Meeres zwischen Erakle und Amastris fast in jedem Thale und in Erhebungen von 12—300 m. gute Kohlenlager sich finden; auch am Schwarzen Meere liegen die herrlichsten Kohlenlager, doch ist jedem Unterthan verboten, Kohle zu graben. Diese Schätze existiren nur für die türkische Kriegsflotte. So kommt es, daß es bis heute im ganzen Osmanischen Reiche nur ein einziges aufgeschlossenes Kohlenlager giebt, jenes von Erakle; doch hat die Ausbeute dieses seit zwanzig Jahren in Regie betriebenen Bergwerkes den an dasselbe geknüpften Erwartungen nicht entsprochen. Um so mehr verdient das Streben einer deutschen Gesellschaft Anerkennung, dem in montanistischer Beziehung noch ganz jungfräulichen Boden der Türkei ihre Thätigkeit und Kapitalskraft zugewendet zu haben. Die auf der Insel Imbros aufgedeckten Kohlenlager dürften um so eher an Bedeutung gewinnen, als die Insel gleichsam an der Straße aller aus dem Westen und der Levante kommenden und in das Marmara-Meer einlaufenden Schiffe gelegen ist.

Von der Europäischen Türkei wenden wir uns zur Asiatischen, welcher vom osmanischen Standpunkte eine noch höhere Wichtigkeit insofern zukommt, als hier die Wiege des Türkenthums, sein Stammland, zu suchen ist, aus welchem es allein die nöthigen Kräfte zieht, um die europäischen Gebiete zu beherrschen.

Wie die Nordküste des Schwarzen Meeres theilweise durch das in dasselbe hinausspringende Viereck der Taurischen Halbinsel oder der Krim gebildet wird, so wird auch der Südsaum dieses Meeresbeckens, und zwar fast in seiner ganzen Erstreckung, durch eine Halbinsel dargestellt, in welcher der asiatische Kontinent, genauer Vorderasien, als in seinem westlichen Ausläufer, am weitesten nach Europa vorspringt, nämlich durch die Halbinsel Anatolien (Natolien, Anatoli, Anadoly, d. i. das Morgenland), in der Handelssprache die Levante genannt, oder das alte Kleinasien (Asia minor). An der Bildung dieser großen Halbinsel nehmen außer dem Schwarzen Meere, das ihre Nordküste bespült, noch andere Meere und Meeresstraßen Theil, nämlich im Westen die Straße von Konstantinopel oder der Bosporus, das Meer von Marmara, die Straße der Dardanellen und die Gewässer des Griechischen Archipels, und im Süden das Mittelmeer. Der Westküste ist eine Reihe von Inseln mit reicher und üppiger Natur vorgelagert, unter welchen Tenedos, Metelino, das alte Lesbos, Skio (Chios), Samos, Ko (Cos) und Rhodos die bemerkenswerthesten sind. Im Osten, wo die Halbinsel mit dem asiatischen Kontinente zusammenhängt, wird sie durch eine willkürlich gezogene Linie begrenzt, welche den Busen von Skanderun (im Süden) mit dem Euphrat verbindet, diesen Fluß bis zu seiner Quelle begleitet und sich dann nördlich, ziemlich dem Laufe des Tschorok folgend, zum Schwarzen Meere wendet. Anatolien liegt zwischen 36° 10′ 30″ bis 42° 2′ n. Br. und 26° 20′ 9″ bis 42° 20′ ö. L. v. Gr. Seine größte Länge von der Bucht von Adramyti im Westen bis zum Euphrat im Osten beträgt etwa 1000 km., während seine größte Breite vom Vorgebirge Anamur in Karamanien, im Süden der Insel Cypern gegenüber, bis zum Vorgebirge Kerempe im Norden am Schwarzen Meere nicht ganz 520 km. beträgt.

Der Flächenraum der Halbinsel wird nach ungefähren Schätzungen auf 550,000 qkm. angegeben.

Die Oberflächengestalt der Anatolischen Halbinsel ist eine sehr unregelmäßige. Die Mitte des Landes ist eine ausgedehnte Hochebene, die mit einer Erhebung von etwa 1600 m. über den Meeresspiegel sich in der Richtung von Nordosten nach Südwesten in einer Länge von etwa 370 km. und einer Breite von 240 km. erstreckt, auf welcher noch höhere Berge sich erheben und Salzseen, Moräste und Wasserrinnen ohne sichtbaren Abfluß zerstreut sind, und die zum Theile von Flüssen bewässert ist, welche sich ins Schwarze Meer ergießen. Diese Hochebene wird von zwei Gebirgsreihen eingeschlossen, die auf dem Plateau von Armenien ihren Anfang nehmen, wo überhaupt die Bergketten entstehen, welche Kleinasien durchschneiden, nämlich dem Taurus und dem Antitaurus der Alten. Der erstere, als der südliche Arm, beginnt dicht am Euphrat, wo einer seiner Gipfel die Höhe von 3600 m. erreicht, zieht in westlicher Richtung mit einem sehr unregelmäßigen Laufe unfern von der Küste des Mittelmeeres und endet auf den Inseln des Griechischen Archipels. Sowol nach Süden als nach Norden zweigen sich von ihm Bergketten ab, die wie die einzelnen Theile der Hauptkette mit besonderen Namen bezeichnet werden. Der nördliche Arm oder Antitaurus, heute in einem seiner Haupttheile Agha-Dagh genannt, läuft vom Tschorok in westlicher Richtung parallel mit dem Schwarzen Meere, in nicht großer Entfernung von dessen Gestaden, und endet am Bosporus, indem er einen südwestlichen Zweig entsendet, der sich mit dem Waldgebirge des Olymp (1930 m.) bei Brussa, und früher schon mit dem weidereichen Plateau von Angora vereinigt und am Golf von Adramyti im Berge Ida (1752 m.), dem letzten Grenzsteine Asiens am Hellespont, endigt.

Landschaft aus dem Taurus.

Der Antitaurus theilt die Gewässer, welche auf der südlichen Abdachung der armenischen Ebene entstehen, indem die einen gegen Westen, die anderen aber zum Euphrat fließen. Zwischen den beiden Hauptketten erheben sich mehrere kleinere, von denen einige hoch emporsteigen; erhabene Gebirgsmassen, die mehr oder weniger mit einander im Zusammenhange stehen, findet man fast überall. Im südöstlichen Theile der Halbinsel erhebt sich als isolirter Pik, der mit den Tauruskketten nur einen schwachen Zusammenhang besitzt, der Erdschjas-Dagh, der Argäus der Alten, auf der Ebene von Kaisarjeh, das in 1093 m. Meereshöhe liegt. Dieser vulkanische, zwei Krater tragende Gipfel ist vermuthlich der Kulminationspunkt von Anatolien; seine Höhe beträgt 3840 m. Das ganze innere Plateau, westlich bis nach Kutahyiah und darüber hinaus bis in die Ebene von Sardis, ja selbst bis zum westlichen Littorale bei Smyrna, trägt die deutlichsten Spuren vulkanischer Revolutionen. Auch Erdbeben, wie jene, welche Laodikea, Apamea, Cibotus, Sardes und andere Städte des Alterthumes zerstörten, kommen immer noch vor. In Verbindung damit steht wol das Vorkommen zahlreicher warmer und schwefelführender Quellen im Bereiche der Anatolischen Halbinsel. Im Süden und Westen bietet dieselbe wieder eine Menge von Halbinseln und Buchten dar, und ist dies nicht blos ein wichtiges physisches Phänomen, sondern zeugt auch von der Bestimmung des Landes und seiner Bewohner zur Entwicklung eines lebhaften und thätigen Kulturlebens, das auch in der That ehemals hier geblüht hat, aber unter der Herrschaft des Halbmondes in den traurigsten Verfall gerathen ist.

Die Hauptflüsse Kleinasiens strömen in nordwestlicher Richtung in den Pontus; der bedeutendste darunter ist der Kyzyl-Irmak, der Halys der Alten; dem Aegäischen Meere fließt unter anderen der Bajak Mender Tschai, Menderes oder Mäander der Alten, zu, unter den berühmten Flüssen Kleinasiens der berühmteste, nicht allein wegen der Fruchtbarkeit und Ueppigkeit seiner Thäler, sondern auch der Krümmungen seines Laufes halber; unbedeutend sind dagegen meist die ins Mittelländische Meer mündenden Gewässer. In dem geographischen Bilde Anatoliens bildet die große Anzahl von Seen mit salzigem und frischem Wasser einen der hervorstechendsten Züge. Der bedeutendste von ihnen ist der etwa 100 km. von Kornieh entfernte Tüz-Tschöllü mit seichtem, salzigem Wasser.

Das im Alterthum so berühmte Klima der Halbinsel bietet infolge der großen Verschiedenheit der Bodenerhebung so bedeutende Abweichungen dar, daß eine allgemeine Schilderung der klimatischen Verhältnisse unmöglich ist; der Reisende tritt zuweilen an demselben Tage aus dem Sommer in den Winter und umgekehrt. An den westlichen Gestaden, die zu allen Zeiten wegen ihrer milden Temperatur berühmt waren, hält sich das Thermometer im Sommer zwischen 23—30° R. und ersetzt starker Thau theilweise den selten fallenden Regen. Die nördliche oder pontische Küste ist rücksichtlich der Wärmeverhältnisse ebenso begünstigt, und hier fällt auch häufig Regen. Im Innern, auf dem von den Bergketten des Taurus und Antitaurus umgürteten hohen Centralplateau, herrscht im Winter außerordentliche Kälte, aber auch gesundes Klima. Der Sommer ist kurz und der Schnee liegt vier Monate hindurch.

Was die Naturprodukte Kleinasiens betrifft, so reiht sich die Pflanzenwelt einerseits mehr der persischen und syrischen, andererseits der südeuropäischen an. Ja, im Süden am Littorale drängt sich die Vergleichung mit Aegypten auf, während das westliche Ufergebiet Griechenland sehr ähnlich ist. Der nördliche Abhang des Centralplateau's besitzt einen großen Reichthum an Wäldern von Eichen, Buchen, Platanen, Eschen und anderen Laubhölzern. Die ausgedehnten und kalten Hochebenen des Inneren bilden dagegen in ihrem Vegetationscharakter einen höchst auffallenden Kontrast zu diesen Gebieten, indem sie blos verkrüppeltes Strauchwerk, Salzpflanzen, Wermuth, Salbei und einige Farrnkräuter hervorbringen. Die Thierwelt Anatoliens ist der südeuropäischen, noch mehr aber der syrisch-mesopotamischen verwandt; es giebt wenig große Raubthiere; am gewöhnlichsten ist eine Art Panther, außerdem einige Bären, Wölfe, Hyänen, mehrere Katzenarten und wilde Hunde.

Die Anatolische Halbinsel ist an das eranische Plateau durch das armenische Hochland angeschlossen, den einigenden Gebirgsknoten Vorderasiens, das Quellgebiet großer, nach verschiedenen Richtungen eilender Ströme. Zwischen diesen Flüssen ziehen scheidende Gebirgsketten; neben und zwischen den Scheidegebirgen weite, meist ebene, steppenartige Plateaux von verschiedener Höhe, die wie Terrassen über einander liegen; tief eingeschnittene Thäler, düstere, zum Theile gewaltige Bergmassen; in den Thälern und an den Bergabhängen üppige Vegetation, spärliche auf den Plateaux; am Ostrande Alpenlandschaften, die den unmittelbaren Zusammenhang mit dem großen Tafellande von Eran vermitteln, — das die Ueberschau des Hochlandes von Armenien. Politisch ist Armenien unter drei Staaten vertheilt, unter Rußland, welches Eriwan und Etschmiadzin, das Centrum der Armenischen Kirche, zu den Kaukasusländern geschlagen hat, Persien, dem Azerbeidschan angehört, und die Türkei, welche den Südwesten des Landes besitzt. Der Araxes bildet auf seinem Mittellaufe die Grenze zwischen Rußland und Persien; der Ararat dagegen liegt auf der russisch-türkischen Grenze. Das türkische Armenien bildet die Vilajets Erzerum und Diarbekir nebst dem im Euphrat-Tigrislande liegenden Ejalet Charput. In neuester Zeit (Januar 1877) sind von dem Vilajet Erzerum die Kreise von Musch, Wan und Hakkiari abgetrennt worden, um von nun ab eine eigene Statthalterschaft mit dem Regierungssitze in Wan zu bilden. Diese Stadt liegt am gleichnamigen reichlich mit Salzen gesättigten See auf dem 1800 m. hohen Plateau von Bajazid, welches der Murad, der östliche Quellfluß des Euphrat, von den nördlichen Hochebenen von Erzerum und Eriwan trennt. Auf ersterem und zugleich höchstem Plateau von etwa 2000 m. Meereshöhe entspringt der westliche Quellfluß des Euphrat; ostwärts senkt es sich zum oberen Aras oder Araxes und hält als Plateau von Kars und Eriwan nur eine Seehöhe von 1000 m. Majestätisch erhebt sich dagegen über der Hochebene der Ararat mit 5000 m. absoluter Höhe. Das gleichfalls etwa 1000 m. hohe, südlich vom Murad gelegene Hochland von Diarbekir ist das oberste Tigrisgebiet und bildet mit den südöstlichen Grenzlandschaften gegen Persien und den Terrassen des Westrandes von Iran die Landschaft Kurdistan, das Land der mohammedanischen Kurden.

Folgen wir dem Laufe der Zwillingsströme Euphrat und Tigris, dieser beiden größten Gewässer Vorderasiens thalabwärts, so steigen wir von den besprochenen Hochebenen in das Tiefland des altberühmten Mesopotamien, wo dereinst die gewaltigen Kulturreiche Babyloniens und Assyriens blühten. Heute zeigt das Land zwischen den beiden Strömen, welche vereinigt den Persischen Meerbusen erreichen, am Rande der nördlicheren Hälfte der Tiefebene noch hügelige Landschaften und Terrassen, weiter hinab aber steppenartige, nur noch im Lenz grünende, oft ganz wüstenhafte Ebenen.

Am Jordan.

Diese wüsten Ebenen sind freilich nicht immer durch die fleißige Thätigkeit der Bewohner vor dem Flugsande der großen Syrischen Wüste geschützt, welche im Westen sich ausbreitet und aus welcher nur zu oft Räuberhorden, Heuschreckenzüge und heiße, versengende Winde hervorbrechen. Die Niederung, welche der Schatt-el-Arab, — so heißt der vereinigte Euphrat und Tigris — durchfließt, ist eben und fruchtbar, von Dörfern, Dattelhainen und Wiesen bedeckt, von künstlichen Bewässerungssystemen durchzogen, im Deltagebiete aber alljährlich fast sechs Monate lang durch die Ueberschwemmungen des Stromes in Sumpf und See verwandelt. Die Türken rechnen das nördliche oder eigentliche Mesopotamien, welches sie Al Dschesirah, d. i. die Insel, nennen, zu

Kurdistan, das südliche Tiefland dagegen bildet das Vilajet Bagdad mit der berühmten gleichnamigen Hauptstadt am Tigris. Hier treffen wir unter der Bevölkerung zum ersten Male nomadische Araberstämme, die zur türkischen Regierung nur in losem Abhängigkeitsverhältnisse stehen.

Aus dem armenischen Hochlande.

Die öde, traurige Syrische Wüste trennt die Euphratländer von dem Küstenstriche am Mittelländischen Meer, welcher unter dem Namen Syrien und Palästina zu den gefeiertsten Gebieten unserer Erde gehört. Hart an der Meeresküste und parallel mit dieser erhebt sich ein herrliches Gebirge, der waldreiche, schneebedeckte Libanon, im Kamme 2300 m., in seinen höchsten Gipfeln aber 3000 m. hoch, und dieser Kette entlang zieht wieder von Nord nach Süd ein tiefer Erdspalt oder ein Längenthal, Ghôr genannt, in welchem zwei größere Gewässer, der Orontes, nach Norden, und der

2*

Jordan, nach Süden fließen. Ersterer durchbricht in jäher Wendung das Gebirge, um in das Mittelmeer sich zu ergießen, und ist dieser Unterlauf des Orontes das einzige Querthal, welches aus dem Ghôr nach der See hin führt. Der Jordan dagegen, welcher der Natur Palästina's ihr eigenthümliches Gepräge verleiht, durchfließt die Seen von Genezareth und Tiberias und strömt mit starkem Gefälle und in vielfachen Windungen zwischen Tamarisken und Schilfröhricht durch eine Niederung von Salzthon in das Becken des salzigen Todten Meeres, die tiefste Erdsenke unseres Planeten, da sein Spiegel 394 m. unter jenem des nahen Mittelmeeres liegt. Das Ghôr setzt sich vom Südende des Todten Meeres bis zum Rothen Meere fort, doch nicht als ehemaliges Jordanbett, denn dieser hat mit dem Todten Meere sein Ende erreicht. In der Nähe des Beduinenlagers Arabeh ist die 100—200 m. hohe Wasserscheide zwischen beiden Meeren. Wegen ihrer tiefen Lage zeigt die Vegetation und Fauna des Ghôr einen fast tropischen Charakter; den östlichen Rand desselben bildet im Norden der Antilibanon, der im Mittel 1200 m. hoch, in seiner südlichen Verlängerung dem Libanon an Höhe gleichkommt und gegen Osten mit seinem plateauartigen Rücken allmählich zur Kalkhochebene sich abdacht, die nach Südosten unmerklich in die syrisch-arabischen Wüsten übergeht. Südlich vom Gipfel des Großen Hermon (2759 m.) treten als Ostrand des Ghôr die ostjordanischen Plateauländer auf, in deren Norden die Stadt Damaskus liegt, während im Osten, an der Schwelle der Wüste, der vulkanische Haurân (1840 m.) sich erhebt. Die türkische Verwaltung hat mit der Provinz Syrien auch das Vilajet Bagdad vereinigt.

Zum Schlusse dieser kurzen geographischen Uebersicht erübrigt uns noch, der türkischen Besitzungen auf der Arabischen Halbinsel zu gedenken. Diese umfassen nebst einer Küstenstrecke am Persischen Meerbusen hauptsächlich die Westküste Arabiens oder die Ostküste des Rothen Meeres, doch steht im Allgemeinen die Autorität des osmanischen Padischah hier auf sehr schwachen Füßen. Die Nordwestküste, El Hedschas genannt, bildet mit dem südwestlichen Theile Yemen oder dem Glücklichen Arabien ein türkisches Vilajet, dessen Gouverneur in der Hafenstadt Mokka residirt. Im Hedschas liegen Mekka und Medina, die beiden heiligen Städte der mohammedanischen Welt, und hier übt der Großscherif von Mekka, ein geistlicher Würdenträger, fast alle Macht aus. In Yemen läßt eine reichliche Bewässerung von den Randgebirgen her unter der tropischen Sonne des mit dem benachbarten und gegenüberliegenden Afrika so viele gemeinschaftliche Züge aufweisenden Landes reiche Kulturstriche entstehen, in welchen das Vaterland des Kaffees sowie des köstlichen Weihrauchs und Balsams zu suchen ist.

Alle in dieser flüchtigen, lediglich zur Orientirung über das weite Osmanische Reich dienenden Ueberschau gemusterten Gebiete werden spätere Abschnitte uns mit allen nöthigen, deren Bevölkerung und ihre Zustände betreffenden Details ausführlicher kennen lernen lassen.

Mohammed.

II. Ethnographie und Geschichte des Osmanischen Reiches.

Aelteste Völker auf der Illyrischen Halbinsel. — Illyrer und Thraker. — Geten und Daker. — Die Römer und ihre Kolonisation der unteren Donauländer. — Die älteste Kenntniß von den Slaven. — Ihre Einfälle ins Byzantinische Reich. — Niederlassung der Slaven in den Hämusländern. — Ausbreitung der südslavischen Stämme gegen Westen in die Alpengebiete. — Die uralaltaischen Bulgaren. — Sitten und Zustände bei den heidnischen Donaubulgaren. — Verschwinden und Slavisirung derselben. — Ihre Geschichte und Literatur. — Die Reiche der Kroaten und Serben. — Schicksale der Griechen. — Osmanen und Slaven. — Geschichte der Osmanen bis auf die Gegenwart.

Die Urzeit der Balkanhalbinsel ist in tiefes, undurchdringliches Dunkel gehüllt. Welches Volk seine Herden auf den Ebenen Thrakiens, auf den Gefilden des Amselfeldes, auf den unwirthlichen Felsgestaden des Adriatischen Meeres zuerst weidete, welcher Sprache Klang in den Felsschluchten des Balkan, Schar oder Pindos zuerst wiederhallte, darüber schweigt die Geschichte. Keine Kunde, keine Sage erzählt von der ältesten Einwanderung des Menschengeschlechts in diese Länder. Nur die wissenschaftliche Forschung versucht es wenigstens, einen Zipfel des Schleiers zu lüften, welcher die Vergangenheit der Hämuslandschaften bedeckt. Der erste wissenschaftliche Schimmer, welcher auf das urgeschichtliche Dunkel der Balkanländer fällt, zeigt uns dieselben im Besitze zweier Völkerstämme, des illyrischen und des thrakischen. Beide gehörten — man darf dies nach den Ergebnissen der bisherigen Forschungen aussprechen — der arischen Völkerfamilie, dem indogermanischen Sprachkreise an. Obwol es verlorene Mühe ist, in den Schriften der Alten nach vielen positiven Angaben über die Rasse und Sprache dieser ihrer barbarischen Nachbarn und Altvorderen zu suchen, so erfahren wir doch daraus, daß die Illyrer nordöstlich von der Adria und um den nördlichsten Busen dieses Meeres herum bis zur Pomündung, landeinwärts aber bis zur Save und zur ungarischen Donau wohnten. Sie waren also eine weit ausgebreitete Rasse, die in mehrere Völker zerfiel, wie die Pannonier, die Dalmater und die Dardaner, von denen die Dardanellen ihren Namen erhielten; sie alle redeten illyrische Idiome. Auch die Taulantier, die Liburner und die Istrier gehörten hierher, ja selbst noch die im Westen der Adria hausenden Heneter oder Veneter. Man ist dermalen nicht im Stande, die Verwandtschaftsgrade dieser verschiedenen Stämme und ihrer Sprachen zu einander und zu den übrigen arischen Familienmitgliedern festzustellen; man muß sich begnügen, die Illyrer als einen selbständigen Zweig der Arier zu betrachten. Ein einziger Volksstamm aus dieser illyrischen Gruppe ragt noch in die Gegenwart herein: es sind dies die Schkipetaren im alten Epirus, dem heutigen Albanien, gewöhnlich Albanesen, von den Türken Arnauten genannt; alle anderen sind im Strome der Zeit untergegangen. Leider beschränkt sich unsere Kenntniß dieses ethnologisch so hochwichtigen Volkes fast lediglich auf das, was v. Hahn darüber gesammelt hat. Nach den verdienstvollen Forschungen dieses Gelehrten sind die alten Illyrer in weiterem Sinne identisch mit den Pelasgern, welche die Griechen des Alterthums bei ihrer von Norden her erfolgten Einwanderung auf die vielzackige Halbinsel als Urbewohner vorfanden, und mit denen sie vielleicht in noch nicht ermitteltem Grade verwandt waren. Uebereinstimmend melden alle alten Quellen von wiederholten Auswanderungen dieser illyrischen Pelasger nach Italien (unter Oenotrius und Italus), was natürlich nicht zu Schiffe, sondern zu Lande von Istrien her nach der Poebene geschah. Die Sprache der alten Pelasger kennen wir nicht, von den Illyrern aber hat v. Hahn nachgewiesen, daß sie schkipetarisch redeten, eine Sprache, die mit dem Althellenischen und Italischen ebenso verwandt war, wie das Albanesische von heute mit dem Griechischen. Man wird also die Illyrer als die Stammväter sowol der Hellenen als der Römer anzusehen haben, deren letzte Abkömmlinge sich ethnisch ziemlich rein, sprachlich aber freilich mit mannichfachen fremden Bestandtheilen versetzt, in den Albanesen erhielten.

Wo in der Urzeit die illyrischen Völker mit dem thrakischen Stamme sich begegneten, wo die Sprachgrenze zwischen beiden lag, ist nicht aufgehellt. Ueber die Thraker berichtet Herodot, und Strabo unterscheidet sie genau von den Illyrern, Kelten und Skythen. Den eranischen, also indogermanischen Charakter der Skythensprache, die sich selbst Skoloten nannten, hat man neuestens mit Sicherheit festgestellt. Verwandt durch Mythos wie durch Sitten mit den arischen Skoloten war aber nach Herodot das Volk der Agathyrsen, welches an den Ufern der Marosch im heutigen Siebenbürgen hauste. Herodot's weitere

Bemerkung, daß dieses Volk in Vielem thrakische Sitten zeige, ist sehr schätzbar, weil sie den Zusammenhang der skythisch-agathyrsischen Stämme mit denen Thrakiens bezeugt. Daran reiht sich eine andere ebenso wichtige Nachricht, Agathyrsen sei der griechische Name des Volkes, ihr eigentlicher Trauser gewesen. Die Trauser aber nennt Herodot als einen der thrakischen Stämme. Wir erhalten daher auf diesem Umwege Sicherheit über den Arianismus der Thraker, welcher aus den wenigen von Dioskorides gesammelten botanischen Namen der Daker oder Dacier, eines anderen thrakischen Stammes, schon durch Grimm abgeleitet wurde. Der Wohnsitz der thrakischen Völker lag im Osten des illyrischen Stammes und im Norden der alten Griechen, und erstreckte sich bis zu der Donau und dem Schwarzen und Aegäischen Meere, sowie südlich bis in das Land Thessalien hinein. Zu den thrakischen Völkern gehörten die eigentlichen Thraker, die Odrysen, die Geten, Triballer und Daken oder Dacier. Ueber die Stellung der Makedonier herrschen noch Zweifel; während Manche sie für Griechen, Manche für Thraker halten, sehen Andere sie als ein mit Griechen vermischtes illyrisches oder thrakisches Volk an. Geographisch erwogen, ist letztere Anschauung die wahrscheinlichste; es läßt sich kaum vermuthen, reines Hellenenthum in Makedonien anzutreffen, wo die Thraker bis in das südlicher gelegene Thessalien herabreichten und Epiroten nebst anderen Illyrern längs der ganzen Westgrenze saßen. Allem Anscheine nach waren also die Makedonier ein Mischvolk, an welchem im Westen die Illyrer, im Osten und Norden die Thraker den meisten, sicherlich den geringsten aber, wenn überhaupt einen Antheil, die Hellenen hatten.

Aus allen bisherigen Untersuchungen geht klar hervor, daß die indogermanischen Stämme bei ihrer Einwanderung in Europa überall auf eine Urbevölkerung verschiedener Rasse stießen, die sie unterwarfen und allmählich absorbirten. In welchem Maße? Dies läßt sich leider nicht ermessen. Sicher ist es aber, daß diese Mischung stattfand ebensowol bei den Kelten als bei den Germanen, den Griechen und Römern. Alle diese Namen bezeichnen also schon Mischlingsvölker; der reine Arier ist in Europa eine Mythe. Diesen Bemerkungen wollen wir sofort eine andere anreihen: Es können nämlich Sprachen unter einander gar nicht, die Völker aber, welche sie reden, doch verwandt sein. So sind beispielsweise die Anthropologen darin einig, daß die indogermanischen, hamito-semitischen, kaukasischen und baskischen Völker einer und derselben, der sogenannten mittelländischen Rasse angehören; andererseits aber steht unter den Sprachforschern fest, daß die indogermanischen, hamito-semitischen und kaukasischen Sprachen sammt dem Baskischen unter einander gar nicht verwandt sind. Die Sprachenfrage entscheidet also durchaus nicht in allen Fällen über die Nationalität, eine Erkenntniß, die uns im Laufe dieser Darlegung mehr denn einmal zu Statten kommen dürfte.

Die lange Periode, welche die Geschichte des hellenischen Volkes bis zu seinem Niedergange und seiner völligen Unterwerfung durch die Römer ausfüllt, ist für die Zwecke dieser Ueberschau völlig werthlos. Nichts erfahren wir über die etwaigen ethnologischen Wandlungen der Hämusländer aus jener Zeit, wie denn überhaupt das ganze Gebiet nördlich von Makedonien, von den Küstenstrichen abgesehen, den Griechen keiner besonderen Beachtung werth erschien. Was sich unter den aus jener Zeit und über diese Erdräume erhaltenen Nachrichten an ethnologisch interessantem Materiale ergiebt, hat Rob. Rösler mit dankenswerthem Fleiße gesammelt und zusammengestellt. Als Hauptvölker des thrakischen Alterthums lernt er uns die Geten und die Daker kennen, von welchen die Geten zum ersten Male aus Anlaß von Dareios' skythischem Feldzuge genannt werden. Sie scheinen zunächst nördlich vom Hämus und zwar nur auf dem rechten Donauufer gehaust zu haben, denn erst zu des Makedoniers Philipp Zeiten treten sie auch am linken auf. Später gehörte ganz Thrakien zur makedonischen Monarchie, doch gab schon Lysimachos, der alexandrinischen Nachfolger einer, die Herrschaft über das alte Getenland im Süden der Donau wieder auf. Um die Mitte des dritten Jahrhunderts vor unserer Zeitrechnung scheinen die südlichen Geten eine Schmälerung erfahren zu haben, ein Umstand, über den wir weitaus nicht genügend unterrichtet sind, woran aber zweifelsohne die Einfälle der keltischen Gallier nicht unbetheiligt gewesen sind.

Nebst den Krobyzen, deren Namen vor dem der Geten immer mehr und mehr verschwand, und den Odrysen am Artiskos, deren Macht um die Mitte des fünften Jahrhunderts v. Chr. über die anderen thrakischen Stämme sich ausdehnte, freilich um schon wieder zwischen 410 und 405 von ihrer Höhe zu sinken, verdienen die thrakischen Daker die meiste Beachtung. Unter diesem Namen wurde die gesammte auf dem nördlichen Donauufer, also in der heutigen Walachei, wohnende Bevölkerung, auch die daselbst eingewanderten Geten verstanden. Es lebten also eigentlich zwei verwandte Thrakerstämme im Dakischen Reiche: der eine die Geten, der andere die eigentlichen Daker aus Südthrakien, die zu unbekannter Zeit einen Zug nach Norden angetreten haben, und von allen thrakischen Stämmen die nördlichsten Sitze einnahmen. Nur der Theißfluß schied sie von ihren westlichen Nachbarn, den keltischen Bojern. So weit die Geschichte der Daker sich zurückblicken läßt, waren sie stets ein unruhiges, kriegerisches Volk, dessen wiederholte Einfälle in das südlich von der Donau gelegene Gebiet indessen von keiner weiteren ethnologischen Wichtigkeit sind. Von größerer Bedeutung in dieser Hinsicht war sicherlich das Erscheinen der Kelten, welche zu Alexander's Zeiten am Nordrande des Adriameeres immer näher rückten, Pannonien und die Saveländer unterjochten, auf die thrakischen Triballer drückten und endlich 280 v. Chr. Griechenland selbst überschwemmten. Als sie dieses gänzlich wieder geräumt hatten, ließen sie sich inmitten Thrakiens nieder, und machten Tyle im Süden des Hämus zum Mittelpunkt eines mächtigen Gemeinwesens, welches länger denn ein Jahrhundert bestand. Aber auch nachdem die Verzweiflung der Unterdrückten dem Reiche von Tyle ein Ende gemacht hatte, ist sicherlich dessen keltische Bevölkerung nicht plötzlich verschwunden, sondern ganz allmählich, wol nicht ohne Spuren zu hinterlassen, in den anderen Landesbewohnern aufgegangen. Was aber für die südlichen Geten die Kelten, das waren für die nördlichen Geten in Dakien die deutschen Bastarner, die in ihre Nachbarschaft zogen.

das karpathische Gebirge an den Oberläufen der Theiß und des Dnjestr (Thras) umwohnten und im getischen Lande sich bis zu den Donaumündungen ausbreiteten. Sie machten den Anfang zu einer Reihe feindlicher Invasionen der Hämushalbinsel, welche mehr als ein Jahrtausend hindurch von norddanuvinischen Völkern der verschiedensten Abstammung, Benennung und Sprache ausgingen. Daß unter solchen Umständen von einer Reinheit der Rassen schon damals kaum mehr die Rede sein konnte, bedarf wol nicht der näheren Auseinandersetzung.

Niederlassung der Kelten.

Einen neuen ethnischen Faktor in den damaligen Bevölkerungsverhältnissen der Hämusländer bildeten die Römer, denn von den alten Hellenen ist es ausgemacht, daß sie niemals in das Innere des Landes über die Grenzen des eigentlichen Griechenlandes hinaus sich verbreiteten. Die Römer schufen jedoch die Provinzen Mösien, welche das Gebiet zwischen der Donau und dem Balkan, also das heutige Bulgarien und Serbien, umfaßte, und Dakien, worunter die gegenwärtigen Lande Banat, Siebenbürgen, Rumänien und Theile Bessarabiens bis in die Gegend Odessa's verstanden wurden. Wie fast überall brachten auch in die neuen Gebiete die Römer Kolonen mit, und es begann nunmehr deren systematische Romanisirung. Allein nachdem die Errichtung der Provinz Dakien erst infolge der Niederwerfung des Dakenreiches unter dem König Decebalus erfolgte, den sein Volk im Widerstand gegen Rom heldenmüthig unterstützte, so ist Grund vorhanden anzunehmen, daß das unterworfene dakische Element sich von der Berührung mit der römischen Kultur fern hielt, seinen Groll gegen Rom fortnährend. In Dakien wurde auf nur mehr dünn besiedeltem Boden, rings umgeben von einer übelwollenden Bevölkerung, ein reines Kolonialland geschaffen, in dem das Römerthum nicht so tiefe Wurzeln trieb, wo es nicht auf der breiten, sichern Grundlage eines auch geistig eroberten Volkthums ruhte, daher es auch später wieder mit Leichtigkeit verschwand. Als nämlich im dritten Jahrhundert n. Chr. die immer häufiger werdenden An- und Einfälle germanischer und gothischer Horden das Halten der Provinz Dakien zur Unmöglichkeit machten, wurden die römischen Provinzialen und Kolonen sammt und sonders nach dem südlichen Mösien aufs rechte Donauufer übergeführt, und diesem Landstriche der Name Dakien beigelegt. Seit 272 nahmen die Gothen das geräumte römische Besitzthum vollständig ein, und die spärlichen Reste der einheimischen Bevölkerung gingen in ihnen spurlos unter. Bis zum sechsten Jahrhundert ist Dakien der Wohnsitz roher germanischer Stämme, und die römische Kultur, welche von 107 bis 272 den Boden befruchtet hatte, ging wieder verloren, eine Thatsache, die nicht genug der Beachtung der Ethnologen empfohlen werden kann. Es lag also für eine Zeit lang die Möglichkeit vor — was gemeiniglich übersehen wird — daß die Hämushalbinsel germanisches Gebiet hätte werden können. Diese Möglichkeit schwand erst, als die an der Donaugrenze angesiedelten Ostgothen nach Italien abzogen, wozu der byzantinische Kaiser Zeno noch unklugerweise die Hand bot. Von nun an haben wir es mit zwei neuen Volkselementen zu thun, mit den Bulgaren und den Slaven.

Obgleich geschichtlich die Bulgaren etliche Jahre früher auftreten als die Slaven, so scheint es doch nicht zweifelhaft, daß diese schon vor den Bulgaren in der Halbinsel, wenigstens an deren nördlichen Grenzen, angekommen waren. Nach der Ansicht des großen Geschichtsforschers Paul Joseph Schafarik sind die Slaven seit den vorhistorischen Zeiten uralte Bewohner Europa's, gleich den anderen Stämmen derselben arischen Völkerfamilie, namentlich den Kelten, Germanen, Lithauern, Thrakern, Griechen und Römern, wofür der genannte Gelehrte die unwiderleglichsten Zeugnisse vorbringt. Die Urheimat der Slaven, die, wie heutzutage durch Wocels Forschungen feststeht, in grauer Vergangenheit nur ein Volk gebildet haben, wird in Volhynien und Weißrußland zu suchen sein. Dort wohnten die Neuren und die Budiner, von welchen nebst Herodot die meisten Geographen des Alterthums bis auf Stephan von Byzanz berichten. Ossolinski war der Erste, welcher in den Budinern des Herodot Slaven erkannte; ihm folgten Schafarik, und in neuester Zeit Johann Erasmus Wocel. Buda, wovon der Name der Budiner abgeleitet wird, ist ein urslavisches Wort. Aus den Alterthümern in den Gräbern dieser slavischen Urheimat schließt Wocel, daß die Kulturbewegung der Slaven im Süden in der Nachbarschaft der griechischen Kolonien am Pontus ihren Anfang nahm und sich erst nach Jahrhunderten gegen Norden zu den zwischen der Weichsel und dem Dnjepr angesiedelten Volksstämmen fortpflanzte. Diese ältesten Slavenstämme, die Budiner, werden von den alten Schriftstellern von den Skythen zwar ausdrücklich geschieden, indem sie sagen, daß sie nicht skythisch redeten, doch sollten bei den Neuren noch skythische Gebräuche im Schwange sein. Es scheint daher nicht entschieden und immerhin möglich, daß diese sogenannten nichtskythischen Stämme zu den Skythen in irgend einem ethnischen Verwandtschaftsverhältnisse gestanden seien. Dagegen ist die von slavischen Gelehrten verfochtene und von der Bevölkerung selbst mit Vorliebe festgehaltene Behauptung, daß die Slaven auf der Balkanhalbinsel Ureinwohner seien, in neuester Zeit von dem tüchtigen böhmischen Geschichtsforscher Constantin von Jiretschek („Geschichte der Bulgaren." Prag 1876 f. S. 67—71) als haltlos widerlegt worden.

Im Lager der Gothen.

Slaven waren indeß schon mit den Römern der Kaiserzeit in Berührung, hausten im weiten Reiche des Decebalus, im heutigen Siebenbürgen und in dessen unmittelbarer Nachbarschaft. Ein Wahrzeichen dessen findet sich darin, daß der Name Trajan's, des Besiegers des Daker-Reiches, in den Sagen und Liedern der Serben, der Bulgaren, der Kleinrussen wiederhallt, was nur aus einer Zeit stammen kann, wo diese Slavenstämme noch vereint und zugleich in einer Bahn waren, in dem glorreichen Kaiser einen Helden, etwa einen Befreier von dakischer Gewaltherrschaft, zu erkennen. Auch der Name des altslavischen heidnischen Feiertages Koleda, welcher aus dem Wortschatze der slavischen Sprachen nicht zu erklären, sondern nur auf das lateinische Calendae zurückzuführen ist, weist auf eine frühe Zeit hin, wo die alten Slaven mit den Römern unmittelbar bekannt wurden, was nur in Dakien zur Zeit der römischen Besetzung des Landes der Fall gewesen sein kann. Von diesem ihrem ältesten bekannten Wohnsitze aus erscheinen slavische Stämme — darunter am häufigsten die Karpen, von denen die Karpathen den Namen haben — schon im 2. und 3. Jahrhunderte unserer Zeitrechnung wiederholt in den unteren Donauländern und auf der Halbinsel des Balkan. Ueberwundene Slavenstämme wurden von römischen Kaisern in das Reich aufgenommen und ihnen Wohnsitze in Mösien, Thrakien, Skythien (Dobrudscha) und Makedonien angewiesen. Diese Slaven, welche an Stelle der durch den Krieg und beständige Fortschleppung sich vermindernden alten Bevölkerung die leeren Räume zu füllen begannen, gehörten den beiden Hauptstämmen der Anten und Sklavenen oder Slovenen an. Wenn byzantinische Zeitgenossen diese Einwanderer mit dem Namen „Geten“ bezeichnen, so liegt darin ein neuer Beweis, daß dieselben nur aus Siebenbürgen nebst der Moldau und Walachei, dem alten Dakien, gekommen sein konnten. Von 527—600 n. Chr. fanden neue zahlreiche Einfälle der Slaven in die Hämushalbinsel statt, wobei sie bis nach Thrakien, Makedonien und selbst nach Griechenland vordrangen, ja mehr denn einmal die byzantinische Hauptstadt bedrohten. Schafarik war im Irrthum, als er meinte, die slavischen Familien wären nie in Massen, nie unter Kriegslärm nach Mösien und die angrenzenden Länder, sondern vereinzelt und in aller Ruhe eingezogen, indem sie nur für friedliche Feldarbeit einen geeigneten Boden suchten und nur zur Selbstvertheidigung die Waffen ergriffen. Diese Anschauung nennt Jiretschek allzu idyllisch. In der Wirklichkeit waren die Slaven, als sie die Gefilde Thrakiens, Makedoniens, Mösiens und Illyriens besetzten, dasselbe kriegerische Volk, welches das ganze Mittelalter hindurch die Byzantiner unaufhörlich bekämpfte, und in unseren Tagen die Türken mehr als einmal seinen Kriegsmuth fühlen ließ. Diesen Charakter zeigten die Einwanderer bei den Stürmen auf Thessalonich, auf den Korsarenfahrten im Mittelmeere und in hundertfachen Kämpfen mit den Griechen; denn selbst Kreta und die griechischen Inseln des Archipels wurden von ihnen besucht. Wenn aber die eigentliche Einwanderung der Slaven nach Epirus, Thessalien, Hellas und sogar in die Peloponnes stattfand, ist genauer zu bestimmen nicht möglich. Die Geschichte dieser Slaven ist fast von undurchdringlicher Finsterniß verhüllt. Blos von den Serben in Westmakedonien wird bemerkt, daß sie zur Zeit der Ankunft ihrer Brüder, der Kroaten, in Illyrien (636 n. Chr.) angekommen seien. Rösler gelangt nach genauer Prüfung der vorhandenen Nachrichten zur Ansicht, daß bis auf Kaiser Phokas (602—610 n. Chr.) nirgends Raum für eine gewaltsame Ausbreitung der Slaven auf dem Boden des Oströmischen Reiches gewesen; was von slavischen Haufen feindlich ins Land gebrochen, habe kein Verweilen daselbst gehabt, das Kriegsglück sei immer wieder zu den romäischen Waffen zurückgekehrt; erst im 7. Jahrhundert, wahrscheinlich kurz vor 657, seien die Slovenen oder, wie man später sagte, die bulgarischen Slaven in die Gegenden Mösiens eingewandert. (Rösler. „Ueber den Zeitpunkt der slavischen Ansiedlung an der unteren Donau.“ Wien 1873.) Wanderzüge von Slaven fanden allerdings noch bis in die erste Hälfte des 7. Jahrhunderts statt, doch geben die wiederholten Heerfahrten griechischer Kaiser, Constans' II. im Jahre 657, Justinian's II. 687 ins „Slavenland“ (Slavinia), wie das Gebiet von der Adria bis zum Rhodope hieß,

Zeugniß von der Ausbreitung, welche die Slaven im Laufe eines halben Jahrhunderts gewonnen hatten. Drinov hat es in der That sehr wahrscheinlich gemacht, daß die slavische Kolonisation nicht auf einmal, sondern allmählich, und zwar im Laufe von wenigstens 300 Jahren, stattgefunden habe, indem sie im 3. Jahrhundert, also vor der großen Völkerwanderung, begann und im 7. Jahrhundert zum Abschluß kam. Diese Ansicht scheint nun die richtigere zu sein. Um die Hälfte des 7. Jahrhunderts war die slavische Kolonisation der Balkanhalbinsel vollendet. Zwischen 746—799 breiteten sich die Slaven auch in der Peloponnes und im übrigen Griechenland derartig aus, daß spätere Schriftsteller über die Slavisirung von ganz Griechenland klagen. Von da an hören wir nicht mehr von den Einfällen der Slaven über die Donau und Save: nahezu war ja jeder Winkel der Halbinsel von ihnen besetzt. Die Geschichte des 7. bis 10. Jahrhunderts findet die Balkanländer bereits völlig mit Slaven bevölkert, und zwar bis ins 10. und 11. mit Uebergewicht des slavischen über das griechische Element. Wir wollen bei diesem schicklichen Anlasse bemerken, daß von jeher wol nur der geringste Theil der unter der Botmäßigkeit des griechischen Kaisers zu Byzanz lebenden europäischen Völker Griechen gewesen sind. Wol ergossen diese sich in die südlichen Gebiete Thrakiens und besaßen selbst im Inneren des Landes wichtige Städte, wie Hadrianopolis, Philippopolis, Maximianopolis, der Hauptstamm setzte sich aber in der chalkidischen Halbinsel Makedoniens fest, wo heute noch die Griechen unvermischt leben. Im Uebrigen sind wir über die ethnographischen Verhältnisse des Byzantinischen Reiches in seinen Anfängen äußerst mangelhaft unterrichtet; doch ist aller Grund anzunehmen, daß immer noch Illyrer und Thraker die weitaus überwiegende Mehrzahl der Bevölkerung bildeten.

Unsere Darstellung dieses schrittweisen Ausbreitens des Slaventhums über die Gebiete des Oströmischen Reiches bis hinab nach Hellas würde dem Vorwurfe der Oberflächlichkeit kaum entgehen, wollten wir nicht an dieser Stelle der Ausdehnung südslavischer Stämme nach einer anderen Richtung hin noch gedenken. Noch waren nämlich die deutschen Bayern ihres neuen Besitzes, des Landes am nördlichen Alpenfuße, nicht völlig sicher geworden, als die westpannonischen und norischen Slaven, das Volk der Slovenen, in die südlichen Alpenländer hineinbrach. Jedoch nicht mit der Gewalt siegreicher Waffen erstritten sich slavische Stämme ihre Wohnsitze daselbst, sondern füllten geräuschlos erst das verödete Flachland mit vereinzelten Weilern und Dorfschaften, machten allmählich auch höher gelegene menschenleere Thäler sich zum Eigenthume und drangen mit jugendlicher Rüstigkeit bald in die bisher fast alles Anbaues entbehrenden Berge. Ausländische Schriftsteller legten ihnen den Namen der Winden bei; sie selbst aber nannten sich Slovenen oder als Gebirgsbewohner Korutaner, woraus der neuere Name der Kärntner hervorging. Am wahrscheinlichsten darf man auch für diese Einwanderung die Zeit des 7. und 8. Jahrhunderts annehmen. Positiv ist, daß die Sitze der Slovenen noch im 11. Jahrhundert gegen Westen und Norden sich unendlich weiter hinaus streckten als jetzt; sie reichten bis zum Inn und zu den Drau-Quellen. Sie erfüllten den Pinzgau und kamen bis in das Ziller- und Wupperthal, bis tief an die Saale hinab; sie verbreiteten sich vom Pongau bis an den Obersee, sie erschienen an der Steier und Krems, an der Loiben und Dietach, an der Erlaf und Traisen. Ober- und Niederösterreich waren südlich vom Donaulaufe einst von Slaven bewohnt. Noch viel später werden nicht nur einzelne „Sclavi" daselbst genannt, sondern die Gegenden an der unteren Enns sowie das Lurnfeld heißen urkundlich in parte Sclavanorum, das Land zwischen der Enns und dem Kahlengebirge bei Wien Sclavinia. Noch heutzutage erinnern daran nicht blos Benennungen von Lokalitäten im rein deutschen Gebiete, welche offenbar slavischen Ursprungs sind, sondern auch die Beifügung des Wortes „Windisch" zu Ortsnamen in Gegenden, wo man gegenwärtig keine Slaven mehr sieht. In Tirol leben ferner noch heute Slavenreste betreffende Volkssagen, die einen geschichtlichen Kern in sich zu schließen scheinen. Auch im Volkstypus haben sich in der Umgebung von Lienz, und zwar besonders an der nördlichen Gebirgsabdachung, slavische Merkmale unverkennbar erhalten. Aehnliches gilt von der Bevölkerung im Kalserthale, in Teffereggen und im Hochpusterthale. Desgleichen ist in Wälschtirol und Friaul das Bestehen von Slavenresten außer Frage gestellt.

Da in der Gegenwart weder in den deutschen Alpen noch in Griechenland mehr Slaven angetroffen werden, so entsteht natürlich die gleiche Frage, was aus denselben geworden. Wo immer in der Geschichte zwei Völker auf demselben Raume mit einander in Berührung kommen, pflegt eine Mischung einzutreten. Die Fälle, wo sich beide Theile gegen einander absolut ablehnend verhielten, sind äußerst selten. Einen solchen darf man in dem Betragen der alten Daker gegen die Römer erkennen, und selbst da muß es natürlich unentschieden bleiben, ob nicht doch, wenn auch ausnahmsweise, eine Blutvermischung stattfand. Geht dieselbe in geringem Maße vor sich, so werden ihre Spuren sehr bald wieder verwischt, oder vielmehr: sie treten historisch gar nicht zu Tage. Wo aber Blutsvermengungen in größerem Maße vor sich gehen, da sind ihre Folgen auch späterhin für den Ethnologen wahrnehmbar. In der Regel äußern sich solche Mischungen dadurch, daß die Nachkommen beider Stämme sich einiger Eigenarten ihrer Stammväter entledigen, um dafür von beiden hervorstechende Merkmale anzunehmen. Dies gilt sowol für die Eigenschaften des Körpers als auch des Geistes und des Gemüthes. Je näher die sich dergestalt kreuzenden Stämme mit einander verwandt sind, desto geringer werden naturgemäß die Unterschiede bei den Nachkommen sein, umgekehrt desto stärker und bemerklicher, wenn die Stammvordern entfernteren Völkertypen oder gar verschiedenen Rassen angehören. Im Allgemeinen pflegt die Mehrheit durchzuschlagen, d. h. das numerisch stärkere Volk verbindet sich mit dem numerisch schwächeren, selbst dann, wenn letzteres beispielsweise der herrschende und unterdrückende Theil sein sollte, und die Nachkommen erben die meisten Merkmale der numerisch überwiegenden Gruppe; einzelne, mitunter vereinzelte Züge, welche der ursprünglichen Minderheit angehören, kommen freilich fast immer mit zum Vorschein, denn die Reinheit des Blutes bleibt einmal durch jede Mischung getrübt. Je nachdem nun es einem Volke mehr oder weniger gelingt, eine Minorität durch Vererbung seines eigenen Charakters, seiner eigenen Sprache sich zu assimiliren, sagt man, es sei dieses oder jenes Volk in dem anderen aufgegangen. Dieser Prozeß, der sich gemeiniglich nur langsam vollzieht, ist es, den wir meinen, wenn wir von Romanisirung, Germanisirung, Slavisirung u. dgl. sprechen. Es will damit besagt sein, daß es Romanen, Germanen oder Slaven gelungen ist, andere fremde Völker zur Annahme ihrer Sprache, Sitten, Denkungsart u. dgl. zu vermögen. Die fremde Minorität ist also scheinbar in ihnen aufgegangen. Dieses Assimilirungs- oder, wenn man will, Aufsaugungsvermögen ist natürlich je nach Volk und Rasse sehr verschieden, schwächer oder stärker. Was aber gewöhnlich übersehen wird bei diesem ethnologisch und kulturhistorisch so hochwichtigen und doch noch lange nicht genügend beachteten Prozesse der Kreuzung, ist, daß trotzdem, vorausgesetzt daß die Minorität nicht eine gar zu verschwindend geringe war, einige Charaktermerkmale derselben an dem assimilirenden Volke haften bleiben; eine gewissenhafte Durchforschung des neuen Volkscharakters und eine genaue Vergleichung desselben mit jenem der beiden Stammvölker setzt dies außer Zweifel. Erst spät drängten die Deutschen in harten Kämpfen allmählich das Slaventhum über die Tauern und die Lienzer Klause zurück, wobei die Einsetzung deutscher Fürsten in Kärnten und Steiermark hülfreich zu statten kam. Die Slaven wichen entweder zurück oder verschmolzen langsam mit den vordringenden Deutschen; denn diese begnügten sich zumeist, namentlich gegenüber den vereinzelt übrig bleibenden Außenposten der Slovenen, die schwächere Individualität sich politisch zu unterwerfen, und das Aufgehen derselben in deutscher Sitte, Sprache und Lebensordnung von der Zeit zu erwarten. Die slavische Bevölkerung wurde also ganz allmählich germanisirt. Doch blieb diese Germanisirungsarbeit naturgemäß nicht ohne Rückwirkung auf die Deutschen. Innerhalb des österreichischen Kaiserstaates ist reines Deutschthum nicht mehr zu finden, allerorts ist es mit slavischem Blute versetzt, was auch so ziemlich mehr oder weniger überall zum Durchbruch gelangt. Aus dieser Blutvermischung ist das Oesterreicherthum entstanden, dessen unleugbare Verschiedenheit vom Deutschthum in Temperament, Geistesrichtung und Sitte näher zu präzisiren außerhalb des Rahmens dieser Erörterung fällt.

Ein ganz ähnlicher Prozeß spielte sich auch in der Balkanhalbinsel selbst ab. Im Jahre 679 trat nämlich in diesen Gebieten mit Macht ein fremder Volksstamm auf, der schon im 5. Jahrhundert aus den unteren Donaulanden Plünderungszüge dahin unternommen hatte: die ural-altaischen Bulgaren. Schon nach Abzug der Gothen drangen 499 n. Chr. über die ungehüteten Grenzen des Reiches bulgarische Horden nach Thrakien, welches sie verwüsteten. Im Jahre 517 wälzte sich ein neuer Sturm unter Anführung der Bulgaren gegen das romäische Reich; Makedonien, Thessalien und das illyrische Epirus wurden hart mitgenommen; 539 drangen die Bulgaren gar bis in die Peloponnes und nach Kleinasien; später, nachdem Belisar sie zurückgeschlagen, wandten sie sich gegen Pannonien, Bajovarien und Italien, doch haben ihre dortigen Schicksale für uns kein weiteres Interesse. Wichtiger ist, daß schon unter Justinian zweitausend Familien aus dem bulgarischen Stamme der

Utuguren in Thrakien angepflanzt worden sind. Später kamen Kutuguren, ein anderer bulgarischer Stamm, bis nach Thessalonich und ließ sich in Thessalien zu bleibendem Aufenthalte nieder. In der zweiten Hälfte des 7. Jahrhunderts, 679 n. Chr., brach ein dritter Bulgarenstamm, die Sawiren, in Mösien, also in dem Lande zwischen Hämus und Donau ein, und errichtete hier ein Reich, welches das Kleinskythien der Römer, die Dobrudscha der Späteren, das gesammte römische Mösien bis über die jetzige Timokgrenze Bulgariens oder des modernen Tuna-Vilajets, und die Landschaften des Margus (Morawa) umfaßte. Ihr nordwestliches Nachbarreich war bis zum Anfange des 9. Jahrhunderts das türkische Avarien, der Grenzstrom gegen Norden die Donau, während der Hämus die Südgrenze gegen die Oströmer bildete.

Wer waren die Bulgaren? Daß die Bulgaren Abtheilungen der alten Hunnen waren, stand seit K. Zeuß's genauen Untersuchungen fest. Professor Rösler hat aber nachgewiesen, daß die Hunnen eben so wenig als die Bulgaren zum türkischen Stamme gehören, wie allgemein fast angenommen wird. Nach Istrachri, dem arabischen Geographen (um 915—921), also einer gleichzeitigen Quelle, ist die Sprache der Bulgaren das chazarische gewesen, und Ibn Haugal nennt sie ähnlich der der Chazaren, an deren ugrischen Charakter heutzutage nicht mehr gezweifelt werden kann. Etwas verschieden urtheilt Birunî, der die Bulgarensprache ein Gemisch der türkischen und chazarischen nennt. Bulgarisch ist also Chazarisch mit türkischem Beisatz; doch auch slavische Bestandtheile sind darin nachweisbar. Trotz diesen Einschiebseln steht der ugrische Charakter des Altbulgarischen fest, und zwar hält Rösler dasselbe für eine samojedische Sprache, die Bulgaren selbst für einen Stamm der Samojeden oder diesen zunächst verwandt. Dem gegenüber äußert Friedrich Müller in Wien: „Wir halten bei den mangelhaften Publikationen über den Wortschatz der finnischen Sprachen die Angelegenheit noch nicht für spruchreif." Sind wir somit über die eigentliche Wiege der zuletzt vom Wolgaflusse herabgezogenen Bulgaren nach wie vor im Unklaren, so scheint es andererseits ziemlich sicher, daß die heidnischen Bulgaren auf ihrem Wege nach der Donau und theilweise wahrscheinlich erst im 8. Jahrhundert sich dem Islam zuwandten, welcher eine Hauptanziehungskraft auf viele Völker des uralaltaischen Stammes übte. Von den an der Wolga Zurückgebliebenen, welche dort das Groß- oder Weißbulgarische Reich stifteten, ist es erwiesen, daß sie schon frühzeitig den Islam annahmen und er dort zu ausschließlicher Geltung gelangte. Weniger war dies bei den Donaubulgaren der Fall, doch war auch ihr Heidenthum mit moslim'schen Bräuchen zum mindesten stark vermischt. Dies bezeugt ein hochwichtiges Denkmal, beinahe das einzige, welches uns über Sitten, Denk- und Lebensweise und manch stattliche Einrichtung dieser finno-uralischen Bulgaren fragmentarisch belehrt. Es sind die von den Bulgaren dem römischen Papste in Sachen des Glaubens im Jahre 866 vorgelegten Fragen, welche in ihrer Originalfassung mit den von Papst Nikolaus I. ertheilten Antworten zuerst von dem Russen Hilferding verwerthet worden sind. Mit Hinweglassung der rein kirchlichen Fragen hat F. Kanitz daraus das Interessanteste über Herrscher, Staat, Krieg, Justiz und Sitte der finnischen Donaubulgaren zusammengestellt.

Die an den Papst gerichteten Fragen sprechen deutlich dafür, daß die bulgarischen Herrscher sehr absolut regierten. Sie sonderten sich durch ein strenges Ceremoniell von ihrer Umgebung ab, um dadurch den Eindruck ihrer Würde zu erhöhen. „Wenn", lautet die Frage, „unser Landesherr der Sitte gemäß bei der Mahlzeit auf einem Lehnstuhle zu Tische sitzt, so setzt sich Niemand zu ihm, auch dessen Gemahlin nicht, wir aber sitzen und essen auf dem Fußboden. Was soll man jetzt thun?" Der Papst antwortete: „Dies bezieht sich nicht auf kirchliche Angelegenheiten, übrigens ist diese Rolle nicht schön." Die Frage: „Wie soll man mit Jenen verfahren, welche sich gegen den Herrscher empören?" zeigt andererseits, daß die Großen wol oft das strenge Regiment des „Chagans" zu brechen suchten.

Vaterlandsverrath wurde als eines der schwersten Verbrechen angesehen. Dies beweisen die Fragen: „Wie soll man einen freien Menschen richten, der bei seiner Flucht aus dem Vaterlande ergriffen wird?" Dann: „Nach unserer Sitte befindet sich bei uns an der Grenze des Landes fortwährend eine Wache, und wenn ein Sklave oder ein Freier über die Grenze flieht, so überliefert ihn die Wache ohne Weiteres dem Tode. Was haltet ihr davon?" Die Liebe zum heimatlichen Boden leuchtet auch aus der Frage: „Darf man den im Kampfe Gefallenen auf das Verlangen seiner Verwandten und Bekannten nach seinem Geburtsorte zum Begräbniß bringen?"

Aeußerst streng lauteten die Kriegsgesetze, darauf hin deuten die Fragen: „Es ist bei uns Sitte, daß unser Herrscher durch einen Mann von erprobter Treue und Klugheit die Waffen, Pferde und alles zum Kampfe Nöthige vor der Schlacht besichtigen läßt. Findet sich nun bei Jemand Etwas in schlechtem Zustande, so wird er hingerichtet. Was ist in dieser Beziehung jetzt zu thun?" ferner: „Wie soll man mit Jenen verfahren, welche vor der Schlacht die Flucht ergreifen, oder die zur Zeit, wo sie zum Abmarsche Befehl erhalten, sich ungehorsam zeigen?" Die Bulgaren kämpften unter dem Feldzeichen des Roßschweifes — der Papst empfahl das Kreuz. Vor der Schlacht waren Beschwörungen, Gesänge und die Auslegung gewisser Vorzeichen üblich, und nach ihrem Ausfalle wurde die Zeit des Angriffs bestimmt.

Die Bulgaren verlangten vom Papste außer Regeln über ihr Verhalten zu benachbarten christlichen und heidnischen Völkern, über Krieg und Frieden mit solchen, auch weltliche Anordnungen zu erhalten, und die in dieser Richtung gestellten Fragen zeigen, daß ihr Rechtssinn schon zu jener Zeit sehr entwickelt gewesen ist. Sie fragen: „Wie soll man einen Vatermörder richten? wie den unfreiwilligen Mörder? wie Den, der Jemand verschneidet? der einen Mann oder eine Frau entführt? der mit einem fremden Weibe gefunden wird? der mit einer Anverwandten Blutschande treibt? Wie soll man mit dem Weibe verfahren, welches wider den Mann Böses beabsichtigt, thut oder spricht? Wie mit lügenhaften Anklägern? Wie mit Jemand, der eine Todsünde begeht? Wie mit einem Verbrecher, der in eine Kirche sich flüchtet?" Die Antworten des Papstes suchten überall einer milden Justiz Bahn zu öffnen; denn die bei den Bulgaren übliche war in hohem Grade grausam. „Wenn man einen Dieb oder Räuber gefangen nimmt und dieser leugnet, so wird er nach unserer Sitte von dem Richter mit einem Stocke so lange auf den Kopf geschlagen und mit einem spitzen Eisen in die Seite gestochen, bis er bekennt. Was soll man jetzt thun?" Der Papst antwortete: „Solches soll man durchaus unterlassen, das Geständniß muß ein freiwilliges sein."

Wenn nicht schon früher, so hatte doch jedenfalls mit der Neigung zum Islam Vielweiberei bei den Bulgaren Eingang gefunden. Sie fragen den Papst, ob man zwei Weiber haben dürfe? welche Verwandtschaftsgrade bei der Ehe beobachtet werden sollen? ob es wie früher gestattet sei, den Frauen Gold, Silber, Pferde u. s. w. zur Mitgift zu geben?

Daß die Sklaverei bei den finnischen Bulgaren üblich war, beweisen die Fragen: „Wie soll man mit einem Sklaven verfahren, welcher seinen Herrn verleumdet? der ihm entflieht, aber freiwillig zu ihm zurückkehrt?" u. s. w.

Schwüre wurden auf das Schwert geleistet, welches man vor dem Eidleistenden in den Boden steckte. „Wobei sollen wir jetzt schwören?" frugen sie den Papst. „Bei Gott und dem Evangelium", antwortete Nikolaus I. („Ausland" 1875).

Solche tiefgewurzelte Verquickung von Heidenthum mit Islamismus gestaltete die Bekehrung der Bulgaren für die von Rom und Byzanz abgesandten Apostel zu keiner leichten Aufgabe. Erst nach vielfachen Kämpfen fand die Christuslehre Eingang im Bulgarenreiche, das unter dem Kaiser — „car" (spr. Zar) aus „cæsar" — Symeon (893 bis 929) zu ungeahnter Macht und Blüte gelangte. Joannes, der Exarch, beschreibt mit begeisterten Worten die Herrlichkeiten von Groß-Preslav, der Residenz Symeon's, die weitläufigen Gebäude, die Paläste und Kirchen, „im Innern mit Marmor und Bronze, mit Silber und Gold derartig geschmückt, daß der Beschauer nicht weiß, womit sie zu vergleichen. Aber wenn er zufällig auch den Fürsten erblickt — fährt Joannes fort — wie er dasitzt in seinem mit Perlen besetzten Gewande, mit einer Münzenkette um den Hals, mit Spangen an den Armen, umgürtet mit einem Purpurstreifen und mit einem goldenen Schwerte an der Seite, und wie zu seinen beiden Seiten seine Boljaren (Bulgaren) sitzen mit goldenen Ketten, Gürteln und Armbändern: da, wenn ihn Jemand nach seiner Rückkehr in die Heimat fragen wird: Was hast du dort gesehen? wird er antworten: Ich weiß nicht, wie ich euch das Alles beschreiben soll; nur eure eigenen Augen würden im Stande sein, diese Pracht zu erfassen."

Doch trotz dieser Pracht und Herrlichkeit — von der freilich heute nichts mehr übrig ist „als einige Steine" — waren die Tage des tapferen und gewaltigen Bulgarenvolkes gezählt: nicht durch Feuer und Schwert, nicht durch kriegerische Eroberung und Unterwerfung ging es zu Grunde, sondern durch einen eigenthümlichen — wenn der barocke Ausdruck gestattet ist — ethnochemischen Prozeß verflüchtigte es sich derart, daß heute keine nachweisbare Spur mehr vorhanden ist. Schon im zehnten Jahrhundert büßten die Donaubulgaren ihre Sprache, am Anfange des elften Jahrhunderts auch ihre Selbstständigkeit ein, kurz nachdem ihr Reich seinen größten Umfang erreicht hatte. Nachdem sie ihr Stammreich an der Donau aber momentan an Byzanz verloren, verbreiteten sie sich herrschend über Makedonien und Epirus bis tief hinein nach Akarnanien und an den Golf von Arta über Länderstrecken, in denen sie, besonders in den Gebirgen, noch bis zum heutigen Tage neben illyrischen Schkipetaren und Slaven den Kern der Bevölkerung bilden. Diese erobernden Bulgaren, stark an Muth und Tapferkeit, aber gering an Menge, verschmolzen nun im Laufe von dritthalb Jahrhunderten mit ihren an Zahl, aber auch — was vielleicht noch mehr den Ausschlag gab — an Bildung und Gesittung ihnen überlegenen slavischen Unterthanen zu einem Volke, und nicht jene, sondern diese waren es, die dem nunmehrigen Mischvolke ihr Gepräge aufdrückten. Das bulgarische Element hat auf Charakter und Sitten der slavischen Stämme von allem Anfange keinen sichtlichen Einfluß genommen.

Heidnische Donau-Bulgaren.

In der heutigen Sprache der letzteren lassen sich thrako-illyrische, aber nur sehr wenig finnisch-bulgarische Wurzeln und Formen nachweisen. Doch gestattet der Typus des heutigen bulgarischen Volkes einige Unterschiede gegen die benachbarten slavischen Völkerschaften zu erkennen. Umgekehrt zeigt sich ein frühzeitiger Einfluß der unterworfenen Rasse auf die herrschende: schon 812 führt einer der bulgarischen Gesandten den slavischen Namen Dragomir, und schon um die Mitte des 9. Jahrhunderts kommen Mitglieder der herrschenden Familie mit slavischen Namen vor. Zur Zeit des Boris (852 bis 888), des Bulgarenfürsten, der das Christenthum annahm und mit Rom anknüpfte, ließ sich noch das herrschende Bulgarenvolk von den unterworfenen Slaven unterscheiden; aber schon waren slavische Kirchenbücher, war die slavische Liturgie

3*

im Lande heimisch und begann sich die junge „slovenische" Literatur zu vielverheißender Blüte zu entfalten. Mit der Einführung des Christenthums erhielten die Bulgaren, statt der nothdürftig aus Strichen, Kerben, römischen und griechischen Buchstaben hergestellten Zeichenschrift, das cyrillische Alphabet, und das Slavische wurde nun die allgemeine Schriftsprache der Bulgaren. Ein Jahrhundert später gab es nicht mehr zwei verschieden sprechende Volksstämme, Bulgaren und Slaven, sondern nur ein Volk: Bulgaren mit slavischer Sitte und Sprache.

„In Bulgarien begegnen wir also", sagt C. von Jiretschek, „einer ethnographischen Erscheinung, die sich etwa zwei Jahrhunderte später bei den russischen Slaven wiederholte. Dort hat eine kleine Schar skandinavischer Waräger den uneinigen und zersprengten Stämmen eine feste Staatsordnung und einen Nationalnamen gebracht, worauf sie selbst unter ihnen unterging. In ähnlichem Verhältnisse standen die germanischen Franken und Langobarden zu den Romanen in Gallien und in der heutigen Lombardei. Und wozu so weit nach Analogien suchen? Die unmittelbaren Nachbarn der Bulgaren hatten ihren altberühmten Namen „Hellenen" vergessen und nannten sich seit vielen Jahrhunderten nach ihren Beherrschern „Romaioi", und zwar ohne irgend eine starke Beimischung romanischen Blutes zum althellenischen. Stärker als der Volksname war und ist immer der Name des Staates."

Die Geschichte des Bulgarenreiches bis zur Aufpflanzung des Halbmondes auf den Zinnen von Konstantinopel ist eine Kette von Aufständen und Kriegen, von Umstürzen und Usurpationen, dazwischen von konfessionellen Streitigkeiten, Anmaßungen und Verfolgungen, in welch letzterer Hinsicht das Auftreten des Popen Jeremias oder Bogomil (Gottlieb) schon darum ein besonderes Interesse in Anspruch nimmt, weil dessen Lehre der Zeitdauer nach zu mehrhundertjährigen Kämpfen und Stürmen Anlaß gab und der räumlichen Ausbreitung nach weit in den europäischen Westen hinübergriff und auch hier, unter den verschiedensten Namen: Manichäer, Patarener (in Italien), Katharen (daher das deutsche „Ketzer"), Albigenser (in Frankreich), ungewöhnliche Erscheinungen zur Folge hatte.

Nach des gewaltigen Symeon Tode zerfiel dessen Reich in eine östliche und in eine westliche Hälfte: erstere kam 971 unter byzantinische Oberhoheit, letztere traf nach der Entscheidungsschlacht am Tage Bělasica (29. Juli 1014) das gleiche Los. 15,000 gefangene Bulgaren ließ der Sieger, Kaiser Basilios II., blenden, gab jedem Hundert einen Einäugigen als Führer und sandte sie in diesem Zustande dem Zaren Samuel nach Prilep zu. Als sie Samuel in so großer Anzahl so unmenschlich verstümmelt heranströmen sah, stürzte er besinnungslos zu Boden; zum Bewußtsein gekommen, verlangte er Wasser, doch kaum hatte er davon gekostet, so erfaßte ihn ein Herzkrampf und nach zwei Tagen war er eine Leiche (15. September). Basilios reiste nach Athen. An den Ufern des Spercheios zeigte man ihm Massen unbestatteter Gebeine, ein grauenhaftes Denkmal der Niederlage Samuel's; in den Thermopylen sah er eine starke, gegen die Bulgaren aufgeführte Mauer. Im Parthenon, nunmehr einer Kirche der Mutter Gottes, verrichtete er sein Dankgebet. Das Jahr darauf zog er im Triumphe in Konstantinopel ein. Mit ungeheurem Jubel feierten die Griechen den Kaiser, der mit 64 Jahren ein so großes Werk vollführt hatte und davon den blutigen Beinamen des „Bulgarentödters“ erhielt; die Zarin Maria, die Töchter Samuel's und gefangene Bulgaren schritten vor dem Triumphator in Ketten einher.

Noch einmal erhob sich das mösische Bulgarenthum zu selbständigem Staatswesen, als die Brüder Peter und Arsen siegreich gegen die byzantinische Oberherrschaft aufstanden (1186). Unter Zar Joannes II. (1218 bis 1241) gedieh das erneute Bulgarenreich zu seiner größten Ausdehnung: es berührte alle drei Meere, das Adriatische, das Aegäische und das Schwarze; Joannes' Hauptstadt und Residenz Tirnovo entfaltete an Profan- und Kirchenbauten eine Pracht und Fülle, daß man es das bulgarische Kijev nennen könnte. Allein wieder, wie schon einmal nach Zar Symeon, verfiel mit dem Hinscheiden Joannes Arsen' II. die Macht des Bulgarenreiches: „wie sonst überall unter den Slaven, nahm auch hier staatliche Größe, an eine Einzelperson gebunden, nach deren Tode ein rasches Ende. Unter Joannes' nächsten Thronfolgern gingen die thrakischen und makedonischen Provinzen verloren; der letzte Arsenide Michael wurde von seinem herrschgierigen Vetter Kaliman erschlagen (1257). Zur Seite des verfallenden, von unausgesetzten inneren Unruhen heimgesuchten Bulgarenreiches erhob sich Serbien, das unter Stephan Duschan (1331 bis 1355) zur ersten Macht der Halbinsel emporwuchs, bis auch dieses seinem Schicksale verfiel und nach der Unglücksschlacht auf dem Amselfelde (Kossovo polje), 1389, Beute der nun rasch anwachsenden Türkenherrschaft wurde. Noch folgten langwierige harte Kämpfe, die stets zum Unheile der um ihre politische und nationale Existenz ringenden Bulgaren ausfielen, bis mit der schließlichen Eroberung von Tirnovo (1393) die letzten Reste der staatlichen und kirchlichen Unabhängigkeit Bulgariens schwanden. Kaiser Sigmund's Befreiungszug (1396) nahm mit der Schlacht an der Rusiza, in der Nähe von Groß-Nikopolis (Nicopolis ad Hæmum), ein schmähliches Ende; der geschlagene Kaiser warf sich in ein Schifflein, das ihn glücklich nach den Donaumündungen brachte, von wo er über Konstantinopel und Ragusa nach einer langen Seereise in sein Land zurückkehrte; Sultan Bajazid aber ließ am Tage nach der Schlacht 3000 Gefangene vor sein Zelt führen und da grausam hinschlachten. Am 29. Mai 1453 fiel Konstantinopel, und alles Land bis an die ungarisch-siebenbürgische Grenze wurde türkische Provinz.

Mit dem nationalen Staatsleben erlosch auch die nationale Literatur der Bulgaren. Nach den beiden Slavenaposteln Cyrill und Method hatte das altbulgarische Schriftthum unter Zar Symeon seine höchste Blüte erreicht: Konstantin, ein Schüler Method's, der Mönch Chrabr und vor Allen Joannes, der Exarch, der persönliche Freund des Fürsten, gehörten dieser Periode an. Des Joannes berühmtestes Werk war der dem Zar gewidmete „Sestodnev“, wo er nach dem Hexameron des heil. Basilios und nach den Werken des Aristoteles, des Joannes Chrysostomos u. A. die Schöpfung der Welt darstellt. „Schönheit und Reichthum der Sprache sind die Zierden eines Werkes, dessen Verfasser das Griechische und Slavische meisterhaft inne hatte.“ An Umfang das bedeutendste Werk der Symeon'schen Periode war der „Sbornik", eine Encyklopädie der damaligen byzantinisch-christlichen Gelehrsamkeit: theologische, philosophische, rhetorische, historische Abhandlungen aus zwanzig griechischen Schriftstellern. Mit dem Verfalle des älteren Bulgarenreiches und dem Auftauchen des Bogomilismus bekam die einheimische Literatur einen mystischen Charakter, dem eine Flut phantastischer Apokryphen, von Pseudoevangelien und Apokalypsen, Fabeln und Sagen ihre Verbreitung verdankte. Neben diesen Apokryphen und Traktaten mystisch-religiösen Charakters waren aber auch viele Märchen und Romane griechischen, arabischen und indischen Ursprungs in bulgarischer Bearbeitung verbreitet, welche von da ihren Weg auch zu den anderen Slavenstämmen, vorzüglich zu den Russen, fanden: vom Leben und Ruhm Alexander's von Makedonien, die (trojanische) Sage „von den Königen" und andere mehr. „Diese geistlichen und weltlichen Romane bildeten die geistige Nahrung der orthodoxen Slaven im Mittelalter, nicht nur der vornehmen Klassen, sondern vor Allem des niederen Volkes. Ihr Inhalt berührte sein Gemüth in solchem Maße, daß viele derselben, nach dem Nationalgeschmacke umgebildet, mit den einheimischen Märchen und Gesängen verschmolzen sind." Daneben gab es allerdings auch geschichtliche Aufzeichnungen, Annalen (letopisec), die wir aber nur aus Berufungen kennen; aufgefunden hat sich davon bisher noch nichts. Ein beliebtes Geschichtsbuch war der mit dem Falle Konstantinopels abschließende „Chronograph", der bis nach Rußland verbreitet war und dort so beliebt wurde, daß er noch drei neuere Rezensionen, die erste 1512, erlebte. Die spätere bulgarische Literatur unterlag mehr und mehr byzantinischen Einflüssen; hohle Rhetorik trieb da üppige Blüten, die Sprache wurde verderbt, unnatürlich und schwer zu verstehen; Kamblak's, eines Schülers des Euthymij, Wortschwall und Bombast steht in der bulgarischen Literatur unübertroffen da.

So ist über das alte bulgarische Schriftthum ein nur bedingt günstiges Urtheil zu fällen. „Noch jetzt, wo schon so viele Hunderte von Handschriften dem Vandalismus und der Sorglosigkeit zum Opfer gefallen sind, erfüllt die Zahl der altslovenischen Codices, der unermüdliche Fleiß der Schriftsteller und Uebersetzer, die Vollkommenheit der ehrwürdigen Sprache und des nach griechischen Mustern ausgebildeten Stiles mit Bewunderung. Aber wiewol der Philologe durch den Reichthum des dankbarsten Materiales überrascht wird, kann sich der Historiker, wenn er den Inhalt der erhaltenen Denkmäler überblickt, trauriger Eindrücke nicht erwehren. Diese reiche Literatur ist arm an lebendigem und volksthümlichem Inhalte; über Geschichte, Charakter und Lebensart des Volkes giebt sie den wenigsten Aufschluß. Vergebens forscht man nach einer bedeutenderen Originalarbeit, fast Alles ist der Apokryphenliteratur der Griechen oder, durch griechische Vermittelung, den literarischen Schätzen der fernen Araber und Inder entlehnt. Die Kunstpoesie war den alten Bulgaren fremd; die so reich entwickelte Nationaldichtung hatte auf das gesammte Schriftthum, so viel bekannt ist, keinen Einfluß."

Was nun den Kern der Bevölkerung in den südslavischen Ländern anbelangt, so wissen wir nichts über die Vermischung der eingewanderten Slaven mit den einheimischen thrakischen Stämmen. Jedenfalls ging deren Assimilirung schon frühzeitig und sehr vollständig vor sich, denn es lassen sich im Südslaven fast keine Spuren eines fremden Einflusses auffinden, so daß man ihn im Allgemeinen für einen reinen Slaven hält.

Von den Reichen, welche die Südslaven auf der Balkanhalbinsel gründeten, erhielt Kroatien seine Selbständigkeit nur bis 1091, in welchem Jahre es mit dem mittlerweile entstandenen Ungarn vereinigt wurde. In seiner weitesten Ausdehnung umfaßte es Theile von Bosnien, Dalmatien und die Herzegowina. Daneben bestand das Reich der Serben, welches sich länger erhielt. Es zerfiel in sieben Distrikte mit Schupanen (Häuptlingen) an der Spitze, über die ein Großschupan als Lehensträger des byzantinischen Kaisers gesetzt war. Um die Mitte des 9. Jahrhunderts bekehrten sich die Serben zum griechisch-orientalischen Christenthum, und 1018 ward Serbien in eine byzantinische Provinz verwandelt; doch schon wenige Jahre später, 1043, wurden die oströmischen Befehlshaber durch Stephan Bogislaw vertrieben, dessen Sohn Michael (1050—1080) den Titel eines Königs von Serbien annahm. Im Jahre 1127 ging der westliche Theil, nämlich die Schupanschaft Bosnien und Rama, an Ungarn verloren, während der Rest ein eigenes Reich bildete, in welchem 1165 Stephan Nemanja die nach ihm benannte Dynastie bildete und das unter Stephan Duschan (1336—1356), welcher den kaiserlichen Zarentitel sich beilegte, sich über ganz Makedonien und Epirus bis südlich an den Meerbusen von Arta erstreckte. Doch schon unter seinem Sohne und Nachfolger Urosch V. wurden die eroberten Länder wieder verloren, und Zar Lazar I., welcher 1374 der Stifter einer neuen Dynastie ward, fiel am 13. Juni 1389 auf dem Amselfelde gegen die eindringenden Türken, womit die serbische Selbständigkeit ihr Ende hatte.

Völlig rein verstanden sich die Epiroten oder Albanesen zu erhalten, die lange Zeit unter einheimischen Fürsten unabhängig von Byzanz lebten. Dagegen gewannen Genua und Venedig Einfluß über sie. Im 14. Jahrhunderte zerstreute sich ein großer Theil dieser Schkipetaren über das kontinentale Griechenland, und selbst über einige Inseln, ja in Attika, Böotien, Megaris und Argolis bilden sie gegenwärtig noch den überwiegenden Theil der Bevölkerung. Prof. Schmidt glaubt aber, daß keine Vermischung der Albanesen mit den Griechen, wenigstens nicht in großem Maßstabe, stattgefunden habe; obwol sie auch griechisch reden, bewahren sie doch das Albanesische als Hauptsprache und bilden eine Nationalität für sich.

Nur ein Jahrhundert früher, etwa um 1230, begegnen wir den bisher nirgends gefundenen Walachen im Norden der Donau; südlich von derselben führt sie uns die byzantinische Geschichtschreibung schon im 6. Jahrhundert als Einwohner der Hämusgaue vor. Es sind dies die sogenannten Zinzaren oder Kutzowalachen, bei den Sprachforschern der Neuzeit Makedowalachen geheißen, die sich mit den Griechen, deren Religion sie theilen, identifiziren. Heutzutage sind sie von dort fast ganz verschwunden, nur auf einige geringe Sprachinseln beschränkt. In diesen Makedowalachen erkennt nun Rösler die Väter der heutigen Rumänen, welche aus den inneren Räumen der Halbinsel, Thrakien, Makedonien und Thessalien, nach den Gebieten jenseit der Donau auswanderten und später das Fürstenthum der Walachei gründeten.

Was war endlich das Schicksal der über die Balkanhalbinsel weit zerstreuten Griechen?

In einem Buche, das berühmt geworden ist durch die Leidenschaften, die es erregt hat, versuchte Fallmerayer zu beweisen, daß die alten Hellenen fast verschwunden und ihre heutigen Nachfolger durchweg ein illyro-slavisches Mischvolk seien. Diese Behauptung ist in diesem Umfange zu systematisch. Die in Hellas eingedrungenen und ansässig gewordenen Slaven haben niemals die Mehrheit der Bevölkerung gebildet, obgleich die Peloponnes lange in der Gewalt zweier slavischer Stämme verblieb. An diesen Aufenthalt der Slaven in Griechenland mahnen heute noch die zahllosen „Sklavochoria", die man bis nach Kreta findet, und die slavischen Namen von Bergen, Dörfern und Flüssen, die jetzt in weit entlegenen Gebieten dieser Rasse verbreitet sind. Allein der größte der lebenden Slavisten, Prof. Dr. Franz Miklositsch in Wien, hat dargethan, daß im Uebrigen die moderne neugriechische Sprache in keiner Weise eine Beeinflussung durch das Slavische erkennen lasse. In neuester Zeit endlich hat Prof. Bernhard Schmidt aus Jena den Nachweis geliefert, daß die heidnischen Elemente im christlichen Glauben und Kultus der Neugriechen, was sie über Dämonen, Riesen, Genien, über das Leben nach dem Tode denken, Alles noch aus der altgriechischen Zeit übernommen sei, daß mit einem Worte das alte Hellenenthum im Brauch und Glauben der Neugriechen heute noch fortlebe. Die Slaven, welche in Griechenland sich niederließen, verschmolzen mit der hellenischen Volksmasse, deren Sprache und Kultur sie annahmen; sie haben die Griechen nicht slavisirt, sondern sie sind vielmehr von diesen hellenisirt worden. Die griechische Nationalität assimilirt sich andere sehr leicht, ist überhaupt eine zähe, die sich nicht leicht aufgiebt und selbst dort vermehrt, wo sie nur in geringer Anzahl vorhanden ist. Prof. Vradaschka macht darauf aufmerksam, daß auch außerhalb Hellas im Süden viele Slaven schon gräcisirt worden sind, und Cyprian Robert erzählt, daß fast alle thrakischen Bulgaren Griechisch verstehen. Wie aber bei einem solchen Prozesse stets so Manches von dem aufgeschlürften Volk in das dominirende übergeht, so auch hier, und Spuren der Blutvermischung sind ganz unleugbar; wenn auch der griechische Typus durchaus nicht verschwunden ist und besonders bei den Frauen am reinsten vorkommt, so ist er doch fast überall ausgeartet. Noch viel deutlicher sind die slavischen Einflüsse in der Lebensweise und der Kleidung der heutigen Griechen erkenntlich, wie auch die zugleich pastoralen und kriegerischen Gewohnheiten der Slaven auf sie übergingen.

Da hier nur in ganz allgemeinen Umrissen ein Bild des ethnologischen Entwicklungsganges auf der Illyrischen Halbinsel geschaffen werden soll, so erübrigt nur noch eines Elementes zu gedenken, welches — obgleich in politischer Hinsicht das wichtigste — zu den soeben besprochenen erst vor kurzer Zeit hinzugetreten ist, in ethnologischer Hinsicht jedoch keine tiefgehende Veränderung der Verhältnisse hervorgebracht hat, wir meinen die Türken oder Osmanen, deren Geschichte wir weiter unten genauer kennen lernen werden. Indeß ist das türkische Element bis auf unsere Tage in der entschiedensten Minorität geblieben, wozu theilweise wol auch der Umstand beiträgt, daß es am Kindersegen nur wenig Freude hat und infolge des gegenseitigen Glaubenshasses sich beide Rassen, die arische und die hochasiatische, nur in den seltensten Fällen vermischt haben. Selbst dort, wo es den Türken gelungen ist, den Slaven ihre Religion auf die eine oder die andere Weise aufzudrängen, wie in Bosnien, ist doch in der Regel die Reinheit des Blutes erhalten geblieben. Ueber die ganze Halbinsel zersprengt, so daß man fast in keiner Stadt einzelne Repräsentanten des Türkenthums vermißt, sind die Osmanen doch stets noch fremde Gäste auf europäischem Boden, die es nie zu einer Verdichtung der Bevölkerung haben bringen können.

Jazygen.

Wie jetzt die Dinge in der Türkei liegen, so ist dieselbe der Hauptmasse ihrer Bevölkerung nach slavisch, gerade so wie das Byzantinische Reich es war. Und da ergiebt sich sofort die Gelegenheit, einen vielverbreiteten Irrthum zu berichtigen. Die Namensverschiedenheit der südslavischen Stämme verleitet zumeist zu dem Glauben, daß es sich hier auch um mehrere verschiedene und nur verwandte Völker handle. Nichts ist aber irrthümlicher. Unter den Südslaven ist nur der auf österreichisches Gebiet beschränkte, dermalen sehr geringe Stamm der Slovenen, dann in der Türkei jener der slavisirten Bulgaren als ethnisch verschieden zu bezeichnen. Sämmtliche anderen Südslaven sowol in Oesterreich als in der Türkei sind ein und dasselbe Volk, alle verschiedenen Namen, wie Kroaten, Slavonier, Serben, Dalmatiner, Montenegriner, nur verschiedene Bezeichnungen für ein und dasselbe Volk. Weder in der Herkunft noch in den

Anschauungen, noch endlich in der Sprache besteht ein Unterschied. Die Trennung in eine kroatische und in eine serbische Gruppe beruht nicht einmal auf einer dialektischen Verschiedenheit, denn diese beschränkt sich darauf, daß bei der Mehrheit, nämlich den Serben, das Fragewort „was" sto, bei den Kroaten kaj lautet, sondern lediglich auf der historischen Reminiscenz der beiden ehemaligen slavischen Staaten Kroatien und Serbien. Zugleich waltet auch zwischen beiden eine religiöse Differenz ob, dergestalt, daß die Bekenner der Griechisch-orientalischen Kirche, die sich zugleich der cyrillischen Schriftzeichen bedienen, Serben, die Bekenner der Römisch-katholischen Kirche aber, die sich der lateinischen Schrift bedienen, Kroaten genannt werden, selbstverständlich ohne daß selbst auch hier eine bestimmte unabänderliche Grenze gezogen werden könnte. In der Schriftsprache herrscht trotz der verschiedenen Schriftzeichen nicht der leiseste Unterschied. Der Dialekt der Bulgaren aber genießt, namentlich in seiner ältesten Form, bei den anderen Slaven eine pietätvolle Achtung und ist Kirchensprache bei den Bulgaren, Serben und Russen. Kein slavischer Dialekt hat sich nämlich im Laufe der Zeiten so verändert, wie leider der bulgarische, daß er von den anderen slavischen Idiomen am weitesten absteht und am schwersten verstanden wird. Man darf also, ohne irgend einen Widerspruch zu besorgen, aussprechen, daß die beiden Hauptstämme der Türkei das Volk der Südslaven und jenes der slavisirten Bulgaren sind, welch Letztere wir in einem späteren Abschnitte als die Kulturträger der Zukunft auf der Balkanhalbinsel kennen lernen werden.

Unter den gegenwärtigen ethnologischen Elementen der türkischen Halbinsel sind die Slaven überhaupt nicht blos ihrer Zahl, sondern auch ihrer Kulturbefähigung nach das wichtigste. Die bedauerlich geringe Kenntniß des Slaventhums im gebildeten Europa ist vorzüglich Schuld daran, daß allgemein nicht die Slaven, sondern die Griechen für Diejenigen gelten, welchen dereinst die Erbschaft der Türkei anheimfallen werde. Ein genaueres Studium zeigt, wie irrig diese Ansicht ist. Bei allen ihren sonstigen Vorzügen repräsentiren die Griechen in der Türkei bei weitem kein solches Kulturelement wie die Slaven. Ein Blick auf den seit einigen Jahren zu fast völliger Unabhängigkeit gelangten slavischen Staat Serbien bestätigt dies in vollstem Maße. Vor vierzig Jahren noch in einem Zustande, der an Barbarei wenig zu wünschen ließ, sehen wir heute das Fürstenthum Serbien im Besitze von Kultureinrichtungen, wie sich deren weder das griechische oder türkische Regiment, noch selbst kaum das benachbarte Rumänien rühmen kann.

In Vorstehendem haben wir in raschen Umrissen die Geschicke der Balkanvölker skizzirt bis zu dem Augenblicke, wo sie der Macht der von Osten einbrechenden Osmanen, gemeinhin aber weniger korrekt Türken genannt, erlagen, welche auf den Trümmern des alten Byzanz ein neues, lange hindurch machtvolles und gefürchtetes Reich aufrichteten und die politische Lage der Dinge im illyrischen Dreieck gründlicher umgestalteten, denn irgend je zuvor geschehen. Eine kurze Uebersicht ihrer Geschichte ist demnach unerläßlich, und finden wir dabei wol auch Gelegenheit, einen flüchtigen Blick auf die früheren Schicksale jener außereuropäischen Länder zu werfen, welche die Osmanen ihrem weiten Reiche einverleibten.

Die Heimat der türkischen Stämme sind die weiten Niederungen der aralo-kaspischen Tiefebene; hier tummelten sich wol von jeher auf flüchtigen Rossen türkische Nomaden dicht auf dem Rücken der eranischen Kulturwelt, die sie zu verschlingen drohten. Die älteste Geschichte der Turkvölker, welche von ihren Nachbarn, den Chinesen, den Namen Tha-tse, Tatal (Hunde, nördliche Barbaren) erhielten, woraus der Name Tataren entstanden, ist natürlich in tiefes Dunkel gehüllt. Allmählich errichteten sie im mittleren und nördlichen Asien Reiche, die sich rasch ausbreiteten, meist um wieder eben so rasch zu verfallen, und für uns kein weiteres Interesse besitzen. Erst mit dem Niedergange des abbassidischen Khalifenreiches, dessen Macht im frühen Mittelalter sich über ganz Vorderasien erstreckte, begannen die Türken auch für den Westen größere Wichtigkeit zu gewinnen. Wir hören zunächst von einer türkischen Leibwache der Khalifen, die bald gleich den Prätorianern in Rom über den Stuhl des Propheten verfügte und die geistliche Großherrnwürde in den Glanz einer Militärdespotie hüllte. Immer tiefer sank das Ansehen, die Macht des Khalifats, das allmählich in zahlreiche mohammedanische Reiche und Dynastien zersplitterte, welche in Kürze den Khalifen in Bagdad auf die einfache Rolle eines geistlichen Oberhauptes beschränkten, ähnlich wie in der Gegenwart der länderlose Papst von den Katholiken als geistlicher Oberhirte verehrt wird. Ehe es jedoch so weit kam, wußten einzelne Kriegsfürsten im Khalifate, unter dem Titel „Emire al Omra“ sich eine gleiche Stellung zu erringen, wie einst die fränkischen Hausmaier besaßen. In eine solche Stellung trat im 11. Jahrhunderte der sieggekrönte Häuptling der Seldschuken, Togrulbeg, der Stifter des späterhin zu bedeutender Macht sich emporschwingenden Seldschukenreiches. Diese Seldschuken waren ein Hirtenstamm der Turkomanen, welcher dereinst im Lande der heutigen Kirgisen nomadisch einherzog, sich unter Arslan im Gebiete der Stadt Bochara niederließ, unter Togrulbeg Ispahan eroberte und endlich, vom Khalifen zu Hülfe gerufen, sich dieselbe durch Verleihung der höchsten weltlichen Würde im Khalifate an seinen Häuptling bezahlen ließ. Siegreich über alle seine Feinde, überließ Togrulbeg nach seinem Tode die Macht seinem Neffen Alp-Arslan, welcher die Grenzen des Seldschukenreiches über Turkestan und Chowaresm ausdehnte und das gleich dem Khalifate immer tiefer sinkende Oströmische Reich erfolgreich bekriegte. Wie alle mohammedanischen Staaten löste sich aber auch die Herrschaft der Seldschukiden sehr bald in eine Menge unabhängiger Gebiete mit eigenen Fürsten auf, welche nur ein schwaches Lehens- oder Klientelverhältniß an das Reichsoberhaupt band. Unter diesen Reichen war das von Suleiman (Soliman) gegründete und durch glückliche Kriege mit den Byzantinern über Kappadokien, Kilikien, Isaurien und andere Länder Kleinasiens ausgedehnte Sultanat von Konieh, Iconium oder Rum das merkwürdigste. Aus diesem seldschukischen Türkenreich in Kleinasien ging auch das Osmanische Reich der Gegenwart hervor. Im 13. Jahrhunderte zog aus der allgemeinen Heimat der Turkvölker, den Ostgegenden des Kaspischen Meeres, wo heute noch die reinsten Türken, die sogenannten Turkomanen, sitzen, ein neuer Schwarm von etwa 50,000 oghusischen Türken unter Soliman-Schah nach dem Westen. Soliman's Sohn Ertoghrul aber trat als Lehnsträger in die Dienste Ala Edin's (Aladin's), seldschukischen Sultans von Konieh, und erhielt ein unbedeutendes Gebiet am Berge Olympos in Phrygien zur Regierung. Sein Sohn Osman, von welchem dieser Zweig der Türken zur Unterscheidung von den Seldschuken den Namen führen sollte, machte nach Ala Edin's Tode sich unabhängig, drang durch die olympischen Pässe nach Bithynien und legte sich, nachdem er sein Gebiet durch Eroberung gegen die schlaffen Byzantiner ansehnlich erweitert hatte, im Jahre 1300 den Titel „Sultan" bei, nachdem die alten Seldschuken-Sultane beseitigt worden, deren Abkömmlinge noch heute zu Konieh leben und in der Einfachheit des Privatlebens Etwas von der Kraft und den männlichen Eigenschaften bewahrt haben sollen, welche die Kinder Osman's einst so ausgezeichnet hatten. Osman selbst regierte bis zu seinem Tode (1327) und hinterließ die Regierung seinem Sohne Orchan, welcher ein Jahr zuvor, 1326, Prussa (Brussa oder Bursa) in Bithynien erobert hatte. Diese Stadt erhob der neue Sultan fürderhin zu seinem Herrschersitze, brachte dann ganz Kleinasien bis zum Hellespont unter seine Gewalt, organisirte das Heer und schuf durch kriegerische Erziehung ein streitbares Fußvolk, die Janitscharen, d. h. neue Truppen; es wurden zu diesem Behufe bei den besiegten christlichen Völkern die schönsten und kräftigsten Jünglinge ausgehoben und zum Islam bekehrt. Orchan war es auch, welcher den Titel Padischah annahm und das Thor seines Palastes die „Hohe Pforte" nannte, ein Name, welcher später dem Regierungspalaste in Konstantinopel geblieben ist. Unter Orchan's Sohne Soliman setzten die Türken im Jahre 1357 zum ersten Male ihren Fuß auf europäischen Boden, indem sie vom byzantinischen Griechenkaiser Johannes VI., wider einheimische Feinde zu Hülfe gerufen, mit 10,000 Reitern den Hellespont oder die Dardanellen überschritten und sich in der Stadt Gallipoli festsetzten, um diesen Punkt nie wieder herauszugeben.

Mit dem Erscheinen der osmanischen Türken, die wir nunmehr kurzweg Osmanli oder Osmanen nennen wollen, in Europa hebt unter Sultan Murad I. (1358—1389) die eigentliche Geschichte dieses Volkes an, welches erst in unserem Welttheile zu hoher Macht und ansehnlicher Kopfzahl anschwoll. Ein Theil der Osmanen blieb freilich auch in Kleinasien oder Anadoli, wie sie dieses Land nennen, zurück, doch sind die heutigen türkischen Bewohner Anatoliens durchaus nicht insgesammt Osmanen, sondern wol auch Abkömmlinge der ins Land gedrungenen Seldschuken. Aus dem weiten Herde der Turkstämme haben sich im Laufe der Zeit eine Menge barbarischer Horden nach Westen ergossen und so zu sagen schichtenweise über der ursprünglichen, wahrscheinlich kaukasischen, d. h. indogermanischen Bevölkerung Kleinasiens abgelagert. Unter dem vernichtenden Einflusse fortwährender Kriege und durch die neuen Eindringlinge räumlich und physisch bedrängt, schwand diese allmählich dahin und so konnte es geschehen, daß die türkischen Horden, deren jede einzelne keine übermäßige Kopfzahl aufzuweisen hatte, im Laufe der Zeit unvermerkt an die Stelle der ursprünglichen Bevölkerung traten und Kleinasien sich allgemach in ein türkisches Land verwandelte. Mit der Seßhaftwerdung stieg naturgemäß die Kopfzahl der türkischen Stämme, so daß in der Gegenwart gerade Kleinasien als der Hauptsitz jenes Türkenthumes gelten muß, welches mit den europäischen Osmanen die meiste Aehnlichkeit zeigt. Die Osmanen aber, während der relativ kurzen Frist ihres Verweilens in Kleinasien, kamen trotz ihrer Eroberungen niemals über die Bedeutung einer Horde hinaus.

Mohammed II.

Erst in Europa sind sie zu einem wirklichen Volke angeschwollen, welches jedoch immerhin seiner Kopfzahl nach zu den unbedeutendsten unseres Erdtheiles gehört und in diesem Punkte von den meisten kleinen Nationen, wie z. B. Dänen und Norwegern, bei weitem übertroffen wird.

Von Gallipoli aus eroberten die Osmanen 1365 Makedonien und Thrakien mit der Hauptstadt Adrianopel, welche unter dem Namen Edirne schon 1362 die glänzend geschmückte Metropole des neuen Reiches, die Residenz des gewaltigen Murad I. ward, unter dessen glorreicher Regierung der größte Theil der Balkanhalbinsel der osmanischen Macht erlag. Natürlich konnte die Ausdehnung der Osmanenherrschaft in Europa zunächst nur auf Kosten des griechischen Kaiserthums zu Byzanz vor sich gehen, welches im Norden durch die Reiche der Serben und Bulgaren ohnehin schon sehr beträchtliche territoriale Einbuße erlitten hatte und mittlerweile durch Parteikämpfe, Hofränke und Greuelthaten die letzte Kraft des gealterten Staates derart schwächte, daß es zum Widerstande gegen die neuen osmanischen Feinde völlig unfähig ward. In Kürze sah sich dasselbe daher auf das Gebiet von Konstantinopel und die nächste Umgebung beschränkt, und mußte schließlich gar dem Padischah in Adrianopel zinspflichtig werden. Jedermann konnte den baldigen Zusammenbruch des Byzantinischen Schattenkaiserthums voraussehen.

Soliman II.

Vielleicht hätte ihm schon Murad I. ein Ende bereitet, wäre diesem nicht daran gelegen gewesen, sein Reich in Europa zunächst nach einer Seite hin zu befestigen. Im Norden nämlich widerstanden die streitbaren Serben und Bulgaren den Osmanen eine Zeit lang mit Glück, diese galt es zunächst niederzuwerfen; dies bewirkte endlich der Ungestüm der Janitscharen am 15. Juni 1389 in der denkwürdigen Schlacht am Kossovo Polje, d. h. am Amselfelde, in welcher zwar Sultan Murad, der Sieger, von einem tapferen Serben erschlagen, zugleich aber die unheilvolle Suprematie der türkischen Osmanen über alle christlichen und arischen Stämme der Balkanhalbinsel dauernd begründet wurde. Nunmehr war ja auch das slavische Volksthum gebrochen, welches allein die Energie eines kühnen Widerstandes besaß, denn das morsche Griechenthum war längst kein Hinderniß mehr für den thatkräftigen Sieger. Der Weg nach Byzanz stand ihm jetzt offen, so bald es ihm beliebte.

Murad's tapferer Sohn, welcher nunmehr den Thron bestieg, der thatkräftige und gewaltthätige Bajazed I., setzte den Siegeslauf seiner Vorgänger mit solchem Erfolge fort, daß man ihn den „Blitz" nannte, wandte sich indeß nicht gleich gegen Konstantinopel, sondern gegen den Süden der Halbinsel, die er sich bis zur äußersten Spitze Lakoniens unterwarf. Wol waffnete sich jetzt das Abendland gegen den furchtbaren Feind, welchen eine kluge Politik nie die Schwelle Europa's hätte überschreiten lassen sollen, allein zu spät.

Skanderbeg.

In der mörderischen Schlacht von Nicopoli in Bulgarien unterlag das vereinigte Christenheer den osmanischen Barbaren und brachte sogar Bosnien in die Gewalt Bajazed's, dessen Siegeslauf nur durch die asiatischen Eroberungen Timur-Beg's (gewöhnlich Timur-Lenk genannt), auch eines Türken, aber aus dem Stamme Köreken, gehemmt wurde. Bajazed war eben zur Belagerung von Konstantinopel geschritten, als Timur die asiatische und einen Theil der osteuropäischen Welt in Grund und Boden aufwühlte und mit seinen streitbaren Hirtenscharen die osmanische Macht in Kleinasien bedrohte. Da entschloß sich Bajazed, die Belagerung Konstantinopels aufzuheben und dem Welteroberer entgegenzuziehen, unterlag aber gleichfalls in der Schlacht bei Ancyra, 1402. Timur's Reich sank indeß bald darauf eben so rasch in Trümmer, als es aufgebaut worden war; schon Bajazed's Enkel Murad II. (1421—1451) brachte die abtrünnigen Emirs Kleinasiens wieder unter seine Botmäßigkeit und konnte die Eroberungen an der Donau und am Balkan von Neuem beginnen; namentlich wandte er sich gegen die Magyaren, welche unter ihrem Heldenanführer Johann Corvinus Hunyad schon mehrmals die Osmanen zum Weichen gebracht hatten, und schlug dieselben am 10. November 1444 bei Varna aufs Haupt; dann eroberte er Korinth und Patras und focht gegen den Albanesenhäuptling Georg Kastrioto oder Skanderbeg, der ihm 1448 erheblichen Widerstand leistete. Sein Nachfolger Mohammed II. endlich versetzte noch dem ohnehin schon zinspflichtigen byzantinischen Reichsreste den Todesstoß durch die Einnahme von Konstantinopel, welches am 29. Mai 1454 nach 50tägiger heldenmüthiger Vertheidigung von den Türken erstürmt ward. Von nun an wehte die Fahne des Propheten auf der herrlichen, in eine Moschee umgewandelten Aja Sophia bis auf den heutigen Tag. Das schöne Byzanz, der alte Sitz oströmischer Herrlichkeit, ward die Residenz des Sultans, und sein historisch gewaltiger Name verwandelte sich im Munde der barbarischen Eroberer in den von Stambul.

Eine Eroberung folgte nun auf die andere: 1462 endete das seit 1204 bestehende selbständige Kaiserthum Trapezunt in Kleinasien mit der Enthauptung seines Herrschers durch die Osmanen und wurden die meisten Inseln des Aegäischen Meeres unterworfen; 1459 wurden Serbien und die Walachei dem Osmanischen Reiche einverleibt, die Moldau zinspflichtig, 1465 Bosnien zur türkischen Provinz gemacht, auch im Osten die osmanische Herrschaft weit nach Asien ausgedehnt. Zugleich legte Mohammed II. den Grund zu der türkischen Staatsverwaltung, Rechtspflege und Hofordnung, welche Sultan Soliman II. später ausbildete. Unter diesem (1520—1566), zur Zeit der Reformation, begannen die Osmanen auch für das Abendland gefährlich zu werden. Nach Osten hatte das Reich bis ins Herz von Indien gegriffen, nach Süden erstreckten sich die Eroberungen auf Mesopotamien, Syrien, Aegypten, Arabien bis in den Sudan. Jetzt (1521) nahmen sie Belgrad, 1522 die Insel Rhodos, 1526 fiel nach der unglücklichen Schlacht von Mohacs halb Ungarn in ihre Hände, 1529 erschienen sie vor Wien, dessen heldenmüthige Besatzung indeß das christliche Abendland vor osmanischer Knechtschaft rettete; zehn Jahre später rissen sie die venetianischen Inseln des Archipelagus an sich. 1541 eroberte Soliman II., genannt der Prächtige, fast ganz Ungarn und machte Budapest zur westlichen Hauptstadt seines Reiches. Kein Schrecken war damals in Deutschland größer als der Ruf: „Der Türke kommt!" Noch heute wird in einem großen Theile Deutschlands Abends die Türkenglocke geläutet. Auch in Afrika dehnte Soliman der Prächtige, dessen Regierung den Höhepunkt der türkischen Machtentwicklung bezeichnet, die Reichsgrenzen aus, indem die Pforte, wie die osmanische Regierung sich nannte, die Schutzherrlichkeit über die Seeräuberstaaten Algier, Tunis und Tripolis erhielt. Mit Soliman, der 1566 hochbetagt vor der Feste Szigeth in Ungarn starb, ging indeß die Kraft der Osmanen zu Grabe. Zwar erschienen sie, nach einem Jahrhunderte des beginnenden Verfalles, der Thatenlosigkeit und der inneren Zwiste zu neuem Aufschwunge sich vergeblich aufraffend, 1683 noch einmal vor Wien, aber hier brach sich am 12. September mit Hülfe der Polen und Deutschen endlich ihr Glück, und so rasch das Reich gewachsen, so rasch zerfiel es wieder; denn ein Reich, das blos mit dem Schwerte gegründet wird, das wie jenes der Osmanen nur zerstört, nicht aufzubauen weiß, hat keinen Bestand. Das Stauen in ihrem Vorschreiten beginnt mit dem Aufkommen der alten russischen Nationalmacht. Noch nimmt 1669 der spätere Großvezier Mustapha-Köprili den Venetianern Candia ab, erobern die Türken 1690 von Neuem Belgrad, behalten sie im Frieden von Carlowitz 1699 Temesvar im Banat, erhalten sie 1718 die Halbinsel Morea von den Venetianern abgetreten; allein schon 1671—1680 ward auch bereits der türkische Theil der Ukraine russisch, 1686 wird von den Oesterreichern Ofen zurückerobert; 1696 erobern die Russen zum ersten Male Azow. Prinz Eugen von Savoyen treibt mit dem Siege von Zenta an der Theiß am 11. September 1697 die Türken aus Ungarn und 1717 gewinnt er Belgrad wieder.

Im Jahre 1769 beginnt Rußland, welches unter der drückenden Herrschaft türkischer Völker, Mongolen und Tataren, mehr zu leiden gehabt, denn irgend ein Staat Europa's, seine Eroberungen, welche am 10. Juli 1774 zu dem überaus günstigen Friedensschlusse von Kütschük-Kainardschi führen, durch den die Gewalt der Osmanen glücklicherweise ein- für allemal gebrochen, zugleich aber das Uebergewicht Rußlands gegenüber dem Türkischen Reiche und seine Vorherrschaft in den Gegenden am Schwarzen Meere begründet ward. In dem vorangegangenen Kriege hatten die Russen mit dem größten Erfolge gestritten. Ihre Generale Romanzow und Panin eroberten fast die ganze Moldau und Walachei und trieben die Osmanen über die Donau zurück, die russische Flotte insurgirte die Griechen auf Morea und den Inseln des Archipels, setzte die türkische Flotte im Hafen von Tschesme durch Brander in Feuer und vernichtete sie. Dolgorucky eroberte 1771 die Krim, endlich umzingelten die Russen bei Schumla das osmanische Heer; den Türken blieb nichts Anderes übrig, als Frieden zu schließen. Zwar erhielt die Pforte Bessarabien und die beiden Fürstenthümer Moldau und Walachei durch den Friedensvertrag von Kütschük-Kainardschi wieder zurück, jedoch nur unter der Bedingung, daß die Fürsten der Moldau und Walachei fortan einen eigenen Geschäftsträger griechischer Konfession bei der Pforte haben sollten, sowie daß die in Konstantinopel residirenden Gesandten Rußlands für die Fürstenthümer bei der Pforte sprechen dürften und die Pforte diese Verwendung mit der einer befreundeten Macht geziemenden Rücksicht beachte. Es war dies der erste Riß in die „Integrität" des auf rechtlose Eroberung und unerhörte Aussaugung widerstrebender Völker aufgebauten Osmanischen Barbarenreiches, das erste Mal, daß dem Uebermuthe der asiatischen Eindringlinge Schranken gezogen wurden, die sie seither nie wieder überschreiten konnten. Diese That allein macht den Frieden von Kütschük-Kainardschi, aus dem die Vorstellung des Protektorates Rußlands über alle griechischen Christen im Osmanischen Reiche hervorwuchs, weitaus wichtiger als alle dessen sonstigen, für Rußland günstigen Stipulationen, wie daß die Türkei die Unabhängigkeit des Tatarenkhans in der Krim und in Kuban anerkennen, Rußland im Besitze von Azow und Kinburn, von Jenikale und Kertsch auf der Krim und von der großen und kleinen Kabardei belassen, endlich ihm auch freie Schiffahrt in allen türkischen Meeren gestatten mußte. Auf den Frieden von 1774 folgte der Friede von Jassy am 9. Januar 1792, wodurch die Türkei die Festung Oczakow und alles Land bis an den Dnjestr abtreten mußte. In unserem 19. Jahrhunderte setzte sich der Verfall der Türkei fort. Im Frieden von Bukurescht am 28. Mai 1812 erfolgte die Abtretung ganz Bessarabiens und eines Drittels der Moldau an Rußland und ward der Pruth zur Grenze zwischen beiden Reichen. Der Friede von Akjerman am 7. Oktober 1826 brachte Rußland die Hauptmündung der Donau und vortheilhafte Grenzen in Asien; 1828 erfolgt der große Schlag Rußlands, dessen siegreiche Heere unter Diebitsch Sabalkanski den Hämus überschritten und den bedrängten Osmanen am 14. September 1829 in Adrianopel den Frieden diktirten, wodurch die Pforte außer zehn Millionen Dukaten die Provinzen um das Schwarze Meer verlor, Rußland aber genauere Bestimmungen der Grenzen in Asien und der Verhältnisse der Donaufürstenthümer errang. Es folgte nun 1830 die Losreißung Griechenlands als eines eigenen souveränen Königreiches und die endgiltige Bestätigung der schon seit 1815 angebahnten Selbständigkeit des Fürstenthums Serbien; ferner lösten sich Egypten und Syrien nahezu ab. Der Osmane sah sich auf Konstantinopel beschränkt, des Todes gewärtig, die Katastrophe seines völligen Unterganges schien unmittelbar bevorzustehen; da war es die Politik der Eifersucht unter den europäischen Mächten, die dem Türkenreiche, diesem lebenden Anachronismus in unserer Mitte, das Leben verlängerte. Die Westmächte, hauptsächlich England, welches Frankreich für seine Politik zu gewinnen wußte, stellten sich gegen Rußland, um ihm das Erbe vorzuenthalten, das es nach uralter Tradition an der Newa haben muß und allem Anscheine nach früher oder später auch haben wird.

Der herzlose, auch in der Gegenwart von den in England herrschenden Tories vertretene Egoismus wollte schon damals der Welt glauben machen, daß die Lage geknechteter Nationen, wie es die christlichen Völker der Türkei stets waren und noch sind, und das Maß ihres Elends ausschließlich von den zur Slang-Phrase mißbrauchten „britischen Interessen" bestimmt werden müßte, während die russische Politik die Erlösung der türkischen Slaven und Christen von dem barbarischen Joche der Osmanen auf ihre Fahne geschrieben hatte. Durch den Krimkrieg 1854—1856 ward Rußland an der Ausführung seiner türkenfeindlichen Absichten gehindert und für zwei Jahrzehnte hinaus empfindlich geschwächt, die Türkei dagegen auf Grund scheinheiliger und heuchlerischer Versprechungen, daß sie das Los ihrer christlichen Unterthanen verbessern wolle, durch den Pariser Friedensvertrag von 1856 feierlichst in die Reihe der europäischen Großmächte aufgenommen. Im nächsten Abschnitte werden wir die Zustände des ganzen Reiches, insbesondere aber jene der christlichen (d. h. arischen) Stämme unter der Herrschaft des Halbmondes, beleuchten und zeigen, wie wenig Hoffnung auf eine Aenderung derselben sich schon damals ein genauer Kenner des Osmanenthums machen durfte. Es hatte nämlich die Türkei in Sultan Mahmud II. (1808—1839) einen gewaltigen Reformator gefunden, der nichts Geringeres plante, als das Land zu europäisiren, Volk und Reich durch Reformen auf eine den gesitteten Nationen ebenbürtige Stufe zu heben. Sein Nachfolger, der schwächliche Abdul-Medschid (1839—1861), wandelte dieselben Pfade, doch konnte es schon unter seiner Regierung keinem scharfblickenden Beobachter mehr verborgen bleiben, daß die so pomphaft angekündigte Europäisirung des Reiches nichts sei als eine großartige Komödie, eine kolossale Prellerei des leichtgläubigen Publikums in Europa, dem man vielmehr das emsig, aber geräuschlos an seiner inneren Ausbildung und Hebung arbeitende Rußland als den eigentlichen Barbaren zu zeigen liebte. Mit der Reform zog im Osmanenreiche eine mit jener der Vereinigten Staaten wetteifernde Korruption ein, die besonders unter der Regierung des Sultans Abdul Aziz (1861—1876) zu einer noch nicht dagewesenen Mißwirthschaft ausartete. Der dem Trunke und den Haremsfreuden im Uebermaß ergebene Sultan stürzte das Reich kopfüber in ein Meer von Schulden, die er selbstredend gegen hohe Zinsen bei fränkischen Spekulanten kontrahirte, und aus welchen es nur einen Ausweg gab, den gegen Ende 1875 erfolgten Staatsbankrott. Zu gleicher Zeit, im Sommer 1875, hatte sich in Bosnien und der Herzegowina eine Insurrektion der Christen gegen das osmanische Regiment erhoben, welche sich später auch nach Bulgarien verbreitete, und von der man behaupten will, sie sei von auswärts, d. h. von Rußland, geschürt worden. Sicher ist, daß die Zustände der Christen schlimm und traurig genug waren und noch sind, um die Insurrektion auch ohne fremdes Schüren nur zu begreiflich erscheinen zu lassen. In der Reichshauptstadt selbst besaß man für die Leiden des Volkes nicht das geringste Verständniß, sondern es folgte Palastintrigue auf Palastintrigue, welche fast alle Wochen neue Großveziere und Veziere schufen, die alle eben so rasch wieder verschwanden, als sie, dank einer großherrlichen Laune, aufgetaucht. Im Dunkeln, unter der Decke, wühlten die beiden Parteien der Alt- und Jungtürken, d. h. der Anhänger der altosmanischen Institutionen, also Gegner aller Reformen, und der von europäischem Geiste angehauchten, im Uebrigen ebenso nichsnutzigen Efendis und verblendeten Softa's.

Sultan Abdul Aziz.

4*

Diesen gelang es, die Oberhand zu gewinnen und am 30. Mai 1876 den unfähigen Sultan Abdul Aziz zu entthronen, worauf schon am 4. Juni ein „Selbstmord" an ihm vollzogen ward. An seine Stelle trat der junge Sultan Murad V., der nach nur dreimonatlicher Regierung wegen absoluter Unfähigkeit und Blödsinn abgesetzt wurde und den Thron seinem Bruder Abdul Hamid II. überlassen mußte.

Unfähig, den in den nördlichen Provinzen auflodernden Aufstand niederzuhalten, gaben die Osmanen sich in Bulgarien Greueln wider die Insurgenten hin, welche das Entsetzen der ganzen gebildeten Welt erregten. Das kleine Fürstenthum Serbien, welches für die bosnischen Brüder Partei ergriffen und im Vereine mit der Zrnagora der Pforte den Krieg erklärt hatte, vermochte die Türkei trotz einer überwältigenden Uebermacht erst nach lächerlich langer Frist zu besiegen, während sie von den tapferen Montenegrinern Niederlage auf Niederlage erlitt. Um endlich Ordnung in die Angelegenheiten der Balkanhalbinsel zu bringen und Ruhe zu stiften, entschlossen sich die europäischen Mächte, von denen Rußland seit Frühjahr 1876 eine drohende Haltung gegen die Pforte angenommen hatte und auf einer entschiedenen Verbesserung des Loses ihrer christlichen Unterthanen bestand, eine Konferenz in Konstantinopel zur Berathung der nöthigen Reformen zusammentreten zu lassen. Da führte, im Augenblicke der Konferenzeröffnung, der ans Ruder gelangte begabteste Vertreter des Jungtürkenthums, Mithad Pascha, den genialen Theaterstreich aus und ließ am 23. Dezember 1876 eine für das gesammte Osmanenreich giltige, überaus liberale Verfassung proklamiren, welche der europäischen Konferenz den Boden unter den Füßen wegzog und der Pforte den triftigsten Grund gab, selbst die näheren Beschlüsse dieser Versammlung abzulehnen. Die auf die Verblüffung kurzsichtiger Zuschauer in Europa berechnete Verfassung ward freilich in Bälde als das erkannt, was sie in der That ist, nämlich als eine unerhörte Spiegelfechterei, deren thatsächliche Einführung völlig machtlos ist, an den türkischen Verhältnissen das Geringste zu ändern oder zu bessern; am treffendsten charakterisirte sich ihr Werth aber dadurch, daß nur wenige Wochen später ihr eigener Schöpfer einer neuen Herrscherlaune zum Opfer fiel und eben kraft §. 113 dieser freisinnigen Verfassung in die Verbannung gesandt ward! Seither ist es allerdings gelungen, mit Serbien wieder Frieden zu schließen, das Reich kracht und ächzt aber in allen Fugen, die inneren Zustände gestalten sich immer chaotischer und seine mit immer eilenderem Geschwindschritt heranrückende totale Selbstauflösung und Zersetzung, welche ein bevorstehender Krieg mit Rußland nur beschleunigen kann, ist die Frage einer wahrscheinlich nicht mehr allzu fernen Zukunft.

Ferik-Pascha, Miri Alaj, Sipahi's.

III. Türkische Zustände.

Zustand des Osmanischen Reiches vor Mahmud's Reform. — Die gegenwärtige Bureaukratie und die Efendis. — Gleichheitsgefühl der Osmanen und seine Folgen. — Die Ulema's. — Mohammedanisches Recht. — Die Wehrkraft des Osmanischen Reiches. — Türkische Rekruten. — Mängel des Heerwesens. — Charles Yriarte's Schilderung einer türkischen Truppenabtheilung im Kampfe gegen die bosnischen Insurgenten. — Die türkische Flotte. — Die osmanische Verwaltung. — Fiasco der Reform Mahmud's II. — Die Zustände in Anatolien. — Gemälde der allgemeinen osmanischen Mißwirthschaft. — Baron Schweiger-Lerchenfeld's Schilderung derselben. — Prof. Sprenger über die Zustände in den Tigrisländern. — Kultureinwirkungen des Islam. — Erziehung. — Volksschulen. — Der höhere Unterricht. — Die Wege der Neuerungen. — Wirkungen der Reformen. — Gegensatz zwischen Osten und Westen. — Verwesung des Osmanenreiches. — Numerisches Sinken der reinen Osmanen. — Slavische Mohammedaner. — Die Lage der Christen in der Türkei. — Kultur und Barbarei bei Türken und Slaven. — Zukunft der Slaven. — Das Irade von 1875. — Die neue Verfassung vom 23. Dezember 1876. — Ihr Werth. — Die Wahlen fürs Parlament. — Die feierliche Eröffnung desselben. — Die Thronrede des Sultans.

Die Aufgabe dieses Abschnittes, den wir einfach „Türkische Zustände" überschrieben, ist es, das Wesen sowol der osmanischen Staatsmaschine als die Lage der dem osmanischen Scepter unterworfenen Völkerschaften kennen zu lernen. Der Leser ahnt, daß sich mit dem Thema allein ein mehrbändiges

Buch füllen ließe; wir müssen uns beschränken, die wichtigsten Punkte hervorzuheben, und beginnen behufs besseren Verständnisses mit einem geschichtlichen Rückblick auf die inneren Vorgänge in der Türkei, seit Sultan Mahmud's II. Reform den mißglückten Versuch gemacht, das orientalische, durchaus asiatische Reich zu europäisiren.

Man stellt sich gemeiniglich vor, daß das Osmanische Reich früher unter einem ungemilderten Despotismus schmachtete, wo der Wille des Sultans und die brutale Gier der Pascha's allein Gesetz waren; wo die Bevölkerung, besonders die christliche, täglich neuen und grausamen Erpressungen sich ausgesetzt sah, während erst durch Mahmud's II. Reform der Staat einem relativ freiheitlichen, geordneten, gesetzmäßigen und fortschrittlichen Zustande zugeführt ward. Von diesen beiden Ansichten ist nun das gerade Gegentheil wahr. Von einer Konföderation halb unabhängiger Staaten, jeder mit seinen eigenthümlichen Sitten, Privilegien und Einrichtungen, ausgestattet mit der genügenden Macht, sie zu vertheidigen, und einer zwar rohen, aber wirksamen Volksvertretung — gelangte die Türkei in den jüngsten fünfzig Jahren zu einem absoluten, unkontrolirten, centralisirenden Despotismus, in dem die früheren Privilegien, Einrichtungen, Sitten, Volksvertretungen, kurz jede Spur von Volksfreiheit und Lokalautonomie, in einer blind centralisirenden Gleichförmigkeit untergingen.

Als 1808 Sultan Mahmud II. den Thron bestieg, verdiente das decentralisirte Reich kaum den Namen einer Monarchie; er selbst war weit entfernt, ein absoluter Herrscher zu sein, denn sein Wille war durch nicht weniger denn vier wichtige Faktoren, darunter drei gesetzmäßige, beschränkt. Der vierte waren die im 17. und 18. Jahrhundert entarteten Janitscharen, welche ihre Macht benutzten, um etwaigem Mißbrauche der souveränen Gewalt regelmäßig entgegenzutreten. Kaum minder mächtig waren die Ulema's oder jene Gelehrten, deren Stellung an die der Schreiber und Schriftgelehrten des späteren jüdischen Volkes mahnt. Die Entscheidungen der Ulema's konnten niemals ungestraft ignorirt werden, denn ihr religiöser Charakter sicherte ihnen die Stimme des Heeres wie des Volkes; die Gerechtigkeit erfordert zu sagen, daß ihre Entscheidungen meist das Recht vertraten. Janitscharen und Ulemas hatten ihren Sitz in der Hauptstadt; am flachen Lande waren zwei andere Faktoren wirksam: die Timarli's und die sogenannten Dereh Begs, die „Herren vom Thale", nach der Lage ihrer gewöhnlich an einem Straßendéfilé oder einer Bergschlucht erbauten Schlösser und Kastelle benannt, von wo aus sie Zoll von den Reisenden einforderten. Viele dieser Dereh-Begs stammten aus alter Zeit, ihre Familien hatten hier geherrscht lange vor Ankunft der Osmanen, deren Sultane sie in ihren Privilegien bestätigten, andere wurden erst von den Sultanen eingesetzt. An der Spitze einer Schar bewaffneter Vasallen übten sie eine sehr bedeutende lokale Autorität und waren sie die natürlichen Gegner jeder centralisirenden, auf Ausbeutung der Provinzen zu ausschließlichen Gunsten der Hauptstadt abzielenden Bewegung. Die Dereh-Begs entsprachen in jeder Hinsicht dem alten Feudaladel Westeuropa's. Neben ihnen gab es die Timarli's oder Inhaber militärischer Lehen, die, anfänglich nur für Lebzeiten vom Staate mit Lehngütern bedacht, sich auf denselben allmählich erblich gemacht hatten. Ihre Anzahl war eine sehr beträchtliche. Endlich hinter den Dereh=Begs und Timarli's stand noch ein fünfter Machtfaktor — ein bewaffnetes Volk; jeder erwachsene Jüngling trug Waffen und wußte sie zu gebrauchen. Der Willkür der Pascha's war dadurch an sich in der sehr unberechenbaren Langmuth des Volkes eine unüberschreitbare Schranke gezogen.

Von diesen fünf Faktoren sind vier bis heute gänzlich verschwunden. Die Vernichtung der Janitscharen ist bekannt; zwischen 1830 und 1840 verschwanden die Dereh=Begs und auch die Timarlis, deren Güter Mahmud mit einem einzigen Federstriche einzog, indem er alle von seinen Vorgängern gewährten Privilegien aufhob; endlich erlitt das Recht des Waffentragens eine starke Beschränkung. Die Ulema's allein sind noch übrig geblieben. Auf dieser tabula rasa konnte nun Mahmud seine Reform beginnen; sie gipfelte in einem stehenden Heere und in einer centralisirten bureaukratischen Verwaltung, änderte aber sonst nichts an dem Charakter des Reiches. Dieser ist auch in der Gegenwart und auch in Europa, so weit die herrschende Rasse der Osmanen ihm seinen Stempel aufgedrückt, ein durchaus morgenländischer; man kann deshalb nur von einem Osmanischen oder Türkischen „Reiche", nicht von einem türkischen „Staate" sprechen, denn zu einem Staatswesen in europäischem Sinne haben es die Türken, trotz der später zu beleuchtenden modernsten Verfassung, nicht gebracht. Dem ottomanischen Wesen war der Begriff „Staat" und Staatsdienst fremd. Mit der Reform Mahmud's II. mußte der Versuch gemacht werden, den einen zu gründen und infolge dessen den anderen einzurichten. Das Experiment ist aber gründlich mißlungen; bis zur Stunde ist man berechtigt, die Türkei für das anzusehen, was sie bislang gewesen, für das Reich schrankenlosester Willkür, in dem der Wille des **Sultans**, des Staatsoberhauptes, neben den Vorschriften des **Koran** und der daraus entwickelten Rechtslehre, dem Scheri, als einziges Gesetz gilt. Der osmanische Regierungsgedanke war von Beginn an theokratisch=militärisch. Die Nachfolger Osman's waren die obersten Heerführer und Streiter des Islam. Durch die Erwerbung des Khalifats (Nachfolge des Propheten) unter Sultan Selim I. wurden sie zugleich Pontifices des Glaubens und oberste Richter. Durch Vikare ließen sie diesen Theil ihrer Machtbefugnisse ausüben, wie den politischen und militärischen durch ihre Veziere und Serdars. („Murad Efendi". Türkische Skizzen. Leipzig 1877. II. Bd. S. 90). Heute sind Beide dem Namen nach zwar Diener des Staates, der sie auch besoldet, das Wesen der Verwaltung ist aber so ziemlich das nämliche wie ehedem geblieben. Der Großsultan, **Padischah**, ist unumschränkter Gebieter; sein erster Minister heißt **Großvezier**, dem die anderen Minister (**Veziere**) unterstehen. Es besteht auch ein Staatsrath, **Divan**, und zur Auslegung der Gesetze die schon oben erwähnte Körperschaft der Ulema, deren Chef der **Scheich-ül-Islam** ist. An der Spitze der Provinzen oder Oberstatthalterschaften, **Vilajete** oder **Ejalete**, in welche das Reich zerfällt, steht ein **Vali**, welchen jedoch die Willkür der Pfortenregierung meist nur kurze Zeit auf seinem Posten beläßt.

Der aus der Reform Mahmud's II. hervorgegangene Civildienst mit einer Bureaukratie, eine ganz moderne Einrichtung also, ist beim Volke im

Großen und Ganzen nie populär geworden. Ihn charakterisirt der moderne „Efendi", meist ein jugendlicher Stutzer, den vom Pariser seiner Art nur der rothe Fez auf dem Haupte unterscheidet. Der „Efendi" ist ursprünglich ein den Schriftgelehrten gebührender Titel, weshalb er lange den Christen, deren viele von Alters her „Bei" betitelt wurden, verweigert blieb; Efendi bedeutet bei den Osmanen so viel als „Doktor", wohlverstanden ohne Examen, Graduirung und Diplom; denn den Ehrentitel Efendi darf sich Jeder beilegen, welcher der Wissenschaft des Schreibens kundig ist und folglich seinem Wissen nach Anspruch erheben kann, den gebildeten Ständen zugezählt zu werden. Denn die Schrift ist für den Orientalen nicht ein bloßes Mittel, sondern ein Zweck, und läßt verschiedene Kenntnisse, deren Ausdruck sie gewissermaßen ist, unbedingt voraussetzen. Das aus solchen Efendis bestehende Beamtenthum bildet eine geschlossene Gesellschaft und rekrutirt sich aus engeren Kreisen von Beamtenfamilien, zu denen indeß die Christen ein namhaftes Kontingent stellen. Der Sohn des Beamten tritt natürlich wieder,. und zwar oft in einem Alter, in welchem der deutsche Knabe noch das Gymnasium besucht, in den Staatsdienst ein, denn das Letzte, was sich aus dem Herzen des Osmanen entfernt, ist seine Liebe zu Amt und Würden. Das Gehalt an der „Pforte" wird sehr geschätzt, eine Stellung daselbst ist sehr gesucht, besonders von Denen, die ihren „Weg machen" wollen; als Belohnung wird dem Efendi endlich von der Pforte ein Rang aus einer der fünf, respektive acht Rangklassen verliehen, in welche, ähnlich dem russischen Tschin, die ottomanische Bureaukratie gegliedert ist. Außer den Zielen des Ehrgeizes strebt der Efendi, indem er sich im Rang erhebt und im Gehalt abrundet, Zweierlei an: den Besitz eines Hauses, wäre es auch noch so beschränkt, und einer Kutsche, wäre sie auch einspännig. Der Efendi ist zumeist Autodidakt; ist er begabt oder ehrgeizig — und oft ist er beides zugleich — so weiß er sich die unentbehrlichsten Kenntnisse selbst zu verschaffen. Die Meisten erlernen irgend Etwas, wenn auch oberflächlich, doch wiegt der Vorwurf der Unwissenheit so schwer als der Leumund der Leichtfertigkeit. Eine eigentlich geregelte Laufbahn, wie sie in der Armee eingeführt ist, besteht nicht, denn was seit der Reform vom Abendlande herübergenommen wurde, hat keine tieferen Wurzeln gefaßt. Die Umrisse bestehen; im Detail sind sie nur sprung- und theilweise ausgeführt worden und entbehren auch da des systematischen Stempels.

Abweichend von den Arabern legen die Osmanen auf die Abstammung gar keinen Werth. Innerhalb ihrer theokratisch-militärisch organisirten Gesellschaft gab es von jeher nur Rangstufen, aber keine Kasten, keinerlei Geburts- oder Erbadel. Zu den höchsten Würden kann Jeder emporsteigen, und der Fall ist häufig, um nicht zu sagen gewöhnlich, daß ein Osmane, den untersten Schichten des Volkes entsprossen, als Generalissimus die Armeen befehligt, als Vezier das Reich verwaltet, oder aber mit dem Sultan nahe verschwägert ist (Murad Efendi, „Türkische Skizzen". Leipzig 1877, II. Bd.). Die geringen Ansätze einer alten Aristokratie (die Dereh-Begs und Timarlis) zerstörte, wie wir sahen, Mahmud II. mit seiner Reform. Damit zerstörte er aber auch die einzige Klasse der Gesellschaft, aus welcher die Regierung

Türkei I. Leipzig: Verlag von Otto Spamer.

Aufruf zu den Waffen.

gebildet werden konnte, um diese einem Haufen von Abenteurern auszuliefern. Wenige türkische Minister seither konnten auf ihren eigenen Großvater verweisen; manche entstammten den tiefsten Schichten des Volkes. Und doch ist es gewiß, daß nur wer über eigene Ehre zu wachen hat, auch über jene Anderer wacht; eine aristokratisch-bureaukratische Regierung mag stagniren, eine demokratisch-bureaukratische geht rasch in die Korruption eines New-Yorker „Ringes“ über. Wundern dürfen wir uns übrigens über Mahmud's II. Verhalten gegen die alte Feudalaristokratie nicht; sind doch die Sultane selbst oft Kinder einfacher Sklavinnen, welche die Geburt eines Sohnes zum Range einer Sultanin erhebt. Deshalb gilt auch die Stellung des Dieners in der Türkei, wo diese Klasse einen unverhältnißmäßig großen Bruchtheil der Gesammtbevölkerung abgiebt, durchaus nicht als entwürdigend; früher, d. h. vor der Reform, bildete die gesellschaftliche Stellung der Dienenden, worunter auch die Hausſklaven zu verstehen sind, sogar theils eine Ergänzung zur Staatsverwaltung, theils ein Noviziat zu den Aemtern des Staatsdienstes selber, und der Uebertritt der Diener in die öffentliche Laufbahn war allgemein üblich. Den Dienern hoher Würdenträger werden auch jetzt noch immer honoräre Beamtengrade verliehen, und der Diener selbst fühlt sich noch immer als ein Anhängsel der Staatsmaschine. Deshalb wird er im osmanischen Hause auch jetzt noch als eine Art Familienmitglied betrachtet und darnach behandelt.

In dieser so merkwürdig und von der europäischen so abweichend organisirten Gesellschaft nehmen die Ulema's eine beachtenswerthe Stellung ein. Obschon zur straffen Hierarchie gegliedert, bilden sie so wenig einen eigenen Körper im Staate als das Heer; beide sind ein immanenter Bestandtheil der muselmännischen Gemeinschaft, wie der Koran das Buch der religiösen Offenbarung und zugleich das bürgerliche Gesetzbuch darstellt, wie der Sultan zugleich Herrscher und oberster Hüter des Glaubens ist. Die Ulema's, deren Chef der „Scheich-ül-Islam“ ist, sind die theologisch gebildeten Gelehrten, Richter und Lehrer. Sie theilen sich in zwei Kategorien, nämlich in Juristen (Foukeha) und in Schriftgelehrte (Ulema), ohne daß jedoch diese Eintheilung eine eigentliche Scheidung in sich begriffe. Die Hierarchie bestimmt den Wirkungskreis der Richter (Molla's und Kadi's), der Theologen (Mufti's), der Professoren (Muderri's) und der Diener des Kultus (Chatybs, Imams, Muezzins und Kayms) und theilt diese wieder in verschiedene Rangstufen ein. Einen Klerus in christlichem Sinne besitzt der Islam nicht; unser Priesterthum ist ihm fremd und der Iman z. B. nicht mit einem christlichen Geistlichen vergleichbar. Zu Ulema's werden die Moslim in den Medresse (theologischen Schulen), deren ansehnlichste die zu Stambul, Adrianopel und Brussa sind, herangebildet. Die Studenten in der Medresse heißen Softa's.

Die Grundvesten des Osmanischen Reiches ruhen auf dem Koran, und es ist eine nothwendige Folge der mohammedanischen Anschauung, daß sie sich im Allgemeinen den Staat nicht anders denken kann, als unter der Gestalt einer Theokratie. Daher ist auch bei den Türken die raison d'être des Staates nicht, wie bei den abendländischen Völkern, das Gemeinwohl, sondern blos der Wille des überirdischen Wesens und die Ausübung seines Dienstes, während die Gesetze als dessen unmittelbare Befehle aufgefaßt werden.

Infolge dieser theokratischen Anschauung verschmelzen die Begriffe von Recht und Religion in Eins und werden beide aus derselben Quelle, aus den heiligen Büchern, geschöpft, so daß die Juristen zugleich Theologen und die Theologen zugleich Juristen sein müssen. Alle juristischen Bücher enthalten daher neben den eigentlichen Rechtsbestimmungen die wichtigsten Vorschriften der Religion, die großen Pflichten gegen Allah, als da sind: Reinigung, Gebet, Pflichten gegen die Verstorbenen, Almosengeben, Fasten und die Pilgerfahrt nach Mekka. Die Almosen werden in Form einer Steuer (zakât) von besonderen Beamten (âmil) eingetrieben; dem Zakat unterworfen sind: Vieh, Kostbarkeiten, Saatfrüchte, Feldfrüchte und Waaren. Ist es im religiösen oder kirchlichen Rechte (ibadât) noch möglich, den arabischen Rechtsgelehrten zu folgen, so hört dies völlig auf, sobald wir uns dem Vermögensrechte zuwenden. Dieses zeichnet sich durch Systemlosigkeit und Unvollkommenheit aus; viele unserer Rechtsgrundsätze finden wir gar nicht in demselben vertreten. Außer dem Kauf werden unter dem Begriff lai noch allerhand andere Uebereinkunftsverhältnisse zusammengefaßt; ja selbst die Ehe, da die Heirath nach mohammedanischem Rechte nichts weiter als der fingirte Kauf einer Frau ist. Eigenthümlich ist auch die Bestimmung, daß der Geschenkgeber seine Gabe, so lange als der Empfänger lebt, jederzeit zurückziehen kann.

Die Lehre von den sachlichen Rechten ist nur wenig entwickelt; blos Besitz und Eigenthum sind von den Juristen halbwegs genügend ausgearbeitet. Bei der Unsicherheit des gesellschaftlichen Verkehres und dem noch ziemlich primitiven Zustande des Handels und der Industrie, welchen die mohammedanischen Rechtsgelehrten vor Augen hatten, bestand selbstverständlich der größte und namentlich der sicherste Reichthum in liegenden Gütern, und es ist daher nicht zu verwundern, daß sie diesen Gegenstand mit größerer Sorgfalt behandelten. Alles mohammedanische Land zerfällt in drei Klassen: 1. das heilige Land, 2. dem Staate gehöriges Land, worauf die Ansässigen ein erbliches Gebrauchsrecht ausüben, und 3. freies Eigenthum. Zur zweiten Klasse gehört auch das im „heiligen" Kriege gegen die Ungläubigen erworbene Land, dessen Bewohner ihr ferneres Verbleiben auf demselben durch eine jährliche Steuer (charâdsch) erkaufen müssen. Das Grundstück ist „wakuf" des Staates, d. h. es ist für ewige Zeiten an den Besitzer vermiethet, und die Steuer ist daher als eine auf dem Grundstücke haftende fortdauernd zu entrichten, auch wenn der Besitzer Mohammedaner ist. So zerfällt also das Grundeigenthum in weltliches und geistliches. Das weltliche gehört größtentheils dem Padischah, das geistliche den Dschamis (Moscheen).

Ueber die Art und Weise, wie die Grundstücke wakuf werden, d. h. in die todte Hand übergehen, belehrt uns sehr anschaulich Karl Braun (Wiesbaden); er sagt: „Der Sultan ist der oberste Lehnsherr, und nur Der genießt Schutz für Grund und Boden, der einen Lehnsbrief des Padischah für sich oder seinen Vorgänger geltend machen kann. Ob der Besitztitel genügt, darüber entscheidet der Kadi.

Softa's und Ulemas vor der Pforte einer Medresse.

Der türkische Papst, genannt Scheik-ül-Islam, der oberste Mann des Glaubensgesetzes, wählt aus der Zahl seiner theologischen Juristen oder juristischen Theologen die Kadi's und schickt sie in die Provinzen, wo sie Recht sprechen nach dem Koran, der auf europäische Zustände paßt, wie die Faust auf das Auge. Der Kadi ist angestellt auf Zeit und auf Trinkgeld. Er ist in der Regel nur auf fünf Jahre ernannt und steht auf Bakschisch und auf Sporteln. Gehalt bekommt er natürlich nicht, vielmehr muß er für das Beneficium seines Amtes einen jährlichen Tribut an seinen Vorgesetzten bezahlen. Welchen Schutz bei einem solchen Richter die Rajah für ihr Grundeigenthum findet, läßt sich unschwer ermessen. Das schlimmste unter den schlimmen Geschöpfen ist aber der „Mülterim", d. h. der Pächter der Zehnten und der Steuern, in Vergleich zu welchem der Generalpächter des ancien régime, wie wir ihn aus der französischen Geschichte des 17. und 18. Jahrhunderts kennen, immer noch ein Gentleman ist. Alles Privateigenthum ist mit dem Zehnten belastet, welcher die Haupteinnahme-Quelle des Reiches bildet oder bilden sollte. Zuweilen wird ein Zuschlag dazu dekretirt, so daß etwa statt der zehnten Garbe schon die achte oder siebente genommen werden darf. Jedenfalls aber wird diese Frage im Dunkeln behalten, und der Zehntpächter, der seinerseits wieder von dem Pascha geschraubt und ausgebeutet wird, nützt diese Dunkelheit so weit aus, daß er manchmal anstatt der zehnten Garbe schon je die dritte nimmt. Wenn der Grundeigenthümer sich dem nicht unterwerfen will, so wird er von dem Mülterim bis auf das Blut chicanirt oder gar seines Besitzes entsetzt. Je besser die Ernte, je fleißiger der Bauer ist, desto höher steigen die Ansprüche des Mülterim, und je mehr der Mülterim einhebt, desto weniger fließt in die Hauptkasse zu Stambul. Schließlich bleibt dem armen bäuerlichen Proletarier kein anderer Ausweg, als seinen Besitz dem Kirchengut, dem Wakuf, zu übertragen. Wenn je irgendwo der Spruch, daß die Kirche eiserne Zähne und einen guten Magen besitzt, sich bewährt, so ist es in der europäischen Türkei. Der Wakuf, d. h. der Besitz der todten Hand der mohammedanischen Kirchen und Klöster, wächst mit jedem Jahre, und ein der türkischen Zustände sehr kundiger englischer Staatsmann versichert, derselbe betrage jetzt schon über die Hälfte alles nutzbaren Grundeigenthums. Der Rajah bleibt in der That keine Rettung, als sich aus Furcht vor dem Mülterim in die Arme des Imam zu werfen. Er schenkt sein Gut der Moschee und erhält dasselbe zehntfrei zurück zu Erb- oder Zeitpacht. Denn der Wakuf ist dem Zehnten nicht unterworfen. Das Pachtgeld aber ist fixirt, bietet also eine sichere Grundlage für den Wirthschaftsplan."

Infolge der Vielweiberei und der häufigen Ehescheidungen ist das Erbrecht äußerst verwickelt. Charakteristisch ist, daß nach dem Wortlaute des Gesetzes in den meisten Fällen mehr Erbschaftsantheile gefordert werden können, als Theile im Ganzen da sind. Der Erblasser darf nur über ein Drittel seines Vermögens frei verfügen. Aufgehoben wird das Erbrecht durch Unglauben, durch gewaltsamen Tod des Erblassers, durch Verstoßung seiner Frau und durch Sklaverei. In Bezug auf das Personen- und Familienrecht ist zu erwähnen, daß zwar im Sinne der ursprünglichen Auffassung der Ehe, als eines Kaufvertrags, für den Besitz einer Frau ein Aequivalent (mahr) gezahlt wird, daß aber die Masse des Volkes die Entrichtung des Mahr nur noch als eine symbolische Handlung betrachtet. Die Zustimmung des Mädchens zu einer Heirath ist nur dann nothwendig, wenn ein entfernter Verwandter als Vormund auftritt. Eine verheirathet gewesene Frau kann nicht ohne ihren Willen wieder verheirathet werden. Gütergemeinschaft in der Ehe oder Mitgift kennt man nicht; jeder der beiden Ehegatten behält das, was er besitzt. Die Ehe wird gelöst durch den Tod, durch den Abfall vom Islam und durch die Scheidung. Die Leichtigkeit, mit welcher letztere vorgenommen werden kann, wirkt zersetzender auf das orientalische Familienleben als die Vielweiberei. Gleichzeitig darf ein Mann nicht mehr als vier rechtmäßige Frauen haben, dagegen kann er, kraft seines Eigenthumsrechts, mit allen seinen Sklavinnen geschlechtlichen Umgang pflegen. Gebiert ihm eine Sklavin ein Kind, das er als das seinige anerkennt, so wird sie eine omm-walad, d. h. sie darf nicht mehr verkauft oder verpfändet werden. Ehen zwischen Sklaven und Besitzer sind nicht zulässig, es muß vorerst eine Freiheitserklärung gegeben werden. Sklaven können nicht mehr als zwei Frauen haben, die Kinder gehen in das Eigenthum des Herrn über, wenn die Mutter Sklavin ist; andernfalls sind sie wie diese frei. Sklave kann Jemand nur werden durch Geburt oder durch Kriegsgefangenschaft, aber blos im sogenannten „heiligen" Kriege. Vollkommen im Widerspruche mit dem mohammedanischen Recht ist es hingegen, wenn Eltern ihre Kinder, besonders Mädchen, als Sklaven verkaufen. Die Sklaven dürfen gezüchtigt, ja selbst getödtet werden; wer dies aber ohne stichhaltigen Grund thut oder sie unmenschlich behandelt, wird vom Kadi bestraft. Die Sklaven selbst unterliegen einem verschiedenen, im Allgemeinen aber milderen Strafrechte als die Freien. Ebenso wie der Rechtspersönlichkeit entbehrt der Sklave auch der Vermögenspersönlichkeit; es ist jedoch gestattet, daß Sklaven für ihren Herrn Handel treiben und Verträge abschließen. Die Freilassung eines Sklaven, zumal mohammedanischen Glaubens, gilt als sehr verdienstlich. Das Strafrecht gründet sich theils auf Wiedervergeltung, theils auf Abschreckung und theils auf Schadenersatz. Auf Mord steht die Todesstrafe, es sei denn daß die Verwandten des Ermordeten einen Loskauf gestatten. Todtschlag wird durch Erlegung eines Blutpreises gesühnt. Bemerkenswerth ist, daß Mitschuldige an einem Verbrechen nur dann bestraft werden, wenn sie sich unmittelbar daran betheiligt haben. Die Folge dieses Grundsatzes tritt namentlich beim Diebstahl hervor, wo Hehler keine Mitschuldigen des Diebes sind. Für eine bestimmte Klasse von Vergehen und Verbrechen hat der Koran, als auf dem ausdrücklichen Willen Allah's beruhende Strafen gesetzt, welche nicht nachgesehen werden können. Weintrinken wird bei Freien mit 40, bei Sklaven mit 20 Geißelhieben bestraft; Diebstahl soll durch Abhauen der rechten Hand gesühnt werden. Ferner gehören hierher Straßenraub, Abfall vom Glauben und Rebellion. Freiheitsstrafen spielen im mohammedanischen Recht nur eine untergeordnete Rolle. Die Rechtsprechung wird durch die unbesoldeten, auf Erpressung ausgehenden und der Bestechung zugänglichen Kadi ausgeübt, gegen deren Entscheidung es keine Berufung giebt. Das Prozeßverfahren ist sehr einfach; die Parteien erscheinen in der

Regel selbst vor dem Kadi und müssen zugleich ihr Beweismaterial mitbringen, der Fall wird meistens in einer Sitzung erledigt. Die einzigen zulässigen Beweismittel sind Bekenntniß, Zeugenaussage und Eid. Gerichtskosten giebt es nicht, ebenso kennt die Rechtspflege keine Advokaten, Anwälte und schriftliche Beweisführung. Die Ungläubigen sind, sofern sie Staatsangehörige, einer Menge rechtsbeschränkender Ausnahmebestimmungen unterworfen.

Wie man aus dieser kurzen Darstellung der mohammedanischen Rechtsgrundsätze ersehen wird, erscheinen dieselben wenig geeignet, um auf ihnen ein geordnetes Staatswesen aufbauen zu können. Jede Aenderung des Rechtszustandes aber muß nothwendiger Weise mit den religiösen Anschauungen in Konflikt gerathen und so gelähmt werden, wenn nicht zu gleicher Zeit die mohammedanische Religion reformirt wird. Da Letzteres nicht zu erwarten ist, so muß die Durchführung jeder lebenskräftigen Reform in europäischem Sinne eine Zersetzung der Religion und schließlich die Auflösung des auf ihr gegründeten Staates nach sich ziehen.

Ruhen die Grundvesten des Osmanischen Reiches auf dem Koran, so war doch der Krummsäbel die Kelle bei diesem Bau. Unzweifelhaft ist es auch heute noch blos die militärische Gewalt, welche manche Provinzen unter der Botmäßigkeit der Pforte erhält. Es gab eine Zeit, wo bekanntlich ganz Europa zitterte bei dem Gedanken an das Herannahen der türkischen Heeresmassen. Was ist nun aus der einst so furchtbaren Wehrkraft des Osmanenreiches geworden? Da die Christen von der Wehrpflicht befreit, die Völkerschaften an den östlichen Grenzen aber stark genug sind, sich von dieser Bürde selbst zu befreien, so trifft die Rekrutirung die vorwiegend türkisch-mohammedanischen Provinzen, obenan Anatolien. Das etwa 200,000 Mann starke Heer (sammt Flotte) wird aus der höchstens 8 Millionen Köpfe zählenden Provinz ausgehoben, was einen Prozentsatz von 20 ergiebt. Die Rekrutirung geschieht durch das Los, welches oft einer Familie den einzigen Sohn, ihre einzige Stütze entreißt. Nur mit Thränen im Auge verläßt der angehende Krieger seine Heimat, seine Angehörigen, die er durch seinen Abgang oft dem Elende preisgegeben weiß. Ein Augenzeuge schildert (in der „Kölnischen Zeitung" vom 5. Januar 1877) das Eintreffen türkischer Rekruten in Konstantinopel mit folgenden Worten: „Die meisten waren aus dem Vilajet von Erzerum und trafen mit Extradampfern ein. Um die ganze Wahrheit zu sagen, hat der Einzug der Redifs auf mich einen melancholischen Eindruck gemacht und hätte, davon bin ich überzeugt, bei jedem unbefangenen Zuschauer dieselben Gefühle hervorrufen müssen. Das Benehmen dieser Leute bildete einen diametralen Gegensatz zu dem lustigen, lauten, hier und da sogar lärmenden, ungebundenen Treiben unserer deutschen Rekruten und Reservisten. Stumm ließen die kleinasiatischen Landwehrleute sich ausschiffen, ordneten sich stillschweigend in Reihen und folgten den Zaptiehwachen zum Seraskierat, wo sie mit Waffen versehen wurden. Während des fast halbstündigen Weges durch die menschenerfüllten, von Begrüßungen und Beifallsrufen wiederhallenden Straßen der Stadt blieb die Haltung der eingezogenen Truppen eben so düster und wortkarg, eben so stumm und gedrückt, wie beim Landen an der Sirkedji Iskelessi. Die Ausrüstung und Bekleidung der Asiaten war die phantastischste, die sich nur denken läßt; ich bedauerte aufs Lebhafteste meinen Mangel an jeglichem Zeichentalent, weil ich mir gar zu gern eine Skizze von einigen Figuren gemacht hätte. Die überwiegende Mehrzahl trug Sandalen, bunte Lappen um das Bein gewickelt, vom Knie an eine weite, meist dunkelfarbige Hose, bunte Kattun- oder Wolljacken und grellfarbige Leibbinden, dazu auf dem Haupte das nach Art der Hamale mit bunten Tüchern umwickelte Fez.

Soldaten der regulären Armee (Nizam).

Andere paradirten in langen, wallenden Talaren, mit weißem oder braunem Pelz ausgefüttert, noch Andere in kurzen, weiten, dunkeln Tuchröcken mit hellen, roth und weiß gestreiften Kattunjacken darunter. Es war das seltsamste Bild, das sich nur denken läßt, und erinnerte lebhaft an einen Fastnachtsaufzug, wenn die bewaffneten Gendarmeriepikets den Zuschauer nicht von Zeit zu Zeit wieder darauf hingewiesen hätten, daß es Ernst, blutiger Ernst sei, der diese armen, größtentheils schon in vorgerückten Jahren stehenden Leute, die Ernährer ihrer ohne ihre Arbeit im Elende schmachtenden Familien, mit Gewalt aus ihrer Heimat hinausgetrieben. Wenige Wochen später werden sie vielleicht im Felde stehen, die unglücklichen, beschränkten asiatischen Bauern, Knechte, Pferdetreiber und Lastträger, von denen auch nicht ein einziger nur die entfernteste Idee davon hat, für was er denn eigentlich sein Leben einsetzen muß. Wie viele von den Armen werden ihre Heimat nimmermehr wiedersehen, wie viele mit dem entsetzlichen Gedanken sterben müssen, daß ihre zurückgelassene Familie, des Ernährers beraubt, dem Elende, vielleicht dem Hungertode anheimfallen muß! Es ist ein schrecklicher Gedanke — und jetzt begriff ich die stumme, resignirte, ohnmächtige Verzweiflung der Armen, die das Machtwort des Padischah herausgerissen aus den engbegrenzten Kreisen ihres elenden Daseins, um sie auf fernen Schlachtfeldern zum Schutze von Ideen zu verwenden, von deren Tragweite sie keine Ahnung haben. Wenn schon die Bewohner der Hauptstadt selbst wenig politische Bildung haben, die türkischen Provinzbewohner haben keine Idee einer solchen; sie kämpfen nicht für das bedrohte Vaterland, sie werden einfach in Masse ins Feld geführt, um dort durch ihre Zahl und Stärke zum Siege zu verhelfen, nicht um durch die Summe ihrer Intelligenz selbst mit den Sieg erringen und herbeiführen zu helfen." Auch Herr F. Kanitz hatte in Bulgarien Gelegenheit, sich zu überzeugen, mit wie wenig Begeisterung der Moslim den Kriegsdienst unter des Propheten grünem Banner antrifft (Kanitz, „Donaubulgarien" II. Bd. S. 51). Dennoch ist es nur gerecht, zu erwähnen, daß das Soldatenleben auf den Einzelnen einen wohlthätigen Einfluß übt; der weichliche Asiate wird ordnungsliebend, gelehrig, munter, ein guter, tapferer Soldat. Die türkische Armee hat ihre militärischen Tugenden niemals verleugnet, und der in den Seestädten oft schwindende Geist des Islam wird neu belebt in der Luft der Lager und Kasernen, wo Gehorsam und Muth einen fast religiösen Charakter annehmen, eine wichtige Thatsache in einem Lande, wo der Glaube die einzige anerkannte Nationalität ist. So wird der Islam zum ungelösten Bande zwischen der ottomanischen Vergangenheit und Gegenwart. Vergessen wir auch nicht, daß alle Stämme des Türkischen Reiches wesentlich kriegerische sind. Der Verkehr zwischen Militär und Civil wird von den Behörden ungern gesehen, nach Kräften verhindert, im Uebrigen von Seiten des Militärs gar nicht gesucht. So wie es heute ist, ist das türkische Heer immerhin wahrscheinlich noch das Beste oder vielleicht das einzig Gute im Osmanenreiche. Es besteht im Frieden aus 150,000 Mann der regulären Armee (Nizam), die mit Hinzuziehung der verschiedenen Reserven (Redifs) bis 700,000 Mann erhöht werden kann, freilich nur mit dem Aufgebot der äußersten Kraftanstrengung. Wenn in neuester Zeit öfters die Rede war von 1 Million Soldaten und darüber, welche die Hohe Pforte auf den Beinen habe, so beruht dies auf absichtlicher Uebertreibung oder völliger Unkenntniß der Verhältnisse. Murad Efendi, welcher freilich in seiner amtlichen Stellung die türkischen Dinge in freundlichem Lichte erblicken muß, sagt von der Armee: Ein Offizierscorps in abendländischem Sinne fängt an sich zu bilden. Die Mannschaft in kleidsamer Zuaventracht, mit den besten Waffen der Neuzeit versehen und mit Sorgfalt ausgebildet, bietet einen harmonischen, martialischen Anblick; ihre Haupteigenschaften sind eine besondere Begabung für das Waffenhandwerk, eine natürliche Unterordnung, die jede Strenge zur Aufrechterhaltung der Disziplin unnöthig macht, eine todesmuthige Ergebung, die im islamitischen Fanatismus ihren Ursprung hat, und eine stoische Entbehrungsfähigkeit, wie man selten irgendwo antrifft. In gedeckten Stellungen und in der Vertheidigung von Schanzen entwickelt der ottomanische Soldat seine Vorzüge am glänzendsten. Diesem schmeichelhaften Urtheile Murad Efendi's gegenüber, welcher übrigens fast ausschließlich die persönlichen Eigenschaften des einzelnen Mannes im Auge hat, spricht sich der vom k. k. österreichischen Generalstabe herausgegebene Bericht über „Die Wehrkraft des Osmanischen Reiches" (Wien 1871, S. 62) über die dem türkischen Heerwesen anhaftenden Mängel aus wie folgt: „Unfähige Kommandanten, zu wenig gebildetes Offiziercorps, geringe Beweglichkeit, nicht genügende Ausbildung aller Waffen, mit Ausnahme der Artillerie, und schlechte Verwaltung." Diesem Bilde entsprechen auch durchaus die jüngsten Leistungen der türkischen Armee in dem Feldzuge gegen Serbien 1876. Im Hinblick auf die Möglichkeit eines feindlichen Zusammenstoßes mit Rußland drückt sich der „Levant Herald" vom 6. Februar 1877 über die schlechte Leitung der türkischen Streitkräfte folgendermaßen aus: „Militärische Autoritäten versichern uns einstimmig, daß die Art und Weise, in der die ottomanischen Streitkräfte vertheilt sind, für die erfolgreiche Vertheidigung des Reiches im Fall eines russischen Einfalls durchaus ungeeignet sind. Es ist zu hoffen, daß dieser Einfall nicht statt haben wird, aber sollte er doch eintreten, so wäre es doch angezeigt, die Maßregeln des Kriegsministeriums einmal näher anzuschauen. Alles, was das Seraskierat während des Krieges mit Serbien geleistet hat, war erbärmlich, denn eine zahlreiche und tapfere Armee ist verhältnißmäßig machtlos geworden durch die Schwäche und Unfähigkeit der Generale und durch die schlechte Verwaltung des Kriegsministeriums. Eine andere Erklärung giebt es nicht für die Thatsache, daß 60,000 bis 70,000 serbische Milizen 4 Monate hindurch einer disziplinirten Armee von 250,000 Mann Stand gehalten haben. Der Feldzugsplan, der von einem fremden General für den Oberkommandanten entworfen worden, ist in der Ausführung auf die kläglichste Weise verstümmelt und jeder strategische Vortheil ist zum Staunen der Kriegswissenschaft eingebüßt worden. Die Art der Kriegsführung in Serbien wird gegen die russischen Truppen nicht Stand halten. Im Namen daher der tapferen Soldaten, die in Serbien und Montenegro durch die schlechte Verwaltung des Seraskierats und die Unfähigkeit der Generale hingeopfert worden; im Namen der tapferen Soldaten, die sich jetzt unter den Fahnen befinden, bereit, ihr Blut für das Land zu vergießen; im Namen der ganzen Nation, die in Todesangst um ihr Dasein kämpft, laßt uns die Hohe Pforte auf das Urtheil hinweisen, welches sachverständige Leute über die Vertheilung der Truppen, die Unfähigkeit der Generale und die mangelhafte Verwaltung fällen." So weit der „Levant Herald". Und ein hochgestellter und ebenso gebildeter türkischer Offizier — also eine allerdings seltene und glänzende Ausnahme — schreibt unumwunden: „Ist der Donauübergang erfolgt, so kann unsere Feldarmee, d. h. das, was an Mannschaften nach Besetzung der Festungen noch übrig bleibt, und ich schätze es auf ungefähr 130,000 Mann, sich nicht von vornherein in Schumla verkriechen, sondern muß irgendwo im freien Felde zwischen Rustschuk-Schumla oder Silistria-Schumla in einer gut gewählten Stellung die Schlacht anbieten. Bei dem lockeren Gefüge unserer Armee, bei der Unmöglichkeit, rasch und entschlossen irgend eine Bewegung auszuführen, keine Trains, keine geregelte Verpflegung, kein geordneter Munitionsersatz, bei dem leider nicht bestreitbaren Mangel befähigter Generale und Oberoffiziere, kann selbst die anerkannte Tüchtigkeit des gemeinen Mannes nichts leisten. Es ist mir unzweifelhaft, daß die Schlacht verloren geht, und dann beginnt der Entscheidungskampf. Ob es zum Uebergang über den Balkan kommt, wer weiß es, denn dann wird die Diplomatie sich einmischen — —."

Ein vielgewanderter Franzose, Herr Charles Yriarte, hat eine kleine türkische Truppe durch längere Zeit während ihrer Operationen gegen die Insurgenten in Bosnien im Sommer 1875 begleitet und dabei reichlich Gelegenheit gehabt, die Eigenthümlichkeiten der aus den verschiedenartigsten Elementen zusammengesetzten Streitkräfte der Türkei aus eigener Anschauung kennen zu lernen. Wir wollen, den Aufzeichnungen dieses scharfblickenden Beobachters folgend, den Versuch machen, ein Bild von einer solchen türkischen Truppenabtheilung in ihrer ganzen Eigenart, sowol im Stadium der Ruhe als in der Art und Weise ihres Operirens, in allgemeinen Umrissen zu zeichnen.

Die Kolonne, welcher Yriarte sich anschloß, bestand aus unregelmäßigen Truppen, Baschibozuks zu Fuß und zu Pferd, in der Zahl von 150—200 Mann, aus einem kaum 200 Mann starken Bataillon Nizams oder regulärer Truppen, aus mehreren Bataillonen Landwehr, Redifs, mit zwei Kanonen und endlich aus einigen Zaptieh's, türkischen Gendarmen. Dieses Gemisch von Streitkräften stand unter dem Oberbefehl eines höheren Offiziers, eines Bimbascha (Majors), welchem das Kommando über 1000 Mann anvertraut ist. Die Artillerie und die Nizams marschirten auf der Straße von Berbir, an ihrer Spitze ein Schwarm berittener Baschibozuks als Vorhut, welche auf Trommeln und anderen Instrumenten eine ohrenzerreißende Marschmusik machten. Es giebt nichts Fremdartigeres als die in dieser Truppe vereinigten Typen; so viel es da Menschen giebt, eben so viel verschiedene Rassen und Kostüme wird man zählen. Sie ziehen im Durcheinander dahin, ohne Ordnung und Disziplin, bald an der Spitze einer Kolonne, bald als Arrièregarde; jetzt verlassen sie die Heerstraße, um dem Laufe eines Gewässers zu folgen, und bald sind sie auf mehrere Stunden aus dem Gesichtskreise verschwunden, um plötzlich wieder aufzutauchen und in Windeseile an die Spitze der Truppen zu fliehen. Ihr Kostüm ist ganz und gar unbeschreiblich, denn da sich jeder einzelne Mann selbst equipiren muß, so kleidet sich Jeder in der Art, die durch seinen Geburtsort, seine Religion oder andere Umstände bedingt ist, und folgt nebenbei noch seinem oft sehr merkwürdigen Geschmacke oder den seltsamsten Moden. Die Baschibozuks rekrutiren sich hauptsächlich aus den asiatischen und afrikanischen Provinzen und bilden mit den Spahi's und den Beduinen die drei namhaftesten Freicorps der türkischen Armee. In Zeiten eines Krieges wachsen die Baschibozuks zu namhaften Scharen an, herbeigezogen durch den Köder der Beute, durch den Mangel fester Wohnsitze an ein abenteuerliches Vagabundenleben gewöhnt. Im letzten Kriege gegen Rußland wuchs ihre Anzahl bis auf 8000 Mann Fußvolk und gegen 16,000 Mann Reiterei. Die Spahi's sind gleichfalls Freiwillige, aber sie formiren ein fast aristokratisches

Corps, da sie sich nur aus den ältesten Familien des mohammedanischen Adels in Bosnien, Türkisch-Kroatien und Bulgarien rekrutiren. Man kann behaupten, daß zu Kriegszeiten alle mittellosen bosnischen Muselmänner sich diesem Freiwilligencorps anschließen, und so bietet diese Truppe einen pittoresken Anblick.

Zaptieh's (Gensdarmen).

Einer Disziplin unterwerfen sich weder die Spahi's noch die Baschibozuks; ihre Offiziere besitzen nicht die geringsten Kenntnisse, wie ein geregelter Kampf gegen eine disziplinirte Armee zu führen wäre; man wendet sie daher auch hauptsächlich im Gebirgskriege an, wo die individuelle Initiative mehr Werth hat als der willenlose Gehorsam gegenüber dem Befehle eines Vorgesetzten.

5*

Sie sind äußerst fanatisch, kämpfen jeder für sich und geben sich nie mit gemeinsam geführten Bewegungen ab. Es wäre wol schwer möglich, wenn eine solche Truppe vorüberzieht, bei jedem Einzelnen auch nur annähernd sein Geburtsland anzugeben. Hier z. B. ein langer, bronzefarbiger Teufel, hoch gewachsen, mager und nervig, mit dem feinen, eleganten Muskelbau einer antiken Statue. Er zieht zu Fuße seine Straße mit platten Schlappschuhen; die Waden stecken in einer kurzen Beinschiene aus Maroquinleder; ein feines Leinenbeinkleid läßt die Formen der Schenkel erscheinen wie die Tricots eines Tänzers; eine buntfarbige Schärpe schlingt sich vielfach um den Leib, von den Lenden bis unter die Achseln; das Hauptkleidungsstück aber bildet ein grünes Leibchen mit Filigranknöpfen, die Aermel weit geschlitzt, fast bis auf die Kniee herabfallend und die Arme gänzlich entblößt lassend. Die Hauptwaffe, der Handschar, steckt in der Umgürtung neben reich mit Silber ausgelegten Pistolen; diese Hiebwaffe ist so lang, daß sie schräg über den ganzen Körper reicht. Die Kopfbedeckung ist eine hohe, an den Seiten roth besetzte Mütze, welche bis auf den Nacken hinab den ganzen Kopf einhüllt und nichts als das Gesicht frei läßt. Um diese Mütze ist ein seidenartiger Shawl gewunden, dessen Enden zur Seite herabfallen. Dazu noch ein kurzes Gewehr von Trabucoform oder eine alte Donnerbüchse, schön ausgelegt mit Perlmutter, Korallen und ungeschliffenen Edelsteinen, und — wir haben einen Werbeoffizier der Baschibozuks aus Smyrna vor uns. Ihm zur Seite marschirt ein Cirkassier, der vollendetste Gegensatz zu Ersterem. Während bei dem Einen das Gewand die Körperformen deutlich hervortreten läßt, ist der Andere ganz eingehüllt in seine „Burka", einen Mantel von langhaarigem Filz, welcher weit von einer Kapuze überragt wird, die den „Bock" überdeckt, die Pelzmütze der Krieger seines Landes. — Noch auffallender ist gewöhnlich die Ausrüstung der berittenen Baschibozuks; ihre mageren, sehnigen Pferde sind so klein, daß die meist sehr hochgewachsenen Reiter den Boden zu streifen scheinen, trotz ihrer Gewohnheit, die Beine emporzuziehen. Ihr Steigbügel, eine breite Platte mit geflügelten Randstücken, ist von einer ganz unglaublichen Größe. Die Aufzäumung der Pferde, ihre Pferdedecken, ihr Gepäck, welches sie am Sattelstege aufstapeln, tausend bizarre Sachen und Sächelchen: Patronentaschen, Halsschnüre, Amulette, Pulverhörner, Beutel, Säbeltaschen von seltsamer Form, an welchen kleine Streitäxte hängen, und manch andere Werkzeuge, welche an allen Seiten klirrend herabhängen, das Alles zusammen bietet ein bizarres Bild von seltener Vollendung. Einige von diesen Reitern sind Neger. Sie kleiden sich wie die Araber in weiße Stoffe, welche einen reizenden, harmonischen Faltenwurf bilden; außerdem tragen sie schimmernde Wämser mit weitgeschlitzten Aermeln, immer von lebhafter Farbe, smaragdgrün, karminroth, tiefblau, geziert mit goldenen oder seidenen Schnüren, welche in vielverschlungenen Mustern aufgenäht sind, so daß dieses grellfarbige Untergewand sich scharf von dem weißen, faltenreichen Ueberwurfe abhebt. Ihre Bewaffnung ist eine so verschiedenartige, daß die Munitionsbeschaffung mit bedeutenden Schwierigkeiten verbunden sein muß. Von der marokkanischen „Kanone" bis zur Vogelflinte und zum Remingtongewehre finden sich alle Arten Schießwaffen in den Händen dieser irregulären Truppen.

Jeder von ihnen sorgt für seine eigenen Bedürfnisse und trägt seine Mund- und Kriegsvorräthe bei sich, sogar sein eigenes Kugelmodell und sein Blei.

Topdschi (Artillerie).

Dadurch erklären sich leicht die zahlreichen Päcke, welche meist ein ihm folgendes Packpferd trägt, wenn sie nicht gar auf seinem Sattel und auf der Croupe und dem Hintertheile des Pferdes in einer Weise befestigt sind, daß der Reiter in seine Utensilien ganz eingeschachtelt erscheint. Bei der Nachhut werden rothe, mit Blumen bemalte Kisten, ähnlich den Hochzeitsladen in arabischen Häusern, von kleinen Eseln getragen, welche ganz derselben Rasse angehören wie jene in Kairo. In den Kisten befindet sich die Bagage der Offiziere.

Die etlichen Zaptieh's, welche mit bei der Kolonne sich befanden, hatten eine ganz andere Haltung; auch sie sind zwar Irreguläre, aber sie versehen im Türkischen Reiche den internen Sicherheitsdienst, beiläufig wie in anderen europäischen Staaten die Gendarmerie. Sie werden zur aktiven Armee gezählt und formiren im Kriegsfalle sechzehn Regimenter, welche aus allen Theilen des weitausgedehnten Territoriums zusammengestellt werden. Die Zaptieh's rekrutiren sich größtentheils aus den Albanesen, einer kriegerischen Rasse von schöner Erscheinung und großer Gewandtheit in der Führung der Waffen. Sie sind Freiwillige, aber sie müssen gedient haben, und man wählt auf das Sorgfältigste unter den geschultesten Leuten die stärksten aus und Diejenigen, welche bereits Beweise persönlichen Muthes gegeben. Wo immer man das Land durchstreift, kann man sicher sein, auf einen Zaptieh zu stoßen, welcher zugleich als Postbote, als Gensdarm und als politischer Agent dient. Sie überschreiten häufig die Landesgrenze in Ausübung ihres Dienstes. Zu Ende des Herbstes, als Yriarte sich aus der Herzegowina nach Spalato begab, wurde die Karawane, welche aus Kaufleuten bestand, die Kaffee nach Dalmatien brachten, von Zaptieh's bis zum Thore dieser Stadt begleitet, so daß diese Leute Dalmatien nach seiner ganzen Breite durchkreuzten. Die Reiter sind in eine dunkle Uniform gekleidet und ihre Pferde überaus phantastisch angeschirrt. Diese Thiere sind klein von Gestalt und kaum hundert Drachmen werth, aber sie sind ausdauernd gegen Ermüdung und leisten in jenen Gegenden ausgezeichnete Dienste. In Bosnien und der Herzegowina sind die Zaptieh's bei der Bevölkerung verhaßt, weil sie die strenge Eintreibung der Abgaben, den osmanischen Druck, repräsentiren und sehr häufig die Maßnahmen der Steuereinnehmer zur Durchführung bringen. In Kriegszeiten dienen sie als Vorposten und versehen überhaupt den Patrouillendienst; man kann von ihnen den besseren Theil als leichte Kavallerie verwenden.

Dieser so verschiedenartig zusammengewürfelten Truppe also hatte sich Yriarte angeschlossen. Zu Tribicci machte die Kolonne in der Ebene Halt; es wurden Vorbereitungen getroffen, den Werbas-Fluß auf einer ungemein schwankenden Brücke zu überschreiten, welche für eine derartige Aufgabe kaum die nöthige Widerstandskraft zu besitzen schien. Die Türken haben niemals Eile; damals war es 3 Uhr Nachmittags und man hätte recht gut bessere Stellungen nehmen und sich der nächsten Hügel bemächtigen können, welche man von den Insurgenten besetzt glaubte. Statt dessen wurde beschlossen, in dem Städtchen Tribicci bis zum nächsten Tage Rast zu halten und die Rapporte der Offiziere abzuwarten, welche den letzten Vorstoß der Aufständischen ausgehalten und die Absendung dieser Kolonne zu ihrer Verstärkung erwirkt hatten.

Während die Truppen bivuakirten und die Offiziere sich unter einander beriethen, zerstreuten sich die berittenen Irregulären, um jeder auf eigene Faust seine Unterkunft zu suchen. Yriarte fand sie in einem Spitale, wo er den Sanitätsdienst in der türkischen Armee kennen lernte. Der größte Theil der praktischen

Aerzte besteht aus Ausländern, Deutschen, Ungarn, Tschechen, Griechen und Italienern. Man zählt auch einige wenige Franzosen darunter, deren Zahl jedoch von Tag zu Tag abnimmt. Yriarte hatte auf seiner Reise durch Bosnien und die Herzegowina drei Spitäler gefunden: zu Novi, Banjaluka und Berbir, von welchen das erstere unter der Leitung eines Tschechen aus Prag stand, während die beiden anderen ungarischen Aerzten unterstanden. Im Allgemeinen läßt der Sanitätsdienst in der türkischen Armee viel zu wünschen übrig.

Offiziere der türkischen Armee.

Die Verwundeten, welche nach den zwei bis dahin in der Nähe von Banjaluka stattgefundenen Gefechten aus dem dortigen überfüllten Spitale nach Berbir transportirt wurden, kamen dort erst sehr spät in einem schrecklichen Zustande an. Ein Umstand ist hier von besonderer Wichtigkeit, welcher der chirurgischen Praxis ungemein hinderlich im Wege steht: es darf keine Amputation vorgenommen werden, zu welcher nicht eine zu diesem Behufe einberufene Versammlung ihre Einwilligung gegeben hat. So ungeheuerlich uns auch eine solche Vorschrift nach unseren europäischen Begriffen erscheinen muß, so ist sie doch aus dem ganzen mohammedanischen Wesen organisch herausgewachsen. Jeder Muselmann ist in dem Aberglauben befangen, wenn er an der Pforte des Paradieses mit einem fehlenden oder auch nur verstümmelten Gliede erscheine, so müsse er eine lange Zeit harren, bevor er der vom Propheten verheißenen Seligkeiten theilhaftig werden könne. Auch die „Kopfabschneider" der Narentagegend theilen diesen Aberglauben, und so ist es erklärlich, daß man bei dem wüthenden Hasse, mit welchem der Kampf zwischen den Rajahs und Türken geführt wird, auf dem Kampfplatze stets so viele verstümmelte Leichname auffindet. Selbst die mindest Fanatischen und am besten Disziplinirten widerstehen kaum der Versuchung, den gefallenen Feinden wenigstens Nasen oder Ohren abzuschneiden, wenn sie ihnen den Kopf auf den Schultern lassen. Es waren zwar nach dem Christenmassacre von Popovo, in welchem Falle die Greuelthaten von der regulären Armee den Baschibozuks in die Schuhe geschoben wurden, von der türkischen Regierung die strengsten Weisungen an die Offiziere ergangen, jede Leichenschändung mit der Todesstrafe zu ahnden; trotzdem aber schien auch später ein Sieg der Irregulären nicht vollständig zu sein, wenn sie nicht die Leichname ihrer gefallenen Gegner verstümmelt hatten. Andererseits ist es für Niemand ein Geheimniß, daß die Insurgenten, besonders die des Narentathales, in gleicher Weise vorgehen und sich auch derartiger Schandthaten selbst rühmen, wenn sie nicht zufällig unter einem sehr energischen und aufgeklärten Anführer stehen, der solches verhindert. Nach dem Gefechte von Utovo überraschten streifende Türken eine Insurgentenabtheilung bei dem schmachvollen Geschäft der Leichenschändung. Daß von diesen kein lebender Gefangener durch die türkischen Truppen ins Lager gebracht wurde, braucht wol kaum erwähnt zu werden.

Am andern Tage gelangte Yriarte, immer dem Laufe eines kleinen Flüßchens, der Bobrina, folgend, an den Werbas. An den Abhängen der Hügel am entgegengesetzten Ufer den Werbas zeigten sich hin und wieder kleine weiße Rauchwölkchen, aus den von den Insurgenten besetzten Gebüschen aufsteigend. Bei größerer Annäherung hörte Yriarte auch das scharfe, kurze Geknatter der Flintenschüsse. Es hatte sich da das Gros der Kolonne nach kurzem Vorpostengeplänkel mit den Insurgenten engagirt, und nun bewegten sich Baschibozuks zu Fuß und einige Compagnien Nizams, in Plänklerketten aufgelöst, gegen die von den Aufständischen vertheidigten Höhen. Yriarte begab sich zu der Ambulance, welche in einer Mühle zwischen zwei Pfeilern der Brücke errichtet war. Die Verwundeten mußten in einer Barke dahin transportirt werden. Die nur auf schwankenden Piloten erbaute Mühle erzitterte jedesmal in ihren Fugen, wenn ein Kahn anlegte. Die Müller hatten die Mühle nicht verlassen und Einer von ihnen trug in einem Kübel das zum Auswaschen der Wunden nöthige Wasser herbei. Dieser war im Gesichte auf eine erschreckliche Weise verstümmelt und schien bei irgend einer Episode dieses furchtbaren Krieges mit genauer Noth davongekommen zu sein. Die Verwundeten waren nicht zahlreich, etwa fünf oder sechs; sie lagen zwischen den Mehlsäcken, und keinem von ihnen entfuhr ein Laut des Schmerzes oder der Klage; nur aus der Starrheit ihrer Blicke konnte man ihren Zustand errathen. Es waren sämmtlich Reguläre mit stark abgerissenen Uniformen. Der Begleiter Yriarte's zog mit einer Pincette aus dem Beine eines Verwundeten eine kantige Eisenkugel, wie man sie bei Wolfsjagden anwendet. Dieser stieß kaum einen leisen Seufzer aus während der schmerzlichen Operation und lächelte nur still-traurig vor sich hin, als man ihm die noch ganz in einen Blutklumpen eingehüllte Kugel zeigte. Später, als das Gefecht hitziger wurde, mehrten sich die Verwundeten, so daß man durch Wegtransportirung derjenigen, welche den ersten Verband erhalten hatten, für die Nachkommenden Raum schaffen mußte. So verging Stunde um Stunde, ohne daß das Gefecht eine entscheidende Wendung genommen hätte; man versicherte Yriarte, es werde in dieser Weise wol noch bis Abend hinüber und herüber geschossen werden, wie das eben bei solchen Guerrillakämpfen meist der Fall sei. Als Yriarte später einen Verwundetentransport begleitete, sah er, wie gerade zwei Stück türkische Gebirgskanonen schußfertig gemacht wurden. Zum Transporte dieser Feldstücke verwendet man hochbeinige Maulthiere. Die Schüsse, welche von diesen beiden Geschützen abgegeben wurden, waren vorzüglich gezielt, wie denn überhaupt die Artillerie als die beste Waffe der türkischen Armee gilt und die Offiziere dieser Truppe sich durch ihre Feinheit und Distinktion vor allen anderen auszeichnen. Die Haltung der Mannschaft selbst ist eine echt militärische, die Manöver werden mit großer Genauigkeit wie in anderen europäischen Armeen ausgeführt. Unter den Unteroffizieren befinden sich viele deutsche Instrukteure. Einer der Hauptvorzüge der türkischen Artillerie ist die Präzision, mit welcher sie die Distanzen schätzt; ein Vorzug, welcher bei der Bedienung der Geschütze schwer ins Gewicht fällt. Unter der Bedienungsmannschaft der beiden ins Gefecht gezogenen Geschütze bemerkte Yriarte eine Anzahl Neger von hohem, kräftigem Wuchse.

So wurde bis in die Nacht hinein geplänkelt, ohne Plan und einheitliche Führung, und am Abend waren die Anhöhen noch immer in den Händen der Insurgenten, obgleich auch diese eines tüchtigen Anführers entbehrten und großen Mangel an Munition litten. Die auf dieser Hügelreihe angesammelten Insurgenten zählten nicht über 700 Mann, und Yriarte spricht seine Verwunderung darüber aus, daß man, solchen geringen Kräften gegenüber, mit der Pacifizirung des Landes nicht vorwärts kommen konnte.

Beim Sonnenuntergang sah Yriarte die Baschibozuks von den Abhängen gegen die Thalsohle zu sich zurückziehen. Beim Ausmarsche waren sie über 200 gewesen; beim Rückzuge zählten sie kaum 100. Zerstreut in der Ebene und rings um die Stadt herum lagerten die einzelnen Truppenabtheilungen, während die Insurgenten sich wieder in ihre Berge zurückgezogen hatten, von wo aus sie immer und immer wieder die türkischen Abtheilungen beunruhigen und Ausfälle in die Ebene unternehmen.

Während die Truppen sich mit Mühe sammelten, begab sich Yriarte gegen Dugovo zu, wo man ein Nothspital für die an diesem Schlachttage Verwundeten errichtet hatte. Der Generalstab befand sich in Vanizka, die Irregulären lagerten auf allen Wegen umher, ohne Kontrole, ohne Appell, ohne Disziplin. Jeder konnte sich hinbegeben, wohin er eben wollte. Die Baschibozuks beziehen nie ein Lager; sie gruppiren sich in Abtheilungen von 15—20 Mann, zünden große Feuer an und legen sich neben einander, eingehüllt in ihre Lumpen, ohne eine Wache auszustellen, ja ohne selbst die Gehöfte und Häuser zu durchsuchen, in welchen sehr leicht Insurgenten selbst in größerer Anzahl sich verborgen halten können. (Charles Yriarte, „Bosnie et Herzégovine, souvenirs de voyage pendant l'insurrection." Paris, 1876.)

Haben wir in Vorstehendem hauptsächlich die Irregulären des osmanischen Heeres in ihrem Wesen und Treiben kennen gelernt, so geziemt es sich auch auf das reguläre Militär der Türken einen Blick zu werfen.

Die vorzüglichsten Soldaten, eine Art Elite- oder Kerntruppe, sind die uns schon bekannten Zaptieh's, sowol zu Fuß wie auch in Abtheilungen zu zu Pferde. Außer Kriegszeit sind sie Landesgensdarmerie und haben, ehe sie in dieselbe gelangen, bereits eine Dienstzeit von 2—3 Jahren zurückzulegen. Sobald der Krieg beginnt, werden sie wieder in Corps zusammengezogen und haben auch bessere Löhnung als die anderen Truppen. Ihr Alter darf in der Regel nicht unter 25 und nicht über 40 Jahre sein. Sie leisten im Kriege durch Vertrautsein mit Wegen und Stegen große Dienste und haben alle erdenklichen Straßen bereits oft zurückgelegt, da sie den Reisenden als Sicherheitsgeleite beigegeben werden. Starke, große Männer, haben sie mit den europäischen Soldaten im Allgemeinen das meiste Gemeinsame.

Die „Suwari" oder Kavallerie ist eine leichte; die sogenannte schwere besteht in der Türkei nicht. Jedes Regiment ist in 6 Eskadrons oder „Ordus" eingetheilt, die erste und sechste haben Säbel und Hinterladerkarabiner, die anderen lange Lanzen. Der Regimentsstab besteht aus einem Oberst (Miri-Alay), einem Oberstleutnant (Kaimakam), und nebst Aerzten (Hakim) wie auch Hufschmieden begleiten zwei Imams das Regiment. Der Hauptmann heißt Jus Baschi, der Oberleutnant Mülazim, der Unteroffizier Tschauschbaschi, der Korporal Onbaschi.

Die Linieninfanterie (Nizam) ist in Regimenter (Alay) eingetheilt, deren jedes 4 Bataillone (Tabor) und 8 Compagnien (Buljuk) hat. Der Bataillonschef heißt Bimbaschi. Jedes Regiment hat auch einen Verwaltungsmajor (Alay Emini) und einen Bekleidungsoffizier (Schanschins Baschi). Das vierte Bataillon ist als leichtes für Jäger- und Tirailleurdienst besonders abgerichtet.

Der Gemeine heißt Nefes und für je 100 Soldaten ist ein Wasserträger vorhanden. Auch ein Markedenter begleitet jede Abtheilung und heißt Saka. Die Bekleidung der Linieninfanterie oder Nizam besteht aus Jacke, Weste und weiten Pluderhosen, sämmtlich aus blauem Tuch mit fingerbreitem rothen Passepoil. Eine rothe Leibbinde giebt der Uniform noch mehr Malerisches und der rothe Fes auf dem Kopfe vollendet dieses. Die Schuhe sind ungeschwärzt, der Mantel ist grau. Bewaffnet ist die Infanterie mit guten Hinterladern nach Martinisystem, das Bajonnet ist ein gerades.

Die egyptischen Hülfstruppen gleichen in der Winterbekleidung den obigen, doch haben sie statt des Mantels eine Art Plaid und diesen aus braunem Tuch. Im Sommer ist ihre Uniform aus weißem Linnenzeug und bei starken Hitzegraden wird der Fes turbanartig umwunden. Der Soldat wäscht seine Uniform selbst und hat im Sommer die zweite im Tornister.

Man sagt, daß die Soldaten sehr gut exerzirt sind, mit großer Ruhe die Bewegungen ausführen und namentlich eine Disziplin entwickeln, welche kaum Etwas zu wünschen übrig läßt. Die langen Märsche und starken Entbehrungen auf denselben ertragen die Orientalen mit größerem Gleichmuth oder ruhigerer Ergebung, als irgend eine Truppe anderer Mächte.

Die Tscherkessen bei der türkischen Armee sind die beweglichen, flinken, scharfsinnigen Eclaireurs und leisten als solche alles Wünschenswerthe, so daß durch die Vorhut das Gros in beruhigender Weise gesichert und gegen alle orientalischen Listen, welche die Ausschwärmenden wohl kennen, vorgesehen ist.

Die beste und ausgebildetste Waffe ist, wie ja auch Yriarte schon bemerkte, die Artillerie. Die Türkei besitzt im Ganzen 7 Artillerieregimenter mit je 14 Feldbatterien und 1 Reservebatterie, zudem 1 Reserve-Artillerieregiment zu 6 Batterien; in der Errichtung sind sogar noch begriffen 6 Reserveregimenter zu je 6 Batterien. Der durchschnittliche Geschützstand erreicht die Ziffer von Tausend und werden fortwährend neue Geschütze acquirirt.

Türkische Wache.

Die neu errichtete türkische Artillerie besitzt 1 Mitrailleusenbatterie, 1 Gebirgsbatterie, 8 Batterien mit Rohren, die 9 cm. Durchmesser haben, 4 Batterien mit Rohren zu 10 cm., 1 Reservebatterie, und fast alle diese neuen Geschütze sind Krupp'sches Fabrikat.

Die sämmtlichen Artillerieregimenter unterstehen in technischer und administrativer Beziehung dem besondern Generalinspektor und in allen sonstigen Angelegenheiten dem Armeekommandanten. Das Regiment wird von einem Topdschi-Pascha, im Rang Brigadegeneral, kommandirt und der Gesammtstand ist 1600—1700 Mann.

Es führen auch die Jägerbataillone leichte Gebirgsgeschütze mit sich, und zwar jedes Bataillon zwei. Diese Geschütze werden auf Lastthieren fortgeschafft, jedes Geschütz bedarf deren mindestens zwei. Das eine trägt das Rohr, das andere die kleine Blocklaffette nebst Rädern und Gabel. Die Munitionskisten werden besonders und je nach Bedarf von mehreren fortgeschafft; je rechts und links an der Flanke hängt eine Kiste. Wo möglich werden die Geschütze in zusammengesetztem Zustande auf den Rädern fortgebracht, dann geht ein Thier in der Gabel, das andere vor diesem angespannt.

Die Redifs (die Landwehr) sollen sich in Stärke und Einrichtung auf der Höhe der regulären Linie (Nizam) erhalten. In Friedenszeiten werden nur die Cadres aufrecht gelassen und alljährlich die Männer zur einmonatlichen Uebung einberufen.

Die „Tallyeh" oder Zuaven, eigentlich Jäger, in graues Tuch gekleidet mit grünen Verbrämungen, einen rothen Fes mit schwarzer Trobbel, entsprechen ganz den allgemeinen Begriffen einer leichten Truppe. Es ist dem einzelnen Manne auch sehr viel Selbstständigkeit gelassen und seine Bewaffnung ist ein Martinigewehr. Sie führen jene bereits früher bezeichneten leichten Geschütze mit sich und die anatolischen Tallyeh haben sich bereits im letzten Feldzuge einen gewissen Ruf erworben.

Die mannichfachen Truppen der Freiwilligen bestehen zum größten Theil aus reitenden Banderien eines bestimmten Stammes. Es giebt Beduinen, Kurden, Sipahis, Tscherkessen u. s. w. Der Stammchef, der Bey, ist ihr Kommandant und er übt innerhalb dieser Banderien eine sehr weitgehende Macht aus. Die Disziplin ist strenger, als man im Allgemeinen glaubt, und die übelberüchtigten Baschibozuks sind mit diesen freiwilligen Stammesbanderien nicht zu verwechseln.

Der Armeegeneralstab hat im Allgemeinen folgende Rangstufen und Bezeichnungen: der Generalissimus heißt Serdar Ekrem, der Marschall Muschir. Der Ferik-Pascha ist Divisionsgeneral, der Liva-Pascha Brigadegeneral, der Miri Ala Oberst; Kaimakam heißt Oberstleutnant, Bimbaschi Bataillonskommandant.

Den einstigen Vorstellungen türkischer Paschas entsprechen die jetzigen durchaus nicht mehr. Sie haben im Felde etwas Strammes, Schlichtes nach nach den allgemeinen europäischen militärischen Begriffen. Sie tragen im Felde die einfache Uniform: zugeknöpften blauen Rock, blaue Hosen, rothen Fes mit schwarzer Quaste, goldene oder silberne Epaulettes und die Distinktionszeichen durch im scharfen Winkel nach aufwärts gehende Schnüre oder Borden am Aermel. („Ueber Land und Meer", 1877, S. 454 und 534.)

Diesen Schilderungen der türkischen Landmacht fügen wir noch einige Angaben über die Flotte bei, von welcher die Türken überzeugt sind, daß sie unter der Leitung ihres Admirals Hobart-Pascha, eines früheren britischen Seeoffiziers, der russischen Marine mehr als gewachsen sei. In Konstantinopel ist am 19. Februar 1877 ein amtlicher Ausweis über die türkische Flotte erschienen. Darnach sind von Panzerschiffen vorhanden: 6 Fregatten, 9 Korvetten, 2 Monitors und 5 Kanonenboote. Die hölzernen Schiffe sind: 4 Kriegsschiffe, 4 Fregatten, 7 Korvetten, 15 Wachtschiffe, 5 Schooner, 4 Kanonenboote, 2 kaiserliche Yachten, 10 Avisoboote, 43 Transportschiffe. Im Ganzen: 116 Schiffe von 101,102 Tons, 2570 Pferdekraft, 759 Geschütze und 15,038

Mann Besatzung. (2 Panzerfregatten und 2 Panzerkorvetten werden auf der Themse gebaut.) Das Personal der Bemannung auf den türkischen Kriegsschiffen darf nur aus Muselmännern bestehen; die Merkantilmarine, welche meist aus Griechen zusammengesetzt ist, liefert deshalb nur ein geringes Kontingent an Kriegsmatrosen.

Die Dauer der Dienstzeit ist acht Jahre. Die Rekruten werden zuerst an Bord der verschiedenen Schulschiffe eingeübt und dann erst eingeschifft. Ein Dreidecker, der in Konstantinopel liegt, dient für den ersten Unterricht, ein Linienschiff und eine Fregatte in Ismid als Artillerieschulschiff. Die Instruktionsmethode ist jener der Engländer an Bord des „Excellent“ nachgeahmt.

Zur Erziehung der See-Aspiranten besteht eine Schule auf der Insel Halki (eine der Prinzeninseln), die unter der Leitung Hobart-Pascha's steht; Lehrer sind einige gewesene Offiziere der englischen Kriegsmarine. Im letzten Jahre wurde mit diesen Zöglingen zum ersten Male eine Instruktionsreise an Bord eines Schiffes gemacht.

Im Allgemeinen ist die Organisation der türkischen Schiffe den Engländern nachgeahmt und den orientalischen Gebräuchen angepaßt. Die meisten Kommandanten verbrachten einige Jahre ihrer Carrière zur Instruktion an Bord eines englischen Kriegsfahrzeuges, wie denn auch fast alle Offiziere der englischen vor allen übrigen fremden Sprachen den Vorzug geben.

Haben wir in Vorstehendem einen Blick auf die zwei wichtigsten Grundpfeiler der osmanischen Macht geworfen, so müssen wir uns jetzt der seit der Mahmud'schen Reform üblichen Verwaltung des Reiches zuwenden. Heute kann kein Zweifel mehr darüber herrschen, daß die wohlgemeinten Absichten des Sultans ein schmähliches Fiasco erlitten und zum großen Theile Schuld an dem zunehmenden Verfalle des Reiches tragen. Die Osmanen in überwiegender Majorität wollten von Mahmud's Reformen nichts wissen, denen somit das gemeinsame Los aller solchen Neuerungen beschieden blieb, das Alte einzureißen, ohne Neues, Lebenskräftiges an seine Stelle zu setzen. Alle Reformbestrebungen scheitern aber an der Natur des Osmanen; dieser fühlt sich als den geborenen Herrn der Welt. Der Türke, dem jede Arbeit, namentlich aber jede geistige Arbeit ein Greuel ist, und der kein höheres Glück kennt, als sein Dasein im „Kef“, im träumerischen Nichtsthun, zuzubringen, beansprucht, daß die ihm unterworfenen Völker für ihn arbeiten, und daß er die Früchte ihrer Arbeit genieße. Er weiß nichts von Ackerbau, von Industrie, von Wissenschaft; Inbegriff des Wissens ist und bleibt ihm der Koran, und es liegt auf der Hand, daß es in der Türkei keine wahren Reformen geben kann, so lange der Koran und seine Ausleger existiren. So darf man sich nicht wundern, daß auch Mahmud's Reform nur ein Streich ins Wasser war, ja die Dinge noch wesentlich verschlimmerte, weil sie einen dem Volksgeiste zuwideren Zustand schuf. Die Wirkungen dieses Uebergangès vom alten zum neuen Systeme lassen sich am besten in Kleinasien, also in einer stocktürkischen Provinz, beobachten, welche nicht einmal mit den Schwierigkeiten zu kämpfen hat, die anderwärts die nichtmoslim'sche Bevölkerung verursacht.

Von Samsun nach Tokat, von Tokat nach Sivas, von Sivas nach Angorah, überall liest man in großen Lettern den Verfall der Türkei, gewahrt man den Kontrast zwischen Einst und Jetzt. Ueberall zerbröckelnde Ruinen eines Schlosses, der Burg eines Dereh-Beg, der hier Hof gehalten, Recht gesprochen hatte. Wer auf diese auch unsere Vorzeit charakterisirenden Zustände nur mit Abscheu zurückblickt, wer darin nur Willkür und menschenunwürdige Vergewaltigung sieht, vergißt, daß der arbiträre Charakter dieser Rechtspflege gemildert ward durch die religiösen Vorschriften, hier des Korans, und daß nur sehr selten der Beschädigte an diesen vergeblich appellirte. Auch durfte der despotischeste Beg nicht leicht, am wenigsten unter seinen eigenen Vasallen, eine offenbare Ungerechtigkeit wagen. Die öffentliche Meinung übt einen schweren Druck auf Jene, die in ihrer Mitte leben, und ist geneigt, dort, wo — wie im Osten — eine Presse fehlt, sich nöthigenfalls mit Gewalt Recht zu verschaffen. Endlich wissen wir aus der Völkerkunde, daß die Menschen leichter die Unbill ihrer eigenen Stammverwandten als die Gerechtigkeit eines Fremden erdulden; ja Ungerechtigkeit vermochte nicht einmal die Popularität eines Anführers zu zerstören, wenn er sich nur sonst tapfer, freigebig und bereit zeigte, seine Vasallen gegen die Uebergriffe des Nachbarn oder selbst des Sultans zu schützen. Und wenn er auch manches Schaf wegnahm, manchen Scheffel Reis schuldig blieb, es ward doch Alles in Gemeinschaft mit den Vasallen verzehrt, nicht wie heute, nach Konstantinopel gesandt; was aus einer Tasche genommen wurde, wanderte wenigstens in die andere wieder zurück, und das Conto von Soll und Haben zwischen Volk und Beherrscher wies am Jahresschlusse stets eine merkwürdige Bilanzirung auf.

Wie der amerikanische Missionär van Lennep berichtet, stößt das Auge häufig auf die Trümmer jetzt ausgetrockneter Irrigationskanäle, auf umgefallene Grenzsteine, welche einstmals die Feldmarken bezeichneten. Bei 40 Proz. Steuern, die bei schlechter Ernte sich noch höher stellen, lohnt sich der Ackerbau nicht mehr, am wenigsten der Luxus von Bewässerungskanälen, Drainirung und ähnlichen Verbesserungen. Mitten im platten Lande trifft man cypressenbeschattete Grabsteine, deren Inschriften mitunter kaum sechzig Jahre alt sind. Da die Türken ihre Todten stets in nächster Nähe der Lebenden beerdigen, so zeigt jeder Friedhof an, daß früher hier ein Dorf gewesen. Nicht weit von Schloßruinen entdecken wir oft eine elende Hütte; darin wohnt heute der einst so stolze Beg oder sein Nachkomme, dem die Regierung als Entschädigung für seine an sich gezogenen Güter eine kleine monatliche Subvention auszahlt, mit bekannter türkischer Regelmäßigkeit, oft — auf dem Papier. Und dennoch genießt selbst heute noch der gesunkene, machtlose Beg das höchste Ansehen unter seinen Landsleuten; die lokale Höflichkeit giebt ihm immer noch den Titel, welchen die Regierung ihm verweigert; die Bauern grüßen ihn ehrfurchtsvoll und horchen auf seine Worte mehr als auf jene des Stambuler Beamten, der jetzt unten im Thale wohnt. Von seinem Gehalte muß letzterer Würdenträger im ersten Jahre mindestens die Hälfte abziehen, womit er angeblich der Regierung, thatsächlich aber seinem Chef, ein Dankgeschenk macht. In Stambul hat ihn das Erlangen seiner Stelle schon starke Summen gekostet, die standesgemäße Reise nach dem neuen Wirkungskreise, dessen Namen er nie zuvor hatte aussprechen hören, verschlingt abermals große Beträge; endlich angekommen, verbindet ihn nicht das leiseste Band mit dem neuen Wohnsitze, und sein ganzer Gedanke geht dahin, sich zwei bis drei Jahre in seinem Posten zu erhalten, um in dieser Frist auf geraden oder krummen Wegen, öfter auf letzteren, so viel zu erpressen, um damit seine Schulden tilgen zu können.

Baschibozuks und Redifs (Landwehr).

Am Thore des Konak oder Gouverneurshauses lungern schäbige Zaptieh's oder Polizeisoldaten, deren Uniform nach europäischem Schnitt, in ihrer Verschiedenheit von der Landestracht, für jeden scharfsichtigen Gauner oder Vagabunden eine schon weithin sichtbare Warnung enthält, sich in Sicherheit zu bringen; im Uebrigen ist es der elend bezahlten Polizeimannschaft, welche auf ihr mikroskopisches Salair oft Monate lang warten muß, kaum zu verargen, wenn sie gegen eine mäßige pekuniäre Entschädigung den eingefangenen Verbrechern gern zeigt, wie sie am leichtesten wieder entwischen können. Der enorme, unverhältnißmäßige Unterschied in der Besoldung der oberen und der unteren Beamten, dann der Umstand, daß keine Stelle, kein Posten, keine Begünstigung, wenn sie auch noch so gering ist, vergeben wird außer gegen Geld, haben die Stellenjägerei bis aufs Höchste entwickelt, welche mit dem Verfalle des öffentlichen Geistes gleichen Schritt hält. Die Türkei steht hierin auf gleicher Stufe mit den Vereinigten Staaten, oder diese mit jener, wie man lieber will. Natürlich trachtet der Käufer einer Stelle, aus dem „Geschäft" so viel Gewinn als möglich zu schlagen. Darnach handeln denn auch die Beamten am Mississippi wie am Bosporus. Was den Gouverneur anbetrifft, so hat er von Jugend auf gelernt, daß seine Aussichten auf weitere Carrière in direktem Verhältnisse zu den Geldsummen stehen, welche er aus seiner Provinz nach Stambul sendet. Wie dieselben gewonnen wurden, darnach fragt man dort nicht. Möglichst viel ist allein die Losung. Im Gegensatze zum alten Beg, der mit einem „Kahijah" oder Sekretär die Geschäfte seines Distriktes besorgte, unterstehen dem Stambuler Beamten bezahlte Unteragenten dutzend- und schockweise; es giebt eine Unzahl von Behörden, Räthen und Höfen, deren Mitglieder zur Hälfte angeblich aus dem Volke gewählt werden. Thatsächlich werden aber auch Letztere von der Regierung ernannt, so groß ist die herrschende Apathie im Volke. Es wird uns wol erlaubt sein, in diesem Umstande einen Charakterzug der Nation zu erblicken, der Vieles von den bestehenden Mißständen erklärt. Vegetiren die niederen Beamten in bitterer Armuth, so gilt ein Gleiches von den Bewohnern der Dörfer und selbst der Städte. Sieht man ausnahmsweise in den Straßen von Trapezunt, Sivas oder Angorah einen wohlgekleideten Menschen, so ist es sicher der christliche Geldgeber; sonst überall Armuth und nacktes Elend. Ohne Kapital und ohne die Möglichkeit, ein solches zu gewinnen, kann es wol kaum anders sein, und in den türkischen Provinzen ist das Kapital längst verschwunden; 40 Prozent beim Landmanne, 30 Prozent beim Städter fließen vom Einkommen regelmäßig nach Stambul, von wo nicht ein Pfennig nach den Provinzen zurückwandert; die indirekte Besteuerung mit Allem, was drum und dran hängt, endlich die Konskription, erhöhen die genannten Lasten auf das Doppelte. Wenn in Konstantinopel statistische Ausweise zusammengestellt werden, um zu beweisen, daß die Einnahmen des Reiches 1872 um ein Drittel mehr betrugen als 1870, so zeigen sie nur, daß um ein Drittel mehr Geld eingetrieben wurde; die Ressourcen des Landes sind dabei gesunken. Was der Steuereinnehmer übrig läßt, holt sich der Wucherer. Trotz des Hattihumayum von 1856 giebt es in der Türkei noch immer kein Kreditsystem. Die bestehenden Banken haben keine Verbindungen mit der Provinz, beschäftigen sich auch meist mit Operationen für Rechnung der Regierung oder mit europäischen Gesellschaften in Angelegenheiten, welche alle darauf ausgehen, den Reichthum aus dem Lande zu führen. Der Bauer bleibt auf den Privatgeldgeber angewiesen, der gewöhnlich ein Armenier ist und in der Regel 3 Prozent per Monat verlangt, welche, wenn nicht bezahlt, am Ende des Jahres zum verzinslichen Kapitale geschlagen werden. Am endlichen Verfallstage geht der Schuldner zu Grunde oder muß auswandern, und nur der Wucherer bleibt übrig, um an dem Nachfolger des Vertriebenen das nämliche Kunststück zu wiederholen.

Eine Folge dieser Zustände ist es, daß alles noch etwa disponible Kapital sich in derartigen Leihgeschäften investirt, während für produktive Anlagen kaum ein Pfennig aufzutreiben ist. Deshalb ruhen alle Werke von öffentlichem Nutzen in den Händen der Fremden; eingeborene Kapitalisten verhalten sich passiv und theilnahmlos; endlich ist das wenige noch vorhandene inländische Kapital so zersplittert, daß es für praktische Zwecke völlig unnütz geworden ist. Man begreift, daß unter so bewandten Umständen kein Gouverneur, sogar wenn er wollte, den Leiden des Volkes in der Provinz abhelfen kann; übrigens würde er gar bald die Erfahrung machen, daß er zwar allmächtig, um zu nehmen, aber völlig ohnmächtig ist, zu geben, zu bessern. Für die geringste Kleinigkeit müßte er anfragend nach Stambul schreiben, auf eine Antwort würde er indeß vergeblich warten.

Für diesen Zustand der Dinge sind nun die Reformen Sultan Mahmud's II. verantwortlich, welche die Aeste absägten, auf denen früher die Macht des Reiches ruhte. Angesichts der vielfachen, modern gewordenen Versuche, die Zustände im Türkischen Reiche zu übertünchen, damit sie in allzu greller Beleuchtung nicht die Nachbarn aus ihrer Ruhe aufscheuchen, kann nicht genug betont werden, wie alle modernen wahrheitliebenden Beobachter zur Schilderung der Osmanenwirthschaft die düstersten Farben ihrer Palette zu nehmen sich genöthigt sehen. Sehr richtig ward erst unlängst folgendes Bild davon entworfen: „Die Türken sind seit den Zeiten ihrer Eroberungen nicht degenerirt, in der schlechten Bedeutung des Wortes, d. h. sie zeigen noch heute mitten unter kultivirten Staaten und Völkern dieselbe Barbarei, Rohheit und Unwissenheit, wie ihre asiatischen Brüder; noch heute kennen sie kein Familienleben, keine Gesellschaft, keine feinere Bildung. Ruhe, Verborgenheit, Sinnengenuß machen die Freude dieses Stammes aus, vis inertiae ist sein echter Charakter. Es klingt unwahrscheinlich und ist doch wahr, daß in diesen von der Natur so reich gesegneten Ländern bei der geringsten Mißernte oder bei einer Heuschreckenplage Noth eintritt, die Hunderte hinrafft, da die armen, von Beamten, Soldaten und räuberischem Gesindel geplagten Bewohner meistens nur so viel Feld bebauen, als sie zu ihrer äußersten Nothdurft brauchen. Sie befolgen diese Maxime, weil sie bei einem größeren Ernteertrage auch sofort mit einer unerschwinglichen Steuer belastet würden. Die Nachpflanzung von Fruchtbäumen ist gering, und noch heute kommt es vor, daß der größte Theil der reichen Früchte einer Olivenpflanzung oder eines Weingartens verfault, aus dem eben genannten Grunde. Zu welcher kommerziellen Blüte könnten sich alle jene hafenreichen Gestade der Balkanhalbinsel entwickeln, wenn ihnen bei einer weiseren Staatswirthschaft durch die Beförderung des Ackerbaues fruchtbare Hinterländer geschaffen würden! Aber es geschieht nichts. Es fehlen selbst die nothwendigsten Straßen, auf denen die einzelnen Landestheile mit einander und mit der Küste verkehren könnten, und es ist eine Thatsache, daß in Bosnien, nur 6 Stunden von Serajevo, einer Stadt von 50,000 Einwohnern, ein an Bau- und Brennholz überreicher Wald sein Holz verfaulen lassen muß, weil kein Weg da ist, dasselbe hinüberzuschaffen. Die Sorglosigkeit dieser barbarischen Nation, ihr Fatalismus, war und ist auch daran schuld, daß man der Cholera, die von hier zu uns eindrang, prophylaktisch nie genügend entgegenarbeitete; mitwirken mag hierbei auch der Despotismus, dem ja an einer Million Menschenleben mehr oder weniger nichts liegt. Das Blut geräth in Wallung, wenn wir sehen, wie diese fruchtbare, schöne, genügend bevölkerte, entwickelungsfähige Halbinsel, der wir unsere europäische Kultur verdanken, durch eine Jahrhunderte lange Mißregierung und Verwahrlosung in ideeller und materieller Kultur zurückgeschritten ist. Und was ebenso schlimm ist, es wirkt, da jene Länder ein Glied des europäischen Körpers sind, ihre Krankheit auch auf ihre Nachbarschaft übel zurück, und das kulturlose Türkische Reich ist vorläufig noch immer eine unübersteigliche Mauer, welche das raschere Eindringen unserer europäischen Bildung nach Asien hindert. In allen türkischen Theilen der Halbinsel ist Fäulniß und Verrottung zu bemerken, bestechliche Beamte saugen den Landmann aus und betrügen den Staat, die Steuern sind nach ungerechtem Modus vertheilt; Gesetze sind da, aber sie gelten nicht, Fabriken fehlen, das Staatsvermögen wird verschwenderisch fortgeworfen, und Anlehen sind bei der bekannten Kreditlosigkeit nur gegen sehr hohe Zinszahlung zu ermöglichen; der Bergbau ist wenig oder gar nicht entwickelt, den Handel besorgen meistens andere Völker, und die Ausfuhr der Landesprodukte ist bei der Möglichkeit eines zehnfachen Mehrertrages kaum der Rede werth. Und diese beklagenswerthen Eigenschaften und Erscheinungen zeigen nicht nur die europäischen Gebietstheile der Türkei, sondern bei ihrer physikalischen Trennung von Europa naturgemäßer Weise in noch viel schlimmerem Grade die asiatischen Besitzungen. Syrien, das ganz Westasien mit Getreide versorgen könnte, sowie Kleinasien, abgesehen von den Küstenstrichen, die nach Europa blicken, veröden von Tag zu Tag mehr, und die Centralpunkte früherer Kultur haben sich in öde, völkerarme Steppen verwandelt, auf denen die Ruinen von vordem glanzreichen Städten Zeugen sind von der Imperfektibilität dieses einst so gefürchteten Stammes. Den besten Beweis dafür, daß die Länder der Balkanhalbinsel einer Entwicklung, eines zweifellosen Aufschwunges nach Beseitigung der türkischen Herrschaft fähig sind, liefert z. B. Griechenland. Das ganze Land war bis zu seiner Befreiung völlig verwildert, und dennoch haben sich in den wenigen Jahrzehnten, die seit seiner Lostrennung verflossen sind, die Werthe der Ausfuhren verfünffacht, diejenigen der Einfuhr vervierfacht. Daß aber bis heute noch, nach so vielen politischen Stürmen und trotz allen Verkehrtheiten der Regierung, ein immer noch lebhafter Handel zwischen Rumelien und Kleinasien sich erhalten hat, ist einzig und allein der unvergleichlichen Weltlage Konstantinopels zuzuschreiben, welches ganz naturgemäß den asiatisch-europäischen Handel an sich ziehen muß. Ein Staat jedoch, wie er vorher skizzirt wurde, welcher auf 40,000 □Meilen 21 Millionen Einwohner umfaßt, die aus etwa 12 verschiedenen Stämmen bestehen, ist nach seiner ganzen Natur gar kein eigentlicher Staat zu nennen, er ist ein Konglomerat von Völkern, welches, durch die Despotie zusammengehalten, eigentlich nur aus Unterdrückern und Unterdrückten besteht. Und so weit ist es durch die lang andauernde Praxis gekommen, daß der herrschende Türke kaum etwas Ungerechtes in seinem Verfahren erblickt, und selbst die geknechtete Masse beinahe zu glauben anfing, es müsse Alles so sein, wie es ist. Derselbe Türke, der mit der größten Liebe und Vorsorglichkeit herrenlose Hunde und Katzen füttert, speist noch heute ungern einen Ungläubigen, oder meidet es wenigstens, mit ihm aus derselben Schüssel zu essen, denn das macht ihn ja unrein. Ein ebenso sonderbares Gemisch, wie es dieser Staat an Völkerschaften aufweist, zeigt auch der Charakter des Türken an Eigenschaften; er vereinigt in sich die Seelengröße des Arabers, den Schmuz des Thrakiers, die Tapferkeit des Skythen, die List des Griechen und die ganze Weichlichkeit des Orients. Seine rohe Barbarei liegt aber nicht so sehr in seinem Gemüthe als vielmehr in seiner despotischen Verfassung, in seiner einseitigen Religion und in der lang andauernden Gewöhnung. Die Türken haben sich als eine politisch unfähige Nation erwiesen, und die westasiatischen Länder, aus denen sie kamen, sollten der eigentliche Tummelplatz dieses Volkes sein, wie auch jedes abendländische Volk, dessen Geist und Herz nicht an materiellen Privatinteressen haftet, dies wünschen muß. Niemals ist ein Verschwender, den weise Gesetze für unfähig erklären, seinen Besitz ferner zu verwalten, unverantwortlicher damit umgegangen, als die Türken mit den schönsten und fruchtbarsten Ländern der Erde. Sie gehören absolut nicht zur europäischen Völkerfamilie, und das politische System unseres Erdtheiles würde sich gewiß in vielen Punkten anders gestalten, wenn jene fremdartigen Eindringlinge aus unserer Gesellschaft ausgeschieden würden. Die große Revolution seit Ende des vorigen Jahrhunderts hat in Europa viele Schäden beseitigt, aber der schwarze Punkt, Türkei benannt, ist unberührt geblieben, früher infolge des gegenseitigen Mißtrauens der Großmächte und heute überdies aus dem viel edleren, aber in dieser Frage dennoch nicht stichhaltigen Motive, den Völkern Europa's den Frieden zu wahren. („Schwäbischer Merkur", vom 20. Juli 1876.)

Ein ganz ähnliches Gemälde entrollt uns auch ein feiner Beobachter unter den Orientreisenden der Gegenwart, Amand Freiherr von Schweiger-Lerchenfeld (in seinem Buche: „Unter dem Halbmonde. Ein Bild des Ottomanischen Reiches und seiner Völker." Jena 1876), welcher fast jede einzelne Provinz aus eigener Anschauung kennt. Ueberall aber tritt aus dem wirren Völkergemenge, aus den Kulturzuständen und den politischen Verhältnissen Eines immer nur mit erschreckender Gewißheit hervor, der große Zersetzungsprozeß des Türkischen Reiches, die allgemeine Stagnation, die totale Verkommenheit der Regierung und aller ihrer Organe, die absolute Unfähigkeit des herrschenden Volkes, dem in Auflösung begriffenen Reichskörper durch Aneignung moderner Kulturelemente, durch zeitgemäße, durchgreifende Reformen wieder neues Leben und festen Bestand zu geben. Wol hatte der größte türkische Staatsmann und Patriot der neuesten Zeit, Fuad Pascha, in dem politischen Testament, das er in seinen letzten Lebensstunden, im Januar 1869, niederschrieb, den Padischah beschworen, mit den Institutionen zu brechen, die für die jetzigen Zeiten nicht mehr taugen, hatte die Nothwendigkeit dargethan, mit dem übrigen Europa gleichen Schritt zu halten und eine vollständige Umgestaltung aller politischen und sozialen Einrichtungen vorzunehmen; er hatte mit seltenem Scharfsinn nachzuweisen gesucht, daß allen den Kulturbestrebungen, durch welche die abendländischen Mächte ihren großen

Vorsprung gewonnen, nichts anhafte, was mit dem mohammedanischen Geiste nicht verträglich wäre. Aber so richtig dieser erleuchtete Staatsmann erkannte, was noth thue, so wenig sind bei seinem Volke die Bedingungen vorhanden, um dieses Nothwendige zur Ausführung zu bringen. Die angeordneten Reformen bleiben auf dem Papier, die Versprechungen an die Völker werden nicht erfüllt; von den modernen Finanzmaßregeln kommen, seitdem man sich im Jahre 1854 die Kunst des Borgens angeeignet hat, nur Schlag auf Schlag sich folgende Anleihen in Anwendung, keine sparsame und geordnete Staatshaushaltung, kein Erschließen der reichen natürlichen Hülfsquellen des Staats; überall herrscht Gewalt, Unordnung und Verödung, verlotterte Eisenbahnen durchziehen wie zum Hohn das Reich, die Laster der fremden Kultur haben sich eingebürgert, nicht ihre Segnungen, alles moderne Leben, aller Handel und Verkehr vermögen den Schmuz der türkischen Städte nicht zu beseitigen. Finster grollend steht der echte Moslim allen diesen ihm innerlich fremden, von außen her aufgedrungenen Elementen gegenüber; er hegt noch die alte Verachtung, den traditionellen Haß gegen die christlichen Abendländer und vermag diese Gesinnung, auch wenn er in stetem Verkehr mit ihnen steht, nicht zu unterdrücken. Sogar solche Staatsmänner, die äußerlich sich der neuen Zeit und ihren Forderungen anbequemen, denken in ihrem Innern ganz anders und treiben Reformpolitik als bloße Komödie. Dahin gehört, nach der Darstellung Br. Schweiger's, z. B. auch der kürzlich ermordete Kriegsminister Hussein Avni, einer der wüthendsten Christenfeinde, und selbst der jüngst so berühmt gewordene Midhat Pascha, ein Mann von Energie und administrativem Talent, aber von echt türkischer Einbildung und Arroganz, der mit Reformen und abendländischer Kultur ein bloßes Spiel treibt. Es ist ein eigenthümliches Schauspiel: ein Volk, dessen hervorstechende Eigenschaft der nationale Eigendünkel, eine grenzenlose Selbstgenügsamkeit und Selbstüberhebung ist, soll sich jetzt ganz und gar einer fremden Kultur hingeben, die seinem ganzen Wesen wie seinem religiösen Glauben widerstrebt. Und wenn dieses Volk und seine Leiter es sogar über sich gewännen, das große Reformwerk ernstlich in Angriff zu nehmen, es könnte ihnen nichts mehr frommen, denn es ist zu spät. Von der Donau bis zum Aegäischen Meere und von der Propontis bis zum Euphrat und bis nach Arabien ist Alles bereit, sich gegen die Rasse, die alle diese Länder seit Jahrhunderten mißhandelt und unterdrückt, die den Völkern nicht ein einziges Gut, sondern nur Jammer und Elend gebracht hat, zu erheben, nicht blos die Slaven in Europa, sondern auch die asiatischen Kurden, Drusen, Maroniten und Araber. Ein schlagender Beweis dafür, wohin das türkische Regiment es gebracht hat, sind die Bulgaren, mit denen sich Br. Schweiger besonders eingehend beschäftigt. Während der heißblütige, kriegslustige Serbe, der, durch eine Kleinigkeit gereizt, zum Messer greift und die Vaterlandsliebe mit Fanatismus pflegt, und ebenso auch der Montenegriner und Herzegowiner jeden Augenblick geneigt sind, schon um die süße Gewohnheit des Kampfes nicht in Abnahme kommen zu lassen, dem Feinde auf den Leib zu rücken, mußte der Bulgare, ein an der Stelle klebender fleißiger Ackerbauer, von Natur sanftmüthig, friedliebend und phlegmatisch, erst durch den unerhörtesten Druck dahin gebracht werden, daß er das Grabscheit bei Seite legte und zum Schwerte griff. Am Ende des vorigen Jahrhunderts brachen die ersten Bulgarenaufstände aus, die seitdem sich immer wiederholt haben, und immer ging es dabei so zu, wie wir es im Frühjahre 1876 wieder sahen: die türkische Barbarei gegen bezwungene Feinde ist noch die gleiche wie vor Jahrhunderten.

Ueber die Kulturleistungen des Osmanenthums belehrt uns eindringlich ein Blick auf die Länder, die heute noch im Besitze der Türkei sind, die schönsten und herrlichsten Landschaften der Welt. Und heute? Ueberall Ruinen, Rauch und Blut. Das Werk der Zerstörung ist mit einer Wuth und Grausamkeit betrieben worden, die aller Beschreibung spotten. „Wohin der Türke den Fuß setzt, da wächst kein Gras mehr; er wirkt wie Mehlthau." Lassen wir uns z. B. von Professor Dr. A. Sprenger in die Tigrisländer führen, welche leicht dreißig Millionen Menschen ernähren könnten. Und wie sieht es jetzt aus? „Ich beschränke meine Bemerkungen auf das Land am oberen Laufe des Flusses, weil es sich leichter übersehen läßt. Tritt man durch das westliche Thor in die Stadt Mosul ein, so führt der Weg eine halbe Stunde durch verfallene, verlassene Häuser, welche an die Fabel vom Uhu, der seiner Tochter hundert menschenleere Dörfer zur Mitgift gab, erinnern. Das bewohnte Quartier der Stadt dehnt sich längs des Flusses aus, und statt die Epitheta „arm", „schmuzig" u. dgl. m., welche auf jede orientalische Stadt passen, zu wiederholen, begnüge ich mich zu bemerken, daß es eher in der Abnahme als Zunahme begriffen zu sein scheint. Oestlich vom Tigris, wo einst Ninive stand, erblickt man einige Hütten um Tell-at-Tamba herum, auf dem das Heiligthum Nabi Junus steht, sonst ist es öde. Im Rayon von Mosul fristen noch einige Dörfer ihr prekäres Dasein. Das größte, das ich bemerkte, ist von den Ruinen „Nimrud" im Osten sichtbar und heißt Aqur. Ich zweifle, ob der Kulturrayon Mosuls, vom Fuße des Taurus bis Sonn, mit Inbegriff der Stadt 200,000 Seelen enthält; doch möge der Leser auf diese Angabe nicht zu viel Gewicht legen, denn ich habe mich nur kurze Zeit in Mosul aufgehalten und fast gar keine Ausflüge gemacht. Verläßt man auf einem Schlauchfloß Mosul und fährt man den Strom hinab, so passirt man zwischen Sonn und Bagdad in einer Strecke von 50 deutschen Meilen etwa zwölf Dörfer, von denen man vom Flusse aus nur drei sieht. Das größte davon ist Tikrit. Es war einst eine recht bedeutende Stadt, wie die Ruinen einer recht schönen Kirche, die von den Moslim in eine Moschee verwandelt wurde, bezeugen. Jetzt ist es ein Dorf von etwa 500 Einwohnern, das sich selbst auf den Aussterbe-Etat gesetzt hat. Ein wenig tiefer Graben und ein niedriger Erdwall, beide im Zustande des Verfalles, zeigen, daß sich vor nicht langer Zeit die Tikriter gegen die Beduinen ihrer Haut zu wehren pflegten. Ich erkundigte mich, ob sich die Beziehungen der Einwohner zu diesen Menschen, deren Hand gegen Jedermann ist, derart gebessert haben, daß sie diese Verschanzungen vernachlässigen können, und erhielt zur Antwort: „Wir fanden, daß wir nicht zahlreich genug sind, uns mit Erfolg zu vertheidigen, und daß ein Versuch des Widerstandes die Habsucht unserer Dränger nur reize; wir haben es daher vortheilhafter gefunden, uns auf Gnade und Ungnade zu ergeben." Ein anderer Ort, den man sieht und der nicht größer ist als Tikrit, ist die ehemalige Militärstation Samarra, die zur Zeit ihrer kurzen Blüte nahezu eine Million Einwohner beherbergt haben mag.

Da man Bagdad gewöhnlich von der Flußseite betritt, so gelangt man zuerst in das belebte Viertel; geht man aber weit genug landeinwärts, so beobachtet man dieselbe Erscheinung wie in Mosul — der Umfang der Stadtmauer ist zweimal so groß als der der Stadt; doch sind hier von den verlassenen Häusern nur noch Schutthaufen übrig, die Verwüstung hat also in etwas fernerer Zeit stattgefunden. — Meines Wissens ist keine Provinz des Osmanischen Reiches so sehr heruntergekommen, wie das alte Assyrien; im Vergleiche damit sind die vielbedauerte Balkanhalbinsel und Kleinasien und sogar Syrien und Diarbekr in einem blühenden Zustande.

Die von Volney angewendeten Ausdrücke Raub, Verheerung, Tyrannei, um die Ursache des Uebels zu bezeichnen, werden so oft von Schreiern mißbraucht, daß sie ihre Kraft verloren haben; es erscheint daher zweckmäßig, sie durch ein paar Einzelheiten zu beleuchten. Der englische Konsul Barker erzählt in seinen neulich von seinem Sohne herausgegebenen Memoiren: der neue Pascha Dschelal-ud-din machte an demselben Tage, an dem er in Aleppo, dem Sitze seiner Regierung, ankam, incognito, gefolgt von einem Scharfrichter, einen Spaziergang durch die Stadt, in der Absicht, einigen unglücklichen Krämern die Köpfe abhauen zu lassen, denn dieses hielt er nach türkischem Brauch für nothwendig, um der Bevölkerung Respekt einzuflößen. Er ließ also in verschiedenen Theilen der Stadt unter den nichtigsten Vorwänden Unglückliche — in Allem fünf — ergreifen und mit kaltem Blute tödten. Im Jahre 1814 schickte Barker einen offiziellen Bericht über die Pest, die damals gewüthet hatte, an seine Regierung, und er sagt darin: „Die Pest hat etwa 8000 Opfer gefordert, aber ich habe die Ueberzeugung, daß die Stadt zweimal so viele Bewohner durch die Grausamkeit des Pascha verloren hat." Eine Folge dieser Einschüchterung ist die sprüchwörtlich gewordene Demoralisation der orientalischen Rajah's; sie sind so furchtsam wie Schafe.

Im Jahre 1826 landeten ein paar Schaluppen mit griechischen Piraten in Beirut, und das kleine Häuflein jagte der Bevölkerung solchen Schrecken ein, daß, was laufen konnte, in wilder Flucht dem Libanon zueilte. Der Pascha von Acre (Akka) schickte Kehya Beg mit 500 Arnauten der Stadt zu Hülfe, aber die Beschützer erinnern an die Fabel vom Metzger, welcher ein Lamm aus den Klauen eines Wolfes rettete und es schlachtete. Kehya Beg plünderte die christlichen Bewohner der Stadt und wendete die Folter an, um den letzten Heller zu erpressen. Blutdurst, wie der des Dschelal-ud-din, kommt am Ende doch nicht täglich vor, und die Raubgier der Soldateska tritt nur sporadisch auf. Diese Erscheinungen der Barbarei könnten also an und für sich ein Land nicht entvölkern; das geschieht durch die Verworfenheit der Administration. Im Herbste 1854 hielt ein neuer Gouverneur seinen Einzug in Damaskus; der erste Akt seiner Regierung war, daß er den Chef der Polizei zu sich kommen ließ, um mit ihm ein Abkommen zu treffen. Nachdem er sich über die Ressourcen der Stadt die nöthige Aufklärung verschafft hatte, sagte er zum Polizeichef:

„Du bezahlst mir täglich tausend Piaster und dafür hast du freie Hand." Einige Zeit später hörte ich, daß Kodsi, der reichste Mann der christlichen Gemeinde, ins Gefängniß geworfen worden sei; ich erkundigte mich bei einem Türken um die Veranlassung und er gab mir folgende Aufklärung: die höheren Stellen im Staatsdienste werden von dem Haushalt, besonders dem Harem des Sultans, an den Meistbietenden verkauft. Der Pascha hat nun eine ganz enorme Summe für sein Paschalik bezahlt, und da große Geldnoth im Seraglio herrscht, muß er sich darauf gefaßt machen, in einem Jahre abberufen zu werden, denn die Eunuchen wollen die Aemter möglichst oft feilbieten. Er ist also genöthigt, so schnell er kann, den Kaufpreis herauszuschlagen, und drückt auf die Richter, die doch auch Geld machen wollen, und von dem besten Willen, das Geld zu holen, wo es zu finden ist, beseelt sind. Dem Chawadscha Kodsi wird es nun so schlimm nicht gehen; für einige Tage wird er sich der Hungerkur, vielleicht auch gelinder Tortur unterziehen müssen. Wenn er dann zahm geworden ist, werden die Gefängnißwärter mit ihm zu unterhandeln anfangen, und so bald er sich bereit erklärt, die nöthigen Summen zu bezahlen, läßt man ihn wieder laufen." („Ausland" 1877 Nr. 2 S. 30—32.)

Wesentlich Schuld an diesem Wirken trägt nebst der Charakteranlage des Osmanen auch seine Religion, der Islam, für welchen manche Darsteller nicht genug Worte des Lobes und der Anerkennung haben. Indeß bemerken wir, daß ein so gründlicher Kenner und im Allgemeinen wohlwollender Beurtheiler der Orientalen, wie Hermann Vámbéry, „in der Verherrlichung, welche wir der vergangenen Kultur des Islams zollen, ein bedeutendes Quantum von Ueberschätzung findet." Daß aber dem Islam in der Gegenwart keine hohe Kulturrolle mehr zukommt, lehrt ein Blick auf seine heutigen Bekenner; wir sehen sie alle gleichmäßig, ob sie in den Oasen der Sahara oder an den Ufern der unteren Donau leben, durch Sinnlichkeit, Wollust und Blutgier charakterisirt. Der Moslim kennt kein Vaterland, da für ihn der Harem Alles, auch das Vaterland ist. Der echte Muselmann kennt in der Regel nur Fanatismus, nicht aber Patriotismus, und er zieht gegen die Ungläubigen in den Krieg, nicht um sie zu bekehren und zu bessern, sondern um sie auszurotten und zu vertilgen, damit er dann im Besitze ihrer Güter und Frauen prassen und schwelgen könne. Der Türke speziell ist überaus tolerant in religiösen Dingen, weil er als Uralaltaier viel zu denkfaul und apathisch ist, um sich von irgend einer Idee entflammen zu lassen; dies zeigt sich deutlich an seinen Stammesbrüdern in Centralasien und ihrem Verhalten in den Kämpfen gegen die Russen; dennoch trägt die türkische Kriegführung erwähnte Charakterzüge an sich. Der Türke kennt nur den Fanatismus der Zerstörung, weil Zerstörung an sich ihm Genuß bereitet, und darf man das tiefe Niveau des heutigen Islam im Allgemeinen der weiten Verbreitung des Türkenthums beimessen. Indeß hat Prof. Aloys Sprenger den Nachweis erbracht, daß die nach einander aus dem Islam hervorgegangenen Dynastien, herrschenden Klassen und Institutionen es sind, was den Orient verwüstete, kurz daß alle Mißbräuche der Verwaltung in der Türkei nicht dieser allein eigenthümlich sind, sondern in jedem moslim'schen Reiche herrschen.

Die mohammedanischen Staaten stehen dermalen alle auf höchst niedriger Stufe, vom Oberhaupte bis zum geringsten Bürger denkt Alles nur an die Befriedigung seiner eigenen sinnlichen Genüsse, sie wollen daher nie für das Vaterland, sondern von dem Vaterlande leben, und dieses ist die Melkkuh, der sie so lange ihre Lebenssäfte abnehmen, bis sie endlich dem Siechthume erliegt. Ein mohammedanischer Landesregent will nur seine Privatkasse, seinen Harem und seine Küche gehörig gefüllt sehen; hat er dieses erreicht, so überläßt er Staat und Bewohner seinen Ministern, damit diese die Regierung führen sollen. Und so wie die Regenten, so sind auch die Minister in den meisten mohammedanischen Staaten Menschen, die regieren wollen, um genießen und sich bereichern zu können, nicht aber, um den Staat zu heben, zu ordnen und auf eine blühende Stufe zu bringen. Ein mohammedanischer Staat ist daher kein Staat, sondern nur eine Art Schafstall, in dem eine große Herde von Schafen beisammen lebt, die von Zeit zu Zeit gänzlich abgeschoren werden. Nicht mit Unrecht nennt man deshalb in der Türkei die dort lebenden Christen „Rajah" (Schafherde), da sie ja wirklich nichts mehr sind als eine gewöhnliche Herde, die der Hirt nur um ihrer Wolle und Milch wegen aufzieht. Ist aber die weltliche Regierung im Islam oder des Islams eine elende, so ist die geistige desselben noch ärger und noch elender.

Unendlich trübe ist es in den asiatischen Provinzen der Türkei um den öffentlichen Volksunterricht bestellt; auch hier hat sich seit Mahmud's Reform ein Umschwung zum Schlimmeren vollzogen. Nur zu oft stößt man auf verlassene, zerfallende Gebäude, deren Inschrifttafeln uns belehren, daß sie von diesem oder jenem Beg als Medresse (Schulgebäude) errichtet worden waren; noch vor 50—60 Jahren saßen darin 30 bis 40 weißbeturbante Schüler, meist den unteren Volksklassen entnommen, mit dem Studium der einheimischen Literatur, des Arabischen, selbst des Persischen und natürlich des Korans beschäftigt. Solche Kenntnisse befähigten zu höherer Verwendung und manch leuchtender Name der osmanischen Geschichte ging aus solch einer Dorfmedresse hervor. Den Schullehrer besoldete der Beg aus den Gütern, welche die Regierung einzog, und damit verschwanden Schule, Lehrer und Schüler. Allerdings war jener Unterricht altmodisch, engherzig, fortschrittsfeindlich; auch das Mahalleh-System, jenes der vor Jahrhunderten errichteten Elementarschulen, in beschämenden Verfall gerathen, und die neueren Rusdiyah-Schulen, welche die entstandenen Lücken ausfüllen sollten, haben nur eine kurze Existenz gefristet. Thatsächlich hat der öffentliche Unterricht in den türkischen mohammedanischen Provinzen gänzlich aufgehört.

In dem islamitischen Staatsleben, mehr denn sonst irgendwo, muß die Frage der ersten Erziehung, die Familienfrage, in die Unterrichts- und Bildungsfrage einführen; beide sind ja Korrelate. Und da liegt der wunde Fleck des osmanischen Schulwesens, auch in Europa. Die Stellung des Weibes in der muselmännischen Gesellschaft ist mit wenigen Ausnahmen eine geistig so tief verkommene und verkümmerte, daß die Erziehung des Kindes auf das

Traurigste darunter leiden muß. Die türkischen Mütter lieben ihre Kinder mit der ganzen Kraft ihrer mächtig entwickelten Gefühlsinstinkte, aber sie können ihnen unmöglich das geben, was sie selbst nicht haben, nämlich geistige Anregung.

Eine türkische Schule.

Was das Leben an materiell Verlockendem bietet, verschaffen sie ihnen dafür in Fülle und entwickeln in ihnen einen Hang zur Genußsucht, der jede Geistesblüte verwelken macht. In wohlhabenden Familien bleibt das Kind meist dem Gesinde überlassen, das in der Türkei an Lastern ebenso buntscheckig ist wie an Sprache und Hautfarbe. Böse Beispiele wirken da schlimmer als Verbrechen. So tritt der junge Mann bereits vielfach abgestumpft in den Kampf des Lebens, in den Dienst des Landes. Es genügt aber nicht, daß ein paar hundert Paschasöhne in der Fremde studiren, sich mit fremder Manier nothdürftig übertünchen, fremde Ideen halbverdaut heimbringen und dadurch dem eigenen Volke fremd werden. Möchten sie die Bedürfnisse und politischen Entwicklungsbedingungen ihrer Heimatvölker studiren und aus diesem Studium fruchtbringende Staatsweisheit schöpfen!

Um einigermaßen den Antheil zu beurtheilen, welchen die Pforte in den letzten Jahren an der Hebung des Unterrichtes genommen hat, fehlt uns jeder statistische Anhaltspunkt, indem dergleichen Ausweise in den türkischen Länderkomplexen noch nicht existiren. Werfen wir aber einen Blick auf das Unterrichtsbudget und den Schulapparat im Allgemeinen, so wird sich gar manches Lehrreiche ergeben. Das türkische Staatsbudget weist zu Unterrichtszwecken die Summe von 1,600,000 Mark aus, ein Betrag, welcher kaum genügen möchte, die Bairamgeschenke des großherrlichen Serailtrosses zu bestreiten. Ueber das mittlere Verhältniß der Anzahl der Schulbesuchenden zur Bevölkerung im Allgemeinen giebt es keinen Ausweis, wir glauben aber, daß dieses Verhältniß ungünstig genug sein mag. Das Septembergesetz von 1869 hat den unentgeltlichen, obligatorischen Volksunterricht sanktionirt, aber dieses Gesetz blieb bisher auf dem Papier. Ueber die Anzahl der Bildungsanstalten existirt keine amtliche Erhebung. Im Allgemeinen ist fast mit jeder großen Moschee oder jedem großherrlichen Mausoleum ein Stiftskollegium als Hochschule, „Medresse" genannt, verbunden. Die Moscheen zweiten Ranges besitzen Elementarschulen, „Mekteb", welche unter der Aufsicht eines Imam stehen. Außerdem giebt es noch eine ziemlich zahlreiche Klasse von Privatstiftungsschulen, welche mit Fontainen, Privatbegräbnissen und Derwischklöstern verbunden sind und vom Staate nicht die geringste Unterstützung erhalten. Mittelschulen in eigentlichem Sinne giebt es nicht. Der Unterricht in den Elementarschulen ist frei, durchaus mechanisch und beschränkt sich auf Koranlesen und Auswendiglernen. Die niedere oder Volksschule darf man sich entfernt nicht denken, wie die bei uns zu Lande bestehenden Schulen dieses Namens, die nach einem bestimmten Plane eingerichtet und unter einer sachkundigen Leitung zusammengefaßt sind, und in denen mit dem Unterricht im Lesen und Schreiben zugleich der in anderen Elementen des Wissens ertheilt wird. Die orientalische Volksschule wird ins Leben gerufen, indem irgend Jemand, der sich hierzu für befähigt hält, eine Anzahl von Kindern um sich sammelt und sich selber den Namen Fiki, Lehrer, beilegt; oder sie besteht, wie erwähnt, auf Grund einer Stiftung an einer Moschee, aus welcher ein Lehrer fortdauernd, aber meistens überaus dürftig, besoldet wird. Sie hat kein anderes Ziel als das, an der Hand des Koran die Jugend lesen und schreiben zu lehren, und sie thut das nach einer Methode, welche es mit sich bringt, daß das, woran diese Lese- und Schreibstudien gemacht werden, zugleich vollkommen auswendig gelernt wird. Unablässig wird von der ganzen Zahl der auf einer Matte hockenden Schüler im Tone lauten Singens oder Plärrens und unter dem dabei herkömmlichen Hin- und Herschaukeln des Oberkörpers der Koranabschnitt hergesagt, welcher den Gegenstand der augenblicklichen Uebung bildet. Dabei ist aber wohl zu bemerken, daß das Auswendiglernen, überhaupt die ganze Behandlung des Koran, eine durchaus mechanische ist, indem eben Alles nur dem Gedächtniß eingeprägt, aber nicht die geringste Erklärung gegeben, also der Lernende nicht im Mindesten in ein religiöses oder auch nur überhaupt sachliches Verständniß des Gelernten eingeführt wird. Es kann ein Knabe nach vollendetem Unterricht den größten Theil des Koran auswendig wissen, ohne doch nur im Geringsten von Sinn und Bedeutung des Gelernten Rechenschaft geben zu können. Das Einzige, was er außer dem mechanisch Erlernten aus der Schule mitnehmen mag, wird das äußerlich fanatische Festhalten am Islam und der Haß gegen die Ungläubigen sein, da Beides nebenher mit Eifer beigebracht zu werden pflegt. Es ist deswegen auch nur in einem sehr beschränkten Sinne richtig, wenn so häufig gesagt wird, das ganze mohammedanische Schulwesen habe religiösen Charakter; dieser beschränkt sich wenigstens bei den niederen Schulen blos auf den äußeren Zusammenhang mit der Moschee oder auf den ebenso äußerlichen Umstand, daß der Koran das einzige Lern- und Lesebuch der Schüler bildet.

Der Besuch dieser primitiven Bildungsanstalten ist kein geringer, so daß eine verhältnißmäßig große Anzahl türkischer Kinder von sechs bis neun Jahren lesen und schreiben lernt, welche Wissenschaft sie jedoch nach kurzer Zeit wieder glücklich verschwitzt. Die Auserwählten, die „Suchtegan“, d. h. vom Wissensdurst Verbrannten, springen dann alsogleich in die Hochschulen über, wo sowol die Lehrmethode als die Lehrgegenstände sich der möglichsten Abstraktion befleißigen, wie dies in einem Lande der Fall sein muß, wo der Unterricht immer noch unter dem Despotismus religiöser Dogmen und Normen seufzt. Dogmatik, Rhetorik, Logik und besonders höhere Koraninterpretation spielen da eine vorwiegende, die praktischen, durch den Koran zum Theil geächteten Fortschrittswissenschaften durchaus schädigende Rolle. Für diese höhere Schule besitzt die Behauptung von dem religiösen Charakter des moslim'schen Unterrichtswesens mehr Wahrheit. Diese, stets mit den Moscheen verbunden, haben auch fast ausschließlich die Religions- und Gesetzeswissenschaften zu ihrem Gegenstande. Dabei handelt es sich aber fast nur um Erklärung des Koran, zunächst nach seinem religiösen Inhalt, dann nach seiner Anwendung auf das Recht und endlich auch nach seiner sprachlichen Auffassung, denn die Sprache des Koran gilt als das unübertreffliche Muster des Arabischen, und so verbindet sich mit jenen religiösen Studien auch noch die Beschäftigung mit der arabischen Sprache und Grammatik. Egypten besitzt eine der größten, angesehensten und besuchtesten Hochschulen des Islam, die Moschee El-Azhar, d. h. die Blühende, in Kairo. Aus ganz Afrika und Vorderasien, ja aus Ostindien und dem innern Asien kommen Tausende von Studenten, um hier zu lernen, woneben sie auch großentheils aus den Erträgen alter Stiftungen ihren Lebensunterhalt empfangen. Und doch welch kläglichen Eindruck erhält man auch hier von dem Geiste, der Befähigung und den Ergebnissen des moslim'schen Unterrichtswesens. Einmal sind viele Gebiete des Wissens und der Bildung ausgeschlossen, die nach unseren Begriffen in den Bereich einer Hochschule nothwendig gehören, und dann ist von einem wissenschaftlichen Verfahren beim Lehren und Lernen keine Rede. Denn fast die ganze Thätigkeit der Lehrer beschränkt sich aufs Vorlesen ihrer aus zahllosen Schriften früherer Gelehrten zusammengetragenen Hefte, manchmal auch auf den bloßen Vortrag dieser Schriften selbst; denn von eigenem geistigen Schaffen ist bei diesen Professoren des heutigen Orients selten Etwas zu finden. Und so handelt es sich auch bei ihren Zuhörern fast nur um das Auswendiglernen. Der Gelehrteste ist schließlich, wer am meisten auswendig weiß; der beste Theolog, wer am genauesten Bescheid weiß in den Suren und Versen des Koran; der beste Rechtsgelehrte, wer mit seinem Gedächtniß über die größte Anzahl von Aussprüchen gefeierter Juristen verfügt und am genauesten die für die rechtliche Praxis wichtigen Sätze von Gewährsmann zu Gewährsmann aufwärts, wo möglich bis zum Propheten selber, zu verfolgen weiß. Hingegen ist von einer Ausbildung in anderen Fachwissenschaften, ebenso in dem, was wir zur allgemeinen Bildung rechnen, auf dieser egyptischen Hochschule wenig oder gar nicht die Rede; nicht von Kenntniß der Geschichte oder der Geographie, von denen diese Leute oft höchst kindische Vorstellungen haben, oder der Naturgeschichte oder fremder Sprachen; vor Allem fehlt jegliche Idee von wirklicher Wissenschaft und wissenschaftlichem Verfahren. Das Selbstdenken, die eigene geistige Arbeit ist dem heutigen Islam abhanden gekommen; man hat kein anderes Streben mehr als das, die Meinungen vergangener Geschlechter sich einzuprägen und sie als todten Besitz auch wiederum künftigen Geschlechtern zu hinterlassen. Das Einzige, was die Schüler außer dem Wuste ihrer stupiden Gelehrsamkeit davontragen, ist der religiöse Fanatismus und eine erstaunliche Selbstüberhebung; eine europäische Wissenschaft existirt nach ihrer Meinung gar nicht, sondern nur eine arabische, und auf Alles, was darüber hinausliegt, schauen sie mit äußerster Geringschätzung herab. (Westermann's Monatshefte, Oktober 1872.)

Die Anzahl der Hochschüler in den türkischen Ländern soll sich nach approximativen Schätzungen auf etwa 7000 belaufen, wovon ein Siebentel allein bei den achtzehn von Sultan Mahmud II. gestifteten Kollegien immatrikulirt sein dürften. Selbstverständlich stehen diese Schulen als Moscheenannexe unter dem Wakuf, d. h. der Kirchenverwaltung, welche den Studirenden unentgeltlich Unterricht, Wohnung und täglich eine Mahlzeit giebt. Hier leuchten die Sterne der moslemitischen Wissenschaft, hier werden die Kandidaten für die Ulemas, d. h. die Doktorenkaste, welche in der Türkei kaum minder als bei uns florirt, gebildet und die Bureaukratie der „Kjatibs" für den gewöhnlichen administrativen Dienst großgezogen. Aspiranten höchster Anstellungen studiren meist an der ersten Hochschule, der „Mekteb Adlija", wo auch Arabisch und Persisch gelehrt wird.

Dies in kurzen Umrissen der Apparat. Ein kurzer Blick darauf genügt, das Fehlerhafte des Ganzen zu erkennen: Mangel an individueller Initiative bei vollkommener Indolenz der regierenden Gewalten in dieser Richtung; empfindlicher Ausfall gradueller Bildungsanstalten, unzureichende Lehrerzahl und eine verrottete, altüberkommene, durch Vorurtheile überwucherte Lehrmethode. Die absolute Nothwendigkeit einer radikalen Reform auf dem Unterrichtsgebiete springt denn auch in die Augen und drängt sich mit jedem Tage unumgänglicher auf. An Beispielen fehlt es im Reiche selbst durchaus nicht; es giebt in der Türkei Rajahschulen, besonders armenische und auch bulgarische, die mustergiltig genannt werden können. Auch Serbien, welches freilich von der Türkenplage verschont ist, widmet seit Jahren seinem Schulwesen eine von schönen Erfolgen gekrönte Aufmerksamkeit. An allem Diesem aber haben die Osmanen selbst keinen Antheil.

Betender Imam in einer Moschee.

Dies in großen Zügen die Wirkungen der gepriesenen Reformen, der Neuerungen, zum Theil nach englischen Quellen, die trefflich zu dem auch von Vámbéry entrollten Gemälde der islamitischen Welt stimmen. Fragen wir nun nach den „Wegen der Neuerungen", so sind die Vermittler derselben einmal Orientalen, die nach Europa kommen, besonders auch jüngere Männer, die zum Studium abendländischen Wesens und Geistes die großen Hauptstädte Europa's besuchen. Allein diese lernen vielfach in den großen Hauptstädten gerade die schlimmen und schlimmsten Seiten europäischen Lebens kennen; überwältigt von dem europäischen Wesen, kehren sie dann heim, feurig begeistert für Europa, fallen aber nach und nach zurück in die Bande der orientalischen Weltanschauung, und weil sie bald die Unmöglichkeit der Reformen einsehen und andererseits doch die Vorzüge und die große Ueberlegenheit des europäischen Wesens erkennen, verfallen sie in Neid und Furcht und hassen darum bald die abendländische Kultur wüthender als die Orientalen, die gar nicht in nähere Berührung mit derselben gekommen sind. Andererseits können als Vermittler und Ueberbringer europäischer Kultur, als Träger der Reformen Occidentalen gedacht werden, die ins Morgenland kommen. Aber Denen, die um Erwerbs willen in mohammedanischen Ländern länger oder bleibend sich niederlassen, fehlt es meist an der nöthigen Bildung, um in der Einsicht, um die es sich handelt, irgendwie Einfluß üben zu können; und Solche, die in diplomatischen oder militärischen Stellungen sich befinden, wirken vielfach in reformatorischer Beziehung nicht das, wozu sie ihr einflußreicher Platz befähigte, weil sie mit dem eigenthümlichen Wesen des Ostens und seiner Kultur meist viel zu wenig vertraut sind, zu wenig Liebe und eingehendes Verständniß haben für seine Anschauungen und Bedürfnisse. Die Anstrengungen dieser Abendländer im Osten haben daher meist nur die Oberfläche rütteln, nur eine leise, wellenartige Bewegung hervorrufen können, während das eigentliche Innere in dem faulen, kranken, alten Zustande verblieb. So gelangt man zu der Ueberzeugung, daß es sich mit den bisher erzielten Resultaten nicht gut verhält. Die vorhandenen Neuerungen können zwar das unerfahrene Auge blenden, den Forscher aber, der tiefer blickt, müssen sie in einem Meere von Zweifeln und Befürchtungen lassen. Es ist mit den Reformen wie mit einem Gebäude, dessen Grund aus schlechten, morschen Steinen ausgeführt wurde. Die Neuerungen, welche seit vierzig Jahren in der Türkei eingeführt wurden, sind demnach weder tief eingedrungen, noch ist die Bevölkerung von deren Nothwendigkeit oder Nützlichkeit überzeugt. Die Reformen beschränkten sich auf Nachahmungen abendländischer Sitten und Gebräuche und verliehen den staatlichen und gesellschaftlichen Verhältnissen einen dünnen Kulturanstrich. Dahin gehören die Veränderungen in den Gewohnheiten und Gebräuchen des Lebens, in Kleidung und Wohnung, die europäisirt wurden und werden, wenn auch vielfach mit schwerem Herzen und mit allerlei Ungeschick die „fränkische" Mode eingeführt wird, und der Osmanli z. B. auf den „fränkischen Pfühlen" (den europäischen Stühlen), auf denen er in Gefahr ist das Gleichgewicht zu verlieren, sich lange nicht so wohl fühlt, als mit untergeschlagenen Beinen auf seinem Divan, oder wenn ihm das mit den Fingern aus der Sauce herausgefischte Fleisch viel besser schmeckt, als wenn er es mit dem „eisernen Mordwerkzeug", der europäischen Gabel, zum Munde führen soll.

Am besten kennzeichnet diesen Zustand die Thatsache, daß alle häuslichen Reformen und scheinbaren Sittenveränderungen nur an dem Manne, als an jenem Theile der Gesellschaft, welcher mit der Außenwelt verkehrt, bis jetzt vorgenommen werden konnten. Die Frau und der Theil des Hauses, den sie bewohnt, der Harem, hat bis jetzt noch immer den alten primitiven orientalischen Charakter bewahren können. So lange aber der Vorzug der abendländischen Kultur und die Nothwendigkeit der Assimilirung an unsere Weltanschauung im innersten Kreise des mohammedanischen Familienlebens noch nicht Wurzel gefaßt hat, stehen alle Versuche auf diesem Felde schwach da, und jeder Windstoß kann das locker wurzelnde Band ausreißen. Höchst bedeutsam ist die Erscheinung, daß seit dem Beginne der sogenannten Reformbewegung die Verarmung des Landes reißende Fortschritte macht. Weder die Anleihen noch die französischen Mustern nachgebildete Steuer-administration und Finanzverwaltung haben diese Thatsachen aufzuhalten vermocht. Die Armuth ist um so größer, je weiter man gegen Osten schreitet; sie ist im Allgemeinen in den der Hauptstadt entlegenen Provinzen weit größer als in den nähergelegenen. In der Hauptstadt ist die Dürftigkeit am wenigsten fühlbar; dort drängt sich der geringe Theil der wohlhabenden Familien zusammen. Die mitunter sehr kostspieligen Versuche, um die heimische Industrie durch nach europäischem Muster angelegte Fabriken zu fördern, endeten sämmtlich mit einem großartigen Mißerfolge. Die Fabrikate waren theuerer und schlechter als die, welche der Import aus Europa auf den Markt brachte.

Im Harem eines reichen Türken.

Gleiche Erfahrungen hat übrigens auch Persien gemacht. Der gewiegte Kenner des Ostens, Vámbéry, faßt das Ergebniß dieser verunglückten Neuerung in folgender Betrachtung zusammen: „Der Staat und die Gesellschaft im moslimischen Asien haben bei ihren Bestrebungen, dem herrschenden Geiste des Abendlandes sich zu assimiliren, theils infolge des steten Drängens Europa's, theils aber von einer, nur dem Kindesalter einer Gesellschaft eigenen unreifen Denkungsweise, in den meisten Fällen sich übereilt und dem zufolge das Gebäude nicht beim Grunde, sondern beim Giebel zu bauen begonnen. Bei all den Umgestaltungen des Kriegs- und Staatswesens, der Gesellschaft und des geistigen Lebens, bei Handel und Gewerbe wird es auf den ersten

Blick auffallen müssen, daß es dem Reformator wie dem zu Reformirenden an Erkenntniß der Grundbedingungen der beiden Civilisationen gebrach und daß die ganze Kluft unbeachtet blieb, die zwischen den physischen und moralischen Eigenheiten des Orientalen und Occidentalen besteht." Nur flüchtig können wir Ost und West in den hauptsächlichsten unterscheidenden Grundzügen des Charakters und Wesens einander gegenüberstellen. Zuvörderst fällt dem Abendländer der Zug der Fahrlässigkeit, Indolenz, Indifferentismus (nur nicht in Sachen des religiösen Glaubens) und der Schläfrigkeit auf, den der Orientale in sehr ausgeprägter Weise an sich hat, in einer Weise, die dem Abendländer schlechterdings unbegreiflich ist. „Zeit ist Geld" ist der Grundsatz des modernen Europa. „Eilen ist Teufelswerk, Verzögerung ist Gotteswerk", ist dagegen ein Sprüchwort des Moslim. „Eilen ist anstandswidrig", „Eilen schadet der Gesundheit", ja Eilen ist das Hauptverbrechen, das die westliche Welt sich zu Schulden kommen läßt; und dem Orientalen ist es stets ein unlösbares Räthsel, warum wir mit der Zeit kargen, mit der Lebenszeit, die doch im Voraus bemessen ist und von uns nicht verlängert werden kann. Ein anderer Charakterzug ist der stramme Konservatismus, die zähe Anhänglichkeit an alles Altherkömmliche beim Orientalen. Freilich beruht diese Anhänglichkeit nicht etwa (wie wol bei uns) auf Ueberzeugung, sondern hat ihren Grund einfach in der Geistesträgheit. Die Gewohnheit ist das Band, das an die alte Weltanschauung knüpft. Sind dies mehr greisenhafte Züge, so wird andererseits ausgesprochen, daß trotz der größeren Geistesbegabung, die dem Morgenländer zuzugestehen ist, er eigentlich im Stadium des Kindesalters bleibe; er vertändelt seine Zeit mit kindischen, nutzlosen Dingen; er hängt besonders gern an Allem, was excentrisch, grellfarbig, auffallend, phantastisch, übernatürlich und überschwänglich ist. Die Lebensreife des Mannesalters geht dem Orientalen eigentlich ab. So ist in der riesigen Verschiedenheit der Charakterzüge im Großen und Ganzen wie in einzelnen individuellen Eigenschaften eine hohe Scheidewand vorhanden zwischen europäischem und asiatischem Wesen; die historischen Begebenheiten von Jahrtausenden haben die Scheidewand erhöht und befestigt, und sie kann nicht so leicht vom Boden weggefegt werden, wenn auch der mächtige Anprall des Abendlandes Vieles schon erschüttert, schon manche Bresche gebrochen hat. (Hermann Vámbéry, „Der Islam im 19. Jahrhunderte. Eine kulturgeschichtliche Studie." Leipzig 1875.)

Eine Prüfung der staatlichen Verhältnisse im Vereine mit einem Rückblicke auf die Geschichte der letzten Jahrzehnte wird Niemand darüber täuschen, daß die Türkei ihrem Untergange entgegenschreitet, in fortwährendem Verfalle begriffen sei. Allerdings besitzt sie im Inneren unleugbar noch einige feste Stützpunkte. „Es sind dies einerseits die sich schroff entgegenstehenden Interessen des Völkerkaleidoskops, welches sie beherrscht und zugleich neutralisirt, und andererseits die unbedingte Hingebung der osmanischen Rasse. Wer die heutigen Osmanen als Volk des Fanatismus bezeichnet, kennt sie nicht. Der unwiderstehliche Aufschwung, der die kriegerischen Osmanen von Eroberung zu Eroberung trieb, ist zugleich mit dem Fanatismus geschwunden. Der Glaube an das Fatum (Kismet) aber und die passiven militärischen

Tugenden sind ihnen geblieben, und diese befähigen sie noch immer ganz außerordentlich zu zähem Widerstand." (Murad Efendi, „Türkische Skizzen." II. Bd. S. 121.) Ob aber auch das Schwert zu Gunsten Rußlands — mit dem der Kampf ausgefochten werden muß — oder der Türkei entscheide, und wir sind keineswegs der Ansicht, daß der Sieg sich stets an die russischen Fahnen heften werde, das Endresultat wird stets dasselbe bleiben. Die Verwesung des Osmanenreiches, namentlich in Europa, ist zu weit vorgeschritten, als daß sie auch durch die glänzendsten Siege der türkischen Waffen aufgeschoben oder gar aufgehoben werden könnte; im Gegentheil, je mehr der Halbmond militärische Erfolge erringen sollte, um so mehr wird der neu erwachte Uebermuth der Türken sich steigern, die Indolenz und Korruption weitere Kreise ziehen, um schließlich, und zwar in kurzer Zeit, wenn gar noch die Brandfackel der Anarchie über das ganze Reich hinlodert, die Geschicke eines Volkes in Erfüllung gehen zu lassen, dessen Bahnen, seit es von Asien einhergezogen ist, nur Verheerung und Raub kennzeichnen und in dessen Geschichte bis zum heutigen Tage Familienleben und Patriotismus, Zucht und Ordnung, Wissenschaft und Kunst vergeblich gesucht werden. Auch bedarf es keines weitläufigen Beweises, daß in unseren Tagen eine nationale Minderheit nicht mehr auf die Dauer durch die Schärfe des Schwertes ihre Herrschaft über eine höher organisirte Majorität, wie es die europäischen Slaven der Hämusländer sind, behaupten kann; es ist aber eine ethnographische Thatsache, daß die eigentlichen Osmanen uralaltaischer Rasse in der europäischen Türkei nur in fast verschwindender Minderzahl vertreten sind. Die Ziffer der Osmanen (und Tataren) in Europa übersteigt nicht 1,388,000 von den 8—9 Millionen Menschen, welche die Gesammtbevölkerung der Europäischen Türkei bilden. Allein nicht genug, sowol die Zahl wie der Privatbesitz der Türken in Europa nimmt immer schneller ab im Kausalzusammenhange mit der Abnahme ihrer Zeugungs- und Arbeitskraft, der Zunahme ihrer körperlichen und geistigen Indolenz und Trägheit, ihrer Ermattung ohne Arbeit.

„Diese Abnahme der Türken nach Quantität und Qualität in friedlicher Thätigkeit und im Erwerbe wird nicht etwa durch Europamüdigkeit und Auswanderungen hervorgebracht, auch nur theilweise durch übermäßigen und oft unnatürlichen Sinnengenuß, da wenigstens das Haremsleben dem hier vorzugsweise betheiligten Landvolke gar nicht und selbst den Städtern wenig eigen ist. Mehr dürfen wir an das Cölibat mit seinen Folgen bei dem ausschließlich mohammedanischen Kriegerstande und an die Menschenverluste des letzteren im Kriege denken. Sodann bewirkt auch bei weit civilisirteren Völkern die Ausmusterung der in mannichfacher Hinsicht schwächeren Männer von den Kriegspflichtigen ein bedeutendes Sinken des kommenden Geschlechtes, insbesondere bei langer Dauer der Kriegspflicht und nach blutigen Kriegen — im Gegensatze zu der lakedämonischen Zuchtwahl der Parthenier und ihrer mehr staatsklugen als poetischen und sittlich ersprießlichen Nothehen auf Urlaub, wiewol dabei auch oft die Romantik der Neigung mitgespielt haben mag. Wohl zu bedenken ist bei den Türken auch die geringe Zufuhr von Nahrungsstoffen neben starkem Genusse von Reizmitteln, wie Tabak und Kaffee, oft auch Opium und Haschisch, doch wiederum nicht bei dem sehr mäßigen Landvolke. Die Mäßigkeit der südlichen und östlichen Völker ist anderswo nicht mit so vielen Aufregungs- und Erschlaffungsgenüssen verbunden. Dagegen werden die demoralisirenden Einwirkungen des Branntweins auf ganze Völker und ihre Nachkommenschaft bei den Türken, welchen der Rak den Wein ersetzt, geringer sein als die der Wodka auf die Russen, des Gins und Whiskeys bei den englischen Proletariern und Ladies, des Schnapses bei den Deutschen (wo er jedoch selbst im Norden immer mehr dem Biere weicht), des Absynth-Branntweins bei den Franzosen. (Lorenz Diefenbach, „Die Volksstämme der Europäischen Türkei." Frankfurt a. M. 1877, S. 11—12.) Der Osmane ist im Allgemeinen einem reichen Kindersegen eben so abhold wie eine mit vielen Kindern und besonders Knaben gesegnete Familie der Stolz des christlichen Bewohners der Türkei bildet. Das türkische Haus zählt deshalb selten mehr als 2, das griechische und slavische aber gewöhnlich 5—10 Kinder. Im April 1875 brachte ein türkisches Blatt, das sich einer sehr patriotischen, ja nur zu oft einer chauvinistischen Haltung befleißigt, das „Bassiret", einen bemerkenswerthen Artikel über die Abnahme der türkischen Bevölkerung im Reiche; es ist ein wahrer Schmerzensschrei, und da die Thatsache der Entvölkerung bis jetzt abgeleugnet wurde und leicht abgeleugnet werden konnte, weil es keine Statistiken giebt, so ist es um so mehr angezeigt, von diesem Eingeständnisse Akt zu nehmen. Als dem Sultan Mahmud II. während des Russisch-türkischen Kriegs 1806 bis 1812 Friedensvorschläge gemacht wurden, die er mit seiner Würde für unverträglich hielt, antwortete er: „Rumelien allein stellt mir hinreichend Truppen, um sieben Königen Antwort zu geben." Heute sagt das „Bassiret": „Die Abnahme der Bevölkerung ist zusehends, und hat bereits solche Proportionen erreicht, daß nicht nur die Wehrkraft und die Steuerkraft des Landes, sondern selbst der Kredit des Staates im Auslande, ja sogar die Existenz selbst bedroht ist!" Die Ursachen der Entvölkerung werden nun aufgezählt und sind solche, welche fast ausschließlich die türkische Nationalität treffen, nämlich 1. die Konskription, welche ausschließlich die Mohammedaner, also nur einen Bruchtheil der Bevölkerung, angreift; 2. die Polygamie, welche die Produktivkraft der Jugend nicht nur frühzeitig erschöpft, sondern auch nach einem einfachen Rechenexempel eine Menge Leute zum ehelosen Leben verdammt, um so mehr als die allgemeine Verarmung schon so weit gekommen ist, daß die Arbeit des Mannes nicht mehr zur Ernährung einer Familie ausreicht; 3. das Abtreiben der Frucht. Was in Europa und selbst bei den christlichen Unterthanen der Türkei nur als isolirtes und von den Gerichten scharf geahndetes Verbrechen vorkommt, ist in der türkischen Bevölkerung eine soziale Lebensgewohnheit geworden, in den höheren Ständen aus Wollust, in den unteren Schichten, ja selbst auf dem Lande, wegen allgemeiner Verarmung, und zwar in einem solchen Grade, daß die Regierung schon seit Jahren darüber aufgeschreckt ist und sich vergebens nach einem Auskunftsmittel umsieht, da die türkische Gesetzgebung diesem Verbrechen gegenüber ohnmächtig ist. Das „Bassiret" ist naiv genug, als Gegenmittel Ermahnungen der Imame an die Frauen vorzuschlagen!

4. der absolute Mangel einer Gesundheitspolizei, herbeigeführt einerseits durch die mangelhafte Erziehung und die klägliche Unwissenheit der Bevölkerung, andererseits durch die traurige Beschaffenheit des Beamtenstandes. Das „Bassiret" erzählt bei dieser Gelegenheit folgende charakteristische Thatsache: „Der verstorbene Großvezier Aali Pascha hatte in Erfahrung gebracht, daß eine Menge in Europa unverkäuflicher Stoffe und Chemikalien in großen Quantitäten nach dem Orient ausgeführt wurde. Die Medizinalbehörde stellte daher bei der Mauth einen Arzt an, dessen Pflicht es war, alle schädlichen Substanzen dieser Art zurückzuweisen. Als aber im Jahre 1871 in der Staatsverwaltung die Parole „Ersparung" ausgegeben wurde, fand man, daß der Gehalt dieses Arztes für den Staatsschatz eine unerschwingliche Last sei, und er wurde also abgesetzt, und seitdem finden alle Giftstoffe ungehinderten Eingang." Das „Bassiret" verschweigt noch die Hungersnoth, welche allein im ersten Jahre bis zum Eingreifen der Staatshülfe und der Privatwohlthätigkeit in Anatolien gegen 150,000 Bewohner hinwegraffte, und das allgemeine Viehsterben, welches bei dem absoluten Mangel an Thierärzten möglicherweise gleichfalls auf Jahre lang seine Verheerungen ausdehnen kann, und auch hier stimmen alle Berichte darin überein, daß von den verschiedenen Nationalitäten die Türken verhältnißmäßig am allerhärtesten betroffen sind. Eisenbahnbeamte haben in Rumelien die Beobachtung gemacht, daß die türkischen Dörfer dort zusehends verschwinden, daß überall die Bulgaren ihren Platz einnehmen und nunmehr bereits die serbische Grenze erreicht haben („Allgemeine Zeitung" vom 28. April 1875). Auch sonst aber stimmen alle objektiven Beobachter darin überein, daß die osmanische Rasse in beständiger Abnahme begriffen sei. Das stetige Zurückweichen des osmanischen Elementes vor dem gebildeteren, handelsthätigeren Griechen- und Bulgarenthume in den Städten Rumeliens ist eine unbestreitbare Thatsache. Die verfallenden Minarets zahlreicher verlassener Moscheen zu Nisch, Widdin, Lom, Florentin, Artscher, Rustschuk u. s. w. sprechen dafür, daß die mohammedanische Bevölkerung dieser Städte sich auf dem Aussterbeetat befindet, obwol es in Altserbien, Bosnien und Bulgarien wol keine etwas bedeutendere Stadt giebt, in welcher das Osmanenthum nicht mindestens durch einige Individuen vertreten wäre; ihre Zahl ist aber gegenüber der eingeborenen Bevölkerung eine verschwindend kleine. Auf dem platten Lande geht es dem Osmanenthum nicht viel besser, und Herr Kanitz, dem wir diese Daten verdanken, hat dessen allmähliches Zurückweichen von West nach Ost in Bulgarien wenigstens konstatirt.

Dem geringen Häuflein der Osmanen stehen auf europäischem Boden eine Menge anderer Völker und Stämme gegenüber, unter welchen die Griechen, Albanesen, Rumänen und Slaven die wichtigsten sind. Die meisten hängen dem christlichen Glauben an, doch haben auch ansehnliche Bruchtheile derselben seinerzeit den Islam angenommen. So sind zwei Drittel der Albanesen Moslim, auch in Bosnien leben zahlreiche slavische Mohammedaner und selbst unter den Bulgaren giebt es die zur Koranslehre übergetretenen Pomaci. Dadurch wird die Zahl der Moslim im Ganzen auf $3^1/_2$ Millionen geschwellt

7*

und besteht demnach ein Gegensatz nicht blos zwischen Osmanli und Nichttürken, sondern auch zwischen Mohammedanern und Christen, denn die nichttürkischen Mohammedaner haben aus politischen Nützlichkeitsgründen sich meist mit den osmanischen Glaubensgenossen gegen ihre christlichen Blutsverwandten verbündet. Nichtsdestoweniger hat Kanitz die Meinung wohl begründet, daß bei einem Umschwunge in der Türkei, welcher den numerisch stärkeren Christen wahrscheinlich das politische Regiment ausliefern dürfte, die moslim'schen Bulgaren voraussichtlich zur Religion ihrer Eltern, der sie noch immer geheim huldigen, wieder zurückkehren werden, und zwar ganz so wie viele moslim'sche Albanesen dies unter mißlicheren Verhältnissen versucht oder gethan.

Werfen wir nunmehr einen Blick auf die Lage der Christen in der Türkei.

Die Reformen Mahmud's, welche den türkischen Staat an sich schwächten, weil das Türkenthum ihren Sinn weder begriff noch begreifen konnte, kamen naturgemäß der unterworfenen Rajah zu Gute. Unter dem schwächlichen Abdul Medschid gelang es Reschid-Pascha, der sich in England und Frankreich für die dort herrschende konstitutionelle Regierungsform erwärmt hatte, rasch und geheimnißvoll am 2. November 1839 den berühmten Hattischerif von Gülhane in Scene zu setzen, eine Art „Verfassung" des Reiches, auf welche der Großherr den Eid ablegte. In der Uebertragung der konstitutionellen Regierungsform auf die Türkei erblickte nämlich Reschid-Pascha das beste Auskunftsmittel, diese in den Augen des fortschrittsfreundlichen Europa zu rehabilitiren und ihr die Sympathien der Welt gegen das absolutistische Rußland im Sturme zu erobern. In dieser Erwartung sah sich Reschid-Pascha auch keineswegs getäuscht, denn wie es einstens Mode war, Philhellene zu sein, so kam jetzt das Turkophilenthum in Schwung. In Wahrheit fixirte der neue Hattischerif nur auf Pergament die Verheißungen, welche von Sultan Mahmud bereits bei verschiedenen Anlässen früher ausgesprochen worden waren, und verkündete nur als Gesetz, was im Laufe der Zeit schon ziemlich allgemein zum Gewohnheitsrechte geworden war. Ein Beweis, daß im politischen Leben der Völker nur möglich ist, was in ihnen selbst Wurzel faßt, daß es keine Gewalt giebt, die einem Volke aufzuzwingen vermag, was es nicht will, was nicht ohnehin aus ihm selbst hervorwächst. Nur ein noch stärkeres Volk vermag das andere unter sein Joch zu beugen, niemals ein Einzelner. So kamen die türkischen Christen unter die damals stärkeren Türken. Hätte das Türkenthum 1839 noch seine ursprüngliche Kraft besessen, es wäre wol nie zum Hattischerif von Gülhane gekommen, der zuerst dem rechtlosen Zustande der Rajah ein Ende machte. Als Grundrechte sämmtlicher Unterthanen des Sultans verkündete er: Sicherheit des Lebens, der Ehre und des Eigenthums, eine gleichmäßige Vertheilung der Steuern und Aufhebung ihrer Verpachtung an den Meistbietenden, die Abschaffung der Monopole und Vermögenskonfiskationen, ferner jene der Todesstrafe ohne richterliche Untersuchung und Erkenntniß; endlich die Regelung der Rekrutenaushebung und die Herabsetzung der Militärdienstzeit auf 4—5 Jahre für die Mohammedaner, während die christlichen Unterthanen noch ferner die Militärpflicht durch eine mäßige Kopfsteuer ablösen sollten.

Im Allgemeinen stellte sich bald heraus, daß die materielle und moralische Stellung der Rajah infolge des Hattischerifs von Gülhane sich etwas gehoben hatte. Grund genug, um die Feindseligkeit der Moslim gegen die neue Charte zu erregen, denn der bisher ausschließlich privilegirte Echt- und Rechtgläubige wollte und konnte sich nicht plötzlich daran gewöhnen, in der Rajah, die er nicht einmal mit dem Titel „Menschen" beehrte, gleichberechtigte Staatsbürger zu erblicken. Die zur Unterdrückung der mit der Steuererhebung verbundenen Erpressungen und sonstigen Mißbräuche ergriffenen Maßregeln blieben wirkungslos wegen der Unehrlichkeit der korrumpirten Sendlinge. Das ganze türkische Beamtenthum ist ignorant, korrumpirt und feig, und es ist nur eines der beliebten Schlagwörter, wenn wir von „Paschawirthschaft" sprechen; richtig sollte es heißen „Türkenwirthschaft", denn jeder Türke, von einigen ehrenvollen, aber nicht ausschlaggebenden Ausnahmen abgesehen, benimmt sich so wie sein Pascha und würde desgleichen handeln, wenn er selbst Pascha wäre. Darum findet die „Paschawirthschaft" auch stets die lebhafteste Unterstützung im türkischen Beamtenthume und selbst unter der türkischen Bevölkerung, und darum, weil sie dies genau wissen, glauben die Christen den Türken und diese wieder den Christen nicht. Mit der einzigen Ausnahme also, daß die Lage der Christen ein wenig verbessert wurde, d. h. der Griechen und Armenier, unter welchen die ärgsten Wucherer und Schwindler sind, ist der Hattischerif ein todter Buchstabe geblieben. Der Hattischerif vom Jahre 1845 legte indeß den Grund zu einer Maßregel, welche den ersten Keim zu künftigen Provinzialvertretungen in sich barg. Die absolute Gewalt der Provinzialstatthalter erhielt durch sie eine neue Einschränkung; es wurden ihnen nämlich Medschlis beigesellt, welche aus den fähigsten Ortsnotabeln bestehen sollten, und denen in allen die Verwaltung und Justiz betreffenden Angelegenheiten ein berathender Einfluß eingeräumt wurde. Neben einer großen Zahl von Moslim vertraten zwar nur einzelne Deputirte die verschiedenen übrigen Religionsgenossenschaften, immerhin aber war durch die Konstituirung der Medschlis selbst in dieser verkümmerten Form die Anerkennung eines für die Rajah hochwichtigen Prinzips gewonnen. Selbst nach dem Hatt von Gülhane äußerte sich indeß die helotenhafte Stellung der türkischen Christenheit immer noch in der Ungiltigkeit des christlichen Zeugnisses wider Mohammedaner vor Gericht, in der Erhebung des Charadsch (Kopfsteuer), welche zur Zeit der Eroberung als ein jährlich für Kopf und Leben zu zahlender Sklavenzins der Rajah auferlegt wurde, und endlich in deren Ausschließung von der allgemeinen Heerespflicht.

Gegen diese drei Punkte hauptsächlich richtete zur Zeit des Krimkrieges Lord de Redcliffe seine Angriffe, und theoretisch gab die Pforte in allen drei Punkten nach. Sie veröffentlichte den die politische Stellung der türkischen Christen vollkommen umwandelnden Hatti-Humajun des Pariser Friedensvertrages 1856, er blieb aber eine tönende Proklamation, weiter nichts. Die gegen alles moslim'sche Korans- und Gewohnheitsrecht verstoßenden Verheißungen des neuen Hatts erregten bei den Türken tiefe Mißstimmung sowol gegen Sultan und Diwan als gegen die Rajah. Lauter als in Europa gab sich dieselbe in den türkischen Theilen Asiens in zahlreichen Excessen gegen die

Rajah kund, welche die durch den Hatt in ihrer Existenz bedrohten türkischen Beamten zu verhindern sich nur wenig beeilten. Unstreitig ist die Lage der Christen seit dem Pariser Frieden in manchen türkischen Provinzen, wie z. B. in Bulgarien, wo sie die große Majorität bilden, eine bessere geworden. Dies danken sie aber zum wenigsten den verschiedenen großherrlichen Hatten, sondern weit mehr dem durch die etwas verbesserten Kommunikationen vermehrten Kontakt mit dem occidentalen Geiste, welcher Türk und Christ gleich sehr beeinflußt. Deshalb wird man in der Verwirklichung des türkischen Bahnnetzes eines der wichtigsten Mittel zur Befreiung der Rajah aus ihren Fesseln betrachten müssen. Zum Theile ist ihr dies schon gelungen durch ihren Fleiß und Unternehmungsgeist, Eigenschaften, in welchen sie die herrschende türkische Rasse weit überragt. Dadurch brachte sie diese zum Theil in eine gewisse materielle Abhängigkeit von sich, welche sie nothwendigerweise oft toleranter stimmte. Immerhin besitzt die Rajah, selbst der geachtetste Mann, noch heute vor Gericht nicht mehr Geltung als der Neger in Nordamerika vor seiner Emanzipation. Waffenlos steht der Christ dem mohammedanischen Banditen gegenüber, wenn er nicht selbst Bandit (Klephte, Haiduk u. dgl.) werden will, ein gejagtes und jagendes Wild. Das Aergste aber war und ist im Türkenreiche, selbst während der friedlichsten Zeiten, die völlige Gesetzlosigkeit, welche nicht blos die willkürlichste, auch die mohammedanischen Unterthanen treffende Schädigung an jedweder Habe durch die Behörden zuläßt, sondern auch die abscheulichsten Frevel an Leben, Ehre und Familienglück aller Christen durch die mohammedanischen Nachbarn.

Diesen unerträglich gewordenen Zuständen zu entgehen, griffen Bosnier und Herzegowiner 1875 zu den Waffen; der Aufstand brach los, die Türken verstanden wie gewöhnlich nicht damit fertig zu werden, obwol sie sich gewiß keiner Glacéhandschuhe bedienten, er zog vielmehr immer weitere Kreise, verpflanzte sich nach Bulgarien und führte endlich zum offenen Kriege zwischen der Türkei und den beiden slavischen Staaten Serbien und Montenegro. Beide haben sich schon seit lange der direkten Herrschaft der Türken entzogen und erfreuen sich unter eigenen Fürsten einer ausgedehnten Selbständigkeit, sind aber immer noch durch das allerdings wenig drückende, für freie Völker aber ungemein beschämende Band einer Vasallität an die Türkei gebunden. Unter allen Staaten Europa's ist die Türkei der allereinzige, welcher noch dieses für fortgeschrittenere Länder unnatürlich gewordene mittelalterliche Vasallenverhältniß aufrecht erhält, das ein wahres „Ueberlebsel" im Sinne Edw. B. Tylor's bildet. Wer sich für die Erhaltung solcher Ueberlebsel erhitzt, könnte mit demselben Fug und Recht für die Aufrechthaltung von Frohnden und Roboten plaidiren, die auch nichts Anderes waren als Ueberreste entschwundener Kulturperioden. So wie letztere verschwinden mußten, so ist dies auch das Los der abnormen Vasallitätsverhältnisse im Orient.

In unserer von politischen Leidenschaften durchwühlten Zeit lassen sich oft nicht ungewichtige Stimmen hören, welche die das ganze Türkenthum durchwehende Barbarei zwar nicht in Abrede zu ziehen vermögen, dafür sich aber desto mehr bemühen, die Gegner auf ein gleiches Niveau herabzudrücken, mit einem Worte zu zeigen, daß die Slaven nicht besser seien als die Türken. Dies hat zur Folge, daß man die türkischen Greuel in Bulgarien, deren wahre Ausdehnung wol nie ganz ans Tageslicht kommen dürfte, nach Kräften verkleinert und damit zu motiviren sucht, daß die Türken und ihre Helfershelfer, die Tscherkessen, durch die aufständischen Bulgaren zu jenen Unthaten geradezu gereizt worden seien! In der Frage indeß, auf die der ganze Streit hinausläuft, wer von den beiden Stämmen, der Türke oder der Slave, der ungesittetere sei, hat die Ethnologie allein das entscheidende Wort zu sprechen. Diese aber wird nimmermehr die Türken auf die gleiche Stufe mit den Südslaven erheben. Wir schätzen am Osmanen eine Reihe persönlicher trefflicher Eigenschaften, und in mancher Hinsicht steht der einzelne Türke über dem einzelnen Slaven; als Volk jedoch sind die Slaven den Türken weitaus überlegen, in intellektueller und überhaupt in jeglicher kulturellen Beziehung. Wer den Südslaven ihr niedriges Kulturniveau vorhält, der vergißt, daß die slavischen Länder bis zur türkischen Eroberung eine blühende Kultur besaßen und daß, wenn heute Serben und Bulgaren uns als halbe Barbaren dünken, niemand Anderen die Schuld dafür trifft als die Türken. Es ist eine gleichmäßige, stetige Folge jeder türkischen Eroberung, daß der Wohlstand der eroberten Länder zurückgegangen, die Bevölkerung gesunken ist. Das Nasen- und Ohrenabschneiden und überhaupt die Entwicklung der im Menschen schlummernden grausamen Instinkte haben die Südslaven von ihren Herren, den Türken, gelernt, und diese allein sind die Ursache, daß unmenschliche Handlungen, die jedoch gegenüber den systematischen Verwüstungen der Türken stets den Chrakter vereinzelter Ausartungen bewahren, auch von den Südslaven begangen werden. Es ist ein jedem Völkerkundigen geläufiger Lehrsatz, daß die Berührung mit roheren Stämmen die gesitteteren Völker verwildert, und zwar desto mehr, je tiefer die Kulturstufe der ersteren. Daß die Osmanen, als sie den Fuß nach Europa setzten, niedrige Barbarenhorden waren, ist nicht nöthig zu erwähnen. Im Wesentlichen sind sie auch nicht gestiegen, wenngleich die Blutmischung mit blendenden Tscherkessinnen aus den häßlichen Turk wahrhaft schöne Menschen gemacht, und können, wie wir schon wissen, auch nicht weiter steigen. Da nun gegenwärtig in Europa nur ein europäisches Staatsleben weiter möglich ist, so ist der Zusammenbruch der Türkei ein unaufhaltsamer Naturprozeß. Darin unterscheiden sich aber die ural-altaïschen Türken von den arischen Slaven, daß Letztere bildungsfähig sind, Erstere nicht. Das slavische Serbien steht in allen seinen Einrichtungen himmelhoch über der Türkei und machte die sichtbarsten Anstrengungen, den übrigen Staaten Europa's nachzueifern; ja sogar die indolenten Bulgaren wandten ihre Hauptsorgfalt der Schule zu, trachteten dieselbe zu verbessern und zu vermehren. Niemals fiel solches dem Türken bei, welchem der Werth der Schule, dieses ersten aller Kulturmittel, nie verständlich ward. Den Südslaven gehört also die Zukunft, und daran ändert auch die neueste Phase nichts, in welche das Osmanenreich getreten und mit der wir uns zum Schlusse noch beschäftigen müssen.

In dem Augenblicke, als die europäischen Mächte, die Unhaltbarkeit der herrschenden Zustände in der Türkei erkennend und durch den eingetretenen finanziellen Bankrott des Reiches, sowie durch die bosnische Insurrektion, die „orientalische Frage“ wieder auf die Tagesordnung zu setzen sich gezwungen sahen, dämmerte es auch in Stambul den osmanischen Machthabern, daß es hohe Zeit sei, Europa gegenüber einmal wieder eine jener Spiegelfechtereien auszuführen, welche die Eifersucht der Mächte schon so oft für baare Münze zu nehmen den Anschein sich gegeben und dadurch die ungetrübte Fortdauer der türkischen Wirthschaft ermöglicht hatte. Es erschien also Ende 1875 ein kaiserlicher Irade, welcher wie gewöhnlich eine Menge Reformen, auf Verbesserung des Loses der Christen hinauslaufend, in Aussicht stellte, mit der üblichen Reserve, auch nicht einen Buchstaben davon zur Wahrheit werden zu lassen. In der That fiel der Irade von vornherein auf einen unfruchtbaren Boden und verschwand spurlos im Strudel der späteren Ereignisse. Es ist nicht unsere Absicht, hier allen Wendungen zu folgen, welche die orientalische Frage seither genommen, es genügt zum Verständnisse, daß die Einflußnahme der fremden Mächte auf die türkischen Angelegenheiten immer fühlbarer zu werden drohte, trotz der offenkundigen Uneinigkeit, ja Rivalität zwischen Rußland und England. Eine in Konstantinopel tagende Konferenz europäischer Staatsmänner sollte endlich unter Mitwirkung der Pforte über die dem Reiche nöthigen Reformen berathen, deren Erfüllung aber nicht im Geringsten im Sinne der osmanischen Regierung lag. Um dem unbequemen Votum Europa's zuvorzukommen, ersann deshalb der damals leitende jungtürkische Staatsmann Midhat Pascha einen listigen Streich, der alle anderen weit hinter sich läßt, womit die Pforte bisher Europa hinter's Licht geführt. In dem Momente, als die Europäische Konferenz zusammentrat, verkündete nämlich am 23. Dezember 1876 Kanonendonner feierlich den neuesten Theatercoup, die Promulgirung einer Verfassung oder eines Grundgesetzes (Kanun-i-Essassi) des Türkischen Reiches. Die Türkei war urplötzlich konstitutionell geworden!

Die Hauptgrundzüge dieser Verfassung sind: Untheilbarkeit des Ottomanischen Reiches; der Sultan als oberster Khalif und Beherrscher aller ottomanischen Unterthanen, ist unverantwortlich und unverletzlich; seine Prärogative sind jene der konstitutionellen Herrscher des Abendlandes; die Unterthanen des Reiches werden unterschiedslos Ottomanen genannt; ihre persönliche Freiheit ist unverletzbar und durch die Gesetze verbürgt. Der Islam ist die Staatsreligion; es wird jedoch die freie Ausübung aller anerkannten Glaubensbekenntnisse gewährleistet, sowie die religiösen Privilegien der Kirchengemeinschaften aufrecht erhalten bleiben; in der Verfassung ist keine Bestimmung enthalten, welche den staatlichen Einrichtungen einen theokratischen Charakter aufprägen würde. Freiheit der Presse, Versammlungsrecht, Petitionsrecht für alle Ottomanen bei beiden Kammern, Unterrichtsfreiheit, Gleichheit aller Ottomanen vor dem Gesetze, gleiche Rechte und gleiche Pflichten gegen das Land, Zulassung zu allen öffentlichen Aemtern ohne Unterschied der Religion, gleichmäßige Vertheilung der Steuern und Abgaben, Garantie des Eigenthums; Niemand kann seinem gesetzlichen Richter entzogen werden.

Umgürtung des Sultans mit dem Schwerte Osman's.

Der Ministerrath beräth unter dem Vorsitze des Großveziers; jeder Minister ist für sein Departement verantwortlich; die Abgeordnetenkammer kann begehren, daß die Minister in Anklagestand versetzt werden; ein oberster Gerichtshof wird errichtet, um sie abzuurtheilen; im Falle eines dem Ministerium feindseligen Votums der Abgeordnetenkammer in einer wichtigen Frage wechselt der Sultan die Minister oder löst die Kammer auf; die Minister können den Sitzungen der beiden Kammern beiwohnen und darin das Wort ergreifen; es können an sie Interpellationen gerichtet werden. Die nach Maßgabe der durch das Gesetz festgestellten Bedingungen ernannten öffentlichen Würdenträger können ohne gesetzlichen Grund nicht abberufen werden; die Verantwortlichkeit der Beamten wird durch gesetzwidrige Befehle, welche sie etwa von einem Vorgesetzten empfangen hätten, nicht aufgehoben.

Die Generalversammlung der Ottomanen besteht aus zwei Kammern, dem Senat und der Abgeordnetenkammer, welche am 1. November jedes Jahres zusammentreten und deren Session vier Monate dauert. Bei Eröffnung der Session wird eine Botschaft des Sultans an beide Kammern gerichtet; die Mitglieder der beiden Kammern sind frei in ihren Abstimmungen und in der Abgabe ihrer Meinungen; das imperative Mandat ist nicht zulässig. Die Gesetzesinitiative gebührt in erster Linie dem Ministerium, dann den Kammern in Form eines Vorschlages; die Gesetze werden zuerst der Genehmigung der Abgeordneten, dann dem Senat, schließlich der kaiserlichen Sanktion unterbreitet. Auf 100,000 Einwohner entfällt ein Abgeordneter. Die Wahl findet mittels geheimer Abstimmung statt; das Abgeordnetenmandat ist unvereinbar mit öffentlichen Funktionen; die allgemeinen Abgeordnetenwahlen finden alle vier Jahre statt; die Abgeordneten sind wieder wählbar; im Falle der Kammerauflösung finden die allgemeinen Wahlen statt, und die neue Kammer tritt sechs Monate nach dem Auflösungstage zusammen. Die Sitzungen der Abgeordnetenkammer sind öffentlich; die Deputirten können während der Dauer einer Session ohne Ermächtigung der Kammer weder verhaftet noch gerichtlich verfolgt werden. Die Kammer votirt die Gesetze nach Artikeln und das Budget nach Kapiteln. Die Richter sind unabsetzbar. Die Gerichtssitzungen finden öffentlich statt. Die Vertheidigung ist frei; die Urtheile können veröffentlicht werden; in die Handhabung der Gerechtigkeit ist keine Einmischung gestattet; die Befugnisse der Gerichte werden genau umschrieben werden. Ausnahmsgerichte und -Kommissionen sind untersagt. Eine Staatsanwaltschaft wird errichtet.

Der Gerichtshof, welcher zur Aburtheilung über die Minister, die Mitglieder des Kassationshofes und die des Verbrechens der Majestätsbeleidigung oder eines Attentats gegen den Staat angeklagten Personen berufen ist, wird aus den höchsten Spitzen der Justiz und Verwaltung zusammengesetzt. Steuern können nur kraft eines Gesetzes eingeführt oder erhoben werden. Das Budgetgesetz wird zu Beginn einer jeden Session und nur für ein Jahr votirt. Der definitive Budgetrechnungsabschluß für das abgelaufene Jahr wird der Abgeordnetenkammer in Gesetzreform unterbreitet. Der Rechnungshof richtet jedes Jahr an die Abgeordnetenkammer einen Bericht über die finanzielle Gebahrung und alle drei Monate an den Sultan eine Darlegung des Standes der Finanzen. Die Mitglieder des Rechnungshofes sind unabsetzbar. Eine Amtsentsetzung kann nur auf Beschluß der Abgeordnetenkammer stattfinden. Die Provinzialverwaltung wird auf Grundlage der breitesten Decentralisation erfolgen. Die gewählten Generalräthe berathen und überwachen die Angelegenheiten der Provinz; jeder Kanton wird einen von jeder der verschiedenen Gemeinschaften zur Verwaltung seiner eigenen Angelegenheiten gewählten Rath haben. Die Gemeinden werden durch gewählte Munizipalräthe verwaltet. Der Elementarunterricht ist obligatorisch. Die Auslegung der Gesetze steht, je nach deren Natur, dem Kassationshofe, dem Staatsrathe oder dem Senat zu. Die Verfassung kann nur auf Initiative des Ministeriums oder einer der beiden Kammern und nur durch ein Votum beider Kammern, welches mit der Majorität von zwei Dritteln der Stimmen abgegeben und vom Sultan genehmigt wird, abgeändert werden. Dieses große Ereigniß ist danach angethan, das Land zu regeneriren und die glücklichsten Ergebnisse für alle Völkerschaften der Türkei herbeizuführen."

Diese Verfassung enthält beiläufig dieselben Paragraphen wie diejenigen des Abendlandes; mit Vorliebe sind solche aufgenommen, die zwar demokratisch aufgeputzt aussehen, sich aber in den langen Verfassungserfahrungen Westeuropa's nur als sogenannte theoretische Artikel erwiesen und das Papier geziert haben. Sobald die Verfassung irgend eine praktische Seite des öffentlichen Lebens im Ottomanischen Reiche berührt, sehen sich ihre Bestimmungen wie Hohn auf die thatsächlichen Verhältnisse an. Sie erklärt z. B. den Islam als Staatsreligion des Ottomanischen Reiches, fügt aber bei, daß in der That zwischen den Glaubensbekenntnissen in Bezug auf bürgerliche Rechte und Pflichten kein Unterschied gemacht werden solle. Nun stipulirt aber die provisorische Wahlordnung für das Unterhaus, die bereits vor Wochen erlassen wurde, daß in Provinzen mit überwiegend mohammedanischer Bevölkerung dieselbe zwei Drittel, in Provinzen mit überwiegend christlicher Einwohnerzahl aber die Hälfte in die Kammer zu entsenden habe. Die Gleichberechtigung vor der Verfassung ist mithin ebenso eine Phrase, wie sie die Gleichheit vor dem Gesetze der türkischen Gerichte sein wird.

Das Hausrecht ist unverletzlich, bestimmt ein anderer Paragraph. Kurz und gut, der Kanonendonner bei Verkündigung der Verfassung sollte die Verzweiflungsschreie der hingemetzelten Bulgaren in den Ohren Europa's übertönen; weiter hatte er keinen Zweck. Ein den Nagel auf den Kopf treffendes Urtheil fällte ein in der Türkei weilender Engländer. „Die neue Verfassung", sagt er, „ist das gerade Gegentheil von einer Reform, ihr ganzer Geist ist rückschreitend und sie ist darauf angelegt, die Macht des Moslem auf Kosten der Christen zu befestigen. Das Cheri bleibt das Reichsgrundgesetz, der Sultan der heilige Khalif, der Mohammedanismus Staatsreligion; sie sorgt nicht für Sicherung einer christlichen Verwaltung in den christlichen Provinzen, sorgt dagegen für die Aufhebung der christlichen Elementarschulen und setzt die türkische Sprache an die Stelle derjenigen der christlichen Stämme; sie bewilligt keine Religionsfreiheit, sondern nur die Duldung anerkannter Gemeinden; sie gestattet den Christen nicht den Eintritt ins Heer. Man glaubte, die Zeit der Iraden sei vorüber, nun aber erscheint eine neue, die den Christen den Zutritt in die Militärschulen gestattet;

das ist aber schon vor 15 Jahren dagewesen, wo ein halbes Dutzend Knaben aufgenommen wurde; es zeigte sich aber bald, daß es nicht geht. Nach der Verfassung sollten 50 bulgarische Glieder im neuen Hause sitzen, es sind aber deren nur 4 und diese vom Großvezier einberufen. Der Sultan, der Großvezier und der Scheik-ül-Islam bleiben nach wie vor unverantwortliche, unumschränkte Herrscher des Landes. Der Senat ist zusammengesetzt aus alten öffentlichen Beamten, d. h. von denselben unwissenden, verdorbenen, herabgekommenen Angestellten, die seit 20 Jahren ihr Mögliches gethan haben, das Reich zu Grunde zu richten. Das Haus der Abgeordneten besteht aus zwei Dritttheilen Moslim, hauptsächlich niederen Besoldeten, von denen Viele weder lesen noch schreiben können. Eine größere Ungereimtheit kann man sich nicht denken, als der Versuch ist, die allgemeine Lage des Landes zu verbessern, indem man eine Verwaltung, die ohnehin schon durch eine Masse von Beamten beinahe erdrückt wird, auch noch mit der Last und den Ausgaben eines Parlaments überbürdet. Das Zusammentreiben einer solchen Herde unwissender und fanatischer türkischer Beamten mit wenigen beinahe ebenso unwissenden und fanatischen christlichen Sykophanten ist Unsinn. Ein ehrlicher Despotismus mit ehrlicher europäischer Hülfe könnte die Lage aller Klassen im Lande wirklich verbessern und es selbst zu Glück und Wohlstand bringen. Das gegenwärtige Verfahren bedeutet unberechenbares Elend und Untergang für Moslim und Christen." In der That befriedigte diese „liberale" Konstitution gar Niemand im Reiche. Die Christen wissen zu gut, daß es sich bei der ganzen konstitutionellen Posse um nichts Anderes, als um leere, niemals in Erfüllung gehende Versprechen handle, und sind daher nicht viel befriedigter als die Mohammedaner. Die Einen wie die Anderen haben Recht. Die Mohammedaner sehen sich durch diese Zugeständnisse als gedemüthigt an, während die Christen sehr wohl wissen, daß sie unter mohammedanischer Herrschaft niemals in den Besitz wirklicher Rechte gelangen werden. Auf die ganzen Verhältnisse findet das arabische Sprüchwort Anwendung, welches da sagt: „Lies, und du wirst dich freuen; versuche, und du wirst trauern." Mit Recht durfte ein hervorragender französischer Publizist fragen: „Sind alle diese Reformen möglich in einem Lande, welches auf die Eroberung gegründet ist und durch die Herrschaft mit den Waffen aufrecht gehalten wird? Wir wollen versuchen, daran zu glauben, aber wir werden gleichzeitig glauben, daß es keine Türkei mehr giebt. Man wird uns zugestehen, daß die bis jetzt angewandten Mittel nicht streng konstitutionelle waren und daß die Reformatoren in seltsamer Weise auf der parlamentarischen Bühne auftreten. Seitdem die Türken anzeigen, daß sie den Weg der Civilisation betreten und sich die westlichen Einrichtungen einimpfen wollen, hört man nur mehr von Revolvern, Dolchen und Scheren sprechen. Man sollte glauben, daß sie beim Studium der französischen Geschichte den 2. Dezember als das vollkommene Vorbild friedlicher und konstitutioneller Reformen gewählt haben. Der letzte Sultan galt für eine Kreatur Rußlands; er wird abgesetzt, eingesperrt, selbstgemordet, und England triumphirt. Der Kriegsminister, ein wahrer Türke vom alten Schlage, war entschlossen, den von Rußland unterhaltenen Aufstand mit den Waffen zu unterdrücken. Da kommt ein Tscherkesse, der ihn niederschießt, und

Rußland hat seine Revanche. Also gesäubert, gehört der Platz jetzt der jungen Türkei und der Verfassung!"

Die türkische Regierung ließ sich jedoch nicht irre machen und setzte die neue Verfassungskomödie mit anerkennenswerther Beharrlichkeit in Scene, indem sie die Wahlen für das im März 1877 einberufene Parlament vorbereitete. Wie es dabei zuging, darüber belehrt uns beispielsweise folgende Mittheilung aus Rustschuk vom 25. Januar 1877: „Das hier erscheinende Amtsblatt bereitet uns heute eine bedeutsame Ueberraschung. Ohne daß man von Wahlen gehört hätte, wird dem Donau-Vilajet verkündet, daß folgende Personen gewählt wurden: Nuri-Bei in Plewno, Alisch-Pascha in Silistria, Dimitraki-Bei in Tultscha, Petraki-Effendi-Slatow in Rustschuk, Stefanaki-Effendi im Kreise von Tultscha und Schakir-Effendi in Varna. Wie wenig in diesen Volksvertretern die Volksmeinung und der allgemeine Wille zum Ausdrucke gelangten, mag folgende Charakteristik derselben darthun. Nuri-Bei ist Beamter und seine Verwaltung in Plewno wurde vielfach und nur zu berechtigt angegriffen. Alisch-Pascha ist einer der fanatischesten Türken und sein Anhang gehört zu Denjenigen, welche seinerzeit Schefket-Pascha zu seinen bekannten Bluttthaten stets beglückwünschten. Dimitraki-Bei aus Tultscha ist ein Grieche, der schon aus Antipathie gegen die Bulgaren mit den Türken gemeinsame Sache macht. Petraki-Effendi ist Mitglied des Vilajetsrathes und that sich als treuer Anhänger und Agent der selbst von Midhat Pascha verurtheilten Verwaltung hervor. Endlich ist Schakir-Effendi, ein Feind der Bulgaren und eifriger Verehrer der Tscherkessen, unter den Abgeordneten genannt. Das sind die Männer, welche berufen sind, im ersten türkischen Parlamente das aus tausend Wunden blutende Bulgarien zu vertreten!" Und so wie in Bulgarien erging es fast aller Orten; sonst wäre die Strohmännerversammlung in Stambul noch dürftiger ausgefallen, als sie es ohnehin schon ist. Endlich, am 19. März 1877, fand die feierliche Eröffnung des Parlamentes statt, welches wol die Geschichte seinerzeit zur großartigsten Hanswurstiade der Neuzeit stempeln wird. Natürlich durfte auch eine Thronrede nach europäischem Muster nicht fehlen.

„Freiheit, Gleichheit, Gerechtigkeit", lautet mit einer leichten Variante die von der großen Französischen Revolution auf die neue Aera in der Türkei übertragene Losung. Die ganze lange Thronrede aber läßt sonst nichts von dem frischen Hauche einer neuen Zeit verspüren, der mit Naturgewalt einem Volksfrühling die Thüren aufstößt. Man sieht diesem ganzen parlamentarischen Dokument in jeder Zeile das qualvolle Mühen an, eine leidliche Vermittelung zu finden zwischen den Maximen europäischen Staatslebens und der orientalischen Tradition; man sieht die Lücken, die nie ausgefüllt werden können, zwischen beiden klaffen. Statt mit der verblüffenden Kühnheit Midhat'scher Phrasen, beginnt die Thronrede mit Geschichtsfälschungen, welche beweisen sollen, daß das mit Sultan Mahmud begonnene, mit Sultan Abdul Medschid fortgesetzte Werk der inneren Reform lediglich durch äußere Ursachen, Krimkrieg, Intriguen und sträfliche Aufreizungen, paralysirt worden sei. Neben diesen äußeren Ursachen wird nur im Vorbeigehen auch die schlechte finanzielle Verwaltung als Mitursache der Zerrüttung des Staatskredits anerkannt.

Mittlerweile ist der Krieg zwischen der Türkei und Rußland zur Wahrheit geworden; am 24. April 1877 erfolgte die russische Kriegserklärung. In diesem ernsten Augenblicke sehen wir ab von dem parlamentarischen Puppenspiel in Stambul und lenken unsere Gedanken auf die Ereignisse, welche da kommen mögen. Ob die Osmanen in dem bevorstehenden Kampfe siegen oder unterliegen, immer steht der Untergang ihres Reiches vor der Thüre, und kein Albion, dessen perfide Intriguen- und Krämerpolitik nur schnöde Interessen, keine Pflichten kennt, kein Magyarenthum, welches für britisches Gold das Blut seiner Söhne den türkischen Stammesbrüdern zu Hülfe senden möchte, kann der Katastrophe Einhalt thun, die sich seit Jahrzehnten zur Naturnothwendigkeit entwickelt hat. Schon Fallmerayer, der große Fragmentist, hat dies vorausgesehen, zehn Jahre ehe zur Erhaltung der Pfortenregierung der Krimkrieg geschlagen wurde, den die Geschichtschreibung der Zukunft als eine der größten menschlichen Thorheiten brandmarken wird. Gut und Blut ward dem Wahne geopfert, daß die Türkei je zu einem europäischen Staatengebilde herangezogen werden könne, ein Wahn, der in seinem Urgrunde wieder auf tiefer ethnologischer Unwissenheit beruhte. Heute wissen wir, daß die Charakter- und Stammeseigenschaften der Völker von Natur immanent gegeben und nur innerhalb enger Grenzen und sehr langer Zeiträume modifizirbar, in ihrem Wesen aber unveränderlich sind. Wo die intellektuellen und moralischen Grundbedingungen für die europäische Gesittung fehlen, wie beim Türkenthume, da können dieselben auch niemals und durch nichts hervorgerufen werden, so wenig wie man Wald pflanzen kann, dort wo niemals Wald gestanden.

So wie Fallmerayer mit richtigem Blicke die Unhaltbarkeit der orientalischen Verhältnisse erkannte, so verkündete er ebenso laut und vernehmlich, wer der Erbe der osmanischen Herrschaft sein werde, fügen wir hinzu, wer es sein müsse. Der Krimkrieg zwang Rußland, einstweilen seine Pläne auf gelegenere Zeiten zu vertagen, er brachte aber keine Lösung der brennenden Frage, er schob diese Lösung nur auf zwanzig Jahre — eine kurze Spanne im Leben der Völker — hinaus und überläßt es der Gegenwart, zu beklagen, daß nicht schon damals der gordische Knoten gründlich durchhauen wurde. Denn darüber gebe man sich keiner Täuschung hin, daß eine andere Lösung der Frage nicht möglich ist, und Europa hätte alle Ursache, Jenen Dank zu wissen, welche endlich zu solchem Alexanderhiebe die Energie finden. Wie in solchem Kampfe die Würfel fallen mögen, wäre vorherzusagen vermessen. Die Osmanen, welche wissen, daß es sich um ihre Herrschaft in Europa handelt, werden kämpfen mit jenem Löwenmuthe, welcher die glänzendste Tugend der Turkstämme bildet, und ihre militärische Niederlage ist lange noch kein fait accompli. Haben auch die türkischen Feldherren in dem kleinen Kriege gegen Serbien, wo sie den kriegsuntüchtigen serbischen Milizen ein an Masse und militärischer Ausbildung weit überlegenes Heer entgegenführen konnten, sich ein schweres geistiges Armuthszeugniß ausgestellt, daß es ihnen nach fast viermonatlicher Kriegführung nicht gelang, mehr als 440—550 qkm. des feindlichen Territoriums zu erobern, während ihre Freunde sie schon nach vierzehn Tagen siegreich in Belgrad einziehen sahen, so verdient doch die türkische Truppe, die Mannschaft, von militärischem Gesichtspunkte die vollste Anerkennung. In einem russisch-türkischen Kriege dürften jedenfalls auch türkische Erfolge zu verzeichnen sein, die indeß alle nur dazu dienen können, die Agonie des Reiches zu verlängern. Rußland aber, sollte es in dem gegenwärtigen Kampfe nicht Sieger bleiben, wird einfach sich wieder sammeln und seine Pläne auf bessere Zeiten verschieben, so lange, bis es endlich sein Ziel dennoch erreicht. An einer solchen Vertagung der Frage, an einer solchen Agonie der Pfortenregierung hat aber Niemand in Europa ein Interesse, vielmehr, daß die Frage einmal gründlich gelöst werde, die Eiterbeule aus dem Fleische unseres Welttheiles herausgeschnitten werde, denn ihre Existenz an sich vergiftet die übrigen Theile. Der Bestand der Türkei ist die wahre und fortwährende Gefährdung des Friedens und der damit verbundenen Segnungen. Wenn der aufgehobene Arm des Zaren jetzt niedersaust und eine Entscheidung herbeiführt, so ist dies eine Wohlthat für die gesittete Menschheit, welche erst dann wieder ihrer Kulturarbeit in Ruhe sich zuwenden kann. Die Berechtigung zu solchem Vorgehen russischerseits ist in vollstem Maße vorhanden; es macht wahrlich einen kläglichen Eindruck, wenn den Russen Mißachtung der Verträge und Verhöhnung des Völkerrechtes vorgeworfen wird, wenn im Gegensatze dazu englische Minister ans Schwert schlagen, vorgeblich um die Verträge zu schirmen. Wer die Verträge mißachtet, das Völkerrecht in frechster Weise verhöhnt, das ist nicht Rußland, sondern die Türkei selbst, und zwar nicht seit heute und gestern, sondern schon seit zwanzig Jahren. So lange ist es nämlich her, daß die Pforte in dem berühmten Hatti-Humajun des Pariser Friedensvertrages sich verpflichtete, die Stellung der türkischen Christen vollkommen umzuwandeln. Von dieser tönenden Proklamation ist jedoch kein Tüpfelchen zur Wahrheit geworden. Wer sich aber zu Etwas vertragsmäßig verpflichtet und es nicht hält, begeht einen flagranten Vertragsbruch, und da der Pariser Vertrag ein völkerrechtliches Dokument ist, so verhöhnt er dadurch auch das Völkerrecht. Da jeder Vertrag auf Gegenseitigkeit beruht, so entbindet natürlich jeder Vertragsbruch die Gegenpartei von ihren Verpflichtungen. Wenn nun ein Theil dieser Gegenpartei, d. h. die türkenfreundlichen Mächte, die ihnen seit zwanzig Jahren fortwährend applizirte Ohrfeige mit Behagen einstreichen, so ist dies Geschmacksache, in der es jedoch erlaubt sein muß, auch anderer Meinung zu sein. Und wahrlich, daß Rußland in dieser Hinsicht nicht die Geschmacksrichtung der Engländer theilt, werden ihm wenig Billigdenkende verargen können.

Dem deutschen Volke aber darf es zur hohen Beruhigung gereichen, daß es von den Wirren im Oriente weniger denn jede andere Nation Europa's betroffen wird, dann aber ist auch die bisherige Weisheit der deutschen Politik dafür genügender Bürge, daß seitens Deutschlands wenigstens kein nutzloser Versuch gemacht werde, den Lauf der Dinge aufzuhalten, daß unter einer etwaigen Neugestaltung im Osten deutsche Interessen nicht gefährdet werden. Immer deutlicher giebt die deutsche Regierung wie das deutsche Volk zu erkennen, daß es im Kampfe auf der Seite seines östlichen Nachbars zu finden sein werde, mit dem es durch eine auf Gegenseitigkeit beruhende, durch lange

Jahrzehnte erprobte Freundschaft sowie durch die Familienbande der Regentenhäuser verknüpft ist. Vielleicht übt die weise und vornehme Haltung des Berliner Kabinets auch wohlthätig auf den Nachbarstaat ein, welcher mehr denn jeder Andere durch etwaige Umwälzungen auf der Balkanhalbinsel in seinen Interessen berührt steht, auf Oesterreich-Ungarn nämlich, welches möglicherweise im Begriffe steht, sich durch die Lockungen der nach einem Bundesgenossen buhlenden Engländer und unterstützt durch das wüste Geschrei der russenhassenden Magyaren zu einer unvorsichtigen, feindseligen Haltung gegen Rußland fortreißen zu lassen. Eine solche beklagenswerthe Politik, welche das Unaufhaltsame aufzuhalten trachten möchte, müßte nothwendigerweise von den bittersten und traurigsten Folgen für das altehrwürdige Donaureich begleitet sein, ja könnte dasselbe im Hinblick auf dessen so mannichfache ethnographische Zusammensetzung nahezu an den Rand des Abgrundes bringen. Indem das neu erstandene Deutsche Reich zu Gunsten einer vernünftigen, den Bedürfnissen der Völker Rechnung tragenden Neugestaltung der Verhältnisse in den Hämusländern sein mächtiges Wort und nöthigenfalls sein Schwert in die Wagschale wirft, dürfte es in der Lage sein, ein unbesonnenes Vorgehen der Regierung in Wien und Budapest noch im Keime zu ersticken und dadurch das weitere Umsichgreifen eines Weltkrieges zu verhüten, in welchen die egoistische Politik Englands das österreichische Kabinet hineinzuziehen sucht. Hoffentlich bewährt sich auch in diesem Falle die wiederholt ausgesprochene Ansicht, daß die Aufrichtung des Deutschen Reiches im Herzen Europa's wesentlich den friedlichen Interessen unseres Welttheiles zu dienen berufen sei.

Türkisches Wappen.

Türkei I. Leipzig: Verlag von Otto Spamer.

Eröffnung des türkischen Parlaments im Palast Dolma-Bagdsche.

Die europäischen

Vasallenstaaten des Ottomanischen Reiches

und

Montenegro.

Dorfkirche in Rumänien.

IV. Rumänien.

Geographische und geologische Gestaltung des Landes. — Abstammung des Volkes. — Typus. — Tracht. — Wohnung. — Stände. — Charakterschilderung der Landbewohner. — Geistige Kultur derselben. — Volkslieder. — Religion und religiöse Gebräuche. — Aberglauben, Zauber- und Hexenwesen. — Die Bojaren. — Bestandtheile des Volkes. — Staatliche und wirthschaftliche Zustände. — Fahrt auf der rumänischen Donau. — Bukurescht. — Ein Ausflug in die Kleine Walachei. — Land und Leute in der Moldau.

Nachdem die Donau durch die enge Felsengasse des Karpaten-Grenzwalles das Reich der Stephanskrone verlassen hat, umflutet sie bis Galatz in weitem Bogen eine fruchtbare Tiefebene, die, nach Norden bis zu den Transsylvanischen Alpen sich ausbreitend, mit dem Südabhange der letzteren das Gebiet des Fürstenthums der Walachei umfaßt. Da, wo die siebenbürgische Scheidemauer aus ihrer westöstlichen Richtung nach Norden abweicht und die Grenzführung der Milkowa und dem Sereth überläßt, schließt sich an die Walachei das Fürstenthum der Moldau an. Dasselbe stellt sich, abgesehen von seinem bessarabischen Gebietsantheil, als der durch die Bukowina und den Pruth begrenzte Ostabfall der Karpaten dar, die in mehreren Parallelketten,

8*

durch die Thäler der Bistritza, der Moldau und des Sereth getrennt, allmählich in die Donauniederung hinabsteigen. — Das Charakteristische in der Oberflächengestaltung des walachischen Gebietes ist die Ebene mit ihren parallelen Flußläufen und die gleichartige Abdachung des Gebirges. Die Transsylvanischen Alpen, deren mittlere Höhe 1300 m. beträgt, senken sich, vielfach aber regelmäßig in südwärtsstrebenden Ausläufern verzweigt, unter fast gleichbleibender Neigung in die Ebene hinab, in welcher die Flüsse in der erhaltenen Südrichtung ihren Lauf nehmen, bis sie vor ihrem Eintritt in die Donau oder einen Nebenfluß derselben nach Osten ablenken. Merkwürdig ist hierbei, daß die östliche Abkurvung um so stärker auftritt, je weiter stromabwärts im aufnehmenden Flusse die Einmündung stattfindet. Infolge der gleichförmigen Abdachung sind im Gebirge die Temperatur- und Vegetationszonen sehr gleichmäßig vertheilt. In der oberen Region bilden Nadelhölzer und Birken dichte Waldungen, und lange bleibt der Winterschnee hier liegen. Weiter unten, wo der Gebirgsstamm seine Zweige entsendet, tritt die Buche und Kastanie auf, und die Waldlandschaft mit ihrer Ausstattung an malerischen Felsengruppen und klaren Fernsichten entwickelt sich in idyllischer Schönheit. Hier in diesem „glücklichen Arkadien“ erheben sich jene großartigen, thurmgekrönten Klöster, in welche die Bojaren sich zeitweilig von den Sünden der Welt zurückziehen und mit der munteren Klerisei den lieben Gott — einen guten Mann sein lassen. Steigen wir weiter hinab, so finden wir die sanften Hügelzüge, in welchen das Gebirge ausläuft, auf ihrer Sommerseite mit Reben bepflanzt, im Uebrigen aber mit Eichen und Ahornen bedeckt, denen in der Ebene die fruchtstrotzenden Obstbäume und in den see- und sumpfreichen Ufergegenden der Donau die melancholischen Weiden folgen.

Die Rumänische Campagna ist eine zweite Lombardei. Sie ist wie diese aus einem Meerbusen hervorgegangen und hat mit ihr den Charakter des Schwemmlandes, die weite Ebene und die hohe Fruchtbarkeit gemeinsam. Nichts hemmt den Blick über die ausgedehnten Weide- und Getreideflächen des walachischen Tieflandes, als hier und da einer jener birnenförmkgen Heuschober, welche schon auf der Trajanssäule zur Abbildung gekommen sind. Selbst die Dörfer mit ihren halb in die Erde eingegrabenen Hütten verschwinden hinter dem üppigen Grün ihrer Umgebung — die Landschaft ist ein endloses grünes Pflanzenmeer, von einem tiefblauen Himmel überspannt. Trotz der günstigen Bedingungen, welche hier dem Landbau gewährt werden, ist die Bodenkultur noch in keiner Weise mit der lombardischen zu vergleichen, denn nur ein Viertel etwa des waldfreien Bodens unterliegt der Bearbeitung. Auch in einer anderen Beziehung theilt das Donautiefland nicht die günstigen Umstände der Poebene. Es ist nicht wie diese durch vorgelagerte Gebirge gegen den Nordostwind geschützt, sondern frei und ungedeckt liegt es dem trockenen Gaste gegenüber da. Mit durstigem Athem saust er über die offenen Flächen, weite Strecken in dürres Steppenland verwandelnd — wie die Gegenden zwischen der Donau und Jalomitza, die Ebene von Baragan rc. als sprechende Beweise darthun. Das ganze Jahr hindurch weht in der Rumänischen Campagna dieser polare Landwind, und er ist es, welcher dem Klima einen vorwiegend kontinentalen

Charakter aufdrückt: im Sommer heftige Hitze, im Winter strenge Kälte. Zu Bukureschť beträgt die mittlere Jahreswärme 8° C., und + 45 und — 30° C. bezeichnen die äußeren Temperaturgrenzen.

In geologischer Hinsicht stellt sich Rumänien als ein Beispiel ziemlich regelmäßiger Schichtenfolge dar: vom Granit des Karpatenkammes bis zum jüngsten Alluvium der Donau finden sich in chronologischer Ordnung alle jene Schichtungen, welche die verschiedenen Epochen der Entwicklung der Erdrinde kennzeichnen. Bezüglich der Karpaten sei nur kurz bemerkt, daß sich der Südabhang derselben aus den gleichen Formationsgliedern zusammensetzt, wie der nördliche, nach Galizien abfallende, und beiden sind Steinsalz, Gips, lithographischer Kalkstein und Petroleum in reichen Mengen gemeinsam.

Walachen.

Während auf der österreichischen Seite diese Mineralschätze zu einer Quelle des Reichthums geworden sind, blieben sie auf der rumänischen bis vor Kurzem unbenutzt in der Erde liegen, und erst in neuerer Zeit beginnt man sie zu heben. Steigt man von den Karpaten zur rumänischen Ebene hinab, so betritt man mit dieser tertiären Meeresboden. Zu jenen Zeiten, als das Mammuth und das Mastodon die freundliche Gewohnheit ihres Daseins pflegten, war das walachische Tiefland ein Meerbusen, dem die Donau — damals ein europäischer St. Lorenz — aus den beiden großen Seen von Ober- und Niederungarn entgegenfloß. Die Landentwicklung aus diesen Wassergebieten — durch Hebung und Ausfüllung — begann aber schon zu Lebzeiten jener riesigen Thiergeschlechter; viele ihrer Vertreter fanden, wie ihre zurückgebliebenen Knochen beweisen, ein Grab in dem quartären Schutt und Thon, mit welchen der tertiäre Grund östlich von Bukureschť und Plojeschti überlagert ist. Die Bildung des Erdfesten setzte sich durch die Diluvialzeit fort, und heutzutage noch beobachten wir an der Donaumündung das Wachsthum des Landes, die

Zurückdrängung des Meeres. Bei den ungeheuren Massen Erdreiches, welche die dem Schwarzen Meere zufließenden Ströme mit sich führen — Ch. Hartley schätzt für die Donau allein jährlich 60 Millionen Kubikmeter — muß sich das Zukunftsbild des alten Pontus euxinus, ähnlich dem ungarischen Tieflande, als eine von großen Flußadern durchzogene Ebene gestalten.

Betrachten wir nach dieser flüchtigen geographisch-geologischen Schilderung des Landes die Bewohner desselben, so sei vor Allem bemerkt, daß diese sich für Nachkommen der alten Römer halten und demgemäß Romanen nennen. Die Bezeichnung „Walachen" ist slavischen Ursprungs und bedeutet, dem deutschen „Wälsche" entsprechend, romanisches Volk.

Trotz dieses gemeinsamen Hinweises auf römische Herkunft gilt die Abstammung der Rumänen in diesem Sinne keineswegs für ausgemacht. Die Einen behaupten mit Schafarik, Miklositsch und J. Jung, daß die Walachen die Abkommen der romanisirten Daker seien; Andere meinen mit Rösler, die Rumänen seien ihrer Herkunft nach auf jene römischen Kolonisten zurückzuführen, welche Trajan aus allen Theilen des Römerreiches nach dem eroberten und entvölkerten Dakien verpflanzte, Aurelianus aber nach Aufgabe des linksseitigen Donaugebietes im Jahre 275 auf das rechte Ufer übersiedelte. Hier in Mösien und Thrakien hätten die Auswanderer mit den vorhandenen römischen Elementen der Völkermischung widerstehen können, und das so bewahrte, beziehentlich eigenartig entwickelte Romanenthum, wäre im 13., nach Einigen schon im 5. Jahrhundert durch Rückwanderung in das ehemalige trajanische Dakien übertragen worden. — Für erstere, Schafarik's Ansicht, spricht u. A. die heutige Verbreitung der Walachen in den Grenzen des alten Dakiens, des Landes zwischen der Theiß und dem Pruth, der Donau und der Karpaten. Nicht nur die Moldau und Walachei (mit 4,760,000 walachischen Einwohnern), sondern auch ein großer Theil der Bukowina, Siebenbürgens, des Banats und anderer ostungarischen Lande werden (mit 2,896,000 Köpfen) von Walachen bewohnt, und selbst nach Russisch-Bessarabien und den angrenzenden Provinzen greift (mit 600,000 Seelen) dieses Volk über, so daß der Mittelpunkt des rumänischen Bevölkerungsgebietes links der Donau, etwa in die Gegend von Hermannstadt, fallen würde. Aber auch jenseit der Donau kommen die Walachen in größeren Gruppen vor, so in Serbien (160,000 Köpfe), Bulgarien, und als sogenannte Zinzaren oder makedonische Walachen sind sie im Pindusgebirge und einigen anderen Gebieten Makedoniens, Thessaliens und Albaniens und selbst in Griechenland (4000 Köpfe) anzutreffen. Diese walachischen Völkerschaften in den Ländern rechts der Donau (im Ganzen etwa 440,000 Seelen) bereiten aber der Ansicht von der dakoromanischen Abstammung der Rumänen einige Schwierigkeiten, denn bei dem vollkommenen Mangel an Nachweis, daß romanisirte Daker nach Thrakien ꝛc. ausgewandert wären, müßte man annehmen, daß jene walachischen Gruppen sich selbständig entwickelt hätten — eine Annahme, die doch etwas bedenklich erscheinen dürfte. Die Rösler'sche Hypothese dagegen würde das Vorkommen der Walachen in

Thrakien, dem heutigen Rumelien, und den anderen Gebieten durchaus befriedigend erklären. Ebenso läßt sie die Entwicklung des walachischen Volkes und der Sprache desselben begreiflicher erscheinen als erstere Ansicht, welche voraussetzt, daß die Wogen der Völkerwanderung in den unteren Donauländern fast spurlos über die Dakoromanen hinweggegangen seien. Professor J. H. Schwicker in Budapest spricht sich über diesen Punkt folgendermaßen aus: „Nach der Ansicht Jung's und der Vertreter seines Standpunktes müßten wir Folgendes für wahr halten: Infolge der kaum anderthalbhundertjährigen römischen Herrschaft wurde die Masse des dakischen Volkes derart „romanisirt", daß ihr Romanismus nicht blos die Herrschaft der Gothen und Hunnen ungeschwächt überdauerte, sondern dieser den Dakern von außen aufgenöthigte Sprach- und Volkscharakter auch während der Gepidenzeit sich forterhielt und das britthalbhundertjährige Regiment der Avaren spurlos an demselben vorüberging. Sodann kamen Slaven und endlich Magyaren — alle diese Völker brachen herein mit Brand und Mord; von ihrer Grausamkeit erzählen morgen- und abendländische Historiker auf jedem Blatt, und alle diese Stürme haben das Volk der „Dakoromanen" unberührt gelassen! Weltberühmte Völker traten hier auf den historischen Schauplatz und verschwanden spurlos im Gedränge des Völkerringens; nur an den „Dakoromanen" sollen alle diese Umwälzungen scheu vorübergegangen sein? Dazu gehört wahrlich ein Glaube gar seltener Art, den wir nicht besitzen. Es wäre ein ethnographisches Wunder ohne Gleichen."

Mag nun die Frage über die Abstammung der Walachen zu Gunsten der einen oder anderen Ansicht entschieden werden, immerhin muß sich dabei herausstellen, daß, abgesehen von der Sprache, nur wenig lateinisches Wesen und Blut auf das rumänische Volk übergangen sein können. Selbst im günstigsten Falle, der Bewahrheitung der Rösler'schen Aufstellung, würde für das Lateinerthum der Walachen nur wenig gewonnen sein. Ihre Stammväter wären dann die trajanischen Kolonisten gewesen, die, wie der römische Historiker Eutropius berichtet, aus allen Theilen des Römischen Reiches entsandt waren. Wie in der That Inschriftsteine bekunden, kamen die meisten dieser Ansiedler aus Kleinasien, Galatien, Bithynien, Syrien, Karien, Phrygien, Mysien und Paphlagonien; ferner aus Hispanien, Gallien, Rhätien und Germanien, aus Noricum, Dalmatien und Thrakien; die wenigsten stammten aus Italien, und zwar aus Unteritalien, dem heutigen Apulien. Hieraus ergiebt sich, daß diese Einwanderer zwar Römer in staatlichem Sinne, aber keine Lateiner dem ethnographischen Begriffe nach gewesen sind. Sie brachten von Haus aus verschiedene Sprachen und religiöse Kulte mit und hatten für letztere auch ihre besonderen einheimischen Priester. Das einzige Band, welches diese verschiedenartigen Elemente vereinte, waren die römischen Gesetze und die lateinische Sprache, die jedenfalls neben den heimatlichen Zungen in Dakien als Amts- und Verkehrssprache gedient hat. Dieselbe wurde natürlich, je nach der Herkunft der Kolonisten, mehr oder weniger als Dialekt oder fremde Sprache gesprochen und mit Zuthaten versehen. So erklärt es sich, daß im heutigen Rumänischen manche Ausdrücke angetroffen werden, die gallischen und hispanischen Ursprunges sind. Auch alte dakische Worte sind übernommen worden, wenn man die auf keine bekannte Sprache zurückführbaren 200 Worte im Walachischen als Sprachreste der alten Daker betrachten will; z. B. bardsa = Storch, mire = Braut, isnudra = Bauernmantel, cociaba = Hütte, choperta = Eidechse, samcea = Lanze. Gothische Worte finden sich in der rumänischen Sprache nicht; was an deutschen Ausdrücken vorkommt, stammt von den siebenbürgischen Sachsen. Den bedeutendsten Einfluß übten aber die slavische und die griechische Sprache, jene, als das cyrillische Alphabet und die slavische Kirchensprache Amtssprache wurde, diese als die Phanarioten als herrschende Geschlechter in das Land kamen. Selbstverständlich blieb auch das Türkenregiment nicht ohne Einwirkung auf die damalige rumänische Sprache.

Als besondere Sprache fand das Walachische erst in neuerer Zeit eine Pflege. Bis zu Beginn dieses Jahrhunderts sprach man an den Regierungsstellen und in den Städten vorzugsweise die Sprache der slavischen und griechischen Gewalthaber, das Walachische erhielt und gestaltete sich hauptsächlich unter der Landbevölkerung. Erst seit 1820, als wieder eingeborene Fürsten regierten, begünstigte man die Landessprache. Man beseitigte das cyrillische Alphabet und nahm lateinische Buchstaben an, jedoch ohne sich vorher über die Transskription verständigt zu haben. Einem gleichen Mangel an Uebereinstimmung zeigten die Bestrebungen in der Reinigung der Sprache von ihren fremden Zuthaten; während der Eine zum Lateinischen zurückgriff, ging ein Anderer vom Französischen und ein Dritter vom Italienischen aus, und so kommt es, daß heute noch keine festen Regeln und keine bestimmte Orthographie in der rumänischen Sprache zu finden sind.

Im Allgemeinen unterscheidet sich das Walachische von seinen romanischen Schwestern des westlichen Europa durch die Stellung der Artikel und hinweisenden Fürwörter hinter dem Hauptworte und durch eine andere Aussprache der Vokale. Bei allem Fremdartigen in der rumänischen Sprache ist ihr lateinischer Charakter doch unverkennbar, wie folgende Sprachprobe als Beispiel zeigen mag.

Rumänisch:	Wörtlich lateinisch:
Jo sunt fata di Român,	Ego sum filia Romani,
Numili mi Floara,	Nomen mihi Flora,
Am altize si gerdân,	Habeo — — —
Dumne, bine pare.	Domine, bene paret.

Es ist ein Volkslied, welches zu einem trippelnden Reigentanze in eintöniger Melodie gesungen wird, und heißt zu Deutsch: „Ich bin die Tochter des Romanen, ich heiße Flora. Ich habe ein gesticktes Hemd mit einer Perlenschnur. Herr, das steht mir gut." Altize si gerdân ist slavisch und dürfte vielleicht auf den slavischen Ursprung eines Theiles der jetzigen rumänischen Weiberkleidung hinweisen. — Höchst eigenthümlich ist in der walachischen Sprache die häufige Verwandlung des lateinischen K-Lautes in einen Lippenlaut, z. B. doctor = doptor, aqua = ape, quatuor = patrû.

Der Rumäne, wie er sich aus der gemischten Kolonialbevölkerung oder aus den romanisirten Dakern entwickelt hat, stellt sich dar als ein Mann von schlankem Wuchs und regelmäßigem Gliederbau. Das bräunliche Gesicht, ein längliches Oval, ist meist hübsch, wenigstens nicht unschön, oft auch edel geformt. Die Augen sind dunkel und ausdrucksvoll in stummer Ergebung, in unverstandener Trauer und wilden Leidenschaften. Der Mund ist fein geschnitten, voll schöner weißer Zähne und wird von einem Schnurrbart beschattet. Einen Vollbart trägt der Walache nicht, denn solcher ist ein Vorrecht des Priesters. Das Haar hängt lang bis zur Schulter hinab, es ist der Stolz des Rumänen, und mancher junge Bursche entzieht sich, um seinen Schmuck besorgt, dem haarabschneidenden Militärdienst. Die Hände und Füße sind klein und zierlich gestaltet, namentlich bei den Frauen, die sich überhaupt durch Anmuth der Erscheinung, nicht selten durch große Körperschönheit auszeichnen.

Rumänen.

„In ihrem dreizehnten, vierzehnten, höchstens fünfzehnten Jahre ist die Rumänin körperlich vollständig entwickelt. Und man findet da oft schöne, zierliche Gestalten. Der römische Typus, obwol vielfach durch Heirathen mit Slaven verwischt, zeigt sich in der schön und stolz geschwungenen Nase, in dem fein und scharf gezeichneten Munde, in dem schwarzen, glänzenden Haare, in der eigenthümlichen, aber nicht unschönen Bronzefarbe des Gesichts. Betrachtet man die junge Rumänin in ihrem Festschmucke, dem linnenen Hemde, das mit allerdings ziemlich kunstlosen Stickereien verziert ist, dem nationalen, aus einem Stücke geschnittenen, durch eine Spange zusammengehaltenen Tuchrocke, der, in der Taille befestigt, sich dicht an die Hüften schmiegend bis an die Knöchel fällt, dem leichten, tunikaartigen, meist blauen Mäntelchen, lauscht man dazu ihrer Sprache, die fast in jedem Laute an die Sprache des alten Rom erinnert, wahrlich — es gehört nicht viel Phantasie dazu, um sich die römischen Landmädchen aus den Zeiten Cicero's zu denken!" (K. E. Franzos, „Aus Halbasien". Leipzig, 1876. I. Bd.)

Auch die Männer machen in ihrer einfachen Kleidung einen gefälligen Eindruck. Ueber die leinenen Hosen fällt beinahe bis zum Knie ein weißes, weitärmliches Hemd, das, auf der Brust offen, durch einen breiten Ledergürtel um die Lenden zusammengehalten wird. In letzterem steckt ein Messer, die kurze Pfeife, Feuerstahl, Tabak und, in einer Ledertasche verborgen, einige Para für Rakie (Maisschnaps). Auf der Schulter hängt eine Jacke aus Schaffell, die Wolle nach außen, wenn es heiß ist; im Winter ist in vielen Gegenden ein langer Mantel, ebenfalls von Schafpelz, im Gebrauch. Die Fußbekleidung bilden eine Art Bundschuhe, — wie sie die Römer trugen — bei nassem Wetter aber hohe, bis zum Knie reichende Stiefel. Als Kopfbedeckung dient im Sommer ein breitkrämpiger Strohhut, im Winter aber eine Schaffellmütze. Zu festlichen Gelegenheiten vervollständigt der wohlhabende Bauer seinen Anzug durch einen arabeskenbestickten Koller, der, über dem Hemd getragen, der Kleidung ein entschieden römisches Gepräge verleiht.

Das Wohnhaus des Walachen, wie es auf dem Lande und auch vielfach in den Städten angetroffen wird, ist ein strohbedeckter, nur aus einem Erdgeschoß bestehender Bau, der bei höheren Ansprüchen von einer Art Veranda umgeben ist. In den holzarmen Gegenden der Walachei sind die Hütten oft in die Erde eingegraben und mit einem Erddache bedeckt — förmliche Troglodytenwohnungen. Pfahlbauten begegnet man im Ueberschwemmungsgebiete der Donau, kunstloses Holzgezimmer, auf vier Pfählen der Zudringlichkeit des üppigen Flusses entrückt.

Treten wir in ein Haus der ersteren Sorte, so finden wir, daß ein Gang dasselbe in zwei Räume theilt, in ein Wohn- und ein Prunkgelaß. Die eine Thür des Flurs führt in den mit Reisern umzäunten Hof, die andere in den Obstgarten oder gleich ins Welschkornfeld. Die Zimmer sind gegen das Dach mit Bretern abgeschlossen und enthalten je einen großen Kachelofen mit Verzierungen, der nach vorn in einen Herd ausläuft. Schornsteine giebt es nicht, der Rauch zieht unmittelbar aus dem Ofen zu einem Loche im Strohdach, das, mit glänzendem Ruß beschlagen, direkt von den Funken getroffen wird. Um die Wände der Zimmer laufen breite Holzbänke, die in der „guten Stube" — wie man in Sachsen sagen würde — zu einem teppichbedeckten Divan sich verfeinern. Die übrigen Möbel und Zierstücke in letztgenanntem Zimmer bestehen in einem niedrigen runden Tisch in der Mitte, einem Bocktisch an der Wand, über dem ein Muttergottesbild und eine Ampel prangt, einer buntverzierten Truhe und mehreren niedrigen Schemeln. In vielen Bauernhäusern hat man auch einen Webstuhl, auf welchem die Bäuerin den auf der Kunkel gesponnenen Faden zu feinem Zeug verarbeitet.

Die rumänische Bevölkerung zerfällt ihrer gesellschaftlichen Stellung nach in zwei Hauptgruppen: Bojaren und Bauern; ein Mittelstand ist erst in der Entwickelung begriffen und setzt sich vorwiegend aus Juden und fremden Handels- und Gewerbtreibenden zusammen. Obwol die überaus freisinnige Staatsverfassung vom Jahre 1866 den Adel abgeschafft hat, so ist derselbe doch stillschweigend in all seinen früheren gesellschaftlichen Vorrechten verblieben, und nach wie vor macht der Bojar sich geltend.

Walachisches Dorf.

Beide Stände, Bojaren und Bauern, sind in Anschauungen, Sitten und Lebensweise so von einander verschieden und beide beeinflussen die allgemeinen Zustände des Landes in so hervorragender Weise, daß sie wol getrennt von einander in ihrer Charakterschilderung behandelt werden müssen.

Der Bauer, der Hauptvertreter des Volkes, macht im Allgemeinen den Eindruck der Melancholie und Hoffnungslosigkeit.

„Giftig grünes Schierlingskraut,
Ach, was nützt die schönste Braut!
Und daß mein Getreide wächst,
's geht doch Alles wie verhext!
Und zu enden meine Pein,
Schlag' ein Donnerwetter drein!"

singt er in traurigen, langgezogenen Tönen. Gedrücktes Wesen, Muthlosigkeit, überhaupt Mangel an Temperament und Kraft — die Folgen langer Knechtschaft — sind die augenfälligsten Charakterzüge, die den walachischen Bauer zwar als einen sehr bequemen, aber wenig nützlichen Unterthanen erscheinen lassen. Seine Arbeit ist ein steter Kampf mit der ihm innewohnenden unendlichen Trägheit. Nichtsthun ist sein Lebensglück; er liebt es, stundenlang vor seiner Hütte zu liegen, ohne eine Glied zu rühren; er arbeitet eben nur, um das Nothdürftigste an baarem Gelde zu erwerben — seine Frau muß um so mehr schaffen. Auch bei fröhlicher Gelegenheit zeigt er wenig Leben, seine Freude erscheint gezwungen und gemacht. Bei Alledem ist er ein harmloser Geselle, der seinen einzigen Stolz auf seine eingebildete römische Abkunft setzt. „Jo sunt Rumunu!“ — Im Allgemeinen genügsam und nüchtern, verschmäht der Mann sowol als sein ehelich Gespons keineswegs einen Trunk, und Festtags leisten sich Beide nicht selten einen heftigen Schnapsrausch.

Der Rumäne liebt die Musik, er spielt aber nur das ganz roh angefertigte Seufzerholz, die Flöte. Seine Lieder und Gesänge sind traurig und klagend, — lustige, übermüthige Weisen kennt er nicht. Er lungert gern in lauen Nächten herum, von seinem Mißgeschick in Klageliedern singend. — Zum Tanz spielt der Zigeuner auf, und auch bei dieser Gelegenheit bietet der walachische Bauer ein trauriges Stimmungsbild. Beobachten wir ihn bei seinem Lieblingstanz, der Hora: Ein Dutzend junger Bursche bilden einen Kreis, in welchem sie sich langsam, bald rechts, bald links bewegen. Nachher werden die Töne der Mandoline und eines Dudelsackes lebendiger und junge Mädchen treten in den Reigen. Nun ist die Hora geschlossen und sie dauert lange; aber an den Tänzern bemerkt man keine besondere Aufregung. Uebrigens hat die Hora wenigstens eine sehr hübsche pantomimische Tour. Tänzer und Tänzerinnen drehen sich einige Male, halten die Arme weit auseinander gestreckt, verengen den Reigen, treten näher zu einander heran, klopfen einander auf die Schultern, biegen den Kopf unter den emporgehobenen Arm und blicken sich gegenseitig in die Augen. Diese Tanzfigur ist ganz allerliebst, nur verliert sie dadurch, daß sie allzu oft wiederholt wird und daß Lebhaftigkeit und leidenschaftlicher Ausdruck fehlen. Ob diese Hora aus den Zeiten der Römer stammt? Man sagt es, aber die Leute im Alterthum sind bei diesem Tanze sicherlich munterer gewesen, und die Trasteveriner in Rom legen ganz anderen Schwung in ihre Reigentänze als die Rumänen an der Donau. Bei den Letzteren fehlt offenbar die innere Lust; es ist, als ob sie unter dem beobachtenden Auge des Herrn und Gebieters sich ein offizielles Vergnügen machten und eingeschüchtert wären. Auch die Musik hat etwas Trauriges, Gedrücktes, fast Klagendes.

Wenn der Mensch das ist, was er ißt, so dürfen wir nach dieser Charakterschilderung des walachischen Bauers von seiner Leibesverpflegung nicht viel erwarten. Sie ist in der That sehr einfach und traurig, denn Mamaliga bildet neben Schafskäse (prinze) die Hauptnahrung. Die Mamaliga besteht aus grobem Maismehl, das mit etwas Salz gemischt in einem Leinentuch in Wasser gekocht wird und dann als eine Art Pudding erscheint. Dieser wird nun ohne jede Zuthat als etwa den erwähnten Schafskäse genossen und verdaut sich zu ausgeprägter Melancholie!

Betrachten wir den rumänischen Landbewohner nach seiner geistigen Kultur, so können wir unser Urtheil in die wenigen Worte zusammenfassen:

Er ist gut beanlagt, aber vollständig unentwickelt, sein Wissen ist Null! Obgleich die Landesverfassung obligatorischen und freien Schulunterricht bestimmt, so wächst doch der größte Theil der ländlichen Bevölkerung wegen Mangels an Schulen ohne jeden Unterricht heran, und wo solcher ertheilt wird, beschränkt er sich auf das Auswendiglernen von Kirchen-, Heiligen- und Bibelgeschichten. — So kommt es, daß in allen Verhältnissen die ursprünglichsten Zustände herrschen. Zur Feldbestellung dient noch der altrömische Pflug und das Getreide, welches der fruchtbare Boden ohne Düngung in reicher Menge spendet, wird auf einer im Felde geschlagenen Tenne (area) von Pferden ausgetreten.

Innere Ansicht eines Hauses.

Die Anschirrung der Ochsen beim Pflügen besteht in einem viereckigen Holzgestelle, welches ihnen auf den Hals gelegt wird. Schon nach wenigen Tagen Arbeit ist den Thieren das Fell bis auf das Fleisch durchgescheuert, und so müssen sie unter den größten Qualen wochenlang fortarbeiten. In der Hauswirthschaft sind alle Geräthe von Holz: Kübel, Schüsseln, Teller, Löffel, Hacken ꝛc., welche die Zigeuner anfertigen und zum Verkauf herumtragen. Letztere sind es auch, die dem Bauer in den wenigen Dingen, die nothwendig aus Metall bestehen müssen, wie Messer, Axt ꝛc., die Vortheile des Eisenzeitalters vermitteln.

Bemerkenswerth ist, daß bei aller geistigen Versumpfung ein tiefpoetischer Zug im Volke sich erhalten hat. Seinen Ausdruck findet er im Märchen und im Volksliede, der einzigen reinen und schönen Blüte, welche dieses Volksleben getrieben hat. „Das Volkslied aber wie das Märchen" — sagt Franzos, die walachischen Frauen schildernd — wird in Rumänien hauptsächlich von dem Weibe gepflegt. Daher schmiegt es sich allen ihren Verhältnissen an, daher findet die Rumänin für jede Situation, für jedes Leid, für jede Freude in einem Liede den Ausdruck ihres Gefühles. Und ist der Ausdruck noch nicht geschaffen, nun — so schafft sie sich ihn selber. Es ist auf den ersten Blick seltsam: in dem Herzen dieses verachteten, von den Sorgen des Daseins fast erdrückten Weibes lebt ein reicher Schatz poetischer Erfindung: das rumänische Weib ist Dichterin! Das Lied freilich, das sie in dem einen Momente hinaussingt in die blühende Flur des Südens, um es im nächsten zu vergessen, ist sehr kunstlos, sehr einfach, aber — ich versichere es und könnte es beweisen — es lebt mehr, weit mehr ursprüngliche Poesie darin, als in den Versen so manches deutschen oder französischen Modedichters. Dieser Gabe, die natürlich je nach der Individualität der Einzelnen mehr oder minder intensiv ist, verdankt die Rumänin vielleicht die Elastizität ihres Wesens; vielleicht müßte sie ohne dieselbe verkommen oder zum Thiere hinabsinken. Diese Schöpfungen des Augenblicks verstieben freilich zumeist; aber die verhältnißmäßig wenigen, die im Volksmunde fortleben, bilden in ihrer Vereinigung eine so reiche, so anmuthige Volkspoesie, wie sie, als in der Gegenwart blühend, vielleicht keine andere Nation aufzuweisen vermag..."

In Nachfolgendem geben wir in Kotzebue's wortgetreuer Uebersetzung einige Proben rumänischer Volkspoesie, wie sie seit alten Zeiten von Mund zu Mund erklungen und von V. Alexandri gesammelt worden ist. Wir theilen von jenen Gedichten nur die Anfangszeilen mit, die, als besonders charakteristisch, zur Kennzeichnung hier genügen mögen.

Kodran. (Eine Räuberballade.)

1. Grünes Blatt vom wilden Kraut!
In den Dörfern ward einst laut,
Den Kodran hab' man geschaut
In den unbebauten Steppen
Und auf sonnenlosen Pfaden,
Eingehüllt in zott'ge Felle,
Auf dem Kopf die hohe Mütze,
Daß ihn Niemand mehr erkenne.
Schöner, als man glauben kann,
Ist der wilde, kühne Mann!
Um ein Roß schaut er sich um ꝛc.

2. Grünes Blatt der Haselnuß.
Mein Kodran zieht froh und frei
Auf die Höh' zur Schäferei,
Schreit vor Lust im Aufwärtsziehn,
So daß alle Schäfer fliehn! ꝛc.

3. Geisblatt aus des Busches Grün!
Fort nach Jassy bringt man ihn
Vor den Fürsten Iliesch;
Vor den Divan bringt man ihn,
Wo der Fürst im Ehrenkleid
Sich auf seine Keule stützt,
Neben einem Muselmann. ꝛc.

4. Grünes Blatt der Königsrose!
In der Kirche kam er an,
Unser Brüderchen Kodran,
Mit dem Fußklotz angethan;
Und der Pope sang Gebete,
Während er zum Schöpfer flehte. ꝛc.

(Zum Schluß als Empfehlung des Sängers):

Mein Verwegener ist gerettet!
Ich empfehl' mich mit dem Liede,
Wie der Wald mit seinem Rauschen,
Wie der Fuchs mit seinem Rennen!
Möge Gott Euch Freude geben,
Wie Kodran im Räuberleben —
Und auch mein gedenkt daneben!

Mond und Sonne.

(Im Rumänischen ist die Sonne männlich und der Mond weiblich, wie in allen romanischen Sprachen.)

Bruder, denk'! — Die schöne Sonne
Ging, um sich ein Weib zu suchen,
Durch neun Jahre
Mit neun Pferden;
Wandert durch die Welt mit Eile,
Gleich dem Blitze, gleich dem Pfeile;
Doch wie müd' die Pferd' sich rennen,
Keine sieht sie auf der Welt,
Keine die ihr so gefällt,
Wie die Schwester Iliana,
Iliana Kosynzana.
Wo die Sonne sie nur traf,
Sprach sie immer so zu ihr:
Liebe Schwester Iliana,
Iliana Kosynzana!
Komm', verlobe dich mit mir &c.

Stephanitza-Voda.

Grünes Blatt der Kaiserkronen!
Wo des Landes Fürsten wohnen,
In dem Schloß zu Bukurest
Giebts ein großes Mittagsfest.
Bei der Tafel sind die Großen,
Alle, die zum Heer gehören —
Froh, wenn sie der Fürst vereint,
Doch gewaltig vor dem Feind.
Aber wer sitzt obenan?
Stephanitza-Voda ist's.
Doch er theilet nicht die Lust,
Sondern seufzt aus tiefer Brust,
Und blickt lang' wie unbewußt
Auf des Michu Töchterchen,
Michu's holdes Schwesterchen,
Michu's des Geächteten,
Den am Olt man jüngst gesehen &c.

Der Geist.

Grünes Blatt der Haselnuß!
Mirtscha folgt dem Pfad bergaufwärts
Und begegnet einem Mädchen,
Das in einem großen Krug
Wasser aus dem Brunnen trug.
„Kind, mich dürstet, bleibe stehen!"
„Nein, ich darf nicht, laß mich gehn,
„Mein Geliebter könnt' mich sehn."
— — — — — — — — —
Bei dem dritten Schlucke stürzt er
Leblos an der Quelle nieder,
Denn es war ein Geist im Wasser — —
Hol' der Teufel diese Geister!

Volkslied.

Schlafe, schlafe ruhig ein,
Theures Lieblingssöhnchen mein!
Schlafe an der Mutter Brust —
Sieh, ich wiege dich mit Lust,
Wiege dich und küsse dich,
Küsse und bewache dich,
Wie ein Blümchen in der Blüte,
Wie ein Vögelchen im Neste.
Schlafe, bis der Morgen blinkt,
Denn wenn's Mütterchen was singt,
Ruhst du süß auf deinem Flaum
Und träumst manchen schönen Traum:
Engelchen auf Regenbogen
Kommen, schön wie du, gezogen,
Viele Stern' und bunte Strahlen
Regnen hell auf Blumen nieder,
Und wie Glöckchen tönen Lieder!
Schlafe, schlafe ruhig ein,
Beten will dein Mütterlein,
Daß im Leben du auf Erden
Möchtest einst wie Stephan werden,
Unser Fürst, dem in der Schlacht
Kein Feind sich zu nahen wagt. —
Schlafe, theures Kind, schlaf' ein!
Gott wird dein Beschützer sein,
Dich nach meinem heißen Wunsche
Einst zum großen Helden machen,
Glänzend wie das Licht der Sonne,
Daß die Mädchen dich bewundern,
Blumen auf dem Pfad dir wachsen,
Und voll Angst die Feinde weichen —
Daß dir Glück und Ehre blüht;
Durch die Welt dein Nachruhm zieht!

Die Segnungen, welche das Christenthum anderwärts über die Völker ausbreitet, sind den Rumänen vollständig entgangen; eine unwissende, eigennützige Priesterkaste hält die Geister in starrem Fetischthum gefangen. Die Religion der Griechisch-orthodoxen Kirche ist die allgemein verbreitete, aber von ihr hat der biedere Donaurömer nur das Aeußere angenommen, im Uebrigen behilft er sich mit einem kräftigen Aberglauben. Er lernt durch gewissenhafte Arbeitsenthaltung an den zahlreichen Feiertagen die Namen der Heiligen kennen und übt eine Masse ihm vollkommen unverständlicher Ceremonien. Die Hauptbeschäftigung des Dorfpopen, der die christliche Einfalt auch für sein Wissen beherzigt und nur nothdürftig lesen und schreiben kann, ist, Menschen, Vieh, Häuser und Brunnen mit Weihwasser zu bespritzen, um den Teufel und böse Geister auszutreiben. Außerdem ist er auch Medizinmann, denn der gläubige Rumäne, Fürst oder Bauer, läßt bei Krankheiten selbst dem Säugling das Sakrament des Abendmahls reichen, gegen Fieber, Husten, schlimmes Zahnen 2c.

Wie schon bemerkt, verordnet die Kirche eine große Anzahl Fest- und Fasttage, die alle mit besonderen, von Alters überkommenen Bräuchen beobachtet werden. Zu Weihnachten (Creciune, d. h. Krippe) z. B. führt man einen Mummenschanz auf, der an die durch den Stern geleitete Wanderung der heiligen drei Könige zum Christuskinde erinnern soll. Ein Knabe trägt einen mächtigen Stern von Papier und hinter ihm ziehen römische Soldaten mit Lanzen einher; jeder im Volke trägt eine Laterne. Man zieht von Haus zu Haus und singt dabei Kolinde, eine Art von religiösen Klageliedern; oder es treten die Landleute, in abenteuerlichen Aufzügen, halb in phantastischen Uniformen, als die Weisen aus dem Morgenlande, durch Flitterkronen gekennzeichnet, in einer Art Prozession auf und singen und tanzen durch das ganze Dorf hindurch. Dafür werden sie mit Scheidemünze beschenkt, und — was die Hauptsache ist — mit Wein und Branntwein reichlich traktirt. — Zum Osterfeste werden die Häuser innen und außen weiß angestrichen und alles Geräth geputzt und gescheuert — entschieden ein nützliches Fest! Der Städter schafft sich einen neuen Anzug an und geht in die Kirche zum Gottesdienste. Nach Beendigung desselben besuchen sich Freunde und Verwandte, einander beglückwünschend. Selbst auf der Straße begrüßen sich die Leute mit „A inviat kristu" (Christus ist erstanden) und der Antwort: „Kristu a inviat" (Ja, er ist wahrhaftig auferstanden). — Außer diesen sogenannten kanonischen Festen sind noch andere sehr beliebt, z. B. jenes des heiligen Basilius am 1. Januar, des heiligen Georg am 23. April und des heiligen Demetrius am 26. Oktober. Am ersten Sonntag im Mai feiern die Bauern ein Blumenfest. Sie ziehen auf das Feld und in den Wald, schmücken sich mit Grün und kehren tanzend nach dem Dorfe zurück. Bei Sommers Anfang richtet Jeder vor seiner Hütte eine Stange auf, an welcher oben ein Bündel Heu hängt, das mit Baumzweigen verziert wird; ein solches heißt Armindenu.

Im „Globus", dem wir diese Angaben über Festgebräuche entnommen, finden wir auch eine ausführliche Schilderung der Dragaica- und Papalugaumzüge, die bis vor Kurzem allgemein in der Moldau üblich waren. Als Dragaica, als Huldin, wird im Juli, wenn das Korn zu reifen beginnt, ein sechzehnjähriges Mädchen aus der Mitte der Dorfschönen, gewählt, mit Bändern, Spangen und Perlen geschmückt, mit einer Aehrenkrone auf dem Haupte und Schlüssel in den Händen, das Eröffnen der Scheunen versinnlichend, unter Musik im festlichen Zuge über die Felder geführt, wo sie mit ausgebreiteten Armen, dem Winde entgegen eilend, die Früchte segnet. Mit dem Abend kehrt der Zug, der auch die Nachbardörfer besucht und überall mit Jubel und Gesang empfangen wird, ermüdet, aber befriedigt nach der Heimat zurück. Alle, welche die Dragaica besucht, schlafen ruhig und sanft im festen Glauben, daß ihre Feldfrüchte nun vortrefflich gedeihen und vor Hagelschlag und Mäusefraß gesichert in die Scheunen kommen werden. —

In einem Dorfe.

Bei Regenmangel und Dürre muß ein Mädchen, das aber noch nicht über zehn Jahre alt sein darf, die Rolle der Papaluga übernehmen. Es wird ihr ein Hemd, von grünen Kräutern und Blättern geflochten, angezogen und ein grüner Zweig in die Hand gegeben. Alle anderen Mädchen und Knaben folgen der Papaluga, und so ziehen sie tanzend und singend durch die Nachbarschaft. Wo der Zug aber vorbeikommt, wird er eifrig mit kaltem Wasser begossen, wobei sich die alten Weiber, die bei allem solchen Treiben eine große Rolle spielen, besonders thätig zeigen. Bei großer Hitze und so einfacher Bekleidung hat das Begießen nicht viel zu bedeuten. Die moldauischen Bauernkinder gehen auch oft, nur mit einem großen Filzhute und einem langen Hemde bekleidet, umher und singen, frei übersetzt, ungefähr so:

Papaluga, steig' zum Himmel hinauf,
Oeffne des Regens erfrischenden Lauf;
Daß Hirse und Weizen gedeihen schön,
O Papaluga, erhör' unser Fleh'n!

Wie schon bemerkt, findet in den Anschauungen der Walachen der Aberglaube eine gute Stätte; nichts geht bei diesen Leuten mit natürlichen Dingen zu, in allen Vorkommnissen des gewöhnlichen Lebens erblicken sie das Wirken geheimnißvoller Mächte und jedes Ding, das steht und geht, wird mit diesen in Beziehung gebracht. v. Berg, ein Kenner der Walachen, giebt in seinem Buche „Aus dem Osten der österreichischen Monarchie" zahlreiche Beispiele ihres Aberglaubens, aus welchen wir folgende anführen wollen:

Steht ein hölzerner Schemel im Hause mit den Füßen nach oben, so weinen die armen Seelen im Fegefeuer. — Wer einen Löffel nach dem Essen in der Speise stecken läßt, wird eine schlaflose Nacht haben. — Nach dem Waschen darf man die nassen Hände weder rechts noch links schlendern, denn das macht mager. Ebenso wird ein mit dem Besen geschlagenes Kind mager. — Ein heulender Hund im Hause zeigt an, daß in demselben bald eine Person sterben wird. — Bei Gewitter muß der Hund aus der Stube, sonst schlägt es ein. — Wenn man im Frühjahre zuerst ein schwarzes Lamm sieht, oder wenn eine schreiende Hauskatze durch das Fenster eingelassen wird, so hat das eine schlechte Vorbedeutung. — Kommt zu Neujahr oder zu Ostern eine fremde Person mit einem leeren Gefäß in der Hand ins Haus, so wird man Unglück haben. — Auf der Reise bedeutet das Zusammentreffen mit Zigeunern oder Juden Glück, Unglück aber, wenn man einem Popen begegnet. Letzteres kann abgewendet werden, wenn man eine Hand voll Heu hinter sich aus dem Wagen wirft, oder dreimal ausspuckt. Läuft während der Reise ein Hase über den Weg, so ist es eine unglückliche Vorbedeutung. — Bei heftigem Sturme soll man Mehl und Salz in die Luft werfen, um den Sturm zu füttern und so zu beruhigen. — Bei Hagelwetter hilft es, wenn eine Holzaxt mit der Schneide nach aufwärts gestellt wird, oder man wirft Schloßen oder Palmzweige von der Saalweide ins Feuer. — Einem neugeborenen Füllen muß ein hölzerner Löffel um den Hals gehängt werden, damit es durch böse Augen nicht behext werde. — Damit eine Kuh durch böse Augen nicht ihre Milch verliere, bindet man ihr einen rothen Faden in die Mitte des Schwanzes. — Ueber einem Milchtopf darf kein Brot geschnitten werden, weil dadurch das Euter der Kuh leidet. — Bei einem neugeborenen Kinde spricht die Mutter: „Möge dem bösen Geiste ein Stein in den Rachen fallen." — Alte Weiber besprechen junge Mädchen, mit welchen sie eine Heirath zu Stande bringen wollen. — Rothhaarige Männer hält man für Vampyre, welche nach ihrem Tode besonders den jungen Mädchen das Blut aussaugen. Die Leiche wird deshalb mit einem großen eisernen Nagel, welcher an der Unterseite des Sarges umgenietet wird, in demselben festgenagelt. Es können aber auch Andere, als Rothhaarige, Vampyre werden. Folgen in einer Familie rasch mehrere Todesfälle nach einander, so ist das ein sicheres Zeichen, daß sich unter den Verstorbenen ein Vampyr befindet. Man öffnet dann das Grab Derer, auf welche man deshalb Verdacht hat; findet man ein Loch im Sarge, so wird in denselben ein Schuß abgefeuert, oder man schlägt einen hölzernen Pfahl durch den Sarg, um so den Vampyr zu bannen. — Ein frevelhafter Mensch wird nach seinem Tode ein Tricoliciu (sprich Trikolitsch). Ein solcher besitzt die Eigenschaft, in rascher Aufeinanderfolge und zwar dadurch, daß er Purzelbäume schlägt, die mannichfaltigsten Gestalten anzunehmen, um die Menschen eben so rasch als mannichfaltig zu täuschen und denselben Schaden zuzufügen, die Hauptthätigkeit des Tricoliciu. Er ist Tag und Nacht auf der Lauer, an Kreuzwegen, verrufenen Orten, tiefen Schluchten, unter alten Brücken 2c. — Die Vercolaci (von verme = Wurm und colac = etwas Längliches, was sich, wie die Schlangen, zusammenzurollen vermag) sind ungeheuere geflügelte Schlangengestalten, welche, in den höchsten Luftkreisen hausend, den Mond und die Sonne fortwährend verfolgen. Wenn sie derselben habhaft werden, entwickelt sich ein gewaltiger Kampf, bei welchem die Sonne und der Mond infolge der fürchterlichen Bisse bluten und sich verfinstern. So stellt man sich die Sonnen- und Mondfinsternisse vor.

Eine große Rolle spielen im walachischen Aberglauben das Zauber- und Hexenwesen, die Wahrsagerei, die Liebestränke 2c. Wer vom Mißgeschick heimgesucht ist, oder sich sonst irgendwie bekümmert und beladen fühlt, holt sich Rath und Hülfe bei einer Hexe. Die mächtigsten Hexen wohnen im Walde, überhaupt in einer abgelegenen Gegend, und dorthin wird gewallfahrtet; manchmal ist die Wohnung eines solchen Weibes wie belagert von Equipagen, Miethkutschen, Bauernwagen und einer große Menge Volkes — wer nicht lange warten muß, hat von Glück zu sagen. Die Anliegen der Hexenklientschaft drehen sich meistens um Be- und Entzauberung von Personen, Vieh, Gebrauchsgegenständen, um Herbeischaffung von gestohlenen Sachen, Entdeckung von Dieben u. dgl. m. Da kommt ein Landmädchen mit dem harmlosen Wunsche, allen Männern zu gefallen, reich zu werden und immer Glück zu haben. Nach längeren, geheimnißvollen Vorbereitungen geht die Dirne nach der Stadt, bezaubert einen leichtsinnigen Bojaren und macht als feine Dame ihr Glück. Weniger zufrieden mit diesem Erfolge ist die gekränkte Frau des Bojaren, sie wendet sich an die Hexe um Entzauberung des Gemahls. Auf erhaltenen Rath ruft sie die Behörde an, welche die Glücksritterin wegen mangelnden Ausweises mittels Schubs entfernt — und so den Zauber löst. Wird mit dem Zauber oder Rathschlage der Hexe das Erwünschte nicht erreicht, so giebt es immer tausend Gründe, die das Mißlingen genügend erklären.

Charakteristisch für die Kulturhöhe des rumänischen Volkes ist es, daß gerade der Aberglaube, das Merkzeichen mangelnder Erkenntniß, dasjenige geistige Band ist, welches die obere Schicht der Bevölkerung mit der unteren vereinigt. Im Aberglauben reichen sich der aufgeklärte, von der „bärenleckenden Lutetia" erzogene Bojar und das armselige Schaf des kläglichen Dorfpopen brüderlich die Hände und stimmen ein in Negruzzi's begeisterte Worten „Ich bin Rumän' und lieb mein Vaterland!"

9*

Rumänischer Wagen (Birdsch).

Die Bojaren reichen als eine Art von Adelskaste nicht über das Ende des fünfzehnten Jahrhunderts hinaus. Bis dahin war Jeder, der eine Waffe trug, ein Boïer. So hießen auch noch im achten und neunten Jahrhundert die Nachkommen der alten römischen Ansiedler, welche damals noch mit Ochsen bespannte Sichelwagen in die Schlacht fuhren. Wer einen solchen besaß, war ein Boïer (bovis herus), wie Jeder, der zu Pferde bewaffnet erschien, ein Kavalier war (cavalli herus). Jener Titel dauerte, so lange der Krieg währte, und der Träger desselben war in dieser Zeit frei von Abgaben.

Die Würden waren lediglich persönlich; der Sohn erbte den Titel des Vaters nicht. Jeder Rumäne war Soldat und wer dem Lande diente, erhielt einen militärischen Titel. Erst Radu oder Rudolf IV., Fürst der Walachei, führte das Titelwesen am Hofe ein: drei Bojarenklassen mit 19 Titeln. Zu der ersten Klassen gehörten: der Groß-Ban von Krajowa, Gouverneur der fünf Distrikte, — der Groß-Vornick, Minister des Innern, — der Groß-Logothet, Minister der Justiz, — der Groß-Spathar, Feldherr, — der Groß-Vestiar, Finanzminister, — der Groß-Postelnik, Minister des Auswärtigen. Bojaren zweiter Klasse waren sechs. Diese führten einen silbernen Stab, durften aber keinen Bart tragen, denn dieser war ein Vorrecht der Großbojaren. Im Rathe dieser Letzteren hatten sie zwar Sitz, aber eine berathende Stimme nur, wenn sie aufgefordert wurden, ihre Meinung zu äußern. Diese Bojaren zweiter Klasse waren: der Groß-Aga, Polizeimeister und Hauptmann der Jäger, — der Groß-Paharnik, Mundschenk, — der Groß-Cluciar, Armeelieferant, — der Groß-Stolnik, Hofintendant, — der Groß-Kaminar, welcher die Leibwache befehligte, — der Groß-Commis, der Aufseher der Marställe und Gestüte. Die dritte Klasse bestand aus sieben Bojaren, welche nur bei außerordentlichen Gelegenheiten dem Geheimen Rathe beiwohnten: der Groß-Serdar war General der Reiterei, — der Groß-Slandjar Hofmarschall, — der Groß-Pitar mußte für die Verpflegung des Heeres sorgen, — der Groß-Armasch war Gefängnißaufseher, — der Groß-Portier Ceremonienmeister, — der Groß-Satar war Inspektor der Soldatenzelte, — endlich der Cluciar, Aufseher der Armeemagazine.

Die Aemter wurden nur auf ein Jahr verliehen, wer aber einmal eine Würde bekleidet hatte, behielt sein Leben lang den Titel. — Mit diesen Einrichtungen kamen Rangunterschiede und Privilegien auf; das alte einfache Leben und Treiben wurde wesentlich verändert, und als nun gar die Herrscherwürde in Konstantinopel an den Meistbietenden verkauft wurde, traten Mißbräuche aller Art an die Tagesordnung. Seit 1711 schickte die Pforte phanariotische Griechen, welche zwar den Namen Hospodare trugen, aber in der That lediglich Pächter waren, und auf drei Jahre das Privilegium erhielten, die beiden Fürstenthümer auszubeuten. Sie verkauften auch die Bojarenwürde gegen gewisse Taxen und trugen durch ihre schamlose Wirthschaft auch sonst noch dazu bei, das Bojarenthum gründlich herunterzubringen. (S. „Globus", Band XII, S. 294.) Das organische Reglement von 1831 hatte sich die Adelseinrichtungen in Rußland zum Muster genommen: Der Hospodar gab den Rang, mit welchem der Titel verbunden war. Die Bojarie war demnach keine geschlossene Kaste, sondern ein Verband, in welchen Rang und Amt einführte. Im Jahre 1865 zählte man in der Walachei 3200, in der Moldau 2800 Bojarenfamilien, die das Reglement in große und kleine theilte. Obgleich nur die dem Fürstenstande angehörenden Großbojaren ihren Titel mit mehr oder weniger Recht auf ihre Nachkommenschaft übertrugen, so haben doch seit Jahrhunderten auch noch gewisse andere Familien immer die ersten Stellen im Lande eingenommen und diese bildeten mit den Großbojaren zusammen den eigentlichen Adel. Die Besitzer geringer Bojarentitel waren meist frühere Bediente von Großbojaren und bekamen zur Belohnung ihrer Verdienste einen Titel. Manche angesehene Familie wurzelt mit ihrem kurzen Stammbaume in der Herrlichkeit eines Dieners. Wie oben erwähnt, hob die Verfassung von 1866 den Adelsstand als solchen auf, was jedoch nicht hindert, daß derselbe auch unter den demokratischen Formen der jetzigen Konstitution seine früheren Vorrechte zur Geltung bringt.

Die alten Sitze der Großbojaren sind massiv von Stein gebaut. Man tritt von außen direkt in eine große Halle, welche von Gemächern rings umschlossen wird. Eine steinerne Treppe führt in das obere Stockwerk, das dieselbe Einrichtung hat wie das untere. Rings um das mit Schindeln gedeckte Gebäude liegen die Ställe, die Küche und die Wohnungen der niederen Dienerschaft, einen mächtigen Hof umschließend. Oft ist das Thor desselben von einem auf hohen Balken stehenden Wachthause überragt, ähnlich wie man solche an der Militärgrenze sieht. Befestigte Schlösser wurden von den Türken nicht geduldet, dagegen dienten in den häufigen Kämpfen mit letzteren die Klostermauern als feste Stützpunkte. Bis zum Beginn unseres Jahrhunderts war die Einrichtung der Bojarenwohnungen eine sehr einfache, orientalische. Das ganze Mobiliar bestand aus einem Divan, welcher rings um das Gemach lief und auf der man runde Tischchen setzte. Eine solch ursprüngliche Einrichtung findet man jetzt nur in einigen altmodischen Kaffeehäusern und Barbierstuben. Die Bauart der Häuser dagegen ist so ziemlich die gleiche geblieben.

In einer größeren Bojarenwirthschaft steht dem männlichen Gesinde ein Oberdiener — Meister genannt, dem weiblichen eine Meisterin vor. Der bessere Theil der weiblichen Bedienung schläft im Haupthause, oft auf dem Vorplatze, und der männlichen Dienerschaft wird zu gewisser Abendstunde das Haus vor der Nase abgeschlossen. Der Meister und die Meisterin hatten im Hause eines gewissen Aga Demeter St. die Erlaubniß, ihre Untergebenen so lange zu peitschen, bis die Haut aufspringe — paone Krepe pielia (Kela) — aber nicht mehr. Das Auspeitschen ward auch sehr oft von dem Herrn des Hauses mit Vorliebe selbst besorgt und — horribile dictu — selbst die schönen, glutäugigen Bojarinnen füllten damit ihre Mußestunden aus. Der höchste Grad des Schreckens aber kam über die Dienerschaft, wenn der gestrenge Herr in größter Wuth nach einem bastune verlangte und den Missethäter an den Haaren herbeischleppen ließ. Diese Zeiten sind zwar so ziemlich vorüber, ihre Früchte aber noch nicht! In manchen Häusern hatte man das russische System angenommen; man schickte den Abzuprügelnden mit einem Zettel, auf welchem die Anzahl der Hiebe angegeben, zur Polizei und hatte so keine weiteren Umstände im eigenen Hause.

Sommers ist es im Bojarenhause ziemlich stille, der Herr befindet sich auf den Gütern, wenn ihm das Spaß macht, die Dame des Hauses im Bade, wenn sie Geld hat. Im Winter stürzt man sich, zumal in Jassy und Bukurescht (Bukurescht — Freudenstadt!), in den Strudel des Vergnügens. Ein glänzendes Fest jagt das andere, und die üppige Bojarin, in ihren Mädchenjahren auf Schritt und Tritt bewacht und so jung wie möglich ohne ihr Zuthun verheirathet, ist unersättlich. Das gesellschaftliche Treiben ist aber ein durchaus seichtes, sinnliches Getändel nach französischem Muster, wozu noch das in vielen Fällen lockere eheliche Leben und die Neigung zu hohem Spiele kommt. Gründliche Schulbildung bei guter häuslicher Erziehung und damit zusammenhängende Charakterfestigkeit fehlt beiden Geschlechtern in hohem Grade, und dieser Mangel ist es auch, welcher die Rumänen zu steten Intriguen im staatlichen Leben führt und die Zustände so wenig Halt gewinnen läßt. Der alte Bojar in seinem langen Kaftan, die rothe, fezähnliche Kalotte auf dem Kopfe, über welche außerhalb des Hauses der tschakoartige Filz gestülpt wurde, machte mit seinem langen, wohlgepflegten Barte und halb orientalischen Sitten einen guten Eindruck und war in seiner Art ein ganzer Mann. Der modernisirte Rumäne aber hat die Art und Weise seiner Väter ganz vergessen, ohne von der abendländischen Kultur mehr als das Aeußere aufgenommen zu haben; er spricht französisch, trägt nur glanzlederne Stiefel und wird ohne Glacéhandschuhe nicht gesehen. Nimmt man die religiöse Anschauung eines Volkes als Maßstab seiner Kultur, so steht auch der Rumäne der höheren Klasse noch weit unten.

Eine seiner Haupttugenden ist Gastfreundschaft. Fast allabendlich kehrt bei den vermögenden Bojaren eine Gesellschaft kleiner Schmarotzerbojaren ein. An hohen Festtagen, besonders nach Beendigung der vierzigtägigen Fasten, finden sie immer einen wohlbesetzten Tisch, und auch während der letzteren lassen sie sich die Fische, Honigkuchen und andere erlaubte Dinge gut schmecken, während sie zu Hause mit Oliven in ranzigem Oel und Sauerkohl vorlieb nehmen müßten. In gewöhnlicher Zeit erscheinen sie gegen Abend, gierig auf Eiswasser und Dultscheb, türkischen Kaffee und Tschibuk. Meist plappern sie ein leidliches Französisch, das sie ihren vom Glücke begünstigten Standesgenossen abgelernt haben.

Eine Bojarin.

Die Küche im Bojarenhause ist halb türkisch, halb französisch, namentlich ist der Pillaw eine beliebte Speise. Die guten, sehr kohlensäurehaltigen Weine des Landes sind in Ueberfluß vorhanden, trotzdem ist der Rumäne mäßig und nie wird man einen Betrunkenen aus den besseren Ständen finden. Starke körperliche Bewegungen haßt er, und so kommt es, daß er wenig gewandt ist. Obgleich er die Jagd liebt, muß er doch der Kategorie der Sonntagsjäger eingereiht werden; übrigens ist dieselbe dadurch, daß Jeder ungestraft jagt, wo er will, nur an wenigen Orten noch von Belang. Eine besondere Vorliebe hat der Rumäne für Bäder. Am Ufer der Bistritza finden wir eine große Menge Badender beiderlei Geschlechts, nicht etwa in Badehäusern oder in irgend einer Badekleidung, sondern im Naturzustande. Nur die Frauen der höheren Stände pflegen irgend einen abgelegeneren Badeplatz zu wählen. (W. Thurn, „Ausland“ 1876.)

„Was ich von der Bildung der Bojaren, ihrer Lebensweise und ihrem Charakter gewahr geworden bin — lesen wir in einem Reiseberichte im „Globus“ — ist nur geeignet, die Wahrnehmungen Anderer zu bestätigen. In einem Jassyer Erziehungsinstitute, das ein unternehmender Berliner Ex-Tabakshändler unterhielt, fand ich 14 sehr junge Bojarensöhne. Sie zahlten pro Kopf 200 Dukaten und wurden trotz ihres zarten Alters in sehr vielen Dingen unterrichtet. Die Hauptsache war und blieb aber das Parliren in allen möglichen Zungen, worin man sie auf originelle Weise dressirte. So wurde z. B. in diesem Semester der geographische Unterricht in italienischer, der mathematische in französischer, der geschichtliche in englischer Sprache ertheilt. Im nächsten Semester wechselten die Rollen dergestalt, daß die Historie französisch, Mathematik italienisch, die Geographie englisch abgehandelt wurde 2c. Außerdem wurde auch, soviel ich mich erinnere, Lateinisch, Deutsch und Russisch gelehrt. Daß durch solche Experimente nur sehr oberflächliche Kulturprodukte, die aller Gründlichkeit entbehren, zu Tage gefördert werden können, wird mir jeder Schulmann einräumen. Aber die Jungen lernten ohne Schüchternheit parliren, und — die Eltern waren zufrieden. Der Berliner wußte, was für Rumänien paßt. Französische Hauslehrer und Gouvernanten finden sich in vielen Familien. Ein Bojar überraschte uns eines Tages freudestrahlend mit der Nachricht, daß er seine Gouvernante mit seinem Hauslehrer verheirathet hätte, und daß er beabsichtige, »de fonder une colonie française«.

Die walachische Bevölkerung Rumäniens, wie wir sie hier in ihren beiden Vertretern, den Bauern und Bojaren, geschildert haben, beziffert sich nach E. Reclus für das Jahr 1875 auf etwa 4,460,000 Köpfe, wovon 3,040,000 auf die Walachei und 1,420,000 auf die Moldau kommen. Zu dieser Summe treten aber, abgesehen von 52,500 Fremden, noch 720,000 nicht walachische, in Rumänien aber einheimische Bewohner, und zwar: 400,000 Juden, 130,000 Zigeuner, 90,000 Bulgaren, 50,000 Ungarn, 40,000 Russen und andere Slaven und 10,000 Armenier.

Die rumänischen Juden zerfallen hinsichtlich ihrer Herkunft und gesellschaftlichen Stellung in zwei Hauptgruppen: in solche, welche in früheren Zeiten aus Spanien eingewandert waren und jetzt meist, in den größeren Städten wohnend, als Kaufleute ein gewisses Ansehen genießen, und in solche, welche aus den angrenzenden Ländern Oesterreichs und Rußlands kamen und, dem Kleinhandel obliegend, über alle Gegenden sich verbreiteten. Diese den kleinen Mann mit wunderbarer Geschicklichkeit ausbeutenden Geister sind es, welche der Rumäne von ganzem Herzen haßt — nicht etwa ihrer Religion halber, sondern ihrer Betriebsamkeit wegen, die ihn um Hab und Gut bringt. Von Zeit zu Zeit macht sich dieser Haß in einer „Judenhetze" Luft und ein Sturm sittlicher Entrüstung durchflutet die Presse der Civilisationspächter, die Mächte zum Einschreiten gegen die „mittelalterliche Barbarei" auffordernd. Wir wollen keineswegs jene Gewaltthaten entschuldigen, nur glauben wir die Rumänen gegen den Vorwurf des religiösen Judenhasses in Schutz nehmen zu müssen. Diese denkfaulen Leute erwärmen sich nicht für Gedanken und Glaubenssätze; sie dulden ruhig die Prellereien und Quälereien ihrer Behörden und Herren und lassen sich — aber nur von diesen — gutwillig das Fell über die Ohren ziehen. Nehmen sich aber Andere diese Freiheit heraus,

Zigeuner.

nun so krümmt sich der Wurm, zumal wenn er durch eigene Dummheit und fremde Schlauheit seine Haut einbüßt. Ueberall, wo ein fremder Volksstamm aus den herrschenden wirthschaftlichen Mißständen Nutzen zieht, erregt er den Haß der Eingeborenen des Landes und je unangenehmer die fremden Streber sich zeigen, desto schroffer äußert sich der Unmuth der Ausgebeuteten. — Bezüglich der rumänischen Juden wollen wir noch bemerken, daß die aus Spanien Entstammenden sich Sephardim nennen und Spanisch als Umgangssprache reden. Die übrigen Hebräer, die Aschkenazim, sprechen das sogenannte Judendeutsch, eine Mischung aus deutschen und allerhand orientalischen Wörtern.

Die nach den Juden zahlreichste fremde Völkerschaft in Rumänien sind die Zigeuner oder Tsingani. Sie selbst nennen sich hier, wie auch anderwärts in den unteren Donauländern, Röm, d. h. Mann, mit einem Hinweis auf

Romanien, ihrem vermeintlichen Stammlande. Sprache, Körperbau und Hautfarbe deuten aber auf Vorderindien, als ihrer ursprünglichen Heimat hin, und von hier aus verbreiteten sie sich, wie ebenfalls ihre Sprache erkennen läßt, etwa um das Jahr 1000 n. Chr. durch Persien, Armenien und durch griechisches Sprachgebiet über Europa, wo ihrer nach der Mitte des 14. Jahrhunderts zuerst in Morea gedacht wird.

Die Zigeuner sind in Rumänien das verachtetste Volk und ihr Name gilt als ärgstes Schimpfwort. Bis nach Beendigung des Krimkrieges waren sie verkäufliche Sklaven, der Kopf galt 10 Dukaten. In einer Agramer Zeitung aus dem Jahre 1849 finden wir folgende Ankündigung: „Bei den Söhnen und Erben des verstorbenen Serdar Nikolaus Nika in Bukureschi sind 200 Zigeunerfamilien zu verkaufen, unter denen die Männer zumeist Schlosser, Goldschmiede, Schuhmacher, Maurer, Musiker und Ackerleute sind. Weniger als fünf Familien auf einmal werden nicht abgegeben; dagegen ist aber der Preis jeder Person um einen Dukaten niedriger als gewöhnlich angesetzt, und in Bezug auf die Zahlung wird jede mögliche Erleichterung gewährt werden." Der Herr hatte allerdings kein Recht über Leben und Tod seiner Zigeuner; es sind aber trotzdem Manche zu Tode geprügelt worden, ohne daß Weiteres danach erfolgt wäre. Seit 1856 sind die Zigeuner frei; sie haben theils feste Wohnsitze und betreiben ein Handwerk, theils ziehen sie handelnd und vagabondirend im Lande umher. Ihrer Beschäftigung nach zerfallen sie in mehrere förmliche Kasten, wie Lingurari oder Zeugschmiede; Ursari, Bärenführer; Ferrari, Grobschmiede; Aurari, Goldwäscher; Lautari, Musiker, Sänger.

Gern betreiben sie das Schmiedehandwerk. Ihre Werkstatt schlagen sie im Freien auf; die Geräthschaften: Ambos, Hammer, Zange und Blasebalg, werden auf den Wagen geladen und die Arbeit kann überall vorgenommen werden.

Der Zigeuner ist von schlankem Gliederbau, länglicher Kopf- und Gesichtsbildung, brauner oder gelber Hautfarbe und schwarzem, lockigem Haar. Seine dunklen, ausdrucksvollen Augen verrathen einen unbeständigen, unruhigen, verschlagenen Charakter, ein ungezügeltes sinnliches Wesen, Habsucht, Leidenschaftlichkeit, überhaupt alle Nachtseiten des menschlichen Charakters. Bei aller sittlicher Verkommenheit entwickelt der Zigeuner auch einige Tugenden: die Ehrerbietung gegen das Alter, Vertrauen zum Schicksal und seltene Heiterkeit, als Ausdruck eines harmlosen Gemüths. „Me hom pchuro Manusch" (Ich bin ein alter Mann) ist ein Ausspruch, durch welchen der Zigeuner seine Umgebung mit Ehrfurcht erfüllt. In den Tagen der Noth, die über den immer leichtsinnigen, nie auf morgen denkenden Zigeuner sehr oft hereinbrechen, weiß derselbe auch zu entbehren und wenn es sein muß, zu darben. Aber verzweifeln wird dieser Mensch nie, und kein Beispiel giebt es, daß er zum Selbstmörder geworden wäre. Allgemein bekannt ist seine musikalische Anlage und dieser sowol als seinem Handelsgeiste und seiner Anstelligkeit in allen möglichen Dienstleistungen verdankt er seine Unentbehrlichkeit im rumänischen Lande. Dem Bojaren ist er Diener, Koch, Musiker, Sänger, Tänzer 2c.; dem Bauer fertigt er die Geräthe und Werkzeuge an und spielt ihnen zum Tanz auf. Zigeunerfrauen werden auch als Ammen in Bojarenfamilien verwandt.

Inmitten der walachischen Bevölkerung findet man hier und da kleine Gruppen von Bulgaren, Flüchtlinge aus ihrer türkischen Heimat. Sie haben sich meist in der Nähe der größeren Städte als Gärtner angesiedelt und zeichnen sich durch Fleiß und Wohlhabenheit aus. In größeren Massen tritt dieser Stamm im rumänischen Gebietsantheile Bessarabiens auf und hier besonders im sogenannten Budsak, d. h. der Ecke zwischen der Donau, dem Pruth und der Trajansmauer. Als Rußland im Jahre 1812 durch den Frieden von Bukurescht Bessarabien erwarb, übernahm es in diesem Lande eine unliebsame Bevölkerung von Nogai-Tataren, deren man sich im Frieden von Adrianopel 1829 durch Austausch mit einigen Tausenden bulgarischer Familien entledigte.

Schmiede eines Zigeuners.

In diesen gewann man eine äußerst betriebsame Ackerbaubevölkerung, und ihre Ortschaften, welche die tatarischen Namen beibehielten, ihre Felder und Gärten zeugen von Wohlstand und Arbeitsamkeit.

Aus den Zeiten, als die Ungarn das Land bis zum Sereth beherrschten, sind in der Moldau in einigen Gegenden Magyaren vom Stamme der Szekler zurückgeblieben. Die Tschanghei, wie sie hier genannt werden, haben sich infolge ihrer Religion, der römisch-katholischen, von der Vermischung mit den Walachen frei gehalten und sie sprechen heute noch ihren rauhen ungarischen Dialekt. Sie sind ebenfalls, wie die Bulgaren, tüchtige Ackerbauer.

Die Russen in Rumänien sind meistens aus ihrem strenggläubigen Vaterlande vertriebene Sektirer, die hier im freien Romanenstaate eine willige Aufnahme gefunden haben. Zahlreich sind sie in Jassy, wo sie ein besonderes

Stadtviertel bewohnen, am Kilia-Arme der Donau, am Schwarzen Meere und auch in Bukurescht vertreten. Sofern sie zur Sekte der Skopzen gehören, bilden sie eine kommunistische Gemeinde, welche die Arbeitserträgnisse der Einzelnen vereinigt. Die Mitglieder dieser wunderlichen Gesellschaft, die leicht an ihrer Fettleibigkeit und ihrem weibischen Aeußeren zu erkennen sind, betreiben hauptsächlich das Kaufmannsgewerbe und zeichnen sich hierin durch große Ehrlichkeit aus; in Bukurescht sind sie auch beliebte und geschickte Kutscher und an der Donau erfolgreiche Fischer.

In der Moldau und an einigen Punkten der Donau wohnen auch in kleineren, abgeschlossenen Gruppen Armenier, jene bräunlichen Gestalten mit den harten, blitzenden Augen, schwarzen Haaren und der eigenthümlichen Tracht, bestehend in langem, seidenem Untergewande und sammt- oder pelzgeschmücktem Kaftan. Ihr Hauptgewerbe ist der Handel, in welchem sie sich zwar Vermögen, aber keine Zuneigung erwerben.

Nachdem wir nun die einzelnen Völkerschaften des rumänischen Landes kennen gelernt haben, wollen wir einen flüchtigen Blick werfen auf seine staatlichen und wirthschaftlichen Zustände.

Die beiden Fürstenthümer Moldau und Walachei, deren Regierungen bereits 1858 in den Händen eines Fürsten vereinigt wurden, bilden seit 1861 ein einheitliches Fürstenthum Rumänien. Dasselbe umfaßt 121,204 qkm. mit rund 5,000,000 Einwohnern und zerfällt in 33 Distrikte und 164 Unterbezirke oder Plasi, die zusammen 62 Stadt- und 3020 Landgemeinden enthalten. An der Spitze der Regierung steht seit 1866 der durch allgemeine Volksabstimmung berufene Fürst (rumänisch Domnu oder Domnitor) Karl von Hohenzollern-Sigmaringen; sein Vorgänger war Johann I., der berüchtigte Oberst Cusa. Der Fürst regiert, auf Grund der im Jahre 1866 von den Kammern einstimmig angenommenen Verfassung, mit einem verantwortlichen Ministerium und einer Volksvertretung. Die Verfassung ist überaus freisinnig und demokratisch. Sie verbürgt den Rumänen Freiheit des Gewissens, des Unterrichts, der Presse und Vereinigung, Unverletzbarkeit der Person, der Wohnung, des Brief- und Depeschengeheimnisses. Sie ist eine tüchtige Arbeit, würdig eines freien und gebildeten Volkes. — Die Volksvertretung besteht aus der Deputirtenkammer mit 157 Mitgliedern und dem Senat mit 76 Stimmen. Die Abgeordneten für beide Körper werden für jeden Distrikt in Kollegien gewählt und zwar für den Senat in zwei und für die Deputirtenkammer in vier, nach dem Einkommen der Wähler sich zusammensetzenden Kollegien. Recht munter scheint es bei den Sitzungen dieser Volksvertreter zuzugehen, wie wir aus folgender, der Frankfurter Zeitung vom Jahre 1871 entnommenen Schilderung ersehen können: „Einen recht heitern Eindruck hat ein Besuch, welchen wir eines Tages dem Deputirtensaale abstatteten, in unserer Erinnerung zurückgelassen. Eine wichtige Berathung (wir hüten uns, dieselbe zu bezeichnen) war auf 1 Uhr angesagt und um pünktliches Erscheinen schriftlich und mündlich gebeten worden. Sitzungssäle und Abtheilungszimmer befinden sich in der Metropolie; an der Thür zum Vorzimmer stehen zwei Soldaten und vertheidigen durch kreuzweises

Fällen der Bajonette den Eingang. Auf ein Zeichen unseres Begleiters werden wir eingelassen und treten in ein kleines und dann in ein zweites, größeres Vorzimmer, unmittelbar vor dem Sitzungssaal gelegen. Dicker Tabaksqualm schnürte unsere Lungen ein, wenige und schmuzige Möbel, unreinliche Wände und ein mit Cigarrenresten besäeter und bespuckter Fußboden wiesen eher auf eine Kneipe der schlechtesten Sorte hin. Man schrie und lief durcheinander. Man führt uns in eine Loge und wir setzen uns, zehn Schritte zur Linken des Präsidentenstuhles, den Durchgang vor uns und lassen uns dieses und jenes erklären. Obgleich es bereits 1/42 Uhr ist, so läßt sich dennoch keine Seele blicken, einige Diener abgerechnet, welche auf den Tischen der Sekretäre Papiere niederlegen. Endlich tritt der Präsident gegen 2 Uhr ein, mit ihm das Bureau und — 11, sage elf Deputirte. Neunzehnmal ertönte die Präsidentenglocke, den Anfang der Sitzung zu verkünden, aber — erfolglos, denn man wird nicht annehmen dürfen, daß sie dem Geschrei und Qualm galt, welche, so oft die Thür aufging, ungebeten und zudringlich in den Saal einzogen. Nach zwanzig Minuten abermaligen Wartens trieb der Herr Präsident endlich selbst mit besserem Erfolge die säumigen und verirrten Schafe an ihre Plätze. Unter elf Rednern wußten zwei sich Gehör zu verschaffen, was der Glocke nicht oft gelang. Organ, Mienenspiel und Vortrag waren mittelmäßig. Man sagte uns, es seien dii minores, weshalb wir über rumänische Redner nicht urtheilen dürfen. Hatten wir dies nicht erreicht, so gelang es uns wenigstens, interessante Personalstudien zu machen. Ob wol Lavater oder Gall das Organ des Diebssinnes herausgefunden hätte? Nach dem, was wir in jenen zwei Stunden von der Ehrlichkeit und dem Privatleben von vierzehn bekannten Vertretern gehört und nachher aufgezeichnet haben, begriffen wir, daß die Ruhe ihres Gewissens etwas problematischer Natur und die zwei Schildwachen nicht so ganz unnöthig sein dürften."

Dieses Bild aus der gesetzgebenden Versammlung, dem obersten Regierungskörper des Landes, bietet uns den Maßstab, nach welchem die Wirksamkeit aller übrigen, dem Volke dienenden Einrichtungen beurtheilt werden müssen. Die Zahl der redlich strebenden, fähigen Männer ist eine nur geringe und sie sind somit nicht im Stande, überall der Unzulänglichkeit oder dem bösen Willen zu steuern. Das rumänische Staatswesen mit seinen eine hohe Kultur voraussetzenden Formen ist mit einem Kinde zu vergleichen, welches in einem viel zu weiten Kleide sich bewegen soll.

Die Staatseinnahmen beliefen sich im Jahre 1874 auf 91, die Ausgaben auf 97, die öffentlichen Schulden auf 160 und der Werth der Staatsgüter auf 300 Millionen Francs. Die gesammten Einkünfte gehen auf in der Zinszahlung für die Schulden, in den Ausgaben für das Heer und die Steuererhebung, und nur ein kleiner Theil bleibt für die übrigen Staatsbedürfnisse übrig, die zu befriedigen auf Anleihen gegriffen werden muß.

Die Armee ist nach dem Muster der preußischen eingerichtet und es fehlt, um dieser ähnlich zu sein, nur — deren Geist und Bildung. Im Kriegsfalle kann das rumänische Heer auf etwa 100,000 Mann gebracht werden.

Die griechisch- oder orientalisch-orthodoxe Religion ist die herrschende zu ihr bekennen sich alle Walachen und, äußerlich wenigstens, die Zigeuner

Die rumänische Landeskirche ist unabhängig von jeder ausländischen Hierarchie; ihre Oberhäupter sind die Metropoliten von Jassy für die Moldau und von Bukurescht für die Walachei.

Die Geistlichkeit zerfällt in eine klösterliche und weltliche. Erstere besetzt alle höheren Stellen, wird vom Staate bezahlt, führt ein üppiges Leben und hält die Weltgeistlichkeit mit wuchtiger Faust in einer bemitleidenswerthen Abhängigkeit. Letztere hat alle Mühe und Arbeit, wird von den Gemeinden unterhalten und führt ein trauriges Leben; ihre abhängige Stellung von den Oberen und der Gemeinde zwingt sie einerseits zur Heuchelei und Kriecherei, andererseits allen Launen und Leidenschaften ihrer Pfarrkinder dienstbar zu werden.

Eine natürliche Folge dieser Zustände ist der Geldhunger der Weltgeistlichkeit, und ihm verdankt wiederum die Leichtigkeit der Ehescheidung ihr Entstehen, welche eine erhebliche und gewinnreiche Betriebsquelle abgiebt. So unähnlich in vielen Beziehungen Kloster- und Weltgeistlichkeit erscheinen, in zwei Punkten stimmen sie überein und theilen ein gleiches Geschick; wir meinen damit ihre große Unwissenheit und die geringe Achtung, in welcher sie allerwärts stehen. Unter solchen Umständen kann natürlich von kirchlicher Autorität und Moral keine Rede mehr sein.

Ein so geartetes Kirchenregiment ist aber auch der Erzfeind jeglicher Volkserziehung und Bildung und die Folge ist, daß das Schulwesen durchaus im Argen liegt.

Die Verfassung bestimmt, daß der Unterricht frei sei, so weit er nicht die guten Sitten oder die öffentliche Ordnung verletzt. Dies ist eine dehnbare Bestimmung, welche der Geistlichkeit und politischen Behörde reichen Spielraum für Willkür gestattet. Gesinnungstüchtige, unabhängige, gut unterrichtete und gründlich lehrende Erzieher haben daher eine schwierige und unsichere Existenz; solche Männer sind nach allen Seiten hin unbequem, mehr geduldet als beliebt. Dies fühlt und weiß die Jugend, und deshalb wird dem so wichtigen Lehrerstande die ihm zukommende Achtung nicht gezollt. Der Elementarunterricht ist zwar obligatorisch, was aber Eltern und viele Lehrer nicht hindert, nach Belieben diesen wohlthätigen Zwang zu umgehen; dies ist um so bedauerlicher, da das wirklich schöne Gesetz jeglichen Unterricht in den Staatsschulen — wo solche sind — kostenfrei ertheilen läßt. Der Mangel an Schulen legt aber die Wirksamkeit dieses Gesetzes lahm, und so kommt es, daß ein großer Theil der Bevölkerung, namentlich das weibliche Geschlecht, ohne jeden, oder nur mit sehr mangelhaftem Schulunterricht aufwächst. Die wohlhabenden Leute lassen ihre Kinder meistens im Auslande erziehen.

Die öffentliche Presse genießt vollste Freiheit und das von der Verfassung garantirte Preßgesetz ist so liberal wie möglich. Geschworne richten über Preßvergehen. Diese Gerechtsame werden denn auch im weitesten Sinne ausgebeutet und würden den Fortschritt unendlich befördern, wenn die Federn mehr der Sache als der Person, mehr den wirklichen materiellen und geistigen Interessen als wüstem Parteigezänke dienen wollten. Die Schranken des Anstandes und der Ehre werden oft durchbrochen, ohne Rücksicht auf die Person des Fürsten alles fremde, namentlich deutsche Element mit Hohn und Schmuz beworfen.

Es erschienen im Jahre 1871 im ganzen Lande 22 Blätter: 7 offizielle, 10 politische, 3 humoristische und 2 wissenschaftliche. Die Zahl der Buchhandlungen beträgt 27, ihr Hauptgeschäft bildet die ausländische Unterhaltungsliteratur mit dem französischen Roman in allen seinen Abstufungen und Verirrungen an der Spitze. Eine rumänische literarische Selbstproduktion zum Besten des unwissenden Volkes existirt kaum, es muß sich mit Heiligenbildern und Geschichten begnügen, während die Schätze des Auslandes aus den Gebieten der Poesie und ernsten Fachstudien nur ausnahmsweise übersetzt und den besseren Ständen zugänglich gemacht werden.

Rumänien ist ein Ackerbaustaat. Obgleich die Karpaten reiche Schätze an Salz, Petroleum, Kohlen, auch Gold, Quecksilber, Kupfer, Eisen 2c. führen, obgleich ein Sechstel des Landes mit Eichen-, Buchen- und Nadelholzwäldern bedeckt ist, so läßt doch die Erwerbsthätigkeit diese natürlichen Reichthümer fast ganz unbenutzt und beschränkt sich einzig auf Ackerbau, Viehzucht und Weinbau. Hauptsächlich sind es Mais, Weizen und Gerste, welche in großen Massen gewonnen werden; ihr durchschnittliches Jahresergebniß beziffert sich gegenwärtig auf 20, bez. 15 und 8 Millionen Hektoliter. Bei Alledem befindet sich die Landwirthschaft, wie schon erwähnt, auf einer sehr niedrigen Stufe. Die Fruchtbarkeit des Bodens gestattet die Felder ohne Düngung zwei Jahre hinter einander zu bestellen, — im dritten läßt man sie brach liegen und beginnt dann von Neuem den Raubbau. Früher, als — abgesehen von wenigen freien Bauern — der Staat, die Kirche und die Bojaren die alleinigen Besitzer des Bodens waren, erreichten die Erträgnisse des Ackerbaues bei weitem nicht die gegenwärtige Höhe. Erst seit Aufhebung der Leibeigenschaft im Jahre 1856 und der Bodenaustheilung an die Bauern 1862, bei welcher jede Familie 3—27 Hektaren erhielt, gewann die Ackerkultur einige Bedeutung, wie die obigen Zahlen darthun. Noch lange nimmt sie aber nicht die Stellung ein, die ihr die überaus günstigen Verhältnisse Rumäniens anweisen. Von den 12,025,000 Hektaren Flächeninhalt des Fürstenthums umfassen:

Unbebautes Land . . .	3,800,000	Hektaren,
Prärien und Wiesen .	3,850,000	„
Wald	2,000,000	„
Getreidefelder	2,225,000	„
Weinanlagen	100,000	„
Gärten 2c.	50,000	„

Der Viehbestand bezifferte sich im Jahre 1874 auf 3 Millionen Stück Rindvieh, 600,000 Pferde, 5 Mill. Schafe, 1,200,000 Schweine und 500,000 Ziegen.

Die Waldwirthschaft liegt noch sehr im Argen. Hier und da hat wol ein Kloster oder ein einsichtsvoller Bojar mit einem geregelten Forstbetrieb einen Anfang gemacht, im Allgemeinen jedoch besteht die Waldnutzung nur im Abschlagen des Holzes, ohne Nachpflanzung, und daher kommt es, daß der Bauer der Ebene zur Feuerung auf Maiskolben angewiesen ist. Wegen Mangels an Sägemühlen werden große Mengen Bauholzes aus der Bukowina und selbst aus Steiermark und Tirol eingeführt.

Der Handel, der größtentheils in fremden Händen liegt, vermittelt eine Ausfuhr von 200 Mill. Francs (hauptsächlich Getreide und Produkte der Viehzucht) und eine Einfuhr von etwa 150 Mill. Francs in Holz, Kohlen, Kerzen, Metall-, Thon- und Glaswaaren, Leder, Kleidungsstücken, Möbeln, Wagen, überhaupt allen Gebrauchsgegenständen. Eine Gewerbthätigkeit wird nur in den größeren Städten von Fremden, besonders Deutschen, und für die geringen Bedürfnisse der Landbevölkerung von den Zigeunern ausgeübt; der Walache befaßt sich nicht mit Handwerk.

Die Hauptverkehrsadern des Landes sind die Donau und zwei Eisenbahnlinien: von Schiurschewo über Bukurescht (mit Abzweigung nach Piteschti) und Plojeschti nach Galatz und von letzterer Stadt (mit Abzweigung nach Jassy) nach Suczawa in der Bukowina. Der Pruth ist für Dampfschiffe bis Skuleni fahrbar, die übrigen größeren Nebenflüsse der Donau dienen nur der Holzflößerei. Das Straßenwesen befindet sich noch im ursprünglichsten Zustande. Negruzzi singt in seinem rumänischen Vaterlandslied:

„Die Eisenbahn trug mich in weite Ferne,
Doch hab' ich ihre Wohlthat nie erkannt;
Verdorbene Chausseen hab' ich gerne —
Ich bin Rumän' und lieb' mein Vaterland!"

Ohne Negruzzi's Liebhaberei zu theilen, müssen wir aber doch gestehen, daß Rumänien ein recht hübsches Land sein könnte, wenn es von einem weniger verwahrlosten Volke bewohnt würde und besserer Zustände sich erfreute. Mit letzteren und auch mit sich selbst scheinen aber die biederen Donaurömer ganz zufrieden zu sein, denn in ihren Köpfen spukt der Gedanke eines großen Dakoromanischen Reiches! Die $4^1/_4$ Millionen Walachen Oesterreichs, Rußlands, der Türkei und Serbiens sollen mit ihren Wohngebieten zu Rumänien vereinigt das Dakoromanische Reich bilden. Der panrumänische Kongreß, welcher nach dem Muster der Moskauer Panslavistenversammlung im Jahre 1867 zu Bukurescht zusammentrat, erkannte zwar als seinen nächsten Hauptzweck nur die Gründung einer Akademie, welche die rumänische Sprache ausbilden und feststellen sollte, doch verhehlte er sich nicht, daß diese Akademie in Bukurescht auch ein politischer Mittelpunkt für alle Rumänenstämme sein sollte, indem sie den Gedanken der Zusammengehörigkeit, wo solcher noch nicht vorhanden, wachrufen und da, wo er Aufnahme gefunden, befestigen und kräftigen sollte. Abgesehen davon, daß die Trennung des walachischen Bevölkerungsgebietes durch die Karpaten und die Donau der Bildung eines großen Rumänenstaates sehr hinderlich ist, und daß Rußland und Oesterreich das Zustandekommen eines solchen Reiches nicht gestatten würden, scheint auch eine derartige Gestaltung infolge der inneren Unzulänglichkeit und politischen Unfähigkeit der Rumänen wenig Aussicht auf Erfolg zu haben. Ein Staat, dessen natürliche Reichthümer nur den Fremden zu Gute kommen, dessen Volk eine ungebildete, stumpfe Masse, dessen Regierung den Händen wüster Parteien ausgeliefert ist, kann nicht an Ausbreitung seiner Macht denken; er muß froh sein, wenn er dem Schicksale Polens entgeht und kein mächtiger Nachbar ihn verschlingt!

Nach dieser allgemeinen Schilderung des rumänischen Fürstenthums wollen wir nun an der Hand urtheilsfähiger Reisender das Land durchfliegen und sehen, in welchen Bildern es sich dem Augenscheine darstellt.

Mit Gustav Rasch, dem gewandten Reiseschilderer, besteigen wir in Altorsowa das Dampfschiff, um durch das Eiserne Thor in Rumänien einzutreten.

Eisernes Thor.

Die Donau strömt von Orsowa ab in der bisherigen gewaltigen Breite in gerader Linie noch zwei Meilen zwischen hohen, gleichmäßig abfallenden Waldbergen dahin, umflutet dann eine grüne Insel, auf welcher sich die halbverfallenen Thürme von Neuorsowa erheben, und engt sich weiterhin mehr und mehr ein. Als Neuorsowa und Schistab hinter uns lagen, kam der Kapitän und sagte, mit dem Finger donauabwärts zeigend:

„Jetzt sehen Sie das Eiserne Thor!"

Ich blickte nach vorn. Zu beiden Seiten des mächtigen Stromes stiegen die Ufer steil und hoch hinan und bildeten einen wirklich gigantischen Thorweg. Der gigantische Thorweg war das „Eiserne Thor."

Quer über den Fluß hin erschien eine lange Reihe schäumender und brandender Wellen. Sie traten in ähnlicher Weise auf, wie ich sie bereits in der „Clissura" von Orsowa gesehen hatte. Die Brandungen waren die Folge der Wellen, welche sich an den unter der Stromfläche befindlichen, nicht sichtbaren Felsen brachen. Nun kamen wir näher, so nahe, daß das Geräusch der Brandung an das Ohr schlug. Bis dahin floß der mächtige Strom ruhig, langsam, ohne Geräusch. Hier schien er sich plötzlich der Tage seiner Kindheit zu erinnern, wie er aus den Bergen hervorströmt; er fing wieder an zu hüpfen, zu rauschen und zu brausen. Aus den Kieseln waren Felsblöcke geworden. Das Murmeln hatte sich in Brüllen und Tosen verwandelt, welches den Lärm der Maschine weit übertönte. Am walachischen Ufer gestalteten sich die Berge zur Form einer hohen Spitze, welche einem riesenhaften Grabmonumente nicht unähnlich war. „Sehen Sie dort den spitzen Fels?" fragte der Kapitän. Die Walachen nennen ihn „Gropa di Petro" — das Grab des heiligen Petrus. — „Und dort die beiden langen, hohen Felszacken neben der Grabspitze?" — „Ich sehe." — „Man nennt sie die „trauernden Weiber", welche neben Petri Grabe stehen."

Nun waren wir den Felsenriffen, welche sich mitten durch den Fluß ziehen, ganz nahe. Plötzlich begann die Maschine nur mit halber Kraft zu arbeiten. Der Lauf des Dampfers wurde um die Hälfte ermäßigt. Langsam glitt er stromabwärts. Es war nöthig, ihn zwischen den verborgenen Riffen mit Hülfe des Steuers hindurchzuführen. Die Donau war am heutigen Tage sehr hoch. Von den Riffen erblickte ich nichts. Die Stellen, wo sie sich befanden, wurden nur durch die langen weißen Brandungen bezeichnet, welche in einer Reihe auftraten und in mehreren Reihen hinter einander folgten. Der Kapitän deutete mir mit dem Finger mehrere von den verborgenen Riffen an. „Sie haben sämmtlich Namen", sagte er, „wie in der Clissura." Wir befanden uns nun mitten zwischen den Brandungen. Bald rechts, bald links sich wendend trieb der Dampfer mitten hindurch. „Dort die Stelle nennt man die „alten Weiber" — Babile; — die dort den „großen Räuber" — Rasboinik weliki; — jene den kleinen „Taubenstein." Um uns herum war der ganze grüne Strom mit einem weißen Gischt bedeckt. Wir schwammen weiter zwischen den Brandungen. Das tobte, das zischte, das brauste rings um uns her.

Die Durchfahrt dauert ungefähr fünf Minuten. Dann nahm die Oberfläche wieder ihre frühere ruhige Gestalt und Farbe an. „Die alten Weiber", „die Räuber", und der „Taubenstein" lagen hinter uns. Die Maschine begann wieder mit ganzer Kraft zu arbeiten. Wir waren durch das „Eiserne Thor" aus dem Occident in den Orient eingetreten. Die Felsen sanken zu beiden Seiten in den Strom. In der Gestalt weiter, grüner Ebenen dehnte sich der Orient rechts und links zu beiden Seiten des mächtigen Stromes vor uns aus. Links Rumänien, rechts Bulgarien."

Turn-Severin (Turnul Severinului) ist die erste Stadt am walachischen Ufer, wo der Dampfer anlegt. Ihren Namen hat sie vom Severusthurme, dessen verfallenes Mauerwerk mit parkartigen Anlagen umgeben ist. Auch andere Ueberreste aus der Römerzeit finden sich hier: Mauern, Schanzen, Gräben, Wälle, die einst zur Vertheidigung der merkwürdigen Trajansbrücke, die hier über die Donau führte, gedient haben. Turn-Severin ist eine Oase in der Wüste. Deutsche Kolonisten haben sich hier angesiedelt und durch ihren Fleiß und ihre Tüchtigkeit eine neue Schöpfung begründet. Früher ein elendes, schmuziges Dorf, jetzt ein blühendes Städtchen mit mehr als 500 Häusern, geraden, gutgepflasterten Straßen mit zahlreichen Laternen, freundlichen Gärten und öffentlichen Plätzen; daß auch ein Bierhaus nicht fehlt, ist selbstverständlich. Heitere deutsche Musik zog uns — so schreibt ein Reisender in der Frankfurter Zeitung — in einen öffentlichen Garten. Hart am Donauufer liegend, terrassenförmig gebaut, von herrlichen Bäumen beschattet, gewährte er eine köstliche Aussicht auf Strom und Ufer, eine anständige, zahlreiche Gesellschaft lauschte sitzend und wandelnd den Klängen deutschen Liedes. Die Bande bestand aus 4 Männern und 6 jüngeren Mädchen; eine ältere Frau überwachte mit Strenge das leibliche und moralische Wohl sämmtlicher Mitglieder. Es ist namentlich die Gegend von Eger und Teplitz, welche jedes Jahr solche musizirende Gesellschaften in die unteren Donauländer, die europäische und asiatische Türkei, bis in den Kaukasus und nach Egypten entsendet. Oft vergeht ein Jahr und mehr, bis sie so viel erworben haben, um nach Hause zurückkehren zu können, denn die Eine will für die Aussteuer sammeln, eine Andere die kranken Eltern unterstützen, eine Dritte für die Erziehung jüngerer Kinder sorgen.

Es war fast dunkel, als wir an Bord kamen. Man läutete zur Tafel, und als wir vom reichen Mahle aufstanden, waren Stadt und Land unseren Blicken entschwunden, so sanft und unmerklich war unser großer stolzer Dampfer vom Ufer abgestoßen. Die Nacht war köstlich und spät erst mochten wir unsere kleine Koje aufsuchen, deren Ruhe nur noch einmal im Laufe der Nacht gestört wurde, an der Landungsbrücke der türkischen Festung Widdin. Kreischende Kommandoworte und Säbelgerassel weckten uns auf, der Kajütenkellner theilte uns rasch mit, daß ein türkischer General mit zahlreichem Gefolge sich eingeschifft habe und bis Rustschuk mitfahre. Der hohe Würdenträger kam von einem Kriegszuge gegen eine bulgarische Insurgentenbande und von einer Festungsinspektion zurück. Im Bewußtsein, diese vielleicht interessante Bekanntschaft im Laufe des folgenden Tages noch sattsam genießen zu können, schliefen wir wieder ein.

Frühe schon waren wir auf dem Verdeck. Der Charakter der rumänischen Ebene war einförmig, Weizenfeld mit Wiesengrund wechselnd, Heideland mit kleineren Seen und Pfützen, von Zeit zu Zeit ein dürftiges Wachthaus auf hohen Pfählen zum Schutze gegen Ueberschwemmung, mit einer Besatzung von 4—6 schlecht bewaffneten und gekleideten Faullenzern, da und dort Herden von Pferden und Rindern, Schafen und Schweinen, in weiter Entfernung elende Dörfer, nur 2—3 näher der Donau und von rumänischer Eitelkeit mit dem stolzen Namen einer Stadt beehrt. Der breite Strom, seine mächtige Wassermenge zwischen Inseln und Schilf hinwälzend, war von wilden Schwänen und Enten, von Störchen und Kranichen, Fischreihern und Adlern belebt, ab und zu begegneten wir einem keuchenden Bugsirdampfer mit schwerbeladenen Schleppkähnen, türkischen Barken mit hohem, buntgemaltem Schnabel und unbeholfenem Segelwerk. Das türkische Ufer, eigentlich das bulgarische, erscheint stellenweise bebaut, die Dörfer sind zahlreicher, größer, nahe dem Ufer, aber weit entfernt einen freundlichen Anblick zu gewähren. Die Ankunft eines Dampfers weckt das türkische Phlegma, die männliche

10*

Bevölkerung strömt der Landungsbrücke zu, während die weibliche in schmuzigen Gewändern und verhüllten Antlitzes in scheuer Entfernung verharrt. Wie klug sie daran thun! Nur diese strenge Abgeschlossenheit verleiht dem türkischen Weibe, indem es seine großen Mängel verbirgt, einen Schein von Weiblichkeit und Liebreiz, welcher in der That nicht besteht und bei näherer Bekanntschaft unbarmherzig erbleicht. Ohne besondere Gefahr für ihre Herzensruhe dürften die gestrengen Herren das harte Los ihrer Frauen einer gründlichen sozialen Reform unterziehen.

Möge der Leser mit dieser Ausschau auf Strom und Ufer sich begnügen und mit uns dem Leben an Bord sich zuwenden, denn hier können wir bereits Menschenstudien machen, welche mit grellen Lichtern uns belehren, was wir später zu erwarten haben. Mit wenigen Worten wollen wir der türkischen Gesellschaft gedenken, welche aus Kriegern aller Grade, Beamten, Kaufleuten bestand, denen sich Armenier, Bulgaren und sogenannte spanische Juden aus Konstantinopel anschlossen.

In Miene und Haltung der Koranaubeter waren Selbstgefühl und Stolz allen Giaurs gegenüber unverkennbar; mit einer gewissen Verachtung sahen sie auf uns andere Sterbliche herab. Dies prägte sich am deutlichsten im Benehmen des Pascha und seines Gefolges aus, deren Gefühle infolge des von der Diplomatie erzwungenen Abzugs der türkischen Garnison aus Serbien noch sehr aufgeregt schienen. Der Halbmond hatte sich eben wieder einmal vor dem Kreuze beugen müssen. Ein weiterer Grund zu dieser gereizten Stimmung lag offenbar darin, daß die Türken die fortwährenden autonomen Gelüste der Rumänen mit leicht erklärlicher Mißgunst verfolgen und diesen nicht mit Unrecht die Hetzereien in Bulgarien, die wiederholten Einfälle der in Bukurescht organisirten Insurgentenbanden vorwarfen. Während der Pascha in seiner Kajüte neben dem Radkasten tapfer Kaffee und Tabak konsumirte, Berichte empfing und abfertigte, an einzelnen Stationen Kadi und Mufti zu sich beschied, welche sich lautschimpfend zurückzogen, wenn sie durch die Länge der Audienz zur unfreiwilligen Fahrt bis zur nächsten Station gezwungen wurden, kam es infolge des unverschämten Benehmens seiner Untergebenen mehrmals zu Händeln mit anderen Reisenden, namentlich Rumänen. Nur dem schnellen und energischen Eingreifen des Kapitäns und seines Gehülfen, welche es an Schimpfworten und Rippenstößen nicht fehlen ließen, gelang es, weiteren Thätlichkeiten und Blutvergießen vorzubeugen. Als später zu Tische geläutet wurde, saßen Europa und Asia, Christ und Türke, Civilisation und Barbarei an getrennten Tafeln, und während einerseits Messer und Gabeln, Serviette und Schnupftuch ihre Dienste versahen, mußten andererseits Finger und Rockärmel deren Stelle vertreten.

Dies Schauspiel war nicht sehr erbaulich. Zum Unglück hatten sich Pascha und Oberst auf ihrem Kriegszuge einen tüchtigen Schnupfen geholt, ihre Finger wanderten unablässig von der Nase zur Schüssel und umgekehrt und die Rockärmel beider goldbetreßten und wohlbestallten Herren glichen schon mehr einer matttrüben Spiegelfläche als anständigem Uniformstuch. Trotzdem scheiden wir von der unsauberen Gesellschaft mit dem Wunsche steten Wohlergehens.

Zu unserer großen Reisegesellschaft stellten die aus dem Auslande heimkehrenden Rumänen ein zahlreiches Kontingent. Ehe wir die rumänische Grenze erreicht hatten, waren die Meisten voll des Lobes ihrer Heimat, späterhin wurde dies immer seltener, aber dafür beschäftigten sie sich um so ruhmrediger mit ihren eigenen Persönlichkeiten. Mit Ausnahme einiger jungen Gelehrten, welche aus Deutschand eine gründliche Bildung und ein ernsteres, gesetztes Wesen mitbrachten und sich gern abseits hielten, bestand die Mehrzahl aus leichtfertigen, heißblütigen, formglatten Herren und Damen. Ihr Gesichtsausdruck war vorwiegend ein verlebter, der Zustand ihrer Kassen deutete auf Ebbe, aber es versteht sich von selbst, daß Alle nach neuester französischer Mode gekleidet waren und vorzugsweise französisch und zwar elegant sprachen. Die Herren machten kein Hehl aus ihren Zukunftsplänen, in welchen Größe, Ruhm und Wohl ihres Vaterlandes eine große, die möglichst schnelle Selbstbereicherung durch fette Stellen und Pfründen aber eine noch größere Rolle spielten. Einige besonders verkümmerte Exemplare brachten, gewiß zur Freude der harrenden Eltern und Verwandten, ihre Pariser Grisetten mit. Die Meisten hatten in Turin oder Paris irgend einen gelehrten Grad zu erwerben verstanden, ihre Anschauungen und Urtheile ließen indeß weit mehr ein sorgfältiges Studium von Theatern, sonstigen Vergnügungen und schlüpfriger Romanlektüre erkennen, als den fleißigen Besuch von Hörsälen und sonstigen Bildungsstätten. Wenn wir es mit vorsichtigen Worten wagten, dieser gehaltlosen, eiteln Jugend alle die Schwierigkeiten anzudeuten, welche sich der schnellen Ausführbarkeit ihrer Plane entgegenstellen möchten, so lächelten sie mitleidig und erzählten uns, wie es Vater und Vettern, Brüder und Schwäger gemacht hätten, um zum Ziele zu kommen. Zahlreiche Beispiele ließen uns denn auch bald die Möglichkeit und Wahrscheinlichkeit ihrer Angaben erkennen. So lernten wir, noch ehe wir eigentlich den rumänischen Boden betreten hatten, viele soziale Gebrechen kennen, deren Wesen und Bedeutung zu ergründen uns ohne diese Vorschule viele Mühe und Schwierigkeit auf unseren späteren Wegen bereitet haben würde.

Fragen und Forschen, Sehen und Hören hatten uns so sehr in Anspruch genommen, daß wir kaum merkten, wie wir von Ruschtschuk aus über den breiten Strom dem rumänischen Ufer zusteuerten und bald darauf an der Landungsbrücke von Schiurschewo anlegten.

Bei Ruschtschuk und Schiurschewo verläßt der größte Theil der Reisegesellschaft das Schiff; die Einen wollen mit der Eisenbahn nach Varna und dann zu Wasser nach Konstantinopel, die Anderen nach Bukurescht, wohin eine Eisenbahn führt.

In Ruschtschuk veränderte sich unsere ganze Reisegesellschaft, erzählt Brennecke in seinem Buche: „Die Länder an der unteren Donau bis Konstantinopel." Die Verdeckplätze wurden von Türken eingenommen, von denen jeder sein Bett unter dem Arme trug. Auf den ersten Platz kam eine griechische Familie, ein reicher Kaufmann aus Braila mit Frau und zwei Töchtern. Bei den griechischen Damen fiel uns die theatralische Haltung auf, mit welcher wir uns später, als einem den Griechen charakteristischen Zuge, vertraut machten.

Wir passirten die Doppelstation Turtukai und Oltenitza, jene auf dem rechten, diese auf dem linken Ufer. Die bulgarische Stadt ist lieblich anzusehen, ihre rothen Ziegeldächer zwischen grünen Bäumen laden zum Besuch ein. Der Ort ist aber ohne allen Verkehr; obgleich er 6000 Einwohner zählen soll, so ist doch nie ein Passagier von dort auf das Dampfschiff eingestiegen. — Ganz anders ist es mit Oltenitza. Viele Segelschiffe und Schleppkähne liegen hier am Ufer, um mit Getreide befrachtet zu werden und den Ueberfluß der Walachei weniger begünstigten Gegenden zuzuführen.

Zwischen Inseln und waldbekränzten Ufern setzten wir die Reise fort und gelangten nach der berühmten Festung Silistria. Auch sie ist heruntergekommen von ihrem früheren Glanze, und betrachtet man die verfallenen Festungswälle, so sollte man nicht vermuthen, daß Silistria sehr oft den russischen Belagerungsarmeen einen erfolgreichen Widerstand geleistet hat.

Wir kommen nach Rassowa, wo sich noch Ueberreste von Mauern vorfinden, welche die römischen Kaiser bis zum Schwarzen Meere gebaut hatten. Die Donau hat sich bis auf 8 deutsche Meilen diesem Meere genähert, macht aber jetzt eine Biegung nach Norden und verzögert ihre Einmündung noch durch einen Lauf von gegen 30 Meilen. An Tschernawoda vorbei, wo eine Eisenbahn nach Kostendsche am Schwarzen Meere führt, erreichen wir, am rechten Ufer von kahlen Bergen begleitet, über Hirsowa Braila auf der walachischen Seite. Hunderte von Segelschiffen zeugen von der Großartigkeit des Handelsverkehrs. $2\frac{1}{2}$ Meile weiter stromabwärts liegt Galatz.

Beide Städte, Braila und Galatz, gehören gewissermaßen zusammen. Es sind die Ausfuhrhäfen der Donaufürstenthümer. Sie steigen beide amphitheatralisch am Berge hinauf und machen von Weitem einen guten Eindruck. Braila gleicht mehr unseren Städten, während Galatz ein überwiegend orientalisches Gepräge trägt. Braila hat ungefähr 30,000 Einwohner, Galatz etwa 80,000. Beide Städte verdanken ihre Bedeutung als Handelsplätze vorzugsweise den fremden Kaufleuten, welche mit scharfem Blicke bald die günstige Lage dieser Orte erkannten und Nutzen daraus zu ziehen wußten. Glänzende Kaffeehäuser, gut eingerichtete Gasthöfe, deutsche Bierhallen und andere Zeichen abendländischer Kultur machen das Leben in diesen Städten ganz erträglich.

Etwa eine Meile nördlich von Galatz trifft man auf die Ueberreste einer alten Römerstraße, welche noch heute vom Volke „der Trajan" genannt wird. Sie zieht sich als eine etwa 1 m. hohe und 10 m. breite Erhöhung in paralleler Richtung zur Donau hin und führte wahrscheinlich, von Sereth kommend, dem Pruth zu, nach den äußersten Grenzen des alten Dakien.

Die Donau nimmt oberhalb Galatz den Sereth auf und fließt nun, durch die moldau-bessarabische Seeuplatte gehemmt, um die Nordspitze der ehemaligen Granitinsel der Dobrutscha in südöstlicher Richtung ihrer Gabelung zu. Bis dahin wird sie auf ihrer linken Seite von ausgedehnten, nach Norden sich erstreckenden Seen begleitet. Es sind dies die ehemaligen Mündungsgolfe des Pruth, des Jalpuch und anderer Flüsse. Als hier noch das Meer flutete, waren es posaunenförmige Einschnitte in das Land, die aber, als der Donauschlamm sich vor ihren Mündungen ablagerte, nach und nach ihren Zusammenhang mit dem Meere verloren. In der Gegend von Tultscha theilt sich die Donau in einen nördlichen, den Kilia-Arm, und in einen südlichen, den Tultscha-Arm, der seinerseits nach kurzem Laufe sich ebenfalls gabelt und den Sulina- und St. Georgsarm bildet. Zwei Drittel der ganzen Wassermasse der Donau strömen durch den Sulina-Arm dem Meere zu, trotzdem ist dieser aber, und zwar wegen seiner vielfachen Theilung, für die Schiffahrt weniger tauglich, als der kleinere, 200—260 m. breite Kilia-Arm. Letzterer erfordert aber bei der zunehmenden Versandung eine stete Wachsamkeit und Sorge, mit deren Ausübung seit 1856 eine von den 6 Großmächten eingesetzte Kommission beauftragt ist.

Galatz.

Ihre Maßnahmen haben eine sehr günstige Aenderung hervorgerufen. Während die Tiefe des Wassers an der Sulinamündung im letzten Jahre vor Ausführung der Arbeiten nur etwa 3 m. betrug, ist sie jetzt auf 5—6 m. gebracht. Infolge dessen war der dortige Schiffsverkehr, der in den 6 Jahren vor der Stromverbesserung, 1853—1859, auf durchschnittlich 326,500 Tonnen im Jahre sich belief, in den 6 folgenden Jahren, trotz der Konkurrenz der Kostendsche-Tschernawoda-Eisenbahn, auf 497,700 Tonnen im jährlichen Durchschnitt gestiegen, während die Schiffbrüche von 39 auf 11 pro Tausend Schiffe im Jahre herabgegangen sind. Das Donaudelta ist seit 1856 wieder in türkischem Besitz, nachdem es 1826 und 1829 an Rußland abgetreten war; der Kilia-Arm bildet die Grenze gegen das rumänische Bessarabien.

Wir verlassen nun das Donaugebiet, um uns nach Bukuresćht, der Hauptstadt Rumäniens, zu begeben. Zu dem Ende besteigen wir in Schiurschewo, einem aus üppig wucherndem Schmuze aufblühenden Donaustädtchen, die Eisenbahn, die uns in wenigen Stunden durch die einförmige Ebene nach der Freudenstadt entführt.

„Wenn man von der Terrasse des ehemaligen Klosters Cotroceni, des Sommeraufenthalts des Fürsten von Rumänien, einen Blick auf die Stadt Bukuresćht wirft, so ist das Bild, welches sich vor den Augen des Beschauers entrollt, phantastisch schön, ein Bild von orientalischer Ueppigkeit und fast märchenhafter Pracht, besonders wenn die untergehende Abendsonne dasselbe in die glühenden Farben und Tinten des Orients taucht. Die rothen Sonnenreflexe spielen auf hundert metallenen Kuppeln griechischer Dome und verwandeln dieselben in Gold und Silber. Auf den Domen funkeln goldene Kreuze, sonst könnte man sie ihrer Form nach für Kioske im Garten eines Sultans halten; neben den Domen erheben sich die Ruinen von Klöstern in sonderbaren architektonischen Formen; dazwischen weiße Häuser von palastartigen Linien mit platten Dächern. Auf einem Hügel steht eine alte byzantinische Kirche neben und zwischen Ruinen; eine andere Hügelreihe krönen Gebäude in modernem Kasernenstil. An der einen oder anderen Stelle des Bildes schaut uns der Occident in dreistöckigen europäischen Häusern mit rothen Ziegeldächern an; alle Zwischenräume zwischen den funkelnden Domen, den weißen Palästen, den Klosterruinen und den europäischen Häusern sind mit grünem Blätterschmuck bedeckt." Aber das Bild von der Terrasse von Cotroceni beruht theilweise auf Täuschung, denn es gleicht durchaus nicht dem Bilde, welches man erblickt, wenn man in die Mitte seiner einzelnen Partien eintritt.

Ihrer Größe nach könnte die Stadt eine halbe Million Einwohner ohne Schaden für deren Gesundheit leicht beherbergen, während sie jetzt etwa 220,000 zählt; ihre Anlage ist in hohem Grade unregelmäßig, ihre Bauart mit den zahllosen Straßen und Gäßchen, Plätzen und Höfen, Gärten und unbebauten Flächen bildet ein Chaos, in welchem sich der Ortsunkundige bei dem Mangel an hervorragenden Bauobjekten nur mit Mühe zu orientiren vermag. Welcher Kontrast, welcher Wechsel in der Scenerie! Buchstäblich keine einzige Straße, keine sechs Häuser neben einander ohne grobe Mängel und Verstöße gegen Geschmack, Ordnung und Reinlichkeit, überall ein Ansatz von Civilisation und als Ergebniß Planlosigkeit, Firniß und Verfall.

Hier der stolze Palast eines Bojaren, daneben die dürftige, armselige Wohnstätte eines Zigeuners oder kleinen Handwerkers; dort ein Balkon mit vergoldeter Balustrade, hier zerbrochene Fenster mit schmuzigen Lappen behängt oder mit Papier verklebt; dort ein freundliches und gutgepflegtes Gärtchen, hier ein großer Hof voll Schmuz und Unkraut aller Art; dort eine schöne Umfassung aus Eisenstäben, hier in bunter Unordnung Reste von Mauerwerk und Latten; dort lungern im eleganten Vorhause einige reichgekleidete Lakaien und harren der Befehle ihres langschlafenden Herrn, während 10 Schritte von der Thüre entfernt ein todtes Aas, Hund oder Katze, Moderdünste verbreitet, aber Tage lang vergeblich der Bestattung entgegensieht.

Bukarescht.

Dort heimelt uns ein schmuckes, reinliches Haus an, während beim Nachbar Stukkatur und Anstrich zu Boden fallen und die Fensterladen klappernd herunterhängen; hier fällt uns ein alter, morscher Thorflügel auf, hinfällig an die kalte, schmuzige Mauer gelehnt, welcher sich früher nur vor dem Viergespann seines Herrn öffnete; dort neben der Thür flattert gar wehmüthig in Wind und Wetter eine Schnur an Stelle eines Glockenzugs, welcher in früheren goldenen Tagen der schönen Kokrnitja vornehmen Besuch anmeldete. Siehe, da fährt eine elegante Equipage, deren Wiege in Wien oder Paris stand, welche an 1000 Dukaten kostete, während der Hafer der Pferde seit vielen Jahren nicht bezahlt ist, und dort quält ein armer Bauer sein mageres Ochsengespann vor einem schweren Wagen, dessen unbeholfene Räder aus einer plumpen Holzscheibe ohne Speichen bestehen. Hier begegnen uns modisch gekleidete Damen und Stutzer, nie ohne frische, tadellose Glacéhandschuhe, und dort kauern einige Bettler oder Zigeuner jeden Alters, die Blößen ihres Körpers kaum mit armseligen Fetzen bedeckend.

Dies Alles schaut unser Auge, während das Straßenpflaster unsern Fuß an größte Vorsicht mahnt und Gefahren aller Art bereitet, denn von ordentlichen Fußwegen oder gar von Trottoir ist nur ausnahmsweise die Rede. Bukurescht's Straßen leisten an Löchern und Schmuz Unglaubliches, und wehe dem Fußgänger, welchen nach Regen Geschäfte auf die Straße führen.

Oefters begaben wir uns auf die Märkte, um das Leben der niedern Volksklassen näher kennen zu lernen. Das bunte Treiben, Lärmen und Geschrei erinnert stark an die Nähe des Orients. Neben guter Waare fand sich viel Verdorbenes, was trotz umherstolzirender Marktpolizeibeamten harmlos zur Schau stand und geneigte Abnehmer fand. In zwei langen Reihen von Schlächterbuden wurden Fische und Fleischsorten aller Art verkauft; da diese Artikel der sengend heißen Sonne ausgesetzt und wenigstens nicht alle frisch waren, so trat schnelle Verwesung ein, welche einen durchdringenden faulen Geruch verbreitete. Außerdem herrscht hier eine barbarische Sitte, welche nur verwildernd auf das Volk einwirken kann: man schlachtet vor den Augen der gaffenden Menge Kälber und Hammel, Ziegen und Schweine, Federvieh und Fische. Wir dächten, hier wäre Besserung dringend geboten und gewiß ohne Staatsstreich und große Mühe zu erzielen.

Bei der großen Ausdehnung der Stadt und ihrem schlechten Straßenpflaster ist es, zumal wenn es regnet oder geregnet hat, erklärlich, daß das öffentliche Fuhrwesen stark in Anspruch genommen wird. Es giebt bequeme, aber nicht besonders reinliche, zweisitzige Kaleschen, deren Zahl indeß lange nicht dem Bedürfniß entspricht; die Pferde sind rasch und ausdauernd, die Preise im Ganzen mäßig, die Kutscher gewandt, aber gern dem Trunk ergeben. Ein großer Theil ist russischer Abstammung, gehört fast ausnahmslos zur Sekte der Kastraten und ist leicht erkennbar am weibischen, bartlosen Gesicht und Sprachorgan. Sehr auffallend ist das schmuzige, verwahrloste Aeußere der meisten Gebäude, in welchen die verschiedenen Ministerien und sonstigen Beamten hausen. Wir haben kein öffentliches Gebäude, den fürstlichen Palast mit eingerechnet, kennen gelernt, an welchem nicht wochenlang zerbrochene

Fensterscheiben vergeblich um Ersatz klagten. Dem sonst so geschäftigen Hofmarschall zum Trotz klebte über zwei Wochen lang fingerdicker Straßenkoth an einem Parterrefenster des Wartesaales, in welchem sich die dienstthuenden Offiziere, Minister und Fremde von Auszeichnung zu versammeln pflegen.

Milch-, Oel- und Essigverkäufer in Bukurescht.

Man ist eben im Schmuz aufgewachsen, und was Hänschen nicht lernt, lernt Hans nimmermehr.

In den letzten Jahren sind mit großen Kosten verschiedene öffentliche Gebäude entstanden, deren Baustil geschmacklos, deren Anlage und Ausführung voll von Mängeln und Fehlern ist. Dahin gehören das große Militärhospital, alle Kasernen, die Ministerialgebäude am Tschismidgiu-Garten, die Universität und einige andere. Die meisten erheischen fortwährend kostspielige Umbauten und Zuthaten und genügen dennoch nur unvollkommen ihrem Zwecke. Dabei herrscht im Innern eine Unsauberkeit, als ständen diese Gebäude schon 1—2 Menschenalter ohne Bürsten und Staubbesen, als gäbe es in weitem Umkreise kein Waschwasser.

In architektonischer Beziehung ist Bukurescht geradezu arm, obwol oft mit den größten Mitteln gebaut wurde; es findet eben die ursprüngliche Bestimmung des Geldes eine andere Verwendung. Schöne, geschmackvolle Paläste der reichen Bojarengeschlechter giebt es nicht, wohl aber solche, welche sich durch Größe und Räumlichkeit auszeichnen; die Mehrzahl trägt die Kennzeichen eines gewissen Verfalles und erinnert mehr an eine größere Vergangenheit als an eine gesunde, kernhafte Gegenwart; einige stehen verödet und unbewohnt, in anderen finden wir ganze Reihen von Zimmern geschlossen, während große Stallungen, Oekonomiegebäude und ausgedehnte Dienstwohnungen zerbrochene oder keine Fenster und Thüren zeigen. Dagegen findet man in den bewohnten Herrschaftszimmern jeglichen Wiener und Pariser Luxus in Möbeln und sonstigem Hausgeräth, Bibliotheken in kostbaren Einbänden und Schränken, nach Ellenmaß bestellt und bezahlt, aber selten benützt, viel Kunstgegenstände, mit theueren Kosten erstanden, aber ohne Verständniß gewählt und sinnlos aufgestellt. Man huldigte der Mode und wollte nicht zurückstehen noch sich überbieten lassen; man spielte gern den großen Herrn und stieß sich nicht daran, auf Stühlen zu sitzen und auf Silberzeug zu speisen, deren Rückseite seit geraumer Zeit den Stempel des Pfandgläubigers trug. Nur in wenigen Palästen begegnet man noch vielen Dienstboten, die meisten Herren stopfen ihre Pfeifen und drehen ihre Papieros selbst. Tempora mutantur oder zu Deutsch: Wir haben weniger Geld, und nichts gelernt, um mehr zu verdienen.

Unser Urtheil würde parteiisch und ungerecht sein, wenn wir nicht zugeständen, daß es auch in dieser Beziehung rühmliche Ausnahmen giebt, daß eine Anzahl angesehener Geschlechter in Bukurescht lebt, deren Wohnstätten schöne Beispiele von Ordnung und Reinlichkeit, von Nützlichkeit und Komfort sind, von jenem Etwas, welches den Menschenkenner anheimelt und glückliche, fein gebildete Menschen finden läßt.

In zahlreichen Gasthöfen aller Art findet der Fremde Unterkunft, aber schlechte Bedienung und beispiellosen Schmuz bei hohen Preisen, auch giebt es viele Kaffeehäuser und Restaurants, in welchen bis tief in die Nacht hinein reger Verkehr herrscht, einige mit Gartenanlagen, in denen fast täglich Konzerte stattfinden. Selten hört man eine gute Kapelle, meistens Zigeuner. Letztere haben in Rumänien das Monopol der Musikaufführung, sie theilen sich in verschiedene Klassen, je nach ihrer Leistungsfähigkeit, erhalten ängstlich seit uralten Zeiten diese Vorrechte und spielen nie nach Noten, sondern stets nach dem Gehör. Ihre Musik ist originell, gefällt sich in Molltonarten, sättigt aber schnell; oft begegnet man in diesen Gruppen musikalischen Genies ersten Ranges, welche sich durch tiefes Verständniß, enorme Fertigkeit und edlen

Vortrag auszeichnen. In der allen Fremden wohlbekannten Restauration des Herrn Hrtska hörten wir mit Entzücken den Leistungen eines 20jährigen Zigeuners zu, welcher auf 2 Rohrschalmeien, deren jede 6 Töne umfaßte, rumänische Volksweisen vortrug und allen Zuhörern Thränen zu entlocken verstand. Er wird uns stets unvergeßlich bleiben.

Zur Labung und Erquickung des Körpers giebt es einige öffentliche Badeanstalten. Ihrer Zahl nach genügen sie nicht dem Bedürfniß, wie auch ihre Einrichtungen in Hinsicht der Bequemlichkeit und Eleganz in keiner Weise den Anforderungen unserer Zeit und den Ansprüchen einer großen Hauptstadt entsprechen. Sehr beliebt sind bei den mittleren und unteren Volksklassen die kalten Flußbäder; von Mitte Mai an kann der Beobachter zu allen Tageszeiten beide Geschlechter in allen Altersstufen diesem stärkenden Genusse sich laut schäkernd hingeben sehen. Da Schwimmhosen und ähnliche Toilettenstücke unbekannt sind, und diese Badeplätze, innerhalb der Stadt gelegen, von den Fenstern der angrenzenden Häuser aus überschaut werden können, so wäre man fast versucht, auf eine große Unschuld der Bevölkerung zu schließen, denn dem Reinen ist ja Alles rein, wenn nur noch andere Beweismittel einer solchen wohlwollenden Behauptung zu Hülfe kommen wollten. Leider fehlt es daran!

Wir sind am Kapitel der Vergnügungen angelangt, bei welchem wir nur kurz zu verweilen brauchen, da es deren nur wenige giebt. Ein mittelmäßiges Nationaltheater, eine kleine deutsche Bühne, welche meistens schlechte Geschäfte macht, einige verkrüppelte Cafés chantants, selten ein gutes Konzert eines fremden Künstlers, sehr vereinzelte Leistungen des sogenannten rumänischen Konservatoriums für Musik, bei gutem Wetter die Vorträge einiger Militärkapellen im Tschismidgiu-Garten und auf der Chausseepromenade, dies wäre so ziemlich Alles. Während in ersterem nur Fußgänger verkehren, begegnet man auf der zweiten dem Publikum zu Wagen, zu Pferde und zu Fuß. Sie verdankt ihre Entstehung der russischen Okkupationszeit, insbesondere der Thatkraft des Grafen Kisseleff; zu beiden Seiten einer breiten, gut unterhaltenen Chaussee, auf welcher im Schritt viele Equipagen hin- und herfahren, sind hübsche englische Parkanlagen mit Wegen für Fußgänger und Reiter. Wir haben wenige elegante Gespanne bemerkt, aber um so mehr Miethkaleschen; der Beobachter kann hier interessante Studien machen, manch feine Toilette mustern und schöne Frauen und Mädchen in reicher Auswahl bewundern, nur hüte er sich vor dem Kreuzfeuer liebesheißer Blicke, denn Venus kränkelt viel unter dieser heißen Sonne, und nicht alle Jünger Aesculaps besitzen regelrechte Diplome.

Seien wir nicht ungerecht, nicht undankbar, sondern stets eingedenk des schönen Verses von Schiller: „Ehret die Frauen, sie flechten und weben himmlische Rosen ins irdische Leben.“ Werfen wir im wahren Sinne des Wortes den Deckmantel der Liebe über Bukureſcht, dieses Füllhorn der Sinnlichkeit! (Frankfurter Zeitung 1871.)

Wir glauben, man muß Walache sein, um sich in Bukureſcht heimisch zu fühlen, um mit Sehnsucht nach diesem Dimbowitza-Babel zurück zu denken — wir dürfen zum Abschied getrost aus den bräunlichen Fluten seines Flusses trinken, von dem das Volkslied Wunderbares singt:

Dimbovitza apa dulce
Cine bea, nu mai duce
Si cine sa duce,
Jara sa intorce.

oder zu Deutsch, in freier Uebersetzung:

Dimbowitza, süßes Wasser,
Wer dich trank, mag scheiden nimmer;
Und wenn Einer auch geschieden,
Kehrt zurück er dennoch immer.

Der Stadt der unvermittelten Gegensätze, des Schmutzes und des Glanzes, des Elends und der Ueppigkeit, kehren wir nach diesem Trunke ohne Furcht den Rücken. Vertrauen wir uns einer Birdsch an, jenem federlosen, mit einer Plane überspannten Wagen, in welchem man, auf Stroh gebettet, in tollstem Galopp durch das weglose Land gerädert wird. Ein solches Fortkommen gilt den hiesigen Ansprüchen noch für ein günstiges. Der gewöhnliche Walache legt ein Bret von höchstens einer Elle Breite auf ein niedriges Rädergestell, legt Stroh oder Schaffell darauf, stellt zu jeder Seite eine Leiter hin, und der Reisende klammert sich auf dem Bret an, das ihn bald auf und nieder wirft. Die Wege sind abscheulich, wenn überhaupt von solchen die Rede ist; Schlaglöcher überall und die Pferde laufen Galopp.

Wir eilen gen Westen, der Kleinen Walachei zu, dem Lande jenseit der Aluta. Hier giebt es keine Kulturgegensätze, Alles ist ursprünglich walachisch. Von Aufstreben und Entwicklung ist weit und breit keine Spur zu bemerken. Da sehen wir eine Mühle, deren Vorbild noch aus den Zeiten der alten Daker zu stammen scheint; sie ist nicht oberschlächtig, sondern der Bach treibt das Rad horizontal. — Wir kommen an einem Zigeunerdorf, einer Tsigania vorbei. Das Nebeneinander von Hütten gleicht einem Feldlager, die Wohnstätte ist halb Zelt, halb Höhle und das Ganze ist kein Dorf in unserm Sinne. Das Feuer brennt draußen im Freien; über den Flammen brodelt in einem großen Kessel die Abendmahlzeit. Es gewährt einen seltsamen Anblick, wie diese gebräunten Gestalten da sitzen oder liegen und der röthliche Schein des Feuers auf sie fällt — es ist wildromantisch. Ringsumher treiben sich nackte Kinder und braune Schweine, welche sich an den umherliegenden Pflaumen eine Güte thun. Schwarze Hunde, welche jeden Fremden mit wüthendem Kläffen anbellen, sieht man in Menge. Solch ein Zigeunerdorf macht einen peinlichen, niederschlagenden Eindruck, und das Mißbehagen wird noch erhöht durch einen unbeschreiblich widerwärtigen Geruch.

Wir ziehen an der oberen Aluta (Olt) hinauf, einem Flusse, der aus Siebenbürgen kommt und die Karpaten im Rothen Thurmpaß durchbricht. Die Landschaft entwickelt sich, je höher wir kommen, immer großartiger. Im Hintergrunde thürmen sich die Transsylvanischen Alpen auf; weit und breit sind Berge mit prächtigen Wäldern bestanden. Selten trifft man auf Wohnstätten und Menschen, fast überall herrscht völlige Einsamkeit. Endlich erreichen wir das Kloster Cosia. Es ist eins der ältesten in der Walachei und gänzlich im Verfall. Schmuzige Mönche, schlechtes Unterkommen und ungenießbares Essen. In der Nähe befinden sich Schwefelbäder, deren Wirksamkeit in Hautkrankheiten gerühmt wird. Aber die Kurgäste müssen unter Breterschuppen auf Strohsäcken neben ihren Ochsen und Pferden schlafen. Das Kloster hat nicht einmal ein schützendes Obdach bauen lassen. Nicht weit von hier erhebt sich am anderen Ufer der Aluta der Trajansstein, „la pietra l'ui Traiane." Der Fluß ist hier etwa 50 m. breit und rauscht durch eine Menge Felsblöcke dahin. Der Trajansstein ist ein gewaltiger Steinblock, der ein Drittel der Strombreite einnimmt. Er steht da als die untere Stufe einer senkrecht aufsteigenden, etwa 330 m. hohen Felswand. Sie ist oben ungleich abgeplattet, und auf einer dieser Flächen soll Trajan eine Burg gebaut haben, von welcher indeß nur zweifelhafte Spuren übrig sind. Zwischen der Felswand und dem Trajanssteine haben die Römer Bahn gebrochen für ihre große Heerstraße, die eine Breite von etwa 6 m. einnahm. Der uns begleitende Mönch erzählt allerlei Sagen von Kaiser Trajan, die aber wahrscheinlich erst im letztverflossenen Jahrhundert erdacht worden sind. Die Walachen treiben mit Trajan, den sie ihren Vater nennen, einen förmlichen Kultus: ein beliebiger Berg muß eine Trajansburg sein, die Ebenen sind Trajansfelder, Schneestürze Trajansdonner, die Milchstraße sogar ist Trajansstraße (drumu Traian).

Von Cosia aufwärts werden Strom- und Uferlandschaften immer wilder und einsamer und auf dem Kamme des Gebirges herrscht nur von Wölfen und Bären betretener Urwald.

Die Aluta führt gleich anderen Flüssen der Walachei Gold, das früher von Sklaven des Staates, von Zigeunern, gesammelt wurde. Ihre Ausbeute bildete einen Theil der Ausstattung für die Prinzessinnen der regierenden Familie. Gegenwärtig ist das Goldsammeln freigegeben und die Aurari bezahlen nur eine Abgabe, oder sie pachten goldreiche Gegenden, für die sie dann 1000 und mehr Gulden bezahlen.

Bei Rimnik sickert Quecksilber aus dem Gestein hervor, aber Niemand denkt an dessen Gewinnung. Auch Kupfer, Eisen, Blei, Kobalt, Arsenik sind vorhanden, aber unbenutzt — nur einige Steinsalzwerke werden, theils für Rechnung des Staates von Strafgefangenen, theils von Privaten betrieben.

Rimnik liegt bereits im Hügellande, das bis Slatina langsam abfällt und in der Ebene sich verliert. Hier sieht man förmliche Wälder von Zwetschenbäumen, die der Walache um so höher schätzt, als sie ihm den Stoff für seinen Branntwein liefern. („Globus", Bd. XV.)

Krajowa, die Hauptstadt der Kleinen Walachei, liegt im breiten Thale des Jiul oder Schyl, eines Parallelflusses zur Aluta. Man rühmt an Krajowa einen gewissen europäischen Anstrich, der bei einer walachischen Landstadt schon als Merkwürdigkeit hervorgehoben werden darf. Eine zahlreiche Judenbevölkerung läßt auf gewinnbringenden Handel schließen.

Verlassen wir nun die Walachei und versetzen wir uns nach Piatra, einem kleinen Städtchen im Bistritzathale, um von hier aus auf der Fahrt nach Jassy und dort selbst Land und Leute in der Moldau kennen zu lernen.

Piatra zieht sich als eine lange, enge Hauptstraße, von kahlen Felsen eingeengt, am linken Ufer der reißenden Bistritza hin. Jenseit des Flusses steigen bewaldete Berge steil an und gehen unmittelbar in das Hochgebirge über. Die Häuser des Ortes sind meist einstöckige Holzbaracken, jede mit einer etwas über der Straße erhabenen Veranda versehen. Nur sparsam finden sich massiv gebaute Häuser und Verkaufsgewölbe. Um die Hauptstraße, den Kern der Stadt, gruppirt sich regellos ein Gewirr von Gärten, Plätzen und Gassen. Bei gutem Wetter, zumal an Markttagen, herrscht in dem Inneren der Stadt ein reges und buntes Treiben; tritt aber Regen ein, so verwandeln sich die ungepflasterten Straßen in ein Kothmeer, in welchem man, wenn überhaupt, mit Galoschen, die bis zur halben Wade reichen, herumgeht und das des Abends von trüben Straßenlaternen spärlich beleuchtet wird. Eine Anzahl kleiner und größerer Bojaren hat sich in Piatra angesiedelt und bewohnt abseits von der handeltreibenden Bevölkerung je nach Geld und Geschmack mehr in modernem Stile erbaute Häuser. Der kleine, wenig bemittelte und nicht gesellschaftsfähige Bojar begnügt sich schon mit einer Wohnung, welche der der Bauern vollkommen gleicht, von dem er sich im Ganzen nur wenig unterscheidet.

Wohlversehen mit Wein, Käse und gebratenen Hühnern, besteigen wir den Wagen, der uns auf heillosen Wegen, die Moldau durchfahrend, nach Jassy bringen soll. Das Fortkommen ist beispiellos, das Nachtquartier eine jüdische Schnapsschänke — Alles ist unbeleckte Natur oder grober Kulturschmuz. Die Leute sind in Natur und Schnaps versumpfte Gemüther und gern enteilen wir ihren ungastlichen Heimstätten. Mit Freuden sehen wir am Horizont das Ziel unserer Reise, Jassy, auftauchen. Jassy gewährt von fern durch seine glänzenden Thürme und Kuppeln den Anblick einer schönen Stadt, der Eintritt in die Vorstädte aber mit ihren schlammigen, theilweise mit Bretern belegten Straßen zerstört alle Illusion. Ein buntes Gemisch von Walachen, Juden, Griechen und Türken tritt uns hier entgegen und auch der halbnackte Zigeuner scheint sich in Jassy wohl zu fühlen.

Plötzlich fährt Alles zur Seite, denn ein Großbojar kommt in seiner Equipage, von sechzehn Postpferden gezogen, in gestrecktem Galopp daher, die Postillone in ihrer malerischen bunten Tracht schreien aus vollem Halse, aber nur so lange sie in der Stadt sind, denn das erfordert der Anstand. Die Dienerschaft, worunter der Arnaute im Nationalkostüm, mit mächtigen silberbeschlagenen Pistolen, aus denen er nie schießt, in der rothen Leibbinde, reitet neben und hinter dem Gefährt. Darin aber sitzt der Großbojar, prächtig und unnahbar, im vollen Gefühle seiner hohen Stellung, neben ihm die Gemahlin und hintenauf der Lieblingsdiener, ein gewandter Franzose, und die allmächtige Leibzofe.

Je mehr wir der Stadt näher kommen, desto mehr gewinnt sie ein uns befreundetes, civilisirtes Aussehen. Droschken, nach russischer Art bespannt, vermitteln den Verkehr in den gepflasterten Straßen, die Häuser reihen sich dichter aneinander, und Kaufläden mit schönen Schaufenstern ziehen unsere Blicke auf sich. Trotzdem ist Alles verschieden von dem uns gewohnten Treiben einer großen Stadt; nur selten sieht man einen den besseren Ständen angehörenden Fußgänger; auf das Aeußerste aber würde es auffallen, einer Dame zu Fuß ohne Dienerschaft zu begegnen, und nicht zu ihrem Vortheile kommentirt werden.

Wir steigen in einem ansehnlichen Han ab. Um einen großen Hof herum zieht sich im Viereck ein zweistöckiges Gebäude, das nur einzelne größere und kleinere Zellen mit selbst hier zu Lande höchst ursprünglicher Einrichtung enthält. Von dem oberen Stockwerke tritt man auf eine um das ganze Gebäude laufende Galerie. Ein Theil des Erdgeschosses wird von Ställen eingenommen, die Wagen stehen im Hofe. Zu essen kann man hier nichts bekommen, und so nehmen wir unseren Tisch in einem deutschen Speisehause.

Jassy.

Viel Merkwürdiges ist in Jassy nicht zu sehen; außer der Hauptkirche und einigen schönen Privatgebäuden giebt es noch ein im Kasernenstil erbautes Residenzschloß an einem öden Platze, eine Art Universität, ein Priesterseminar und eine Unmasse von Kirchen und Popen. Der Fremde langweilt sich hier aufs Traurigste, der Moldauer dagegen kennt nichts Schöneres. Sommers fährt die gute Gesellschaft gegen Abend in einem außerhalb der Stadt gelegenen Parke nach dem Vorbilde anderer Residenzen auf und ab. Hier trägt die Bojarin die neuesten Moden — etwas übertrieben — und ihre Diamanten zur Schau und bespricht die Neuigkeiten mit den rumänischen Löwen des Tages. Die chronique scandaleuse spielt die Hauptrolle der Unterhaltung und hat auch einen äußerst ergiebigen Boden.

Die Fabrikthätigkeit in Jassy ist nahezu gleich Null, wie auch sonst im Lande; nur die Klöster produziren ein grobes, braunes Tuch und beschäftigen sich mit Holzschnitzereien nach uralten Mustern.

Dem öffentlichen Gesellschaftsleben dient eine mittelmäßige italienische Oper und ein Schauspielhaus, in welchem nationale Schau- und Lustspiele zur Aufführung kommen.

Die private Geselligkeit ist in Jassy sehr entwickelt. Die Bälle sind glänzend; die Kostüme der Damen, besonders einzelner in Nationaltracht, erscheinen dem Fremden etwas frei. Wäre nicht das Orchester aus Zigeunern gebildet und würde nicht neben der Quadrille die Hora getanzt, so könnte man sich nach Paris versetzt denken. Die Gastmähler zeichnen sich durch große Reichhaltigkeit aus, zumal nach Beendigung der vierzigtägigen Fasten, die der Rumäne von guter Familie jedoch nur vierzehn Tage zu Anfang und vierzehn Tage am Ende mitmacht, wird stundenlang getafelt, um alles Versäumte nachzuholen.

Ein Lieblingsvergnügen während des sehr strengen Winters bilden Schlittenfahrten, und man benutzt diese Zeit, um bei Bekannten in der Umgegend vorzusprechen oder auch eines der großen Klöster zu besuchen, um dort während der hohen Kirchenfeste einige Tage zu verbringen, mehr zur Unterhaltung als aus Frömmigkeit, denn die Klöster haben (oder jetzt besser gesagt, hatten) allerlei Aufgaben zu erfüllen. Der untreuen Gemahlin eines Bojaren, dem politisch Mißliebigen oder dem auf falscher Fährte ertappten Beamten dienten sie als Gefängnisse, um in ruhiger Beschaulichkeit über ihre Sünden nachzudenken. Mit dem kleinen Volke machte man freilich weniger Umstände; waren es Bojaren, so wurden sie öffentlich degradirt und zu Bauern geprügelt; waren es nur Bauern, so wurden sie heftiger geprügelt und zur Zwangsarbeit abgeführt. („Ausland", 1876.)

Rumänisches Wappen.

Grenzerhaus in Serbien.

V. Serbien.

Geschichte. — Grenzen. — Geographisches und Geologisches. — Typus. — Tracht. — Familienleben, Hausgenossenschaft. — Bundesbrüder- und Bundesschwesterschaft. — Heirath. — Volkspoesie. — Sprache. — Schrift. — Geistige Kultur. — Standesgleichheit. — Verfassung. — Bevölkerung. — Belgrad. — Toptschider. — Semendria. — Poscharewatz. — Gornjak. — Palissadenthore auf der Landstraße. — Swilainatz. — Manassia. — Rawanitza. — Tjupria. — Eisenbahn im Morawathale. — Jagodina. — Kragujewatz. — Die Schumadia. — Die Drina. — Klein-Swornik. — Sokol. — Uschitza. — Römische Fundstätten. — Tschatschak. — Karanowatz. — Studenitza. — Raschka. — Pawlitza. — Kruschewatz. — Stalatj. — Deligrad. — Alexinatz. — Banja. — Rtanj. — Der Timok. — Knjaschewatz. — Saitschar. — Negotin.

Serbien war in der Mitte des 14. Jahrhunderts ein großes Reich; seine Grenzen erstreckten sich von der Donau bis zum Aegäischen Meere, von der Adria bis zum Pontus Euxinus, und ganz Bulgarien, Makedonien, Albanien, Thessalien und ein großer Theil von Griechenland unterstanden der Oberhoheit des serbischen Zaren Stephan Duschan. Als aber nach dem Tode des Letzteren 1356, trotz der gelobten Treue gegen dessen Sohn und Nachfolger

11*

Urosch, unter den Heerführern ein erbitterter Kampf um die Herrschaft ausbrach und weite Gebiete vom Lande sich ablösten, so konnte es nicht fehlen, daß der so geschwächte Staat dem andringenden Türkensturme erliegen mußte. Die Schlacht auf dem Amselfelde (Kossowo polje) im Jahre 1389 entschied das Schicksal des Serbischen Reiches. Es wurde den Türken tributpflichtig, bis es in der Mitte des folgenden Jahrhunderts auch die äußere Form der Selbstständigkeit verlor und zu einer türkischen Provinz herabsank. Fast 400 Jahre lang lastete nun mit kurzen Unterbrechungen der Druck der türkischen Mißherrschaft auf dem unglücklichen Volke, das jeder Gewaltthat und Erpressung schutz- und rechtlos gegenüber stand. Große Massen wanderten nach dem benachbarten Ungarn und Slavonien aus, Viele traten zum Islam über, und nur ein kleiner Theil der Bevölkerung ertrug das grausame Joch, um Vaterland und Glauben treu zu bleiben. Unerhörte Schandthaten wurden von den türkischen Gewalthabern im serbischen Lande verübt. Jede Frau, jedes Mädchen war gesetzlich dem unbeschränkten Willen des geringsten türkischen Soldaten unterworfen und alles Eigenthum diente nur der Bereicherung der Fremdlinge. Die Beschwerden bei der Hohen Pforte in Konstantinopel waren fruchtlos, denn ohne Macht über die ungezügelten Janitscharentruppen konnten die Sultane keine Hülfe schaffen — die einzige Rettung des Volkes war die Erhebung, die Abschüttelung der Fremdherrschaft.

Im Jahre 1804 brach der allgemeine Aufstand aus. Unter Kara Gjorgje, dem schwarzen Georg, sammelten sich die Scharen der Haiduken, jener von Haus und Hof vertriebenen Männer, welche in den Wäldern sich zusammenrotteten und mit Mord und Raub über die türkischen Bedrücker herfielen. Nach achtjährigem wechselvollen Kampfe gelang es dem Kara Gjorgje, im Frieden zu Bukuresch seinem Lande eine gewisse Selbständigkeit zu erringen. Der Feldzug Napoleon's gegen Rußland aber und die Hülfe, welche er der Türkei leistete, setzte die Pforte in den Stand, im folgenden Jahre (1813) die Serben wieder zu unterwerfen und ihre Freiheiten zu vernichten. Der „schwarze Georg" und die anderen Führer flohen nach Oesterreich, nur Milosch Obrenowitsch zog sich in die schützenden Wälder der Schumadia zurück und bereitete dort den großen Entscheidungskampf vor, welcher 1815 begann und mit einigen Unterbrechungen bis 1831 währte. Der Hattischerif von diesem Jahre bestätigte die Zugeständnisse der Friedensschlüsse von Akerman (1826) und Adrianopel (1829) und erkannte dem Milosch Obrenowitsch die erbliche Fürstenwürde zu, die 1833 ein zweiter großherrlicher Erlaß von Neuem verbriefte. In letzterem wurde auch die staatsrechtliche Stellung des Fürstenthums unter der Oberhoheit der Pforte festgestellt und in die endgiltige Abtretung des heutigen südlichen Serbien gewilligt. Die Abmachungen seitens der Großmächte im Jahre 1862 beschränkten das türkische Besatzungsrecht auf Belgrad und einige andere Punkte, und 1867 räumten die Türken auch diese Plätze. Frei und nur dem Namen nach von der Pforte abhängig, hat Serbien gegen seine Oberherrschaft thatsächlich keine andere Verpflichtung zu erfüllen, als jährlich einen Tribut von 41,552 Dukaten zu zahlen, wenn nicht das billigere Schuldigbleiben desselben vorgezogen wird.

Die hier in großen Zügen geschilderte Entwicklung des serbischen Fürstenthums zeigt uns, daß bei seiner Grenzgestaltung lediglich politische, nicht aber ethnographische oder geographische Rücksichten maßgebend sind. Die Grenzen sind großentheils Wasserlinien: im Norden gegen Oesterreich-Ungarn die Save und die Donau, im Osten gegen Rumänien ebenfalls die Donau und gegen Bulgarien theilweise der Timok. Die Westgrenze gegen Bosnien bildet das tiefe Drinathal und im Süden scheidet der Uwatz-Arm des Lim auf einer Strecke das Fürstenthum vom türkischen Altserbien.

Milosch Obrenowitsch.

Die übrigen Theile der Ost- und Südgrenze sind Gebirgszüge; der Wrschka-Tschuka, die Jastrebatz- und Lepenatz-Planina, der Gebirgsstock des Kopavnik, die Javor-Golia-Planina und andere Höhenzüge.

Serbien ist vorzugsweise ein Wald- und Bergland; es ist das Vereinigungsgebiet dreier Gebirgssysteme: der Karpaten, des Balkans und des periapenninischen Gebirges. Im nordöstlichen Theile begegnen wir in der Golubinske-Planina dem Südende der Transsylvanischen Alpen, die hier ebenso wie auf dem rechten Donauufer nach Südosten allmählich abfallen und eben so wie dort nach Westen zahlreiche erzführende Arme entsenden. Der Balkan tritt vielfach verzweigt im Südosten in das Land ein und findet, obwol durch das breite Morawathal vollständig unterbrochen, jenseit desselben in dem centralen Rudnikgebirge und in den Ketten und Hochebenen des Südens einen Anschluß an das periapenninische System, dessen südost-nordwestliche Erhebungsrichtung in den Gebirgszügen Westserbiens zum Ausdruck kommt.

Den höchsten Punkt des Landes bietet der aus Granit, Porphyren und Serpentin bestehende Kopavnik, der sich im Süden, auf der Grenze von Altserbien, am rechten Ufer des Ibar zu einer Höhe von 1892 m. erhebt. Von seinem kahlen Kamme aus genießt man eine der schönsten Rundsichten auf die Balkanhalbinsel: in einem ungeheuren Halbzirkel entwickeln sich vor dem Auge die Bergketten, Thäler und Ebenen vom fernen Schar aus bis zu den Pyramiden des Dormitor der Herzegowina. — Die nächsthöchsten Berge sind: der Stole in der Golubinske-Plania mit 1250 m., der Rtanj im gleichnamigen Zuge im südöstlichen Serbien mit 1233 m., der Sturatz im Rudnikgebirge mit 960 m. und im Westen der Medwednik mit 620 m. Höhe.

Tief eingeschnittene Thäler, schroffe, vielfach gekrümmte Schluchten, Klisuren genannt, bewaldete, steilansteigende Berge charakterisiren den größten Theil des serbischen Gebirgslandes, und nur im Nordwesten erblickt man sanfte, wellenförmige Höhenprofile. — Ebene Gegenden giebt es in Serbien nur wenige. Außer dem Tieflande zwischen der unteren Drina und Save und an der Mündung des Timok findet man nur in den Erweiterungen der Thäler der beiden Morawa größere Flächen, die, sehr fruchtbar, neben den unteren Abhängen der Höhen die Hauptplätze des Ackerbaues bilden. — Zwei Drittheile des 43,555 qkm. umfassenden Landes sind mit Wald bedeckt. Mit Ausnahme des südlichen und südwestlichen Theiles, die hauptsächlich mit Nadelholz bestanden sind, trifft man allenthalben Eichen, nicht selten aber auch Buchen und Eschen an. Der ausgedehnteste und dichteste Waldbezirk ist die sogenannte Schumadia (d. h. Waldland), das unwegsame Gebiet des Rudnik-, Brntschatz- und Kosmangebirges. Hier fanden die Flüchtlinge vor der Türkenrache sicheren Schutz, hier sammelten sich die Banden der Haiduken, der patriotischen Räuber und Wegelagerer, die Kara Gjorgje und Milosch Obrenowitsch zum Kampfe gegen das Türkenjoch vereinten; hier stand die Wiege der serbischen Freiheit.

Der Uebergang von Freiheit und Vaterland zur Geologie ist allerdings etwas schroff, wir müssen ihn aber wagen, um einen Abschluß unserer geographischen Skizze zu gewinnen. Die Geologie, die vergleichende Erdkunde der Vorzeit, giebt uns die Mittel an die Hand, die geographische Stellung eines Erdgebietes im Zweifelsfalle sicher zu beurtheilen. Wir brauchen nur ältere geographische Lehrbücher aufzuschlagen, so werden wir an den wunderlichen Bestimmungen mancher Bodengestaltungen alsbald erkennen, wie sehr die heutige geographische Erkenntniß von der Geologie geleitet und gebildet wurde. Der Balkan und das periapenninische System — das griechisch-albanisch-bosnische Gebirge — boten bezüglich ihrer Charakterisirung und Eintheilung der Erdbeschreibung mancherlei Schwierigkeiten; heute belehrt uns ein Blick auf eine geologische Karte, daß der Balkan in seinem nördlichen Theile und die Gebirgsentwicklung längs des Adriatischen und Jonischen Meeres in der Hauptsache einem einzigen geologischen Horizonte angehören.

Sie sind Gebilde der Kreideformation, und diese Thatsache giebt uns für die geographische Charakterisirung dieser Berggebiete einen sicheren Anhalt. Wissen wir, in welchen Gesteinen eine Formation vertreten ist, und kennen wir die Art und die Verbreitung der thätig gewesenen Eruptivmassen, so sind wir im Stande, einerseits uns a priori von der Bodengestaltung eines Landes eine annähernde Vorstellung zu machen, andererseits die gegebenen topographischen Verhältnisse im Einzelnen und im Zusammenhange richtig zu verstehen. Da nun Serbien mit dem periapenninischen und dem Balkangebiete die Kreideformation gemein hat und seine vorwaltenden Kalk- und Sandsteingebilde durch Granite, Porphyre und Serpentine in den Richtungen der Transsylvanischen Alpen, des Balkans und der Periapenninen gehoben worden sind, so erklärt dies einmal seine geographische Stellung als Vereinigungsgebiet der genannten Gebirgszüge und das andere Mal seine oben geschilderte Bodengestaltung.

Um nicht wieder in den folgenden Kapiteln für die Europäische Türkei auf geologische Erörterungen zurückkommen zu müssen, so wollen wir gleich hier ihre älteste Vergangenheit mit einigen Worten beleuchten.

Als im Zeitalter der Urschiefer und Gneise „die Wässer sich sammelten“ und die Erdfesten aus dem Meere hervortraten, bildete die heutige Europäische Türkei in ihrem Haupttheile mit Ausschluß des periapenninischen und nördlichen Balkangebietes eine vielfach durch tiefeingeschnittene Meerbusen gegliederte Insel, aus welcher nach Norden, den Kopavnik einbegreifend, eine viereckige Halbinsel hervorsprang. Mit der Bodenerhebung aus dem Kreidemeer lagerte sich um unsere Insel nach Westen und Norden, wo schon die Juraperiode die Einbuchtungen ausgefüllt hatte, ein breiter Streifen Landes ab, welcher die Verbindung mit der jurassischen Halbinsel, dem heutigen Dalmatiner-Gebirge, und mit der Karpateninsel herstellte. Die jetzige Küstengestaltung der Balkanhalbinsel war nun im Allgemeinen vollendet und nur im Tieflande der Maritza, welches erst die Eocänentwicklung trocken legte, ragte noch das Meer mit einen nach Westen sich zuspitzenden Becken hinein. Im Norden aber, wo heute das ungarische Donautiefland sich ausdehnt, flutete das Pannonische Meer, und Rumänien war ein Meerbusen, vor dessen Oeffnung die Dobrudschainsel gelegen war. Als weiter in der Tertiärperiode die allgemeine Landerhebung begann und das Pannonische Meer nach Norden durch eocäne und miocäne Gebilde abgeschlossen wurde, bahnten sich seine angestauten Gewässer einen Durchbruch durch die Karpaten, ein Werk, das wir heute in der Donauklissura, in der Felsengasse der Eisernen Pforte, mit Staunen bewundern. Die Hebung und der Ablauf des ungarischen Sees und des rumänischen Meerbusens stellte endlich zwischen der Balkanhalbinsel und dem europäischen Festlande die gegenwärtige Verbindung her.

Wie die Geologie mit Hülfe der Petrafakten- und Gesteinskunde die unmeßbar fernen Vorgänge der Erdgestaltung aufklärt, so entziffert die Ethnographie mittels der vergleichenden Sprachwissenschaft und Mythologie, der Alterthumskunde und Anthropologie die Vorgeschichte der Völker. Die Worte —

die festgewordenen Gedanken — die Sagen, Sitten und Gebräuche, Stammesmerkmale, Gebrauchsgegenstände u. s. w., das sind die Fossilien aus längst vergangenem Völkerleben, die Aufschluß geben über Ursprung, Wanderungen, Vermischungen, Leben und Kultur der Vorfahren unserer Völkerschaften. Große Erfolge hatte schon die Ethnographie mit diesen Forschungen über manches dunkle Völkerdasein zu verzeichnen, aber unendlich Vieles bleibt ihr noch zu thun übrig — so auch in der Urgeschichte der Serben.

Man weiß, daß die Serben mit den Montenegrinern, Bosniern, Bulgaren, Kroaten, Raizen, Illyriern, Slavoniern, Dalmatinern, Winden (östr. Wenden), sodann aber auch mit den Groß-, Klein- und Weißrussen (Ruthenen) zur Gruppe der Süd- und Ostslaven gehören, während die deutschen Wenden, Polaben, Drewanen, Obotriten, Tschechen, Slowaken, Mährer und Polen die Gruppe der Westslaven bilden. Beide Zweige gingen aus dem Aste der Lettoslaven, und dieser aus dem Stamme der Indoeuropäer hervor. Wie man sieht, ist der Stammbaum der Serben hinlänglich bekannt, sehr unsicher und zweifelhaft ist aber der Ort, wo dieser Zweig entsprossen, und vollkommen dunkel ist seine erste Entwicklung. Nach Schafarik soll die ursprüngliche Heimat der Serben nördlich von den Karpaten gelegen haben, und von dort aus wären sie mit anderen slavischen Stämmen im 6. Jahrhundert nach der Thrakischen Halbinsel gewandert und siegreich über die Byzantiner bis vor Konstantinopel vorgedrungen. Der Einbruch der Wolgabulgaren machte zwar ihrer Herrschaft in Thrakien, nicht aber ihrem Volksthume ein Ende; die finnischen Sieger vermischten sich mit den unterlegenen Slaven und bildeten im Laufe der Zeit die Donaubulgaren. Die im Norden an der Donau und Save angesiedelten Serben und Kroaten scheinen jedoch von dem großen Bulgarensturme wenig berührt worden zu sein. Sie entwickelten sich, in mehrere unter Schupanen stehende Stämme getheilt, zu einer Art von Staatenbund, der die Oberleitung eines Großschupans mehr oder weniger anerkannte. Mit der Ausbreitung der Macht Karl's des Großen verloren die Serben ihre Selbstständigkeit und ihr Land wurde fränkische Provinz. In der Mitte des 9. Jahrhunderts erhielt erst die größere Masse des Volkes — ein kleiner Theil ward schon im 7. Jahrhundert unter Kaiser Heraclius bekehrt — durch die Slavenapostel Cyrill und Methud das griechische Christenthum, dem sie, trotz aller Anstrengungen Roms, treu verblieben. — Fortwährende Zwistigkeiten unter den Schupanen führten die Einmengung der Bulgaren herbei, denen sie gegen Ende des 9. Jahrhunderts schließlich unterlagen. Die Abschüttelung des Bulgarenjoches (939) brachte die Serben unter die Oberhoheit der griechischen Kaiser, bis sie nach einer zweiten Unterwerfung unter die Bulgarenzare mit der Vernichtung des Reiches der Letzteren (1013) dem griechischen Kaiserstaate einverleibt wurden.

Bald schwang sich jedoch der serbische Großschupan von Dioclea mächtig auf, schlug die Griechen wiederholt (1040—43) und bereitete seinem Sohne Michail (1050—80) eine so kräftige Stellung, daß dieser mit Zustimmung des Papstes Gregor VII. den Königstitel annehmen konnte. Sein Gebiet umfaßte das heutige westliche Serbien, die Landschaften an der Kolubara, serbischen Morawa, Drina und Raschka sowie ganz Bosnien. Mehr und mehr entwickelte sich nun das serbische Staatswesen, besonders seitdem Stephan Nemanja, der Gründer des später so mächtigen Zarengeschlechtes, 1159 zur Herrschaft gelangte; seine höchste Blüte und Machtentfaltung erreichte es unter Stephan Duschan, dem Gewaltigen, um bald darauf der Vernichtung anheimzufallen.

Die Geschichte lehrt uns, daß ein Volk um so inniger seine Stammeseigenthümlichkeiten bewahrt und ausbildet, je härter es von Fremden unterdrückt, je schroffer es von der herrschenden Gesellschaft behandelt wird. Wir sehen dies an den Hebräern, welche in all den Ländern, wo sie gedrückt, gehetzt und mißachtet werden, im Fette ihres Judenthumes glänzen, während sie in der Amerikanischen Union, dem Staate der allgemeinen Gleichheit, vollkommen von der Bildfläche verschwinden. Wir beobachten ferner diese Erscheinung in der Gegenwart und Vergangenheit an den Zigeunern, an den Walachen in Ungarn, an den Mauren Spaniens, an den Chinesen in Kalifornien und in gewissem Grade auch an den Elsässern, den têtes carrées der Franzosen. In augenscheinlichster Weise hat sich aber diese Erfahrung an den Serben bestätigt. Die lange, harte Türkenherrschaft vermochte nicht das serbische Volksthum zu brechen, es ging rein und unerschüttert aus der schmachvollen Umarmung hervor, und nur in den Renegaten entartete das Stammesgepräge. Die freiheitliche Entwicklung des Volkes mit dem Streben nach abendländischer Bildung und Gesittung führte, wie überall, auch hier zu einer Abschleifung mancher charakteristischen Züge. In dem von der Morawa, der Drina und dem Ibar umflossenen Gebiete aber, wo noch keine Kulturregungen hingedrungen, da hat sich das unbeleckte Serbenthum in seiner Ursprünglichkeit erhalten. Die Bewohner dieser Gegend sollen uns die Vorbilder liefern, nach welchen wir die Serben schildern wollen. Zu dem Ende entnehmen wir aus F. Kanitz' trefflichem Werke über Serbien folgendes Bild:

Der Serbe zeichnet sich durch scharfes Gesichtsprofil und kräftige Körperformen aus. Er ist an Wuchs mehr groß als klein, breitschulterig, aber selten feist. Der Kopf erscheint gut proportionirt, das Oberhaupt mehr spitz, die Stirne wohlgebildet, die Backenknochen etwas vorragend, die Nase von mittlerer Größe, oft eingedrückt, doch auch geradlinig und manchmal von schönem Adlerschnitte. Das Haar ist meistens blond oder braun, seltener schwarz, der Haarwuchs reich. Der Mann trägt das Haar gewöhnlich kurz, das Abrasiren desselben bis auf einen Büschel, noch bis zu Danilo's Zeit in Montenegro allgemein gebräuchlich, kam in Serbien bald nach den Freiheitskriegen außer Uebung. Nur die Geistlichkeit trägt langes Haar und Vollbärte, der Städter manchmal einen Backenbart, der Landbewohner stets nur den Schnurrbart.

Schwarzes Haar gilt den Frauen in den Städten als eine unentbehrliche Zierde. Das Färben der Haare ist daher gleich dem künstlichen Schminken allgemein üblich. Die Frau erreicht selten mehr als die gewöhnliche Mittelgröße. Ihre Gesichtszüge sind regelmäßig, ohne schön zu sein. In den Städten begegnet man aber oft tadellosen, edlen Profilen. Es giebt in Serbien weit mehr hübsche Frauen als in Montenegro, doch fehlt ihnen und zum Theil auch den Männern jene Leichtigkeit und Elastizität der Bewegung, welche die Bewohner der Schwarzen Berge charakterisirt. Die serbische Frau steht rücksichtlich äußerer Vorzüge zwischen der Nordslavin, Rumänin, Griechin in glücklicher Mitte. — Ein Volkslied beschreibt die serbische Schönheit mit folgenden Worten:

Liebes Märchen von Semendria,
Kehre dich zu mir hernieder,
Daß dein Angesicht ich sehe!
„Heil dir, Jüngling, und Gesundheit!
Warest du wol auf dem Markte?
Sahest du ein Blatt Papier dort?
Siehe, also ist mein Antlitz.
Warst du in der Herberg' jemals?
Sahest du den rothen Wein dort?
Siehe, so sind meine Wangen.
Bist du übers Feld gegangen?
Hast den Schlehdorn du gesehen?
Siehe, so sind meine Augen.
Gingst' du längs des Meeres Strande?
Sahst du dort die kleinen Eglein? (Blutegel)
So sind meine Augenbrauen."

Die Tracht der Serben, besonders der Frauen, ist äußerst mannichfaltig und von Kreis zu Kreis, ja oft von Bezirk zu Bezirk verschieden. Auf dem Lande sind faltige weiße Linnengewänder, ein bunter Gürtel um die Mitte und braune oder lichte Oberkleider von Wolltuch bei beiden Geschlechtern in Gebrauch.

Sehr einfach — berichtet Kanitz — ist der Sommeranzug des serbischen Bauers. Er trägt als Kopfbedeckung ein niederes rothes Fes, größtentheils ohne, seltener mit herabhängender dunkler Quaste. Das Beinkleid (gatje), weit und faltig, reicht bis an den Fußknöchel. Das Linnenhemd (košulja), an der Brust geschlitzt, wird über der Gatje getragen und in der Leibesmitte mit einem (gewöhnlich rothen) Wolltuchgürtel umwunden. Auf diesen wird ein rothbrauner Ledergurt (pojas) geschnallt, in dessen verschiedenen Abtheilungen ein bis zwei Pistolen, der messingene Ladestock, der Handschar und das Sacktuch versorgt, rückwärts aber die gestickten, ledernen oder metallenen Patronentäschchen befestigt werden. An der Seite rechts hängen überdies ein kurzes Messer (noš) in lederner Scheide, ein Feuerstahl und eine Fettbüchse zur Oelung der Waffen an Schnuren herab. — Macht der Mann einen weiteren Weg, so zieht er ein buntgestreiftes Westchen (jelek) an, hängt eine dicke, mit blauen Schnüren ausgenähte Tuchjacke (gunjac) oder Mantel um und vervollständigt seinen Waffenschmuck durch eine lange, über die Schulter gehängte albanesische Flinte (dževerdar) oder in neuerer Zeit das vorgeschriebene Milizkapselgewehr, was sein kriegerisches Ansehen nicht wenig erhöht. Die Fußbekleidung besteht aus bunt gestrickten Strümpfen (čarape) und Bundschuhen (opanci) aus ungegerbtem Leder.

Im westlichen Serbien trägt der Bauer gewöhnlich weitgeschnittene Beinkleider von braunem Tuch, welche unmittelbar unter dem Knie gamaschenartig sich verengen. Im serbischen Süden erscheinen in der Volkstracht oft albanesische Elemente, so das weiße um das Fes geschlungene Tuch, die aufgeschlitzten Aermel an der kurzen braunen oder schwarzen Tuchjacke und bei Regenwetter der weite rothe Mantel. Im Südosten herrscht als Kopfbedeckung die bulgarische Schaffellmütze (šubara), im Osten die rumänische Kleidweise vor.

In den Städten ist die Männertracht, soweit sie in Beamten- und Kaufmannskreisen nicht der europäischen gewichen ist, reich und höchst kleidsam. Von blauem Tuche ist das türkisch geschnittene, mit schwarzen Schnüren reichbesetzte Beinkleid und die im Winter mit Pelz verbrämte, eben so reich verzierte Oberjacke.

Der handbreite, mehrere Ellen lange Shawlgürtel ist aus Garn fest gewebt, bunt gestreift, manchmal aber von kostbarem Kaschmir oder Seidenstoff.

Serbische Landleute.

Die rothe Weste ist mit Goldschnüren reich ausgenäht, das Hemd fein und kostbar gestickt. Die Waffen und übrigen Bekleidungsstücke zeichnen sich ebenfalls aus durch reichere Ausstattung.

Die Frauentracht wird in ihrer vielfachen Abwechslung hauptsächlich durch den Kopfputz charakterisirt. Blumen, Silber- oder Goldmünzen, zu welchen bei den Städterinnen noch ein kleiner Fes kommt, bilden bei den Mädchen in mannichfaltiger Anordnung die Hauptstücke des Kopfschmuckes. Die Frauen tragen diadem-, helm- oder tellerartige Aufsätze, die, mit Münzen, Federn, Tüchern oder sonst Etwas ausgeputzt, in den Städten durch ein gesticktes, vom Zopf umrahmtes Fes ersetzt werden. Der Anzug der serbischen Bauerfrau ist im Uebrigen sehr einfach. Das wichtigste Stück desselben bildet das lange, vom Halse bis zu den Knöcheln reichende, an Brustschlitz, Achseln und Aermeln reich mit bunter Wolle gestickte Hemd von starker, selbstgewebter Leinwand. Im Hause und Felde kommt selten mehr zu demselben, als zwei buntgestreifte Schürzen, nach vorn und rückwärts gebunden, ein Leibgürtel und manchmal ein kurzes, vorn offenes Jäckchen. Das Oberkleid, welches nur selten im Hause selbst getragen wird, ist ein mit bunten Streifen, Tuchrosen u. s. w. besetzter ärmelloser Rock von starkem weißen Abatuche. Bunte Strümpfe und Opanken bilden wie bei den Männern die Fußbekleidung. Das Malerische des Anzugs wird, abgesehen von dem reichen, phantastischen Kopfputz, noch durch Perlen, Spangen, Ringe, Ohrgehänge, Münzen u. dgl. m. gehoben.

Besonders kleidsam ist die halb orientalische, halb abendländische Tracht der Städterinnen. Ein durchsichtiges, gesticktes Hemd bedeckt mit Hülfe eines Halstuches mehr oder weniger die Büste, die selbst des Schutzes des vorn offenen Oberjäckchens entbehrt, dafür aber mit einem Sträußchen, oder bei Frauen mit einer großen Goldmünze geschmückt wird. Um die Hüften ist eine schwere brokatene Schärpe geschlungen, deren reich ornamentirte Enden nach vorn über den buntseidenen Rock von europäischem Schnitte lang herabfallen. Ein oft goldgesticktes Sacktuch, Fächer, Bouquet, breite Armbänder und möglichst viele Ringe vervollständigen mit den Perlen und Dukatenreihen um den Hals die Toilette einer serbischen Dame. Entstellt wird dieses Bild durch die Unsitte des Schminkens und des Färbens der Haare, Augenbrauen und Lippen, ein Gebrauch, der nicht auf vieles Küssen schließen läßt.

Betrachten wir uns die Wohnungen der Serben, so finden wir, daß selbige in den kleineren Orten und auf dem Lande entweder aus Fachwerk oder aus einem steinernen Unter- und einem hölzernen Oberbau bestehen und mit einem oft sehr hohen Holz-, Stroh- oder Ziegeldache abgedeckt sind. Die Länge des Hauses beträgt gewöhnlich 15—20, die Tiefe 15 Schritt und im Innern ist es in zwei oder drei Räume eingetheilt. Die Hauptthüre führt in letzterem Falle in den mittleren und größten Theil des Hauses, der als Küche dient und nicht wie die beiden anderen Räume durch eine Oberdecke abgeschlossen ist. Die Feuerstelle befindet sich hier unmittelbar auf dem mit Erde abgestampften Boden, und der Rauch entweicht durch eine Oeffnung im Dache. Die Wohnzimmer sind mit Rohrmatten oder Teppichen ausgelegt, und diese bilden mit einigen Kissen das Nachtlager. Bettstellen und Schränke sind äußerst selten. Die besseren Kleidungsstücke hebt man in Truhen auf, welche, bunt bemalt, vorzüglich aus dem siebenbürgischen Kronstadt eingeführt werden. Niedere Schemel auf drei Beinen vertreten die Stelle der Stühle, aber jedes bessere Haus besitzt ein möglichst bunt gemaltes Bild seines Heiligen. Vor demselben hängt eine Zinnlampe, neben dieser gewöhnlich eine Gusle, ein geigenartiges, rohes Streichinstrument mit einer einzigen Saite; die Hauptzierde sind aber die Waffen der Männer des Hauses.

Schäfermädchen.

Manchmal schmücken auch das Bildniß des Fürsten, Lithographien alter serbischen Helden, dann einige bunte Trinkgläser, Geschirre und Zinnteller auf einem schmucklosen Wandbrete die weißgetünchten Mauern. Alles Glas kommt von auswärts und daher findet man im Innern des Landes und namentlich in den Bauernhäusern nur selten Fensterscheiben — Papier auf Holzrahmen aufgeklebt muß sie ersetzen. — Man sieht, der Einrichtungsstücke einer serbischen Bauernstube sind nur wenige. Auch der übrige Hausrath beschränkt sich nur auf das Nothwendigste, als: einen großen Kupferkessel, der an einer Kette von der Dachsparre herabhängt, eine eiserne Bratpfanne, Feuerzange, mehrere irdene Töpfe und große Krüge von alter, von den Römern ererbter Form, einige Teller, Holzlöffel, seltener Gabeln und hölzerne oder irdene Leuchter.

Rings um das Haus des Starjeschina, des Familienobern, welches auch den unverheiratheten Familiengliedern zur Wohnung dient, gruppiren sich die kleinen Häuschen der Verheiratheten. Sie enthalten gewöhnlich nur einen Schlafraum, da das Mittagsbrot und der Abend alle Mitglieder der Familie im großen Raume des Starjeschinahauses vereinigt.

Ein Palissadenzaun umschließt das Gesammtgehöft, in dem auch in einigen auf Pfählen erbauten und aus Weidengeflecht bestehenden Speichern die Vorräthe des Hauses aufbewahrt werden. Unter diesen Bauten suchen die Hausthiere am liebsten Schutz bei schlechtem Wetter.

In der serbischen Küche spielen Schöps, Geflügel, Fische, Reis, Zwiebeln, Knoblauch und besonders Paprika die Hauptrolle. Weiche Eier werden zum Nachtisch aufgetragen, während die Kissela tschorba, eine mit Citronensaft gesäuerte Fisch- und Geflügelsuppe, den Anfang macht. Auf dem Lande sind Maismehl, mannichfach zubereitet, und Schafskäse die vorwaltenden Nahrungsmittel; Wein und Rakia dienen als Getränke.

Der Sinn für Familienleben, Freiheits- und Vaterlandliebe, Rechtschaffenheit und eine gewisse Hinneigung zum Mysticismus, das sind die Grundzüge des serbischen Volkscharakters.

Die Familiengemeinschaft hat sich bei den Serben noch ganz in alter patriarchalischer Weise erhalten. Der Vater, das natürliche Familienoberhaupt, steht der Hausgenossenschaft (zadruga) als starješina vor; er vertritt sie den Behörden gegenüber, schlichtet die Streitigkeiten, leitet die Arbeiten des Hauses, vertheilt die Einkünfte und Ausgaben zwischen den Hausgenossen und sorgt für diese, wie für sich selbst. Stirbt der Vater, so wird der Befähigtste als Starjeschina gewählt, und bewährt dieser sich nicht, so kann zu einer Neuwahl geschritten werden. Das Wohl und Wehe der einzelnen Glieder ist auf das Engste mit den Schicksalen der Hausgenossenschaft verbunden. Jemehr der Einzelne durch seine Arbeit zu dem erhöhten Wohlstande der Sadruga beiträgt, desto größer ist auch sein Anspruch an den Gesammtbesitz im Falle seines Austritts aus dem Verbande, ein desto reicheres Erbe kann er seinen Kindern hinterlassen. Die Einzelthätigkeit der Genossenschaftsglieder wird in dieser Weise durch die Hauskommunion nicht nur nicht gehemmt, sondern ermuthigt und gekräftigt. Wir müssen uns auf diese wenigen Andeutungen über die serbische Hausgenossenschaft beschränken und verweisen eines Näheren auf F. Kanitz's ausführlichen Werk über Serbien.

Die Stellung der Frauen in der Familie ist im Ganzen eine untergeordnete, wenn auch nicht in dem Grade, wie bei den Montenegrinern. Gewisse Sitten jedoch, wie der den Frauen auferlegte Handkuß, das übliche Aufstehen derselben beim Eintritte eines Mannes, das Bedienen der Frauen bei den Gastereien, ohne daran Theil zu nehmen, u. A. m. lassen eine geringe Würdigung des Weibes genugsam erkennen. Eine Ausnahme von diesem Verhältnisse macht aber die Beziehung zwischen Bruder und Schwester. Mit innigster Liebe, ja mit Begeisterung, hängt die Serbin an ihrem Bruder, der gern sein Leben hingiebt, wenn Ehre und Wohl der Schwester zu schützen oder zu rächen sind. „So wahr mein Bruder (meine Schwester) lebt!" gilt als einer der heiligsten Eide.

Serbische Wohnung.

Dem hohen Grade der Geschwisterliebe stellt sich an Tiefe und Innigkeit des Gefühls nur der Freundschaftsbund zur Seite, welchen zwei Mädchen oder junge Männer aus freier Neigung mit einander schließen.

Die Bundesbrüder- oder Bundesschwesterschaft (pobratimstvo, prosestrimstvo) der Südslaven gestaltet das zwischen zwei Personen aus freier Wahl eingegangene Freundschaftsband zu einem von der Kirche geheiligten, für das Leben unlöslichen Bunde, welcher in weit höherem Grade als die Blutsverwandtschaft zu gegenseitiger Treue und Unterstützung verpflichtet. Gewöhnlich trifft der junge Mann oder das Mädchen seine Freundeswahl unter den Gespielen ihrer Jugend, und zwar am liebsten zur Osterzeit, oder bei Familienfesten, Hochzeiten, Taufen. Hat sich der Freund, die Freundin bewährt, so schwört man sich nach Ablauf eines Jahres, sehr oft am zweiten Ostertag, unter Anruf

Gottes und des heiligen Johannes, Treue und Freundschaft. Man setzt sich in manchen Gegenden Weidenkränze auf den Kopf, verbindet sich zu gegenseitigem Schutz bis zum Tode und läßt dem Bunde oft durch den priesterlichen Segen die höchste Weihe ertheilen. — Selten werden die hiermit übernommenen Pflichten verletzt; geschieht es dennoch, so verfällt der Treulose nach dem Volksglauben der Rache des Himmels. So läßt das Volkslied einen Mann, der seiner schönen Bundesschwester in nicht ganz reiner Absicht sich zu nähern wagte, durch einen Blitz aus heiterem Himmel tödten:

„Doch, oh sieh! gleich fuhr ein Blitz vom Himmel,
Schlug zu Boden Peter den Bulgaren."

Arg entrüstet aber ruft die Jungfrau:

„Jeden Heiden möge Gott so strafen,
Der da küßt, die ihm in Gott ist Schwester."

Nicht minder heilig und mit für das ganze Leben geltenden Verpflichtungen, jedoch mehr kirchlicher Natur, ist die Pathenschaft (kumstvo), in welche Tauf- oder Hochzeitsbeiständе zu dem Täufling oder den Getrauten treten. Gewöhnlich wählt man den Hochzeitskum auch zum Taufkum des ersten Neugeborenen.

Bezeichnend für die Lebensanschauungen der Serben sind die Heirathen. Dieselben gehen in der Regel nicht aus dem Herzensbedürfniß, sondern aus den Rücksichten für die Familienkommune hervor. Der Vater, welcher seinen Sohn zu verheirathen gedenkt, hält bei dem Vater des für den Hausstand passenden Mädchens um dessen Hand an, und erst wenn man sich über das Beibringen geeinigt hat, wird das Brautpaar mit dem Vorhaben bekannt gemacht. Daher kommt es, daß mancher hübsche Bursche an ein längst verblühtes Mädchen gefesselt, daß manchem Alten ein junges Blut geopfert wird, und in vielen Volksliedern finden wir die Klagen um so gebrochenes Lebensglück, z. B.:

„Hoher Schnee fällt am Sankt Georgstage.
Ueberfliegen kann den Schnee kein Vöglein;
Doch das Mädchen läuft darüber barfuß,
Hinter ihm der Bruder mit den Schuhen.
„Friert's dich nicht, o Schwester, an den Füßen?"
„Nimmer, wahrlich, friert's mich an den Füßen!
Doch im Herzen friert's mich zum Erstarren,
Frieret mich — doch nicht vor Schnee'es Kälte!
Frieret mich vor meiner eignen Mutter,
Die mich hingab ungeliebtem Manne!""

Unter solchen Umständen sind Entführungen keine Seltenheiten. Das Volkslied läßt das Mädchen ihres Herzens in die Wildniß fliehen, um den Umarmungen des ihr bestimmten Ungeliebten zu entgehen. Einfacher vollzieht sich eine solche selbständige Vereinigung in der Form des „Zulaufens", indem das Mädchen in das Haus des Bräutigams kommt. Haben dann die Freunde und Verwandten des Letzteren einen Ausgleich mit den Eltern des Mädchens herbeigeführt, so findet eine einfache, stille Hochzeit statt, andernfalls sind aber Streit und Kampf, selbst gerichtliche Einmengungen die Folgen.

Auf einer Zugelaufnen bleibt aber, auch bei friedlichem Ausgange des Handels, im Volksbewußtsein immerhin ein gewisser Makel hangen, wie dies in folgendem Verse zu erkennen ist:

„Weh' dem Land, durch welches Heere streifen;
Weh' den Mädchen, die von selbst zugreifen!
Eh'ster Tag' bekommen sie's zu hören:
„Wärst was werth, wärst nicht von selbst gekommen!"

Ist die Brautwerbung in allen Formen des Rechtes und der Sitte vor sich gegangen, so wird an einem Sonn- oder Feiertage die Hochzeit ausgerichtet. In festlichem Zuge begiebt sich die Braut mit ihren Hochzeitsbeiständen, Freunden und Verwandten unter Vortritt einer Musikbande oder auch nur eines Dudelsackpfeifers nach dem Hause des Bräutigams. Von den Brüdern wird nun die Braut dem Verlobten mit herzlichen Worten empfohlen und überantwortet. Jetzt erhält der Zug ein erhöhtes Leben. Man zieht auf langen Umwegen zur Kirche, Alles soll die entwickelte Pracht bewundern, an der Freude Theil nehmen. In der Kirche angelangt, liest der Priester die vorgeschriebenen Gebete ab, schlingt hierauf ein weißes Tuch um die linke Hand der Braut und um die rechte des Bräutigams, während der Hochzeitskum gleichzeitig Beider Köpfe mit einem zum Geschenke für die Braut bestimmten Stoffe — bei Wohlhabenden von schwerer Seide — bedeckt. Nun ergreift der Geistliche zwei in jeder Kirche für diesen Gebrauch vorhandene Metallkronen, setzt sie auf die Häupter des Brautpaares und steckt sodann unter den üblichen Trauungsformeln die symbolischen Ringe an den linken Zeigefinger der Braut und des Bräutigams. Die Getrauten halten nun, begleitet von den Beiständen, mit brennenden Kerzen in den Händen einen dreimaligen Umgang um den Geistlichen, und dieser befreit sodann die für ewig Verbundenen durch Abnahme der Kronen und Stoffbehänge von ihren zeitlichen Banden.

Musik und Pistolenschüsse verkünden außerhalb der Kirche den Schluß des vollzogenen Ehebundes. Die Lustigkeit des Hochzeitszuges steigert sich, jemehr man sich dem Hochzeitshause nähert. Dort empfängt die Mutter die Neuvermählten mit Segenssprüchen, mit Brot und Wein, eine symbolische Andeutung, daß es im Hause niemals an Speise und Trank fehlen möge. — Nun beginnt das Mahl, während dessen sich Djever (der Bruder des Bräutigams) und Tschausch (der bestellte Spaßmacher) in lustigen Sprüchen und Witzen zu überbieten suchen. — Zum Abschiede küßt die Braut alle Anwesenden auf die linke Wange, welche Artigkeit mit einem Geldgeschenke erwiedert wird. — Am Morgen nach dem Hochzeitstage macht die junge Gattin (mlada) in Begleitung ihrer Jugendfreundinnen einen feierlichen Gang zum Bache oder Brunnen, um Wasser zu holen. Sie erscheint bei dieser Gelegenheit in einem merkwürdigen Kopfputze. Große Rosen, aus Silbermünzen kunstvoll angefertigt, natürliche und künstliche Blumen und Pfauenfedern bedecken den riesigen, hufeisenförmigen Kranz aus Pappe, welcher senkrecht über dem Scheitel mit Bändern unter dem Kinn befestigt wird. Diesen wol mehrere Pfund schweren Schmuck trägt die Neuvermählte an den zahlreichen Festtagen, ein bis zwei Jahre lang, falls sie bis dahin nicht Mutter wird. (F. Kanitz, „Serbien.")

Bei allen kriegerischen Tugenden ist der Serbe im Allgemeinen eine duldsame, friedfertige Natur; Zweikampf und Blutrache kennt er nicht. Er ist ehrlich, ausdauernd, ja selbst hartnäckig. Bei seinem scharfen Verstande läßt er sich nicht leicht übervortheilen, er betrügt aber auch nicht; glaubt er in einer Sache im Rechte zu sein, so hält er an demselben fest und läßt es auf einen Prozeß ankommen. Von stolzem Selbstgefühl durchdrungen, scheut er persönliche arbeitsvolle Dienstverhältnisse, und daher sind allenthalben Dienstboten nur schwierig im Lande zu erlangen. Tritt der Serbe aus den gewohnten Verhältnissen des Elternhauses heraus, so wird er gern Soldat oder Beamter, deren wenig angestrengtes Leben ihm am besten zu gefallen scheint; am allerwenigsten wird er aber Handwerker. Gewerbebetrieb ist ihm eine ganz verächtliche Sache, und deshalb sind die eingewanderten Deutschen, die meist dem Handwerk obliegen, wenig angesehene Leute.

Der Handelsstand aber wird von den Serben gern ergriffen und sie sind für denselben vermöge ihres Verstandes und der sprüchwörtlich gewordenen Knauserei vorzugsweise befähigt. Zu ihrer Charakteristik in dieser Beziehung erzählt die Sage Folgendes: „Als Jesus Christus am Kreuze hing, kamen die Völker Ungarns dort zusammen und beriethen sich, auf welche Weise sie wol in den Besitz des Leichnams gelangen könnten. Der Magyar sagte: „Wir nehmen den Leichnam mit Gewalt." Der Walache rieth, die Wächter zu berauschen, und wenn die Betrunkenen schliefen, Jesum zu stehlen. Der Slave wollte den Leib Christi durch Bestechung gewinnen, und der Deutsche wollte denselben durch eine unterthänige Bittschrift von der Behörde erlangen. Der Serbe aber sagte: „Wir wollen den Leichnam kaufen, denn vielleicht können wir ihn später mit Nutzen wieder verkaufen."

Die serbischen Kaufleute sind weithin verbreitet; sie haben in Bukureścht, Triest, Pest und Wien ihre Häuser und auf allen größeren Jahrmärkten Südungarns erscheinen Handelsleute aus Serbien mit ihren Waaren, welche freilich nicht aus Fabrikaten, sondern nur aus Rohstoffen, Häuten, Schaffellen, Wolle, Flachs u. dergl. bestehen.

Den serbischen Landmann beschäftigen der Wald und die Viehzucht viel mehr als der Ackerbau, welcher mehr Mühe und Fleiß erfordert. Angebaut wird hauptsächlich Mais, in untergeordnetem Grade auch Weizen und in neuerer Zeit auch hier und da Kartoffeln. Der Weinbau wird beinahe ausschließlich auf der langgestreckten, zur Donau hinabziehenden Hügelterrasse betrieben; der Negotiner Weißwein gilt als die beste Sorte und ist dem südspanischen Gewächse sehr ähnlich.

Als Tugenden der Serben rühmt Kanitz die Liebe zum Vaterlande, den Sinn für Familienleben, die Gastfreundschaft und Mäßigkeit; er schweigt aber, obgleich er die eheliche Treue lobt, über die sittlichen Zustände. Ebenso zurückhaltend über letzteren Punkt zeigen sich der Engländer W. Denton in seinem Buche „Serbien und die Serben" und sein Uebersetzer D. v. Cölln. Voll Lobes sind aber der k. k. Hauptmann Rajatschitsch („Das Leben, die Sitten und Gebräuche der im Kaiserthum Oesterreich lebenden Südslaven") und O. v. Piroch („Reise nach Serbien im Spätherbst 1829").

Guslaspieler, Heldenlieder vortragend.

A. Leist, ein Kenner der Süddonauländer, äußert sich an das Pirch'sche Urtheil anknüpfenden folgendermaßen: Gewiß, dieser Tourist hat die Gunst, die man ihm bewiesen, nicht mit Undank belohnt und seine Nachschreiber haben, gestützt auf die günstigen Aussagen, sogar die große Sittenreinheit des serbischen Volkes gepriesen. Wir unsererseits haben das Volksleben weniger im Konak (Herrensitz) des Hochgestellten, als im Han und wol auch in der Hütte des Landmannes kennen gelernt, und obgleich wir dem serbischen Volke mit Vorliebe zugethan sind, müssen wir doch gestehen, daß jene in den Büchern gepriesene Sittenreinheit beim gemeinen Volke gar nicht existirt, denn man steht in Serbien in Bezug auf die Sittlichkeit gar nicht auf dem Standpunkte unserer Begriffe. Die Sitten des fröhlichen serbischen Volkes sind namentlich in einer Beziehung sehr lax und es ist sehr wahr, was ein Reisender gesagt hat, daß mit dem Laufe der Donau die Schlüpfrigkeit immer mehr zunimmt, bis dieselbe in der Walachei und besonders in Bukureschtbis zur größten Extravaganz ausartet. (Vgl. „Globus", VII, S. 167.)

Was die Vergnügungen anlangt, so liebt der Serbe beinahe ausschließlich Musik und Tanz; Kartenspiele haben erst in jüngster Zeit im Inneren des Landes Eingang gefunden, und zwar nur mit kleinen Einsätzen, denn höhere können ohne Widerrede zu Gunsten der Gemeindekasse eingezogen werden. Beliebt sind auch Waffenübungen, Wettläufe und bei den Männern Steinwerfen. Frauen und Mädchen unterhalten sich aber in den abendlichen, auf dem Lande üblichen Spinngesellschaften, die gemüth- und poesievollen Frauenlieder in einfachen Weisen singend. Auch sonst giebt es Gesänge in Fülle bei jeder Gelegenheit, beim Tanz und Spiel, bei der Ernte und der häuslichen Arbeit. Das ganze tägliche Leben der serbischen Jugend ist mit Gesang und Poesie durchwoben. Gesang begleitet jedes Geschäft, oft in der innigsten Verbindung mit ihm, er bringt das ganze Leben des Volkes zum Ausdruck. Neben diesen durch die Gelegenheit gegebenen poetischen Ergüssen der augenblicklichen Empfindung besitzen die Serben noch einen reichen Schatz überlieferter Dichtungen, Legenden, Helden- und Frauenlieder. Kurze Stücke in verschiedenem Versmaße, sie seien lyrisch oder episch, die ohne Instrumentalbegleitung gesungen werden, heißen ženske pjesme (ž entspricht einem weichen sch-Laute) oder Frauenlieder, weil sie meistens von Frauen gesungen werden. Sie handeln von Liebe, vom Haus- und Familienleben, von Festlichkeiten u. dgl. m. Ihr Grundzug ist Zärtlichkeit, wenn sie nicht Klagen, Haß und Verwünschungen gegen schlimme Verwandte, Bedrücker und untreue Liebhaber zum Ausdruck bringen. — Als Proben wollen wir aus der Talvj'schen Sammlung „Volkslieder der Serben" einige Verse anführen:

Liebende Besorgniß.

Singen möcht' ich, doch ich darfs nicht heute,
Denn es schmerzt das liebe Haupt dem Freunde!
Hören würd' er's und im Herzen trauern;
Sagen, daß ich nicht um ihn besorgt sei!
Doch ich sorg' um ihn und gäb' die Seele;
Trag' ihn auf dem Herzen, wo ich weile,
Wie die Mutter ihren kleinsten Liebling.

Zwiefache Verwünschung.

Flucht das Mädchen ihren schwarzen Augen:
„Schwarze Augen, möchtet ihr erblinden!
Alles schaut ihr, hättet heut' ihr's nimmer,
Wie mein Liebster bei dem Hof vorbeiging.
Eine Blume trug in seinen Händen,
Auf den Schultern ein gesticktes Tüchlein,
Das ein andres Liebchen ihm gegeben!
Zweige waren drauf gestickt in Menge.
So viel Zweige auf dem Tüchlein waren,
So viel Herzenswunden mög' er haben!
So viel Aeste waren an den Zweigen,
So viel Herzensqualen mög' er leiden!"

Liebesqual.

O du blütenschöne Blume!
Gott soll deine Mutter strafen,
Die so lieblich dich geboren,
Und dich mitten in das Dorf schickt,
Wo die Helden zechend sitzen,
Junge Burschen Steine werfen,
Bräute Ringeltänze tanzen
Und die Jungfrau'n Lieder singen!
Dorten war's, wo ich dich sahe!
Ewig schmerzt davon das Herz mir!

Die böse Schwiegermutter.

Wie so schön, o schöne Mara!
Doch was nützt dir deine Schönheit,
Wenn sie dem Nenad dich geben?
Hat Nenad nicht eigne Wohnung,
Fremde Wohnung, fremde Mutter.
Fremde Mutter, schlechte Schwieger;
Abends gießt sie aus das Wasser,
Klaget dann den Nachbarinnen,
Daß im Hof das Wasser fehle.

Unter den Frauenliedern sind ohne Zweifel die Hochzeits-, Regen- und Königinnenlieder, wie überhaupt diejenigen, welche bei gewissen wiederkehrenden Gelegenheiten gesungen werden, uralt. Viele davon stammen aus der heidnischen Zeit, wie dies eine Menge mythischer Anspielungen, die die Sängerinnen längst nicht mehr verstehen, unwidersprechlich beweisen. Die **Hochzeitslieder** sind mitunter unnachahmlich schön; kaum aber, daß sie eine Beziehung auf die kirchliche Weihe enthalten. — Von nicht geringerer Anmuth sind die **Pfingstköniginnenlieder**, welche die Mädchen am lieblichsten Jahresfeste zu Ehren der Leljo, der altserbischen Liebesgottheit, vor den Häusern singen und dabei jedem einzelnen Gliede der Familie einen Strauß duftiger Feldblumen überreichen. Sie erinnern an die deutschen Umzugslieder am Johannis- und Osterfeste und an die englischen Wassail-Gesänge, übertreffen sie aber unendlich an Poesie. Sie sind ebenfalls voll mythologischer Anspielungen. — Noch entschiedener von heidnischem Ursprunge aber ist die Sitte, daß zur Zeit eingetretener Dürre die nur mit Sumpfblumen, Schilf und Weidenzweigen bekleideten jungen Mädchen des Dorfes umherziehen und mit dem immer wiederkehrenden Rufe „Dodo le dodo" Gott in Liedern um Regen anflehen. Sie werden ebenfalls, wie die Papaluga in der Moldau, mit Wasser begossen. Auch an den Himmelfahrtstag, an dem die Mädchen auf das Feld gehen und Blumen pflücken, knüpfen sich Lieder von durchaus heidnischem Charakter, keine Anspielung auf die kirchliche Lehre. In den Fastenliedern erscheinen zwar die Heiligen, aber sie geberden sich genau so wie heidnische Götter. Auffallend knapp ist das Weihnachtsfest bestellt, das im Abendlande doch so reich an Liedern ist. (S. Einleitung zu Talvj's „Volkslieder der Serben.")

Die **Heldenlieder** (Junačke pjesme von Junak = Held, Jüngling. č = tsch) sind lange, epische Erzählungen in Versen mit regelmäßigen

Trochäen und werden zur Gusle in einförmigen Melodien gesungen, oder auch nur einfach vorgetragen. Im Allgemeinen ist der Charakter des serbischen Epos sachlich und darstellend. Der Dichter steht meistens in sehr ansehnlichem Grade über seinem Gegenstande. Er malt seine Gemälde nicht mit glühenden Farben, aber mit deutlichen, scharf vorspringenden Zügen; es bedarf keiner Erläuterung mehr, was der Leser mit eigenen Augen zu sehen glaubt. Die epischen Gedichte der Serben stehen in Bezug auf klare Charakterzeichnung und Durchführung des Stoffes weit über jenen der anderen slavischen Völker, bei denen die Erzählung oft sehr verschwommen oder durch leidenschaftliche Darstellung persönlich gefärbt erscheint. Der Serbe dagegen, selbst wenn er seine Landsleute im Kampfe gegen ihre Todfeinde schildert, enthält sich jeder Parteilichkeit für die Ersteren eben so wie Homer für die Griechen. Die Einleitungen, nicht nur zu den Erzählungen im Allgemeinen, sondern selbst zu neuen Handlungen und Lagen, sind häufig allegorischer Art — es wird ein bestimmtes Bild vorgeführt. — Ein montenegrinisches Heldenlied, das eine berühmte blutige Rachethat besingt, fängt wie folgt an:

„Wer schreit solch' Angstgeschrei von Banjani her,
Ist dort die Wila? Ist die gefürcht'te Schlange dort?
Wär es die Wila, sie stände auf den Gipfeln,
Und wär's die Schlange, zwischen Bergen läg' sie;
Nicht ist's die Wila, nicht die Schlange;
Es schreit vor Angst dort Petrowitsch Batritsch,
Der in den Händen Osmans, des Sohns von Tschorow."

Raben sind Boten unglücklicher Neuigkeiten; die Schlacht von Mischar beginnt mit folgenden Worten:

„Zufliegen kommt ein Paar von dunkelschwarzen Raben,
Sie kommen weit vom großen Feld von Mischar,
Weit von Schabatz, der hohen, weißen Festung:
Und blutgetränkt sind bis zum Augenlid ihre Schnäbel
Und blutig ihre Füße bis zur Ferse."

— — — — — — — — — — —

Zahl und Inhalt der serbischen Heldengedichte ist sehr groß. Der älteste, dem 14. und 15. Jahrhundert entstammende Sagenkreis handelt von Duschan Nemanja und seinen Helden, vom frommen Zar Lasar, ihrem letzten unabhängigen Oberhaupte, welcher von den Türken in der Schlacht auf dem Amselfelde gefangen und dann hingerichtet wurde, und vom Tode seiner treuen Ritter auf demselben Schlachtfelde. In unmittelbarem Zusammenhange mit diesen epischen Gesängen sind etwa 30 oder 40 an der Zahl, deren Held Marko Kraljewitsch (d. h. Marko der Königssohn), der serbische Hercules ist. Die Bilder in diesen Gesängen sind außerordentlich wild und kühn und haben öfters einen mythologischen Hintergrund.

Sowol die epische als lyrische Poesie der Serben ist mit einem überlieferten Glauben an gewisse phantastische Geschöpfe der heidnischen Vorzeit sehr verwoben und schreibt diesen einen fortwährenden Einfluß auf die menschlichen Angelegenheiten zu. Wjaschtitzi, verhüllte Frauen, die von Haus zu

Haus gehen, überall Verderben mit sich bringend; die Pest als ein altes, schrecklich aussehendes Weib; auch die Heiligen, unter ihnen der Donnerer Elias, und die feurige Maria, die Licht verbreiten — alle diese erscheinen gelegentlich. Die Hauptfigur aber ist die Wila, eine Berg- und Waldnymphe oder Hexe, die fast derselben Art ist wie die Elementar-Geister des Nordens, obschon bei ihr die bösen Eigenschaften vorwalten und ihre Einmischung in den meisten Fällen Unglück bringend ist.

Nachdem mit der Eroberung Serbiens durch die Türken die offenen Feldschlachten aufgehört, erzeugten die Bedrückungen und Mißhandlungen der Herrscher ein neues Heldenthum — das Haidukenthum, und zugleich einen neuen Kreis für die Volkspoesie. Diese Lieder aus dem 17. und 18. Jahrhundert besingen die Thaten der Haiduken, ferner Hochzeitsabenteuer, Familienzwiste, Privatfehden mit den Türken und Zweikämpfe mit ihnen. In wenigen Liedern dieser Periode ist ein geschichtlicher Hintergrund erkennbar.

Aus den langen blutigen Kämpfen, welche im Anfange dieses Jahrhunderts zur Abschüttelung des Türkenjoches führten, erblühte mit der Freiheit auch ein neuer Kranz von Balladen, die Befreiungslieder; Kara Gjorgje und seine Gefährten Janko Katitsch, Stojan Tschupitsch, Milosch von Pozerje, das sind die Helden dieser Gesänge, die in Sprache und Auffassung keinen wesentlichen Unterschied von jenen der älteren Perioden erkennen lassen. Ihre Dichter waren zum Theil Volkssänger, Rhapsoden, welche im Lande umherziehen und in den Dörfern unter der Linde oder im Konak der Großen der begierig lauschenden Versammlung ihre Lieder vortragen. Sie sind es auch, die jene alten Dichtungen im Volke lebendig erhalten, die Gegenwart und Vergangenheit in trauten Verkehr setzen. Nicht minder thätig für die Pflege des Volksliedes ist auch der Familienkreis. In den abendlichen Vereinigungen der Hausgenossen singen die Alten mit begeistertem Munde von den Thaten der Helden und den Kämpfen gegen die Unterdrücker und erfüllen die Jugend mit Hingabe für das Vaterland, mit Liebe für die poetische Gestaltung.

Zum Schluß wollen wir noch bemerken, daß, während in jeder anderen slavischen Dichtung das musikalische Element vorwiegt, dies in der serbischen gänzlich in den Hintergrund gedrängt ist. Selbst die kleinen lyrischen Lieder der Frauen sind nicht nur sehr eintönig, sondern entbehren selbst der eigenthümlichen Harmonie der meisten epischen Lieder, sie werden mehr im singenden Tone vorgetragen als eigentlich gesungen.

Wir müssen uns hier mit diesen kurzen Betrachtungen über die serbische Volkspoesie begnügen und verweisen im Uebrigen auf Talvj's „Geschichte der slavischen Sprachen und Literatur" und auf die beiden Liedersammlungen von Talvj und Siegfried Kapper.

Die poetischen Schöpfungen eines Volkes werden wesentlich von der Sprache bedingt, und diesem Umstande verdanken die serbischen Dichtungen theilweise ihre hervorragende Stellung im Bereiche der slavischen Zungen. Während die serbische Sprache keiner anderen ihrer slavischen Verwandten an Reichthum und Klarheit nachsteht, übertrifft sie alle an Wohllaut wegen der ebenmäßigen Vertheilung der Konsonanten und durch das wechselnde Spiel der volleren Vokale. Jene, den anderen slavischen Sprachen so oft vorgeworfene Anhäufung von Mitlauten findet man selten im Serbischen. So z. B. vergleiche man das serbische wetar mit wjtr, krilo mit kzydlo oder skrzydlo, pao mit padl u. a. m. Es ist wahr, daß die serbische Sprache voll Turkismen ist; allein dies sind nur Beigaben, welche leicht, ohne an dem wesentlichen Schatze der Sprache Etwas zu ändern, beseitigt werden könnten. Die ins Serbische aufgenommenen Ausdrücke sind meist Hauptwörter und von diesen abgeleitete Zeitwörter; ihr Vorkommen erklärt sich leicht aus der mehrere Jahrhunderte währenden türkischen Herrschaft. In grammatischer Beziehung steht das Serbische mit den anderen slavischen Sprachen auf gleicher Linie, und es ist hier keineswegs an ähnliche Entstellungen zu denken, wie sie im Neubulgarischen angetroffen werden.

Als Sprachprobe geben wir folgenden Vers:

Gleda njega Budimska kraljica
Siehet ihn die Königin von Budim (Buda),
Pa doziva Jakšića Todora
Rufet gleich (hernieder) Jakschitsch Todor:
Oj sokole Jakšiću Todore!
Jakschitsch Todor, o (du edler) Falke!
Jesi li se more oženio?
Hast du, Närrchen, schon ein Weib genommen?
Ja djevojku za se isprosio?
Oder (doch) ein Mädchen dir erbeten?

Wir bemerken hierzu, daß c = dem deutschen z, ć = dem deutschen tj, č = dem deutschen tsch, s = dem scharfen ß, š = dem deutschen sch, v = dem deutschen w, z = dem französischen z, ž = dem französischen j ausgesprochen wird.

Das Gebiet der serbischen Sprache verbreitet sich über Serbien, türkisch Serbien, Bosnien, Herzegowina, Montenegro und Dalmatien, über Slavonien und den östlichen Theil von Kroatien. In diesen Ländern hat sich das Serbische in drei nur wenig von einander verschiedenen Mundarten ausgebildet:

1) Die herzegowinisch-montenegrinische oder südliche Mundart — wird in der Herzegowina, in Bosnien, Montenegro, Dalmatien und Kroatien gesprochen, und in Serbien in dem Matschwaer Landstrich bis nach Waljewo und Karanowatz.

2) Die resawische oder östliche Mundart — in den übrigen Theilen Serbiens, namentlich in dem Landstrich Branitschewo, an der Resawa, in der Landschaft Lewatsch, an der oberen Morawa, im Paratimer Bezirk und am Schwarzbach bis nach Negotin.

3) Die syrmische oder slavonische oder westliche Mundart — in Syrmien und Slavonien, in der Batschka, im Banat und in Mittelungarn, so weit dort Serben wohnen, und in Serbien zwischen der Sawe, Donau und serbischen Morawa.

Der östliche und südliche Dialekt werden heute gleichberechtigt in der Literatur angewendet, während die altslavische Kirchensprache, welche bis vor wenigen Jahrzehnten die alleinige Schriftsprache der orthodoxen Serben bildete, vollkommen aus der Literatur verdrängt worden und gegenwärtig nur noch beim orthodox-serbischen Gottesdienst im Gebrauch ist. — Was die Schrift anlangt, so bedienen sich die serbische, überhaupt die südslavischen Sprachen gegenwärtig noch dreier Alphabete: das lateinische mit der daraus entstandenen Fraktur wird bei den nördlichen serbischen Stämmen, bei den katholischen Slovenen, Kroaten, Slavoniern, Dalmatinern, Bosniern und Herzegowinern in Schrift und Druck angewendet. Das glagolitische Alphabet ist noch in den dalmatinischen Bisthümern Zara, Selenico und Spalato gebräuchlich, während die orthodoxen Serbenstämme vom Adriatischen Meere bis zur Donau und die Bulgaren sich ausschließlich der Cyrillica bedienen.

Die geistige Kultur des serbischen Volkes ist — obwol noch auf tiefer Stufe — in erfreulicher Entwicklung begriffen. Der Mangel an Schulpflege unter der türkischen Herrschaft, der Einfluß eines unwissenden Priesterstandes und die schwere Zugänglichkeit des Abendlandes, dessen Fortschritte nicht bis hierher dringen konnten, ließen die natürlichen guten Anlagen des Volkes unter einer Decke üppig wuchernden Aberglaubens ruhig schlummern. Erst Milosch Obrenowitsch war es vorbehalten, die dunkle Geistesnacht zu lichten, durch Errichtung von Schulen die nothdürftigsten Kenntnisse im Lande zu verbreiten. Die Nachfolger Milosch' setzen die Kulturbestrebungen fort, und heute haben wir in Serbien ein für die kurze Entwicklungszeit recht wohl ausgebildetes Schulwesen. Im Jahre 1872—73 bestanden folgende Anstalten:

1	Hochschule zu Belgrad . . .	mit	208 Studenten,
1	Theologisches Seminar . . .	„	286 Schülern,
1	Lehrerbildungsanstalt	„	59 „
1	Bildungsanstalt für Lehrerinnen	„	238 „
2	Obergymnasien	„	592 „
4	Untergymnasien	„	594 „
1	Oberrealschule	„	98 „
10	Unterrealschulen	„	459 „
458	Knaben-Elementarschulen . .	„	20,017 „
49	Mädchen „ . . .	„	2739 „
13	Privatschulen	„	237 Mädchen, 35 Knaben.

Hierzu kommen noch eine Militär-Akademie in Belgrad und eine Forst- und Ackerbauschule bei Poscharewatz, in Summa 544 Lehranstalten. Ein eigentlicher Schulzwang besteht in Serbien nicht, jedoch ist die Abhaltung fremder Kinder vom Schulbesuch und die Aufreizung derselben gegen die Lehrer gesetzlich untersagt; der Unterricht in den Staatsanstalten ist frei.

Als wichtige Bildungsmittel müssen auch die Lyceums- und Staatsbibliotheken und das National-Museum zu Belgrad genannt werden sowie die vom Fürsten Milosch 1841 gegründete Gesellschaft für serbische Literatur.

Weniger günstig ist das Bild auf kirchlichem Gebiete. Obwol die 1836 errichtete Priesterbildungsanstalt nicht ohne Segen gewirkt hat, so ist doch im Allgemeinen die Bildung und Stellung der Geistlichen noch derart, daß nicht viel Erbauliches über die Kulturförderung durch diesen Stand zu berichten ist. Noch immer waltet im Innern des Landes eine größere Zahl von Weltgeistlichen (popa), deren ganzes Wissen sich auf die Uebung des Rituals und Psalters beschränkt. Mit der Nothdurft des Lebens gleich dem Landmanne kämpfend, in dessen Gesellschaft er lebt, das Feld gleich dem Bauer bestellend, von dem er sich außer der Kirche oft nur durch seinen Vollbart und die eigenthümliche Popenmütze unterscheidet, kann der Pope selbstverständlich keinen bildenden Einfluß auf das Volk ausüben. Er ist seiner Gemeinde gegenüber in derselben Lage, wie der niedere Klerus in Rumänien und anderwärts in der griechischen Christenheit — sein Vortheil erwächst aus der Beschränktheit und aus dem Aberglauben seiner Herde.

Eines größeren Ansehens erfreuen sich aber in Serbien die Mönche, nicht etwa ihrer höheren Bildung wegen, sondern mehr durch den Nimbus, der ihre durch die altserbischen Zaren gestifteten Klöster umgiebt, die in der Türkenzeit die Freistätten des Christenthums waren, die im Befreiungskriege mit Rath und That dem Volke zur Seite standen. Aus der Hand der Mönche empfängt der Serbe am liebsten das österliche Abendmahl, von ihrem Segen erhofft der Kranke Heilung und die Beladenen suchen bei ihnen Tröstung und Hülfe. Das ganze religiöse und geistige Leben des Volkes findet seinen Angelpunkt in den Klöstern. Aus ihnen gehen auch die Bischöfe und der „Metropolit von ganz Serbien", der Erzbischof von Belgrad, hervor. Dieses vom Patriarchen in Konstantinopel ganz unabhängige Oberhaupt der serbischen orthodoxen Kirche bildet mit den 3 Bischöfen von Schabatz, Uschitza und Negotin die Nationalsynode, welche über die Einheit der Kirche und die Ausbildung des Klerus wacht. Letzterer setzt sich aus etwa 700 Welt- und 120 Klostergeistlichen zusammen. Die Zahl der Mönche dürfte sich indessen in der Zukunft vermindern, da nach einem Beschlusse der serbischen Volksvertretung vom Jahre 1875 die 41 bestandenen Klöster bis auf 5 aufgehoben werden sollen.

In Serbien herrscht volle Freiheit des Kultus; es ist aber streng verboten, aus der orthodoxen Landeskirche auszutreten. Neben letzterer bestehen, und zwar in Belgrad, eine römisch-katholische, eine deutsch-evangelische und eine israelitische Gemeinde. Die Zahl der Juden beläuft sich in der Hauptstadt auf etwa 200 Familien mit 1000 Köpfen, während 70 Familien im Lande zerstreut leben.

Wie schon bemerkt, steht mit der von unwissenden und eigennützigen Geistlichen gehandhabten Religion der Aberglaube in engster Beziehung, und von seinem ersten Tage an bis zum Grabe bleibt der Serbe mit Heiligen und Hexen, mit Natur und Unnatur in mystischem Verkehr.

Mancherlei Gebräuche hat der Aberglaube bei der Pflege der kleinen Kinder zu beobachten, wie wir dies in folgenden, dem Munde des Volkes entnommenen Verhaltungsmaßregeln ersehen können:

Sogleich nach der Geburt wird im Schornstein eine Zwiebel aufgehängt, um das Kind vor der Weschtitze oder Wjaschtitzi zu hüten. Wenn aber dies Mittel sich als ungenügend zeigt, dann wird dem Kinde über dem Kopfe eine

Krempel (carmen) aufgehängt. Kommen die Hexen auch dann, so bleiben sie an der Krempel hängen. Der Wöchnerin wird sogleich in die Nachthaube ein Stück Zwiebel eingenäht, um die Frau vor „bösen Augen" zu bewahren. — Gegen Hexen ist es auch sehr gut, daß man das Kind sogleich wiegt, wie schwer es sei. — Um das Kind für immer vor Mundschmerzen zu bewahren, soll man ihm im Munde einigemal einen Schlüssel umdrehen und dann denselben an einem Orte niederlegen, von wo er niemals hinweggenommen werden kann. Das Kind bekommt so starke Zähne, wie das Eisen ist. — Gewöhnlich reicht man dem Kinde zuerst die rechte Brust, damit es später nur mit der rechten Hand schreibt und arbeitet. — Um das Kind vor Leib- und Magenschmerzen zu bewahren, nimmt die Mutter am ersten Morgen nach der Geburt etwas Stroh aus dem Kindbett und kaut es ein wenig im Munde herum. — Abends wird das Bett des Kindes mit dem Rauch von alten Schuhen angeräuchert, da man glaubt, daß diesen Rauch keine Hexe vertragen könne. — Schreit das Kind beständig, dann wird dies als eine besondere Krankheit, „Wriska", betrachtet. Von dieser Krankheit und von dem nächtlichen Auffahren aus dem Schlafe befreit man es auf die Weise, daß man das Kind mit Viehkoth, welchen man auf einem Dorn gefunden hat, unter dem Arme, zwischen den Beinen, um den Körper und um den Kopf anräuchert. An manchen Orten wird zum Anräuchern das Haar vom Vater und von der Mutter gebraucht. Viele lösen den angebraunten Docht einer Kerze in Oel und geben dies dem Kinde zu trinken. Auch folgendes Mittel wird angewandt: wenn der Mond untergehen will, wird das Kind Abends vor das Haus gebracht, dann dreimal in die Luft gehoben und alle drei Mal spricht die Mutter:

„Der Mond geht hinter den Wald und das Geschrei meines Marko (oder wie der Name des Kindes ist) in den Wald."

Oder wenn man am anderen Ufer eines Wassers Feuer sieht, trägt man das Kind hinaus, nimmt in einem grünen Teller Wasser und ein Stück brennenden Holzes. Während man das Holz in das Wasser steckt, spricht die Mutter: „Wila verheirathet ihren Sohn und ladet meinen Pawle (oder wie das Kind heißt) zur Hochzeit ein. Ich schicke ihr nicht den Pawle, sondern sein Geschrei." Dies macht man dreimal und dann giebt man dem Kinde aus dem grünen Teller Wasser zu trinken, so viel es kann; das Uebrige wird auf eine Katze oder auf einen Hund gegossen; der Teller muß umgekehrt auf der Erde übernachten. In der Pozerina wird folgendes Mittel angewandt: die Mutter nimmt eine Feuerschaufel (batillum) und einen Tiegel und trägt dies dreimal um das Kind herum, sprechend: „Laufe das Geschrei fort, es jagt dich das mütterliche Werkzeug." Um das nächtliche Geschrei bei Kindern zu verhüten, wird bis zu einem Jahre nach der Geburt Abends aus dem Hause nichts gegeben oder geliehen. Wenn ein Fremder Abends aus dem Hause fortgehen will, so muß er dem Kinde den „Schlaf geben." Dies geschieht, indem man von dem Fremden ein Stückchen Zeug oder ein Stückchen Papier nimmt, neben das Kind legt und dazu spricht: „Schlafe, sowie ich schlafen werde." — Wenn das Kind nicht schlafen kann, wird es gewaschen mit dem Wasser aus dem Munde und abgewischt mit dem hintern Theil des Hemdes.

Im Belgrader Kreise hat sich noch folgende Sitte erhalten: wenn das Kind das erste Mal in ein fremdes Haus gebracht wird, so bekommt es beim Weggehen ein Ei und ein Stück Zucker. Es soll so rein sein wie das Ei, so süß wie der Zucker. — Wenn man das Kind aus dem Bade herausnimmt, oder wenn man es von der Stelle, wo es eingewickelt wurde, aufhebt, so soll man immer ins Bad und auf jener Stelle über das Kind spucken. — Vor einem Jahre darf man das Kind nicht schlagen oder an den Fußsohlen kitzeln, sonst wird das Kind nicht wachsen; man darf ihm kein Ei in die Hände geben, denn sobald es ein solches in den Händen gehabt hat, sieht das Kind immer auf die Hände und spielt mit denselben. Mit Blumen darf man das Kind nicht schmücken, denn das Kind an sich ist die schönste Blume.

In Gegenwart eines Kindes darf das Wort „Frosch" nicht ausgesprochen werden, sonst bekommt das Kind Ohrenreißen. Spricht aber Jemand unbedacht dieses Wort aus, soll man das Kind sogleich an den Ohren ziehen. — Wenn zur Zeit des Zahnens das Kind sehr stark weint, so soll es die Mutter auf die Wange schlagen und sagen: „Mein Kind weint nicht wegen der Zähne, sondern wegen des Wangenschlages." („Ausland" 1876.)

Wir geben diese Beispiele wunderlicher Gebräuche und Vorschriften deshalb etwas reichlich, weil sich aus ihnen mit der Sorgfalt für das Kind am ursprünglichsten das Geistesleben und die Anschauungen des Volkes aussprechen.

Wie wir ferner aus diesen Proben des Aberglaubens ersehen, spukt in den Vorstellungen der Serben noch vielfach die Heidenzeit. Auch in den Gebräuchen der Kirchen- und Familienfeste und anderer vom gewöhnlichen Leben sich abhebenden Gelegenheiten finden wir oftmals Anklänge an den Naturkultus der unchristlichen Vorfahren. Wir greifen aus der Zusammenstellung von Fest- und anderen Gebräuchen, wie sie das Kanitz'sche Buch enthält, einige heraus.

Mariä Verkündigung (Blagovješti) am 25. März des Julianischen Kalenders, der wie bei allen Bekennern der Orientalisch-orthodoxen Kirche auch bei den Serben noch in Kraft ist. Die Macht böser Geister, besonders der Hexen, kann an diesem Tage unschädlich gemacht werden. Man schlägt einige Tage vorher eine Schlange todt und pflanzt in deren Kopf eine Spalte von Knoblauch. Treibt dieselbe bis zum Feiertage, und steckt man vor dem Kirchgang die junge Pflanze auf die Kappe, so wird es leicht die Hexen erkennen. Diese können nämlich den Geruch des Koblauchs nicht ertragen und werden es versuchen, denselben zu erhaschen.

Am Palmsonntag (cveti) feiert man zunächst die Erinnerung an den festlichen Einzug Christi in Jerusalem, in weiterem Sinne aber die Auferstehung der Natur, den Anbruch des Frühlings. Die jungen serbischen Mädchen pflegen sich am Tage zuvor im Freien zu versammeln und Lieder von der Erweckung des Lazarus zu singen, am Sonntag vor Sonnenaufgang im Flusse zu baden und hierauf unter allerlei Gesängen den Koloreigen zu tanzen. Wie in Indien, von wo das Palmenfest zu uns übertragen worden sein soll, betrachtet der Serbe dieses Fest als die Siegesfeier des Frühlings über die Macht des Winters. Nun sind die Wege wieder frei, der Wald belaubt sich, nun kann man sich der in Blüte stehenden Gottesschöpfung wieder freuen. Auch die munteren Wilen verlassen ihre Verstecke und beleben die weißen Blütenhaine wieder mit ihren Tänzen. Bei himmlischer Musik drehen sich die zarten, duftigen Gestalten in lichten, flatternden Gewändern im heiteren Takte des Koloreigens. — Doch wehe Dem, der sie neugierig belauschen oder stören sollte! Die Waldesgöttinnen würden ihn verwünschen, mit sicher tödtenden Pfeilen am Fuße verwunden oder den Unglücklichen gar ins Herz treffen. Nur der Vidovit, welcher als Kind in einer hemdähnlichen Netzhaut geboren wird und stets mit großer Klugheit begabt ist, versteht die Sprache der Wilen. Alle übrigen Sterblichen müssen diese Nymphen fliehen.

Die Gebräuche am Ostertage sind ganz ähnlich wie anderwärts bei den orientalisch-orthodoxen Christen; man beschenkt sich mit Eiern, geht in die Kirche und nimmt nach der Liturgie die geweihte novora, das in Würfeln geschnittene ungesäuerte Brot aus der Hand des Priesters oder Mönches und von der ersten Osternacht bis zum Himmelfahrtstage grüßt man mit „Christus ist auferstanden" (Christos voskriesio) und „Er ist wirklich auferstanden" (Voistina voskers). Menschen, die bisher mit einander in Feindschaft gelebt haben, umarmen sich auf der Straße und versöhnen sich, denn an diesem heiligen Feste muß jeder Groll und jede Feindschaft schwinden.

Am 23. April (5. Mai) feiert die orientalische Kirche den Tag des Drachentödters St. Georg (Djurdjev dan). Schon vor Sonnenaufgang baden die Burschen im Bache. Die Mädchen aber bringen am Vorabende Wasser, welches vom Mühlrade abläuft, nach Hause, werfen frischgepflückte Kräuter in dasselbe und baden früh am Morgen, denn ein solches Bad macht den Körper schön und gesund. Eine ganz besondere Kraft wird dem Liebesstöckel (Selen) zugeschrieben; man darf es jedoch erst am St. Georgstage pflücken. Die Männer stecken ein Zweiglein davon in den Gürtel, die Frauen an die Brust. Gut ist es auch, an diesem Tage sich zu schaukeln oder im Rasen zu wälzen, nicht aber zu schlafen, denn man bekommt sonst Kopfschmerzen. In der Timok-Landschaft scheint der heilige Georg als Schützer der Herden zu gelten und jedes Haus sucht am Georgstage sein Böcklein zur Kirche zu treiben. Dort wird auf jedes Horn eine Wachskerze aufgesteckt. Nach der Liturgie tritt der Pope vor das Kirchenportal, zündet die Lichter an, segnet die Thiere und in ihnen zugleich den ganzen Viehstand der Besitzer. Die geweihten Böcklein zieren den Ostertisch. Am nächsten Tage besucht der Priester mit einem djak (Schüler) die einzelnen Gehöfte und sammelt die Häute als Gegengabe für den gespendeten Segen. Auch im übrigen Serbien ist es Sitte, am Georgstage ein Lamm zu Ehren des Heiligen zu schlachten, ein Gebrauch, der wol mit den Thieropfern vergangener Zeiten in Zusammenhang stehen mag. — Andere heidnische Erinnerungen finden wir in den Johannisfeuern und in den Pfingstumzügen. Bei letzteren umschreitet die Dorfschaft unter Führung des Popen im Ornate und folgenden Banner- und Fahnenträgern die Felder, eintönige Lieder singend. An einzelnen Bäumen werden Kreuze eingeschnitten. An manchen Feldern erwartet der Eigenthümer die Prozession mit einem Kruge voll Rakija (Pflaumenschnaps), hier und dort schnell ein Glas spendend. Ein Festessen im Gemeindehause, zu dem jeder Einzelne mehrere Schüsseln liefert, gewürzt mit Trinksprüchen auf die Erfüllung des Segens an Feldern, Herden rc., hierauf Gesang und Tänze der Jugend bis zum späten Abend, bilden die weiteren Lustbarkeiten der ländlichen Pfingstfeier.

Unter den Tänzen ist der schon oft erwähnte Kolo (Rad, Kreis) am beliebtesten. Tänzer und Tänzerinnen bilden einen Kreis derart, daß sie sich gegenseitig nach rechts und links am Gürtel, oder, wo solcher fehlt, an einem um die Hüften gebundenen Tuche fassen. In der Mitte steht der Dudelsackpfeifer, nach dessen Takten der Reigen unter mancherlei Sprüngen und Vor- und Rückwärtsschreiten von rechts nach links drehend ausgeführt wird. Es gewährt ein in dieser Weise sich bewegender Kranz von hübschen, geschmückten Mädchen und Burschen einen recht anmuthigen Anblick.

Eine eigenthümliche und von der Gemüthlichkeit der Serben zeugende Sitte ist es, den Gast, den Freund, den Hausherrn rc. bei Tische durch einen Trinkgesang auszuzeichnen. Schon während der Mahlzeit, meist aber nach derselben, wann das Trinkgelage beginnt, stimmt Einer ein Lied an, oft auch blos die Worte „mnozaja ljeta“ (d. h. viele Jahre), die dann immer wiederholt werden, und alle Umsitzenden stimmen mit ein. Hierauf erhebt sich nun Derjenige, welcher den Gesang ausgebracht hat, und hält einen Tischspruch, der, zu Ehren des Hauswirths z. B., folgendermaßen anfängt: „Auf Dein Wohl, Bruder Hausherr! — Mit Hülfe Gottes und im Namen Gottes haben wir uns bei Dir versammelt, um Deinen Ruhm zu mehren und Deinen Wein zu mindern! Möge Dir Gott dafür geben Weizen über Weizen und Korn über Korn! Wenig mögst Du säen, viel aber ernten und Alles verzehren mit Deinen Kumen hier an Deinem Tische und zum Lobpreis Gottes, und nicht vergessen, Deine Freunde dazu einzuladen! rc.“ — Zum Schluß etwa folgende Worte: „Möge Gott Dir ferne halten glimmende Asche, treulosen Freund, türkischen Vogt und jegliches Unheil! Und nun dieser Becher mir, der andere Dir!“ Manchmal wird auch der Tischspruch zuerst gesprochen und dann gesungen, um mit einem begeisterten „Živio“ (spr. Schiwio), d. h. „er lebe“, zu schließen. (Vergl. Siegfr. Kapper, „Gesänge der Serben.“)

Bemerken wollen wir hier, daß die Anrede „Bruder“ in Serbien sehr gebräuchlich, wie überhaupt der Verkehr zwischen allen Klassen der Bevölkerung ein sehr ungezwungener ist. Es giebt hier keine durch Titel oder Rang begründeten künstlichen Standesunterschiede, die Türken kannten nur die Gleichheit der Rajah, der kopfsteuerzahlenden, nichtmohammedanischen „Heerde“. Ueber den Mangel eines Adels trösten sich indessen die Serben, sie sagen: „Wir sind Alle edel.“

Wir hatten bereits im Eingange dieses Kapitels erwähnt, daß Serbien, abgesehen von der Tributleistung an die Pforte, aus den Befreiungskriegen als ein selbständiges Fürstenthum (Knjažestvo Srbija) hervorging. Der Fürst (Knjaz) wird bei seinem Regierungsantritte durch den Metropoliten auf die Verfassung vereidigt, worauf die Salbung und Huldigung erfolgt. Der Fürst übt mit dem Senate und der Volksvertretung das Recht der Gesetzgebung aus;

jedoch steht ihm die vollziehende Gewalt, die freie Wahl des Ministeriums, das Verordnungs-, Entscheidungs- und Oberaufsichtsrecht ausschließlich zu. Seine Civilliste beträgt 200,000 Gulden österr. Währung. Der gegenwärtige Fürst ist Milan IV. aus dem Hause Obrenowitsch.

Der Senat begutachtet alle Budget- und Gesetzesvorschläge, er ist die fortwährende juristische Vertretung des Volkes und steht zur Theilnahme an der Gesetzgebung und Aufsicht über die Staatsverwaltung dem Fürsten zur Seite. Er setzt sich zusammen aus einem Präsidenten, einem Vizepräsidenten, dem Thronfolger, wenn derselbe das 18. Lebensjahr erreicht hat, und 17 Mitgliedern, welche der Fürst ernennt.

Milan Obrenowitsch.

Die Volksvertretung (Narodna Skupština) versammelt sich aller drei Jahre, sie kann aber bei wichtigen Anlässen auch in kürzeren Zeiträumen einberufen werden. Die Skupschtina hat die von der Regierung vorgelegten Gesetze zu berathen und zu genehmigen, kann aber auch selbst Gesetze anregen. — Stirbt der Fürst kinderlos und hat keinen Nachfolger bezeichnet, so wählt die Skupschtina einen solchen. Jeder Steuerzahlende, wenn er das 30. Lebensjahr erreicht hat, ist wählbar und auf je 10,000 Köpfe kommt ein Abgeordneter. Beamte und Militärpersonen, welche sich im Staatsdienst befinden, haben kein Wahlrecht.

Das serbische Ministerium besteht aus 7 Abtheilungen und es sind die Minister dem Fürsten und dem Senate verantwortlich.

Die Staatseinnahmen und -Ausgaben halten sich mit 10 Mill. Mark im Gleichgewicht. Die bewaffnete Macht Serbiens besteht aus dem stehenden Heere (stojeća vojska) und dem Volksheere (narodna vojska). Ersteres bildet den Cadre, den Rahmen, welcher in Kriegszeiten mit dem Volksheere ausgefüllt wird. Jeder Wehrfähige ist vom 20.—50. Lebensjahre militärpflichtig und hat im stehenden Heere 3 und in der Miliz 27, beziehungsweise 30 Jahre zu dienen. Die Friedensstärke des stehenden Heeres beziffert sich für gewöhnlich auf 3500 Mann mit ca. 700 Pferden; die Miliz kann in Kriegszeiten mit Aufgebot der zweiten Klasse auf 123,000 Mann gebracht werden. Die erste Klasse des Volksheeres, welche jederzeit zum Abmarsche bereit sein muß und betreffs ihrer Verwendung unserem Reservestand entspricht, soll ein Viertheil der steuerbaren männlichen Bevölkerung umfassen und aus den jüngsten Altersklassen sich zusammensetzen. — Die Nationalarmee erster Klasse soll nach dem Skupschtina-Beschluß von 1870 bestehen aus: 10 Infanteriebrigaden zu 8 Bataillonen à 4 Compagnien, je 200 Mann stark, und 20 Schwadronen Kavallerie à 100—140 Pferde. Das zweite Aufgebot bildet 8 Brigaden zu je 8 Bataillonen à 4 Compagnien von je 140—160 Kopfstärke. Ferner 13 Schwadronen Kavallerie, 18 gezogene leichte Batterien à 6 Geschütze, 19 Pionnier-Abtheilungen à 50 Mann.

Das Fürstenthum zerfällt in 17 Kreise (Okružije), 60 Bezirke (Srez) und 1062 Gemeinden (Obština) und zählt (Ende 1875) 1,377,068 Einwohner. Drei Viertheile davon bildet der serbische Stamm, während der Rest sich folgendermaßen zusammensetzt: 160,000 Walachen nebst 20,000 Zinzaren, 50,000 Bulgaren, 30,000 Zigeuner, 3000 Deutsche und eben so viel Ungarn und Juden.

Die Walachen wohnen hauptsächlich in dem rechts von der Morawa gelegenen Theile Serbiens und man findet sie hier in geschlossenen Massen über größere und kleinere Gebiete verbreitet. Sie sind im Gegensatz zu ihren Landsleuten in Rumänien fleißige und betriebsame Ackerbauer und hierin nicht unbedeutend den Serben überlegen. Infolge dieser Eigenschaften und ihrer reicheren Beanlagung sind sie im Stande, ihr Volksthum lebenskräftig zu erhalten, trotzdem in Kirche, Schule und Verwaltung die Sprache des herrschenden Volkes ausschließlich zur Anwendung kommt. Mit zäher Festigkeit bewahren sie Tracht und Sprache; sie vermischen sich nicht mit den Serben, und wo dies der Fall, gehen Letztere im Romanenthume auf.

Die Zinzaren vertheilen sich als Handwerker und Händler über das ganze Land; besonders geschätzt sind sie in Belgrad als Maurer und Zimmerleute.

Im Südosten Serbiens greift in einem größeren Gebietsantheile das bulgarische Volk über, und auch hier, wie im Balkanlande, zeichnet sich dieser Stamm durch Fleiß und Genügsamkeit aus. Ueberdies kommen in jedem Frühjahre etwa 70—80,000 Landleute aus der Bulgarei nach dem Fürstenthume, um als Feldpächter und Tagelöhner die Acker- und Erntezeit auszunutzen. Die Leibgerichte der Serben, Zwiebeln und Paprika, werden hauptsächlich von den Bulgaren angebaut, die für diese und ihre anderen Leistungen jährlich etwa 400,000 Dukaten als Tribut der serbischen Faulheit heimtragen.

Obwol Serbien der Francswährung sich angeschlossen hat, so besteht doch thatsächlich hier ein buntes Münzwesen, indem österreichisches, russisches und türkisches Geld allgemein im Umlauf ist. Besonders beliebt sind die österreichischen Randdukaten, alten Zwanziger und Zehner. Die eigentliche Landesmünze soll der Dinar zu 100 Para = 80 Pfennigen sein.

Serbische Miliz-Soldaten.

Der Handel Serbiens wird für 1872 mit 31 Millionen Francs in der Einfuhr und 33 Millionen in der Ausfuhr angegeben; letztere kann sich nur, da Serbien ein Ackerbau- und Viehzuchtstaat ist, auf Rohprodukte beschränken. Das gesammte Volksvermögen wurde im Jahre 1863 zu 200 Mill. Mark abgeschätzt und besteht vorwiegend in Vieh. Nichtsdestoweniger befindet sich die Viehzucht auf demselben niedrigen Standpunkt wie der Ackerbau. So lange als möglich bleiben die Thiere auf der Weide und werden nur im strengsten Winter in schlechten Stallungen untergebracht, dabei nur mit Maisstengeln gefüttert, da das bessere Futter für Pferde und Schafe aufbewahrt wird. — Die Schweinezucht wird durch die ausgedehnten Eichenwälder sehr begünstigt, und es werden besonders aus der Schumadia Schweine in sehr bedeutender Anzahl ausgeführt. — Nicht unerwähnt wollen wir die Seidenkultur lassen. Dieselbe wurde unter der österreichischen Herrschaft, 1717—1739, ins Leben gerufen, gerieth aber bald wieder in Verfall, um gegenwärtig neu aufzublühen.

Der Bergbau hat seinen Sitz im nordöstlichen Theile des Fürstenthums, besonders in der Gegend von Majdanpek und Kutschaina, wo Eisen, Blei,

Kupfer, Zink und Silbererze gewonnen und verhüttet werden. Lithographischer Kalkstein und Steinkohlen kommen an verschiedenen Oertlichkeiten vor, Kohlen unter Anderem im Negotiner und Kragujewatzer Kreise. Salz findet sich in Serbien nicht; es wird aus Siebenbürgen und Rumänien eingeführt.

Das Straßenwesen ist noch wenig ausgebildet, und Eisenbahnen besitzt das Land nur in Projekten. Fürst Milosch war der Gründer des serbischen Straßenbaues; er mußte das thörichte Landvolk zur Herstellung der ersten Wege mit Gewalt zwingen. Wieviel in dieser Richtung geschah, geht daraus hervor, daß bei Antritt der Regierung dieses Fürsten im Innern des Landes ein Wagen noch zu den Seltenheiten und ein mit Eisen beschlagenes Rad zu den ganz merkwürdigen Dingen gehörten. — Als Hauptverkehrswege außer der Donau können die 6 Straßenlinien bezeichnet werden, welche theils von Belgrad in verschiedenen Richtungen nach den Grenzen führen, theils den Verkehr zwischen den größeren Städten im Innern des Landes vermitteln. Die Verbindungen zwischen diesen Zügen haben nur untergeordnete Bedeutung und sind oft für Wagen schwer gangbar. Alle aus der Türkei übertretenden Straßen sind durch Quarantäne- und Zollstationen abgesperrt, und die ganze Grenze ist gleichfalls zur Sicherung gegen Seuchen und Schmuggel durch einen Gürtel von Karaulen (spr. Kara-ulen), d. h. Wachthäuser, geschützt. Die Besatzung einer Karaule besteht aus 1 Offizier oder Unteroffizier und höchstens 10 Mann. Letztere verrichten ihren Dienst in der landesüblichen Bauerntracht.

Das beliebteste Beförderungsmittel ist das Pferd, das als Lastthier in der einheimischen Rasse ganz trefflich vertreten ist. Für den Zug werden vorwiegend Ochsen benutzt.

Belgrad ist die Hauptstadt Serbiens. Ihr Name ist uns von Jugend auf aus der deutschen Geschichte und den Volksliedern bekannt, und unsere Einbildungskraft versetzte uns oft mit den Helden der Türkenkriege nach dem fernen Donaustrande. Es ist die Festung, die einst der edle Prinz Eugen dem Kaiser wiederbrachte; hier war es, wo der bravste Mann einem „Bassen" die Türkenpfeife abgewann; hier ist „das feste Belegrad," die „allerletzte Stadt, so sich Laudon hat ergeben, eh' er hörte auf zu leben."

Seine hohe Bedeutung in alter und neuer Zeit verdankt Belgrad vor Allem seiner glücklichen geographischen Lage. Auf und an der Terrasse des letzten gegen Norden vorgeschobenen Ausläufers der Rudniker Bergkette und an dem Zusammenfluß der Sawe und der Donau gelegen, bildete es von jeher den schon von der Natur bestimmten Stapelplatz für die unteren Donauländer. Schon im Beginn dieses Jahrtausends war Belgrad als „Alba graeca" eine der wichtigsten Tauschstätten zwischen dem Morgen- und Abendlande. Seine bevorzugte Lage gab ihm aber zugleich jene hohe strategische Wichtigkeit, welche es früher zum Schlusse des südöstlichen Ungarns und der serbischen Lande gestaltete.

In der Zeit der römischen Kaiser erscheint Belgrad unter dem Namen Singidunum als Standort der Legio IV Flavia Felix. Die Slaven übersetzten die spätere griechische Benennung „Alba graeca" mit „Beli-grad" (weiße Burg), welcher Name bei den Serben in den gleichbedeutenden Beograd sich umwandelte. Während der Völkerwanderung bis zur Gründung des Serbenreiches war Belgrad ein steter Zankapfel zwischen Avaren, Bulgaren, Magyaren und Byzantinern, um nach der Eroberung durch die Türken für immer mit dem Schicksale Serbiens verknüpft zu werden.

Karaula an der Drina.

Belgrad besteht aus zwei Theilen: der Festung und der von ihr getrennten Stadt. — Im Mündungswinkel zwischen der Sawe und Donau erhebt sich zu 35 m. Höhe ein steil ansteigendes, nach der Stadt sanft abfallendes Kalkplateau, das, mit verschiedenen Befestigungswerken bekrönt, die obere oder eigentliche Festung bildet. Längs der Donau und Sawe dehnt sich die Wasserfestung aus; sie zerfällt in das östliche Hornwerk und die westliche Uferbefestigung. Ein bestimmtes System ist in all diesen Werken nicht zu erkennen; sie sind allmählich entstanden und haben sich ganz der Gestalt des Berges anbequemt. Die obere Festung enthält den Palast des ehemaligen Pascha's, das Zeughaus, eine Moschee und mehrere zur Unterkunft der Truppen bestimmte Kasematten.

Vom unteren Wall durch ein Glacis getrennt, umgiebt die Stadt, amphitheatralisch ansteigend, in einem Halbkreise die Festung. Sie gewährt mit ihren

13*

weißen Häusern und dem reichen Grün der Bäume, den blinkenden Kuppeln der Kirchen und den hier und da aufragenden Minareten einen eigenartigen, anmuthigen Anblick. So vielversprechend dieses Bild dem Fremden erscheinen mag, soviel Enttäuschung bietet aber die Stadt bei näherer Bekanntschaft. Die Erwartung, in Belgrad ein Stück Orient eröffnet zu sehen, macht der junge Serbenstaat zu nichte, er ist eifrig bemüht, die Erinnerungen an die orientalische Vergangenheit zu verwischen, er strebt dem Abendlande zu, von ihm ein neues Leben erwartend. Früher, als die Türken die Festung besetzt hielten, entfaltete sich in der Stadt noch morgenländischer Anachronismus und namentlich war es das nach der Donau hinabsteigende Türkenviertel, wo die halbmondliche Kultur ihr schmuziges Dasein fristete. Nach dem Abzuge der gehaßten Osmanen im Jahre 1868 entwickelte sich in Belgrad ein neues Leben, und mancher schöne Erfolg berechtigt es zu den besten Hoffnungen.

Urtheilen wir nach der Schilderung, welche G. Rasch von seinem Besuche der Stadt im Jahre 1872 entwirft:

„Auf dem Kai war ein reges Leben. Ein Lastschiff wurde beladen. Ueberall die mir wohlbekannten Gestalten in serbischer Tracht, den rothen Fez mit der blauen Quaste auf dem dunklen Haar, blaue Jacke, den Leib umgürtet mit dem breiten rothen Tuch, aus dem bei Manchen die metallbeschlagenen Griffe von zwei langen Pistolen herausschauten; blaue Pluderhosen bis zum Knie, der untere Theil des Beines in enganschließender Gamasche, welche den halben Fuß bis zum schwarzen Lederschuh bedeckt. Lastwagen, von zwei Ochsen gezogen, bewegten sich langsam vorüber. Da erschien sogar ein Fiaker von ziemlich elegantem Aussehen, von zwei Pferden gezogen, der Kutscher auf dem Bocke. „In Belgrad Fiaker," rief ich unwillkürlich aus. Vor fünf Jahren, als ich die serbische Hauptstadt besuchte, gab es in Belgrad noch keine Fiaker. Nun, ich sollte die Bekanntschaft eines Fiakers sammt seinem Kutscher noch im Laufe des Tages machen. Es war gerade ein solcher frecher Schlingel, wie man sie in Wien und Prag auf jeder Straße findet. Die Frechheit und die Schlingelei scheinen nothwendige Elemente in der Individualität aller Fiakerkutscher Europa's zu sein. Da kam ich an die Treppe, welche am Kai vom Strande der Donau auf die Höhe führt, auf der sich die Straßen und die Häusergruppen der Stadt Belgrad ausbreiten. Mit Verwunderung sah ich, daß sich die hölzerne Treppe seit den fünf Jahren, wo ich ihre Stufen nicht hinaufgestiegen war, in eine breite, schöne steinerne Treppe verwandelt hatte. Hundert Schritte weiter hinauf entdeckte ich die zweite steinerne Treppe. Vor fünf Jahren gab es nur eine einzige Treppe am Kai, und diese einzige Treppe war, wie gesagt, aus Holz und recht baufällig. Neue Verwunderung. Aber wie hoch stieg erst meine Verwunderung, als ich die Treppe hinangestiegen war und mich in der Mitte der Stadt befand. War das Belgrad, was ich sah, oder betrat ich eine ganz andere Stadt? Nein; es war Belgrad, mir das neue Belgrad, was sich hier oben aufgebaut hat, seitdem die Türken die Festung sowie alle anderen Festungen des Landes geräumt haben. Der Alp, der so lange auf der Brust der Hauptstadt des Serbenreiches gelastet hatte, war verschwunden. Belgrad athmete seit vier Jahren auf, und jeder Athemzug zertrümmerte die häßlichen

Baracken der alten Türkenhäuser und schuf ein neues, europäisches Haus, eine neue Straße. Erstaunt ging ich stundenlang durch diese Straßen, welche mir nur zum Theil bekannt waren. Ueberall neue, moderne, hellgestrichene Häuser, neue Läden mit großen Schaufenstern, ganz großstädtisch anzuschauen!

Belgrad.

Um so mehr kontrastirten die neuen Häuser mit den kleinen, alten Türkenhäusern, welche hier und da noch zwischen den neuen Gebäuden auftauchen: hölzerne Baracken, nur aus einem Erdgeschoß bestehend, auf dem sich sogleich das aus Holz oder Ziegeln gefertigte Dach erhebt; Fenster und Thüren offen; der Boden ein roher Estrich; jeder Raum zugleich als Werkstätte wie als Verkaufsladen dienend, der Besitzer und seine Gehülfen im Hintergrunde auf einer hölzernen Bodenerhöhung sitzend, arbeitend oder in den Waaren kramend. Eine Reihe solcher Holzbaracken nennt der Türke einen Bazar. Nun, in Belgrad giebt es glücklicherweise weder Türken mehr, noch türkische Bazare. Die wenigen Baracken aus der Türkenzeit, in denen heute serbische Handwerker und Krämer arbeiteten und kramten, werden in den nächsten Jahren gänzlich aus Belgrad verschwinden.

Dr. Rosen, der Redakteur des „Vidov Dan", in dessen Begleitung ich Nachmittags einen zweiten Spaziergang durch Belgrad machte, vergaß nie hinzuzusetzen, wenn er mit dem Finger auf diese alten Baureste aus der Türkenzeit deutete: „Sie sind auch bereits zum Abbruch bestimmt; in den nächsten Tagen, in der nächsten Woche, in drei Monaten werden sie fallen." Dann stieg ich in die alte Türkenstadt zum Ufer des Stromes hinab. Vor fünf Jahren hatte mich der Oberstlhofmeister des ermordeten Fürsten Michael, Herr Joanovic, in ihren engen, schmutzigen Straßen und im Gewirr der kleinen Holzhäuser umhergeführt. Aber wo war denn die Türkenstadt geblieben? Vergebens schweifte mein Auge am Ufer der Donau entlang. Die Türkenstadt war total verschwunden. Ganz neue Straßen waren entstanden, in denen sich europäische Häusergruppen erhoben. Doch dort sehe ich noch einige Türkenhäuser, und dort erhebt sich auch die mir wohlbekannte Moschee, neben sich das hohe, schlanke Minaret. Das waren die ganzen Reste der Türkenstadt! Die Moscheen und Minarete müssen nach den zwischen der Türkei und der serbischen Regierung bei Räumung der Festungen geschlossenen Verträgen stehen bleiben, bis der Zahn der Zeit sie zerbröckelt. Und vor der Moschee in der ehemaligen Türkenstadt erhob sich ein großes neues Gebäude, welches wie ein Theater aussah. Ich trat unter das Peristyl des Hauses. Unter den großen Eingangsthüren entdeckte ich große weiße Zettel. Wirklich, das große elegante Gebäude war ein Theater, die Zettel zeigten für heute Abend die Vorstellung eines Dramas an. Ein Theater auf den Ruinen der alten Türkenstadt.

Ich ging wieder nach der Stadt zurück. Bei jedem neuen Schritte, den ich vorwärts that, neue Erscheinungen, neue Gebäude. Da waren Hotels entstanden, von deren Existenz ich keine Ahnung hatte. „Hotel de Paris" las ich über dem Hausthor eines großen, geschmackvollen Hauses, durch dessen Flur ich in einen Blumenhof blickte. Und wie waren die Kastanienbäume gewachsen, welche in den Hauptstraßen Alleen bildeten! Vor fünf Jahren waren die Laubkronen noch ganz klein; heute warfen sie schon einen langen, breiten Schattenstreifen auf das Pflaster. Vor fünf Jahren suchte ich vergebens in Belgrad nach einer gepflasterten Straße. Heute fand ich alle Hauptstraßen gepflastert, wenn das Pflaster auch noch sehr viel zu wünschen übrig ließ und die Trottoirs fehlten. Vor fünf Jahren konnte man in den Löchern und Pfützen der Belgrader Straßen die Beine brechen. Fünf Jahre sind im Leben einer Stadt, deren Gemeinde arm ist und welche noch keine Industrie hat, eine kurze Spanne Zeit. Regnen darf es freilich auch heute noch nicht in Belgrad — oder der Fußgänger ist auch auf dem neuen Pflaster übel genug daran, am meisten wenn der Abend die Stadt in seinen dunkeln Schattenmantel hüllt; denn zu einer

Straßenbeleuchtung hat es Belgrad noch nicht gebracht. Das Theater ist das einzige Gebäude, das mittels Gas erleuchtet wird."

Belgrad zählt jetzt etwa 25,000 Einwohner.

Die fast in gleicher Höhe mit der Festung gelegene obere Stadt war ehemals mit einer Umwallung umgeben, aus welcher 4 Thore nach den von den Serben bewohnten Vorstädten hinabführten. Mauern und Thore sind verschwunden und die früher hier hausenden Türken vertrieben. Der fürstliche Konak, die Regierungsgebäude, öffentlichen Anstalten 2c. erheben sich jetzt in diesem oberen Theile der Stadt, der zu einem der schönsten Belgrads sich entwickelt hat. Ein ruhmwürdiges Denkmal aus früheren Zeiten, die Ruinen des Eugenpalastes, ragen aber, in der ehemaligen Türkenstadt, dem Dortjol, noch empor. Die zum Theil noch erhaltenen Umfassungsmauern des Palastes zeigen schöne Verhältnisse und eine reiche, edle Verzierung. Nach dem Hofe, welchen jetzt angehäufter Unrath bis zur Höhe des ersten Stockwerkes bedeckt, gingen einst Arkaden, die auf weit geöffneten Galerien ruhten. Der schöne Bau wäre wol der Erhaltung werth gewesen. Die Türken, als geborene Feinde vielstöckiger Bauten, zogen jedoch vor, die prächtige Façade des Palastes als Nutzmauer für eine Menge armseliger Hütten und Gewölbe, in welchen sich Schuhmacher, Bäcker und Garköche ansiedelten, zu benutzen. Gleich den Stadtthoren dürften auch die an Prinz Eugen erinnernden Mauern der Straßenregulirung zum Opfer fallen, wenn dies nicht bereits geschehen ist.

Belgrad war im Jahre 1862 der Schauplatz einer unerhörten türkischen Barbarei, die ebenso wie die jüngsten bulgarischen Greuel uns deutlich erkennen läßt, was von diesem Osmanenvolke zu erwarten ist, wenn es unbeaufsichtigt seine eigenen Wege ginge.

Am 16. Juni des genannten Jahres kamen zwei serbische Knaben mit türkischen Nizamsoldaten wegen des Vortritts beim Wasserholen an einem Brunnen in Streit, der damit endigte, daß die Soldaten ihre Säbel zogen und ohne Weiteres die Knaben niedermachten. Serbische Polizeileute eilten herbei und schleppten die Mörder zur türkischen Militärbehörde. Dort wurden sie aber auf Kommando des Offiziers mit einer Musketensalve begrüßt und fielen sofort todt zu Boden. Die Nachricht von dieser That verbreitete sich schnell durch die Stadt und große Massen Volkes strömten zur Stelle. Die treulose Niederschießung einiger serbischer Gensdarmen durch ein türkisches Detachement that das Uebrige. Es wurde Generalmarsch geschlagen und ein blutiger Kampf entspann sich zwischen der serbischen Civilbevölkerung und den von den Bewohnern der Türkenstadt verstärkten Nizam. Hauptsächlich tobte der Kampf um das Polizeigebäude, in welchem die Mörder des Knaben eine Zuflucht gefunden hatten. Vergebens waren die Anstrengungen des zusammengetretenen Konsularcorps, die Kämpfenden zu trennen. Endlich gegen Abend gelang es dem britischen Vertreter Mr. Longworth, im dichtesten Kugelregen in die Festung zu bringen und dort zwischen Aschir Pascha und dem serbischen Minister Garaschanin eine Uebereinkunft zu vereinbaren, nach welcher man sich einerseits zum Abzug aller türkischen Truppen in die Festung und andererseits zum Schutz des türkischen Eigenthums in der Stadt feierlichst verpflichtete.

Der Friede schien wieder hergestellt. Am Morgen des 17. Juni ging die serbische Bevölkerung wieder ihren gewöhnlichen Beschäftigungen nach. Da geschah das Unerhörte, daß um 9 Uhr Morgens, ohne irgend welche Veranlassung serbischerseits, von der Festung ein heftiges Bombardement auf die Stadt begann und volle 5 Stunden durch währte. Dank der mangelhaften Beschaffenheit der türkischen Artillerie richtete ihr Feuer jedoch verhälnißmäßig nur wenig Schaden an. — Ein Gutes hatte jedoch dieser Akt türkischer Rache zur Folge, indem mit Hülfe der Großmächte die Beziehungen zwischen den Serben und Türken neu geregelt wurden. Unter Anderem mußte nun die türkische Civilbevölkerung Belgrad ganz verlassen, während sie vom Lande nach den befestigten Plätzen verwiesen wurde.

Eine halbe Stunde von Belgrad, unweit der Sawe, liegt der fürstliche Sommersitz Toptschider. Durch eine Allee schattiger Akazien gelangt man an das kleine, im türkischen Stile erbaute Lustschloß, in dem Fürst Milosch zuletzt am liebsten weilte, in dem der Begründer der serbischen Unabhängigkeit sein reich bewegtes Leben beschloß. Schöne Gartenanlagen und ein herrlicher Waldpark machen Toptschider zu einem beliebten Ausflugsorte der Belgrader Welt. Namentlich Sonntags herrscht hier ein fröhliches Leben. — Eine traurige Berühmtheit erlangte Toptschider durch die Ermordung des Fürsten Michail. Als der Fürst am 10. Juni 1868 in Begleitung zweier Damen aus seiner Verwandtschaft und eines Adjutanten und Dieners im Garten lustwandelte, drang der Advokat Radovanowitsch mit seinen beiden Söhnen auf ihn ein und tödtete Michail mit mehreren Revolverschüssen und Säbelhieben, wobei auch die Cousine des Fürsten ihren Tod fand. Man nimmt an, daß diese That auf Anstiften des Fürsten Peter Kara Gjorgjewitsch geschehen sei.

Einen der lohnendsten Ausflüge von Belgrad bildet die Ersteigung seines schönsten Wahrzeichens, des Avala. Ueber Bela-Crkwa, einer echt serbischen Niederlassung, gelangt man in 2 Stunden auf die Spitze des 300 m. hohen Berges. Die Spitze des Avala ist mit den Ruinen eines jedenfalls im Mittelalter erbauten Schlosses gekrönt.

Nachdem wir nun die Hauptstadt Serbiens und ihre Umgebung flüchtig kennen gelernt haben, wollen wir mit Kanitz eine Wanderung in das Innere des Landes antreten. — Wir fahren auf dem Dampfer, die Donau hinab, zunächst nach Semendria (serbisch: Smederevo). Die Stadt, welche abseits von der kleinen, mit 20 Vertheidigungsthürmen emporragenden Festung liegt, ist unbedeutend und kommt nur als Ausfuhrplatz für Schweine in Betracht. Auf unserer weiteren Donaufahrt erreichen wir das rasch aufblühende Städtchen Milanowatz, dessen umliegende Höhen jetzt befestigt werden. Es liegt dasselbe in einem hochpittoresken Becken, welches östlich durch das Grébendefilé und westlich durch den Kasanpaß des Eisernen Thores der Donau geschlossen wird. Das Städtchen, welches eine Station der Donau-Dampfschifffahrtsgesellschaft bildet, besitzt eine treffliche Schule und Weingärten. Das Produkt der letzteren erfreut sich eines guten Rufes.

Von Milanowatz zurückkehrend, verlassen wir in Dubrowitza das Dampfschiff und begeben uns zu Wagen nach dem durch den Frieden von „Passarowitz" bekannt gewordenen Poscharewatz. Von einer Höhe aus sieht man in der Ferne die fünf Hauptberge des Rudnikgebirges, die einzige Sehenswürdigkeit dieser Kreisstadt. — Wir setzen unsere Wanderung in südöstlicher Richtung fort. Jenseit der Mlawa führt die Straße in einem parallel zum Flüßchen ansteigenden Thale, der Omolske Planina entlang, über Petrowatz und Schdrelo (Ždrelo) nach Gornjak, dem vom Zar Lasar gegründeten Kloster. Schon weit vor Petrowatz erblickt man das Wahrzeichen Gornjaks, die Umrisse des hohen Wukan.

Milanowatz an der Donau.

Bei Schdrelo treten die zerklüfteten Kalkmassen nahe an uns heran. Auf schroffen Felsvorsprüngen kleben zerbröckelte Reste mittelalterlicher Zwingbauten, die einstigen Hüter des engen Mlawapasses, dessen romantisch abgeschlossene Einsamkeit uns eben aufnimmt. Zuerst erblicken wir die Ruinen der berühmten Kathedrale des altserbischen Gaues Branitschewo, etwas weiter zeigt sich sodann am rechten Flußufer, mitten in einer zauberhaft gruppirten Felspartie, die große Höhle des heiligen Sawa, durch eine am Eingange im Spitzbogen eingebaute Mauer zu einer Kirche abgeschlossen. Der Sage nach lebte und betete hier der große Heilige. Hier legte er der geschwätzig rauschenden Mlawa Schweigen auf, damit sie ihn im Lesen der heiligen Bücher nicht störe. Sie gehorchte, und noch heute ist an dieser Stelle der Flußspiegel glatt und ruhig. — Das Kloster Gornjak liegt höchst romantisch im tiefen, einsamen Mlawathale. Die Messe ist vorüber; in der Kirche bleibt aber noch ein Weib mit einem todtkranken Kinde zurück. Sie will es segnen lassen, damit es dem Tode entrissen werde. An ärztliche Hülfe denkt die besorgte Mutter nicht, sie opfert ihr Kind dem frommen Wahne.

Ueber Bertonje und Burowatz gelangen wir durch Eichenwälder und Maisfelder nach Swilainatz. Die Felder sind in landesüblicher Weise mit hohen Palissadenzäunen umgeben, die mitunter quer über die Straße sich fortsetzen, letztere in der ganzen Breite durch ein Pfahlthor absperrend. Bei jedem muß der Kutscher absitzen, das Thor öffnen, die Pferde an den Zügeln hindurchführen, wieder halten lassen und das Thor schließen. Swilainatz, das römische Idimus, von der Ressawa durchflossen, welche in der Nähe in die Morawa mündet, ist ein im Aufblühen begriffenes Bezirksstädtchen. Es besitzt einige nette Häuser und eine Unmasse Läden, aus welchen die Bewohner der Umgegend ihre kleinen Bedürfnisse decken. Swilainatz zeichnet sich durch die unverschämten Forderungen seiner Gasthofsbesitzer und Rosselenker aus.

Drei Stunden von Swilainatz entfernt, bei dem walachischen Orte Medwedje, zweigt von der Hauptstraße nach Tjupria ein Nebenweg ab. Er führt längs der Ressawa nach Miliewa, dem Orte, wo Kara Gjorgje im Jahre 1804 das Freiheitsbanner zuerst entfaltete. — Das hügelige, von der Morawa aufgeschwemmte Land von fetter, gelbbrauner Erde steigt hinter dem Dorfe zu bedeutender Höhe an. Wir gelangen in einen dichtbewaldeten Engpaß, auf dessen tiefzerklüfteter Felsensohle die schnelle Ressawa sich tosend bricht. Eine zierliche neue Bogenbrücke führt auf ihr rechtes Ufer, und bald darauf stehen wir vor Manassia, einem der merkwürdigsten europäischen Bauwerke.

Eng umschlossen von mächtigen Bergen, macht das Bild der zwölf gut erhaltenen Thürme des Schlosses bei anbrechender Morgenbeleuchtung einen unvergleichlichen Eindruck. Er wird gesteigert durch das Glitzern der sechs metallgedeckten Kuppeln der kleinen, hellgefärbten Kirche in der Mitte des Schloßhofes. Sie hebt sich, einem Juwele auf dunklem Grunde gleich, aus der dunklen Thurmumfassung höchst malerisch ab.— Die Thürme, von denen einer die übrigen hoch überragt, sind durch krenelirte Mauern verbunden; einzelne Vorwerke umgeben sie und im weiteren Umkreise eine Mauer, von welcher nur geringe Reste sich erhalten haben. — Zu einer Zeit gebaut, da die Anwendung des Schießpulvers im östlichen Europa kaum gekannt war, gehörte Manassia gewiß zu den festesten Bauten Serbiens. Als Erbauer des Schlosses wird der Sohn des unglücklichen Zars Lasar genannt, Stephan Lasarewitsch, der „Despot aller serbischen Länder und Küsten", in Wahrheit aber der unterwürfige Vasall und Schwager des Sultans Bajasid. — Sicher ist, daß Stephan hier residirte, nachdem Kruschewatz, der Sitz der Könige, durch die Erbauung der ersten Moschee in Serbien in den Augen des Volkes entheiligt war; weniger gewiß aber, ob er auch hier begraben lag.

Die Kirche von Manassia entspricht, wie alle älteren religiösen Bauwerke Serbiens, streng dem byzantinischen Stile der nachjustinianischen Periode. Die Hauptform des Grundrisses bildet das griechische Kreuz. Im Aeußern wie im Innern sind alle architektonischen Verhältnisse und Ausschmückungen schön getroffen und Alles macht einen stilvollen, harmonischen Eindruck.

Die beiden Gebirgsthäler der Ressawa und Rawanitza sind blos durch einige hohe Bergkämme getrennt, die man gewöhnlich in 3 Stunden überschreitet. Im Rawanitzathale erhebt sich in malerischer Umgebung das Kloster und die Schloßruine Rawanitza. Die Kirche muß einst in ihrer reinbyzantinischen Anlage von höchst glücklicher Wirkung gewesen sein. Heute leidet dieselbe unter den barbarischen Zuthaten einer unglücklichen Restauration. Der schöne Rohbau aus verschiedenfarbigen Lagen von Back- und Bruchsteinen ist unter einem grellweißen Kalkanstrich verschwunden, und die reizenden Ornamente wurden durch die Tünche beinahe unkenntlich. Das ursprünglich reich verzierte Hauptportal ist ausgebrochen und in den schlechten, die Stirnfaçade und die ganze Kirche entstellenden Zubau eingeklebt worden. Die innere architektonische Anordnung ist wie die der Kirche von Manassija, der sie als Vorbild diente. Das Schloß mit seinen sieben Thürmen ist kaum 50 Jahre nach seiner Erbauung durch die Türken vollkommen verwüstet worden. In den Ruinen sind noch heute Reste von Fresken zu sehen, die auf eine prachtvolle Ausstattung des von Lasar gegründeten Zarensitzes hindeuten. Bei der Kirche beschränkte sich die Zerstörung auf die Vernichtung der meisten Fresken. Ueber die Gründung der Kirche erzählt ein Volkslied, daß Zar Lasar dieselbe mit Mosaiken von Silber, Perlen und Edelsteinen bedecken wollte, sie sollte von der Pietät und Prachtliebe des Kaisers glänzend Zeugniß geben.

Von Rawanitza gelangen wir nach Tjupria im Morawathale, am linken Ufer des Flusses. Aus letzterem ragen noch die Pfeiler einer von den Römern erbauten Brücke empor. Die Verbindung der beiden Ufer wird jetzt durch eine Schiffbrücke hergestellt. Die Stadt selbst ist unbedeutend und nur durch eine Reitschule für die serbische Kavallerie und ein Gefängniß für leichte Uebelthäter, die bis zu einem Jahre verurtheilt sind, bemerkenswerth.

Unser Wagen rollt in nordwestlicher Richtung der Straße nach Jagodina zu. Es geht durch eine weitgestreckte, mit Gestrüpp und Farnen aller Art bedeckte Heide, aufgeschwemmtes Land, welches das weite Thal der Morawa erfüllt, dessen Eintönigkeit nur die nahe Begrenzung durch schöne, eichenbewaldete Bergrücken mildert. Es sind die Ausläufer des hohen Brni-Wr und Javorberges. Sie springen bei Jowatz hart an die Morawa vor und sind die einzigen Höhen in Serbien, welche sich der vom verstorbenen österreichischen Konsul v. Hahn projektirten Eisenbahn von Belgrad nach Salonik entgegenstellen. Dieser Schienenweg soll auf dem rechten Morawaufer die gleiche Spur mit dem alten Heerwege verfolgen, auf welchem Rom im ersten Jahrhundert unserer Zeitrechnung von Naissus (Nisch) über Horeum Margi (Tjupria) und Singidunum (Belgrad) seine Herrschaft tief in das Herz der Donauländer hineintrug.

Jagodina (Erdbeerthal) macht mit seinen schlechten Straßen, schlechten Häusern und noch schlechteren Buden eben so wenig den Eindruck einer Kreisstadt als Tjupria und nur die runden Beamtenmützen und blauen Röcke erinnern daran, daß hier der Sitz eines Natschalnik (Kreisvorstehers) ist. An Markttagen aber belebt sich die Tscharschia, die breite, die Stadt durchschneidende Hauptstraße. Wagen aller Art, mit Bodenerzeugnissen beladen, fahren unter lautem Aechzen ihrer ungeschlachten Räder an. Hier und da versperrt eine Barrikade von Zwiebeln den Weg. Ganze Wälder scheinen auf der Wanderschaft begriffen. Junge Eichenstämme, gestern erst gefällt, werden hier zu wahren Spottpreisen verkauft. 25 Stämme von über 3 m. Länge wurden zu 2 Zwanzigern angeboten und dennoch erschien selbst dieser Preis den verwöhnten Jagodinern zu hoch. Ueberhaupt ist die Holzverschwendung in Serbien ganz allgemein, und es wird bei jedem Mangel einer Forstwirthschaft und bei der schweren Waldschädigung durch die Schweinezucht nicht lange dauern, daß Serbien seinen Charakter als Waldland, in dem früher „jeder Baum gleich einem Mann" geschätzt wurde, einbüßt. — Eine kurze Seitenstraße führt aus der Tscharschia zu einer auf freiem Felde sich erhebenden hübschen Moschee, dem einzigen Baudenkmal, welches Jagodina an die türkische Herrschaft erinnert.

Der Zrni-Wr (schwarze Berg) liegt nicht, wie manche Karten zeigen, in größerer Entfernung südwestlich von Jagodina, sondern in nächster Nähe, in westlicher Richtung von dieser Stadt, und der kürzeste Weg nach Kragujewatz muß den Berg übersteigen. Die Aussicht von letzterem über die Ebene des Morawathales, begrenzt von fernen Gebirgszügen, aus welchen im Osten die scharfgeschnittene Pyramide des Rtanj emporragt, beschreibt Kanitz als eine ganz herrliche. Der Berg selbst ist 420 m. hoch und ist mit dichtem Eichenwald bedeckt, der wie überall von den Serben zur Schweinehütung benutzt wird.

Was in Rußland Moskau, das ist in Serbien Kragujewatz (Sperberort), die Hauptstadt des Volkes. Sein Ansehen wurzelt jedoch nicht in langer geschichtlicher Vergangenheit, wie dies bei der alten russischen Zarenstadt der Fall ist, sondern in dem jüngsten Zeitabschnitte, welcher die Freiheit Serbiens bezeichnet. — Fürst Milosch wählte Kragujewatz hauptsächlich seiner günstigen natürlichen Lage wegen zum Regierungssitze des neuen Staates. Entfernt von den drohenden Kanonenläufen Belgrads, wurden hier die großen Volksversammlungen abgehalten. Man fühlte sich in der Mitte der schützenden Berge sicherer und durch die bewährte Anhänglichkeit der tapferen Schumadier vor einem plötzlichen Handstreiche geschützt. — Unter Alexander Kara Gjorgjewitsch wurden später geräuschlos die großen Werkstätten hier gegründet, in welchen Hunderte von Feuerschlünden, Waffen aller Art und große Munitionsmassen für künftige Kämpfe vorbereitet wurden. So entwickelte sich Kragujewatz zu Serbiens größtem Waffenplatze, so erhielt es seine heutige militärische Wichtigkeit.

Die äußere Erscheinung der Stadt entspricht nur wenig ihrer hohen Bedeutung. Vom Zrni-Wr herab gesehen, liegt Kragujewatz auf einer hübschen, von Bergen umschlossenen Hochebene, aus deren frischem Laubschmuck die rothen Ziegeldächer hervorleuchten. Vergebens suchen wir nach einem, die große Stadt schon von fern bezeichnenden Gegenstande; vergebens nach Thürmen und Kuppeln, an welchen das ermüdete Auge haften könnte.

Bei der netten, über die Lepenitza führenden Holzbrücke betreten wir das Weichbild der Stadt. Eine kleine, zerbröckelnde Moschee, deren Minaret längst verschwunden, erhebt sich der Brücke gegenüber. Das nun folgende Zigeunerviertel ist so schmuzig wie in den übrigen Städten. Hinter demselben beginnt die breite Tsarschia, in deren Mitte ein großes hölzernes Kreuz die Einförmigkeit der aneinander gereihten niederen Läden und Häuser unterbricht. Auf den ersten Blick scheint es, als hätte Kragujewatz den Waarenbedarf für ein Drittheil Serbiens zu decken. Die Läden sind größtentheils mit englischen und österreichischen Fabrikaten wohlausgestattet und zeigen nur selten jenes bunte Durcheinander, welches anderwärts in Serbien oft angetroffen wird. Ein schmales Quergäßchen führt auf den von der Lepenitza durchflossenen großen Platz, auf welchem sich die bemerkenswerthesten Baulichkeiten von Kragujewatz ohne irgend eine absichtliche Anordnung gruppiren. In der Mitte erhebt sich ein hölzerner Glockenthurm; er deutet an, daß das nebenan stehende kahle, längliche Gebäude die Hauptkirche der Stadt ist.

Zusammenfluß der serbischen mit der bulgarischen Morawa.

Dicht daneben befindet sich ein hölzernes Haus, das ehemals der Skupschtina zum Versammlungsort diente. Rechts vom serbischen Kapitol umschließt ein hoher Palissadenzaun den fürstlichen Konak, einige Regierungsgebäude und die Magazine mit den vollständig ausgerüsteten Geschützen. Nicht weit von hier liegt die Kaserne, in deren Hofe der junge Serbe zum Heldenthum erzogen wird. Heute tanzt man hier aber nach den Takten eines Pfeifers Kolo!

Ueber Kloster **Wratjewschnitza**, wo zuerst der heilige Krieg gegen die türkischen Unterdrücker gepredigt wurde, setzen wir unsere Reise nach Belgrad fort. Der Weg zieht entlang der nach Norden sich erstreckenden Rudniker Bergkette. Wie schon erwähnt, ist das Land hier, die **Schumadia**, mit dichten Eichenwäldern bedeckt. Nur selten zeigt eine Lichtung die zerstreuten Häuser eines Dorfes und noch seltener blickt von den Anhöhen ein Kirchlein in die Thaleinschnitte hinab. Uebergangsthonschiefer mit Lagen von grob- und feinkörniger Grauwacke, Syenit und Syenitporphyr sind die hauptsächlichsten Gesteinsarten der Berge. Die reichen Lager von Bleiglanz, Blende, Kupfer, Schwefel, Arsen, Magnetkies und Glanzkobalt, welche hier im Syenit eingesprengt sind, führten die Römer und später die Serben zur Anlage großer Bergbauten. Die Türkenherrschaft ließ aber diese Schätze unbenutzt liegen und die Schumadia war nur ein Hort bedrängten Volksthumes. Auch heute noch schlummert hier der Bergbau. — Die westlich von unserem Wege am Fuße des 970 m. hohen Schtoratz liegende alte Bergstadt Rudnik ist ganz zerfallen. Auch nicht ein Haus — schreibt Denton — ist mehr vorhanden; nur die zusammengesunkenen Mauern derselben, die gepflasterten Straßen, die Ruinen einer Kirche und dreier Vertheidigungsthürme sind noch zu sehen. Alles zeugt von einstmaliger Größe der Stadt und von dem bergmännischen Leben, das hier einheimisch war, bis die türkische Politik ihm den Untergang bereitete. Alle Bergleute wurden daraus nach und nach vertrieben und die Stadt wurde zu einem Schlupfwinkel verdächtigen Gesindels, weshalb während des Freiheitkrieges von den Serben selbst die letzten Häuser niedergerissen werden mußten.

Je mehr wir uns der serbischen Hauptstadt nähern, desto freundlicher wird der Charakter der Landschaft. Die Häuser der Ortschaften am Wege schließen sich mehr zusammen und gewinnen manchmal ein beinahe italienisches Gepräge. Bei Ripanj begrüßt uns wieder die Ruine des hohen Avala, das Wahrzeichen Belgrads, dessen wir schon oben gedachten.

Auf der Sawe fahren wir stromaufwärts mit dem Dampfer nach Schabatz, dem „serbischen Paris", einem freundlichen Städtchen von 4000 Einwohnern. Schabatz giebt sich sofort als Handelsstadt zu erkennen, denn zahlreiche, mit Kattun, Wollstoffen, Steinsalz, Eisen und Fellen beladene Wagen verkehren in den breiten Straßen. Bedeutend ist hier der Handel mit Eichenknoppern; es giebt Kaufleute, die für viele Hunderttausende von Gulden Vorräthe davon zur Ausfuhr auf Lager haben. — Die Kathedrale von St. Peter und Paul ist ein neues Gebäude ohne architektonische Auszeichnung. Für den geselligen Verkehr dient der Leseverein, und ein reizendes Laubholzwäldchen, eine Art „Prater", ist an schönen Sommertagen sehr belebt. — Schabatz ist mit der Geschichte der österreichischen Türkenkriege und den serbischen Freiheitskämpfen vielfach verflochten, worüber ein Näheres im Kanitz'schen Werke über Serbien zu finden ist.

Eine gute Straße führt durch die reiche, üppige Matschwa nach Losnitza an der Drina. Nicht weit von hier, in Trschitj, zwischen dem Zr- und Gutschewogebirge, ist die Geburtsstätte des berühmten Vuk Karatschitsch (geb 1787, † 1864), der hier schon von Kindheit an auf die tiefpoetischen Volksgesänge lauschte und dieselben dann den Deutschen durch Goethe, Grimm, Talvj und Kapper zugänglich zu machen wußte. — Die Drina kommt aus dem Süden Altserbiens und bildet zum größten Theile die Grenze zwischen Serbien und Bosnien und zugleich die neutrale Straße, auf welcher die Bewohner beider

Länder ihren Waarenaustausch betreiben. Der Verkehr unterliegt aber hier weit größeren Beschränkungen, als auf der österreichisch-serbischen Grenze, auf der Sawe und Donau. Das Landen von Personen und Thieren ist nur in den Quarantänestationen gestattet, die über die ganze türkisch-serbische Grenzlinie vertheilt sind. Entlang des serbisch-bosnischen Grenzflusses giebt es drei solcher Stationen: bei Ratscha, wo sich die Drina mit der Sawe vereinigt, dann Schepatschka-Ada bei Losnitza und Ljubowia. Sie sind durch zahlreiche Karaule (Blockhäuser) unter einander zu einer Schutzkette verbunden. Die Uferstrecke von Schepatschka-Ada bis Ljubowia zählt 10 Karaule und erheischt die aufmerksamste Bewachung. Die Türken haben sich hier, aus der Zeit ihrer Besatzung der Feste Sokol, das nahe serbische Bergland widerrechtlich angeeignet und innebehalten und am rechten Drinaufer, dem befestigten bosnischen Swornik gegenüber, ein türkisches Dorf Mali-(Klein)Swornik, türkisch Sakar, gegründet; die Bewohner desselben betreiben seit vielen Jahren einen ausgedehnten Schmuggel nach Serbien und machen durch Raub und Viehdiebstähle das Drinagebiet unsicher. Trotz wiederholter serbischer Proteste aber bleibt die türkische Herrschaft zu Klein-Swornik bestehen, und auch der Friede von 1877 läßt den widerrechtlichen türkischen Besitz unberührt.

Die Karaulstraße zieht längs den westlichen Abhängen des Gutschewogebirges hin, bald hart am Drinaufer, bald ein wenig von demselben zurücktretend. Selten giebt sie mehr als für einen Reiter Raum. Die Drina fließt in zahllosen Krümmungen zwischen schön bewaldeten Abhängen der Sawe zu.

Von Klein-Swornik geht es östlich ins Gutschewogebirge hinein, das bei Krupanj immer felsiger und wilder wird, um in der Landschaft von Sokol ein überraschend romantisches Bild zu liefern. Aus einem weiten Thalkessel erhebt sich ein steiler Kalkfelsen, auf dessen schmaler Kante eine Doppelreihe von Häusern bis zu dem von einem Schloß bekrönten Gipfel hinansteigt. Der Name Sokol, d. h. Falke, charakterisirt ganz treffend die hochromantische Lage dieser kleinen Feste, die nach dem Abzuge der Türken im Jahre 1862 geschleift werden sollte.

Ueber Waljewo, eine aufblühenden Kreisstadt, gelangen wir nach Uschitza. Von der Höhe, von welcher die Straße im Zickzack zum Thale hinabführt, genießt man einen prächtigen Blick über die Stadt mit ihrer mittelalterlichen Burg, die hoch auf einem isolirten Felsenkegel steht und mit den Moscheen und Minareten und der neuen Kirche am Fuße des Berges ein Bild serbischer Geschichte entrollt: des Zarenreichs, der Türkenherrschaft und des jetzigen selbständigen Fürstenthums. In einem engen Thale durchschneidet die Djetina, ein Nebenfluß der serbischen Morawa, die Stadt, um dann in raschem Laufe den Festungsberg zu umspülen. Jenseit des Flusses bilden beinahe senkrechte Kalksteinwände den Hintergrund dieses herrlichen Gemäldes. Während des Unabhängigkeitskrieges spielte die Festung Uschitza eine Rolle, und es konnte das Kastell von den Serben gar lange nicht eingenommen werden. Als aber nach langer Umzingelung der Hunger die Besatzung fast ganz aufgerieben hatte, nöthigten die Flammen des in Brand geschossenen Kastells die geringe Besatzung zur Uebergabe.

Die Umgegend von Uschitza, Poschega, Arilje (Achilje) und Groblje ist reich an römischen Ueberresten, namentlich letzterer Ort, mit dem „Gräber" bedeutenden Namen, zeichnet sich durch ein römisches Leichenfeld aus. Kanitz, der treffliche Forscher, machte hier sehr werthvolle Entdeckungen. Die Fahrstraße von Poschega nach Tschatschak verfolgt die serbische Morawa stromabwärts. Das lachende, reiche Thal dieses Flusses ist hier mehrere Stunden breit und könnte zehnmal mehr Einwohner ernähren. Beim Dorfe Dutschalowitz schließen der Kablar und Owtschar, das heilige Athosgebirge der Serben, den Fluß ein. Sehr merkwürdig ist die hier aus sieben Klöstern bestehende Mönchskolonie.

Das in der weiten Thalebene gelegene Tschatschak ist ein unbedeutendes Städtchen. Die alte Türkenstadt ist verschwunden und die neue Serbenstadt noch im Entstehen. Die Kirche ist eine umgebaute Moschee, die ihrerseits aus einem christlichen Gotteshause hervorgegangen war. — Nicht weit von der Mündung des Ibar in die Morawa liegt Karanowatz in ausgedehnter, von hohen Gebirgszügen umschlossener Ebene, welche Kanitz mit der herrlichen Brianza zwischen Como und Mailand vergleicht. In diesem lachenden Plane zwischen hübschen Dörfern, fruchtbaren Feldern und jungen Laubholzwaldungen erhebt sich, ganz im Gegensatz zu den übrigen im tiefen Waldesdunkel verborgenen Klöstern Serbiens, auf einer sanften Anhöhe, jenseit des Ibar, Schitscha. Die Kirche soll vom heiligen Sawa, der hier als erster Erzbischof seinen Sitz hatte, gegründet worden sein; leider sind ihre alterthümlichen Schönheiten unter einer unverständigen Restauration verschwunden, wenn auch einige hübsche Fresken noch erhalten sind. Schitscha war die Krönungskirche der Nemanjiden. Für jeden der hier gekrönten sechs Zare war ein besonderer Eingang geöffnet worden, um nach der Benutzung wieder zugemauert zu werden. Wir verlassen hier die Morawa und dringen im Ibarthale gegen Süden vor. Wenige Stunden von dem Karanowatzer Tertiärplateau erheben sich die serbischen Südgebirge in steter Steigerung; sie bilden den Stol, Djakowo, Schelin, Plotscha und erreichen im Kopaonik den höchsten Punkt zwischen der Sawe und dem Balkan. Längs der ganzen Erhebungskette sind Granit, Syenitporphyr, Trachyt und Serpentin die vorherrschenden Gebirgsarten, und ihnen entspricht auch der Charakter des Pflanzenwuchses, das ernste Bild der Landschaft. Oefter als bisher zeigen sich Kuppen und Spitzen von jeder Vegetation entblößt. Rauhe, durch viele Wasserläufe durchflutete Gehänge erschweren den Verkehr und die engen, unfruchtbaren Thalsporne gewähren der spärlichen Bevölkerung eine nur kümmerliche Nahrung. — Nicht ohne Wirkung bleiben so geartete Bodenverhältnisse auf den körperlichen und geistigen Zustand der Bevölkerung, und in der That finden wir hier in der Ibarspalte den Kretinismus sehr verbreitet. — Auf einem einsamen Felsen steht die alte Schloßruine Maglitsch, eingeschlossen von einem Kreise doppelt hoher Berge; und von hier aus über den 1040 m. hohen Djakowo, dessen Nordabhang mit prächtigem Buchenwald bedeckt ist, gelangen wir nach Studenitza, dem größten und reichsten Kloster Serbiens. Es liegt, von einer Mauer umgeben, mit der prachtvollen Kirche in einem anmuthigen Thalkessel 415 m. über dem Meere.

Uſchiza.

Türkei. 14

Der Gründer des „Kaiserlichen Klösters" (Carska lavra), wie es von den Serben genannt wird, war Stephan Nemanja, der glorreiche Ahnherr des Königshauses der Nemanjiden. Er starb als Mönch in dem von ihm erbauten Chilandar auf dem heiligen Athosberge im Jahre 1190. Sein Sohn, der heilige Sawa, welcher der Sage nach in der Höhle Isponitza bei Studenitza lange Zeit fastete, ließ die Gebeine seines Vaters im Jahre 1203 nach Studenitza übertragen, und diese bilden die heiligste Reliquie des Landes. Sie ruhen gegenwärtig in einem vor der Ikonostas (der Bilderwand) stehenden alten, mit Ebenholz und Perlmutter ausgelegten Sarge. Am Tage des Heiligen (13. Februar) wird der Sarg geöffnet und das Volk zum Kusse des entblößten Kopfes zugelassen.

Studenitza ist eben so wenig ein „Leuchtthurm" serbisch-byzantinischen Wissens, als die Anachoretenklöster am Kablar, oder das cönobitische Karyas auf dem Athos. „Studirte Leute bringen Alles in Unordnung" ist Glaube und Richtschnur hier wie dort, und so war es möglich, daß Kanitz unter der gesammten Mönchsbevölkerung Studenitza's, deren Zahl etwa 12 betrug, nur einen Mönch fand, der im Stande war, die altslavischen Umschriften der Fresken abzulesen und Zweifelhaftes zu ergänzen.

Das Ibarthal bewahrt seine Wildheit bis kurz vor dem Austritte aus Serbien. Bei Pawlitza beginnt das Thal sich zu öffnen, die Abhänge werden sanfter und bereiten das Auge auf die bald beginnenden Maisfelder und langgestreckten, waldentblößten Bergrücken vor. An der Grenze liegt die Zoll- und Quarantänestation Raschka, eine kleine, von Mauern umschlossene Ortschaft. Hier an der Raschka stand einst die Wiege des serbischen Zarenreiches.

Der Weg nach Kruschewatz erreicht bei Bruß das Thal der Ressina mit niedrigen Hügeln zu beiden Seiten. In Schupa machen die Waldberge Kalkfelsen Platz, auf denen zum Theil Weingärten angelegt sind. Noch heute zeigt man eine Ceder und einige Reben, die von der Kaiserin Militza, der Gemahlin Lasar's, gepflanzt worden sein sollen. Bei Kruschewatz eröffnet sich uns wieder das fruchtbare und schöne Thal der serbischen Morawa.

Kruschewatz! Ein einzelner zerbröckelter Thurm und kaum erkennbare Wälle sind die wenigen Reste der ehemaligen Residenz des bei Kossowa gefallenen Zars Lasar. Doch auch die aus Steinen des zerstörten Schlosses erbaute Moschee, in welcher nach der Sage die Tochter Lasar's sich Bajasid, dem Sohne seines Gegners Amurath, vermählen mußte, liegt in Ruinen. Eingestürzt sind ihre und der anderen Dschamien stolze Minarete, und über alle diese Trümmer einer 500jährigen Geschichte erhebt sich auf dem weiten Plane der Verwüstung, allein verschont, der heilige Bau des letzten Serbenkrals, die weithin sichtbare Kirche von Kruschewatz. Sie ist nicht so groß wie die gewaltigen Kirchenbauten der abendländischen Fürsten jener Zeit der Serbenzare, aber doch muß die zierliche Bauart ihrer in Rohbau verschiedenfarbig ausgeführten und mit reichem Ornamentschmuck gehobenen Außenseite einen wirkungsvollen Eindruck erzielt haben. Mörtel und Tünche und stillose Veränderungen verdecken heute die Schönheiten, und auch im Innern, das den Türken zum Pulvermagazin diente, ist die alte Pracht verschwunden.

Die Stadt Kruschewatz soll zur Zeit ihrer Blüte drei Stunden im Umfang gehabt haben; heut ist sie ein unbedeutender, aus zwei sich kreuzenden Straßen bestehender Ort, der nach dem Freiheitskriege aus den Trümmern der Türkenstadt hervorging und jetzt gegen 2500 Einwohner zählt.

Am Zusammenflusse der serbischen und bulgarischen Morawa erheben sich auf einem Hügel die stolzen Trümmer des vielbesungenen Schlosses Stalatj. Hier bildet das Thal der bulgarischen Morawa eine schwer passirbare Enge, während es stromaufwärts breit und offen der türkischen Grenze entgegentritt. Daher sind Deligrad und das weiter südlich liegende Alexinatz in ihrer günstigen, das Flußthal beherrschenden Lage strategisch wichtige Punkte, die, durch Befestigungen künstlich verstärkt, in den früheren Türkenkämpfen und auch im letzten serbisch-türkischen Kriege eine große Rolle gespielt haben.

Alexinatz ist ein junges, aufblühendes Städtchen, das seine Entstehung der hier im Jahre 1836 angelegten Quarantäne verdankt. Diese gesundheitlichen Sicherungsanstalten haben sich in Serbien als sehr nützlich erwiesen, da sie mehrmals die Cholera und Pest an der Grenze zurückgehalten haben. Nur bei Seuchenausbrüchen in den Nachbarländern tritt eine Absperrungsfrist in Kraft, während für gewöhnlich nach der Zollabfertigung der Uebertritt über die Grenze ungehindert stattfinden kann. — Unter den 13 Quarantänorten, von welchen Ratscha, Mokra-Gora, Raschka, Alexinatz und Radujewatz Anstalten erster Klasse sind, ist Alexinatz die wichtigste, da hier die Hauptstraße von Konstantinopel über Nisch durchführt, auf welcher der österreichische Waarenverkehr zu Lande seinen Weg nimmt. Alexinatz passiren jährlich etwa 14,000 Personen, meist Bulgaren, welche in Serbien dem Landbaue nachgehen.

Von Alexinatz wenden wir uns durch das Morawitzathal nach Banja, dem berühmten, von den Römern gegründeten Badeorte am Fuße des Rtanj. Die 40° C. heiße, reine Quelle und einige Wohnhäuser sind Alles, was dieser Badeort bietet; es fehlte zur Zeit des Kanitz'schen Besuches (1864) an Einzelbädern, an einem schattigen Spaziergange, an einer Restauration, an einem Café, mit einem Worte: an den bescheidensten Anforderungen, die man an einen Badeort zu stellen pflegt. — Höchst anmuthend ist aber der Besuch der nahen Schloßruine im Engpasse der in die Morawitza mündenden Banjitza. Auf steilem Pfade geht es aufwärts zu dem in drei Haupttheilen sich erhebenden mittelalterlichen Bau, dessen höchster Theil in schwindelnder Höhe an einem einzelstehenden Felsen klebt. Die Aussicht vom Fuße des höchsten Thurmes, über die in den Abgründen sich durchwindende Banjitza und die gegenüber sich aufthürmenden Felsenmauern hinweg, nach der Banjaer Hochebene und den sie umschließenden Bergen, ist prächtig. — Wahrhaft großartig ist aber der Rundblick von der 1266 m. hohen Kalksteinpyramide des Rtanj. Er beginnt im Osten mit der kaum übersehbaren rumänischen Ebene, an welche sich, durch die Donau getrennt, im Süden die bis zum Timok reichende bulgarische Balkankette anschließt. Es folgen hierauf die Kuppen des hohen Suwagebirges bis Nisch, und mehr im Vordergrunde das Ozren- und Tschutzkowatz-Gebirge, zwischen welchen die Morawa fließt. Ueber diesen

14*

Höhen öffnet sich das Thal der bulgarischen Morawa, begrenzt von dem Jastrebatz und in weiterer Entfernung von dem Kopawnikstocke überragt. Dieses nahezu 5 Längengrade umfassende Rundbild übersieht das Auge von einem Standpunkte aus. Nach Norden erblickt man sämmtliche Bergreihen, die den Osten, Westen und Norden Serbiens erfüllen; und noch weit über die serbische Grenze hinaus sieht man bis nach Syrmien, Ungarn und zu den Bergen Transsylvaniens.

Der Rtanj besteht in seinem unteren Theile aus Grauwacke und Grauwackenschiefer, im oberen aus Kalkstein; die hebenden Massen aber waren Syenitporphyr. Ein prächtiger Fichtenwald, der einzige im östlichen Serbien, zieht auf der Südostseite des Berges bis zum Gipfel hinan. — Am südwestlichen Abhange führt ein 23 m. tiefer Schacht zu einer im Kalkstein gebildeten Eishöhle, in welcher im Frühjahr und Sommer das Eis anwächst, um im Herbst zu schmelzen.

Die Straße von Nisch nach Knjaschewatz erreicht bei Gramada, einer Quarantäne zweiten Ranges, die serbische Grenze, fällt dann zum Swrljischki-Timok ab und führt nach Ueberschreitung desselben über einen rauhen, nur wenig bewaldeten Höhenrücken nach Knjaschewatz hinab. Eine Viertelstunde nördlich von dieser Stadt, dem alten Timacum minus, vereinigen sich der Swrljischki- und der Trgowischki-Timok zum Weliki- oder Großen Timok, der seinerseits wieder bei Saitschar mit dem aus Westen kommenden, am Rtanj entspringenden Mali- oder Kleinen Timok zu einem ansehnlichen, schlechtweg Timok genannten Flusse sich vereinigt. Letzterer übernimmt unterhalb Saitschar die Grenzführung gegen Bulgarien. — Die beiden Arme des Weliki-Timok entspringen nicht weit von einander in Bulgarien, in der Nähe der serbischen Grenze. Während der östliche Zweig, der Trgowischki-Timok, im Allgemeinen in nordwestlicher Richtung dem Thale des Weliki-Timok entgegen eilt, umflutet der westliche, der Swrljischkiarm, in einem stark gekrümmten Bogen den oben erwähnten Höhenrücken. Der Lauf dieses Flusses ist in mehrfacher Hinsicht bemerkenswerth. Kurz nach seinem Eintritte in Serbien, bei der Grenzstation Pandiralo, verschwindet der Swrljischki-Timok in einer Kalksteinhöhle, läuft sodann, auf einer Strecke von etwa 330 m., unterirdisch fort und wird erst bei dem Dorfe Perisch wieder sichtbar. Hierauf durchfließt er die Nischewatzer Ebene, sodann oberhalb der Swrljiger Ruine eine Felsenschlucht von einer Stunde Länge mit bedeutendem Falle. Ruhig tritt er hierauf in das anmuthige, weit geöffnete Thal von Warosch und gewinnt dann durch das Felsendefilé von Podwis die Knjaschewatzer Hochebene, um sich in derselben mit dem anderen Arme des Weliki-Timok zu vereinigen.

Wir hielten es für nöthig, hier etwas näher auf die Hydrographie des Timok einzugehen, weil die dermaligen Karten von Serbien noch nicht die Kanitz'schen Feststellungen berücksichtigt haben und neben anderen Unrichtigkeiten auch die Laufverhältnisse des Timok falsch zur Darstellung bringen.

Die Kreisstadt Knjaschewatz, vormals Gurgussowatz, liegt in dem schönsten natürlichen englischen Parke, begrenzt von reben- und baumbepflanzten, von zahlreichen Wasseradern durchrieselten Höhen. Der Stadt selbst fehlen architektonisch hervorragende Gebäude; sie gewährt aber mit ihren netten, von Veranden umgebenen Häusern, welche sich im frischen Grün der Obst- und Weingärten um das hochgelegene Kreisamtsgebäude gruppiren, einen gar freundlichen Eindruck.

Die Straße nach Saitschar führt auf dem rechten Ufer des Weliki-Timok entlang, oft bis zu einer halben Stunde vom Rinnsale des Flusses zurücktretend. Das rechte Thalgehänge wird mehrfach von engen, malerischen Seitenthälern unterbrochen, während das linke, in der langgestreckten, scharf profilirten Maglenwand durchaus zusammenhängend auftritt.

Knjaschewatz.

Bei Wratarnitza verengt sich das Thal zu einem Engpasse, der in der österreichisch-türkischen Kriegsgeschichte unter dem Namen „Passo Augusto" eine große Rolle gespielt hat. Graf Schmettau, welcher den Feldzug im Jahre 1737 im kaiserlichen Hauptquartiere mitmachte, sagt über unsern Paß Folgendes: „Dieses Timokdefilé ist mit 100 Mann (?) leicht gegen eine Armee zu vertheidigen. Ein ziemlich steil abfallender Felsen läßt neben dem Timok kaum Raum für die Straße. Im Besitze des Hochplateau kann man den Paß gegen jeden Feind halten." Am Ausgange des Passes überschreitet die Straße in dem nunmehr dem Blicke sich öffnenden Thale den Timok, an dessen linkem Ufer sie sich bis Saitschar hinzieht.

Das Städtchen bietet nichts Bemerkenswerthes dar, dagegen sind aber von hohem Interesse die unfern auf einer Hochebene gelegenen Ruinen des römischen Castrum von Gamsigrad. Dasselbe stellt sich dar als ein ungleichseitiges Mauerviereck, das sowol in seinen Ecken als auch in den Lang- und Schmalseiten durch weit vorspringende Rundthürme verstärkt wird. 7 m. von den Mauern entfernt fand Kanitz die Reste einer zweiten Reihe von Rundthürmen, welche, einst wahrscheinlich mit Mauern unter einander verbunden, eine zweite Befestigung innerhalb der ersten gebildet haben mochten. Im Mittelpunkt des 123,5 und 122,7 m. langen und 94,5 und 87,5 m. breiten Werkes befindet sich ein in Schutt vergrabener rechteckiger Bau von 8,5 und 5,4 m. Seitenausdehnung. Das mächtige Bollwerk, überdies noch durch vorgeschobene Rundthürme auf den nahen Höhen verstärkt, dürfte wol, wie Kanitz darthut, den Römern und später ihren Nachfolgern im Lande als befestigtes Lager gedient haben.

Die prächtige, im Südwesten vom Rtanj überragte, überaus fruchtbare Hochebene von Gamsigrad ist etwa 1 Stunde breit und fällt unter ziemlich starker Neigung gegen den Mali-Timok ab. Dieser nimmt unweit des Dorfes Gamsigrad das Flüßchen Zrna-rjeka auf, welches der ganzen Landschaft seinen Namen giebt. — Das Thal des Mali-Timok ist reich an heißen Quellen, welche sämmtlich aus Felsenklüften kommen und sich durch einen hohen Gehalt an Glauber- und Bittersalz auszeichnen. Das ganze Gebiet des Mali-Timok ist unzweifelhaft vulkanischer Natur und bildet einen für den Geologen und Hüttenmann ergebnißvollen Boden. Hier am kleinen Timok ist auch der Hauptsitz der serbischen Goldwäscherei, worüber Ausführliches in Kanitz' Werke zu finden ist.

Die Straße von Saitschar nach Negotin, eine der besten Serbiens, führt in reizender Abwechslung durch schöne Thäler und über Höhen, welche sich, je mehr wir uns der Donau nähern, ermäßigen und zuletzt den Charakter der Hügel annehmen. Zur Rechten sehen wir die nahen bulgarischen Grenzberge, links die scharf gezeichneten Linien der Mirotschkette und des Stol mit seinen steil abfallenden hohen Wänden, und in der nächsten Umgebung üppiges Weideland mit zahllosen Herden, deren friedliches Geläute in den frohen Liedern einer zum nahen Kloster pilgernden Prozession hineintönt. Endlich erblicken wir von einem Hügel das weinberühmte Negotin, die Kreisstadt der Kraina. Sie würde zu den blühendsten, zukunftreichsten Handelsstädten Serbiens gehören, falls sie, anstatt 2 Stunden von der Donau entfernt, hart an dieser selbst, an der Stelle des serbischen Quarantäneorts Radujewatz angelegt worden wäre. Hier beenden wir unsere Rundreise durch Serbien und nehmen von Kanitz, unserem lehrreichen Führer, dankend Abschied!

Montenegriner.

VI. Montenegro.

Name. — Geschichte. — Geographische Beschreibung des Landes. — Grenzen. — Bevölkerung. — Uskoken. — Typus. — Tjeralitza. — Tracht. — Charakter. — Geistige Anlagen. — Schulwesen. — Religiosität. — Poetische und rednerische Begabung des Volkes. — Verwünschungen. — Sprüchwörter. — Sitten, Gebräuche und Aberglaube. — Gesellschaftliche Zustände. — Adel. — Familie. — Stellung des Weibes. — Mädchenraub. — Gesellschaftliche Gliederung. — Wohnungen. — Ernährung. — Staatseinrichtungen. — Heerwesen. — Gerichtspflege. — Kirche. — Klöster. — Popen. — Handel. — Geldsorten. — Statistik des Ackerbaues und der Viehzucht. — Besteuerung. — Gewerbelosigkeit. — Landeseintheilung. — Von Cattaro nach Zetinje. — Die fürstliche Residenz. — Die Stadt. — Rjeka. — Danilowgrad. — Kloster Ostrog.

Montenegro oder Montenero ist der italienische Name für Zrnagora und bedeutet ebenso wie das türkische Kara-Dagh und das albanesische Mál sese oder Mál esija: Schwarzer Berg oder Schwarzes Gebirge. Woher diese Bezeichnung kommt, ist ganz unklar. Die Einen behaupten, sie ergebe sich aus der dunklen Erscheinung der Berge dieses Landes; Andere, welche — bei Tage wenigstens — in den kahlen Kalkfelsen nichts Schwarzes zu erkennen vermögen, nehmen an, die Türken hätten, wie Alles, was sie haßten und fürchteten, auch dieses für sie so oft unheilvolle Gebiet schwarz genannt, während noch Andere der Meinung sind, Zrnagora komme von Iwo Straschimir dem Schwarzen (Crni), der als der eigentliche Gründer Montenegro's betrachtet wird. Sein Zuname, der sich auf seine dunkle Hautfarbe bezog, hat sich auch in Straschimir's Nachkommen, der Familie der Zrnojewitsch, erhalten und nach ihm wurde auch die Obod Rjeka in Zrnojewitschka Rjeka umgetauft. Sehr unwahrscheinlich dünkt uns aber die Vermuthung, daß früher die Berge mit Schwarzwald bedeckt gewesen seien und dieser die Veranlassung zum jetzigen Namen des Landes gegeben habe. Denn abgesehen davon, daß die zur Ansammlung von Erdreich ungünstige Felsgestaltung einen ausgedehnten Baumwuchs unmöglich macht, scheint auch der Schwarzwaldgedanke daran zu kranken, daß die Flora des Kreidekalkes, der hier, wie im ganzen periapenninischen System die vorwaltende Gesteinsart bildet, nicht in Nadelhölzern ihre charakteristischen Vertreter findet. Mag nun der Name auf diese oder jene Weise erklärt werden, so steht doch so viel fest, daß die in Europa übliche Benennung Montenegro im Lande selbst ganz unbekannt ist. Die Bewohner der „Schwarzen Berge" bezeichnen ihr Gebiet mit Crnagora, oder vielmehr mit der Pluralform Crnegore, und sich selbst nennen sie Crnogorci und in der Einzahl Crnogorac. Gebräuchlich ist auch die Form Črnogorci (spr.: Tschrnogorzi), doch ist die erstere Schreibart die richtigere. Uebrigens ist die Benennung „Crnagora" erst in neuerer Zeit üblich geworden, denn früher führte der montenegrinische Staat den Namen „die Zeta und das Küstenland", wie u. A. noch eine Inschrift einer aus dem Jahre 1718 stammenden Kirchenglocke in Zetinje bekundet.

Die Geschichte Montenegro's beginnt mit dem Niedergange des serbischen Zarenreiches, das alle Länder der nördlichen Balkanhalbinsel vom Pontus Euxinus bis zum Adriatischen Meere umfaßte. Als in der Schlacht auf dem Amselfelde 1389 die Unabhängigkeit des Serbenstaates verloren ging, entwickelte sich das Fürstenthum Zeta am gleichnamigen Flusse, welcher die eigentliche Zrnagora von der Brda trennt, zu einem Hort der serbischen Freiheit. Hier herrschte das Geschlecht der Balscha, das schon unter Stephan Duschan dem Gewaltigen eine gewisse Selbständigkeit sich erworben hatte. Nach dem Tode Duschan's benutzten Balscha I. sowol als auch seine Söhne Iwo Straschimir, Djuradj und Balscha den ausgebrochenen Streit um den Zarenthron, um ihr anfängliches, auf eine Dorfschaft beschränktes Gebiet, durch Eroberung benachbarter Landschaften, wie Skutari, die untere Zeta, zu vergrößern. Bereits 1410 schlug Balscha III. ein türkisches Heer zurück und sein Nachfolger Stephan Zrnojewitsch, der Sohn des Iwo Straschimir Zrni und Stifter der durch ihre Tapferkeit ausgezeichneten Dynastie der Zrnojewitsch, bestand nicht weniger als 63 siegreiche Kämpfe gegen die Moslemim. Stephan, der „Zrnogoraz", erbaute am Skutari-See, unweit der Mündung der Moratscha, die Festung Schabljak, welche dann sein Sohn Iwan zur Residenz wählte. Sein Land umfaßte außer dem heutigen Montenegro die Landschaften der Zeta (spr. Setta) mit den Städten Podgoritza, Spusch und Schabljak; ferner die Inseln des Skutari-See's und einen Küstenstreifen am Adriatischen Meere mit dem Hafen von Antivari. — Stephan's Regierung

(1428—71) bildete eine ununterbrochene Reihe blutiger Kämpfe, nicht nur gegen die Türken, sondern auch gegen die Venetianer und Herzegowiner, und erst, als er von beiden letzteren empfindliche Niederlagen erlitten, verband er sich mit ihnen gegen den gemeinsamen Feind, die Türken. — Hohen Ruhm erwarb sich sein Sohn Iwan, der unermüdlich in mehr als 60 Schlachten gegen die Osmanen kämpfte, an der Seite Georg Kastriota's, des unter dem Namen Skanderbeg bekannten albanesischen Helden, der mehr als 2000 Türken eigenhändig getödtet. Iwan war ganz der Held des Volkes; seine Thaten wurden von Freund und Feind in unzähligen Liedern gefeiert und sein Name bildet den Mittelpunkt vieler schöner Sagen.

Schabljak.

Trotz seiner Tapferkeit und der Hingebung seines Volkes mußte Iwan schließlich der Uebermacht der Türken weichen und in das unwirthliche Gebirge sich zurückziehen. Er verlegte seine Residenz nach Zetinje, wo er 1490 hochbetagt in dem von ihm gegründeten Kloster starb.

Sein Sohn und Nachfolger Georg setzte die Kämpfe gegen die Türken fort, die ihn jedoch nicht hinderten, auch für die Kultur seines Volkes zu wirken. Er gründete in Obod die erste Buchdruckerei und ließ in derselben eine Anzahl liturgischer Bücher in cyrillischer Schrift herstellen. — Weniger rühmlich war ein Bruder Stanischa thätig, der als Renegat an der Spitze eines türkischen Heeres Montenegro für sich und den Sultan zu erobern suchte.

Gänzlich geschlagen, floh er nach Skutari, um hier von den Einwohnern verjagt zu werden. Er siedelte sich später im albanesischen Dorfe Buschatlj an, wo seine Nachkommen unter dem Namen Buschatlija gegenwärtig noch leben.

Gedrängt von den Bitten seiner Frau, einer Venetianerin, ging Georg Zrnojewitsch 1499 nach Venedig und überließ die Regierung einem seiner Verwandten, Namens Iwan, der jedoch ebenfalls bald zu Gunsten seines Sohnes Georg abdankte. Auch dieser folgte dem Beispiele seiner Vorgänger, indem er 1516 seine Würde vor versammeltem Volke dem Metropolitan Wawil oder German übertrug und dann nach Italien übersiedelte. Die Familie der Zrnojewitsch erlosch 1660 zu Venedig.

Mit dem Jahre 1516 beginnt in der Geschichte Montenegro's eine neue Epoche: die Zeit der theokratischen Monarchie.

Der Wladika, der Bischof, war das Oberhaupt des Staates; er gab die Gesetze, bestimmte über Krieg und Frieden und führte das Volk in den Kampf. Uebrigens war seine Macht lange Zeit nur eine beschränkte, da die einzelnen Stämme ihre inneren Angelegenheiten selbst ordneten. Die Hauptaufgabe auch dieser geistlichen Herrscher blieb aber die Abwehr der Türkenflut, die theils gewaltsam, theils durch Verlockung zum Islam in den Schwarzen Bergen mehr und mehr Platz gewann. Schließlich erlangten die Renegaten ein solches Uebergewicht, daß der 1697 zum Metropolitan gewählte Danilo Petrowitsch Njegosch, der erste Wladika aus der noch jetzt herrschenden Familie Petrowitsch, beschloß, mit einem Schlage die Feinde zu vernichten. In der Christnacht des Jahres 1702 wurden sämmtliche im Lande wohnenden Mohammedaner ermordet. Nur diejenigen, welche sich taufen ließen, blieben verschont. So groß war das Gemetzel, daß die Zrmnitza an diesem Tage mehr Blut als Wasser in den Skutari-See geführt haben soll. — Der Pascha der Herzegowina wollte seine erschlagenen Glaubensbrüder rächen und zog 1706 gegen Montenegro, wurde jedoch gänzlich geschlagen und mußte die Schmach erleben, daß 157 Gefangene gegen eine gleiche Anzahl Schweine ausgelöst wurden. Wenn es auch später den Türken mehr als einmal glückte, bis nach Zetinje vorzudringen und den größten Theil des Landes mit Feuer und Schwert zu vernichten, so vermochten sie doch nie, Montenegro bleibend zu unterwerfen und die Bevölkerung zur Zahlung des Kopfgeldes zu zwingen.

1715 unternahm Danilo eine Reise nach Rußland, um bei Peter dem Großen Hülfe gegen den gemeinsamen Feind zu erwirken. Solche wurde auch in Form von Unterstützungsgeldern gewährt, die auch in der Zukunft mehr oder weniger regelmäßig Montenegro zu Theil wurden. — Danilo starb 1735 und hinterließ die Regierung seinem Neffen Sawa Petrowitsch. Dieser, eine sanfte, friedliche Natur, fühlte sich bei den fortwährenden Kriegen seiner Stellung nicht gewachsen und legte bald die weltliche Macht in die Hände seines Neffen, des streitbaren Wasilije. Die Regierung des Letzteren wird durch mehrere glänzende Siege über die Türken ausgezeichnet. Ueber einen dieser Kämpfe wollen wir ein altes Volkslied erzählen lassen:

„Der Vezier von Bosnien schreibt an den schwarzen Mönch — so wurde der Wladika stets von den Türken genannt — er grüße ihn und spreche:

«Schwarzer Mönch, schicke mir den Charadsch (Kopfsteuer) des Gebirges mit 12 der schönsten Jungfrauen; wo nicht, so schwöre ich Dir bei dem einigen Gotte, Dein Land zu verheeren und alle jungen und alten Männer in die Knechtschaft abzuführen.» — Der Wladika theilt diesen Brief den Glavari der Plemena (Häuptlingen der Stämme) mit und erklärt ihnen, sie als entehrte Menschen zu verlassen, wenn sie sich unterwerfen würden. Und die Glavari antworten: «Wir wollen lieber alle die Köpfe verlieren, als in Schande leben, und sollte auch die Knechtschaft unser Dasein um ein Jahrhundert verlängern.» — Stark durch die Eintracht der Seinen, antwortet der Wladika dem Tschehaja Pascha: «Wie kannst Du Abtrünniger, der Du Dich von den Zwetschken der Herzegowina mästest, den Charadsch von den Kindern des freien Gebirges fordern? Haben wir jemals Tribut gezahlt? Der Tribut, den wir Dir schicken werden, wird ein Stück unserer Felsen sein und statt der 12 Jungfrauen wirst Du 12 Sauschwänze erhalten, womit Du Deinen Turban schmücken kannst, auf daß Du daran denkst, daß in der Zrnagora die Mädchen weder für die Türken noch für die Abtrünnigen wachsen, und daß wir Alle lieber lahm, blind und ohne Gnade sterben wollen, als eine einzige Jungfrau ausliefern. Wenn Du uns angreifen willst, so komme! Ich hoffe, Du wirst Deinen Kopf bei uns lassen und er werde in unsere Thäler hinabrollen, die bereits mit so vielen Türkenschädeln bedeckt sind.»

Beim Empfang dieser Antwort stampfte der Pascha wüthend mit dem Fuße, faßte seinen Bart mit beiden Händen und rief mit lautem Geschrei nach seinen Hauptleuten. Sie eilten mit 45,000 Soldaten herbei und rückten unter Anführung des Kiaja des Veziers gegen den Kara-Dagh vor, um Alles mit Feuer und Schwert zu vernichten. Die Montenegriner erwarteten sie im Engpaß Brod, unter der einstigen Veste Onogoschto. Dort begrüßten sich die beiden Heere 14 Tage lang mit einem ununterbrochenen Gewehrfeuer. — Plötzlich brachen unsere Helden in Wehklagen aus — sie haben weder Pulver noch Blei! Unter ihren Verschanzungen, die keine Blitze mehr schleudern, vorbeiziehend, rücken die türkischen Horden in die Dörfer und verbrennen sie. — Aber Gott schickte uns eine unerwartete Hülfe. Ungeachtet des strengen Gebots des Dogen von Venedig verkaufte uns ein mitleidiger Fremdling mehrere Tausend Patronen und vor Freude tanzen die Zrnogorzen und singen Siegeslieder. — Sobald sich die Morgenröthe zeigt, machen sie das Zeichen des Kreuzes und stürzen auf das Lager der Türken wie Wölfe auf eine Herde Schafe. Sie schlagen sie aufs Haupt und verfolgen sie bis in die späte Nacht über Berge und Thäler. Der Kiaja selbst wurde verwundet und floh zu seinem Vezier, um ihm zu berichten, wie viel Zrnagorzer Schöne er mit sich bringe." (S. Sp. Gopčević: „Montenegro und die Montenegriner", Leipzig 1877.)

Dieser Sieg wurde am 25. Nov. 1750 bei Tschewo erfochten und 1756 schlug Wasilije ein neues Türkenheer von 80,000 Mann, das Osman III. auf Anrufen einer Partei der unter sich wieder einmal streitig gewordenen Montenegriner entsandt hatte.

Nach dem Tode Wasilije's im Jahre 1766 übernahm der schwache Klosterbruder Sawa wieder die Regierung, doch wurde er schon im folgenden

Jahre durch einen kroatischen Abenteurer, der sich für den vom Tode geretteten Zaren Peter III. ausgab, aus der Herrschaft verdrängt. Obgleich Stephan Mali, der „Kleine" oder der „Lügenkaiser", von Rußland als ein Betrüger bezeichnet wurde, so behauptete er sich doch durch seine glückliche Kriegführung bis zu seinem Ende 1774 als ein tüchtiger und geachteter Gospodar (Herr) der Montenegriner. Selbst der russische Abgesandte Fürst Dolgoruki konnte diesem Manne seine volle Anerkennung nicht versagen.

1782 starb der unfähige Wladika Sawa und es folgte ihm Peter I., der „große Wladika", auch „Peter der Heilige" genannt. Seine Regierung wird durch eine große Anzahl ruhm- und siegreicher Kämpfe gegen die Türken und die mit ihnen unter Napoleon I. verbündeten Franzosen ausgezeichnet, und in der Zeit von 1806—14 besaß der montenegrinische Staat seine größte Flächenausdehnung. Es gehörten damals zu Montenegro die Bezirke von Kruschewitza, Tschupa, Banjani, Kiwa, Drobnjak, Zuptschi, Waschojewitschi und die Küste von Cattaro und Antivari. 1788 war schon von Rußland und Oesterreich die Unabhängigkeit Montenegro's anerkannt worden.

Die kurzen Ruhepausen, welche die Kriege dem Wladika Peter ließen, benutzte er, um die inneren Verhältnisse des Landes zu ordnen. Er erweiterte die Befugnisse des von Wasilije gegründeten, aus den Glavari bestehenden Tribunals für Rechtsprechung, stellte die von Alters her überkommenen Gesetze und Rechte zu einem Staats- und Grundgesetzbuche zusammen und war auch anderweitig noch für die Befestigung des Staatswesens sehr thätig.

Der „große Wladika" starb am 18. Oktober 1830. Sein Nachfolger war sein Neffe Rado Tomow, der unter dem Namen Peter II. Petrowitsch sich ebenfalls als siegreicher Kriegsherr und Förderer des Volkswohls auszeichnete. Sein Streben war besonders, die wilden Sitten und Triebe der Zrnogorzen zu brechen und der Kultur des Abendlandes möglichst Eingang zu verschaffen. Für die Befolgung der gegebenen Gesetze sorgte er mit Strenge.

Auf Diebstahl setzte Peter II. den Strick und Mörder ließ er unbarmherzig niederschießen. Um die Vollstrecker solcher Urtheile vor der Blutrache zu schützen, pflegte er stets die Exekutionen von einer großen Anzahl Leuten ausführen zu lassen, wodurch die Ermittlung eines Racheopfers unmöglich wurde. — Nicht allein als Held und Gesetzgeber glänzte Peter II., sondern auch als Dichter, und seine poetischen Schöpfungen, z. B. „Der Eremit von Cettina", werden als hervorragend in der serbischen Literatur bezeichnet.

In seinem Testamente hatte der 1851 verstorbene Wladika seinen Neffen Danilo Petrowitsch als Nachfolger empfohlen. Da dieser aber in Liebe zu einer Triestiner Kaufmannstochter, Darinka Kuekuitsch, entbrannt war, so zeigte er wenig Neigung zu dem ehelosen Bischofsstande. Mit Genehmigung Rußlands aber trennte er die geistliche Würde vom Herrscheramte und erklärte sich zum „Fürsten und Herrn des freien Montenegro und der Brda" (Knjazi Gospodar slobodne Crnegore i Brda). Damit verwandelte sich die Theokratie in eine Monarchie, die Danilo durch Vernichtung der letzten Reste patriarchalischer Selbstverwaltung zu einer absoluten zu gestalten wußte. Danilo führte nur 2 Kriege gegen die Türkei und zwar [illegible] 18[illegible]

In ersterem erlangten die Türken unter Omer Pascha die Oberhand und nur dem Einschreiten des auf Rußland eifersüchtigen Oesterreich verdankte Montenegro den Abzug der übermächtigen Sieger. Der Krieg von 1858 aber brachte den Zrnogorzen hohen Ruhm und einen Gebietszuwachs von 881 qkm.

Charakteristisch für die Geschäftsbehandlung der Türken ist die Art und Weise, wie die Montenegriner bei dieser Grenzregulirung (im Jahre 1862) ihren Vortheil zu finden wußten. Als nämlich die Kommission die Bewohner von Wasojewitsch fragte, wo die Tara sei, welche die Türken als ihre Grenze angegeben hätten, führten sie die Wasojewitscher zum Lim und zur Sloretschina und sagten: „Das ist die Tara", und dieser Schwindel brachte 496 qkm. ein.

Mit unerbittlicher Strenge — schreibt Goptschewitsch in seinem oben erwähnten Buche — handhabte Danilo die Gesetze. Die Räuber und Diebe wurden zu Hunderten erschossen und dadurch eine solche Sicherheit im Lande hervorgerufen, daß man in der Bocche (spr. Bokke) behauptete, man könne in Montenegro auf den belebtesten Wegen Geld hinlegen, ohne befürchten zu müssen, es anderen Tages nicht wieder zu finden. — Viel Unzufriedenheit erregte die Vermehrung der Steuern, da man bisher in Montenegro nichts oder nur eine Kleinigkeit zu zahlen gewohnt war. Die Mißvergnügten wurden verbannt und zwar manchmal auf eine recht naive Weise. Ein Freund Danilo's äußerte öfters laut seinen Unmuth über die Maßnahmen des Fürsten, worauf ihm Letzterer ankündigen ließ, daß er anderen Tages erschossen werden solle, eine Botschaft, die wol als Wink zur schleunigen Abreise betrachtet werden durfte.

Danilo hatte nicht die eindrucksvolle, gewaltige Gestalt seines Vorgängers Peter II., er war weder groß noch hübsch, doch gelang es ihm mit seiner Körperkraft und Tapferkeit, sich ein hohes Ansehen zu verschaffen. Er wurde 1860 von einem verbannten Montenegriner in Cattaro erschossen, und ihm folgte, da er ohne männliche Nachkommen blieb, sein Neffe, der jetzt regierende Fürst N i k o l a oder N i k i t a I.

Brechen wir hier in der Geschichte Montenegro's ab und wenden wir uns zur Schilderung des Landes und seiner Bewohner.

Der erste Reisende, welcher die Aufmerksamkeit des wissenschaftlichen Europa auf dieses entlegene Berggebiet lenkte, war König Friedrich August von Sachsen, welcher 1838 einen botanischen Ausflug nach den Schwarzen Bergen unternahm. Vor ihm hatten zwar schon Karadschitsch und Oberst Vialla, der als französischer Gouverneur 7 Jahre in Cattaro saß, über Montenegro geschrieben, doch mangelten ihren Werken gar sehr naturwissenschaftliche Aufschlüsse. Das älteste Schriftstück über die Zrnagora ist aber der Bericht, welchen 1614 der cattarische Nobile Mariano Bolizza über seine Reise in diesem Lande an den Senat von Venedig erstattete. Unter den neueren Reisenden, welche mehr oder weniger gründlich Montenegro erforschten und beschrieben, sind hauptsächlich folgende zu nennen: Cyprien Robert, J. G. Wilkinson, Paic und Scherb, Marmier, Heinrich Noë, Gustav Rasch, G. Friley und J. Wlahowitsch, Siegfried Kapper und endlich der oben erwähnte Triestiner Serbe S. Goptchewitch.

Der landschaftliche Charakter Montenegro's wird durch die der Kreideformation zukommenden Eigenthümlichkeiten bedingt. Im Norden von der Herzegowina, im Osten vom bosnischen Raszien, im Süden von Albanien und im Westen von Dalmatien und theilweise auch von der Herzegowina begrenzt, stellt sich das Land dar als eine terrassenförmig von der Meeresküste und der Skutari-Niederung aufsteigende Masse steiler, weißgrauer, kahler Felsenjoche, die, im Einzelnen betrachtet, vielfach durch Abplattungen, Höhlungen, Mulden, Schluchten, Wasserrinnsale und Steinanhäufungen ausgezeichnet werden. Am besten schildert die Bodengestaltung eine montenegrinische Sage: „Als Gott ausging, um die Steine auf der Erde zu vertheilen, riß sein Sack und der ganze Rest fiel auf Montenegro hinunter."

Nach Lenormand soll das montenegrinische Hochland, welches durch das Settathal in eine westliche und östliche Hälfte — die eigentliche Zrnagora und die Brda — getheilt wird, zwei verschiedenen Gebirgszügen angehören: dem dalmatinischen Küstengebirge und dem Bosnien und die Herzegowina trennenden Dinara-Gebirge. — Das Hochland der eigentlichen Zrnagora gruppirt sich mit zahlreichen Gipfeln von 6—1300 m. Höhe um den bei Cattaro sich erhebenden 2436 m. hohen Lowtschen (italien. Monte Sella). Der Hauptstock der Brda ist der 2760 m. hohe Kom an der Grenze gegen Albanien. Als die bedeutendsten Züge um ihn her reihen sich, theilweise noch mit Waldungen bedeckt, gegen Norden das Bjelaschitza-Gebirge zwischen den Quellen der Tara und des Lim, gegen Westen das Kutschi-Gebirge mit dem Ursprunge der Mala Rjeka, und das Ostrwitza-Gebirge.

Ebenen giebt es in Montenegro nur wenige, die vorhandenen sind klein und werden polje, d. h. Felder, genannt. Die größte ist die Settaebene in der Mitte des Landes und zugleich dessen verwundbarster Fleck. Sie ist nach Goptschewitch eine Quadratmeile groß; die Zrmnitzaebene, schlechtweg die Zrmnitza genannt, umfaßt eine halbe, die Grachowoebene eine Viertel- und die Zetinje- und Rjekaebene je eine Zehntelquadratmeile. Siegfried Kapper giebt in einem Aufsatze über Montenegro in „Unsere Zeit", 11. Jahrgang, 2. Hälfte, für einige dieser Ebenen größere Maße an, was wir der Genauigkeit halber zu erwähnen nicht unterlassen wollen. Ueberhaupt verweisen wir für ein eingehenderes Studium über die topographischen Verhältnisse Montenegro's auf die Kapper'sche Arbeit.

Die Flüsse des Landes sind mit wenigen Ausnahmen sehr unbedeutend und fließen theils der Donau, theils dem Skutari-See zu, der seinerseits in der Bojana seinen Abfluß nach dem Adriatischen Meere findet. Zur Donau gehören als Nebenflüsse der Drina: die Piwa mit 4 Quellzweigen, die Tara mit der Drtschka und drittens der theilweise die Grenze gegen Albanien bildende Lim mit 2 Nebenflüßchen, während dem Skutari-See folgende Gewässer zuströmen: 1) die Moratscha mit zahlreichen Nebenflüssen, unter welchen rechts die Setta und links die Mala Rjeka als die erwähnenswerthesten genannt seien. Nach ihrer Vereinigung mit der Setta fließt die Moratscha auf türkischem Gebiet. 2) Die Zrnojewitschka Rjeka entsteht beim Dorfe Rjeka aus zwei sehr wasserreichen Bächen und ist von genanntem Orte für kleine Dampfer schiffbar. 3) Die Sclaschnitza, ein kleines, am Südabhange des Lowtschen entspringendes Flüßchen, und endlich 4) die Wirowschnitza oder Zrmnitza wird bei Wirbasar von 3 Bächen gebildet und mündet bald darauf in den See. — Zu erwähnen ist noch die herzegowinische Setta, welche als Abfluß des Slano-See's auf eine Strecke die Grenze gegen die Herzegowina bildet und dann unterirdisch sich verliert. Außer dem genannten See besitzt Montenegro noch drei, zum Theil auf der Grenze gelegene unbedeutende Seen und vom Skutari-See einen kurzen Küstenstrich und 7 Inseln.

Das Njegušchthal.

Die Vegetation ist im Ganzen eine spärliche, doch reich an Gegensätzen. Während in den tief gelegenen Flußthälern der üppige und mannichfaltige Pflanzenwuchs Italiens angetroffen wird, herrscht in den wasserarmen und steinigen Gegenden eine trostlose Dürftigkeit. Dort: Palmen, Südfrüchte, Wein, Oliven, Tabak, Mais und alle Getreidearten, hier Hafer, Roggen, meist aber Weidegräser, Salbei, Kamille und niederes Gesträuch, wo die Felsen eine Erdansammlung gestatten. Abgesehen von der Brda, wo namentlich im Bezirke Bjelopawlitschka größere Wälder noch vorhanden, zeichnet sich das Land durch Mangel an Bäumen aus. Nur hier und da unterbricht die Kahlheit stundenweiter Steinwüsten ein vereinzelter Baum, eine Eiche, Buche oder Ulme, die Nähe einer Kirche oder Wohnstätte verkündend. — Eine Vorstellung von den Vegetationsverhältnissen kann man sich bilden, wenn man erfährt, daß nur ein Zehntel des Flächeninhalts Montenegro's kulturfähiger Boden ist. Die fruchtbarsten Gegenden sind die Zrmnitza-, Rjetschko- und Ljeschko-Ebenen, denen das Bjelopawlitschko-, Schupsko- und Sagaratschko-Polje folgen.

Ueber die Thierwelt Montenegro's berichten Frilley und Wlahowitsch („Le Monténégro contemporain". Paris 1876), daß in den Wäldern zahlreiche Bären leben, daß ferner Wildschweine, Wölfe, Luchse, Füchse, Hirsche und Rehe vorkommen, und daß der Hase, die Turteltaube und das Rebhuhn allgemein verbreitet sind. In den Felsen ist die giftige Sandnatter zu Hause, während in den Wohnungen der Menschen der Skorpion, der Tausendfüßler, die Wanze und anderes Gezücht als unliebsame Gäste auftreten. Die Seidenraupen liefern jährlich für 100,000 Mark Seide, Cocons und Eier, während der reiche Fischbestand der Flüsse und Seen über die Deckung des Landesbedarfes eine Ausfuhr im Werthe von 120,000 Mark zuläßt. — Das kleine, unansehnliche montenegrinische Pferd ist seiner Ausdauer und Sicherheit halber ein sehr geschätztes Thier und die Rindvieh- und Ziegenherden, welche besonders in der Brda viele Weideplätze finden, nehmen in der Ausfuhr des Landes mit $2^1/_2$ Millionen Mark den ersten Platz ein.

Das Klima Montenegro's ist, wie von einem Gebirgslande unter 42 und 43° n. Br. (genauer 42° 8′ und 43° 3′ nach Bikow) nichts Anderes zu erwarten, reich an Gegensätzen, sowol in den mittleren Jahrestemperaturen der hoch- und tiefgelegenen Gegenden, als auch in den örtlichen Temperaturschwankungen. Im Allgemeinen herrscht in den niedrig gelegenen Landstrichen ein mildes, in den Höhen ein rauhes Klima. Für Zetinje, welches 1137 m. hoch liegt, wird als mittlere Jahrestemperatur + 9,8° R., bei 24° (40° in der Sonne) höchste Sommer- und — 19° R. niedrigste Wintertemperatur angegeben. — Die Masse der atmosphärischen Niederschläge ist besonders gegen die Meeresküste zu und am Skutari-See ganz beträchtlich, sei es nun daß sie als Regen oder als Schneefall auftreten. Das Wasser verrinnt aber sehr schnell, — wozu namentlich die unterirdischen Wasserläufe beitragen — und die Folge ist Mangel an Quellen und mithin an Trinkwasser. — Die Gewitter zeichnen sich durch außerordentliche Heftigkeit und lange Dauer aus. Furchtbar in der rauhen Jahreszeit sind auch die Schneestürme, die oft jedes Fortkommen unmöglich machen.

Der Flächeninhalt Montenegro's wird nach der Grenzbestimmung von 1862 zu 80,4 deutsche geographische Quadratmeilen berechnet. Die politisch festgesetzten Grenzlinien entsprechen aber keineswegs den geographischen, ethnologischen und wirthschaftlichen Anforderungen des Landes, denn sie sind lediglich aus der Abwägung der Machtverhältnisse der drei in Betracht kommenden Staaten hervorgegangen. Abgesehen davon, daß Montenegro als ein serbischer Staat die ethnologische Berechtigung hat, so viel als möglich von der serbischen Bevölkerung Bosniens und der Herzegowina aufzunehmen, abgesehen von der Thatsache, daß der Fürst von Montenegro über benachbarte, auf türkischem Gebiet wohnende Stämme gewisse Hoheitsrechte stillschweigend ausübt, muß man eine Erweiterung der montenegrinischen Grenzen deshalb als nothwendig anerkennen, weil die gegenwärtigen, die natürliche Entwicklung des Landes in jeder Weise hindern. Dicht am Meere gelegen, ist Montenegro von letzterem, dem Wohlstand und Kultur fördernden Mittel, durch schmale Streifen österreichischen und türkischen Gebietes abgeschnitten. Auf der Landseite engen die Grenzen die Bewohner auf ein unfruchtbares Hochland ein und entziehen ihnen den zur Ernährung nöthigen Ackerboden, wodurch künstlich eine Nothlage geschaffen ist, die zu fortwährenden Raubzügen und Grenzstreitigkeiten geführt hat und führen wird. Endlich berücksichtigen die politischen Scheidelinien durchaus nicht die von der Natur gegebenen Schutzgrenzen, das Land ist in seiner dermaligen Gestaltung, in Form einer 8 etwa, wenigstens in seinen tieferen Theilen, immer den Einfällen der Türken ausgesetzt. Als natürliche Grenzen möchten wir im Allgemeinen bezeichnen: im Norden den Dormitor und eine von ihm nach dem Meere gezogene, die Eingänge der nach Montenegro führenden Thäler einschließende Linie; im Osten den östlichen Höhenzug des Tarathales; im Süden die von der Flußlinie des Sem der Bojana südlich begrenzten Höhen und Flächen und im Westen die Küste des Adriatischen Meeres.

Die Anzahl der Bewohner des bisher 4427 □km. umfassenden Landes wird von Frilley und Wlahowitsch auf 190,000, von Gopčewitsch auf 170,000 Seelen abgeschätzt. Ihrer Herkunft nach gehört diese Bevölkerung, mit Ausnahme von etwa 500 slavisirten Zigeunern (serbisch: Ziganji) fast ausschließlich dem serbischen Stamme an. Ihre Sprache gilt als die reinste serbische Mundart und ihre Sitten und Gebräuche haben sich infolge der bewahrten Unabhängigkeit in voller Ursprünglichkeit erhalten. Keineswegs ist aber das montenegrinische Volk aus einem einzigen Stamme hervorgegangen, denn von allen Seiten strömten aus dem von der Türkenflut überschwemmten Serbenreiche Flüchtlinge nach den schutzbietenden Schwarzen Bergen und bildeten mit dem hierher gedrängten altserbischen Stamme vom Skutarisee das heutige Volksthum. Gelegentlich wurden auch nichtserbische Elemente aufgenommen, da Montenegro Allen, welche Ursache haben der türkischen Macht zu entfliehen, sicheren Schutz gewährt. Die Flüchtlinge aus der Türkei werden ebenso, wie die auf türkisches Gebiet übertretenden flüchtigen Montenegriner, Uskoken, d. h. Entsprungene, genannt. Mohammedanische Uskoken müssen sich taufen lassen, während die montenegrinischen Schützlinge der Türken der Beschneidung verfallen.

Von einem besonderen Typus kann bei dem aus verschiedenen, wenn auch verwandten Stämmen hervorgegangenen montenegrinischen Volke nicht die Rede sein. Es ist der allgemeine südslavische Typus, wie man ihn in Dalmatien, in der Herzegowina, in Bosnien, in Serbien und in Syrmien begegnet und der, wie überall so auch hier, durch Wohnsitz und Lebensweise ein charakteristisches Gepräge erhalten hat. Hohe, kräftige Gestalten sind ebenso häufig wie untersetzte, breitschulterige, stramme Figuren, doch kommt auch schmächtiger Wuchs nicht selten vor. Peter II. war einer der höchstgewachsenen Männer der Zrnagora; sein Nachfolger und Neffe, Danilo, klein bis zur

Unscheinbarkeit. Vorwiegend ist das braune und schwarze Haar und das dunkle, feurige Auge, seltener sind blonde und blauäugige Erscheinungen. Das Hauptthaar des Mannes ist oben kurz geschnitten und hängt nach hinten lang hinab. Der Bart wird gewöhnlich als Schnurrbart getragen, doch fängt man in neuerer Zeit nach dem Beispiele des Fürsten auch an, einen Backenbart stehen zu lassen, der jedoch das Kinn frei läßt; nur den Popen schmückt ein Vollbart. Die Männer haben meist edle, ausdrucksvolle, wettergebräunte Gesichtszüge, während die der Frauen von schwerer Arbeit, Sorge und Erschöpfung zeugen, — es giebt in Montenegro eben so wenig schöne Matronen, als es viele prächtige und stattliche Greise giebt. Im Auftreten des Mannes spricht sich Selbstbewußtsein und Entschiedenheit aus, doch bewahrt er bei aller Lebhaftigkeit immer eine gewisse Zurückhaltung und Selbstüberwachung. Die Erscheinung der Frau ist ein Bild voll Ernst und Würde, das nichts verliert, auch wenn es das Weib im harten Sklavendienst darstellt. — Durch die Einfachheit seiner Lebensweise, durch Körperübungen und die Beschwerden der Kriegszüge erhält sich der Montenegriner bis in sein hohes Alter eine zähe und abgehärtete Natur, die ihn befähigt, dem Kriegshandwerke in nachdrücklichster Weise obzuliegen. Schon von Jugend an ist er bemüht, seine Kräfte zu stählen, die Sinne zu schärfen, und seine Spiele verfolgen ausschließlich diesen Zweck. Eins der beliebtesten ist die Tjeralitza, nach dem Stock benannt, der zwischen den beiden, in eine Kette aufgelösten Parteien in die Erde gepflanzt wird. Mit einem Stabe, dem lakat, wirft man durch Anschlag eine hölzerne Scheibe (štitica) der anderen Partei zu, deren Aufgabe es ist, dieselbe mit einem Baumaste aufzufangen, oder, wenn dies nicht gelingt, vom Orte des Niederfalls aus freier Hand dem Zielpfahle zuzuwerfen, daß die Scheibe letzteren berührt oder nur eines Lakats Länge von ihm zu liegen kommt. Mißlingt auch dieses, so bestimmt die Entfernung, um welche die Schtititza das Ziel verfehlt, die Größe des Verlustes und Ungeschicks der Partei, die anderenfalls als Sieger aus dem Spiele hervorgeht und dann die Rolle wechselt. Haben die Spielenden so viel gewonnen, als vorher festgesetzt worden, so steht den Verlierenden noch ein dreimaliger Wurf zu, um sich auszugleichen, was freilich um so schwerer wird, als der beim Stabe Wachthaltende bemüht ist, die herankommende Scheibe, ehe sie noch den Stab trifft, soweit als möglich zurückzuschlagen. Nun erfolgt seitens der Sieger der sogenannte Triumphwurf, und sie haben das Recht, von der Stelle, wo die Scheibe niederfällt, die Besiegten bis zur Tjeralitza zu reiten.

Die Kleidung des Montenegriners ist außerordentlich malerisch. Den Kopf bedeckt eine Kappe (kapa), fälschlich Fes genannt, die wie ein sehr niederer Cylinderhut ohne Krämpe aussieht. Der Deckel ist roth und mit einem goldenen Stern verziert, der seinerseits als der Stern Montenegro's von einem gleichfalls goldenen Regenbogen (die Hoffnung auf baldige Befreiung aller Serben) umgeben ist. Bisweilen vertritt den Stern der Anfangsbuchstabe des Namens des Fürsten. Der cylindrische Theil der Kappe ist mit einem schwarzen Flor überzogen, wodurch die Trauer um den Untergang der serbischen Freiheit auf dem Amselfelde ausgedrückt wird. Bei den Würdenträgern des Staates sind an der Stirnseite der Kappe Abzeichen angebracht und zwar beim Senator ein Doppeladler und Löwe aus Messing, beim Offizier das Landeswappen von zwei Säbeln umgeben, und beim Kapetan ein einfaches Wappen aus Blech. Die Brust ist mit einer rothen, schwarz- oder goldverzierten Weste bedeckt, über welche der Gunj, ein langer, faltiger weißer Rock, getragen wird. Ist der Montenegriner wohlhabend, so zieht er über den Gunj noch eine ärmellose Jacke (Jelek) an, die, mit mancherlei schwarzen, rothen und goldenen Zierrathen versehen, oft auf 800 Mark zu stehen kommt. Um die Hüften schlingt sich ein rother Leibgürtel, über welchen der gleichfalls rothe Kolan, d. i. der Waffengürtel, den Handschar und die Pistolen oder den Revolver festhält und der von einer bunten, silberdurchwirkten Binde (Pas) umgeben ist. Die faltigen, weiten blauen Hosen (gatje) reichen bis über das Knie hinab und sind mittels buntgewirkter Bänder mit einer Art Gamasche (Tokolenitze) verbunden. Die Füße bekleiden die Opanken, d. h. Schuhe aus ungegerbtem Leder, die, mit Lederstreifen netzartig umwickelt, das Besteigen der Felsen sehr erleichtern. Sowol Männer als Weiber tragen über der Schulter einen etwa 3 m. langen und 80 cm. breiten, lang befranzten Shawl, Struka genannt, der nicht nur zum Schutze gegen Regen und Kälte im Freien dient, sondern auch als nächtliche Lagerdecke benutzt wird. — Auf Reinlichkeit giebt der Montenegriner nicht viel, denn öfteres Waschen paßt nach seiner Ansicht nicht zum Heldenthume und seine Wäsche ist heldenmäßig schmuzig.

Die Frauen der ärmeren Klasse tragen nur ein langes Hemd, einen Gürtel, eine wollene Schürze und die Struka. Die Wohlhabenden aber ziehen über ein einfaches Kleid das Koret an, ein dem Gunj der Männer entsprechendes Gewand, das vorn offen und mit Aermeln versehen ist. Eine ärmellose Jacke, Jetscherma, aus blauem oder violettem, goldgesticktem Sammt, ein silberner Gliedergürtel, eine seidene Schürze und ein schwarzes Kopftuch vollenden den Anzug. Die Mädchen tragen statt der Jetscherma eine Art Mieder und statt des Kopftuches eine Kapa, jedoch ohne Stern und Regenbogen. Der Gürtel fällt bei ihnen weg, sonst aber ist ihre Kleidung wie die der Frauen.

Der Montenegriner ist ein geborener Krieger, der nur im Waffenhandwerk seinen Lebensberuf zu erfüllen glaubt. Von den Gepflogenheiten des Friedens übt er nur das Jagen, Rauchen und Plaudern, alle Arbeiten überläßt er den Frauen und den handwerktreibenden Fremden und Zigeunern. Erst in neuerer Zeit beginnt man einige Gewerbe für nicht unehrenhaft zu halten, so z. B. den Post- und Telegraphendienst, das Musikmachen, den Betrieb von Gastwirthschaften u. a. m. Erlauben ihm seine Mittel nicht, in Friedenszeiten nach Ritterart zu leben, so zieht der Montenegriner auch wol in die Fremde, nach Cattaro, Triest, Venedig, Egypten und, wunderbar genug, auch nach Konstantinopel, um mit harter Arbeit daselbst sein Brot zu verdienen. Droht aber seiner Heimat ein Krieg, so eilt er alsogleich nach den geliebten Bergen und stellt sich unter die Fahne seines Stammes. Zur völligen Auswanderung kann den Zrnogorzen nur die äußerste Noth zwingen, wie das zuweilen nach wiederholten Mißjahren der Fall ist; er wendet sich dann sammt Weib und Kind nach dem Fürstenthume Serbien, der beliebtesten Zufluchtsstätte auch der aus-

15*

wandernden Herzegowiner und Bosnier. Auch in der Bocche haben sich von Alters her zahlreiche zrnogorische Familien angesiedelt, namentlich in Cattaro.

Anhänglichkeit an sein Vaterland, Freiheitsliebe, Beharrlichkeit und Ausdauer, Kühnheit und Tapferkeit bis zur Verwegenheit und doch dabei willige Unterordnung unter Leitung und Befehl, strenge Sitte und Friedlichkeit in Haus und Familie, das sind neben Treue, aufopfernder Gastfreundschaft, Nüchternheit und Mäßigkeit die Lichtseiten des montenegrinischen Charakters. Freilich sind Habsucht, Bestechlichkeit, Jähzorn, Rachsucht, mitunter auch Grausamkeit und Raublust dunkle Schatten in dem eben entworfenen Charakterbild, die selbst durch Gutherzigkeit und Achtung vor den Gesetzen nicht gemildert werden.

Die geistigen Eigenschaften des Montenegriners — äußert sich Siegfried Kapper — umfassen manche schätzenswerthe Fähigkeit. Er begreift leicht, nimmt an Allem Antheil, und gewinnt rasch über die Verhältnisse einen Ueberblick. Im Urtheil ist er vorsichtig, weil es in seiner Natur liegt, Alles zu vermeiden, wodurch er sich eine Blöße geben könnte. Er überlegt daher stets und trifft, namentlich in praktischen Dingen, auf die sein gesammtes Denken vorzugsweise gerichtet ist, meist das Richtige. Für Belehrung, wenn sie nicht in geringer Form sich giebt, ist er ebenso empfänglich als dankbar. Man kann stundenlang Montenegrinern über die Vorgänge im Leben anderer Völker, in der Natur u. s. w. erzählen, stets werden sie aufmerksam zuhören. Nie aber wird von ihnen viel gefragt werden; es verbietet dies theils die gute Sitte, theils die Achtung vor sich selbst, die unter allen Umständen der Montenegriner nicht außer Augen läßt. Daß bei ihnen der Umfang des Wissens noch ein sehr bescheidener ist, darf nicht Wunder nehmen, da bis vor Kurzem fast gar nichts für den Volksunterricht geschehen war.

1834 errichtete der aufgeklärte Wladika Peter II. die erste Schule in Zetinje. Lesen und Schreiben konnte vor dieser Zeit nur in den Klöstern gelernt werden; wer aber nicht daran dachte, Geistlicher oder Mönch zu werden, der besuchte die Klosterschulen gar nicht. Der jetzige Fürst übernahm von seinem Vorgänger Danilo 3 Unterrichtsanstalten, die er aber bis jetzt auf 71 vermehrt hat, wozu noch ein Priester- und Lehrerseminar und eine höhere Mädchenbildungsanstalt kommen. Alle Kinder sind zum Schulbesuch verpflichtet, dagegen wird der Unterricht nicht nur frei ertheilt, sondern es werden auch vom Staate Bücher, Papier, Federn u. s. w. unentgeltlich geliefert.

In religiöser Beziehung sind die Montenegriner als sehr fromme, aber aufrichtige griechisch-nichtunirte Christen zu bezeichnen, bei denen auch die Geistlichkeit, im Gegensatz zu jener bei anderen griechisch-katholischen Völkern, in großer Achtung steht.

Der Montenegriner besitzt eine ungewöhnlich hohe poetische Begabung und hauptsächlich ist es das Heldenlied, welches in den Schwarzen Bergen gepflegt wird. In großartiger Darstellung entrollt es ein packendes Bild von den Thaten der alten Serbenzare, von deu blutigen Kämpfen und Abenteuern der Volkshelden. In der Zeit der besungenen Ereignisse als Rhapsodie entstanden, fand es seine Verbreiter und Pfleger in den umherziehenden Sängern und wurde von Geschlecht zu Geschlecht bis auf die Gegenwart überliefert.

Montenegriner.

Das Heldenlied ist der belebende Quell, aus welchem die Jugend die Geschichte seines Volkes kennen lernt, und mit der Liebe zum Vaterlande die Begeisterung zum Heldenthume schöpft, der Quell, der den Alten die Erinnerung an die thatenreiche Vergangenheit auffrischt, der Alt und Jung mit dem Zauber der Poesie erfüllt. Wir brauchen hier nicht näher auf diese Gesänge einzugehen, da sie als serbische Dichtungen bereits in vorigem Kapitel ausführlicher geschildert worden sind, und bemerken nur, daß der serbische Dichter S. Milutinowitsch unter dem Pseudonym Čubro Čojković (Leipzig 1857), Vuk Stefanowitsch Karadschitsch und der Wladika Peter II. („Der Serbenspiegel", Belgrad 1848) Sammlungen montenegrinischer und anderer serbischer Volkslieder herausgegeben haben.

Nicht geringer als die dichterische ist die angeborene rednerische Begabung des Montenegriners, des Serben überhaupt, das zu üben von Alters her das selbständige Walten in der Familie ihm reiche Gelegenheit bot. Seine Reden, mögen sie eine persönliche oder gemeinsame Angelegenheit betreffen, zeichnen sich durch Klarheit, überzeugende Darlegung und hinreißende Gewalt aus, Eigenschaften, die nur ein klarer und lebhafter Geist verleihen können. Neben der wohlgeordneten Wortfügung und der nicht selten poetisch schwunghaften Satzgliederung fallen in der montenegrinischen Sprachweise besonders die häufigen Betheuerungen, Beschwörungen und Verwünschungen auf, mit denen der in Eifer Gerathene seiner Rede den erforderlichen Nachdruck zu geben sucht. Geht es ernst her — erzählt S. Kapper — so tragen diese Verwünschungen zur Versöhnlichkeit allerdings nicht bei. Sie fliegen wie gesprochene Säbelhiebe und zugerufene Flintenkugeln umher und sind nicht selten die Vorboten der wirklichen. Da hört man denn: „Daß das Meer Dich verschlinge!" — „Daß der Freund von Dir abfalle!" — „Daß fremde Beine Dich trügen und fremde Augen Dich führten!" — „Daß ein Türkensäbel Dich zu Boden schmettere!" — „Daß Dein Haus zur Einöde werde!" — „Daß Seefische Deinen Leib fräßen!" und Aehnliches mehr. Im Allgemeinen aber unterdrückt der Montenegriner seine Aufregung stets nach Möglichkeit und hütet sich vor solchen Aeußerungen. Bemerkenswerth ist auch, daß die bei den Magyaren und selbst zum Theil bei den Serben üblichen, der osmanischen Soldateska abgelernten, nicht wiederzugebenden zotigen Flüche dem Montenegriner gänzlich unbekannt sind.

Reich ist der Crnogorze an treffenden und tiefsinnigen Sprüchwörtern, die er, als geborener Schönredner, mit Gewandtheit zur rechten Zeit, am rechten Orte anzubringen weiß; z. B.: „Hast Du keinen Feind, so hat Dir Deine Mutter einen geboren!" (d. h. Dein Mißgeschick hast Du meist in Dir selbst zu suchen) — „Macht ohne Bedacht, verlorene Schlacht!" — „Besser mit einem Helden sich schlagen, als mit einer Memme sich küssen!" — „Wer ein Held ist, der hat Pulver genug, und wer's nicht ist, den macht alles Pulver der Welt nicht dazu!" — „Zum Nachtmahl Wein, zum Frühstück Wasser!" — „Was eine Krähe fallen läßt, daraus wird kein Falke!" — „Anders denkt der Zecher, und anders der Schenk!" — „Ein Bröcklein in fremder Hand sieht immer aus wie ein Brocken!" — „Gewohnt ist eine Qual, abgewöhnen eine zweifache!" — „Wer zu Fuße geht, schmäht immer den, der reitet!" — „Das Häßliche ist des Spiegels Feind!" — „Schwer dem Weisen, unter Thoren ein Redner zu sein!" 2c.

In Sitten und Gebräuchen sowol als auch im Aberglauben stimmt der Montenegriner im Allgemeinen mit seinen Stammesgenossen im Fürstenthume Serbien überein. Bundesbruder- und Bundesschwesterschaft ist beiden gemeinsam. Die Kirchen- und Familienfeste werden in den Schwarzen Bergen in ganz ähnlicher Weise gefeiert wie dort, bei den Verlobungen walten die gleichen Rücksichten und Förmlichkeiten, die Hochzeits- und Begräbnißgebräuche in beiden Ländern unterscheiden sich ebenfalls nur wenig von einander und der Aberglaube hat hier, wie bei allen Südslaven, dieselben Formen und Gestalten wie in Serbien.

Anders verhält es sich aber mit den gesellschaftlichen Zuständen. — Während in Serbien die lange Türkenherrschaft einen Ausgleich aller Standesunterschiede herbeigeführt hat, begegnen wir in Montenegro, infolge der bewahrten Unabhängigkeit, einem erblichen Adel. Derselbe ist von Alters her überkommen und zerfällt in zwei Rangstufen: Wojwoden (Herzöge) und Serdare (Ritter). Obwol die montenegrinische Aristokratie sich weder durch Bildung noch durch Lebensweise von den übrigen Bewohnern des Landes unterscheidet, so bewahrt sie doch diesen gegenüber ihre Standesvorurtheile und keinem aus einem Wojwoden- oder Serdarengeschlechte wird es einfallen, sich mit einer „namenlosen“ Familie zu verschwägern. Im Uebrigen hat der Fürst das Recht, jedem Montenegriner, der sich auf dem Schlachtfelde auszeichnet, den Adelstitel zu verleihen; doch ist der junge Adel nicht so angesehen wie der alte.

Ebenfalls anders als in Serbien ist auch die Familienordnung. Die Hausgenossenschaft, Kutja, umfaßt in Montenegro nicht verschiedene, einem Geschlechte angehörende Familien, wie dies in Serbien, in der Sadruga, der Fall ist, sondern sie beschränkt sich nur auf die nächsten Blutsverwandten, und ebenso besteht hier nicht die Hauskommunion mit der Unveräußerlichkeit des Grundbesitzes. Letzterer ist übrigens so geringfügig, daß er immer bei dem Hause bleibt, das in der Regel der jüngste Sohn übernimmt. Der älteste Sohn erbt die Waffen des Vaters und sucht mit den anderen Brüdern, welche mit der etwaigen übrigen Habe sich begnügen müssen, anderweitig einen Herd. Die Töchter gehen leer aus; wenn sie heirathen, besteht ihre ganze Mitgift in den Kleidern. Der Gründer der Familie ist das Oberhaupt des Hauses und heißt als solches Kutjanik oder Domatjin. Er ist der Ordner, Erhalter und Vertreter des Hauses. Ihm sind die einzelnen Glieder Gehorsam und Ehrerbietung schuldig und ein Dawiderhandeln gilt einer Empörung gegen die ganze Familie gleich, für welche dem Kutjanik das Strafrecht bis zur Ausschließung aus dem Hause zusteht. Ein guter Wirth zu sein, das Vermögen der Familie zu mehren, über ihre Ehre eifersüchtig zu wachen und in Zeiten der Gefahr an der Spitze der Seinen zu stehen, das ist dem Kutjanik der Maßstab für seine eigene Ehre und für das Ansehen, das er in weiteren Kreisen genießt.

Die Stellung der Frauen in der Familie und im öffentlichen Leben ist eine ganz untergeordnete. Das Weib ist die Hausmagd und das Lastthier. Sie besorgt alle Arbeiten, sie spinnt und webt, sie schafft auf ihrem Rücken die

Früchte des Feldes, das Holz des Waldes heim, sie drischt und bringt das Gedroschene zur Mühle und die Erzeugnisse des Gartens nach dem fernen Markt und immer ist bei ihren Lastgängen die nimmer rastende Spindel ihr Begleiter. „Nevaljaš koliko djevojčica", d. i. Du bist nicht einmal so viel werth als ein Mädchen! ist ein sprüchwörtlicher Ausdruck, der ihre Stellung bezeichnet. „Weiber schlägt man mit dem Pfeifenrohr, Männer mit dem Kugelrohr" ist ein anderer Spruch, der ihre Mißachtung erkennen läßt, wobei zu bemerken, daß ein Schlag mit dem Pfeifenrohre die ärgste Beleidigung ist, die einem Manne widerfahren kann, die früher nur durch Blut getilgt wurde. — Merkwürdig ist, daß selbst gebildete Montenegriner, welche im Auslande erzogen wurden, in der Heimat die Geringschätzung der Frauen nach wie vor beweisen. Sie stellen ihre Gattin mit den Worten vor: „Entschuldigen Sie, es ist meine Frau", wobei es immer noch als ein Zeichen der Kultur gilt, daß sie überhaupt die Frau vorstellen. Mit ihr auszugehen, sei es auch nur nach der Kirche, wäre — sagt Goptschewitsch — eine solche Lächerlichkeit, als wenn ein österreichischer Minister seine Köchin spazieren führen wollte. Bei alledem darf man aber nicht glauben, daß die Montenegrinerin ihre Stellung beklagte. Nicht im Geringsten. Sie ist es von jung auf so gewohnt und eine bessere Behandlung versteht sie nicht. Sie ist aber keineswegs stumpfsinnig, wie Mancher annehmen dürfte, sondern empfindet tief und innig, wie die Frauenlieder, ihre Liebe zum Bruder beweisen. Zwischen Bruder und Schwester besteht dieselbe zärtliche, aufopfernde Liebe, die wir als einen Zug des serbischen Familienlebens schon kennen gelernt haben. Im Kriege ist das Weib die treue Gefährtin des Mannes, ihm die Lebensmittel und die Patronen nachtragend, und manche Heldenthaten werden von den montenegrinischen Frauen erzählt.

Die Verachtung des weiblichen Geschlechts soll — nach Goptschewitsch — auch der Grund sein, weshalb das Weib im ganzen Lande unbeschützt herumgehen kann, ohne eine Gewaltthätigkeit befürchten zu müssen. Vergehen gegen die Sittlichkeit kommen in Montenegro nie vor und Fremde müssen immer eines montenegrinischen Spruches eingedenk sein: „Schaue die Mädchen von den Schwarzen Bergen nicht an, wenn Du nicht willst, daß Deine Haut an der Sonne trockene."

Die geringe Achtung des Weibes, welche bei allen Südslaven mehr oder weniger angetroffen wird und zum Theil auf den Einfluß des barbarischen Türkenthumes zurückzuführen ist, machte sich auch früher in der, in manchen Liedern besungenen Sitte der Otmiza, d. i. des Mädchenraubes, geltend. Dieselbe ist gegenwärtig in Montenegro nicht mehr in Uebung und wurde auch früher nur von übelangesehenen Burschen befolgt, die auf andere Weise kein Weib erlangen konnten. Sowol diese Sitte, als auch der Gebrauch des Hautabziehens, des Nasen-, Ohren- und Kopfabschneidens sind türkischen Ursprungs und, wie manche andere Barbarei, in Montenegro nicht mehr üblich, oder doch verboten.

Die nach der Familie (rod) nächstgrößere Gemeinschaft ist das Bratstwo, der Inbegriff der durch das Bruderverhältniß ihrer Begründer nächstverwandten Familien. Die verschiedenen einem Vater entstammenden Bratstwa bilden das Pleme, das Geschlecht. Die Plemena, welche theilweise auch Verwaltungsbezirke (Kapetanien) sind, treten in Nahien oder Kreise zusammen, von denen die Zrnagora und Brda je vier enthalten. — Die Häusergruppe eines Bratstwo wird Seló genannt und ist, obwol ohne Gemeindeverfassung als Ortschaft, zu betrachten. Eigentliche Dörfer und Städte giebt es in Montenegro nicht, sondern nur Sela, die indessen in Zetinje, Rjeka, Wir und Danilovgrad einen Anfang zu einem Stadtwesen gemacht haben.

Inneres eines Hauses in Montenegro.

Einen Menschen erkennt man an seinem Umgang und Styl, ein Volk an seinen Wohnungen. In ihnen spricht sich sein Charakter, seine Kultur aus und mit stummem, aber beredtem Munde erzählen sie von den Schicksalen, von den Leiden und Freuden des Volkes.

Betrachten wir das Haus des Montenegriners, so finden wir dasselbe, meist hoch über der Thalsohle, an einem steilen Felsenabhang oder an einer Berglehne aufgebaut — einmal um den kostbaren Thalboden dem Feldbau zu erhalten, sodann aber, um, wie Jemand, der auf einen Angriff gefaßt ist, den Rücken gedeckt zu haben. Den Anforderungen architektonischer Schönheit ist dabei gar keine, denen der Bequemlichkeit die allerbescheidenste, jenen der Sicherheit dagegen, je nach den Umständen, bestmögliche Rechnung getragen, denn „Moja kuća moja sloboda", d. h. „Mein Haus meine Freiheit" ist beim Montenegriner der leitende Gedanke bei der Gründung seiner Wohnstätte.

Man unterscheidet bei ihm folgende Arten Gebäude: die Kutjitza oder das Haus der Armen und Minderbemittelten; die Kutja, das Heim des Mittelstandes; den Dwor, d. h. Hof, den Wohnsitz der wohlhabenden Familien, meist der Häupter der Plemena, und endlich die Kula oder den Thurm, ein besonders zur Vertheidigung angelegter Bau, wie er vorzugsweise in den von den Einfällen der Türken bedrohten Gegenden angetroffen wird.

Die Kutjitza, das Haus der Armen, ist fast durchgehends ein aus roh zugehauenen Steinen, ohne Mörtel, ausgeführter niedriger Bau, mit Stroh-, Schindel-, seltener Ziegeldach. Er hat nur einen Eingang, der zugleich als Lichtöffnung dient, denn die Stelle der Fenster vertreten Schießscharten. Das Innere des Hauses ist eben so einfach wie das Aeußere: ein einziger Raum unmittelbar unter dem Dache, der gleichzeitig als Wohnstube, Küche, Vorrathskammer und Stall ist. Der Herd ist eine umfangreiche, kaum fußhohe Plattform, welche auf dem festgestampften Fußboden aus Steinen aufgeführt ist. Vom Dache hängt an einer Kette ein eiserner Kessel herab, in welchem der Mais, die Kartoffel oder das Sauerkraut gekocht wird. Fleisch kommt nur an hohen Festtagen auf den Tisch und dann ist es meist geräuchertes Schöpsen- oder Ziegenfleisch, Kastradina genannt. Den größten Schmaus bildet aber, wenn ein Gast zu ehren ist, der Lammbraten, den der Hausherr mit seinem Handschar zerlegt. Dann wird auch Wein oder Rakia getrunken, denn für gewöhnlich muß dem Heldendurste Wasser genügen.

Von der Hauseinrichtung der Kutjitza ist nur so viel zu erwähnen, daß sie sich meist auf das Allernothwendigste beschränkt und auf die einfachste Art hergestellt ist.

Die Kutja besteht immer aus einem Unter- und Obergeschoß. In ersterem befindet sich der Stall und die Vorrathskammer, während der Oberstock den Wohnraum mit dem Herde, die Konoba, und einige andere Gemächer zum Schlafen und zur Aufbewahrung der Habseligkeiten enthält. Das Haus ist im Gegensatz zur Kutjitza, welche nur gelegentlich umzäunt, immer umfriedigt, sei es mit Zaun oder Mauer, letztere mit Schießscharten. Je nach der Wohlhabenheit der Familie ist der Bau und die Einrichtung der Kutja mehr oder weniger sorgfältig hergestellt. Man findet Mörtel verwandt, behauene Thürgewände, steinerne Fußböden, Ziegeldach und im Inneren Bettstellen, Schemel, kunstgerechte Tische, Heiligenbilder und andere Ausschweifungen. Der kostbarste Schmuck des Hauses, der Stolz der Familie, sind aber die Waffen, die lange albanesische Flinte, die silberbeschlagenen Pistolen, die Handschare und krummen Säbel (Yatagan).

Montenegro ist ein unabhängiges Fürstenthum und hat nie die Oberhoheit der Pforte anerkannt, auch nicht de facto, wie manche Schriftsteller angeben. Der Friede von Zetinje, oder vielmehr der Vertrag von Skutari vom 31. August 1862, auf welchem letztere Behauptung Bezug nimmt, enthält keine Bestimmung, welche der Pforte ein Oberhoheitsrecht über Montenegro einräumt. Ebenso unrichtig ist die Angabe, daß Montenegro sich

1777 stillschweigend von der Pforte losgerissen habe. — Die Regierungsform ist die absolute Erbmonarchie. Obwol der gegenwärtige Fürst Nikola oder Nikita I., der siebente aus der Familie Petrowitsch, im Jahre 1868 dem Lande eine Verfassung gab, in welcher einige fürstliche Rechte dem Senate übertragen wurden, so hat dies doch nichts an der Macht des Fürsten geändert, denn der aus 16 Mitgliedern bestehende Senat wird von Letzterem ernannt und besitzt thatsächlich nur eine berathende Stimme. Bis zum Jahre 1874 hatte dieser Senat wenigstens die Genugthuung, der oberste Regierungskörper des Landes zu sein. Seit jener Zeit ist aber ein Ministerium errichtet worden, welches selbstverständlich nur dem Fürsten verantwortlich ist. Der Fürst nimmt außer seiner Civilliste von 6000 Dukaten die gesammten Einkünfte des Staates ein, bezahlt aber davon die Beamten und das Heer. Der Staatshaushalt beziffert sich in Einnahme und Ausgabe auf etwa 250,000 Mk. jährlich, wozu jedoch zur beliebigen Verwendung des Fürsten noch eine jährliche Unterstützung von 80,000 Rubel seitens Rußlands und von 30,000 Gulden seitens Oesterreichs kommen. Diese Zuschüsse werden theilweise für Landeszwecke verwendet, für Straßenbau, Heeresbedürfnisse u. dgl. m.

In Montenegro ist Jeder, der Waffen tragen kann, Soldat; doch gab es bis zur Regierung des Fürsten Danilo keine eigentliche militärische Organisation. Jeder Stamm ging mit seinem Häuptling in den Kampf, mehr freiwillig, weil es so Sitte war, als nach militärischem Gesetz. Die Vaterlandsliebe, der angeborene Kriegergeist der Montenegriner führte sie immer voll Kampflust in den Streit. Wenn man in Erfahrung brachte, daß die Türken anmarschirten, versammelte der Wladika die Stammeshäupter und berieth mit ihnen den Kriegsplan. Die Wojwoden und Serdare eilten dann mit ihren Leuten nach den verabredeten Punkten, um den Angriff zu erwarten, oder Tod und Verderben bringend in das türkische Gebiet einzufallen.

Erst Fürst Danilo ordnete das Land auch in militärischer Beziehung. Die von Peter II. übernommene Leibwache von 40 Perjanitzi oder Federbuschträgern und die 135 Mann zählende Garde verstärkte er auf 1000 Mann und bildete die Grundlage zu einem Heerwesen. Der jetzige Fürst ließ Offiziere aus Serbien kommen und die zum Dienst ausgehobenen Montenegriner im Gebrauche der neuen Waffen einüben; er bildete Cadres für das Milizheer und gab letzterem eine militärische Gliederung. Gegenwärtig zählt das montenegrinische Milizheer 2 Divisionen zu je 2 Brigaden à 5 Bataillone mit 8 Compagnien zu 106 Mann, in Summa 16,700 Mann Fußtruppen und zwei Gebirgsbatterien zu je 4 Geschützen. Zur Landesvertheidigung kommt hierüber noch eine Truppe von 8000 Mann zur Verwendung, die aus den 14—17- und 50—60jährigen Männern gebildet wird; der Rest der Waffenfähigen ist in einen Landsturm eingetheilt.

Die Kampfweise der Montenegriner ist die Vertheidigung und der Ueberfall, der unvermuthete, allseitige Angriff mit dem Handschar, in dessen Gebrauch sie große Meisterschaft besitzen.

Der Krieg gegen die gehaßten Türken ist dem Montenegriner Lebenszweck geworden, in ihm geht sein ganzes Sinnen und Denken auf. Steht kein allgemeiner Tanz mit den Türken auf der Tagesordnung, so führt der ewig kampfbereite Zrnogorze gern auf eigene Faust seinen „kleinen Krieg". Früher bot die Blutrache und die aus ihr hervorgegangenen Händel zwischen den Stämmen oftmals Gelegenheit, die Kampflust zu stillen und mit den Türken Frieden zu halten. Seitdem aber die stramme Handhabung der Gesetze die Blutrache unterdrückt hat, blieben nur die Tscheten übrig, um den Kampfesmuth und den Türkenhaß zu kühlen. Diese Raubzüge verfolgen zugleich den Zweck, in schlechten Zeiten dem Mangel abzuhelfen. 10 bis 20 Leute, oft auch Hunderte, vereinigen sich dann, um im benachbarten türkischen Gebiete eine Herde, ein Gehöft oder selbst ein ganzes Dorf zu überfallen. Gelingt der Angriff, so sucht ein Theil die gemachte Beute sogleich in Sicherheit zu bringen, während der andere die Nachhut bildet und die Verfolgenden zurücktreibt. Finden die Freibeuter entschiedenen Widerstand, oder sind sie genöthigt den Raub im Stich zu lassen, so verwüsten sie so viel als möglich. — Obgleich die Tschete gesetzlich verboten ist, so wird sie doch immer noch so lange fortwähren, als die enge Umgrenzung des Landes dem Volke das nöthige Kulturland entzieht. Abgesehen davon, daß ein Zuwachs an fruchtbarem Boden der Tschete den Anlaß der Nothlage benehmen wird, so dürfte eine solche Vergrößerung auch dadurch friedlich wirken, daß sie mit dem Ackerbau eine Milderung der Sitten herbeiführen würde. Das, was bisher auf diesem Gebiete erreicht ist, muß, da der Volksunterricht noch keine Früchte getragen haben kann, allein der strengen Durchführung des Danilo'schen Strafgesetzes beigemessen werden. Dasselbe wurde in 95 Artikeln im Jahre 1855 erlassen. Das Gericht zerfällt in einen oberen und niederen Gerichtshof; ersterer besteht aus dem Senat, letzterer wird in den Bezirken von den vom Fürsten dazu berufenen Stammeshäuptern gebildet, denen der Bezirkshauptmann als Präses vorsteht. Den Richtern des einen wie des anderen Gerichts ist durch kein Gesetz eine bestimmte Befugniß vorgeschrieben; sie urtheilen sowol bei den kleinsten Vergehen als auch bei den größten Verbrechen. Wer mit dem Urtheile des kleineren Gerichts nicht zufrieden ist, dem steht es frei, nach Zetinje vor den Senat und den Fürsten zu gehen. Der Senat ist übrigens nicht immer vollständig in Zetinje versammelt; die einzelnen Mitglieder wohnen im ganzen Lande zerstreut und kommen nur zu je 4 auf einen Monat nach der Hauptstadt. — Das Gericht verhandelt öffentlich und mündlich und kann folgende Strafen aussprechen: Geldbuße, Gefängniß, Stockprügel, Landesausweisung, Schürze und Tod. Mit dem Tode sind unter Anderem bedroht: Majestätsbeleidigung, Mord, Brandstiftung, Diebstahl im zweiten Rückfalle und Feigheit der Führer. Mit der Schürze: Feigheit, manchmal auch Diebstahl. Auf Entführung steht Landesverweisung, auf Diebstahl 20—100 Stockhiebe. Für die übrigen Missethaten wird meist auf Geldstrafe erkannt und zwar können Häuptlinge und Aelteste in manchen Fällen selbständig bis zu 20 Thalern verhängen. Wunderbar ist die Bestimmung, daß ein Schlag mit dem Pfeifenrohre oder ein Fußtritt sofort mit dem Tode gerächt werden kann; geschieht aber die Tödtung eine Stunde später, so wird der Todtschläger als Mörder bestraft. — Zur weiteren Charakteristik der Rechtspflege und mithin der staatlichen und gesellschaftlichen Zustände in Montenegro wollen wir von dort einen Berichterstatter der „Allgemeinen Zeitung“ vom Jahre 1876 in Folgendem erzählen lassen: „Das Gefängniß von Zetinje ist das einzige, welches überhaupt im Lande besteht, und birgt augenblicklich etwa fünfzig Sträflinge. Wenn ich sage „birgt“, so gilt dies nur für die Nacht; bei Tage gehen die Sträflinge in den Umgebungen des Gefängnisses spazieren, rauchen ihren Tschibuk und plaudern über „Türkenköpfe“ oder andere Lieblingsthemata. Wenn eine Botschaft auszurichten ist, werden die Sträflinge dazu verwendet. „Neulich“, so theilte uns der Wladika mit, „mußte ich eine bedeutende Summe Geldes nach Cattaro senden. Ich wickelte dieselbe sorgfältig ein und übergab das Packet einem Sträfling, ohne ihm zu sagen, was dasselbe enthalte. ‚Das Packet ist klein, aber schwer‘, sagte der Sträfling zu mir, ‚es enthält sicherlich viel Geld; verhehlen Sie mir dies nicht, gnädiger Herr; bis zum Abend werde ich zurückgekehrt sein.‘ Und richtig kehrte er am Abend in das Gefängniß zurück, und zwar noch zwei Stunden früher, als man ihn erwartet hatte.“ ... Nach dem Diner (der Berichterstatter war vom Fürsten Nikita eingeladen worden) sprach der Fürst mit uns über die Rechtspflege, die Gewohnheiten und endlich auch über den in Montenegro herrschenden Aberglauben. Die Montenegriner sind in der That ziemlich abergläubisch; sie glauben an Geister, an Vampyre, an Hexen, an Sturmgenien u. s. w. Die letzteren erscheinen, wenn der Wind von Süden weht; es sind die Geister der Krieger, welche in dem Kampfe gegen die Türken gefallen sind, und ihr Erscheinen bedeutet Unglück. Der Fürst ist sehr energisch gegen die Apostel des Aberglaubens aufgetreten; es ist dies eine Art von Propheten, die seit etwa zehn Jahren im Lande stark verbreitet ist. Es ist vorgekommen, daß ein Mensch dem Fürsten Prophezeiungen seitens der Geister der Krieger mittheilen wollte; der Fürst ließ ihm fünfundzwanzig Stockstreiche geben, und schon beim vierten oder fünften Hiebe gestand der Delinquent, daß er gelogen, niemals die Geister der Krieger gesehen habe u. s. w. Mit lautem Geschrei bat er um Verzeihung. „Das hättest Du mir früher sagen sollen,“ entgegnete ihm der Fürst; „jetzt habe ich keine Frage mehr an Dich zu stellen“ — und der Delinquent erhielt seine Strafe ohne Nachsicht. Seitdem hat der Mann seine prophetischen Versuche aufgegeben, und viele seiner Kollegen haben gleich ihm dem Verkehr mit den Geistern der Nacht entsagt. Was ich soeben mittheilte, könnte vielleicht die Leser glauben machen, die Prügelstrafe sei in Montenegro an der Tagesordnung; aber sie wird im Gegentheile nur sehr selten zur Anwendung gebracht, und für einen Montenegriner ist die Bastonnade schimpflicher als der Tod durch Pulver und Blei. Erst kürzlich war ein Montenegriner von dem Fürsten zu zwanzig Stockstreichen verurtheilt worden. Als die Exekution beginnen sollte, entriß er dem, der dieselbe vorzunehmen hatte, den Yatagan, in der Absicht, sich damit die Brust zu durchbohren. Glücklicherweise glitt der Stoß an einer Rippe ab; der Fürst, welcher augenblicklich von der Sache unterrichtet wurde, sah dem Manne seine Strafe nach, welcher der Schande den Tod vorgezogen hätte.... Weil ich eben von Strafen spreche, will ich eine derselben mittheilen, die unter der Regierung des Fürsten Danilo I., des Vorgängers des gegenwärtigen Fürsten, seinerzeit einen geradezu erstaunlichen Eindruck auf die Montenegriner hervorgerufen hat. Um dem am Anfang seiner Regierung ziemlich stark verbreiteten Diebstahl Schranken zu setzen, erließ er ein Gesetz, demzufolge jeder Dieb entwaffnet und gezwungen werden sollte, eine Weiberschürze zu tragen. Man hat mir die Versicherung gegeben, daß einige Wochen hinreichten, den Diebstahl zu unterdrücken. Einige von den zu der genannten Strafe Verurtheilten wurden landesflüchtig, andere tödteten sich selbst, um der Schande zu entgehen, eine Weiberschürze tragen zu müssen."

Schließlich wollen wir zur montenegrinischen Rechtspflege noch bemerken, daß im Auftrage des Fürsten der kaiserlich russische Staatsrath Dr. Balthasar Bogišić, Professor an der Universität zu Odessa, einer der tüchtigsten slavischen Rechtsforscher, ein neues Strafgesetzbuch ausgearbeitet hat.

Die herrschende Kirche in Montenegro ist die griechisch-nichtunirte. Ihr Oberhaupt ist der Bischof (Wladika) in Zetinje, der seit Danilo's Regierung nur noch die geistliche Würde bekleidet. Ihm zunächst stehen die Archimandriten der Klöster Ostrog, Zetinje und Moratscha-Monastir. Im Ganzen giebt es neun Klöster, von denen aber nur einige von zusammen 30 Kaludjeri (Mönchen) etwa bewohnt werden. Die Mönche, welche verpflichtet sind, Unterricht zu geben, leben vom Betrieb der Landwirthschaft und von freiwilligen Gaben, indem ihnen bei Kirchweihen und anderen Festen Schafe, Ziegen, auch Ochsen gebracht werden. Die rothe Kappe ausgenommen, die, mit einem seidenen Tuch turbanähnlich umwunden ist und als Kopfbedeckung dient, ähneln sie in ihrer Kleidung den gewöhnlichen griechischen Kaludjeri, lassen gleich diesen den Bart stehen und sind blos — in den an den Grenzen liegenden Klöstern der Sicherheit wegen — bewaffnet. Die Weltgeistlichen aber, die Popen, deren Zahl etwa 200 beträgt, unterscheiden sich außerhalb der Kirche nur durch ihre Vollbärte von der übrigen Bevölkerung. Sie sind gleich dieser gekleidet und bewaffnet, treiben Ackerbau, Viehzucht, Handel und ziehen mit in den Krieg, wenn sie auch am Kampfe ihres Amtes wegen nicht thätigen Antheil nehmen dürfen. Im Allgemeinen erfreuen sich die Popen in Montenegro einer großen Achtung, da sie keinen Anlaß zum Aergerniß geben, und Viele bekleiden sogar die Würde eines Wojwoden oder Serdars. Bekanntlich müssen die griechischen Weltgeistlichen, und zwar noch vor ihrer Weihe, heirathen und deshalb lassen manche Eltern ihren für den geistlichen Stand bestimmten Sohn schon als Kind mit der für ihn erwählten Braut ehelich verbinden. Dieselbe bleibt dann, bis zum wirklichen Eintritt in die Ehe, als Mädchen im Hause ihrer Eltern, und wird scherzweise Popadija, d. h. Priesterin, genannt. Stirbt sie noch als solche, so muß ihr angetrauter Mann Zeitlebens Wittwer bleiben, weil die griechischen Geistlichen nur einmal heirathen dürfen; stirbt er aber, so steht ihrer Wiederverehelichung nichts im Wege. Bleiben jedoch Beide am Leben, so wird, wenn der Bräutigam zum Priester geweiht werden soll, die wirkliche Hochzeit unter den üblichen Förmlichkeiten gefeiert.

Der größte Theil der Bevölkerung gehört der griechischen Kirche an und nur in einigen Gegenden der Brda kommen in sehr geringer Anzahl auch Andersgläubige vor. Es sind dies die römischen Katholiken vom halbalbanesischen

Stamme der Kutschi und einige Mohammedaner, die als gute Montenegriner von der herrschenden Religionsfreiheit unbehelligt Gebrauch machen dürfen. Ihre Religion hält sie natürlich nicht ab, ebenso wie jeder andere Crnogorze tapfer gegen die Türken zu kämpfen.

Der Handel Montenegro's ist bei der geringen Ertragsfähigkeit des Landes sowie der Armuth und Bedürfnißlosigkeit der Bewohner ein ziemlich unbedeutender und beziffert sich in der Ausfuhr (Vieh, Castradina, Fische, Seide, Sumach, Insektenpulver, Käse, Wolle und Brennholz) nach Trilley und Wlahowitsch auf etwa 3,000,000 Mark, welche Summe in allen Geldsorten angenommen wird. Am gangbarsten sind die alten österreichischen Münzen: der Maria-Theresienthaler, die Zwanziger, doch wird auch mit Dukaten, Rubeln, Napoleond'or und den türkischen Tschakmak (= 5 Kreuzer) gerechnet.

Der Bodenbestellung stehen 120,011 Tagewerk (à 120 Fuß im Geviert) zur Verfügung, während das Weideland 80,713 Tagewerk (à 140 Fuß im Geviert) umfaßt. Vom Ackerboden ist jährlich ein Zwanziger und von Weiden ein halber Zwanziger für jedes Tagewerk als Steuer zu entrichten und ebenfalls ein halber Zwanziger für jedes Stück Rindvieh, von denen es 200,138 Häupter giebt. Es bezahlen ferner: 10,000 Maulthiere, Esel und Pferde je einen halben Zwanziger, 30,000 Schweine je einen Viertelzwanziger, 957,000 Ziegen je 3 Soldi und 80,000 Bienenstöcke je einen Viertelzwanziger.

Von einer Gewerbethätigkeit ist in Montenegro keine Rede, denn jede Familie stellt die wenigen Bedürfnisse selbst her und nur die Zigeuner als Schmiede und Schlosser sowie einige Flüchtlinge aus Albanien und Dalmatien vertreten den Handwerkerstand.

Das montenegrinische Land zerfällt in die Crnagora und die Brda und jeder dieser beiden Haupttheile in 4 Verwaltungskreise oder Nahien. Die Nahien der Crnagora sind: 1) die Katunska, der nordwestliche Theil mit der Hauptstadt Cetinje, mit 13 Plemena, zugleich Kapetanien, und 155 Sela. 2) Die Crmnitschka im Südwesten, mit 7 Plemena, zugleich Kapetanien, und 17 Sela. 3) Die Rjetschka zu beiden Seiten der Crnowitscha, mit 4 Kapetanien, 7 Plemena und 30 Sela. 4) Die Ljeschanska, nordöstlich von der vorigen, mit 2 Kapetanien, 4 Plemena und 14 Sela.

Die Brda zerfällt in folgende Nahien: 1) Die Bjelopawlitschka, an beiden Ufern der oberen Setta, mit 4 Plemena, zugleich Kapetanien, und 52 Sela. 2) Die Piperska, östlich von der vorigen bis zur Moratscha, enthält 10 Kapetanien in 3 Plemena, mit zusammen 16 Sela. 3) Die Wasojewitschka, an der Tara, mit 6 Kapetanien und Plemena, und 43 Sela. 4) Die Moratschka mit 5 Kapetanien und 48 Sela.

Die Reise von Cattaro nach Cetinje kann bei den Eigenthümlichkeiten des Weges in drei Partien getheilt werden, und zwar: in den Serpentinen-Aufgang von Cattaro bis auf das ca. 900 m. hohe Karstplateau in zwei Stunden; dann in den Weg auf diesem Plateau bis zu dem Dorfe Njegusch in einer Stunde, endlich von Njegusch über einen Gebirgssattel nach Cetinje, in zwei Stunden.

Hierbei wird gewöhnlich eine Stunde in Njegusch gerastet, so daß man binnen sechs Stunden von Cattaro, Zetinje erreicht. — Wir waren endlich — schreibt im Jahre 1876 ein Berichterstatter des „Wiener Tagblatts", — nach langem Aufwärtssteigen auf dem Plateau, wo die Grenze zwischen Oesterreich und Montenegro ist. Kein Schilderhaus, kein Schlagbaum, kein angestrichener Pfahl, ja nicht einmal ein Wächter bezeichnet dieselbe. „Das ist ganz unnöthig", sagte man mir in Zetinje, als ich mich hierüber äußerte.

Auf dem Plateau angekommen, fesselten zunächst mehrere montenegrinische Reiter, die uns im Schritte entgegenkamen, meine Aufmerksamkeit. In einiger Entfernung hielten sie an; der Führer derselben, ein schöner, junger Mann von etwa sechs Fuß Höhe, näherte sich, nahm sein Käppchen ehrerbietig ab und meldete dem Chef der Expedition, daß er auf Befehl Seiner Hoheit des Fürsten Nikolaus von Montenegro mit seinen Leuten erschienen sei, um den hohen und stets gern gesehenen Gast willkommen zu heißen und in des Fürsten Residenz zu geleiten. Ich hatte stets für Montenegro lebhaftes Interesse, sowie für dessen wackere Bevölkerung, und war daher nicht wenig zufrieden, als ich mich alsbald in unmittelbarem Verkehre mit den Söhnen Montenegro's sah. Sie alle trugen die Nationaltracht, bestehend aus dem weißen, in vielen Falten bis an die Kniee reichenden halbgeöffneten Rocke, der durch einen Shawlgürtel zusammengehalten ist, hinter welchem Pistolen oder Revolver sowie der Handschar ihren Platz haben, auf dem Kopfe ein schwarzes Käppchen ohne Schirm mit rothem, goldgesticktem Deckel, an den Füßen Opanken, welche die gewöhnliche, in dieser Steinwelt unentbehrliche Fußbekleidung bilden; die Honoratioren ersetzen sie jedoch durch Kniestiefel. Ueberdies tragen die Montenegriner gleich den wohlhabenden Herzegowinern die Brust voll Silberknöpfe, sowie in der Höhe des Schlüsselbeines Silberplatten, die wie ein Schulterharnisch aussehen und gegen den mächtigen Handscharhieb wehren sollen. Die Zäumung der Pferde hatte viel des Türkischen an sich. Am Kopf und an der Brust des Pferdes hingen viele Quasten und das Zaumzeug bestand nur aus einem Bügel, mit der Stange versehen. Die Sättel waren nach türkischer Art gebaut, vorn und rückwärts hoch und reich mit Silber verziert. Das Leder des Sattelzeuges war in allerlei Blumenverzierungen gepreßt, welche aussahen, als ob sie in dem Leder ausgeschnitten wären. Auch die Bügel waren nach türkischem Muster, sie bildeten nämlich eine ganze Sohle von viereckiger Form, so daß der Fuß vollkommen darauf ruhen konnte. Die vier Ecken des Bügels laufen nach auswärts und etwas spitz zu, so daß sie dem Reiter den Gebrauch unserer Sporen ersetzen können. Die Hufeisen der Pferde haben auch nicht die bei uns übliche Form, sondern die ovalen Scheiben, von der Dicke eines starken Kartons, sind in der Mitte mit einer ovalen Oeffnung und am äußeren Rande mit einer Wulst von der Stärke eines Gänsekiels versehen. Die Nägel, vier bis sechs an der Zahl, haben starke Querköpfe, die der Steinboden hier sehr nothwendig macht.

Der in Montenegro anfangs schlechte Weg bessert sich immer mehr — ja wir betreten sogar eine neue, geräumig angelegte Straße, die sich in und längs dem Felsenabhange gegen Njegusch hinzieht. Sie hat dem Fürstenthume viel Geld gekostet. Leider aber ist die Anlage dieser Straße eine verfehlte, denn

einige Stellen führen an von Waſſerſickerung lockeren Hängen hin, die beſtändige Abrutſchungen erleiden, wovon das viele Gerölle zeugt. Es iſt dies in Zetinje zur Sprache gekommen und gewiß wird der Ausbau der Straße hier unterbleiben und auf anderer Stelle über den Kamm eingeleitet. Von da bis

Njegusch ist die neue Straße sehr bequem und gut angelegt, so daß sie jetzt schon mit Wagen befahren werden könnte. Von menschlichen Wohnstätten, von Ackerbau war auf dem ganzen Wege bis Njegusch nichts zu sehen. Hier trafen wir nun Beides. Um den Fuß eines Abhanges biegend, sehen wir die ganze Landschaft dieses Ortes vor uns. Das Dorf Njegusch gehört jedenfalls unter die Zahl der größeren Ortschaften Montenegro's. Es liegt in einem Kessel, der gegen Westen sich öffnet. Das Gebirge, welches Njegusch umgrenzt, ist kahler Fels von meist abgerundeten Formen. Die relative Höhe dieser Partien mag an die 200 m. reichen. Im Süden, über diesen, ragt ein prachtvoller Kopf von der Form einer etwas gestutzten Pyramide empor; er überschaut ganz Montenegro, die Herzegowina, Albanien und das Meer. Es ist der höchste Berg Montenegro's, der Lowtschen. Auf seiner Kuppe hat eine fromme Seele ein Kirchlein gebaut, in dem einmal im Jahre Gottesdienst gehalten wird.

Während unseres Frühstücks in Njegusch hatten sich mehrere der dortigen Einwohner um uns versammelt, fast ausschließlich nur Männer mit der langen türkischen Pfeife und wie immer mit den Schußwaffen im Gürtel. Unter diesen Montenegrinern befanden sich einige klassische Gestalten, wunderbare Malermodelle. Zu ihren männlichen Gesichtszügen gesellte sich ein würdevolles Benehmen in Wort und Geberde. Njegusch ist von Zetinje durch einen etwa 250 m. hohen Gebirgssattel getrennt, der in die Ebene von Zetinje vielleicht um 100 m. tiefer abfällt als in die von Njegusch. Während des ganzen Uebergangs hatten wir zu beiden Seiten steile, karstförmige Abhänge, die unausgesetzt ein Defilé bildeten. Hier ist die Natur freundlicher durch stellenweises Jungholz und Gestrüpp, das hauptsächlich die nach der Nordseite gekehrten Hänge bedeckt, während die südlichen zumeist kahl geblieben sind.

Eine schöne Uebersicht gewannen wir nach Ersteigung des Sattels. Ein prachtvolles Panorama nach Osten und Südosten auf den Skutari-See, Albanien und den östlichen Theil Montenegro's. Die Ebene von Zetinje, obschon ganz nahe, war noch durch Vorpartien des Gebirges verdeckt. Der Weg, wenn man ihn überhaupt so nennen darf, unterscheidet sich durch gar nichts Anderes vom übrigen Boden, als daß die Steine und Blöcke einigermaßen zurecht gemacht und gerückt wurden, und an ihren Kanten durch den Huftritt mit der Zeit eine gewisse Glätte angenommen haben. Immer wieder sah man, wie schätzenswerth die Eigenschaften der sonst ganz unscheinbaren Pferde der dortigen Gegend sind, und wie praktisch der Hufbeschlag, den ich vorhin beschrieb. Andere an solches Terrain ungewohnte Pferde würden auf diesem Gange schon nach der ersten Viertelstunde den Dienst versagt haben. Wir waren genöthigt, zu wiederholten Malen abzusitzen. Es schien stellenweise, als ob die Pferde unmöglich weiter zu kommen vermöchten. Und dennoch ging es munter vorwärts. Aufrichtiges Staunen überkommt Einen bei der Betrachtung, daß nicht nur Waaren jeder Sorte, sondern die schwersten Lasten, die feinsten Einrichtungsstücke, Pianos, Spiegel, Lustres, Kandelaber und dergleichen auf diesem Wege nach Zetinje befördert werden. Als ich hierüber dort mich äußerte, erhielt ich zur Antwort, daß, wofern ein heikler und schwerer Gegenstand den Tragthieren nicht überlassen werden kann, ihn Menschenkräfte transportiren.

Die Waaren werden in kleine Kistchen verpackt und diese dann zu beiden Seiten auf den Sattel des Tragthieres gebunden. Beim Hinmarsche begegneten wir einem montenegrinischen Bauer mit seinem Weibe, nicht mehr jung, die ein Maulthier vor sich her trieben. Der Mann trug auf der linken Brustseite den Daniloorden und die silberne Medaille. Ich wendete mich mit einer bezüglichen Frage an einen der fürstlichen Garden und erhielt zur Antwort, daß dieser Mann in dem Range eines Offiziers stehe. In Montenegro ist bekanntlich Alles Soldat.

Von einem zweiten Höhepunkt des Sattels entfaltete sich vor uns „Zetinje". Dieser zweite Punkt heißt „Krivaca"; der erste Punkt, von dem sich uns das schöne Panorama auf den Skutari-See darbot, heißt „Vrcenik". War auf dem alten Saumwege das Aufsteigen auf den Sattel beschwerlich, so wurde das Herabsteigen in das Becken von Zetinje um so ärger, so daß die Tragthiere auf den Vorderfüßen manchmal zusammenzubrechen drohten. Demzufolge haben wir diese Strecke bis zum Dörfchen Baitzi zu Fuße zurückgelegt. Von hier nach Zetinje ist nur mehr eine Viertelstunde und die neue Straße schon fertig, die bei Baitzi vorüber in entsprechenden Serpentinen über den von uns übersetzten Gebirgssattel an die Grenze gegen Cattaro geführt und an welche österreichischerseits der Anschluß bis zum Meere hinab bewirkt wird. Nach Verlauf von 3 Jahren soll diese Straße fertig sein, wonach man ein Wunder sehen, nämlich eine Reise nach Montenegro zu Wagen machen können wird.

Aehnlich wie Njegusch liegt Zetinje, dieser Hauptort Montenegro's, in einem gegen Südosten gerichteten länglichen Becken von circa 3000 Schritt Länge und 1000 Schritte Breite. Die Ebene dieses meist aus Moorgrund bestehenden Beckens ist ungefähr in seiner Mitte durch eine niedere Karstpartie unterbrochen, zunächst welcher das Städtchen gelegen ist. Der Horizont ist wie bei Njegusch durch einen über hundert Meter hohen Gebirgsring abgeschlossen, der im Südosten am niedrigsten ist und den Uebergang nach Rjeka bietet. Zetinje vergrößert sich von Jahr zu Jahr, was seine neuen und meist einstöckig aufgeführten Häuser, die ohne Ausnahme Ziegeleindeckung nach italienischer Art haben, beweisen. Bauart und Einrichtung gleichen überhaupt der üblichen in Süd-Dalmatien, weil die Mehrzahl der Professionisten von dort her kommt. Zetinje hat eine 400 Schritt lange, 15 Schritt breite Gasse, aus welcher eine dgl. im rechten Winkel nach dem fürstlichen Schlosse abzweigt.

Um 3 Uhr Nachmittags zogen wir in Zetinje ein. Die Einwohner, die von unserer Ankunft schon Kunde hatten, standen überall vor den Häusern und begrüßten auf das ehrerbietigste den Chef der Gäste, den sie seit Jahren schon kennen und wiederholt bei sich zu sehen Gelegenheit hatten. Schon nach zwei Stunden, also um 5 Uhr, sollten die Gäste in Audienz empfangen, beziehungsweise dem Fürsten Nikolaus vorgestellt werden. — Diese Zeit verstrich schnell mit Auspacken und mit der Toilette. Der Adjutant des Fürsten in montenegrinischer Tracht geleitete uns zum Fürsten. In kurzer Zeit standen wir vor dem Schlosse. Es ist ein Gebäude von Stil und Dimension eines einfachen Landwohnhauses, umgeben von einer Gartenmauer. Das Gebäude ist nur einstöckig und äußerlich eben so schlicht als alle übrigen Häuser Zetinje's.

16*

Zu dem ziemlich breiten und hohen Eingange führen einige Stufen. Vor dem Eingange der Mauerumfassung steht stets ein Posten, natürlich in Montenegro's Nationaltracht; er präsentirte vor uns das Gewehr. Im Stiegenhause hielten einige Garden Inspektion und machten Spalier vor dem Audienz- oder Empfangssalon. Der Adjutant meldete uns sofort an. Unser Chef trat sogleich rechter Hand durch die Thür in des Fürsten Kabinet ein. Während der ziemlich langen Audienz betrachtete ich mir den Salon und dessen Gesammteinrichtung. Gegenüber dem Eingange ist eine Balkonthür und zu deren beiden Seiten je ein großes Fenster. Vor dem Mittelfenster steht ein Piano. Rings-herum eine sehr kunstvoll geschnitzte, aus zwei Sophas, vier Fauteuils und zwölf Sesseln bestehende Garnitur mit blauseidenem Ueberzuge, welche von Paris kam. — Die Wände des rechteckigen Raumes sind mit geschmackvollen modernen Papiertapeten bedeckt. An den beiden Schmalseiten ist je eine Thür. Die eine rechts führt zum Fürsten, die andere vis-à-vis zu den Räumlichkeiten des rechten Gebäudeflügels. Dem entsprechend stehen auch die Möbel; die beiden Sophas an den Schmalseiten bei den Seitenthüren; vor jedem ein Tischchen, auf welchem je ein Säbel liegt. Der eine der beiden Säbel ist eine alte, jedoch ganz renovirte Waffe aus den früheren Türkenkriegen und führt in goldenen Lettern eine alte cyrillische Inschrift. Dies soll ein Geschenk des Kaisers von Rußland sein. Am Piano steht eine große lederne Kassette mit einer Garnitur Schreibrequisiten; diese sind in wahrhaft fürstlicher Pracht ausgeführt und stammen von dem Kaiser von Oesterreich. Auf der rechten Schmalseite ist in Lebensgröße das Bildniß des Fürsten Danilo, zu beiden Seiten in Oelfarben und Goldrahmen die Portraits des Kaisers und der Kaiserin von Rußland. Auf der linken Schmalseite gegenüber ist in der Mitte das lebensgroße, vortrefflich ausgeführte Bild des Wojwoden Mirko und zu beiden Seiten die Bilder des Kaisers und der Kaiserin von Oesterreich. Außerdem schmücken noch andere Bilder den Saal.

Die Audienz war zu Ende, der Fürst geleitete unseren Chef in den Salon, wo wir demselben vorgestellt wurden. Er reichte uns Jedem in herzlicher Weise die Hand. Kaum waren wir vom Besuche zu Hause angelangt, als der Adjutant des Fürsten kam, um in dessen Namen unseren Chef und uns zum Speisen zu bitten. Da es nahe an sieben Uhr geworden, machten wir uns abermals parat und verfügten uns alsbald ins Schloß. Diesmal blieben wir nicht im Saale, sondern wurden eingeladen, in das anstoßende Kabinet rechts zu treten, wo um den Fürsten, der allein am Sopha saß, die Anwesenden einen Halbkreis bildeten. Von diesen nenne ich blos Peter Vukotics, Schwiegervater des Fürsten, von imposanter Mannesgestalt, Präsident Bozo Deodat Petrovics, Cousin des Fürsten, Sava Plamenac, Schwager desselben, und Maša Vrbica, Minister des Fürsten. Wie der Fürst, so waren auch diese in Nationaltracht. Das Gespräch, meist slavisch, bewegte sich wenig oder gar nicht um politische Dinge. Nach Verlauf einer halben Stunde ist man zur Tafel gewesen. Am folgenden Tage statteten wir den obenerwähnten Würdenträgern Besuche ab, sowie auch dem Metropoliten von Montenegro. Gern hätte ich auch die Knaben- und Mädchenschule besucht, allein es gebrach an Zeit. —

Zetinje.

Die Mädchenschule wird bekanntlich aus den Privatmitteln der Kaiserin von Rußland erhalten. Dagegen besah ich das Krankenhaus, in welchem meist verwundete Montenegriner lagen, die, wie echte Gebirgskinder, mit Gleichmuth und Resignation ihr Leid trugen. Die Pflege bewirken junge Wärterinnen aus Rußland. Das Kloster, wo des Bischofs Wohnung ist, die Knaben- und Mädchenschule sowie die Heilanstalt befinden sich einige Hundert Schritte außerhalb Zetinje's. Am südlichen Ausgange der Stadt ist das neue Gasthaus, das im Erdgeschosse über ein Café und links über ein Gastzimmer verfügt. Im ersten Stock befinden sich ein kleiner Salon und 13 numerirte Zimmer. Speisen und Getränke lassen nichts zu wünschen übrig, auch an Preisen; aber man muß zufrieden sein, Unterkunft zu finden. Nicht wenig wunderte ich mich, im Kaffeehause nicht allein Kaffee, sondern aus den uns wohlbekannten Biergläsern von einigen behäbigen Montenegrinern schmackhaftes Bier trinken zu sehen. Nicht unerwähnt kann ich das dortige Post- und Telegraphenamt lassen, das vereint einige Schritte von dem genannten Einkehrhause ist. In dem Postamte amtirt ein k. k. Beamter, der auf seinen Posten nach Dalmatien zurückkehren wird, sobald die für den Postdient bestimmten Eingeborenen eingeschult sein werden. Im Telegraphiren amtiren junge Leute von 17 bis 18 Jahren mit ziemlicher Behendigkeit. Auch hier ist Alles in Nationaltracht; ja, nicht nur das, sondern auch die Schußwaffe steckt im Gürtel.

Zetinje zählt etwa 1400 Einwohner in 160 Häusern und steht, obwol Hauptstadt, hinter Njegusch und Danilowgrad zurück. Bis zu Danilo's Zeiten waren hier nur das Kloster, der alte Palast und einige Hütten zu sehen; ersteres wurde 1484 von Ivan Zrnojewitsch nach dem Muster des Klosters Maria Dolorosa in Ancona gebaut. Es ist jetzt der Sitz des Archimandriten und Wladika.

Der lohnendste Ausflug von Zetinje ist der nach Rjeka, einem aufblühenden Städtchen an der Zrnojewitschka Rjeka. Der Weg führt in südöstlicher Richtung über einen hohen, steilen Gebirgsrücken, der eine herrliche Aussicht über die Landschaft von Zetinje und den Skutarisee gewährt. Rjeka ist ein freundlicher Ort von etwa 60 Häusern. Eine steinere Brücke führt über den Fluß, der hier schiffbar wird, nach der alten, hoch auf einem Felsen gelegenen Veste Rjetschigrad.

Wir machen von der Gelegenheit, auf einen Dampfer nach dem Skutarisee zu gelangen, keinen Gebrauch, sondern wir übersteigen das Gebirge in nordöstlicher Richtung, um das breite Settathal zu gewinnen. Unser Ziel ist Danilowgrad, die 1871 gegründete und jetzt schon 2000 Einwohner zählende Stadt, wo ein Post- und Telegraphenamt und eine landwirthschaftliche Schule unter Leitung des Herrn Raditsch die Fortschritte der abendländischen Kultur verkündet.

$4^1/_2$ Stunden von Danilowgrad liegt unweit der türkischen Festung Nikschitsch das geschichtlich hochberühmte Felsenkloster O s t r o g.

Die Europäische Türkei.

Bulgarische Hütte.

VII. Bulgarien.

Geographische Charakteristik. — Oekonomische und strategische Bedeutung Bulgariens. — Das Völkerkaleidoskop in Westbulgarien. — Die Bulgaren. — Ihre Zustände unter der türkischen Herrschaft. — Die Hellenisirung der Bulgaren. — Der bulgarische Kirchenstreit. — Die Versuche einer Union mit der Römisch-katholischen Kirche. — Bulgarische Sprache. — Die Ansiedlung der Tscherkessen in Bulgarien. — Die türkischen Greuel zu Jamboli. — Gladstone's Schriften. — Gegenwärtige Wirthschaft der Türken in Bulgarien. — Wanderung in Bulgarien längs der Donau. — Widdin. — Die Straße über den Balkan. — Die Donauplätze Lom Palanka, Nicopoli, Schwischtow, Rustschuk, Silistria. — Die Dobrutscha. — Das ostbulgarische Festungsviereck. — Varna. — Schumla. — Der Balkan und Kanitz' Wanderungen über denselben. — Tirnovo. — Unterkommen auf Reisen in Bulgarien. — Ueber Selvi und Gabrovo über den Schibka-Paß nach Kazanlik. — Der Travna-Balkan. — Von Lovez über den Trojan-Balkan und Rosalita-Paß nach Karlovo. — Das Iskerthal und Defilé. — Vraza. — Sofia.

Bulgarien ist das zwischen Donau und Balkan gelegene Gebiet, welches einen langen, verhältnißmäßig schmalen Streifen, von den Grenzen Serbiens bis zum Schwarzen Meere reichend, bildet, und stellt sich im Allgemeinen als eine von der Donau allmählich zum Fuße des Gebirges ansteigende, öde, baumlose, aber fruchtbare Lößterrasse dar. Diese zusammenhängende Hochfläche tritt mit Steilwänden an die Donau. Mit der Annäherung an das hohe Balkangebirge, dessen sechs Längengrade hindurch westöstlicher Zug Bulgarien von Thrakien oder Rumelien scheidet, verwandelt sich das Terrain in ein immer anmuthigeres Hügelland mit tief eingerissenen Flüssen, welche aus den Schluchten des Balkan hervorbrechen und in nahezu südnördlichem Laufe der Donau zueilen. Die wichtigsten dieser Flüsse sind der Timok, Artscher, Lom, die Dschibriza, der Ogust, Skit, Isker, Wid, die Osma, Jantra und der östliche Lom. Wir haben in dem so umschriebenen Bulgarien das alte Mösien vor uns, in ethnographischem Sinne ist jedoch Bulgarien keineswegs auf das Gebiet nördlich vom Balkan beschränkt, welches man passend als „Donau-Bulgarien" bezeichnet, sondern Bulgaren wohnen auch zahlreich jenseit, d. h. südlich vom Balkan, in Thrakien und gegen Südwest bis dort, wo sie sich mit den Albanesen berühren. Wenn in diesem Abschnitte daher von den Zuständen in Bulgarien die Rede ist, so sind der Einfachheit halber stets diese außerhalb Donau-Bulgariens gelegenen Striche mit einbegriffen.

Der Timok bildet im Westen die Grenze zwischen Bulgarien und Serbien, und seine Mündung in die Donau ist von der österreichisch-ungarischen Grenze bei Orsova, in der Luftlinie gemessen, höchstens 110 km. entfernt. Man sollte demnach denken, daß diese Gegend, so nahe an der türkischen Donaufeste Widdin, den Geographen kaum etwas Neues bieten könnte, und doch war bis vor Kurzem Professor H. Kiepert in Berlin, einer der gewiegtesten Kenner der Türkei, vollkommen zu dem Ausspruche berechtigt, daß gerade Westbulgarien mit dem Balkan den ungekanntesten Theil des Osmanischen Reiches bilde. Erst den eindringlichen Forschungen des uns schon durch seine Reisen in Serbien rühmlichst bekannten Hrn. Felix Kanitz ist es gelungen, dieses in gar vielen Beziehungen interessante Gebiet so zu sagen der Welt zu erschließen. Er wird in diesem Abschnitte deshalb unser hauptsächlichster Führer und Gewährsmann sein.

Bulgarien ist einer der reichsten und fruchtbarsten Landstriche der Illyrischen Halbinsel; mit Ausnahme der nackten Firnen des Balkan und einiger Sumpfgegenden der Dobrutscha ist es ein äußerst wirthbares und kulturfähiges Land, unter den Provinzen des Nordens für die Pforte bei weitem die wichtigste und werthvollste. Freilich ist wie überall unter dem Halbmonde der Boden schlecht bevölkert und angebaut. Das offenbart sich hier dem Reisenden schon auf den ersten Anblick der Gegenden, die er durchzieht. Man kann auf gewissen Strecken oft tagelange Reisen machen, ohne eine menschliche Wohnung und ein bebautes Feld anzutreffen. In der Nähe der Ortschaften aber, vorzüglich in den Umgebungen der Städte und der großen Dörfer, gewährt das Land durch seine Kultur überall einen erfreulichen Anblick. So ist zum Beispiel auf der Route von Rustschuk nach Varna sowie auf jener von Rustschuk nach Silistria und weiter gegen Osten streckenweise Alles so schön angebaut, so grün und saftig, daß man sich nach Schwaben oder Sachsen versetzt glauben könnte. So sehr aber auch in diesem Gebiet der Ackerbau und die Industrie sich noch heben können, das fruchtbare Land hat dennoch großes volkswirthschaftliches und finanzielles Interesse für die türkische Regierung. Die Einkünfte aus dieser Provinz bilden etwa den zehnten Theil der gesammten Staatseinkünfte.

Es kommt dazu, daß Bulgarien die eigentliche Kornkammer des Osmanischen Reiches bildet; zahlreiche Küstenpunkte des Schwarzen Meeres beziehen von hier das nothwendige Getreide, und namentlich entnimmt Konstantinopel seinen Bedarf mindestens zur Hälfte daher. Wenn Krieg oder Unruhen einen Stillstand des Ackerbaues in dieser Provinz herbeiführen, so pflegt in Stambul leicht Theuerung oder Mangel hereinzubrechen. Zu dem Reichthum an Getreide kommen herrliche Waldungen, Reichthum an Schlachtvieh, besonders Ochsen und Büffel, und Heubau an der Donau.

Noch bedeutender ist der strategische Werth, welchen der Besitz Bulgariens für die Pforte hat. Die Lage des Landes macht es zu einem wichtigen Passageland, zugleich aber zum Hauptwall des Osmanischen Reiches gegen alle Angriffe von Norden her. Diese Bedeutung Bulgariens ist heute noch wesentlich gestiegen, wo die fast völlige Unabhängigkeit Serbiens die türkischen Vorposten bis an den Timok und die obere Morawa zurückgeschoben hat. So ist es begreiflich, wenn die Pforte gerade Bulgarien mit ganz besonderer Sorgfalt überwacht und einem Herübergreifen der slavischen Bewegung nach dieser Provinz mit höchster Eifersucht entgegentritt.

Das Kaiserthum Oesterreich ist zwar ein vielsprachiges und vielstämmiges Land; es wird aber hierin von der Türkei noch weit übertroffen; keine Provinz des Osmanenreiches weist jedoch ein bunteres Völkergemisch auf als Bulgarien, und in diesem ist wieder der Westen ein wahres Völkerkaleidoskop zu nennen. In dem erwähnten Stück Land wohnen nicht weniger als acht verschiedene Volksstämme, die sich sowol in Sprache als in Sitten scharf von einander unterscheiden. Zwei dieser Stämme sind lediglich asiatische: Türken und Tataren; die andern sechs dagegen sind nebst den Tscherkessen, Serben, Bulgaren, Rumänen, spanische Juden und Zigeuner. Herr Kanitz bemerkte schon vor mehreren Jahren, daß die türkischen Staatsmänner der Zukunft nicht geringe Schwierigkeiten zu lösen haben werden, wenn einmal alle diese Volksstämme selbstbewußter geworden und jeder Einzelne seine Nationalität wird zur Geltung bringen wollen. Was die Rumänen betrifft, so hatte das bauernfeindliche Regiment der walachischen Bojaren in Rumänien eine bedeutende Emigration zur Folge und begünstigte die Entstehung und rasch zunehmende Bevölkerung der rumänischen Kolonien auf dem serbischen und bulgarischen Donauufer. Die türkische Regierung sah andererseits gern die Besiedlung dieser durch fortwährende Kriege stark entvölkerten Distrikte mit einer fügsamen, an harte Lasten gewöhnten, dem slavischen Elemente und dessen Bestrebungen vollkommen fremden Nationalität, welche, wie die rumänische, in ihrer zähen Abschließung sich mit keiner anderen assimilirt, sondern in neuerer Zeit weit mehr die Fähigkeit bewiesen hat, fremde und besonders slavische Elemente leicht aufzusaugen.

In den letzten Jahren waren katholische Missionäre aus Siebenbürgen bemüht, die bereits durch ihre Nationalität einen fremdartigen Keil zwischen Serben und Bulgaren bildenden Rumänen auch religiös von Letzteren zu trennen, indem sie es versuchten, sie der Union mit Rom zuzuführen. Die durch allerlei Verheißungen unterstützten Bemühungen schienen anfänglich Erfolge zu versprechen. Das Benehmen der Missionäre und die russischen Gegenbestrebungen brachten jedoch die römisch-unionistische Bewegung ins Stocken. Die Mehrzahl der übergetretenen rumänischen Dörfer kehrte schließlich wieder zur orthodoxen Kirche zurück.

Die walachische Einwanderung erfolgte in Nordostbulgarien vor etwa 30 Jahren und bietet Anlaß zu manch ethnographisch lehrreichem Vergleiche. Während der Rumäne auf walachischem Boden infolge der früheren demoralisirenden Bojarenwirthschaft als Mensch beinahe auf gleicher Stufe mit dem Neger Südamerika's steht und nicht ganz mit Unrecht als faul und dumm geschildert wird, zeigt er sich hier auf bulgarischem Boden, obschon unter einem Regimente lebend, das den christlichen Unterthanen ehemals nicht sehr gewogen war, als thätig und intelligent.

Diese Eigenschaften gelangen beispielsweise schon in der äußeren Erscheinung des großen Rumänendorfes Bregova zum Ausdrucke. Neben dem auf der ganzen bulgarischen Donauterrasse üblichen Bau von Mais, Weizen, Hanf, Wein und Melonen werden in Bregova auch Tabak und Seide kultivirt. Der ganze Ort trägt den Stempel großer Wohlhabenheit, der durch die mit der jüngsten tatarisch-tscherkessischen Kolonisation für die Rajah verknüpft gewesenen Lasten nicht verwischt werden konnte. Auch der Pflege des intellektuellen Moments widmet die rumänische Gemeinde Bregova's, im Hinblicke auf sonstige bulgarisch-türkische Verhältnisse, nicht geringe Opfer.

In dem Hause eines aus Serbien berufenen Lehrers fand Kanitz den Nachwuchs des Dorfes lesend, schreibend, rechnend und kirchliche Lieder recht hübsch absingend. Der wohlthätige Einfluß des jungen, aufstrebenden Serbenstaates macht sich hier an dessen unmittelbarer Grenze unverkennbar geltend. Weniger in der häuslichen Einrichtung und Lebensweise, wohl aber im Kostüm unterscheidet sich der Rumäne von seinen bulgarischen und serbischen Nachbarn, für welch letztere er lebhafte politische Sympathien hegt, da seine Namensbrüder in Serbien unter der dortigen geregelten Verwaltung und Justiz sich sehr wohl befinden.

Zinzaren, Griechen und Armenier liefern den kleinsten Bruchtheil der bulgarischen Stadtbevölkerung. Er fehlt in den Handelsstädten nur selten, erreicht jedoch in Westbulgarien niemals eine nennenswerthe Stärke.

Größere Zigeuner-Kolonien siedelten sich in Widdin und Nisch an. Es giebt jedoch beinahe keinen Ort in Bulgarien, in dem sich nicht einige oder wenigstens eine Zigeunerhütte befände.

Spanische Juden in Gemeinden giebt es zu Nisch, Pirot, Lom und Widdin. Einzelne Familien leben in allen türkischen Städten, jedoch nur selten auf dem Lande. Während bei uns und auch anderswo in Europa der jüdische Stamm sich durch größere Gewandtheit und Schlauheit in Geschäften vor seinen christlichen Mitbürgern auszeichnet, ist in jenem Landstrich und wol überall in der Türkei das Verhältniß ein ganz anderes. Es herrscht dort ein Sprüchwort: „Aus einem Griechen kann man zehn Juden machen", und das Sprüchwort ist buchstäblich wahr. Der Handel ist den Juden von den viel schlaueren Bulgaren beinahe vollständig aus den Händen genommen. Juden und Türken sind der Amboß, die Bulgaren der Hammer.

Typen der Bulgaren.

Das türkische Element ist in Nordwestbulgarien, abgesehen von den durch das Land zerstreuten Karaul-Besatzungen (gewöhnlich 4—8 Mann) nur als Theilbevölkerung in den Städten und Flecken: Nisch, Bela-Palanka, Pirot,

Widdin, Florentin, Kula, Artscher, Belogradschik und Lom vertreten. Ganz verschieden gestalten sich die ethnographischen Verhältnisse in Ost- und Centralbulgarien. Im Gegensatze zum Westen, wo die Türken sozusagen nur sporadisch vorkommen, hebt Hr. Kanitz die Kompaktheit des moslimschen Elementes in den östlichen Territorien und namentlich im Tozluk hervor; auch in Centralbulgarien herrscht die türkische Bevölkerung vor, wenngleich nicht in jener ungespaltenen Mehrheit, wie man früher annahm.

Einstweilen von den erst im letzten Decennium nach Bulgarien gelangten Tscherkessen und Tataren-Kolonien absehend, wenden wir uns dem Hauptvolke der Provinz, den Bulgaren, selbst zu. Mit geringer Ausnahme bildet heute die politische Grenze zugleich auch die Sprachscheide zwischen Serben und Bulgaren. Kanitz sagt ausdrücklich: die Sprachscheide, denn es unterliegt keinem Zweifel, daß die heutigen Negotiner, Zaitscharer, Knjaschevazer und Alexinatzer Kreise Serbiens noch vor nicht allzu langer Zeit von Bulgaren bewohnt waren. Auf der bulgarischen Donauterrasse giebt es merkwürdiger Weise nur ein einziges rein serbisches Dorf: Bratjevatsch, welches sich inmitten zwischen Bulgaren und Rumänen seine vollste Eigenthümlichkeit bewahrt, während es im südlichen Serbien noch mehrere streng bulgarische Orte giebt. Die bulgarische Nation mag im Ganzen auf mindestens 5 Millionen Seelen anzuschlagen sein. Von diesen wohnen etwa 4 Millionen in dem nach ihnen benannten Lande; die übrigen außerhalb der engeren Heimat theils in Rumili und Makedonien, theils in Serbien und theils in der Walachei und Moldau. Genaue Ziffern lassen sich nicht angeben, weil zuverlässige statistische Erhebungen fehlen. Kanitz hat gezeigt, daß sich das Bulgarenvolk in vollkommener Integrität in seinen vor der türkischen Eroberung innegehabten Sitzen bis heute erhielt. In achtunggebietenden kompakten Massen und nur sporadisch mit fremden Nationalitäten gemengt, wohnen die Bulgaren namentlich von der serbischen Grenze bis zur Jantra, der bulgarischen Morava und dem mittleren Laufe der Maritza, ferner an den Hängen des Westbalkans. Außerhalb dieses Gebietes treten die Bulgaren wol noch westlich von der Maritza bis zum Ochridasee in größerer Zahl als ihre türkisch-albanesisch-griechischen Nachbarn auf, doch erst neuestens, mit der Erstarkung des Nationalgefühls, erscheint ihr Zurückweichen in diesen Gebieten zum sicheren Stillstande gebracht. Der altbyzantinischen Tradition eingedenk, hatte das spekulative griechische Handelsvolk die Bulgaren stets nach Möglichkeit von den Küsten zurückgedrängt. Nur bei den heute handelspolitisch hervorragend wichtigen Häfen Varna und Salonik erreichen sie das Meer. Noch mehr Terrain haben ihnen in diesem Jahrhundert aber die von ihren steilen Bergen herabsteigenden kriegerischen Albanesen im Westen abgenommen. Sie nisteten sich allmählich in den fruchtbaren Thälern der Toplitza, am oberen Vardar bis zur bulgarischen Morava ein. Die meisten Orte tragen dort bulgarische Namen; ihre slavische Bevölkerung ist aber vor dem physisch stärkeren albanesischen Elemente allmählich zurückgewichen. Das alttürkische Regiment fand keine Ursache, sie zu schützen, im Gegentheil sah es gern das Vordringen seiner allezeit kampfbereiten, glaubensverwandten Verbündeten gegen die Emanzipationsgelüste der christlichen Rajahvölker. Seit nahezu 15 Jahren treibt die Kolonisirung krim'scher Tataren und Tscherkessen von Norden her mächtige Keile in die große Bulgarenmasse, von der ein Theil nach Ungarn und Rumänien sowie nach Serbien und der Krim ausgewandert ist.

Es ist noch gar nicht lange her, seitdem wir mit den Bulgaren näher bekannt geworden, Dank wiederum den Berichten des oftgenannten Hrn. F. Kanitz, eines wahren Pfadfinders im Orient, welcher auf seinen vielfachen Kreuz- und Querzügen in Bulgarien auch diesem interessanten Volke ein sorgfältiges Studium zugewandt hat. Noch im Jahre 1867 konnte man in einem großen österreichischen Blatte folgende, das Wesen der Bulgaren ziemlich entstellende Schilderung lesen: „Aus dem Zustande der Bodenbebauung kann man den Schluß ziehen, daß die Bulgaren, was den Ackerbau betrifft, ein fleißiges und geschicktes Volk sein müssen. Das sind sie in der That; sie sind in dieser Hinsicht das fleißigste und geschickteste Volk der ganzen Balkaninsel. Sie haben auch noch eine andere Tugend, sie sind äußerst reinlich in ihrem Aeußeren, d. h. in ihrer Kleidung und Wohnung sowie in ihrer Nahrung; in dieser Hinsicht sind sie auch das reinlichste von allen Völkern, nicht nur der Balkaninsel, sondern des ganzen Morgenlandes. Selbst der Aermste unter ihnen liebt die Reinlichkeit an seinem Körper und in seiner Wohnung."

Nach dieser Schilderung dürfte der Leser von den Bulgaren eine vortheilhafte Meinung fassen. Man darf jedoch von dieser Sucht nach Reinlichkeit im Aeußeren bei dem Bulgaren keineswegs einen Schluß ziehen auf Reinlichkeit im Innern, d. h. in seiner Gesinnung. Schon der Schädelbau und der Gesichtsausdruck wie die Körperhaltung des Bulgaren offenbaren uns auf den ersten Anblick, weß' Geisteskind er ist. Nach seinem architypischen Bau, den spitzen Schädel ausgenommen, der ihn von allen Völkern der Balkaninsel charakteristisch unterscheidet, ist er keineswegs häßlich, sondern eher wohlgestaltet. In der Haltung des Bulgaren aber liegt nichts Edles und Würdiges, wie man das bei dem Türken, und nichts Stolzes, Dreistes, wie man es bei dem Griechen findet, sondern er schleppt sich hin wie ein geplagtes Lastthier. Im Ausdruck seines Angesichts liegt nichts Freimüthiges, Offenherziges, sondern in der Regel etwas Zurückhaltendes, Zaghaftes und doch zugleich Verschmitztes. Das Auge ist in der Regel klein und stechend, und es leuchtet aus demselben etwas Pfiffiges und Verschlagenes, doch nie etwas Boshaftes, Spitzbübisches und Banditenartiges, wie dies so oft bei anderen christlichen Völkern der Balkaninsel gefunden wird, besonders bei den Griechen und Albanesen. Dabei liegt in diesem Angesicht gemeiniglich etwas Trübes, Scheues und Furchtsames. Der Bulgar im Allgemeinen hat nichts Aufgewecktes, Lebenslustiges; er liebt nicht fröhliche Gelage, Aufzüge, Tanz und Spiel und andere Lustbarkeiten, wie sein Nachbar, der Walache. Es ist äußerst selten, daß man einen Bulgaren in einer Kneipe bei einem Glase Wein oder Branntwein lustig werden sieht. Oeffentliche Belustigungen und Volksfeste sind in Bulgarien darum nicht zu Hause.

Der furchtsame Eigennutz ist der Grundcharakter des Bulgaren; in ihm wurzeln alle anderen Untugenden, die ihn charakterisiren. Er ist geizig und knauserig bis zum Exzeß. Seine Sparsamkeit, Nüchternheit und seine Enthaltsamkeit von allen Vergnügungen beruhen nur im Geize. Er mordet, raubt und stiehlt nicht; auch betrügt er nicht in offenbarer, eklatanter Weise, dazu ist er viel zu ängstlich. Das unterläßt er aber einzig nur aus Furcht, dabei ertappt zu werden. Er beschränkt sich darum einzig auf die Knauserei und auf kleinliche Uebervortheilung im Handel und Verkehr, so weit er sicher ist, daß man ihm dabei nichts anhaben kann.

Bei solcher Knauserei und kleinlichen Uebervortheilung Anderer kann es der Bulgar, da Handel und Industrie bei ihm zu Hause überall noch in der Kindheit liegen, wenn auch nicht zu großem Reichthum bringen, so doch immerhin zu einem gewissen Wohlstand. Das überflüssige Geld wird in der Regel eingegraben. Das Anlegen des Geldes auf Zinsen ist nirgends im Gebrauch und gilt auch nicht für sicher, denn das Hypothekenwesen kennt man nicht. Sobald man überflüssiges Geld hat, so vergräbt man es an einen Platz, den nur der Eigenthümer kennt, und den er seinen Erben nicht eher bekannt giebt, als in dem letzten Augenblicke des Lebens.

Nach dieser Art zu leben und zu geizen ist es gar nicht selten, daß ein Mensch, der anscheinend nichts weiter besitzt als seine armselige Lehm- oder Erdhütte, seine groben Kleider und den nöthigen Viehstand, Tausende von blanken Dukaten oder einen schweren Sack voll Beschliks (schlechter Silbermünze zu 5 Piaster) verborgen in der Erde liegen hat.

Bei so gearteten Menschen aber ist dies um so schlimmer für die Armen, die bei der Vertheilung der Lebensgüter zu kurz gekommen oder infolge von Krankheit und Unglücksfällen oder endlich durch eigenes Verschulden das Ihrige verloren haben. Diese Armen finden hier bei ihren Landsleuten und Religionsverwandten nirgends Hülfe, denn eher würde sich der Bulgar einen Finger abbeißen, als daß er einen Armen unterstützen sollte, und sei es auch nur mit der geringsten Gabe, und Armen- und Krankenhäuser giebt es nirgends. Der Einzige, der diesen, armen verlassenen Menschen hilft, das ist der Türke, dieser mitleidige, barmherzige Mensch, der dem Armen ohne Ostentation hilft, d. h. ohne es zu zeigen und davon zu reden und ohne sich darum zu kümmern, ob die Welt es wisse. Aber leider ist er in der Regel selber arm, wenn er nicht Pascha oder wenigstens Efendi ist, und kann nicht Allen helfen. Darum ist das Elend in Bulgarien, wo es einmal Platz gegriffen, furchtbar. Ich habe nie auf meinen Reisen, weder im Orient noch im Occident, ein solches Elend, einen so herzzerreißenden Jammer gesehen, wie in Bulgarien.

Bei Allendem aber thut sich der Bulgar viel darauf zu Gute, ein Christ zu sein. Er geht fleißig in die Kirche, macht viele, viele Kreuze und versäumt es nie, sein Haus und sein Gesinde und — versteht sich — auch sich selbst vom Popen segnen und mit geweihtem Wasser besprengen zu lassen.

So engherzig aber und so filzig der Bulgar im Allgemeinen ist, so furchtsam ist er in der Regel. Dieses hätte der Leser schon errathen können, denn wo kein Herz ist, da fehlt gemeinlich auch der Muth. Ich glaube, es wäre möglich, mit einem einzigen Bataillon österreichischer Soldaten das ganze Bulgarien zu erobern.

Es ist bekannt, daß die Bulgaren ehemals ein mächtiges und tapferes Volk waren, das einst sogar das griechische Kaiserthum erzittern machte.

Bulgare.

An dieser Entsittlichung trägt die Satrapenherrschaft der Türken jedenfalls die größte Schuld, und die Bulgaren verdienen auf der anderen Seite auch unser Mitleid; denn unter dieser Satrapenherrschaft, die erst seit neuerer

Zeit einem weiseren und humaneren Regime Platz gemacht hat, waren die Bulgaren gleichsam rechtlos. Die türkischen Provinzialbeamten konnten sie aus-beuten und bedrücken, so viel sie wollten; konnten sie mit Gewalt berauben und alle Arten Erpressungen an ihnen verüben, ohne höheren Orts dafür zur Rechenschaft gezogen zu werden. Wenn die armen Unterdrückten sich höheren Orts deshalb beklagten, so wurden sie nicht allein mit ihren Klagen abgewiesen, sondern unter Umständen als Verleumder noch obendrein bestraft.

Und in den sogenannten Medschli's, den türkischen Gerichten, wurde kein Bulgar, wie überhaupt kein Christ, als Zeuge zugelassen. Die armen Menschen mußten in steter Angst leben vor ihren Bedrückern, und suchten darum auf alle Weise ihr Vermögen zu verheimlichen und ihre Habe zu verstecken. Auf diesem Wege bildete sich im Laufe der Zeit dieses zurückhaltende, furchtsame und schüchterne Wesen an ihnen aus.

Die alte Satrapenwirthschaft hat nun zwar schon seit längerer Zeit ein Ende erreicht, und die türkische Regierung giebt sich heute alle Mühe, die Bulgaren aus ihrer Versumpfung wieder aufzurichten und wieder gut zu machen, was sie einst verschuldet hat; das sittliche Uebel aber ist nun einmal zu tief im Charakter des Volkes eingewurzelt, als daß es möglich wäre, es bald wieder auszurotten. Namentlich der jetzige Generalgouverneur von Bulgarien, Mithad Pascha, hat sich alle Mühe gegeben, das Volk emporzuheben und es zum Fortschritte anzuspornen, Handel und Industrie zu beleben; er hat zu diesem Ende Schulen gegründet, Straßen gebaut und Fabriken errichtet, aber alle seine menschenfreundlichen Bemühungen scheiterten bisher an der Antipathie des Volkes gegen alle Neuerungen und es wird noch viele Mühe kosten und viele Zeit erfordern, bis es endlich Geschmack daran gewinnt.

Wie es nach allem bisher Gesagten mit der Kultur im Lande aussieht, der geistigen wie der materiellen, kann man leicht errathen.

Auf dem Lande, d. h. bei den Bauern, kann von Kultur nicht weiter die Rede sein, als daß die Leute da zur Nothdurft das Feld bestellen und das Vieh züchten, ihre armseligen Hütten bauen und ihre rohen Kleider machen, und bei Alledem gerade so viel Verstand besitzen, als eben dazu gehört, denn Alles, was darüber hinausgeht, das geht auch über ihren Horizont. Wir müssen uns darum bei dieser Frage lediglich auf die Städte beschränken, denn es giebt in Bulgarien nur Städte und Dörfer; Mittelortschaften zwischen beiden, sogenannte Flecken, existiren nicht. Ja, wenn man es recht betrachtet, so sind auch die Städte, selbst die größten und bevölkertsten, im Grunde nichts Anderes als große, ungeheuere Dörfer.

Der ganze Unterschied zwischen den Städtern und den Landleuten in Hinsicht ihrer Kultur ist auf den ersten Anblick der, daß die Städter im Allgemeinen etwas besser wohnen und sich etwas besser kleiden als die Landleute, und daß die Wohlhabenden und Reichen unter ihnen sich schon mit dem äußeren Firniß der Civilisation überzogen haben, mit anderen Worten: schon von der Civilisation beleckt sind.

Fragt man aber nach der geistigen Bildung dieser Leute, so wird man sich höchlich wundern über den Rückstand derselben gegen ihre äußere Politur.

Bei den älteren Leuten ist in dieser Hinsicht gar nichts zu finden, es sei denn, daß sie von den jüngeren hin und wieder einen Wissensbrocken aufgeschnappt haben. Die jüngeren Leute können nun in der Regel ein wenig französisch plappern, denn sie haben es meistens so gelernt, wie der Papagei das Sprechen lernt.

Bulgarische Frau.

Nur äußerst Wenige giebt es unter ihnen, die ein wenig Schulbildung genossen haben, sei es in Privatstunden bei Lehrern, die selber nicht viel wissen, oder in einer für Menschen errichteten Dressuranstalt, wie es deren in dem benachbarten Bukureschṫ und leider auch genug bei uns im Abendlande giebt. Auch findet man zuweilen junge Leute — doch die sind äußerst selten — welche, sei es in Geschäften oder um einmal die Welt zu sehen, das Abendland besucht und da Manches gehört und gesehen haben, was bisher gänzlich über ihren Horizont ging.

17*

Nun ist es wol natürlich, daß diese jungen Leute in Umgang und Verkehr mit höher civilisirten Fremden sich gewisse Weltbegriffe, namentlich politische, angeeignet haben, aber von wissenschaftlicher Bildung kann da so wenig als in jeder anderen Beziehung die Rede sein."

Dieser sehr falschen Darstellung müssen wir jene entgegenstellen, welche Kanitz von den heutigen Bulgaren entwirft. „Im westlichen Balkan, dort, wo der Bulgare ausschließlich das Terrain von jeher behauptete, wo man nur äußerst selten eine nichtslavische Niederlassung findet, wo also die bulgarische Bevölkerung so ziemlich rein im Blute geblieben ist, gelangt auch der ihr eigene Typus am unverfälschtesten zum Ausdrucke. Der Bulgare ist gewöhnlich gedrungener von Gestalt als der Rumäne und Grieche. Seine Körperformen sind muskulös, auch sieht man mehr magere als fette Leute. Die Schädelform wechselt, doch neigt sie mehr am Hinterhaupt einer spitzen Verjüngung zu. Das Gesicht bildet ein schönes Oval, die Stirn ragt etwas vor, die Nase erscheint mehr geradlinig als gebogen, die Augenlider sind enger gespalten als bei den anderen Südslaven, was die Augen des Bulgaren etwas kleiner erscheinen läßt. Uebereinstimmend mit dessen vorherrschend friedlichem Charakter spiegelt sich in ihnen mehr Güte als Muth und Energie. Die Augenbrauen sind kräftig entwickelt, das Haupthaar, schlicht und von blonder Farbe, geht nur selten in dunkle Tinten über. Der Gesichtsausdruck im Ganzen verräth manchmal eine nicht gewöhnliche Intelligenz, immer aber Ernst und Beharrlichkeit, Eigenschaften, die der Bulgare in Landbau, Industrie und Gewerbe oft in staunenswerther Weise bethätigt. In den stärker vorspringenden Backenknochen und enggeschlitzten Augen glaubt Kanitz — und wir meinen mit Recht — wahrscheinliche Ueberbleibsel aus der Blutmischung mit den finno-uralischen Eroberern erblicken zu dürfen. Das weibliche Geschlecht ist von mittlerem Wuchse, in jüngeren Jahren zeigt es hübsche Gesichtszüge und ist mitunter sogar schön und von üppigen Formen. Leider thut die orientalische Sitte des Schminkens dem von Natur frischen, etwas tiefgefärbten Teint starken Abbruch. Mit der Verheirathung schwinden aber alle diese ursprünglichen Reize unter dem Drucke harter physischer Arbeit, die auch bei den Bulgaren, wie bei allen Südslaven, auf den Frauen lastet.

In Sprache, Gesichtsbildung, Berufs- und Sinnesweise, endlich in der Tracht, sondert sich der Bulgare von seinem serbischen Nachbar. Ganz besondere Empfänglichkeit zeigt der bulgarische Städter für die Reize des Landlebens und unterhält sich gern im Freien mit Spiel, Gesang und Tanz. Am beliebtesten ist der alte Nationalreigen „Horo", der mit dem griechischen Labyrinthtanz und dem serbischen Kolo große Aehnlichkeit hat. In den Thälern des thrakischen Despoto-Dagh wurde in neuerer Zeit bei den dortigen Pomaci (moslim'sche Bulgaren, welche ihre slavische Muttersprache bewahrt haben) eine Reihe alter traditioneller Lieder, pesma, aufgefunden, welche durch ihren hochpoetischen, in einer weit zurückliegenden heidnischen Epoche wurzelnden Inhalt einzig in ihrer Art unter allen südslavischen Volkspoesien dastehen. Die altslavische Mythologie findet sich hier vermengt mit Legenden der klassischen Völker. Der jüngere bulgarische Volksgesang behandelt im Allgemeinen lyrische und heitere Stoffe; es sind Hirten- und Liebeslieder, welche das Leben in Wald und Feld, Leid und Freud' der Minne besingen.

Die moslim'schen Dörfer mögen die christlichen an äußerer Nettigkeit übertreffen, im Inneren der Gehöfte macht sich aber auch bei den gastfreundlichen bulgarischen Bauern der Einfluß der altslavischen Familienverfassung geltend, welche dem Ganzen den Charakter größerer Arbeitsamkeit, Wohlhabenheit und Prosperität aufprägt. Der Bau und die innere Ausstattung des Wohnhauses unterscheidet sich in Berg und Ebene oft sehr charakteristisch. In einer Ecke der mit zahlreichen Heiligenbildern, Oellampen, Krügen und Tellern gezierten Prachtstube liegen Teppiche aufgeschichtet, die für den bewundernswerthen Industriebetrieb und Fleiß der bulgarischen Frauen sprechen. Es ist übrigens wirklich schwer zu sagen, ob der weibliche oder männliche Theil der Landbevölkerung sich in Fleiß, Geschicklichkeit und Arbeitseifer übertreffe. Gewöhnlich theilen sich beide Geschlechter in die häuslichen Geschäfte. Bei den Bulgaren herrscht überhaupt zwischen Frau und Mann, Mutter und Sohn eine bei den Südslaven seltene Gleichstellung; ja bei dem weichen Charakter der Bulgaren fand Kanitz oft die größere Energie,

Wohnhaus in Bulgarien.

den Anstoß zum Entschlusse auf Seiten der Frau. Allgemeinste Standesgleichheit zeichnet die Bulgaren wie die Serben aus, denn die Türken haben mit Ausnahme des Klerus die Vorrechte einzelner Klassen vollkommen rasirt.

Der Bulgare ist in den Donaustädten größtentheils Kaufmann, Krämer und Handwerker. Lehrer, Doktoren, Advokaten giebt es wenige, Beamte noch seltener, Priester und Mönche um so mehr. Auf den Hochebenen und in den Städten des Balkans treibt der Bulgare Viehzucht und Industrie, auf der Ebene ist er aber beinahe ausschließend Ackerbauer; im Allgemeinen baut er wenig mehr, als sein eigener Bedarf erfordert, und der größte Theil des schwarzen, ungemein ergiebigen Bodens ist unbearbeitet. Das milde Klima des Landes begünstigt die durch ganz Bulgarien verbreitete Seidenzucht; auch Tabak, Raps, Krapprothpflanze, Flachs, Baumwolle und Wein werden gezogen. Am Südabhange des Balkans bildet die Fabrikation des Rosenöles einen eigenen Industriezweig, und der Zwetschenbaum liefert dem Bulgaren sein Lieblingsgetränk, den Rakie (Branntwein). An Hausthieren hält er den sanften, leicht lenkbaren und starken, aber sehr langsamen und empfindlichen Büffel, die waldverwüstende Ziege und einen riesigen Schäferhund. Das Land ist reich an Mineralquellen und an ungehobenen, ja kaum berührten metallurgischen Schätzen.

Während dem beschränkten Horizont des Alltagsmenschen die Südslaven, mögen sie nun Serben, Bulgaren oder Bosniaken heißen, keine Sympathie abzuringen vermögen, erfreuen sie sich, wie kaum sonst ein Stamm in Europa, der Vorliebe der denkenden Ethnologen, denen sie das reichste Studienmaterial bieten. Die Bulgaren liefern hierzu die werthvollsten Beiträge und es genüge zu betonen, daß der Bulgare, nahezu unberührt von dem moralischen Gehalte der Christus-Lehre, noch ganz in heidnisch-altslavischen Traditionen und Bräuchen steckt. Mit ihnen tritt er in das Leben, sie beeinflussen sein ganzes Fühlen und Thun und sie begleiten ihn bis zum Grabe, ja über dieses hinaus, insofern selbst der Todtenkult mit abergläubischen Sitten versetzt ist. Sie bilden sozusagen seine zweite Religion, die ihn fest umklammert hält, während jene, zu welcher sich der Bulgare offiziell bekennt, ihn mit ihrem höheren Inhalte kaum gestreift hat. In den zahlreichen, gleich der Volkstracht von Gegend zu Gegend wechselnden Sitten und Gebräuchen mengen sich also höchst merkwürdig christliche mit altheidnischen Traditionen, und sind es besonders die christlichen Feiertage des Julianischen Kalenders, an welchen dieselben sich geltend machen. So darf man in den Festlichkeiten zu Blagoveschtschenije (Mariä Verkündigung) Reste der heidnischen Aequinoktien-Feier des Frühlings erblicken. Auch die Regenprozessionen sind heidnischen Ursprunges sowie die Feste der auch bei den Serben in hohem Ansehen stehenden „Vilen“, der Feen, welche Feld, Wald, Haine, Quellen und Wiesen beherrschen. Kurz vor Weihnachten treten die christlichen vor den heidnischen Bräuchen in den Hintergrund, und namentlich feiert allerorts die altslavische Fee „Koleda“ ihre Triumphe.

Die Bulgaren müßten keine Slaven sein, wenn bei ihnen der Sinn für das Familienleben nicht tief eingewurzelt wäre. Die bulgarischen Ehen, die im Vergleiche zu den türkischen und selbst griechischen ungemein fruchtbar sind, kommen gewöhnlich auf sehr prosaische Weise zu Stande. Namentlich auf dem Lande nehmen die Eltern auf die Wahl des Mädchens den größten Einfluß. Physische Stärke und Arbeitsamkeit sind die Kardinaleigenschaften, welche gefordert werden. Die Verlobung, Trauung und Vermählung geht unter einer Reihe von Ceremonien vor sich, wobei der Nachweis von der Jungfräulichkeit der Braut keine unwichtige Rolle spielt. Ueberall wird der Moralität der bulgarischen Mädchen ein hoher Werth beigelegt und sie wird im Allgemeinen auch sehr gerühmt. Desgleichen wird die eheliche Treue der Frauen gewöhnlich streng gefordert und bewahrt. Nur selten verheirathet sich eine Frau als Wittwe nochmals.

Fühlt der Bulgare die letzte Stunde seines Erdenwallens herankommen, so ergiebt er sich mit stoischer Resignation in das unabänderliche Schicksal. Der merkwürdige Fatalismus, der ihn durchs Leben führte, verläßt ihn auch im letzten Augenblicke nicht; weiß er doch, daß die Zurückgelassenen sein Andenken auch nach dem Tode ehren sowie Leib und Seele es an nichts fehlen lassen werden, denn der Bulgare glaubt nicht nur an eine Fortdauer der Seele nach dem Tode, sondern ähnlich, wie dies Dr. Wilson von den alten Briten annahm, auch an ein physisches Weiterleben des Verstorbenen. Eine solche Vorstellung liegt wol dem seltsamen Todtenmahle zu Grunde, welches gewiß in der heidnischen Vorzeit, vielleicht, wie Herr Kanitz vermuthet, in den verlorenen Traditionen des Demeter- und Dionysos-Kultus wurzelt. Die große Neigung des Bulgaren zum Mysticismus, sein Streben, alles Außerordentliche auf übernatürliche Einflüsse zurückzuleiten, führt zu einem Aberglauben, der jedoch ein wesentlich anderer als jener der Serben oder Occidentalen ist. Es fehlen ihm alle poetischen Anklänge, er ist von einem rohen Materialismus erfüllt, der in dem von türkischer Anschauung beeinflußten Volksglauben zu wurzeln scheint, als führe der Tod den Menschen in eine andere Welt, in welcher er sein physisches Leben nur einfach fortsetzt.

Seit Jahren hat das Volk der Bulgaren indeß sehr anerkennenswerthe Fortschritte auf intellektuellem Gebiete gemacht und wendet namentlich dem Schulwesen eine besondere Pflege zu. Ueberall fast fand Kanitz dasselbe in hoher Blüte und verräth es den bildungsfreundlichen und zugleich praktischen Sinn des Bulgaren, der ohne religiöses Vorurtheil sich dahin wendet, wo er Kenntnisse zu erwerben hoffen darf. Er sucht zu diesem Zwecke gleich gern das türkische Staatslyceum zu Konstantinopel wie die Stipendien in Rußland, Rumänien, Serbien und Oesterreich auf, oder er besucht auf eigene Kosten die Schulen Frankreichs, Belgiens u. s. w. Mehrere dieser gern auf so tiefer Stufe stehend geschilderten Bulgaren in Kazanlik z. B. kannten Leipzig eben so gut wie Paris, sprachen das Französische, als wären sie dort geboren, verstanden und beantworteten Kanitz vielfältige, die verschiedensten Gebiete streifenden Fragen mit vollster Klarheit, sodaß er einen Augenblick vergaß, im Oriente zu sein. So viel er auch in Serbien gereist, hatte Kanitz doch nie dort Gelegenheit, solch deutlich ausgesprochenes Talent für Maschinenbau und Industriebetrieb zu beobachten wie in Bulgarien. Dort mußte Alles durch Unterweisung erst künstlich geschaffen werden; wer war aber hier der Lehrmeister gewesen?

Der Türke gewiß nicht! Wir sehen hier vielmehr die Aeußerung angeborner seltener, glücklicher Begabung, die unter günstigen Anregungen von außen zu den schönsten Hoffnungen berechtigt und Herrn Kanitz zu dem nicht oft genug zu wiederholenden Ausspruche veranlaßt, daß wir in den Bulgaren das künftige Industrievolk der Türkei zu erblicken haben. Bei dem Dorfe Bela führt über die Jantra eine erst 1870 vollendete Brücke, das schönste Werk bulgarischer Baukunst. Kanitz lernte ihren Erbauer, Nikola Fitschoglu, persönlich kennen, einen schlichten Bulgaren aus dem Balkan, weder in der Tracht noch sonst vom einfachsten Dorfbewohner unterschieden. Fitschoglu's Brücke löst auch alle Zweifel, wer die bewundernswerthen Viadukte bei Widdin, die zahlreichen Brücken der Sultane im 16. und 17. Jahrhundert geschaffen haben mochte. Die meisten Bauten aus der Zeit türkischen Glanzes verdankten makedonischen und bulgarischen Meistern ihre Entstehung, in welchen die großen technischen Traditionen der berühmten byzantinischen Baumeister Justinian's merkwürdig fortwirkten. Wir wollen nicht ermangeln hinzuzufügen, daß diese Unfähigkeit der Türken zu selbstschöpferischer Thätigkeit nicht blos in Europa, sondern auch in Asien zu beobachten ist, und zwar gerade dort, wo das Türkenthum noch am reinsten sitzt, in Central-Asien. Die dortigen Prachtbauten, wie die Moschee des Hazret-Chodscha zu Turkestan und die Monumente Samarkands, sind alle von Persern, also von Nichttürken, errichtet worden. Das Gebiet menschlichen Denkens und Schaffens, auf dem das Türkenthum irgend einer nennenswerthen Leistung sich rühmen dürfte, wäre erst noch zu entdecken.

Ehe wir fortschreiten, ist es nöthig, die Geschicke der Bulgaren unter der grausamen Türkenherrschaft zu betrachten, die aus dem einst so mächtigen, stolzen Volke im Laufe dreier Jahrhunderte eine scheue, unterwürfige Menschenrasse machte, Hand in Hand mit dem aussaugenden Hierarchenthume des Fanar, dem das geistige Leben der Nation zum Opfer fallen sollte, denn die ganze Halbinsel zu hellenisiren, das in Unwissenheit und Unbildung gehaltene Slavenvolk sich zinsbar und botmäßig zu machen, war der Fanarioten ausgesprochenes Ziel.

Anfangs gab es noch vereinzelte Reste nationaler Eigenberechtigung und Selbständigkeit, bevorzugte Gemeinden christlicher Bulgaren, die im Kriege ohne Sold zu dienen hatten und dafür große Vorrechte und Freiheiten genossen: sie lebten unter einem Wojwoden und Knezen, sie zahlten keine Steuer, waren von aller Robot frei und durften sogar bunte Kleider tragen. In Kotel, dessen Bewohnern die Bewachung eines wichtigen Passes anvertraut war, durfte sich kein Türke ansiedeln, keine türkische Truppe sich aufhalten oder lagern. In Panagjurischte war es keinem Türken gestattet, zu übernachten. Eine reiche Bulgarin aus dem Dorfe Ryla erwirkte vom Sultan in Adrianopel — also noch vor der Eroberung von Konstantinopel — für die Bewohner von Koprivschtitza das Privilegium, daß kein Türke durch den Ort, der allmählich zu volkreicher Größe heranwuchs, reiten dürfe u. dgl. m. In den ersten

Jahrzehnten nach dem Falle von Byzanz waren mohammedanisirte Serben, Bosnier, Bulgaren in allen türkischen Staatsämtern und militärischen Posten so zahlreich vertreten, daß es scheinen konnte, die Türkei werde ein moslemitisches Slavenreich werden. Unter dem Großvezier Mohammed Sokolovitsch, einem Bosnier, bestand die Hälfte des Rathes der Veziere aus zum Islam übergetretenen Slaven. Fast das ganze Janitscharencorps war slavisch. Dem Sultan Selim II. war das Slavische ebenso geläufig wie das Türkische, und aus seiner Kanzlei gingen slavische Urkunden mit cyrillischer Schrift hervor.

Das Alles schwand im Hingange der Jahrhunderte gründlich. Die alten Privilegien geriethen in Mißachtung und in Vergessenheit; blühende Städte, wohlhabende Gemeinden wurden verwüstet, sanken zu Stätten von Noth und Elend herab; das griechische Element gewann in Kirche und Schule die Oberhand, die altberühmten nationalen Kirchensitze von Ochrida und Petsch (Ipek) gingen ein, kaum daß in Dörfern slavische Liturgie und Kirchenbücher unter der Obhut eines armen Popen ein kümmerliches Dasein fortfristeten. Unglaublich waren die Erpressungen, der Steuerdruck, die Willkürherrschaft, die Grausamkeit, der die christliche Menge, die unglückliche Rajah, mit der Zeit anheimfiel, die alles Selbstbewußtsein im Volke erstickte, es seine frühere Geschichte und Größe völlig vergessen machte. So weit war es mit dieser Nation, die Jahrhunderte hindurch allen anderen Stämmen der Balkan-Halbinsel so viel zu schaffen gemacht, wiederholt den größten Theil derselben beherrscht, mehr als einmal am Hofe von Byzanz den Ton angegeben hatte, zu Ende des vorigen und am Anfange des gegenwärtigen Jahrhunderts gekommen, daß dieselbe, wie sich Konstantin Jiretschek ausdrückt, jüngster Zeit fast erst wieder „entdeckt" werden mußte. Selbst die gefeiertsten Slavisten im ersten Viertheil unseres Jahrhunderts hatten über das Sein und Wesen der Bulgaren nur lückenhafte und verschwommene Vorstellungen: Dobrovsky hielt sie für eine Abzweigung der Serben; Kopitar wußte kaum, „daß das Bulgarische einen Artikel besitze, den man im Auslaute anfügt"; Schafarik beschränkte sie in seiner sonst bahnbrechenden „Geschichte der slavischen Sprache und Literatur" (1826) auf das Gebiet zwischen Donau und Balkan und schätzte ihre Zahl auf 600,000 Seelen. „Das Alles darf nicht Wunder nehmen, wenn man bedenkt, daß das bulgarische Volk nichts Anderes war als eine Masse unterdrückter christlicher Rajah, deren geistige Verkommenheit durch die Kopfzahl nichts weniger als aufgewogen werden konnte. Hatten doch die Bulgaren unter dem leiblichen Drucke der Türken und dem geistigen der Griechen, mit Ausnahme einiger wenigen Personen, selbst schon vergessen, daß es eine Zeit gegeben hatte, wo sie unter eigenen Zaren und Patriarchen ein freies Staats- und Kulturleben führten. Von ihrer eigenen Zahl, von der Ausdehnung ihrer Wohnsitze hatten sie kein Wissen, viel weniger davon, daß ihnen verwandte Stämme irgendwo auf Erden bestehen und daß auch ihnen eine nationale Bedeutung innewohnen könne."

Denn wenn der Druck der türkischen Paschawirthschaft im Laufe der Jahrhunderte an Willkür und Unmenschlichkeit nicht nachgelassen hat, so hat jener, den das geistliche Fanariotenthum ausübte, mit der Zeit eher zugenommen.

Aus dem „Fanar“ (fena yer), dem griechischen Stadttheile Konstantinopels, in dem sich die faulen Reste korrupten Byzantinerthums mit asiatisch-türkischem Wesen vermählten, gingen die geistlichen Kaufleute hervor, welche um die vakant gewordenen bischöflichen Pachtsitze Bulgariens feilschten. Die Genesis dieser allen apostolischen Satzungen spottenden Uebung ist im 16. Jahrhundert zu suchen. Bis zu Ende desselben hatten die türkischen Eroberer den griechischen Klerus nicht nur geschont, sondern mit Privilegien überhäuft. Als aber die endlich eingetretene Ebbe im großherrlichen Schatze die Sultane dazu drängte, die im Fanar aufgehäuften Reichthümer in Anspruch zu nehmen, etablirten dort die spekulativen Griechen einen wahren Schacher mit den niedersten und höchsten geistlichen Pfründen, welche das Patriarchat von Konstantinopel unmittelbar oder durch seine Bischöfe in dem weiten Türkischen Reiche zu vergeben hatte.

Nach der altgriechischen Kirchenverfassung ist nämlich der Patriarch von Konstantinopel das geistliche Oberhaupt aller im Türkischen Reiche, in Oesterreich und in Griechenland lebenden orientalisch-orthodoxen Christen. Die griechischen Kirchen Oesterreichs haben sich thatsächlich dem Einflusse des Konstantinopolitaner Patriarchats längst entzogen, obgleich sie dasselbe formell noch als Oberhaupt anerkennen; die Unabhängigkeit der Kirche Griechenlands ist im Jahre 1850 vom Patriarchen ausdrücklich anerkannt worden, — im Türkischen Reiche aber blieb der Patriarch das Oberhaupt der „orthodoxen“ Kirche, die unter dem von ihm geleiteten griechischen Synod steht. Da Patriarchat und Synod seit Jahrhunderten in Händen von Griechen sind, übten diese auf die kirchlichen Verhältnisse aller „orthodoxen“ Bewohner des türkischen Staates einen entscheidenden Einfluß, einen Einfluß, der die Rivalität der slavischen Völkerschaften dieses Staates mehr wie einmal gereizt hat. Ganz besonders schwer lastete, weil durch alten Stammeshaß verschärft, der Druck des griechischen Klerus auf den Bulgaren. Der politisch-nationale Gegensatz zwischen Bulgaren und Griechen ist beinahe so alt, als diese Völker neben einander wohnen; seit die Geschichte von Griechen und Slaven erzählt, finden wir sie im hartnäckigsten Kampfe sich bekriegen, und nie hätte der Halbmond triumphirend das Kreuz von der Aja Sophia gestürzt, würde ihm nicht der unversöhnliche Haß zwischen den zwei mächtigsten Nationen des illyrischen Dreiecks den Weg nach Konstantinopel gebahnt haben. Diesen Haß zwischen Bulgaren und Griechen beuteten die türkischen Machthaber nun dahin aus, daß sie die Bulgaren einem griechischen Klerus in die Hände lieferten. Die schnöden Bedingungen, an welche die Erlangung des Patriarchenstuhles und der Bischofsitze in den Provinzen der Europäischen Türkei geknüpft wurden, sicherten dem Fanar Konstantinopels deren beinahe ausschließendes Monopol. Unter den zahlreichen Bischöfen Bulgariens zählte man kaum einzelne bulgarischer Nationalität. Die griechischen Bischöfe ihrerseits wieder verpachteten, um zu dem an den Patriarchen bezahlten Kaufpreis zu kommen, die Popenstellen (Pfarren) ihrer Diöcesen. Die Wirkungen, welche ein solches durchaus korruptes System auf die Pflegebefohlenen ausüben mußte, kann der geneigte Leser sich leicht denken.

Kanitz schildert den Mangel aller Bildung und die große Unwissenheit des niedrigen Dorfklerus in Bulgarien, der kaum des Lesens nothdürftig kundig ist. Taufen und derlei Akte werden oft noch am Kerbholze statt in Büchern verzeichnet; doch ist der Dorfklerus beinahe immer wenigstens der slavischen Volkssprache mächtig. In dem höheren Klerus aber äußert sich jene gründliche Verachtung alles Bulgarenthums, wie sie einst Byzanz vor vielen Jahrhunderten erfüllte; er strebt daher die bulgarische Masse zu gräcisiren oder, da deren Zähigkeit diesen Prozeß bisher wenig begünstigte, sie wenigstens in größtmöglicher Verkommenheit und Ignoranz zu erhalten. Dabei sucht er die gemeine Moral der gepachteten Herden zu untergraben, und weder Frauen noch Jungfrauen waren vor den Gelüsten des höheren Klerus aus dem Fanar sicher, an dem sich die schon den alten Griechen anhaftende Lüsternheit und sinnlichen Laster dokumentiren. Zu diesen Verheerungen in der unmündigen Jugend gesellt sich endlich die Begünstigung des Kindermordes im Mutterschoße. Ueberall sonst ist die Geistlichkeit der wärmste, treueste und aufrichtigste Freund des Volkes, aus dem sie hervorgegangen. Bei den Bulgaren aber bestand der Klerus aus Mitgliedern eines fremden, obendrein feindlichen Stammes, und was Wohlthat sein konnte, ward zu namenloser Pein. Denn man muß wissen, daß im Osmanischen Reiche der Bischof die Verwaltung vorstellt. Er regelt nicht nur die Ehen und die Ehescheidungen, sondern er überwacht auch die Vollstreckung der Testamente. Er führt das große Wort im Schul- und Spitalwesen und in allen öffentlichen Anstalten. Ja, sogar die Mehrzahl der Civilstreitfragen wird vor sein Tribunal gebracht. In den Regierungskonzilien, in welchen die finanziellen und die Justizangelegenheiten entschieden werden, ist der Bischof dem neuen Gesetz über die Vilajets gemäß der legale Vertreter der Gemeinde. Er vermittelt die Klagen und Beschwerden der Rajah's an die Behörden. Es ist ihm überall und jederzeit der Eintritt gestattet, und wenn er eine feste Sprache zu führen sich veranlaßt sieht, geschieht es selten, daß er kein Gehör findet. Durch seine Beziehungen mit Konstantinopel, durch seinen Einfluß bei der Gesellschaft des Fanar, durch die Journale, welche im Orient eine große Wichtigkeit zu haben beginnen, ist er in der Lage, dem einflußreichsten Pascha Schach zu bieten.

Von den Bischofssitzen in den Städten also drang das hellenisirende Unterwerfungssystem allmählich in die Dörfer, wo an die Stelle der alten slavischen Popen sogenannte Daskali traten, theils geborene Griechen, theils gräcisirte Bulgaren. „Obgleich die Kinder meist aus Kaufmanns- und Handwerkerfamilien stammten und zu dem Stande ihrer Eltern herangebildet werden sollten, wurde das Hauptgewicht doch auf die Lektüre der Klassiker gelegt: man las Bruchstücke aus Lukian und Aesop, mitunter auch aus Homer, Plutarch, Isokrates und Xenophon. Die bulgarischen Knäblein mühten sich ab, griechisch zu schreiben, zu lesen und zu sprechen; dem guten Willen half die Ruthe nach." Zu Anfang unseres Jahrhunderts hatte die Hellenisirung ihren Höhepunkt erreicht. Wer nicht Griechisch konnte, gehörte nicht zu den Gebildeten. Die Handels- und Privatkorrespondenz unter den Bulgaren wurde fast ausschließend in griechischer Sprache oder doch in griechischer Schrift geführt.

Fragte man einen bulgarischen Städter nach seiner Nationalität, so antwortete er nicht selten, er sei Grieche; ja Viele fanden sich beleidigt, wenn man sie Bulgaren nannte. In der Fremde: in Wien, Pest, Temesvar, in der Walachei gaben sich bulgarische Kaufleute für Griechen aus und ließen ihre Kinder griechisch unterrichten. Der russische Reisende Grigorovitsch traf 1845 in Ochrida, dem alten Sitze bulgarischen Kirchenthums, Niemand, der Slavisch lesen konnte. Die bulgarische Schrift stand in Gefahr, ganz der Vergessenheit zu verfallen; wer schreiben konnte, that es mit griechischen Buchstaben.

Bischof in Bulgarien.

Noch 1852 ließ Hieronomach Paul aus Konikovo bei Voden seine bulgarische Evangelienübersetzung in Salonik mit griechischer Schrift drucken. Auch geschah seitens der nun fast durchaus hellenisirten Geistlichkeit alles Erdenkliche, um jede Spur des Slavischen zu vertilgen. Auf slavische Bücher wurde förmlich Jagd gemacht; bulgarische Handschriften, die man auffand und die Jahrhunderte hindurch allen Unbilden der Zeit und der Verwahrlosung getrotzt haben, wurden absichtlicher Vernichtung Preis gegeben. In Xenosu, auf dem Berge Athos, wurden slavische Codices ins Meer geworfen.

Es wird Leute genug geben, die da sagen: „Am Ende, was läge so viel daran, wenn das Bulgarische aus der Reihe der lebenden Sprachen verschwände? Eine Sprache weniger auf dem Markte unserer heutigen Literatur wäre nur ein Vortheil! Und das in um so höherem Grade, wenn die verdrängte durch eine so hochberühmte Weltsprache wie die hellenische ersetzt würde!" Das wäre, erlauben wir uns zu erwiedern, ganz schön, wenn es so leicht anginge, einem Volksstamme auf Kosten seiner Muttersprache ein fremdes Idiom aufzupelzen. Aber wo giebt es eine Unnatur, die sich nicht rächte?

Pope in Bulgarien.

Welches waren die wahrnehmbaren Folgen der versuchten Hellenisirung des bulgarischen Volkes? Wurde es dadurch besser, gescheiter, gebildeter? Im Gegentheile! Ein paar hundert oder sagen wir, um recht freigebig zu sein, ein paar tausend Leute bekamen allerdings einen gewissen Anstrich von Bildung. Aber wie sah es mit dem großen Haufen aus, mit der ungezählten Masse, die doch auch, „sozusagen", Menschen sind, und denen ihr Antheil am geistigen Funken gebührt? Die Popen, die aus den gräcisirten Bildungsanstalten hervorgingen, lernten ihren Gottesdienst gleich Papageien unverstanden hersagen, das Volk aber wuchs in vielen Gegenden auf, ohne von Religion und Gebeten überhaupt Etwas zu wissen, während Aberglaube und

Unsinn stets weiter um sich griffen. Selbst roh und ohne Wissen, hatte es für die Geschulten, deren angelernte Sprache es nicht verstand, nur Trotz und Verachtung. Die städtischen Pseudo-Griechen nannten die Bauern nur „Querköpfe", „unbehauene Klötze", was diese jenen dadurch vergalten, daß sie jeden städtisch gekleideten Mensch „Grk" hießen und mit diesem Worte Alles begriffen, was sie sich weit vom Leibe halten wollten. Auch war das herrschende Fanariotenthum darnach, Empfindungen solcher Art in dem Haufen der Gläubigen wach zu erhalten. Von den unerhörten pekuniären Aussaugungen der Bischöfe durch den Patriarchen, der Popen durch die Bischöfe, des Volkes durch die Popen Etwas zu sagen wäre überflüssig, das sind bekannte Dinge. Aber dabei herrschte eine Roheit der Sitten, die man kaum wird als Ausfluß klassischer Bildung gelten lassen wollen. „Daß ein Geistlicher vor dem Altare von seinem Bischofe öffentlich geschlagen wurde, war nichts Ungewöhnliches; viele Bischöfe pflegten ihre Priester auf ihren Höfen, im Stalle oder Garten zu Knechtsdiensten zu verwenden." Jiretschek erzählt einen Fall, wo ein Pope, empört über die Zumuthungen, die man im Bischofshofe an ihn stellte, geraden Weges zum Kadi lief und sich zur Annahme des Islam bekannte. Die Mehrzahl der Bischöfe schwamm in einem Luxus, der mit dem Schweiße und den Thränen der ihnen anvertrauten Herde erkauft war, und gar grell von der strengen Armuth der muselmanischen Imams abstach.

Doch schon war der Ansatz zu einem Umschwunge da. Im Kloster Chilandar am Athos hatte 1762 der Pro-Igumen Paysij, ein Bulgare aus der Gegend des berühmten Rylklosters, ein kleines Büchlein zusammengestellt, eine „sloveno-bulgarische Geschichte", die man als den Ausgangspunkt der bulgarischen Bewegung betrachten kann. In zahlreichen Abschriften ging der seinem geschichtlichen Inhalte nach äußerst primitive, aber von glühendstem Patriotismus durchwehte Aufsatz von Hand zu Hand. Eines dieser Exemplare bekam 1765 Stojko Vladislavov in Kotel, seinem Geburtsorte, zu sehen, wovon er sofort eine Abschrift anfertigte. Nach einem äußerst wechselvollen Leben voll Mühen, Leiden und Gefahren, mehr als einmal durch Verfolgungen von Ort zu Ort gejagt, 1794 unter dem Namen Sofronij zum Bischof von Vraca geweiht, um nur neuen Mißhandlungen und Schrecknissen entgegenzugehen, widmete er, von dem Metropoliten Dositheos gastlich aufgenommen, seine letzten Lebensjahre der Pflege seiner geliebten, arg verwahrlosten und mißachteten Muttersprache, übersetzte griechische Fabeln, Erzählungen und Denksprüche, veröffentlichte 1806 bulgarische Predigten, das erste gedruckte Buch in neubulgarischer Sprache, und lieferte als kräftigste und zugleich interessanteste seiner Originalarbeiten eine Aufzeichnung seiner Lebenserfahrungen und ergreifenden Schicksale, die man darum auch, wie Schiller Rousseau's Grab, eine „ew'ge Schmähschrift seiner Zeiten Schande" nennen könnte.

Zur selben Zeit schienen auch die äußeren Verhältnisse einer Erhebung des bulgarischen Volkes günstig zu sein, vorerst allerdings nur mittelbar unter fremdem Gewande und zunächst für fremde Zwecke. Es war der griechische Aufstand, an welchem sich Bulgaren lebhaft betheiligten. Als die Hetäristen 1821 in der Walachei zu den Waffen griffen, bestand ihr Heer größtentheils aus bulgarischen und serbischen Reitern; selbst unter ihren Anführern gab es viele Slaven. Als dann der Kampf in Hellas selbst ausbrach, eilten zahlreiche Bulgaren, besonders Hajduken, aus Makedonien und den Balkangebieten dahin, den türkischen Erbfeind zu bekämpfen. Im Jahre 1829 kamen wieder einmal die Russen ins Land, deren Kriegszug die Bulgaren nachdrücklich unterstützten. Der ersehnte Tag der Befreiung schien gekommen zu sein; ein Engländer, der durch Sliven und Kotel reiste, forderte sie zum Aufstande auf und sagte ihnen Englands Hülfe zu. Georg Stojkov Mamartschov mit dem Beinamen Bujuklu brachte eine Freischar von 500 Mann zusammen, an deren Spitze er das Land durchziehen und alles Volk zu den Waffen rufen wollte. Doch den Russen taugte die Bewegung nicht in ihre Pläne; 200 Kosaken erschienen in Sliven und führten den „Kapitän" gefangen fort. General Diebitsch, an den die Einwohner von Sliven und Kotel eine Deputation sandten, erklärte mit Bedauern, nichts mehr für sie thun zu können; denn schon waren die Friedensverhandlungen im Zuge, die zu Adrianopel am 2./14. September 1829 ihren Abschluß fanden. Im Jahre 1836 versuchte Mamartschov noch einmal sein Glück. Im Nikolauskloster zu Kapinovo, zwischen Tirnovo und Jelena, war Alles zum Aufstande vorbereitet; allein der Anschlag wurde im letzten Augenblicke durch Verrath vereitelt. In der Nacht vor dem beabsichtigten Losbruche stürmte eine Schar türkischer Reiter das Kloster, das bei Fackelbeleuchtung ausgeplündert wurde; in der Kirche fand schändlicher Unfug statt, den Heiligen stach man die Augen aus. Nur zwei der Hauptverschworenen wurden an Ort und Stelle ergriffen, die übrigen darauf in ihren Ortschaften aufgehoben, nach Tirnovo gebracht und ohne alle Untersuchung gehängt. Mamartschov brachte man nach Konstantinopel, wo er durch russische Verwendung mit dem Leben davonkam; er starb, 60 Jahre alt, 1864.

Die Aufstandsversuche waren gescheitert, dafür ging das Werk der friedlichen Wiedergeburt unaufhaltsam seinen Weg fort. Im Jahre 1824 gab Peter Ch. Berovitsch, auch Beron, seinen „Bukvar" heraus, eine Fibel mit physikalischen und naturhistorischen Lesestücken und Abbildungen, in den Popenschulen mit Freuden begrüßt; in der Vorrede empfahl er die Lancaster'sche Unterweisungsmethode, die in der That große Verbreitung im Lande fand. Am 2. Januar 1835 wurde in Gabrovo die erste bulgarische Schule eröffnet; ein junger Hieronomach des Rylklosters, wo sich der alte bulgarische Geist und die altslovenische Literatur unangefochten erhalten hatten, wurde ihr Lehrer; bald hatte er 120 Schüler jeglichen Alters um sich, die er im Lesen und Schreiben, in Arithmetik, Geographie, Geschichte und Religion sowie im Griechischen unterwies. Das Jahr darauf entstand eine zweite Schule in Schwischtov, 1837 die dritte in Koprivschtica. Im Jahre 1839 wurde die erste nationale Buchdruckerei auf bulgarischem Boden, in Salonik, errichtet, im folgenden Jahre eine zweite in Smyrna, wo viele bulgarische Kaufleute angesiedelt waren, wo überhaupt der nationale Handelsstand von allem Anfange der Bewegung eine wichtige Rolle spielte. Auch jenseit der Grenzen Bulgariens begann sich das Interesse für das lang verwahrloste Volk zu regen. Georg Ivanovitsch Venelin, im Beregher Komitate Ungarns geboren, an der Lemberger Universität gebildet, war 1825 nach Moskau gegangen, wo ihn Pogodin in seine Gönnerschaft nahm, hatte 1829 die unteren Donauländer bereist und in den Klosterbibliotheken Materialien für bulgarische Geschichte, für eine Grammatik und ein Wörterbuch gesammelt, die er, 1831 nach Moskau zurückgekehrt, verarbeiten wollte. Doch war er damit lange nicht beim Abschlusse, als ihn, den Siebenunddreißigjährigen, am 28. März 1839 der Tod dahinraffte. Erst dann kamen seine slavischen Fürsten-Urkunden sowie die bulgarischen Volkslieder heraus; zu seinen Lebzeiten waren nur kleinere Aufsätze und Schriften von ihm erschienen. Allein viel bedeutender war sein persönlicher und brieflicher Verkehr, der ihn mit den von ihm bereisten Ländern in fortwährender Berührung hielt; in Odessa und Bukurescht sammelte man für ihn Urkunden und Lieder, unterhielt ihn in Kenntniß von den Fortschritten des Schulwesens und Schriftthumes. Darum war die Trauer über sein frühzeitiges Hinscheiden groß. „Den Bulgaren ist Venelin's Name fast geheiligt; es giebt keinen einigermaßen gebildeten Bulgaren, dem er unbekannt wäre." In dem geistigen Aufschwunge trat mit Venelin's Tode keine Unterbrechung ein. Im Jahre 1844 erschien die erste bulgarische Zeitschrift, der „Ljuboslovie" Fotinov's in Smyrna; 1846 begann Bogorov in Leipzig das erste politische Blatt herauszugeben, 1849 gründete er in Konstantinopel den „Carigradskij Vestnik" (Konstantinopolitaner Anzeiger). Das Volksschulwesen nahm mit jedem Jahre zu; zehn Jahre nach Gründung der Gabrovoer Schule gab es deren 31 in Donau-Bulgarien, 18 in Thrakien, 4 im nordöstlichen Makedonien. Das lesende Publikum hatte sich binnen dieser Zeit derart vermehrt, daß es Bücher gab, die 2000 Subskribenten erhielten.

Mit dem erstarkenden geistigen Leben vertrugen sich die alten entnationalisirenden Mißbräuche weniger als je. Doch kostete es langwierige, oft unglückliche Kämpfe, ehe mindestens nach einer Richtung hin Abhülfe geschaffen wurde. Schon im Jahre 1833 hatten die Einwohner von Samokov und Skopje, nach Entfernung ihrer unwürdigen fanariotischen Bischöfe, um Ausweihung zweier bulgarischer Kandidaten gebeten; dennoch waren von Konstantinopel wieder zwei Griechen gesandt worden. Als 1840 der Widdiner Bischofssitz erledigt worden, waren es die türkischen Behörden selbst gewesen, welche die Einsetzung des nationalen Diakons Dionys aus Kotel befürwortet hatten; als aber der Unglückliche zur Weihe nach Konstantinopel gegangen war, war er an fanariotischem Gifte gestorben. Das Jahr darauf hatten die fürchterlichen Erpressungen das Landvolk von Nisch, Pirot und Leskovec zum Aufstande gebracht, der von der Regierung mit Hülfe albanesischer Baschi-Bozuks unter unmenschlichen Greueln unterdrückt worden war. Zehn Jahre später brach im Dorfe Rakovica bei Widdin ein neuer Aufstand aus, der schnell an Verbreitung gewann, doch zuletzt einen ähnlichen traurigen Ausgang hatte. Gleichwol hatten diese verunglückten Versuche das Gute, daß man in Stambul auf die herrschenden Mißstände aufmerksam und gegen die Forderungen der slavischen Rajah nachgiebiger wurde. Unmittelbar nach dem Aufstande von 1851 drang die Pforte in den Patriarchen, einen Bulgaren zum Bischofe zu weihen, was dieser zwar that, aber wonach er dem Geweihten eine Eparchie in partibus infidelium, also einen Titel ohne Wirkungskreis verlieh. Dem Fanariotenthum war kein Mittel zu schlecht oder zu gering, um ein nationales Kirchthum unter den Bulgaren nicht aufkommen zu lassen. Als die Pforte zu Anfang 1858 eine Nationalversammlung zur Berathung der dringendsten Reformen einberief, woran außer dem Patriarchen und sieben Bischöfen Abgeordnete aus den Kirchsprengeln Theil nehmen sollten, nöthigten die Fanarioten den bulgarischen Eparchien entweder Griechen zu Abgeordneten auf oder beredeten sie, die Wahl ganz zu unterlassen, oder verweigerten den Gewählten einfach die Bestätigung. Daß unter solchen Umständen das von der Regierung gutgemeinte Werk keinen Erfolg haben konnte, war begreiflich; die Forderung selbstgewählter nationaler Oberhirten wurde den Bulgaren rund abgeschlagen: die Kirche kenne keinen Unterschied von Nationen, hieß es, und die Wahl von Bischöfen sei etwas Unerhörtes.

Diese Mißstände erzeugten eine tiefgehende Bewegung, die zuerst auf die Vereinigung mit Rom abzielte, dann aber mit Errichtung der langersehnten Nationalkirche endete. Seitdem sich die Bulgaren im neunten Jahrhunderte zum Christenthume bekehrt hatten, war der Primat über dieselben Gegenstand erbittertsten Streites zwischen Rom und Konstantinopel. Politische Motive veranlaßten die bulgarischen Herrscher oft, eine Zuneigung gegen Rom zu äußern, um dessen Unterstützung in den Kriegen mit den byzantinischen Kaisern zu erlangen. Im Allgemeinen aber hingen die Bulgaren, selbst nach dem eingetretenen Schisma, großentheils treu der orientalisch-orthodoxen Kirche an. Nur geringe Bruchtheile der bulgarischen Nation gehörten der katholischen Kirche an und diese wurden von der orthodoxen Geistlichkeit als Ketzer arg bedrängt. Um diesen Verfolgungen zu entgehen, wanderten schon 1391 mehrere Tausende katholischer Bulgaren in das österreichische Banat. Unter den Orthodoxen trat aber gleichmäßig das Streben auf nach einer streng nationalen, von dem ökumenischen Stuhle zu Byzanz völlig unabhängigen Kirche, während ähnlich dem römischen Papste der griechische Patriarch der Bildung unabhängiger Nationalkirchen wenig geneigt war. Dennoch gelang eine solche den Bulgaren, der späteren russischen und serbischen zum Vorbilde dienend; doch ging im Laufe der Zeit diese Selbständigkeit wieder unter und behauptete das griechische Patriarchat die Oberhand. Die oben geschilderten Bedrückungen des griechischen, das Volk aussaugenden Klerus veranlaßten nun seit Ende 1860 eine höchst merkwürdige, gegen das griechisch-geistliche Element gerichtete Bewegung. Die Bischöfe in vielen Städten wurden vertrieben, nationalgesinnte, eingeborene Geistliche als deren Stellvertreter provisorisch eingesetzt, die bulgarische Sprache wurde in den Schulen zur Unterrichtssprache erhoben, und die bulgarische Gemeinde Konstantinopels besiegelte diese Gewaltschritte gegen den fanariotischen Klerus, indem sie der zu jener Zeit erfolgten Patriarchenwahl ihre Anerkennung versagte. Bald durfte in ganz Bulgarien das übliche Gebet für den Patriarchen nicht gesprochen werden; nannte der Celebrirende den Patriarchen, so rief das Volk mit lauter Stimme, diesen Namen wegzulassen; häufig wurde der Name des Sultans an die Stelle gesetzt. Man unterordnete sich der bulgarischen Kirche zu Konstantinopel und erkannte den bulgarischen Bischof Ilarion von Makariopolis (in partibus) als geistliches Oberhaupt an. In vielen Orten kam es zu rohen Excessen und Thätlichkeiten. Zugleich erfaßten die Bulgaren den Gedanken einer Union mit der römischen Kirche. Der Jesuiten- und der Lazaristenorden waren für ihre Rückkehr in den Schoß der Kirche Petri ganz besonders thätig, doch beanspruchten die Bulgaren eine ähnliche Stellung wie die unirten Ruthenen, Romanen, Serben und Armenier, also eine vollständig national-bulgarische Kirche, ein selbständiges Patriarchat, eigenen Ritus und nationale Liturgie. Der dominirende Einfluß des katholischen Frankreich auf alle Angelegenheiten der Pforte seit 1854 war nahe daran, diese Union zu verwirklichen. Zweifelsohne wäre dieselbe vollständig gelungen, wenn einestheils Kaiser Napoleon III. die Sache kräftiger unterstützt, andererseits zu dem Widerstande des fanariotischen Klerus sich nicht auch jener Englands und, was mehr, des mächtigen Rußland gesellt hätte. Ersteres fürchtete für die Fortschritte der von ihm begünstigten protestantischen Missionen, letzteres sah die Aufrechterhaltung der Stabilität des orthodox-griechisch-russischen Klerus bedroht. Die Bekennerzahl der evangelischen Kirche ist trotz dem Eifer der amerikanischen Missionäre eine verschwindend kleine; jene der Katholiken glaubt Kanitz mit 60,000 vielleicht etwas zu niedrig gegriffen; doch giebt es auch Krypto-Katholiken, nämlich Mohammedaner, welche aus Furcht vor dem türkischen, auf sie ausgeübten Glaubenszwange es nicht wagen, sich öffentlich zum Christenthume zu bekennen. Trotz des angestrengten Eifers der nach Salonich, Monastir, Widdin, Adrianopel, Philippopel u. s. w. entsandten katholischen Missionen gerieth aus den oben angeführten Gründen die unionistische Bewegung bald ins Stocken; in steter Erwartung, daß die schwebende kirchlich-administrative Frage doch eine friedliche Lösung finden könne, änderten die weltlichen und geistlichen Führer der bulgarisch-kirchlichen Bewegung ihren Aktionsplan gegen den Fanar und nahmen die Rückkehr einiger griechischen Bischöfe ruhig hin. Die Mehrzahl der übergetretenen Gemeinden fiel von der Union wieder ab und die noch ausharrenden drohten den mannichfachen Versuchungen oder Bedrückungen der Orthodoxie zu erliegen. Die Regierung suchte Abhülfe, allein die griechische Hierarchie blieb zäh. Der erleuchtete Ali Pascha ließ zwei Projekte ausarbeiten, wie den billigen Wünschen der Bulgaren entsprochen werden könnte: der Patriarch und die Synode verwarfen aber beide als „antikanonisch, antidogmatisch, anti-evangelisch", am 16. November 1868. Da griff zuletzt die Regierung selbstthätig ein: am 28. Februar 1870 berief Ali Pascha die griechischen und bulgarischen Vertreter zu sich und übergab ihnen einen großherrlichen Ferman, der die Gründung eines bulgarischen Exarchates befahl. Am 11. Februar 1872 wurde der alte Streiter Ilarion zum ersten Exarchen gewählt, der aber die Wahl ablehnte, worauf Bischof Anthim von Widdin an dessen Stelle trat. Der gewählte Metropolit sollte durch einen Berat des Sultans bestätigt, der Name des Konstantinopolitaner Patriarchen in den Gebeten erwähnt werden, der Exarch von demselben die Myrrha empfangen. Die Reise Anthims nach Konstantinopel glich einem Triumphzuge; er wurde in feierlicher Audienz beim Großvezier, dann beim

Sultan empfangen; der Patriarch aber sprach über ihn und alle seine Anhänger den Bann aus.

Von da an entfaltete sich in Bulgarien ein neues Leben. Die Schulen mehrten sich fortwährend; schon 1872 zählte die Exarchie von Philippopolis 305 Primär- und 16 Haupt-, dann 24 Mädchenschulen mit 393 Lehrern und Lehrerinnen und 14,665 Schülern. Höhere und Fachbildung holen sich strebsame Bulgaren in Konstantinopel, in Paris und Wien, in Odessa, Kijew, Moskau, in Agram, in Prag und an den Mittelschulen Böhmens. Zahlreiche Vereine sorgen für Verbreitung der Bildung; in keinem größeren Orte fehlt ein Leseverein (čitalište); Frauenvereine in Städten wirken durch Unterstützung von Schüler und Schülerinnen. Die bulgarische Kaufmannschaft hat für solche Zwecke stets offene Hände; als 1869 der literarische Verein in Braila gegründet wurde, war schnell ein Kapital von 200,000 Francs beisammen. Präsident wurde Marin S. Drinov, der bedeutendste bulgarische Gelehrte, seit 1871 Professor in Charkow. Die neue bulgarische Literatur weist jetzt über 800 Bücher und 51 Zeitschriften auf; in Konstantinopel erscheinen vier große bulgarische Zeitungen, eine belletristische Monatsschrift, ein theologisches Blatt. Eine gewisse Unruhe, die in der unvollständigen oder einseitigen Bildung der meisten Schriftsteller ihren Grund hat, läßt sich der jungen Literatur wol nicht absprechen; dagegen berechtigen die Originalarbeiten der letzten Jahre zu großen Hoffnungen für die Zukunft.

Welche tiefe Unwissenheit über Bulgarien und die dortigen Zustände noch in vielen angeblich gebildeten Kreisen herrscht, zeigt eine Aeußerung der englischen „Morning Post", welche die Augsburger „Allgemeine Zeitung" vom 30. Dezember 1876 ohne jeglichen berichtigenden Kommentar nachgedruckt hat. Die „Morning Post" findet nämlich, die Forderung, in Bulgarien die bulgarische Mundart zur Amtssprache zu erheben, sei albern und unhaltbar. Sie verletze die Einheit des Türkischen Reiches und sei eine unverdiente Beschimpfung gegen andere, die Bulgaren an Bildung und Gesittung weit übertreffende Volksstämme; welche sind dies? Außerdem sei damit nicht einmal für die Bulgaren selbst Etwas gewonnen. Sowie es sicherlich keine Gegend gebe, welche „Bulgarien" (im Sinne der Erdkunde) genannt werden könne, so stehe es noch weit mehr fest, daß, abgesehen von dem in einer rohen und ungebildeten Bevölkerung gesprochenen Dialekt, eine „bulgarische Sprache" erst noch entstehen müsse(!!). Das sogenannte Bulgarische sei eben ein Dialekt wie die unzähligen Mundarten Englands, Spaniens, Frankreichs, Hollands, ja Rußlands selbst(!!). Und wie behandle die russische Regierung die bestausgebildete aller slavischen Sprachen, das Polnische? Von den vielen Mundarten, die in der Europäischen Türkei gesprochen werden, könnten nur zwei, das Türkische und das Griechische, als eigentliche Sprachen bezeichnet werden(!!). Wenn in der sogenannten Bulgarei die türkische Sprache beiseite geschoben werden solle, so sei die griechische am meisten berechtigt, an der ersteren Stelle zu treten. Denn eine Menge von Bulgaren spreche griechisch, eine noch viel größere Anzahl türkisch. Nur die Bauern und die ungebildeten Bulgaren beschränken sich auf die bulgarische Mundart. Unter denjenigen

18*

gebildeten Bulgaren, welche panslavistischen Bestrebungen huldigen, sei es dagegen üblich, die Kinder Russisch lernen zu lassen. Das Bulgarische sei überhaupt erst in den Schulen, und zwar mit einer gewissen Krampfhaftigkeit, getrieben worden, seit durch die Ränke Ignatieffs der vollständige Bruch zwischen der „bulgarischen Kirche" und dem griechischen Patriarchat eingetreten sei. Lange bevor aber die solchergestalt in den Schulen gelehrte bulgarische Mundart sich weiter entwickelt haben könne, würden die ferneren Pläne der Planslavisten zur Reife gelangen, und wenn bis dahin, ihrer Erwartung nach, die türkische Macht hinlänglich geschwächt sei, würden die Bulgaren dann in den Stand gesetzt werden, sich der russischen Herrschaft und der russischen Sprache zugleich zu erfreuen."

Die Gelehrten der „Morning Post", welche offenbar von slavischen Dingen so viel verstehen wie vom Manne im Monde, wissen also nicht, daß die „obskure Mundart", welche nach ihrer Ansicht zu einer „bulgarischen Sprache" erhoben werde zur Benachtheiligung der anderen christlichen Völkerschaften(!), eine völlig selbständige Sprache ist, so gut wie das Englische, in welchem sie diesen Unsinn schrieben, und daß sie eine lange Geschichte hinter sich hat, die wir in Obigem vorgetragen haben. Sie wissen aber auch sonst nichts von den Geschicken und der Bedeutung des Bulgarenvolkes, das sowol an Zahl wie in geistigen Anlagen alle übrigen Völker der Illyrischen Halbinsel überragt.

Die Bulgaren haben einen kirchlichen, aber keinen politischen Zusammenhalt; ob und wann sie ein selbständiges staatliches Gemeinwesen wieder bilden werden, wer mag das entscheiden! Doch wenn man oftmals behaupten hört, die Zukunft der Balkan-Halbinsel gehöre den Bulgaren, so dürfte sich dieser Satz in Einer Richtung kaum anfechten lassen. Die Bulgaren sind das fleißigste, intelligenteste, strebsamste, auch literarisch gebildetste Volk der Europäischen Türkei, an deren geistiger Entwicklung ihnen gewiß ein großer Theil zufallen wird.

Wenn wir die Lage der Bulgaren, der geplagtesten und geschundensten unter der türkischen Rajah, näher betrachten wollen, so müssen wir zuvörderst eines Umstandes gedenken, welcher sich zu einem wahren Verhängnisse für die armen Bulgaren gestalten sollte: die Ansiedlung der Tscherkessen. Nachdem im April 1864 die russischen Waffen nach langen blutigen Kämpfen den Kaukasus endlich bezwungen, erübrigte den widerspenstigen Bergvölkern nur die Wahl, sich dem Scepter des Zaren zu unterwerfen oder ihre Heimat zu verlassen und auszuwandern. Die Tscherkessen oder Cirkassier, die den Russen am längsten und kräftigsten widerstanden, zogen der Mehrzahl nach die letztere Alternative vor und wandten sich naturgemäß nach den benachbarten Ländern ihrer türkischen Glaubensgenossen. Die kluge russische Regierung, froh, dieses tapfere, aber kulturunfähige Gesindel los zu werden, begünstigte die Auswanderung und die Türkei, kurzsichtig wie immer, freute sich über den Zuwachs an kriegerischem Volksthume, welches der Erbfeind ihr zum Geschenke machte. Ein großer Theil wurde endlich in Kleinasien angesiedelt, ein Theil nach Cypern, Smyrna und Ismid geführt und mehr als 120,000 in den Donauhäfen Varna, Rustschuk, Schwischtov, Nikopoli und Widdin ausgeschifft. Und dort an den schönen Donau-Ufern scheint es den Einwanderern recht gut gefallen zu haben, denn die alten Häuptlinge stießen gleich Eroberern ihre Schwerter zum Zeichen der Besitzergreifung in den Boden. So aber war es von der türkischen Regierung nicht gemeint. Man wollte die in kompakten Massen lebenden Bulgaren durch die Kolonisation der Tscherkessen spalten, den Einfluß des slavischen Elementes in Bulgarien und Rumelien schwächen.

An den Donau-Ufern schien das viel weniger nothwendig als an der von dem slavischen Nachbar arg bedrohten Timokgrenze, an der nach Serbien laufenden Morawa und dem von Bulgaren bewohnten Maritza-Thale. Dort wurde nach dem Grundsatze, daß „alles Land des Sultans sei", den Bulgaren einfach ein Theil ihrer Grundstücke weggenommen und die Ansiedlung der Tscherkessen noch dadurch erleichtert, daß man die Bulgaren zwang, ihnen beim Aufbaue der Hütten behülflich zu sein. Theilweise hatte man die Bulgaren sogar aus ihren eigenen Häusern an die Luft gesetzt, um den angekommenen Tscherkessen während der Zeit des Hüttenbaues ein Asyl zu geben, während man sich um die einstweilen obdachlosen Bulgaren wenig beunruhigte. So finden wir denn gegenwärtig die Kolonien jener kaukasischen Einwanderer, von der serbischen Grenze angefangen bis nach Schumla und Adrianopel, theils unter den stolzen Namen glorreicher Sultane, als Medschidieh, Osmanie und Mahmudieh, theils unter der einfachen Benennung Tscherkeßköi oder Tscherkessendorf. „Die tscherkessischen Dörfer bestehen, nach Wilhelm Freiherrn von Berg, dem wir diese Schilderung entlehnen, meistens aus recht elenden Holzhütten mit theilweisem Flechtwerk und Lehmverputz. Aus dem Strohdache ragt ein von Ruthen geflochtener und mit Lehm beschmierter Rauchfang heraus. Das allein schon deutet auf die mehr als primitive innere Einrichtung der Wohnungen. Stallungen in unserem Sinne sieht man nicht, höchstens einen kleinen Zwinger für Schweine oder für ein Pferd, während Rindvieh, wenn solches überhaupt vorhanden ist, frei herumläuft. In einigen Ansiedlungen sieht man wol auch etwas bessere Häuser mit ordentlichen Fenstern, gemauertem Rauchfange und dergleichen Andeutungen von Wohlstand. Das sind die „Paläste" der tscherkessischen Edelleute.

Wovon die Leute eigentlich leben, ist mir immer ein Räthsel geblieben. Arbeiten sieht man gewöhnlich nur die Weiber. Sie behacken die Weingärten und Maisfelder, weben, nähen und beschäftigen sich mit häuslicher Arbeit, während die Männer faullenzen, in den Dörfern und an den Eisenbahnstationen herumlungern oder auf Pferde- und Ochsendiebstahl ausgehen. An den Raub von jeher gewöhnt, können die Tscherkessen das Stehlen nicht lassen. Kein Pferd, kein Ochse, nichts ist vor ihnen sicher. Tagelang schleicht so ein Kerl herum, bis es ihm gelingt, sich auf ein Pferd zu schwingen und eilends damit fortzujagen. Dabei kommt es ihm auch nicht darauf an, von seinen Waffen Gebrauch zu machen, wenn er angegriffen wird. Daß es dann mitunter zu förmlichen Kämpfen zwischen Bulgaren und Tscherkessen kommt, gehört mit zum Gewerbe. Ich fand selbst einmal einen frisch aufgeworfenen Grabhügel an einem

Waldwege und, als ich fragte, ob dort ein gefallenes Vieh verscharrt sei, erhielt ich zur Antwort, daß hier ein Tscherkesse, der ein Pferd von der Weide gestohlen hatte, von Bulgaren erschlagen und begraben worden sei. Dadurch werden die Tscherkessen zu einer förmlichen Landplage. Das Vieh der Bulgaren ist jahraus jahrein auf der Weide; es zerstreut sich, wenn es auch noch so eifrig bewacht wird, auf den großen Weideflächen und in den Waldungen. Das tscherkessische Raubgesindel hat daher leichtes Spiel für sein sauberes Gewerbe, von welchem es thatsächlich zu leben scheint.

Auch unter sich selbst scheint bei den Tscherkessen nicht jene Harmonie zu herrschen, welche man bei Ansiedlern voraussetzen könnte. Die alten Häuptlinge wollen noch immer ein Hoheitsrecht über die ehemaligen Leibeigenen ausüben. Da aber die früheren Rechte der Fürsten und Edlen mittels eines sultanlichen Fermans in der Türkei aufgehoben wurden, so wollen sich die ehemaligen Unterthanen die Ausschreitungen ihrer einstigen Herren nicht gefallen lassen. So ist es denn schon öfter zu förmlichen Empörungen gekommen, welche die türkische Regierung mit Waffengewalt zu erdrücken gezwungen war. Mag sein, daß sich die alten Häuptlinge durch Uebersendung eines schönen Mädchens oder auch durch andere Aufmerksamkeiten bei mächtigen Personen noch immer in Gunst zu setzen wissen und daß sie dadurch nach wie vor einen Druck auf die übrigen Ansiedler ausüben. Thatsache ist es, daß den alten Häuptlingen sehr die Stange gehalten wird, wenn sich die ehemaligen Unterthanen gegen deren Ausschreitungen empören. Auf welcher Seite das Recht ist, wer will es untersuchen? Immerhin wirft es aber kein gutes Licht auf Ansiedler, wenn sie, wegen fortwährenden Raubes nach außen gefürchtet und mißachtet, auch unter sich selbst in stetem Unfrieden leben und eigentlich die „Stänkerer" im Lande sind! Ein solches Volk eignet sich auch nicht zu einem regelmäßigen Kriegsdienste und ich kann mir nicht denken, daß es von Vortheil für eine Armee ist, dieselbe mit solchen unruhigen Elementen zu vergiften. Das aber scheint mir ganz gewiß, daß die Tscherkessen jede Gelegenheit während eines Krieges zum R a u b e benutzen und sich im ganzen Lande noch verhaßter machen werden, als sie es jetzt schon sind." (Beilage zur „Wiener Abendpost" vom 15. Juli 1876.) In der That hat sich schon während der jüngsten Ereignisse die Ansiedlung der Tscherkessen in der Nähe von christlichen Dörfern als ein Fehler herausgestellt, welcher der Türkei theuer zu stehen kommt, denn diesen rohen, alle Arbeit scheuenden Räubern fällt ein großer Theil der 1876 in Bulgarien verübten Grausamkeiten zur Last. Die Forderung der Europäer, die Tscherkessen aus Europa zu entfernen und in mohammedanischen Gegenden Asiens anzusiedeln, entspricht daher durchaus den Interessen der Hohen Pforte, der es natürlich nicht einfällt, diesem berechtigten Wunsche Rechnung zu tragen.

Die Lage der Bulgaren, von jeher eine sehr gedrückte, war seit Erscheinen der Tscherkessen eine geradezu trostlose. Schon im Jahre 1872 las man Nachrichten, wie beispielsweise die folgende: „Die Türken wüthen gegen die Christen wie noch nie vordem. Zahlreiche bulgarische Familien wandern nach Serbien aus, um der türkischen Rache zu entgehen. Wie man mir von verläßlicher Seite meldet, sind diese Ueberläufer meistens mittellos, und nur selten gelingt es Einem oder dem Anderen, einige Stück Vieh hinüberzubringen. Uebrigens soll die Sache auch eine politische Seite haben. Die Türken wüthen am meisten an der Grenze Serbiens, wo Bulgaren wohnen. Denselben werden unerschwingliche Steuern aufgelegt, und nachdem die Bulgaren dieselben nicht zahlen können, werden sie ohne Erbarmen von Haus und Hof weggejagt. Auf solche Weise will man die ganze bulgarische Bevölkerung in der Gegend ausrotten." Leider fanden die Osmanli, bei der unendlichen Langmuth der Bulgaren, nicht sobald eine Gelegenheit, dieses edle Vorhaben zur Ausführung zu bringen, sondern mußten bis zum Frühjahr 1876 warten, wo infolge des seit einem Jahre in der Herzegowina lodernden Aufstandes sich leicht eine Handhabe bot, auch die Bulgaren des Aufruhrs zu zeihen und demgemäß zu behandeln. Wir besitzen über diese Vorgänge, welche sich hauptsächlich in den südlich vom Balkan von Bulgaren bewohnten Gegenden zutrugen, das Zeugniß eines deutschen Augenzeugen, welcher in ungeschminkter Sprache die Vorgänge in Jamboli schildert. (Beilage zur „Allgemeinen Zeitung" vom 12. und 13. August 1876.) Wir entnehmen seinem Berichte einige Stellen, welche dem Leser von der in Bulgarien herrschenden Türken- und Tscherkessenwirthschaft einen Begriff geben mögen.

„Daß die Bulgaren Angesichts ihrer unvortheilhaften geographischen Lage an eine ernste Erhebung überhaupt nicht denken können, liegt auf der Hand. Größtentheils mit den mohammedanischen Bewohnern vermischt, ja theilweise durch ganze Strecken von ihnen eingeschlossen, haben sie es schon lange als eine Thorheit erkannt, sich mit Gewalt dessen bemächtigen zu wollen, was ihnen doch früher oder später von selbst zufallen muß. Es läßt sich indessen nicht leugnen, daß infolge der Unwissenheit, Unfähigkeit und Korruption Derer, welche der Christ als Vorgesetzte anerkennen soll und muß, sowie durch das rohe, anmaßende und gewaltthätige Benehmen der durchgängig gesunkenen mohammedanischen Bevölkerung, welche allein hinreichend ist, dem gebildeten Menschen das Leben zu verbittern, sich eine bedeutende Summe von Haß und Verachtung gegen das türkische Element angehäuft hatte, welche das Ausland, besonders die slavischen Gegenden, durch ihre Blätter und Schriften sorgfältig zu nähren und zu schüren verstanden. An Schulbildung den Türken übertreffend, bemächtigte sich der herangewachsenen Jugend ein Gefühl moralischer Ueberlegenheit, und mit ihm bildeten sich Wünsche und Hoffnungen auf Verbesserung ihrer politischen Lage. Daß aber diese Wünsche und Hoffnungen auf nationale Selbständigkeit oder gar auf Wiederherstellung eines bulgarischen Königreiches hinauslaufen sollten, bezweifle ich ganz und gar. Wie ich die Bulgaren kenne, sind sie mit Wenigerem zufrieden. Im Monat März l. J. wurde in Gabrovo, einer kleinen Gebirgsstadt, jenseit des Balkan gelegen, und unter den Auspizien des damaligen bulgarischen Kaimakams, eines der Regierung gänzlich ergebenen Werkzeuges, eine Petition an den Großvezier entworfen, in welcher die dortigen Bewohner dem Wunsch Ausdruck gaben, daß die kaiserliche Regierung die Bevölkerung von der Militärsteuer (Bedell) entlaste und dafür die wehrfähige bulgarische Jugend zum Militärdienst heranziehe, weil es der Wunsch der gesammten dortigen Bevölkerung sei, „die Ehren und Gefahren der Vertheidigung des Vaterlandes mit ihren Brüdern", den mohammedanischen Einwohnern, zu theilen; ferner wünschte man, daß die bulgarische Sprache als Gerichtssprache eingeführt werde, weil dort das bulgarische Element vorherrschend sei. Diese Petition erregte einen wahren Sturm von Enthusiasmus, und ganz Bulgarien stürzte sich blindlings in die von dem perfiden Kaimakam der Bevölkerung gelegte Falle. Von allen Bezirksstädten erhielt die Regierung die Kopie der Gabrovo'schen Petition, obgleich man sich nicht verhehlte, daß die darin ausgesprochenen Wünsche wenig oder gar keine Beachtung finden würden, wie sie es in der That nicht gefunden haben und nicht finden konnten.

Die in dieser Petition indirekt ausgesprochene Forderung der Gleichstellung des Bulgaren mit dem Moslem machte den Türken das Blut in den Adern kochen. Daß die meisten der Lehrer in Gabrovo in russischen Schulen studirt hatten und von dort jährlich eine Anzahl Schüler nach Rußland ging, mußte die Gereiztheit der Türken, welchen das Faktum bekannt war, nur noch steigern. „Wie", sagte man sich, „der Bulgar Soldat, Offizier?"—„Und wir, wir sollen bulgarisch sprechen, der Kadi soll Bulgarisch lernen?" So gingen die Fragen bis ins Unendliche fort. Das war nur eine Handhabe, den Bulgaren zu Leibe gehen zu können. Flinten und Pistolen wurden reparirt, Handschar und Messer geschliffen; wer keine Waffen hatte, schaffte sich solche an, und wenn der letzte Heller dafür draufgehen sollte; kriegsbereit traten nun die Türken den Christen herausfordernd entgegen. Da man indessen wußte, daß die Bulgaren nicht ganz unbewaffnet waren, hielt man es für zu gewagt, sie offen anzugreifen, und zog es vor, das abscheuliche Manöver der Lüge und Verleumdung gegen sie in Scene zu setzen; vorerst wollte man Militär zur Hand haben, um mit dessen Hülfe sicherer und gefahrlos zum Ziele zu kommen. Jetzt sah man überall Insurgenten oder Kummitta, wie die Türken dieselben trivialer Weise nennen. Jeder Bulgar war Kummitta. Genau von dem Tage der Entlassung des Großveziers Mahmud-Pascha und der Ernennung des neuen Ministeriums (18. Mai) an hörte im Bezirke Jamboli die Legalität zu existiren auf, und an ihre Stelle trat die Anarchie. Seit jenem Tage war kein Bulgar im Bezirke (Kasa) Jamboli seines Eigenthums und seines Lebens sicher. Die Tscherkessen umschwärmten wie gierige Wölfe die christlichen Viertel, stehlend und raubend, Alles mit sich fortschleppend, wessen sie habhaft werden konnten; den Arbeitern auf dem Felde wurden die Kleider vom Leibe gerissen, und in den Straßen nahm man den christlichen Kindern die Schuhe von den Füßen weg. In betrunkenem Zustande, lärmend und tobend, durchzogen Polizeisoldaten und Baschi-Bozuks, wie die Türken den bewaffneten Pöbel nennen, Nachts die bulgarischen Stadtviertel. An Schlaf war nicht zu denken. Frauen und Kinder kauerten klagend und schluchzend in Kellern und Dachböden, während die männliche Bevölkerung in Todesangst den kommenden Morgen, von welchem man nicht wußte, ob er nicht noch Schlechteres bringen würde, erwartete. Die Lage der Bulgaren war eine entsetzliche, verzweifelte, und doch rührte sich Niemand; nicht ein Türke wurde mit einem Worte beleidigt, gegen Niemanden wurde ein Finger erhoben, obgleich nichts unterlassen worden war, den Bulgaren die Waffen in die Faust zu drücken. Diese Thatsache allein ist hinreichend, den Grad der politischen Bildung der Bulgaren von Jamboli zu bestimmen und daraus den Schluß auf deren muthmaßliche revolutionäre Bestrebungen zu ziehen. Aller Apathie, aller Energielosigkeit der Christen zum Trotz hörte die mohammedanische Bevölkerung nicht auf, fortwährend Kummittas zu sehen. Allerorts waren Insurgenten gesehen worden, obgleich Niemand sagen wollte oder konnte, woher diese Kummittas gekommen, wo sie gelagert, wovon sie gelebt hatten und wo sie hingezogen waren. In keinem der vielen das Städtchen Jamboli umgebenden Tschiftliks, meistens reichen Türken zugehörig, sowie in den Dörfern, türkischen sowol als bulgarischen, war auch nur ein Lamm abhanden gekommen, weder ein Laib Brot verlangt noch ein Schoppen Wein weggeführt worden, und deren Eigenthümer und Bewohner lebten daselbst unbehelligt und furchtlos in ihren Häusern.

Einzig und allein in Jamboli äußerten die Türken anscheinend Angst vor einem Ueberfall von Seiten der Bulgaren. Der Kaimakam und der Kadi, von den dortigen Softa, Molla, Aga und Bey's beeinflußt, nahmen all das elende Gewäsch der Türken über die Absichten der Bulgaren für baare Münze, oder schienen es vielmehr so zu nehmen, denn Telegramm auf Telegramm brachte nach Slivnia und von dort nach Adrianopel die Befürchtungen von der geschwindelten Gefahr, welcher der Mohammedanismus angeblich ausgesetzt sei. Die ganze türkische Charakterlosigkeit tritt hier ungeschminkt zu Tage, indem die Behörde von nicht vorhandenen Gefahren berichtet, während auf der anderen Seite der Pöbel den Christen öffentlich ihre nahe bevorstehende Abschlachtung verkündet."

In der That, so sollte es auch kommen; reguläres türkisches Militär, unter den Befehlen eines Ferik (Generalleutnants) Scheffet Pascha, rückte nach Jamboli und besorgte dort binnen wenigen Tagen das Werk greuelvollster Verwüstung. Die Kunde von den in Bulgarien verübten Metzeleien und unmenschlichen Handlungen rief in ganz Europa einen Sturm von Entrüstung und Empörung wach, nur die Krämerpolitik des englischen Torykabinets und die ihr im In- und Auslande dienenden Schildträger wagten es, diese Greuel theils zu leugnen, theils sogar zu beschönigen und für übertrieben zu erklären. Doch erstand dieser niedrigen Denkungsart in England selbst ein wuchtiger Gegner in dem alten Führer der liberalen Partei, Gladstone, welcher zuerst eine Schrift „Bulgarian Horrors", und später eine zweite „Lessons in Massacre; an exposition of the conduct of the Porte in and about Bulgaria since May 1876" erscheinen ließ. Eine gedrungenere, konzentrirtere, thatsächlichere, schärfere Anklageakte ist wol noch nie gegen die Türkenwirthschaft geschleudert worden. Die Türkei mag aus der gegenwärtigen Krisis ohne großen Schaden hervorgehen, aber sie kann nie über die Gladstone'sche Schrift hinauskommen, welche ein historisches Dokument für alle Zeiten bleiben wird und das unvertilgbare „Mene Tekel Upharsin!" der Osmanenherrschaft ist. Die Broschüre ist in Anlage, Disposition und Ausführung ein Meisterstück von logischer Gliederung und dialektischer Schärfe. Die thatsächlichen Argumente marschiren so geharnischt und in so geschlossenen Reihen auf, daß der Zusammenhang der Beweisführung kaum Citate gestattet. In seiner früheren Broschüre „Bulgarian Horrors" lag dem Verfasser zunächst nur daran, auf die von den Türken verübten Schauderthaten aufmerksam zu machen, die Toryregierung wegen ihrer Zweideutigkeit und Sorglosigkeit den Ereignissen in Bulgarien gegenüber zu tadeln und die europäischen Mächte zum Schutze der mißhandelten christlichen Volksstämme aufzufordern; in der vorliegenden beantwortet er die Frage: wer die Verantwortlichkeit für die verübten und noch fortdauernden Greuel trage. Seine unter 13 Titeln gelieferte Beweisführung, mit der er 50 Seiten füllt, bringt ihn zu dem Schlusse: daß die Metzeleien von Bulgarien, welche sich in Bosnien, der Herzegowina und allüberall zeigen, soweit die Macht der Türken über geknechtete christliche Nationen reicht, nicht der vereinzelte Ausbruch barbarischer Instinkte seien, sondern ein sorgsam vorbereitetes zusammenhängendes System der osmanischen Regierung, eine mit Vorliebe gehegte und mit Stolz durchgeführte Konsequenz des Türkenthums, das im Fanatismus der mohammedanischen Religion verwildert ist und weder die Fähigkeit noch das Verständniß für menschliche Empfindungen und Interessen besitzt. Einer so verwilderten und verkommenen Nation zuzumuthen, sich selbst und Andere zu reformiren, hat ungefähr so viel Sinn, als wenn man von ihr verlangen wollte, den Mond zu kolonisiren. „Weder Schwäche, noch Zufall, noch Unwissenheit, noch ein gelegentlicher Ausbruch von Wuth, noch die Unzuverlässigkeit von Agenten bilden die Wurzel der bulgarischen Metzeleien. Diese sind vielmehr der wahre Ausdruck des Geistes und der Politik der türkischen Regierung in Zeiten der Noth, wenn sie aus der Gleichgiltigkeit und Verachtung, womit sie gewöhnlich jede Funktion der bürgerlichen Verwaltung betrachtet, ausgenommen den Empfang von Geld, sich aufrafft und, nach den Worten Bluntschli's, nicht vor blutigen Schauderthaten zurückschreckt, um ihre barbarische Herrschaft zu stützen." Gladstone bedient sich starker Ausdrücke zur Kennzeichnung einer Regierung, „welche die Laster der Eroberer und der Sklaven in sich vereinigt und sich der Wahrheit, des Mitleids und der Scham zugleich entkleidet hat," aber er beweist seine Beschuldigungen mit Thatsachen, für die er sich auf die Blaubücher und die offiziellen Urkunden beruft, und die auch von den Turkophilen nicht geleugnet werden können. Die Metzeleien waren und sind ein systematisch geplantes und durchgeführtes Mittel der türkischen Regierungskunst, und die „Lektionen in der Metzelei", welche Sultan und Paschas seit einem Jahre ihren Getreuen geben, fassen sich in der einen Lehre zusammen: „Thut es wieder!" Alle die Unwahrheiten und Vertuschungen, der Hohn, womit die europäischen Mächte, und namentlich England, in Betreff dieser bulgarischen Greuel hinter das Licht geführt und verspottet worden sind, die Scheinuntersuchungen und Scheinbestrafungen, die thatsächlichen Auszeichnungen und Belohnungen der Anstifter und Führer der Schandthaten, der schließliche Zusammenbruch des ganzen Untersuchungsschwindels, die Fortsetzung der brutalen Excesse bis auf den heutigen Tag, die bitter-ironische Amnestie für Bulgarien, d. h. für die Mörder und Schänder, welche dieses unglückliche Land verwüstet haben — Alles predigt die Lehre: „Do it again."

Daß der greise Politiker sich in seiner Anschauung nicht geirrt, geht deutlich aus den Nachrichten über die Zustände in Bulgarien hervor, wie sie im Momente, als wir Dieses schreiben, thatsächlich herrschen. Seither ist am 23. Dezember 1876 eine für das ganze Osmanische Reich geltende Verfassung vom Padischah promulgirt worden, ein Irrthum wäre es aber zu glauben, daß dadurch an den Verhältnissen, wie sie von früherher bestanden, auch nur das Geringste geändert worden sei. Die christliche Bevölkerung Bulgariens erblickt in dieser gepriesenen Verfassung weder Schutz noch Garantie, — mit Recht.

Bulgarisches Landvolk.

Denn von öffentlicher Sicherheit ist im Lande keine Spur mehr. Die Provinz ist von zahlreichen Räuberbanden heimgesucht, welche die Reisenden und die Dorfbewohner ohne Erbarmen ausplündern und morden. Insbesondere zeichnen sich wieder die Tscherkessen aus. Die Ansiedlungen dieser wilden Bergbewohner in den Distrikten von Selivno, Kirk-Klissi und Jamboli sind eben so viele Räuberschlupfwinkel, zu deren Bewältigung die Regierung ohnmächtig ist. Der Befehl betreffs Entwaffnung der Bevölkerung konnte bei diesen Blutsaugern niemals ausgeführt werden. Die fortwährenden Klagen der Bevölkerung finden bei den Behörden kein Gehör. Noch niemals wurde ein Tscherkesse verfolgt und bestraft. Die paar Zaptieh's, welche die Regierung endlich zur Bewachung der Landstraßen auszusenden sich bemüßigt sah, betrachten ihre Mission als Vergnügungsreise und beschäftigen sich in den Dörfern mit der Jagd auf das Geflügel und die sonstigen Vorräthe der armen Bauern. Ja, die Grausamkeit der türkischen Polizei in Bulgarien ist in ihrer empörenden Abscheulichkeit heute noch, wie den „Times" ihr Spezialkorrespondent aus Pera im Februar 1877 meldete, im Schwunge, wie nur je. Kein Versuch ist gemacht, sie zu verbessern. Im Gegentheil, sie fügt, gleichsam der neuen Verfassung zum Hohn und den Bemühungen Europa's zum Lohn, teuflischen Spott hinzu. Einer dieser Elenden, Hussein Aga, scheint sich durch seine schnöden Schnurren hervorgethan zu haben. Es war von je sein Brauch, sich in den Häusern einquartieren zu lassen, wo die reizendsten Weiber wohnten, und sie zu zwingen, ihn zu bedienen. Ferner zwang er Bauern, welche Wagen zur Frohne nicht liefern konnten, in der größten Kälte auf Bäume zu steigen, stundenlang mit den Armen zu schwingen und Kikeriki zu schreien. Ein Dritter sperrte mit der Zahlung rückständige Bauern in eine Stube ein, worin er Kohlen auf Pfannen brennen ließ, bis sie am Ersticken waren. Dies nur wenige Beispiele von gräßlichen, wohlgemerkt von Vertretern der Obrigkeit verübten Bubenstücken, nicht zu reden von dem, was Tscherkessen, Baschi-Bozuks u. A. darin leisten.

Wie man sieht, hat in dem armen Bulgarien die Schreckenszeit nichts weniger als ihr Ende erreicht. Dies gesteht selbst der „Levant Herald" zu, ein der türkischen Regierung ergebenes, unter den Augen der Preßbehörde erscheinendes Blatt. Dasselbe macht auf einen „vergleichungsweise geringfügigen" Gegenstand aufmerksam, die Straflosigkeit nämlich, womit Viehräuberbanden in der Nähe von Tatar Bazardschik die Bevölkerung heimsuchen und die Anstrengungen der Unterstützungskommission vereiteln. „Wol dürfen die unglücklichen Bulgaren Holz in den Wäldern hauen, um ihre Wohnungen wieder aufzurichten, Nägel und Eisen u. a. zum Hausbau Erforderliche wird geliefert, aber sie können nichts damit anfangen, weil ihnen Vieh und Pferde von den bekannten Viehstehlern, den Tscherkessen, täglich weggenommen werden. Man weiß bis heute noch von keinem Falle, wo geplündertes Vieh dem Eigenthümer zurückgegeben worden wäre. Ich betone wiederholt, daß Achmed Aga, der Zerstörer von Peruchtiza, und Scheffet Pascha, gegen den die schrecklichsten Anschuldigungen vorliegen, frei herumgehen. Ein albanesischer Muselmann trat als Zeuge gegen ihn auf. Am Morgen nach seiner Angabe war er verschwunden und seither hat man nichts mehr von ihm gehört. Man glaubt hier allgemein, daß eine unparteiische Untersuchung zu Enthüllungen führen würde, die sehr hoch hinaufreichen. Klagen von Seiten der Bulgaren bleiben entweder unbeachtet oder sie führen zu den furchtbarsten Rachehandlungen. Neben diesen Beschwerden lastet auf den Bulgaren härter als je der Druck des Steuereinnehmers. In Otlukkoi, einem von Hafiz von Grund aus verwüsteten Dorfe, fordert er 200,000 Piaster. Bei der Weinlese erscheint der Zehnteinzieher und stellt den Preis doppelt so hoch, als der Marktpreis ist. Kurz, der alte Unfug wird in seiner ganzen Abscheulichkeit fortgetrieben. Während der beraubten Bevölkerung jegliche Unterstützung vorenthalten ist, werden ihr Bescheinigungen für empfangene Leistungen abgefordert bis zu 15,000 Piaster, wo man auch nicht einen Para gesehen hatte. Dem Transport von Beisteuern für die Nothleidenden werden unübersteigliche Hindernisse in den Weg gelegt und die Kommissäre schreiben, daß ihnen bis Ende Oktober 1876 noch kein Leintuch oder sonst Etwas zugekommen sei. Man weiß nicht, ob der Fehler mehr an den Ortsbehörden oder an der Regierung in Konstantinopel liegt; kein Theil ist unschuldig.

Nur glaube man ja nicht, daß die Bulgarei darin etwa eine Ausnahmsstellung einnehme. Im Türkenreiche bildet die Mißregierung mit allen sie begleitenden Uebeln eine von sämmtlichen Unterthanen des Sultans empfundene Geißel. Auf dem asiatischen Muselmann und besonders auf dem Araber von Yemen und anderen Gebieten lastet das Joch des erobernden Osmanli nach Jahrhunderte dauernder Unterwerfung so bitter wie auf dem verfeinerteren Griechen und dem gewerbfleißigen Armenier. Der Mischmasch östlicher Rassen, die Verschmelzung von Türken und Arabern, verabscheut ihre erzwungene Verbindung mit dem turanischen Unterdrücker; ihr ganzes Dasein gipfelt im unauslöschlichen Haß gegen die Osmanli.

Bulgaren.

Zu dem himmelschreienden Unrecht und anderen Schrecknissen gesellt sich, wie der Berichterstatter ausführt, zumal seit der Krieg im Reiche wüthet, in Anatolien Rumelien, in Armenien wie in Bosnien der gleiche Mangel an kräftigen Armen zur Arbeit, dasselbe Darniederliegen des Landbaues, dieselbe Aussicht auf Leiden und Tod von Hungersnoth und Winterkälte. Eine solche Wüstenei hat der Osmanli aus den herrlichen Landschaften gemacht, welche ihm die Eroberung zu Füßen legte, in blindem Gehorsam gegen den verhängnißvollen Trieb, der jeden Schuh des Bodens, welchen das Pferd des Tataren betritt, zur ewigen Einöde verdammt. Je mehr man (so schreibt ein Engländer!) von der Türkei sieht und weiß, desto fester wird man davon überzeugt, daß das einzige Heilmittel für ihre Uebel in einer gemeinsamen Besetzung ihrer Provinzen und ihrer Hauptstadt besteht und in dem wenigstens zeitweiligen Verdrängen einer stumpfsinnigen Zwingherrschaft, worin mit unbedingter Unfähigkeit zum Guten der abgefeimteste Trieb zum Bösen verquickt ist, durch eine fremde Regierung.

Die Geschicke des Bulgarenvolkes, welche wir in Vorstehendem geschildert, machen uns begierig, auch das Land kennen zu lernen, welches es bewohnt. Schon haben wir darauf hingewiesen, daß Donau-Bulgarien das natürliche Bollwerk der Türkei gegen einen von Norden her anrückenden Gegner sei, und von diesem Gesichtspunkte aus ist das Land doppelt interessant.

Wie wir wissen, bildet der Lauf der Donau die Grenze Bulgariens gegen Rumänien, und dieser Strom ist zugleich die nördlichste, oft bewährte Vertheidigungslinie, welche schon von der Natur mit mannichfachen, schwer wiegenden Vorzügen ausgestattet ist. Zahlreiche, meist schmale, aber langgestreckte Inseln liegen nämlich in der Donau, jedoch fast insgesammt dicht am rumänischen Ufer, wodurch der Feind genöthigt ist, will er den Strom überschreiten, seinen Uebergang stets über den breiteren Hauptarm am rechten Ufer, unmittelbar unter dem nächsten Frontbereiche der Vertheidigung, anzustellen. Letzterer kommt der Umstand zugute, daß das feste bulgarische Ufer das sumpfige rumänische durchgängig überhöht, alle auf bulgarischer Seite erbauten Donaubefestigungen daher ganz natürlich das nördliche Ufer beherrschen. Solcher befestigter Plätze giebt es nun eine ganze Reihe an der Donau und auf diesen bulgarischen Festungen beruht eine der wichtigsten Operationsbasen für ein zur Vertheidigung bestimmtes türkisches Heer.

Die oberste bulgarische Donaufestung ist **Widdin**, eine Stadt von etwa 20,000 Einwohnern, unfern von der durch den Timok bezeichneten serbischen Grenze, in ihrer Haltbarkeit erhöht durch eine Citadelle, eine befestigte Insel in der Donau und Moräste auf der Landseite. Eine sanft gewellte Ebene bildet das Glacis der Widdiner Festung, und dort, wo sie endet, beginnt ein grüner Hügelkranz, auf dem junger Eichenstand mit Mais- und Weinkulturen wechselt. Dieses hügelige Terrain zieht sich im flachen Bogen von Vitbol über Tatartschik, Rianovze, Hinova, Alvadschi bis zur Donau, ohne ein landschaftliches Moment zu bieten. Widdins Lage, obwol im Ganzen sehr günstig, wird indeß wesentlich durch das auf rumänischem Gebiete gegenüberliegende stark befestigte und verschanzte **Kalafat** beeinträchtigt, welches den eigentlichen Schlüssel zur Position Widdins bildet. Dieses Platzes müßten sich die Vertheidiger von Widdin vor Allem bemächtigen, wenn sie Aussicht auf Erfolg haben wollen.

Von Widdin führt eine 1863 von Mithad Pascha neu angelegte Straße über den Balkan ins Thal der Nischawa, welche der bulgarischen Morawa zufließt. Herr F. Kanitz hat diese Straße in umgekehrter Richtung begangen, indem er von der Stadt Nisch nach der Donau wanderte. Ihre Trace führt von Nisch über die Suva-Planina ins Thal der Nischava, bis Ak-Palanka, übersetzt den Fluß bei diesem Orte, durchzieht sodann das Quellgebiet des Trgovischti Timoks, die Vorberge des Hodscha-Balkans, übersteigt sie mittels des Sveti-Nikola-Passes, senkt sich jenseits der Wasserscheide hinab in das Quellenrevier des Loms, um bei dem Gabelpunkte Falkovce, mit einem Zweige dem Laufe dieses Flusses folgend, die wichtige Handelsstadt Lom-Palanka an der Donau und mit einem zweiten über Belogradschik die Festung Widdin zu erreichen.

Widdin.

Die türkisch-bulgarische Stadt Lom-Palanka, eine der wichtigsten Dampfschiffstationen an der unteren Donau, ist in raschem Aufblühen begriffen und ungemein handelsthätig. Sie ist der Ausfuhrhafen der Centraltürkei, besonders für Leder und Getreide. Die Stadt, Sitz eines Kaimakams, erweitert sich fortwährend durch Neubauten und strebt auch nach materiellen Verbesserungen, weniger nach geistigem Aufschwung. Sie zählt übrigens auch nominell zur langen Liste türkischer Donaufestungen, unter welchen noch Rahowa, Nikopoli, Rustschuk, Silistria, Hirsowa, Matschin und Isaktschi figuriren.

Wenn wir von dem echt türkischen, von europäischem Wesen noch kaum gestreiften Rahowa absehen, so ist Nikopoli die nächst bedeutendste Donaustadt. Sie liegt in einer langgedehnten Schlucht, welche gegen die Donau sich erweitert. Die türkische Regierung, welche sich um das Aufblühen ihrer Handelsstädte nicht kümmert, drückt auch zu Nikopoli den Verkehr mit unnützen fiskalischen Plackereien, so daß selbst dessen außer allem Verhältniß zur Produktions- und Entwickelungsfähigkeit Donau-Bulgariens stehender Handel einzig auf Rechnung seiner Kaufleute zu setzen ist. Diese höchst unbedeutende

Stellung Nikopoli's im Donauhandel und sein ungebrochener orientalischer Anstrich erklären sich durch dessen vorherrschend türkische Bevölkerung. Nikopoli ist jedenfalls zwischen Widdin und Rustschuk der einzige Punkt, der mit einigem Recht auf den Namen einer Festung Anspruch machen kann. Nur Nikopoli vermöchte die Ueberschreitung der Donau durch einen aus dem jenseitigen Aluta-Thale vorgehenden Feind zu hindern und, falls sie dennoch erfolgte, eine bedrohliche Position im Rücken des Gegners zu bilden. Wol müßten die Türken in allen Fällen sich bei Annäherung des Feindes in den Besitz des gegenüberliegenden Brückenkopfes Turen Margureli setzen und ihn wie in früheren Zeiten befestigen. Denn dieser Punkt bedeutet für Nikopoli genau dasselbe, was Kalafat für Widdin, was Giurgevo für Rustschuk.

Nach Osten die Donau abwärts fahrend, gelangen wir nach Schwischtow, bei den neubulgarischen Schriftstellern auch Svejeschtow, im Occident bekannter als Sistow; sie gilt als eine der wohlhabendsten Handelsstädte der unteren Donau. Von dieser aus gesehen, gewährt Schwischtow einen sehr freundlichen Anblick. Die Stadt lehnt sich und steigt theilweise amphitheatralisch auf an den mit Obst- und Weingärten bedeckten Höhen des Kad-bair und erhielt früher durch die nunmehr zerbröckelnden Ruinen des mittelalterlichen Schlosses der Tschuka-Höhe einen malerischen Abschluß. Die Stadt ging übrigens von 1873 bis 1876 bedeutend in ihrem Wohlstande zurück, denn die Haupteinnahmsquelle der bulgarischen Stadt- und Landbevölkerung, die früher schwunghaft betriebene Viehzucht, wurde durch das ihr zum Zwecke der Tscherkessen-Ansiedlung entzogene Weideland ansehnlich reduzirt. Auch litt der Feldbau in den letzten Jahren durch die mangelnde Aussaat, und es stand zu befürchten, daß durch die verkehrten Maßregeln des türkischen Regiments auch der gesegnete Boden Bulgariens dem traurigen Schicksale seiner anatolischen Provinzen anheimfallen könnte! Schwischtow zählt gegenwärtig nahezu an 2000 bulgarische, etwa 100 walachische, 1532 türkische und 160 Zigeunerhäuser; für die Verbesserung des Schulwesens wurden die größten Summen von Seiten ausgewanderter Bulgaren gespendet und Schwischtow war eine der ersten bulgarischen Städte, wo die slavisch-nationale Sprache in die Schule eingeführt wurde.

Die nächstfolgende Donaustadt ist Rustschuk, die Hauptstadt Donaubulgariens oder des „Tuna-Vilajets", die sich als solche schon durch die am Landeplatz herrschende größere Lebhaftigkeit ankündet. Der Dampfer legt nahe den Quadermauern eines von Mithad Pascha vor Jahren begonnenen Kaibaues an, der noch heute der Vollendung wartet, und den via „Rustschuk-Varna-Railway" nach Konstantinopel Reisenden schon beim Betreten großherrlichen Bodens das sprechendste Zeugniß türkischer Reform des „Ueberall Beginnens und nirgends Beendens" deutlich vors Auge führt. Wie alle Hafenstädte Bulgariens, so liegt auch Rustschuk an einem der zahlreichen Flüßchen, dem Lom, welche dem Nordabhange der westlichen Balkankette entfließen und mit ziemlich eingehaltenem Laufe südnördlich in die Donau münden. Rustschuks Glanzpunkt bildet dessen herrliche Umgebung; sonst vermag es weder mit dem rumänischen Giurgevo noch mit dem jung aufstrebenden Belgrad

Hellwald, Türkei I. Leipzig: Verlag von Otto Spamer.

Bulgaren auf der Donau.

was Architektur, Pflaster, Beleuchtung und Reinlichkeit betrifft, zu wetteifern. Denn europäischen Anstrich zeigen selbst heute und auch da nur, wenn man auf eine Musterung des Einzelnen verzichtet, zwei bis drei Straßen, und zwar in dem Stadttheile, wo das christliche bulgarische und großentheils fremdländische Element vorherrschen. Die breite Straße, welche vom Bahnhof von dem ersten Thore zum zweiten führt, schaut ganz europäisch aus. Eine Kaserne, Kaffeehäuser, das Stadtspital mit der Inschrift „Hôpital de la ville" über dem Thorbogen und ein paar Halbmonde auf den Pfeilern, mehrere Wirthshäuser und eine Reihe schlecht und dürftig aussehender europäischer Gebäude bilden ihre Dekoration.

Schwischtew.

Unter der etwa 23,000 Köpfe zählenden Bevölkerung befinden sich nach türkischen Quellen in runden Zahlen beiläufig 10,800 Türken, 7700 Bulgaren, 1000 Juden, 800 Armenier, 500 Zigeuner und 1000 türkische Soldaten; der Rest sind Fremde. Unter den Einheimischen sind die Bulgaren entschieden die strebsamsten. Ihre Schulen stehen zwar noch nicht auf besonders hoher Stufe, doch bemüht man sich eifrigst, sie entsprechend zu entwickeln. Allmählich gewinnt auch der jüngere Theil der bulgarischen Bevölkerung Geschmack an europäischen Vergnügungen.

Rustschuk zählt nominell zur langen Liste türkischer Donaufestungen, welche Graf Moltke in noch heute ganz zutreffender Weise schildert: „Ihre Befestigung ist nach unseren Begriffen sehr armselig. Ein bastionirter Hauptwall mit geringem Commandement und ohne Außenwerke, trockene Gräben mit revetirter Escarpe und Contreescarpe, aber von geringer Tiefe und Breite, Linien, welche enfilirt und oft in großer Nähe dominirt sind, reichliche Vorräthe an Lebensmitteln, Pulver und Waffen, zahlreiches Geschütz, gänzlicher Mangel an gemauertem Hohlbau und ein durch Häuser aus Fachwerk und Lehm sehr beengter innerer Raum sind die Eigenthümlichkeiten, welche wir fast überall wiederfinden." Ein Besucher aus dem Jahre 1871 sagt: „Rustschuk ist eine unbedeutende Festung, welche einen dauernden Widerstand zu leisten nicht im Stande ist. Die Befestigungen bestehen aus zwei Wällen von unbedeutender Höhe nebst zwei wasserlosen Gräben; einige Bastionen schützen die Stadt nach der Donauseite und beherrschen mit ihren Kanonen den Strom. Auf der Landseite erhebt sich nicht weit von der Festung ein Berg, der unbefestigt ist. Eine Batterie, auf diesem Berge aufgestellt, würde die Festung nach einigen Kanonenschüssen zur Kapitulation zwingen." Nach neueren Mittheilungen sollte Rustschuk mehrere detaschirte Forts und Kasernen für 6000 Mann erhalten. „Ich zweifle nicht", sagt Kanitz, „daß zu Stambul Aehnliches beabsichtigt, vielleicht auch befohlen worden ist. Doch warten wir den Fortschritt der Arbeiten ab. In der Türkei geschieht allerdings Vieles, leider aber größtentheils nur auf dem — Zeitungspapiere!" Indeß hieß es doch im Frühjahre 1877, wo die Türkei sich auf einen Krieg gegen Rußland den ganzen Winter über vorbereitet hatte, daß die „türkischen Festungen, welche, Silistria und Schumla ausgenommen, in elendem, halbverfallenem Bauzustande sich befanden und mit fast unbrauchbaren Wallgeschützen armirt waren, aus Schutt und Asche auferstanden sind, und heute starrt das rechte Stromufer von Nikopoli bis nach Sulina von neuen vorzüglichen, zumeist von deutschen Ingenieuroffizieren angelegten Befestigungen, welche mit stählernen Hinterladegeschützen und genügender Munition versehen sind(?)."

Unter diesen Donaufestungen nimmt unstreitig Silistria in dem Winkel, den die einströmende Tischa mit der Donau bildet, den ersten Rang ein. Ihre hauptsächlichsten Werke bestehen aus der bastionirten Umwallung und den isolirten Außenwerken. Der Front gegen Rustschuk wurden überdies Erdwerke vorgelegt. Die die benachbarten Höhen vertheidigenden isolirten Werke sind: die Arab-Tabia, die Ordon-Tabia, die Yalen-Tabia und das große Reduit Abdul-Medschid. Zwei dieser Werke, Arab-Tabia und Yalen-Tabia, machen Front gegen Südosten, also nach der Landseite; sie sind im Rücken offen und nur durch starke passagere Tambourirungen geschlossen. Indeß verfügt Silistria über sehr beschränkte Unterkunftsräume, was doppelt empfindlich wirkt, wenn man erwägt, daß hier neben den Besatzungstruppen ein Operationscorps äußerst nothwendig erscheint. In diesem Sinne bedarf Silistria einer Besatzung von mindestens 25,000 Mann.

Uebrigens besitzt als Vertheidigungslinie die Donau selbst nur relative Bedeutung; denn wollten die Türken den Strom seiner ganzen Länge nach bis zur Mündung halten, so würden sie sich der Gefahr aussetzen, auf dem einen oder dem anderen Punkte durchbrochen zu werden und einen Theil ihrer Streitkräfte abgeschnitten und vernichtet zu sehen. Der Uebergang über die Donau seitens des Angreifers kann indeß nur entweder zwischen Rustschuk und Silistria oder aber bei Galatz und Braila stattfinden, und es ist zu vermuthen, daß letzterer dem viel gewagteren zwischen den beiden türkischen Festungen Rustschuk und Silistria vorzuziehen ist. Der Uebergang bei Braila gestattet dem eindringenden Feinde, sich gleichzeitig des ganzen unteren Laufes der Donau bis zu deren Mündung zu bemächtigen, sich dort eine sichere Operations-

Rustschuk.

basis zu bilden und auf der großen Heerstraße, die in das Innere Bulgariens und von da nach Konstantinopel führt, weiter vorzurücken. Der Schauplatz solcher Ereignisse wäre in diesem Falle die Dobrutscha, auf welche wir sowol im Hinblicke auf ihre strategische Wichtigkeit als wegen der eigenthümlichen Verhältnisse des Landes näher eingehen müssen. Wir benutzen dazu unter Anderem eine in der „Allgemeinen Zeitung" vom 21. November 1876 erschienene sachkundige Schilderung, in deren Verfasser wir den in orientalischen Dingen wohlbewanderten Baron Schweiger-Lerchenfeld vermuthen.

„Die Dobrutscha ist jener Landstrich der sub-balkanischen Donauzone, der am weitesten gegen Norden hin ausspringt. Er ist gleichsam ein riesiger Brückenkopf für die Türkei, überall von natürlichen Grenzen eingeschlossen, im

19*

Norden und Westen von der Donau, im Osten vom Schwarzen Meere und im Süden durch den Fluß und See Karasu, welche Gewässer die Halbinsel zwischen Küstendsche und Tschernawoda sozusagen von Bulgarien abtrennen. Hier, wo der einzige thalartige Einschnitt das Land in zwei größere Abschnitte gliedert, ziehen noch heute die Ruinen der Trajanischen Fortifikationen riesige Wälle in doppelter Linie. Selten setzen europäische Reisende ihren Fuß in dieses inferiore Gebiet, da die großen Reiserouten nach dem Orient daran nur vorbeiführen. Schon hinter Silistria aber nimmt das türkische Donauufer einen eigenartigen Charakter an. Die letzten runden Bergformen verschwinden allmählich, ebenso die pittoresken Linien des Emineh-Balkan weit unten im Süden. Die Landschaft wird öder und öder. Weidengestrüpp nimmt die lehmigen Ufer ein, oder es fällt der Blick in die weitläufigen Flußbuchten, welche im Hintergrunde von ausgeschwemmten Kalkwänden abgeschlossen sind. Nur hin und wieder trifft man Niederlassungen am Strome selbst, bulgarische Dörfer oder die gelbbraunen Kegelhütten der hier kolonisirten Krim-Tataren. In Tschernawoda, dessen Eisenbahn-Etablissements und sonstige Uferbauten den Reisenden sofort lebhaft interessiren, gewinnt die Dobrutscha von der Donauseite her noch einen letzten schwachen Anstrich von Kultur, dann ist's vorbei. Bekanntlich zieht von dieser Stadt bis Kustendsche am Schwarzen Meer seit Anfang der sechziger Jahre eine etwa 50 km. langer Schienenweg quer durch das Land. Es war dies der erste Versuch, in der Europäischen Türkei Eisenbahnen zu schaffen, aber wie im Orient ein jeder Impuls zur kulturellen Entwicklung durch die furchtbare Macht der uralten Angewohnheiten und einer schwer zu paralysirenden starren Stabilität erheblich gehemmt wird, so blieb auch dieser Anfang durch geraume Zeit mehr vielversprechend als thatsächlich nützlich. Die Bahn als Handelsweg verkürzt die Translokation von der unteren Donau zur Küste des Schwarzen Meeres um ein Bedeutendes. Indeß ist die Handelsbewegung eine nur geringe, und neuester Zeit wurde von türkischen Militärs mehr Wichtigkeit auf die Bahn als Rocade-Linie gelegt. Sie ist, gleichzeitig mit der Linie des Karasubaches und den Trajanswällen, die Operationsbasis einer aus Bulgarien gegen das Donau-Delta vorrückenden Armee.

„Von Tschernawoda ab gewinnen die Donauabhänge an Elevation, aber es ist weit und breit kein Baum zu erblicken, und auf der Hochplatte des Ufers herrscht der Steppencharakter vor. Schon im Frühsommer beginnen die mattenähnlichen Gründe an Farbe und Frische zu verlieren, und in den heißen Sommermonaten brüten Fieberdünste auf den abgedörrten Flächen über Sümpfen und Seen. Die Politik der osmanischen Staatslenker geht bekanntlich schon seit einiger Zeit dahin, durch Heranziehung loyaler moslemitischer Elemente in der Dobrutscha ein Bollwerk für Donau-Bulgarien zu schaffen. Den besten Anlaß hierzu bot ihnen die massenhafte Auswanderung der Tataren aus der Krim, welche, als ein mehr homogenes Element, die autochthone Bevölkerung verstärken und so das Uebergewicht der bulgarisch-slavischen Mitbewohner möglichst brechen sollten. Dies wäre zunächst allerdings nur ein Kolonisirungswerk, das nicht gleichbedeutend mit einem militärischen Cordon gegen Rußland genannt werden kann. Die Tataren sind nämlich ein ziemlich unkriegerisches Volk. Sie haben die Dobrutscha bevölkert, den Boden nach Möglichkeit urbar gemacht und so dem Lande einigen Nutzen zugeführt, ob aber von ihnen im Fall einer russischen Invasion jener zähe Widerstand zu erwarten steht, den man türkischerseits anzunehmen scheint, ist nach den jüngsten Erfahrungen sehr zweifelhaft geworden.

Silistria.

Die osmanische Lokalregierung hat bei Ausbruch des türkisch-serbischen Krieges auch die Dobrutscha-Tataren unter die Waffen gerufen, aber sie leisteten diesem Appell nur ungern Folge; ja viele waffenfähige Männer machten sich zeitig aus dem Staube, um der Anwerbung zu entgehen. Die Tatarendörfer zeigten zum mindesten keine erhebliche Entvölkerung.

„In den engen, schmuzigen Gassen, zwischen den niederen Hütten und Lehmmauern, schleichen die wild aussehenden Emigranten Baktschiserai's, Barasu-Bazars und Eupatoria's. Sie sind im Ganzen genommen gutmüthig und ungefährlich, aber ebenso stumpfsinnig und theilnahmlos gegenüber jeder Art Ingerenz von außen. Viele von ihnen haben sich nur schwer von den heimatlichen Thälern des Yaila-Dagh getrennt. Die Arbeit war ihnen dort leicht, der Ertrag reichlich, und die unermeßlichen Obstgärten der alten Tataren-Metropolen Baktschiserai und Karasu-Bazar waren ein wahrhaftes Erdenparadies. Unter dieser Erinnerung kann ihnen die öde Dobrutscha freilich einen nur schlechten Ersatz bieten. Wer dieses Land in der rauhen Jahreszeit sieht, dem bietet sich wenig Erfreuliches. Die Nordstürme brausen aus Bessarabien über das niedere Donau-Delta hinweg, um die öden Hochsteppen des Landes zu durchfegen. Keine Gebirgslinie unterbricht das Wogen aufgewirbelter Schneemassen, und wenn dann das Wimmern verstummt, die winterliche Sonne aus schweren Dünsten bricht und das unermeßliche Schneefeld von Millionen Eiskrystallen erglimmen macht, tauchen aus den Schneewällen die elenden Behausungen der Kolonisten."

So lange die Donau sich nicht in ihre großen Aeste verzweigt, auf der Linie Braila-Ismail, bleiben das Klima und die Temperatur jenen am westlichen Strombette gleich; die Türken schildern Braila sogar als eine ganz gesunde Stadt. Sobald aber die Verästung des Stromes beginnt, beginnen auch die Sümpfe und die gefürchteten Delta-Fieber. Ein Schüttelfrost befällt den Kranken und kehrt Tag für Tag mit vermehrter Heftigkeit zurück, bis dieser den Anfällen erliegt, oder sich denselben durch einen Klimawechsel entzieht. Im Krimkriege forderte bekanntlich das Sumpffieber in der Dobrutscha die weitaus meisten Opfer. Diese Ungesundheit des Delta soll Ursache sein, daß die Pforte keine beständigen Besatzungen in die größeren Orte an der Donau legte, sondern aus den Eingeborenen eine Miliz bildete. Sie mag das Muster zu dieser Miliz von den aufgelassenen österreichischen Grenzern genommen haben. In der Nähe von Ortschaften oder Kolonien befinden sich nämlich ständige Wachposten von sechzehn Mann. Dieselben werden von Woche zu Woche abgelöst und gehen an ihre gewohnte Feldarbeit, bis der Kommandirende sie wieder einberuft. Sold beziehen sie nicht; nur die Waffen und Weniges in Naturalien. Man findet bei ihnen gewöhnlich lange, unbrauchbare Flinten und Yatagans. Die Wachhäuser sind einfach aus rohen Stämmen zusammengefügte Blockhäuser, mit einem Schilfdach versehen. Die ganze Niederlassung sieht einer Räuberwirthschaft auf ein Haar ähnlich, und in der That sind die Dorobanzen der Dobrutscha berüchtigt wegen ihrer Räubereien und ihrer Gemeinsamkeit mit den in die Wälder und Sümpfe verschlagenen Banditen. Von Zeit zu Zeit mußten die Statthalter militärische Expeditionen in die Dobrutscha ausrüsten, um die Räuber zu bekämpfen und die mit ihnen verbündeten Milizen zu züchtigen. Von den Städten Sulina, Braila, Ismail, Tultscha u. s. w. flieht nämlich jeder Verbrecher, wenn er nicht das Glück hat, ein Mohammedaner zu sein, in das Delta und treibt sich dort einige Zeit als Räuber herum. Von dem Gesindel, welches sich in Sulina und in anderen Städten der Delta-Umgebung ansammelt, hat man in civilisirten Ländern keinen Begriff. Türken und Tscherkessen; Zigeuner und Neger, Bulgaren und Walachen, Russen und Serben, Matrosen aller Nationen, bankerotte Kaufleute aus allen Städten des Orients und das Alles, bei der türkischen Indolenz, in einer Freiheit der Bewegung, gegen welche nordamerikanische Zwanglosigkeit als die Kindheit der staatlichen Freiheit erscheint. Glaubwürdige Reisende haben vor Jahren ein französisches Plakat in Sulina gesehen, welches der Kaimakam anschlagen ließ und welches mit den Worten begann: „Es ist verboten, alle Tage in den Straßen von Sulina zu morden ..." Das ist ein Ton aus der Hafenstadt des kostbaren Donau-Delta, welcher bezeugt, daß in der Türkei so recht eigentlich die Nacht herrscht.

Paternosterwerk in der Dobrutscha.

Wie der Weg an der Meeresküste aussieht, darüber belehrt uns ein Mitglied der Donau-Regulirungskommission, welches von Sulina aus nur nach dem Dorfe Kara Orman zu fahren hatte. „Wir benutzten zu unserer Exkursion — sagt unser Gewährsmann — zwei niedrige, hölzerne, mit kleinen Pferden bespannte Wagen, das landesübliche Fuhrwerk. Selbst die Räder waren nicht mit Eisen beschlagen und unvollkommen abgerundet, so daß wir auf den schlechten Wegen entsetzliche Stöße erlitten. Der Weg führte zwei und eine halbe Meile hart am Meeresstrande über unfahrbare Dünen, die zum Theil mit Schiffstrümmern bedeckt sind. Die Fahrt ist demnach nur auf dem, unter der Meereswelle befindlichen festen Sande möglich, und die Pferde gingen mitunter bis zum Bauch im Meerwasser. Endlich nach fast dreistündiger Fahrt am Meeresstrande bog eine Art Weg in das Land hinein. Er schlängelte sich auf einem trockenen Sandrücken durch das Rohr dahin. Wir stiegen vom Wagen, um unsere zermarterten Glieder in ihre natürlichen Funktionen zurück zu versetzen. Wir wanderten durch zwölf bis fünfzehn Fuß hohe Rohrwände. Ein Reiter kam uns, vom Dorfe entsendet, entgegen, um uns dahin zu geleiten. Wir mußten jetzt mehrere mit schwarzem Meerwasser bedeckte Flächen passiren. Plötzlich standen unsere übermüdeten Pferde still und waren weder durch Flüche noch durch Peitschenhiebe aus ihrer Stellung zu bringen. Alsdann hörten wir in unserer Nähe lautes Geprassel und sahen die lichten Flammen uns entgegenschlagen. Eine unerwartete Wendung führte uns gerade einem Feuermeere entgegen, das vom brennenden Schilfrohr genährt wurde. Eine erstickende Glut umwehte uns. Doch bald befanden wir uns auf einer bereits ausgebrannten Fläche in Sicherheit. Wir hatten die Wasser- und Feuerprobe bestanden. Bald waren wir in der Nähe des Dorfes. Der Ort Kara Orman enthält siebzig Häuser. Die Häuser sind aus Lehm gebaut und mit Rohr gedeckt. Unmittelbar hinter dem Dorfe breiten die Eichen eines großen Waldes ihre Aeste aus. Der Wald gleicht einem vollkommenen Urwald. Die Bewohner dieses Ortes sind sämmtlich Russen." ... Auf der Rückfahrt mußte die Kommission abermals den Schilfbrand passiren. Diese Brände bedeuten im Donau-Delta dasselbe, was die Prairiebrände in den südamerikanischen Pampas. Sie sind eine wahre Landplage. Sie würden bei einem feindlichen Einfalle zu einer gefährlichen Waffe für den mit dem Boden vertrauten Vertheidiger werden. Uebrigens kann man, wenn man hier die beschriebene Beschaffenheit des Küstenweges, und zwar des besten Theiles in der Nähe der Hafenstadt in Erwägung zieht, wol kaum mehr annehmen, daß eine Armee mit Sack und Pack und Train und Artillerie auf demselben vorzudringen wagen möchte. Auch von der Seeseite her wäre durch Schiffe eine Unterstützung der Expedition nicht möglich, so lange die englischen Schiffe zwischen Varna und Sulina kreuzen.

Innerhalb des Delta, zwischen der Küste in der Ausästung des Stromes, sind es vorzüglich die unberechenbaren Sümpfe, welche eine Forcirung unmöglich machen. Es bleibt also noch die Möglichkeit eines Ueberganges zwischen Braila und Ismail, resp. Tultscha. Hier aber haben die Türken ihre Vertheidigungslinie zwischen den Festungen. Die starken und neuerdings renovirten

Plätze und bedeutende Erdwerke an allen zugänglichen Punkten kommen hier in Betracht. Die Türken scheinen ein solches Vertrauen zu dieser ihrer verbesserten Vertheidigungslinie zu haben, daß sie erst in der allerletzten Zeit daran dachten, eine größere Armee gegen Braila zu dirigiren. Sie soll gegen 40,000 Mann zählen, ihr Stab ist bereits nach Tultscha dirigirt. Tultscha-Jsmail bildet eine Doppelstadt an dem Auszweigungspunkte der Donauarme. Von hier aus werden die verschiedenen Stromarme überwacht. Der wichtigste ist bekanntlich der Sulina-Arm, der große Kanal, der die Schifffahrt zwischen dem Strome und dem Schwarzen Meere vermittelt. Der nördliche, der Kilia-Arm, wird nur noch von kleineren walachischen und russischen Schiffen befahren; der südliche Arm, der St. Georgs-Kanal, ist abgesperrt und völlig vernachlässigt. Er hat eine Breite von durchschnittlich 4400 m., soll aber sehr seicht sein; die Sulina hat nur 160 m. Auf der Fahrt von Tultscha nach Sulina erkennt man die ganze großartige Wildniß, welche das Delta repräsentirt. Es ist ein Labyrinth von Flußarmen, Seen, Teichen und Lachen, alle mit hohem Schilf bedeckt; nur an erhabenen Stellen trägt der Alluvialboden Waldung. Wildpret jeder Art, Hirsche, Wildschweine, Sumpfvögel in großen Scharen scheinen die einzigen Bewohner des wüsten Gebietes zu sein. Und doch stimmen alle Fachleute darin überein, daß das Delta bei gehörig durchgeführter Regulirung und unter guter Verwaltung mit seinen aufblühenden Städten am Meere alle Eigenschaften zur Erlangung einer ungewöhnlichen Kultur habe!

Die Kommunikationen in der Dobrutscha sind möglichst elend und für einen Armeetrain kaum passirbar. Die vielfach erwähnten unermeßlichen Gestrüppflächen, dann die vielen Sümpfe und der lehmige Boden, erschweren eben so sehr das Vordringen von schwerem Geschütz als der Mangel von Unterkunft, das ungesunde Klima und der Abgang jeglicher Kontributionsmittel im Lande selbst große Truppenbewegungen problematisch machen. Die Kriegsgeschichte lehrt indeß, daß alle diese Umstände eine Forcirung der Dobrutscha nicht zu verhindern vermochten. Das Gelingen derselben gestattet dem Angreifer überdies, mit ganzer Kraft die türkische Hauptmacht innerhalb des ostbulgarischen Festungsvierecks, welches nebst den Donaufestungen Rustschuk und Silistria aus Schumla am Nordfuße des Balkan und Varna am Schwarzen Meere besteht, aufzusuchen und zur Annahme einer Hauptschlacht zu zwingen. Das Innere dieses Festungsvierecks bietet dem Angreifer allerdings wenig Verlockendes. Die ganze aus Plateaux bestehende, von tief eingeschnittenen, meist wasserlosen Thälern durchsetzte Gegend gehört zu der verrufenen, Deli-Orman („der tolle Wald") genannten Landschaft. Dichtes Gebüsch bedeckt den Boden und in demselben liegen inselartig zerstreut kleine Dörfer, Weiler und Gehöfte, welche fast ausschließlich von nichtsunnitischen Türken, den sogenannten Kysylbasch oder Bektaschi, bewohnt werden. Die intensive geheime Feindschaft, welche zwischen den Anhängern Mohammed's und den Kindern Aali's besteht, könnte allerdings ausgebeutet und zu einer gefährlichen Waffe geschmiedet werden; indeß weiß die Welt von diesen Verhältnissen nichts und mag nicht daran glauben, weil bis heute noch kein türkisch redender Gelehrter von Ruf es der Mühe werth erachtet hat, den Thatbestand zu untersuchen. Nichts erscheint also gewisser, als die Flucht der nicht unter Waffen stehenden Einwohner und ihres Viehstandes in die nächsten Wälder

Varna liegt am See von Dewno und an dessen Ausflusse ins Schwarze Meer. Es beherrscht die Operationslinie durch die Dobrutscha nach Schumla und vertheidigt indirekt die Balkanübergänge in der unteren Kamtschykgegend. Von hier vermag ein Operationscorps eben so leicht Diversionen gegen Silistria wie gegen Schumla zu vollführen, und der Besitz des Platzes garantirt der Pforte bei Beherrschung des Küstenmeeres die rasche Heranziehung von Verstärkungen.

Varna.

Was die Befestigungen Varna's anbelangt, so muß konstatirt werden, daß in letzterer Zeit für dieselben sehr viel geschehen ist. Die Seeseite wird durch drei große Batterien, die Landseite durch mehrere Bastionen, welche der alten Umwallung vorliegen, vertheidigt. Die Bastionen sind nach Vauban'schem System konstruirt und mit Krupp'schen Geschützen armirt. Die vorhandenen Kasernen gewähren 8000 Mann bequeme Unterkunft, doch bedarf die Festung mit ihren 250 Geschützen nahezu 15,000 Mann, um sich auf allen Fronten nachdrücklich vertheidigen zu können.

Das eigentliche Bollwerk Bulgariens und somit der ganzen Westtürkei ist Schumla. Die Stadt, welche offen ist und in einer Mulde zwischen mehreren Hügeln liegt, dürfte eine Einwohnerzahl von 50,000 Köpfen haben. Die Hügel tragen zum Theil Schanzen, zum Theil kasemattirte Redouten und das große Kastell beherrscht einen bedeutenden Umkreis. Abgesehen davon, daß dieser Waffenplatz bereits wiederholt russischen Armeen getrotzt, gewinnt derselbe noch mehr an Bedeutung, wenn man erwägt, was für denselben seit dem letzten russisch-türkischen Kriege geschehen ist. Schumla's strategischer Werth beruht in seiner centralen Lage zur Balkan-Zone und als erster Straßenknotenpunkt Bulgariens. Es liegt 5 Märsche von Silistria, 5 Märsche von Rustschuk und 4 Märsche von Varna entfernt. Die hauptsächlichsten Kommunikationen zu und von Schumla sind die Militärstraße Silistria-Mewidschan-Köklüdsche-Seklik-Schumla, jene von Rassowa über Bazardschik, Jasatepe und Jenibazar nach Schumla; ferner die von Rustschuk-Rasgrad-Eski-Dschumaia-Schumla.

Schumla.

Von Schumla führt schließlich eine Militärstraße durch den Engpaß von Jeniköi nach dem westbulgarischen Straßenknotenpunkt Tirnovo, und die Entfernung dahin beträgt 6 starke Tagemärsche. Unter den Militäretablissements des Waffenplatzes sind besonders die drei großen Kasernen, das Hospital und das Arsenal hervorzuheben. Was Schumla eine besondere Vertheidigungsfähigkeit verschafft, sind die zahlreichen natürlichen Terrainhindernisse und die meist sehr tief eingeschnittenen Flüsse, Bäche und Torrenten, die der Donau zuströmen. Auf dem Plateau innerhalb des Vertheidigungsrayons vermögen mindestens 60,000 Mann konzentrirt zu werden, während der Lagerraum zunächst der Befestigungen vielleicht für eine doppelt so große Streitmacht ausreichen würde. Besonders stark ist die befestigte Stellung am sogenannten „Grottenberg". Die Schwäche Schumla's liegt an der rechten Flanke, auf der es bei Prawady leicht umgangen werden kann. Wer Bulgarien besitzen will, muß Schumla besitzen: es ist heute, Dank der Natur und Kunst, ein großes befestigtes Lager geworden, in dem eine ganze Armee mit ihren Vorräthen und ihrem Train Aufstellung nehmen kann, um eventuell daraus hervorzubrechen und sich dahin zurückzuziehen. Schumla sperrt zwei Balkanübergänge: direkt jenen, der als Fortsetzung der Straße Silistria-Schumla oder auch Rustschuk-Schumla über Slivno nach Adrianopel führt, und welcher der wichtigste Uebergang ist, und indirekt den zweiten, der auf der Straße von Sistova nach Tirnovo gegenüber liegt und der Paß von Grahovo genannt wird. Dieser Uebergang führt, nachdem er eine Reihe tief eingeschnittener Defiléen passirt, die leicht zu vertheidigen wären, auf Eski-Sagra dann in das Thal der Maritza und auf Adrianopel.

Die drei Vertheidigungslinien der Türkei in Bulgarien sind also: der Donaustrom, die an dem Eingange des Balkan liegenden befestigten Defiléen mit den Hauptpunkten Schumla und Varna, schließlich das Balkan-Gebirge selbst mit seinen Schluchten und Pässen. Bislang hat man den Balkan allgemein für ein sehr unwegsames Gebirge, seine Pässe für sehr wenig gangbar gehalten. Diese Meinung hält aber nicht Stich vor den Forschungsresultaten unseres Freundes F. Kanitz, welcher vielmehr erwiesen hat, daß die Uebergänge bei weitem nicht so beschwerlich, als man gedacht, und der Balkan überdies ein von Bulgaren bewohntes Gebirge ist, welche einem türkischen Vertheidigungsheere eventuell nicht geringe Verlegenheiten bereiten könnten. Um den Balkan genauer kennen zu lernen, gesellen wir uns am besten Herrn Kanitz bei, dessen Wanderungen uns auch durch die zwischen Donau und Balkan gelegene Mittelstufe Bulgariens mit ihren mannichfachen Städtchen — eben so vielen aufkeimenden Kulturcentren — führen.

Von Rustschuk begab sich Kanitz zu Wagen südwärts nach der alten Zarenstadt Tirnovo an der Jantra. Die beinahe verödet erscheinende Straße führte, vom Lomflusse sich entfernend, in einer nach Feuchtigkeit lechzenden rothbraunen Löß-Landschaft, über ein baumloses Hochplateau, das zur nahen, in unzähligen Krümmungen und träge dahinfließenden, schmuzigbraunen Jantra abfällt; dort stößt man nach der reizlosen Terrasse endlich wieder auf guten Ackerboden, bewaldete Hügel, Obstbäume, Weingärten, und dazwischen arbeitende Menschen in bunter Tracht, dann auf prachtvolle Büffel-, Schafheerden und anderes Vieh in rieselnden Tränken. Die Bevölkerung des Rustschuker Kreises ist eine musivisch zusammengewürfelte; Dörfer, blos von einer Nationalität bewohnt, bilden die Ausnahme. Gewöhnlich sind es bulgarische, seltener türkische. Dabei ist es charakteristisch, daß jede Nationalität, so auch Tataren und Tscherkessen, stets ihr vollkommen gesondertes „Mahale“ (Viertel) neben dem Stammdorfe angesiedelt hat und gewissermaßen eine Gemeinde in der Gemeinde bildet. Auf der Straße nach Tirnovo kommt man durch schöne Dörfer, worunter Odalar prächtige Pferde züchtet. Der Boden ist hier vorzüglich, die Landschaft oft voller Reize. Mais- und Weizenfelder, von kleinen Wassern durchrieseltes Wiesenland, Weingärten und kleine Obstwäldchen, dann zahlreiche Quellbrunnen charakterisiren das linke Jantraufer, dessen Höhen ziemlich weit vom Flusse sich entfernen, während die rechtsseitige, schwach bewohnte Lehne nur von Gestrüpp bedeckt und selten durch vereinzelte

Eichengruppen verschönt ist. Auch im Jantrathale wird die Feldwirthschaft sehr primitiv betrieben; alles Holzwerk schnitzt der Landmann selbst, nur Pflugschar und Messer kauft er in der nächsten Stadt. Nachdem die schöne Ebene auf einer kurzen Strecke mit sumpfigen Niederungen abgewechselt, erstieg die Straße den Rand der hier zum Flusse vorspringenden Höhen, dann passirte man den bedeutendsten Jantrazufluß, die Rusiza, deren Quellen aus der höchsten Partie des Balkans herabkommen.

Immer deutlicher trat jetzt gegen Süden die charakteristische Stuhlform der aus der Hochebene steil aufsteigenden Vorberge des Balkans hervor und in dem in gleichmäßig hohe Steilmauern eingeschnittenen Jantradefilé erheben sich dies- und jenseit des Flusses stolz die zwei, in der ganzen bulgarischen Christenheit berühmten Klöster Sveto Troiza und Sveto Preobraschenji. Beide genießen die höchste Verehrung; denn Natur und Mönche haben Alles gethan, um sie mit mystischem Nimbus zu umkleiden. Auch die Lage der alten Zarenstadt Tirnovo ist überraschend.

Den äußersten Westen des Bildes — schreibt Kanitz — begrenzen jene beiden, die Klosterschlucht schließenden Pilone, durch welche ich nördlich von Rustschuk hergekommen. An dem am linken Jantraufer aufragenden „Orel" (Adler, türkisch „Kartalbair") schließt sich hüglig-felsiges Terrain in Gestalt eines mit zwei Bügeln im Halbkreis ausgreifenden Spornes, der allseitig von der Jantra umflossen, von den jenseitigen Erhebungen des rechten Ufers auf kurze Distanz dominirt wird. Vom „Orel" nur durch eine niedrige Einsattlung getrennt, erhebt sich ein Mamelon, an dem der beinahe ausschließlich christliche Stadttheil terrassenförmig aufsteigt. Vom steilen Ufer hinan drängt sich dort Haus an Haus, Magazine, Kaufhallen, Hane, darunter auch mein Hauptquartier „Bella Bona", hart aneinander. Kaum sollte man glauben, daß die Leute hinreichende Luft zum Athmen haben. Die Kostbarkeit des Raumes zwang sie, eine Seltenheit im Oriente, zwei bis drei Stockwerke hoch zu bauen. Diesen Hügel krönt die, den Slavenaposteln Kiril und Metod geweihte zweikupplige Kirche und dicht neben ihr die bescheidene Residenz des Bischofs von Tirnovo. Vom Fuße dieses an der Südseite vollkommen überbauten Hügels zieht sich mehr auf ebenem Terrain ein zweites Viertel hin, das Bulgaren und Türken gemeinsam bewohnen und dessen Mittelpunkt das „Serai" des Mutessarifs (Gouverneurs) bildet. Der folgende Stadttheil trägt einen sehr freundlich behäbigen Charakter. Seine Bauten sind weniger gedrängt und überall von schönem Grün durchwachsen. Hier bilden die Osmanli die Majorität. Ihre Häuser kennzeichnen die hohen Mauer- oder Breterpalissaden zur Genüge; denn der Türke liebt es bekanntlich nicht, daß ein fremdes Auge in sein Haus, das in Wahrheit seine Burg ist, hineinblickt. Hier in diesem Viertel sind beinahe alle etwas hervorragenden neueren Monumentalbauten vereinigt. Dem dichten Gewühl von Häusern, das bis zur Ghazi-Ferüsch-Bei-Brücke streicht, geben Minaret und Spitzdach der „Saradsch-Dschami", weiter südlicher, Kuppel, Minaret und die vereinzelte Riesenpappel der „Kurschunlu dschami", zwischen beiden der „Satjasti" (Uhrthurm) und noch viele andere Minarete, Kuppeln von Moscheen und Bädern belebenden Wechsel und Zier. Sie wirken doppelt wohlthätig, da die Häuschen sich durchschnittlich zum Verwechseln ähnlich sehen, und nur durch die verschiedenfarbige gelbe, rothe, braune oder blaue Tünche von einander abheben. Doch mehr als alle zuvor erwähnten, durch ihre bescheidene Umgebung über ihren architektonischen Werth erhobenen Werke von Menschenhand erregt unser Staunen jene merkwürdige Felsbrücke, welche aus diesem Stadttheile zum gegenüberliegenden kegelförmigen „Carevecberg" hinüberführt. Schon sein Name kennzeichnet ihn als den Ort, auf dem einst die Residenz der Bulgarenzare gestanden. Ihre Spur ist vertilgt, der Name geblieben. Auch die Türken nennen ihn „Hisar-bai" (Schloßberg) und die hoch oben ihn krönende Moschee die „Hisar-Dschami" (Schloß-Moschee). Die höchste Partie des tumulusartig aufsteigenden Berges heißt aber „Tschantepe" (Glockenhügel). Der „Hisar" ist ausschließlich von Türken bewohnt."

Nachdem Kanitz in Tirnovo sich für seine Expedition ausgerüstet, begab er sich zunächst nach Schwischtow an der Donau und von dort nach Selvi. Höchst interessant sind Kanitz' Mittheilungen über das Unterkommen auf Reisen im illyrischen Dreieck, sowie über die charakteristischen Unterschiede zwischen den „Mussafirlik" der türkischen und den Hans der christlichen Ortschaften. Das türkische „Mussafirlik" (Haus für Gäste) wurzelt im schönen Korangebote der Gastfreundschaft für alle Menschen. In keinem nur etwas bedeutenderen moslem'schen Dorfe fehlt ein bescheidenes Häuschen mit stets offen gehaltenem Raume für durchziehende Pilger, welche bei Sonnenbrand dort ausruhen, im Winter an der Feuerstelle sich wärmen, Kaffee nehmen und ohne Bezahlung durch drei Tage auf den ausgebreiteten Rohrmatten ihr Lager aufschlagen können. Das „Gästehaus" wird von der Gemeinde erbaut und erhalten, was bei seiner spärlichen Einrichtung und den frugalen Mahlen allerdings nicht sehr kostspielig ist. Auf diese wohlthätige Einrichtung kann der Fremde also in moslem'schen Orten immer, selbst in später Nacht, rechnen, sobald ihm deren Auffindung gelingt, was jedoch nicht immer leicht ist. Dagegen bedarf es wegen seiner Nahrung und des Futters für seine müden Pferde in vielen Fällen noch sehr umständlicher Unterhandlungen mit dem Orts-Muchtar und Konsorten, welche meistens erst mit dem Hinweis auf ansehnliches Bakschisch zur Hebung aller Schwierigkeiten führen. Ganz anders in den christlichen Ortschaften. Zieht man es nicht vor, von seinen amtlichen Empfehlungen Gebrauch zu machen, so findet man selbst im kleinsten Christendorfe einen von spekulativen Bulgaren, Zinzaren oder Griechen gehaltenen Han. Oft bietet dieser allerdings noch geringeren Komfort als das moslem'sche Mussafirlik, doch gewährt er den großen Vortheil raschen Prozesses. Enthoben alles Parlamentirens reitet man in den Hofraum, der Wirth ruft sein „Dobro doschle!" (Glückliche Ankunft!), hilft dem Gaste aus dem Bügel, reicht ihm sofort ein Glas Wein und sorgt mit seinen Burschen für ihn, dessen Leute und Thiere. Ein solcher Han vereinigt in einem Bulgarendorfe auch gewöhnlich Alles, was der Dörfler bei uns an verschiedenen Orten suchen muß.

Auf seinen Kreuz- und Querzügen lernte Kanitz alle Städte und ansehnlicheren Plätze Bulgariens kennen und heben wir aus diesen nur die wichtigsten hervor.

Die Kreisstadt Selvi zählt 551 türkische und 668 bulgarische Häuser. Selvi's türkischer Stadttheil bietet wenig anziehende Bilder, dagegen spricht für den intellektuellen Fortschritt der bulgarischen Gemeinde das hübsche Schulgebäude, in dem fünf Lehrer Unterricht ertheilen.

Han (Einkehrhaus) in Bulgarien.

Je höher Kanitz stieg, desto schwächer wurde auf der sonst trefflichen Fahrstraße der Verkehr, desto seltener erschienen geschlossene Ortschaften und um so häufiger lösten sich die einzelnen Dorfgemeinden in zahlreiche kleine Weiler auf. Dieses von der Natur und durch die vorwaltende Viehzucht, Holzindustrie u. s. w. bedingte Weilersystem herrscht in der ganzen nördlichen, ausschließlich von Bulgaren bewohnten centralen Zone des Balkans. Nach Ueberschreitung einer niederen Wasserscheide und nachdem sich das Defilé zwischen Kalkschieferwänden auf eine kurze Strecke thorartig verengt hat, tritt das Thal des Jantraflusses in ungeahnter Pracht entgegen. Nach abwärts begleiten seinen Lauf mit jungem Laubwald bedecktes welliges Hügelland und wohlbestellte Kulturflächen, gegen Süden zeigen sich aber am Hange hoher Berge die Thürme seiner blühendsten Industriestadt, des durch ganz Bulgarien berühmten Gabrovo (640 m. Seehöhe), einer Stadt von nahezu italienischem Charakter mit stattlichen Gebäuden, Kirchen, Brücken und buntem Treiben in den Straßen. Gabrovo ist sowol Fabrik- als Handelsstadt; sein Schwerpunkt liegt aber jedenfalls nach ersterer Seite. Männer, Frauen, Kinder bis zum zartesten Alter findet man, wo immer man eintritt, beschäftigt, und wenn nichts Anderes so wird doch gewiß „Scheig" fast in jedem Hause produzirt. Wie in allen Städten des Orients sind auch hier größtentheils Werkstätten und Verkaufsladen mit einander vereinigt; die Trennung des en gros- und Detailhandels ist hier noch nicht bekannt, der Fabrikant ist zugleich Verkäufer. Gabrovo war die erste bulgarische Stadt, in der Kanitz keinen eingeborenen Moslem erblickte: desto angenehmer fällt die außerordentliche Intelligenz und Rührigkeit seiner Bewohner auf, von welchen viele ein gutes Stück Welt gesehen haben. Auch das bulgarische Schulwesen hat hier einen außerordentlich raschen Aufschwung gewonnen. Zur Hebung des Verkehrs errichtete die türkische Regierung zu Gabrovo, wie in den meisten Kreisstädten, vor einigen Jahren Postämter, gewiß ein anerkennenswerther Fortschritt, würde er nicht durch den kleinen Umstand illusorisch gemacht, daß der fungirende Beamte überall, nur nicht auf seinem Bureau zu treffen ist, und selbst auf wiederholte Klagen scheinen die Postadschi nicht gewillt, ihren Kef etwas zu kürzen. Dann wundert sich die Pforte, daß die europäischen Mächte ihre vertragsmäßigen Positionen in der Türkei, nicht vertrauensselig der türkischen Postverwaltung ausliefern wollen. Diese wird wol am besten dadurch gekennzeichnet, daß, wo österreichische Postämter bestehen oder sich eine andere sichere Gelegenheit darbietet, der Moslem selbst der keinen Verlaß gewährenden türkischen Post selten Vertrauen schenkt.

Von Gabrovo führt der leicht passirbare Schibka-Paß durch das vorherrschend christliche Westbulgarien über den Balkan in das Herz der Türkei, in das Maritzabecken nach Philippopel und Adrianopel, und verdient somit auch für den Handelsverkehr hohe Beachtung. Die türkische Regierung war bisher anderer Meinung. Die Paßhöhe von Schibka beträgt nach Ami Boué 1665, nach Barth 1444 m. über dem Meere. Kaum war ihr schmaler, scharfer Rücken erreicht, als das thrakische Schiras, jenes vielgepriesene, in Wahrheit einzig prächtige Rosenbecken von Kazanlik, von den Bulgaren auch „Tulovsko polje" genannt, wie durch Zauber vom Sonnenlichte übergossen, plötzlich auftauchte.

In mächtiger Tiefe erscheint das riesige, seiner Schönheit wegen berühmte „Tekne von Kazanlik", eine von sanft gewellten Bergen gegen Südweststürme gesicherte Ebene, erfüllt von Rosengärten und gelben, erntereifen Saatfeldern, zwischen welchen, von leuchtenden Wasserbändern durchzogen und von mächtigen Nußbaumgruppen beschattet, zahlreiche osmanische Ortschaften mit rothen Ziegeldächern und weißen Minareten einladend zum Besuche reizen. Während man von Gabrovo für den nördlichen Aufstieg zum etwa 600 m. höheren Kamme $4^1/_2$ Stunden Ritt rechnet, dauert der Abstieg von diesem nach dem beiläufig 700 m. tiefer gelegenen Dorfe Schibka am Südfuße höchstens eine Stunde. Schibka ist ein großes Dorf mit 800 bulgarischen Häusern, zwei Kirchen, einem neuen Schulhause und drei Lehrern. Südlich breiten sich die weiten Rosenkulturen aus, welchen es seinen großen Wohlstand dankt. Es produzirt 40 bis 45 kgr. Rosenöl, also den zwanzigsten Theil der Gesammtproduktion des Tekne von Kazanlik. Seine Bewohner sind aber auch sonst noch gewerbthätig. In den offenen Läden sah Kanitz Messerschmiede, Drechsler u. s. w. Im Han fand er die Frauen emsig am Webstuhle feines Linnen fertigend. Hier konnte

:r auch in der Art und Weise, wie sie ihren Kef halten, deutlich den Unterschied zwischen Türken und Bulgaren beobachten. Nur der Türke vereint das Raffinement des Kef mit wirklicher Noblesse, dem Bulgaren läßt er schlecht an; sein hervorstechendster Charakterzug bildet ja eben das Gegentheil beschaulicher Ruhe, — die Arbeitsamkeit.

Deshalb hat der Türke, soweit er es vermochte, stets die rauhe Nordseite des Balkan vermieden. Kaum steigt man aber dessen südlichen Rand hinab, so stößt man allenthalben auf moslem'sche Dörfer, wo der wunderbare Boden die geringste Anstrengung reichlich lohnt, und kaum giebt es unter den vielen schönen Thalweitungen Thrakiens eine, die sich mit jener von Kazanlik messen könnte. Darf man sich da wundern, daß die islamitischen Eroberer die eingeborene slavische Bevölkerung hier nahezu verdrängten?

Wie wunderprächtig das Thal von Kazanlik ist, dafür spricht schon, daß von den 123 thrakischen Orten, welche die Rosenölproduktion als Hausindustrie treiben, 42 ihm angehören und daß von 1650 kgr., die im Durchschnitte jährlich im europäischen Gulistan gewonnen werden, 850 etwa, also mehr als die Hälfte, auf dieses entfallen.

Diese Ziffern steigen und fallen natürlich je nach der buchstäblich von „Wind und Wetter" abhängigen Rosenernte.

Die thrakische Rose (Rosa damascena, sempervirens und moschata) mit ungefüllten, leichtrothen Blüten gedeiht am besten auf sandigen, der Sonne ausgesetzten Hängen. Die an den Abdachungen des Balkan wachsende Rose ist um 50 Proz. ölhaltiger als jene in der Ebene, sie giebt auch das stärkere Oel, ist theurer und gesuchter. Kazanlik trägt den Stempel einer echt moslemischen Niederlassung. Von dem nahen, nordöstlich gelegenen „Tülbe bair" genießt man einen lohnenden Blick auf die in einen mächtigen natürlichen Baumpark stellenweise eingehüllte minaretreiche Stadt. Nach Kanitz' Angaben zählt sie heute 2500 bulgarische, 1500 türkische, 30 jüdische und 50 Zigeunerhäuser, deren Gesammteinwohnerzahl er auf 21,000 schätzt. Wenige Stunden westlich von dem in 339 m. Seehöhe gelegenen Kazanlik entfließt die Tundscha der höchsten Partie des gesammten Balkanzuges und schon bald unterhalb der Stadt strömt sie in ansehnlicher Breite, schiffbar wird sie jedoch auch bis zu ihrer Mündung in die Maritza bei Adrianopel nicht.

Auch in Kazanlik traf Kanitz den echten Osmanli bieder und liebenswürdig, sonst aber indolent und um Jahrhunderte hinter dem Occident zurück; den Christen andererseits auf seinem Posten, stets mit dem Gesichte ebenso gegen Westen, wie den Osmanli gegen Osten gewendet, — immer wachsam, schlau, auf den Vortheil bedacht, die europäischen Staatshändel verfolgend und Alles von der Zukunft erwartend.

Von Kazanlik steuerte unser Reisender wieder gegen Norden, dem Balkan von Travna und dem gleichnamigen Industriestädtchen zu. Das schmucke Travna ist das bulgarische Nürnberg, die Stadt der trefflichen Holzschnitzer und Bildnißmaler, deren Werke weit und breit dies- und jenseit des Balkans berühmt und mit Vorliebe zur Ausstattung vornehmerer Häuser und Kirchen gesucht werden. Vom öffentlichen Leben ist in Travna nicht viel zu bemerken.

Nur an den Markttagen wird es in den Straßen lebendiger. Allerorts sieht oder hört man aber mehr oder minder geräuschvolle Zeichen außerordentlicher Betriebsamkeit.

Westlich von den beschriebenen Routen liegt der Uebergang über den Trojan-Balkan, den man am besten von dem Städtchen Lovez ausführt. Lovez liegt in dem breiten Osem-Thale. Wie bestechend farbenprächtig und malerisch sind doch alle diese moslem'schen Städte aus der Ferne! Welche unangenehme Enttäuschungen warten wieder unser? fragt aber der erfahrene Orientkenner im ersten Moment der Ernüchterung, und diese erfolgt regelmäßig, sobald er eine türkische Stadt betritt. Lovez macht keine Ausnahme. Seine Bewohnerzahl beträgt ungefähr etwas über 12,000 Köpfe, worunter die Moslems das vorherrschende Element bilden, und dem entspricht der auffallend orientalische Charakter der Stadt. Wenn man nun untersucht, aus welchen Faktoren ein ziemlich intakt gebliebenes türkisches Gemeinwesen sich zusammensetzt, so wird man staunend bemerken, wie eine Stadt von der Größe Göttingens ohne jeden Arzt, ohne Advokaten, Buchdrucker, Künstler und andere Repräsentanten europäischen Kulturlebens zu existiren weiß. Und doch mit welchem Stolze blickt der Türke auf die bescheidenste seiner Moscheen, auf die vom Loth oft bedeutend abweichenden Minarete, so lange sie nur mit ihrem spitzen, halbmondgekrönten Finger nach oben zeigen. Was fände er noch heute an seiner wackeligen Osembrücke zu tadeln, hätte ein Hochwasser sie nicht halb zerstört! Fatumglaube und Unwissenheit helfen ihm glücklich über viele Dinge hinweg, welche nach seiner Ansicht des Occidentalen Auge und Gefühl mit Unrecht beleidigen. Um übrigens nicht ungerecht zu erscheinen, sei gern die auffallende Rührigkeit der Lovezer Moslems in einigen Gewerben gerühmt. Freilich behauptet man, daß die mohammedanischen Lovezer sich größtentheils aus den nahen Pomacidörfern rekrutiren, welche „bulgarische Moslems“ bewohnen. Auch ist die blühendste Zunft der Stadt jene der Kürschner, welche 80 ausschließlich christliche Meister zählt.

Von Lovez führt eine gute Straße nach dem netten, handelsthätigen Städtchen Trojan, in einem von der Balabanska durchströmten und von hohen Bergen nach Süden überragten, stark undulirten Thale, in 456 m. Seehöhe. Die 17,000 Köpfe seiner Bevölkerung waren zur Zeit des Kanitz'schen Besuches einem Mudir überliefert, einem rohen, auf der Stufe unserer Schiffzieher stehenden Osmanen. Im Gefühle seiner numerischen Schwäche läßt der Türke keine freiheitliche Regung aufkommen. Will der Türke sich erhalten, so muß er herrschen. Viele türkische Beamte haben jedoch die einst gefürchtete, echt osmanische Schneidigkeit verloren. Das von Konstantinopel empfohlene Kokettiren mit occidentalem Brauch machte viele ebenso unsicher in ihrer Haltung, als jene der Rajah sich gegen die Efendis immer zuversichtlicher gestaltete und zum imponirenden Tone überging. In der Nähe von Trojan erhebt sich das gleichnamige Kloster; es ist der Sv. Bogrodica geweiht und zählt zu den verehrtesten Heilstätten Bulgariens. Diese bulgarischen Klöster stellen eigentlich eine der ältesten Typen unserer modernen Produktionsgenossenschaften dar, denn wir dürfen in ihnen eine freiwillige

Vergesellschaftung von Männern, nicht nur zu gemeinsamem religiösen Leben, sondern auch zu gemeinschaftlicher Arbeit und gemeinsamem Erwerb erblicken.

Rosenölfabrikation in Bulgarien.

In den Augen des Volkes stehen diese Klöster in hohem Ansehen, denn der Balkandschi ist von einer tiefen Verehrung für alle Aeußerlichkeiten des orientalischen Kultus erfüllt. Kanitz wandte sich vom Kloster Trojan nach **Novoselo**, einem nur 112 Häuser zählenden Gebirgsorte, der bereits für die umliegenden bulgarischen Ortschaften einen kommerziellen Mittelpunkt bildet. Der Häuserbau zu Novoselo und in sämmtlichen größeren Flecken des nördlichen Balkan ist äußerst charakteristisch und hat einige Aehnlichkeit mit jenem unserer Alpenländer. Von den nahen Höhen schallen Pfeifenrufe und Dudelsacktöne ins Thal herab, denn auch der Balkan hat seine eigenthümliche Poesie, und gerade die Mädchen von Novoselo stehen im weitverbreiteten Rufe, dem Kultus der heidnischen Liebesgöttin gerne mit dem Motto zu huldigen: „Honny soit qui mal y pense."

Von Novoselo begab sich Kanitz auf die Wasserscheide, welche den Vidimo-Fluß von der Rusiza trennt. Die Landschaft ließ sich kaum freundlicher denken; nicht leicht macht man sich eine Idee von dem tiefgesättigten Grün, das in diesen Balkanregionen noch im Spätsommer herrscht, obschon sonst die Vegetation gegen jene der Niederungen in der Reife bedeutend zurückbleibt. Doch erst in 1200 m. Seehöhe wurde unser Wanderer durch den Anblick eines wirklich prächtigen Buchenwaldes erfreut. Gleich darauf hörte er zum ersten Male auf seinen Balkantouren das laute Rauschen eines größeren Wasserfalles und bald sah er eine in unzähligen Sätzen über und durch Phyllitgneisfelsen sich tosend brechende Kaskade, die er als ihr erster Entdecker Ami-Boué-Kaskade taufte. Kurz darnach überschritt Kanitz die Wasserscheide zwischen dem Aegäischen und dem Schwarzen Meere; das laute melodische Rieseln rührte bereits von der Hauptquelle der thrakischen Tundscha her, welche durch kleine, vom Mara-Gedük und dem östlicheren Bele Gozedarnik abfließende Fäden gebildet wird. Durch eine steil abstürzende, tief eingerissene Schlucht fließt die Tundscha bei Bujakova hinaus in das rosendufterfüllte Tekne von Kazanlik. Kanitz's Weg entwand sich in 1651 m. Seehöhe der Schluchtromantik der Tundschaquellen. Endlich war der Rosalita-Paß, der höchste sämmtlicher Balkan-Uebergänge, ein traurig ödes Phyllitgneis-Plateau, erreicht. Die Seehöhe des Passes beträgt nach Kanitz' Messung 1930 m. Die höchste Kuppe übersteigt ihn jedoch um mindestens 400 m., was zusammen 2330 m. ergiebt und den Mara-Gedük nicht nur dem berühmten Vitosch bei Sofia gleichstellt, sondern zu den höchsten Punkten zwischen Adria und Pontus gesellt. Der Türke meidet ängstlich die höchsten Balkanregionen und selbst der wohlbewaffnete Zaptieh-Gensdarm wagt sich nur höchst ungern vereinzelt in dieselben. Unzugänglich ist aber diese Balkanpartie durchaus nicht und Kanitz glaubt sagen zu dürfen, daß nach den russischen Leistungen im Kaukasus der Rosalita-Paß nun, wo er mehr gekannt ist, künftig schwerlich außerhalb des Operationsbereiches eines gegen Philippopel vorgehenden Corps fallen wird. Der Abstieg vom Rosalitapasse war gleichfalls reich an wechselnden pittoresken Landschaftsbildern, welche den Reisenden bis zu dem in 608 m. Seehöhe gelegenen netten Fabrikstädtchen Kalofer begleiten, dessen 700 Spindeln und schwungvoll betriebener Export von Posamentirwaaren in ganz Bulgarien berühmt sind.

Die Lage des nahen Karlovo ist eben so lieblich, als seine mit Wasserfällen und Schneefeldern erfüllte, nach Trojan führende Balkanschlucht hochromantisch. Das Städtchen erhebt sich unmittelbar an ihrem Ausgange und sein Wohlstand ist großentheils durch die zwischen dem Alai-Bozan und Samoto drvo hervorbrechende, wasserreiche Sutschiza bedingt. Karlovo ist der größte Rivale Kalofers auf dem Gebiete der Gaitanindustrie, ja an Zahl der Spindeln scheint es dieses sogar schon überflügelt zu haben. Die sehr wohlhabende, nahezu 9000 Seelen zählende Stadt hat 1200 bulgarische und nur 300 türkische Häuser.

Das wichtigste Flußthal im Balkan ist jenes des Isker, in seinen unteren Partien sehr fruchtbar, jedoch stellenweise sumpfig und ungesund. Die Erforschung des Iskerthales unternahm Kanitz von Vratza aus, einem im Westen vom Flusse gelegenen wichtigen Orte Bulgariens. Der Hauptplatz dieser Stadt bietet ein farbenprächtiges, originelles Bild. Café's mit hölzernen Balkonen aller Formen; halb orientalisch, halb occidental gebaute, bunt bemalte Steinhäuser und Buden voll bizarrer architektonischer Details umrahmten den Platz. Seinen Mittelpunkt bildet der ungeschlachte, quadratische, echt türkische Uhrthurm, von einer noch höheren dunklen Riesenpappel überragt. An verschiedenen Punkten blenden das Auge metallene Spitzen und Kuppeln der Minarete und Kirchen und all dieses unruhige, farbenreiche, von einer drängenden und feilschenden türkisch-bulgarisch-tscherkessisch-jüdischen Staffage belebte Menschenwerk lehnt an himmelan strebenden, festgegliederten, steilen Kalkmauern, welche im grellweißen Sonnenlichte köstlich mit dem tiefen Blau des Aethers kontrastirten. Vratza ist heute gleich wie vor Alters eine der berühmtesten Handelsstädte Bulgariens. Durch gute Straßenzüge kommunizirt es mit den Dampfschiffahrtshäfen Lom und Rahovo; in seinen Magazinen strömen deshalb Rohhäute, Ziegenfelle, Wachs, Honig, Wein, Mais, Rind- und Kleinvieh aus dem Balkan zusammen, welche nach der Donau verladen werden oder in großen Pferdekarawanen ihren Weg jenseit des Balkan nehmen. Nächst der Lederfabrikation wird auch das Kokons- und Seidengeschäft in Vratza durch spanische Israeliten betrieben. Eines besonderen Rufes erfreuen sich ferner durch ganz Bulgarien und Thrakien Vratza's „Kolundschiji" (Silberfiligranarbeiter). In der Stadt ist das bulgarische Element überwiegend stark vertreten, und noch geringfügiger ist das moslem'sche in den Dörfern des Vratzaer Kreises. Der Türke ist im Kreise Vratza vollkommen ausgestorben, obschon traditionell verlautet, daß es einst hier viele gegeben habe. Dies illustrirt am besten Kanitz' auf vieljährige Erfahrungen beruhende Behauptung, daß der Türke seit langer Zeit von Westen gegen Osten zurückweicht.

Von Vratza aus also unternahm Kanitz nun die Erforschung des berühmten Isker-Defilé in der Hauptkette des Balkan. Es steht nunmehr unumstößlich fest, daß die durch sechs Längengrade streichende Balkankette nur an einem einzigen Punkte und zwar allein vom Isker in der Richtung von Süd nach Nord durchbrochen wird.

Zum Schlusse dieser Balkanwanderung sei noch ein Blick auf das große Becken von Sofia und dessen Hauptstadt geworfen. Es wird ausschließlich von Bulgaren bewohnt, welche es Sofysko polje nennen. Von sporadischen Erscheinungen abgesehen, findet man in seinen sechzig Orten und über diese hinaus am ganzen südlichen Balkan kaum einen Moslem. Die große Hauptstadt des Mutessarifliks Sofia hieß einst nach dem thrakischen Serdenstamme bei den Römern Serdica, bei den Slaven Sredec, bei den Byzantinern Triaditza. Früher der Sitz des Beglerbeg von Rumili, war Sofia, als Kanitz die Stadt besuchte, nur eine Distriktsstadt des großen Tuna-Vilajets und ist von diesem erst seit 1876 mit ihrem Distrikte und jenem von Nisch wieder abgetrennt worden. Sofia liegt nahezu genau im Centrum seines großen Beckens in 535 m. Seehöhe und in der Form eines ziemlich gleichseitigen Dreieckes, dessen Spitzen den Hauptrichtungen des Kompasses entsprechen. Sein ausgedehntes Weichbild wird von zwei aus Südwest vom Vitosch herabkommenden Bächen durchflossen, über welche zwei Steinbrücken führen. Ehemals zählte Sofia an 50,000, gegenwärtig höchstens 19,000 Seelen, die sich auf 8000 Bulgaren, 5000 Türken, 5000 Juden, 900 Zigeuner und etwa 100 Fremde vertheilen. Die bedeutenden Erdbeben, welche Sofia periodisch heimsuchten, haben es in seiner Entwicklung zurückgebracht. Ein frisches, buntes Treiben pulsirt noch in der großen Bazarstraße, welche durch die Beseitigung der sie früher überspannenden echt orientalischen Holzdachungen sehr gewonnen hat. Vor den türkischen Boutiquen drängen sich feilschende, verschleierte und bunt geputzte bulgarische Frauen, ihre kleinen Einkäufe besorgend. Dazwischen schreiten ambulante, Eßwaaren, Backwerk, Sorbet u. s. w. ausschreiende Krämer aller Nationen, mit merkwürdiger Geschicklichkeit ihre riesigen Körbe und Metalltische auf dem Kopfe balancirend. Die großen, wohlassortirten Magazine Sofia's, aus welchen Leinwand, Tuche, Seide und Quincailleriewaaren en gros ins Land abströmen, befinden sich beinahe ausschließlich in den Händen der Bulgaren und Juden, welche durch Kommissionäre direkt mit den ersten europäischen Häusern verkehren. Sofia war von Alters her ein berühmtes Handelsemporium, das mit den Küstenländern an der Adria bedeutenden Verkehr trieb. Heute nimmt aber der größte Theil seiner Waarenlager den Weg dahin zur See und Eisenbahn über Salonik. Sehr beträchtlich ist auch in gesegneten Jahren Sofia's Mais- und Getreideexport, sowie seine Spirituosenfabrikation. Alle besseren Bedürfnisse für Haus und Luxus werden indeß importirt und die städtische gewerbliche Produktion beschränkt sich nur auf die allergewöhnlichsten Gegenstände. Sofia gilt für einen der größten Waffenplätze der Europäischen Türkei, in Wahrheit sind aber seine Garnison wie seine Befestigungen gänzlich unbedeutend.

Wachthaus in Bosnien.

VIII. Bosnien und die Herzegowina.

Geographischer und geschichtlicher Ueberblick. — Bevölkerung. — Mohammedaner. — Minnedienst, Verlobung und Heirath bei denselben. — Bodenbesitz. — Geschichte der Rajah. — Besteuerung. — Bosniens Anschluß an Oesterreich. — Lebensweise und Charakter der Rajah. — Geistige Kultur der Bosnier. — Kirchliche Zustände. — Flächeninhalt Bosniens. — Staatliche Einrichtungen. — Wirthschaftliche Lage des Landes. — Reisen im Lande. — Bosnische Gasthöfe. — Serajewo. — Die Hranitzawa-Alpe. — Die Narenta. — Mostar. — Stolatz. — Trebinje. — Das Sutorina. — Kleck.

Bosnien und die Herzegowina bilden mit der Kraina, dem türkischen Kroatien, die nordwestlichste Provinz der Europäischen Türkei. Bis vor Kurzem gehörte zu diesem Vilajet Bosna noch als Sandschak Novibasar die altserbische Landschaft Rascien. Dieselbe ist aber gegenwärtig mit den Sandschaken Nisch, Prisren und Ueskküb zu einem neuen Vilajet, Kossowo, vereinigt worden und müßte daher, wenn wir uns streng an die willkürliche türkische Provinzialeintheilung halten wollten, an einer andern Stelle behandelt werden.

Der geographischen Zusammengehörigkeit halber betrachten wir jedoch das bosnische Gebiet in seinem alten Umfange und charakterisiren es als ein in der Richtung von Nordwest nach Südost gehobenes Gebirgsland. Im Norden steigt dasselbe, von zahlreichen, nordwest-südöstlich streichenden Parallelrücken durchfurcht, aus der Sawenniederung sanft gegen das 1000 m. hohe dalmatische Grenzgebirge an und gewinnt gegen Südosten, der allgemeinen Erhebungsrichtung folgend, im Dormitor (2700 m.) und Kom (2850 m.) seine höchsten Gipfel. So regelmäßig, im Ganzen genommen, die Gestaltung dieses Gebietes erscheinen mag, so ungleichartig zeigt sich dieselbe an den einzelnen Oertlichkeiten, wo die Serpentine und andere eruptive Gesteinsmassen die allgemeine Gliederung arg gestört haben. — Die Verästelung der Hauptzüge und das Auftreten zahlreicher Nebengruppen bieten dann oft in ihrer Vereinigung ein schwer entzifferbares Bild und wir müssen deshalb davon absehen, hier auf die Entwicklung des Gebirgssystems näher einzugehen, und beschränken uns zu seiner weiteren Charakterisirung nur noch auf wenige Worte. — Während der nördliche Theil des bosnischen Hochlandes, das eigentliche Bosnien und die Kraina, mit seinen langgestreckten Gebirgszügen an den Schweizer Jura erinnert, finden wir im Süden, in der Herzegowina, die kahlen Hochebenen und Terrassen, die Kessel, Mulden und Gebirgsdurchbrüche der Karstformation und begegnen im Osten und Südosten großen kraterförmigen Becken und hochaufstrebenden Felsenpyramiden. Namentlich ist es die Landschaft Rascien, welche einerseits durch den Alpencharakter ihrer Gebirge und andererseits durch die Kesselbildung ihrer Thäler sich auszeichnet. Von hoher Bedeutung ist hier das weite Becken von Novibasar, welches, zwischen den serbischen Bergketten und den vom montenegrinischen Grenzgebirge herabsteigenden Planinen und Hochebenen gelegen, den Verkehr zwischen dem Herzen der Europäischen Türkei und Bosnien vermittelt; Novibasar ist der Schlüssel, der die Verbindung mit der entlegenen bosnischen Provinz offen hält.

Wie im Jura nehmen auch in Bosnien die Flüsse ihren Lauf in den Längenthälern, oft von einem in das andere durch Gebirgsspalten oder Klisuren übertretend. Mit Ausnahme der Narenta und einiger kleinen Bäche, welche dem Adriatischen Meere zueilen, folgen alle Flüsse: der Ibar, die Drina mit der Tara, die Bosna mit der Laschwa, Krijawa und Jalla, die Ukrina, die Wrbas mit der Wrbanja und die Unna, der allgemeinen Abdachung nach Norden, die sie der Sawe und der Donau entgegenführt. Die Flußthäler sind die natürlichen und meist auch die einzigen Wege, welche den Aufstieg zu den von der „Rajah" bewohnten Hochebenen vermitteln, und sind deshalb in den Zeiten der Auflehnung gegen die türkische Macht von hoher strategischer Bedeutung.

In der Herzegowina beobachten wir die unterirdischen Wasserläufe, wie sie den Karstgebirgen eigenthümlich. Ein mächtiger Bach quillt plötzlich am Fuße eines Berges hervor, läuft einige Kilometer auf der Hochebene fort, verschwindet spurlos an einem Felsen, um an einer tieferen Stelle des Gebirges, durch Zuflüsse verstärkt, wieder aufzutreten, oder in einem See oder Sumpf sich zu verlieren. Während langer Regenzeiten entstehen oft durch Ueberfließen der unterirdischen Kanäle große Ueberschwemmungen, die um so mehr überraschen, als sie meist in sonst wasserarmen Gebieten stattfinden. Ein solches ist die Herzegowina, die außer der Narenta, mit ihren oft unterbrochenen Zuflüssen, nur weniger oberirdischer Gewässer sich erfreut. Dem entsprechend gestaltet sich auch hier die Vegetation als eine im Ganzen nur dürftige; während in den Thälern und auf den unteren Terrassenstufen Oliven, Feigen, Reis, Getreide u. s. w. gedeihen, kommen auf den steinigen Hochebenen, sofern sie nicht kahl sind, nur Gestrüppe und kümmerlicher Getreide- und Weidenwuchs vor. Trotzdem sind diese Hochlande der Sitz einer ackerbautreibenden Bevölkerung.

„Wo die Steine aufhören und die Bäume anfangen, da beginnt Bosnien", ist eine alte dalmatinische Redensart, die auch heute noch mit Recht gebraucht werden kann, denn das eigentliche Bosnien ist zur Hälfte mit prächtigen Laubwäldern bedeckt. Wenn auch in den Niederungen die Bäume der Hacke des Ackerbauers weichen mußten, so blieben sie doch auf den Bergen wohl erhalten und gewähren als dichte Wälder den Bären, Wildschweinen, Wölfen und Rehen sicheren Schutz. — Das Ackerland ist sehr fruchtbar und kann mit seinem Ueberschuß an Früchten die weniger begünstigte Herzegowina unterstützen. Auch die trefflichen Weideflächen, die reichen Schätze an Eisenerzen, Kohlen, Zinnober, Blei-, Kupfer-, Silber- und Gold führenden Gesteinen und Erzen versprechen dem Lande eine große Zukunft. Gegenwärtig wird nur Eisen gewonnen und die Viehzucht bewegt sich in bescheidenen Grenzen.

Das Klima ist nur in der Herzegowina und zwar in den Niederungen südlich heiß, während es im eigentlichen Bosnien durch die waldbedeckten Gebirge bedeutend gemildert wird. An einigen Orten, wie auf der Hochebene von Kupresch und in den Landschaften von Duwno und Liwno, wüthet die Bora (Nord- und Nordostwind) wie auf dem Karstgebirge und wird nicht selten Schafherden und Wanderern gefährlich. In den Hochgebirgsgegenden dauert der Winter volle 8 Monate.

Die älteste Kunde über Bosnien reicht bis in das 5. Jahrhundert v. Chr. zurück und berichtet von den erbitterten Kämpfen der Ardyaeer, Autariater, Triballer und Skordisker um den Besitz der dalmatinischen Küste und ihrer Hinterländer. Die Ardyaeer behaupteten das Küstengebiet und den westlichen Theil des heutigen Bosniens, während weiter im Binnenlande die Triballer von den Skordiskern unterworfen wurden. Später verschwinden die Namen dieser Völker in der Gesammtbenennung Illurier oder Illyrier. Zur Zeit Philipp's II. von Makedonien gelangte das von Bardyllis gegründete illyrische Königreich zur höchsten Blüte; es umfaßte den größten Theil der Ostküste des Adriatischen Meeres, das heutige Istrien und Kroatien, Bosnien mit der Herzegowina, Albanien und das westliche Makedonien bis Epirus. — Die Illyrier werden als groß, schlank, kräftig, dunkelhaarig, leichtfüßig, streitbar und raublustig geschildert; sie trieben Ackerbau, Viehzucht und Fischerei, am liebsten aber Raub, zu Wasser und zu Lande. Ihre Räubereien zogen ihnen im Jahre 229 v. Chr. eine harte Züchtigung durch die Römer zu, denen sie tributpflichtig wurden. Später, in den Krieg des Perseus gegen Rom verwickelt, verfiel im Jahre 168 v. Chr. zunächst der westliche Theil ihres Reiches der römischen Herrschaft, während der Rest erst im Laufe der nächsten 100 Jahre unterjocht wurde.

Wir übergehen während der Römerzeit die Schicksale des illyrischen Landes und knüpfen den Faden seiner Geschichte erst an das Auftreten der slavischen Völker wieder an.

Im Anfange des 6. Jahrhunderts hatten die Avaren einen großen Theil des Byzantinischen Reiches überschwemmt und bedrohten Konstantinopel. In dieser Noth rief im Jahre 619 Kaiser Heraklius die Chrobaten aus ihren Sitzen jenseit der Karpaten herbei und wies ihnen Liburnien (das Küstenland zwischen Istrien und Dalmatien) und die benachbarten Küstengebiete zu neuen Wohnplätzen an. Nach mehrjährigen Kämpfen wurden die Avaren von den Ankömmlingen unterjocht oder vertrieben. Ungefähr ein Jahrzehnt später folgte der mit den Chrobaten engverwandte Stamm der Serben und siedelte sich im heutigen Süddalmatien, in der Herzegowina und in Serbien an. Kurze Zeit nach ihrer Niederlassung wurden die Chrobaten oder Kroaten, und später auch die Serben, zum Christenthume bekehrt. Unter ihren Schupanen und Banen lebten sie nun, theils unter byzantinischer, theils unter fränkischer Oberhoheit, mehrere Jahrhunderte in einem nur wenig gelichteten geschichtlichen Dunkel. — Im 10. Jahrhundert wurde Bosnien ein Lehnsland der Herzöge und Könige von Kroatien, aus deren Macht es in serbische und im Anfange des 12. Jahrhunderts in ungarische Gewalt überging, und die Könige von Ungarn fügten ihrem Titel auch den eines Königs von Rama (d. i. Bosnien) bei. Ausgebrochene Religionsstreitigkeiten mit der Sekte der Bogomilen führten die Einmengung Serbiens herbei, die unter Stephan Duschan mit der Eroberung des größten Theiles des Landes abschloß. Aber schon nach Duschan's Tode machte sich Bosnien wieder frei und Stephan Twartko nahm 1376 mit Genehmigung des Königs von Ungarn den Titel eines Königs von Bosnien und Rascien an.

Die Herzegowina, welche als Grafschaft Chelm oder auch Landschaft Humska bald zu Bosnien, bald zu Kroatien und Ungarn gehörte, wurde 1440 vom deutschen Kaiser Friedrich, unter dem Geschlechte der Hranitsch, zu einem Herzogthum Santa Sawa erhoben und aus jener Zeit stammt auch der vom ungarischen herczeg (Herzog) abgeleitete Name Herzegowina d. h. „Herzogliches" (auf das Land Bezug habend).

Bei fortwährenden inneren und äußeren Kämpfen erfreuten sich die beiden Staaten nur einer kurzen Selbständigkeit; sie wurden bald den Türken tributpflichtig und schließlich von letzteren ganz in Besitz genommen und zwar 1463 Bosnien und 1483 die Herzegowina. Wenn auch später noch manchmal die ungarischen und deutschen Heere Bosnien von der türkischen Gewalt befreiten, so konnte das Land doch nicht mehr der Osmanenherrschaft entrissen werden. Der bosnische Adel war, um seinen Besitz zu wahren, zum Islam übergetreten, und die christlich gebliebene Bevölkerung, zu einer rechtlosen Heerde (Rajah) herabgedrückt, war nicht im Stande mehr, das Türkenjoch zu bekämpfen. Die späteren Auflehnungen gegen die Macht des Sultans gingen immer von dem auf seine Rechte eifersüchtigen Adel aus, der unter dem Namen Spahi, Beg und Aga im Islam sein gewaltthätiges Dasein fortsetzte. Erst in neuerer Zeit hat sich, wie „das Bischen Herzegowina" beweist, auch die Rajah zu einem thatkräftigen Leben aufgerafft, um Befreiung von ihren schweren Leiden zu gewinnen.

Bosniaken.

Die Bevölkerung Bosniens und der Herzegowina gehört mit Ausnahme von etwa 12,300 Zigeunern, 5700 spanischen Juden und etlichen Osmanen, dem serbisch-kroatischen Stamme an und beziffert sich im Ganzen auf 1,150,000 Köpfe. Sie zerfällt, von den Juden abgesehen, in drei große, nach den Religionen sich scheidende Gruppen, die nach O. Blau 1872 auf die einzelnen Länder sich folgendermaßen vertheilen:

	Bosnien.	Herzegowina.	Rascien.
Griechische Christen . . .	360,000	130,000	100,000
Römische „ . . .	122,000	42,000	—
Mohammedaner . . .	300,000	55,000	23,000 (meist Arnauten).

Wir haben die Stammeseigenthümlichkeiten der Südslaven in den Serben und Montenegrinern kennen gelernt und brauchen deshalb nicht die Bosniaken, Herzegowiner und Raitzen noch einmal vom ethnographischen Standpunkte zu beleuchten. Was von jenen gesagt worden ist, gilt auch für diese — sie haben Typus, Sprache, geistige Beanlagung und soweit sie nicht durch die politischen, gesellschaftlichen und religiösen Zustände geändert worden sind, auch Charakter, Sitten und Gebräuche gemeinsam. Betrachten wir daher das bosnisch-herzegowinische Volk nur in den durch die staatlichen und religiösen Verhältnisse bedingten Lebensäußerungen.

Die herrschende Klasse bilden die Mohammedaner. Sie sind aus dem bosnischen Adel und aus anderen nach Macht und Besitz strebenden Renegaten hervorgegangen. Als Islamiten behielten und erlangten sie Grund und Boden und volle Gewalt über die nichtmohammedanische Bevölkerung, sie konnten Raub und Bedrückung nach Herzenslust betreiben. Vor einem Thore von Serajewo zeigt man einen wilden Birnbaum, an dem früher die mohammedanischen Edlen der Stadt dann und wann zu ihrer Belustigung einen Unglücklichen aus der Rajah aufhenken ließen. Zum Uebermuth der bevorrechtigten Kaste gesellte sich der Religionshaß und in beiden Richtungen übertrafen die bosnischen Renegaten bald ihre Vorbilder. Sie wurden türkischer als die Türken. Sie nennen sich selbst, im Gegensatz zu den Osmanen, die ihnen als Abtrünnige gelten, pravi turci. „Ich habe selbst gehört, erzählt Murad Efendi, wie ein bosnisches Weib ihrem Töchterchen, welches die Hand des Pascha küßte, zuraunte: „Warum küssest Du einem Giaur die Hand?" — Die Versuche der Pforte, zeitgemäße Neuerungen einzuführen, fanden bei den bosnischen Moslemanen den hartnäckigsten Widerstand, der sogar im Russisch-türkischen Kriege im Jahre 1828 zu einem Zuge gegen Konstantinopel führte. Erst 1851 gelang es dem Serdar Omer Pascha, das bosnische Feudalwesen zu brechen.

Lebensweise, Sitten und Gebräuche der mohammedanischen Bosnier sind im Geiste des Islam orientalisch. Gleichwol vermochte der ursprüngliche slavische und christliche Charakter nicht gänzlich verwischt zu werden und im öffentlichen wie im Familienleben haben sich noch manche Züge desselben erhalten. Der bosnische Mohammedaner nimmt nur ein Weib und keine Beischläferinnen; der Haremsabschluß ist minder streng als wie bei anderen mosleminischen Völkerschaften; gehen doch die Mädchen und in der Narenta-Gegend sogar die Frauen unverschleiert einher. Zur Landessitte, Adet, gehört auch der Brauch, daß mohammedanische Frauen am Freitag und Montag — jeder Tag hat seine Bestimmung — immer in größerer Anzahl und dann ohne männliche Begleitung Spaziergänge und Ausflüge in die nächste Umgebung der Orte unternehmen, womöglich Aussicht gewährende Punkte besuchen, um daselbst, frei von jedem Zwange, sich im Anblick der Natur zu zerstreuen und die Zeit durch Gesänge abzukürzen. Der poetische Sinn des Serbenvolkes kommt hier zum Ausdruck. Sind die Mädchen in ihre Haremszellen zurückgekehrt, so ist es an diesen Tagen der größeren Freiheit auch dem heirathslustigen Manne gestattet, sich der Dame seiner Wahl zu nähern und mit ihr am vergitterten Fenster oder am geschlossenen Hofthore zu plaudern. Man nennt diesen schüchternen Liebesverkehr Aschyklik, d. h. Damendienst; er bietet dem jungen Muselmann die einzige Gelegenheit, seine zukünftige bessere Hälfte kennen zu lernen. — Hat sich der Mann zur Heirath entschlossen, so verlangt er das Mädchen durch die Vermittlung zweier Verwandten oder Freunde, welche die Erwählte ebenfalls hinter verschlossener Thür befragen, ob sie z. B. dem Ismail, Sohn des Dschjefer, als Frau folgen wolle. Im Falle der Bejahung wird von der Verwandtschaft der Braut beim Kadi (Ortsrichter) mit dem Bräutigam der Ehevertrag verhandelt und abgeschlossen, worauf die von beiden Parteien berufenen kirchlichen Rechtsbeistände, die Imame (Vorbeter),

Braut und Bräutigam als vor Gott, wie Adam und Eva, wie Mohammed und Chadidscha, vermählt und vereinigt erklären. — Nach dieser gerichtlichen Verbindung werden die beiden Imame und die Geladenen und Seitens des Bräutigams die Braut mit Geschenken bedacht, welche diese erwiedert. Diese gegenseitige Beschenkung, welche auch Hauseinrichtungsstücke, wie Teppiche, begreift, wird mehrere Tage durch fortgesetzt, worauf die Braut in einer Araba, einem verhängten plumpen Ochsenwagen, abgeholt wird. Erst nach einem gemeinschaftlichen Mahle und einem vom Imam gesprochenen Gebet und ertheilten Segen tritt die Braut in die äußerst beschränkten Rechte einer Ehefrau und beginnt ihr zurückgezogenes Haremsleben. — Weiteres über die bosnischen Mohammedaner finden wir in Roschkiewitsch' „Studien über Bosnien und die Herzegowina".

Die Mohammedaner sind in Bosnien, soweit nicht Staats- und Moscheegüter (wakuf) in Betracht kommen, die einzigen Grundbesitzer. Der Boden ist in Spahilike oder muselmännische Lehen eingetheilt, die, wie in der serbischen Sadruga, untheilbar in den Familien verbleiben und von einem gewählten Oberhaupte verwaltet werden. Die auf dem Boden lebende christliche Bevölkerung muß für diese Familiengemeinschaft arbeiten und steht im günstigsten Falle im Pachtverhältnisse zu derselben. Soweit als möglich entzieht sich deshalb die Rajah dem Ackerbau und betreibt am liebsten Handel. Da von dieser Seite die Landwirthschaft nur durch Noth und Zwang gepflegt wird und andererseits der Mohammedaner das Stadtleben dem Aufenthalt auf dem Lande vorzieht, so kann man sich vorstellen, auf welcher Höhe die Bodenkultur in Bosnien sich befindet. Die Ackerwerkzeuge sind von ursprünglichster Form und schwer zu handhaben. Zwej, auch drei Paar Ochsen sind nothwendig, um einen Pflug zu ziehen. Zum Einheimsen der Feldfrüchte benutzt man Pferde, denen die Garben aufgeladen werden, oder man bedient sich — in den Thälern — roh gearbeiteter Wagen, an denen nicht ein eiserner Nagel zu finden ist.

Betrachten wir nun die Lage der Landbebauer selbst, so finden wir, daß dieselbe nicht schlechter gedacht werden kann als wie sie thatsächlich ist. Zu ihrer Beurtheilung müssen wir einen kurzen Blick auf die Geschichte der Rajah werfen.

Nach der Besitzergreifung Bosniens (1463) und der Herzegowina (1483) durch die Türken kümmerten sich die Eroberer wenig um das armselige, an seiner Scholle klebende Volk, — es war die verachtete, Kopfsteuer zahlende, rechtlose „Herde", die ja ruhig ihr Schicksal trug. Als aber in der ersten Hälfte des 16. Jahrhunders die großen, gegen Ungarn und Deutschland entsandten Türkenheere Bosnien durchzogen und mit Mord und Raub ihre Wege zeichneten, flohen die entsetzten Bewohner des Landes in die vom Kriege verschonten Nachbargebiete, nach Ragusa, Dalmatien, Kroatien und Slavonien. Das zurückgelassene Besitzthum fiel in die Hände der bosnischen Renegaten. So geschah es ferner auch, als das 1683 vor Wien geschlagene Türkenheer auf seinem Rückzuge durch Bosnien den Rest der christlichen Bevölkerung zur Auswanderung genöthigt hatte; die bosnischen Muselmanen bereicherten sich mit der Hinterlassenschaft. — Nach dem Frieden von Belgrad 1739 kehrten viele Bosniaken in die Heimat zurück und verlangten von den Renegaten ihre Häuser und Felder zurück, jedoch vergeblich. Sie fügten sich aber dem Unrecht und wurden so doppelt zinspflichtig: dem Sultan als Rajah und den mohammedanischen Grundbesitzern als Lehensmänner in ihrem früheren Eigenthume, als welche sie den neunten Theil des Bodenertrags und eine Hutungsabgabe entrichten mußten. Im mittleren Bosnien und in der Herzegowina hatten die Moslems die Aecker bebaut und neue Häuser errichtet, die den Rajah nun im Pachtverhältnisse überlassen wurden. Die Herren lieferten das Arbeitsvieh und die Sämereien und bezogen dafür die Hälfte der Ernte, wobei auch die Staatssteuer auf dem Pächter haften blieb.

So unvortheilhaft diese Verträge für die Rajah auch waren, so entsprachen sie doch dem Geiste der Zeit und konnten somit ertragen werden. Als aber die Familiengemeinschaften sich vergrößerten, nicht aber der Grundbesitz sich vermehrte, half man dem geringeren Einzelergebniß durch höhere Auflagen sinnreich ab. Man führte den Robot, den Frohndienst ein, der vom Pächter auf bisher noch unbebautem Lande für die Herrschaft geleistet werden mußte. Man ertrug auch diese Last. Dieselbe sollte 1839, auf Vorstellung Oesterreichs, auf 2 Frohntage für jede Woche ermäßigt werden, ein Gesetz, das jedoch ohne Kraft blieb, indem sich die feudalen Mohammedaner in Bosnien nicht daran kehrten. Auf erneute Vorstellungen Oesterreichs wurde zu Ende der vierziger Jahre eine aus Mohammedanern und christlichen Ordensgeistlichen bestehende Kommission eingesetzt, welche den Frohndienst in eine Naturalabgabe umwandelte. Ein Drittel der Getreide- und Fruchternte und die Hälfte des Heu's gehörte hiernach den Grundbesitzern, die ihrerseits sich zu einer Entschädigung für den Häuserbau und zur Tragung eines Drittels der Grundsteuer verpflichteten. Letztere Bestimmung der Tretina, wie dieses Steuergesetz genannt wurde, gab Veranlassung zu einer neuen Bedrückung, indem die Feudalherren unter dem Vorwande, daß das auf sie entfallende Drittel der Grundsteuer in Geld entrichtet werden müßte, die Ertragsabgabe vom Boden in Münze verlangten. Diese unter den gegebenen Verhältnissen schwer lastende Neuerung führte 1851 16,000 Rajah zur Auswanderung nach der Militärgrenze. Auch die Umwandlung der staatlichen Grundsteuer in eine Häuserabgabe, pro Dach 80 Piaster = 15 M. 20 Pf. jährlich, traf hauptsächlich nur die Landbebauer, denn die großen, festen Wohngebäude der Bey's und Aga's zahlten dieselbe Steuer wie das Laubdach eines Viehunterstandes. Die Auswanderung der Rajah dauerte fort, bis Omer Pascha 1851 die Vorrechte des bosnischen Adels mit Gewalt aufhob und die Gleichstellung der Christen mit den Muselmanen — auf dem Papiere wenigstens — festsetzte. Nichtsdestoweniger blieb diese Reform sowol als auch ihre Bestätigung und Verallgemeinerung im Hatti-Humayum vom Jahre 1856 in Bosnien ohne jede Wirkung, die Bedrückungen der Rajah dauerten nach wie vor in gleicher Härte fort. Die Pforte schritt nicht dagegen ein, sie mußte die bosnischen Mohammedaner schonen, denn sie sind ihre besten Waffen gegen die slavischen Bestrebungen. Auch die 1856 und 1862 ausgebrochenen Aufstände, welche nur die Durchführung des Hatti-Humayum erstrebten, änderten nichts an der Lage.

Eine andere Quelle des Elends in Bosnien sind die dem Staate zu entrichtenden Steuern, die an und für sich hoch genug, durch die Art der Eintreibung aber besonders hart empfunden werden. Die Steuern sind entweder in Pacht und Unterpacht gegeben, oder sie werden in großen Summen auf die einzelnen Kreise und Bezirke vertheilt, und in beiden Fällen verstehen die Einnehmer in ihren verschiedenen Abstufungen ein gutes Geschäft dabei zu machen.

Straße in einer kleinen Stadt Bosniens.

Gegenwärtig bestehen die Staatssteuern (Russum) aus folgenden Titeln:

1) Die Kopfsteuer; wird unter dem Namen Charadsch oder Askeriga, oder Bedelat askarie von jedem nichtmohammedanischen Manne vom 1. bis 60. Lebensjahre erhoben. Sie war früher der Tribut, mittels dessen die Rajah sich vom Schwerte des Siegers loskaufte. In letzter Zeit, bis zum Erlaß der ottomanischen Verfassung vom 23. Dezember 1876, galt sie als Militärsteuer, da bis dahin nur Mohammedaner dienstpflichtig waren. Die Höhe dieser Steuer beträgt pro Kopf und Jahr nach Roschkiewitsch 90, nach Yriarte aber nur 22 Piaster (à 19 Pfennige).

2) Die Häuser- und Grundsteuer (vergui) im Betrage von 4 pro Tausend des Werthes der Liegenschaft. Diese Abgabe wird sowol von Christen als auch von Mohammedanern erhoben, jedoch mit dem Unterschiede, daß bei ersteren die Werthe überschätzt, bei letzteren unterschätzt werden.

3) Die Erwerbssteuer wird als rad von der Arbeit oder als porez vom Hornvieh und als resmiagnam vom Kleinvieh erhoben. In ersterem Falle schwankt sie je nach dem Vermögenszustande zwischen 25 und 350 Piastern

für jede Familie, wobei z. B. ein Pferd als ein Einkommen von 2500 Piaster veranschlagt und und mit $^1/_{40}$ desselben als Steuer belastet wird. Im anderen Falle beträgt die jährliche Abgabe für Hornvieh 15—20, für Schweine 3 und für Kleinvieh 2 Piaster für jedes Stück. Hierzu tritt noch eine Schweineschlacht- und eine Eichelmaststeuer.

4) Der Zehnte (desetina) von allen Feld- und Gartenfrüchten, als: Getreide, Heu, Gemüse, Wein, Tabak, Obst 2c. Als Naturalabgabe wird sie von den Steuerpächtern zu allen möglichen Prellereien ausgebeutet.

5) Die Tabakssteuer wird von dem bereits als Pflanze mit dem Zehnten belegten Fabrikate mit 8 Piaster für jede Oka erhoben. Zur Sicherung des richtigen Erträgnisses werden öfters Kontrolbeamte entsendet, welche die Blätter der Tabakspflanzen zählen und während dieser Thätigkeit auf Kosten der Bauern leben.

6) Die Weinsteuer vom gegohrenen Produkt der schon versteuerten Trauben, mit 2 Piaster für jedes Maß und 5 Piaster für den aus den Trebern bereiteten Branntwein. — Selbstverständlich unterliegt auch der Pflaumenschnaps einer Abgabe, ebenso wie die Befugniß, solchen auszuschenken.

7) Die Ein- und Ausfuhrzölle.

Fernere Steuerquellen sind: Salz, Bergwerksprodukte, Farbkräuter, Knoppern, Waldnutzung, Bienenstöcke, Kaffeemonopol, Hausmiethen, Schuldeintreibungen, Stempeltaxen, Erbschaften, Wagenlasten von über 40 Oka Gewicht, Mahlgerechtigkeit, Blutegel, Fenster, Thüren, ja, sogar die Liebe in Form von Braut- und Heirathssteuer.

Roschkiewitsch schätzt die Staatssteuern ausschließlich der Zölle auf 47 Millionen Piaster jährlich, d. h. so viel dürften sie ungefähr dem Staate einbringen, während sie von den Einnehmern und Pächtern in weit höherem Betrage erhoben werden. Rechnet man hierzu noch die hohen Pachtleistungen an die Grundbesitzer, so kann man sich die traurige Lage des größten Theiles der bosnischen Bevölkerung wol vorstellen und kann begreifen, daß bei solchen Zuständen immer und immer wieder Aufstände entflammen müssen. Man braucht die letzte Erhebung gar nicht auf panslavistische Wühlereien zurückzuführen, um die Auflehnung der geduldigen Rajah zu erklären; der Brandstoff war durch die Türkenwirthschaft reichlich angehäuft und ein tägliches Vorkommniß, die nochmalige Eintreibung einer bereits gezahlten Steuer, genügte, um im Juli 1875 die Fackel des Aufruhrs zu entzünden.

Wichtiger als die Beschreibung dieses Aufstandes, einer langen Reihe kleiner Guerrillakämpfe, erscheint uns die Frage, wie dem Elende der bosnischen Bevölkerung abgeholfen werden könnte.

Nur kurzsichtige Türkenfreunde können von der jüngst gegebenen ottomanischen Verfassung eine befriedigende Lösung der orientalischen Frage und mit ihr der bosnischen Zustände erwarten. Ein mohammedanischer Staat kann nur im Geiste des Islams regiert werden und dieser kennt nur das auf dem Koran beruhende und in der Macht des Sultans sich gipfelnde theokratische System. Dasselbe schließt die Grundlage des Kulturstaates, die Gleichberechtigung der einzelnen Bevölkerungstheile, hier der Glaubensgenossenschaften, vollkommen aus und muß daher, wenn sie mit ihm künstlich vereinigt wird, entweder das Hauptgesetz, wie bisher, außer Acht lassen, oder an inneren Widersprüchen mit den Lehren des Korans sich zersetzen. Beide Fälle stellen den Bestand des Ottomanischen Reiches in Frage; ersterer durch das Eingreifen der einen oder anderen europäischen Macht, letzterer durch die mit der Auflösung des Islams verbundenen unberechenbaren Vorgänge.

Aber auch unabhängig von der orientalischen Frage drängt die Lage Bosniens zu einer Entscheidung, die für die Pforte um so schwieriger zu treffen ist, als sie die hohe Regierungsweisheit und bedeutende Geldmittel oder Kredit beanspruchen, Bedingungen, die derzeit nicht zu erfüllen sind. Es handelt sich um die Regelung der Grundbesitz- und der Steuerverhältnisse, ohne welche jeder Reformversuch scheitern muß.

Die Ablösung der Bodenrechte und die Einführung einer vernünftigen Besteuerung kann nur im Verbande mit einem großen, an natürlichen Hülfsmitteln reichen Staatswesen bewirkt werden. Als ein solches stellt sich die Oesterreichisch-ungarische Monarchie dar, die, trotz der Finanzverlegenheiten und des Widerstrebens der nichtslavischen Völker, die Schwierigkeiten zu ihrem Vortheile überwinden kann. Die Einverleibung Bosniens und der Herzegowina in das dreieinige Königreich Kroatien, Slavonien und Dalmatien würde beiden Ländern den unschätzbaren Vortheil einer handelspolitischen Ergänzung bringen. Das österreichische Küstengebiet gewänne das nöthige Hinterland und Bosnien den Zutritt zum Meere. Die Aufschließung des bosnischen Landes durch Straßen und Eisenbahnen, die Verbreitung abendländischer Kultur würde die Hebung des Wohlstandes zur Folge haben und mit ihr auf natürlichem Wege die Ordnung der Zustände herbeiführen. —

Wir haben die Vergangenheit und Gegenwart der bosnischen Rajah in großen Zügen kennen gelernt und können aus denselben auf die Lebensverhältnisse des Einzelnen durchaus richtig schließen. Wir dürfen annehmen, daß der Mann aus der Rajah äußerlich und innerlich ein armseliges Wesen ist, dessen gute Anlagen unter dem harten Türkenjoch verkümmerten. Er ist ein schmutziger, träger und geduldiger Mensch, der sein Elend im Raki, auch Slivowitz genannt, zu vergessen sucht. Man hat berechnet, daß auf jeden Bosniaken, einschließlich der Frauen und Kinder, im jährlichen Durchschnitte 130 Liter Pflaumenschnaps kommen, ein Ergebniß, das zugleich als einzige geistige Leistung, besser als jeder andere Beweis, den erbärmlichen Zustand des Volkes anschaulich macht.

Auf den ersten Anblick ist der Rajah — wenn wir den Einzelnen mit dem Sammelnamen bezeichnen dürfen — schwer von einem Türken zu unterscheiden, da jener wie dieser, dem Stande gemäß, denselben Schnitt des Kleides und das Haupt geschoren trägt. Erst später fällt dem Fremden der Unterschied auf; der Rajah darf sich keiner hochrothen Stoffe bedienen. Seine Kopfbedeckung ist das Fes, oft mit einem dunkelrothen Tuche umwunden; seine Jacke besteht aus braunem, sein weites, bis zu den Knieen reichendes Beinkleid aus weißem oder dunkelblauem, filzartigem Stoffe. Eine blaue oder dunkelrothe Leibbinde und ein Paar Opanken vervollständigen den Anzug, wozu noch der hinter dem Genick steckende Tschibuk und an der Hüfte der Tabaksbeutel gehören. Waffen darf nur Derjenige tragen, der sich mit einem Waffenpaß ausweisen und hierfür jährlich 7 Piaster entrichten kann.

Die Frauen sind theils in serbische oder morlakische, theils in türkische Tracht gekleidet, in letzterem Falle mit einem Fes, einer gelben, rothen oder braunen weitärmlichen, vorne offenen Jacke; darunter trägt sie ein niederes Mieder, welches das geöffnete Hemd theilweise bedeckt. Von den Hüften bis zu den Knöcheln fallen unschöne Beinkleider, meist dunklen Stoffes, während die nackten Füße mit Pantoffeln oder weitausgeschnittenen Schuhen bekleidet sind.

Haus in Bosnien.

Ueber die Lebensweise eines Rajah ist nicht viel zu sagen. Er lebt, je nach der Gegend, in einer von Holz und Lehm oder von Steinen eigenhändig gebauten Hütte, schläft in seinen Kleidern, nährt sich von Mais, Knoblauch, Käse, bei höheren Ansprüchen von Reis und Schaffleisch und ist ein unterthäniger Diener der Muselmanen. Kommt er mit einem Aga, Beg oder sonstigen mohammedanischen Großen zusammen, so küßt er ihm die Hand und das Knie und auch die Frauen machen hiervon keine Ausnahme. Nicht minder entwürdigend ist die der Rajah auferlegte Sitte, jedem Mohammedaner, auch dem in Lumpen gehüllten, auf der Gasse auszuweichen und beim Begegnen zu Pferde zu halten, abzusteigen und erst, nachdem der Moslem vorübergeritten ist, den Weg wieder fortzusetzen. Dieser Brauch wird zwar nicht in allen Gegenden Bosniens gleich streng gefordert und befolgt, doch hat er immerhin noch lange nicht aufgehört.

Diese und andere Unterthänigkeitsbezeigungen mögen wol, da sie von Jung auf bei den Rajah geübt wurden, ein persönliches Selbstgefühl gar nicht aufkommen lassen und wo solche Regungen sich zeigen, sorgt der herrschsüchtige Islamite für stramme Unterdrückung.

Mit der geringen Selbstschätzung, die man bei einem Sklavenvolke nicht anders erwarten kann, geht sittliche Verkommenheit Hand in Hand. „Die Männer haben im Orient keinen Begriff von Ehre" — sagt F. Maurer in seiner „Reise durch Bosnien" — „wie viel weniger die Frauen, die dort so erniedrigt und demoralisirt sind, besonders die christlichen, daß ich an Gewaltthätigkeiten gegen sie, abseiten mohammedanischer Männer, in ruhigen Zeiten kaum glauben kann, da sie für Gewährung eines materiellen Vortheils gewiß zur Erfüllung jedes Wunsches der Machthaber gern bereit sind."

Innere Ansicht eines Hauses in Bosnien.

Abgesehen von ihren weiteren Fehlern, als u. A. der Neigung zum Uebervortheilen, sind die Bosniaken ein gutmüthiges, gastfreies und im großen Ganzen auch ein ehrliches Volk, das gleich den Kindern sich aufführt und dem entsprechend behandelt sein will.

Die geistige Kultur des bosnischen Volkes befindet sich ohne Unterschied der Religion auf einer sehr tiefen Stufe, denn für Unterricht wird fast gar nicht gesorgt; die von den Moscheen und Klöstern unterhaltenen türkischen und christlichen Schulen bringen es höchstens zum Lesen und Schreiben. Von der ganzen männlichen Bevölkerung dürften kaum mehr als 1—2 Prozent eine gewisse Schulbildung genossen haben, während das weibliche Geschlecht

21*

ganz ohne Unterricht aufwächst. Nur in Serajewo giebt es eine von griechischen Kaufleuten gestiftete Mädchenschule.

Nicht besser als das Schulwesen ist die Religionspflege bestellt. Abgesehen von den Mohammedanern, die hier wie anderwärts in islamitischen Ländern ihren kulturfeindlichen Kultus üben, und abgesehen von den wenigen orthodoxen spanischen Juden, spaltet sich die bosnische Bevölkerung in zwei, sich mißtrauisch überwachende, oben näher bezifferte Glaubensgruppen: in griechisch-nichtunirte und römisch-katholische Christen. Letztere erfreuen sich als Angehörige einer so stramm centralisirten Kirchengemeinschaft, wie der päpstlich-katholischen, einer viel besseren Lage als die Anhänger des griechischen Glaubens. Sie stehen unter der geistlichen Pflegschaft des Franziskaner-Ordens, der schon seit Anfang des 13. Jahrhunderts in Bosnien thätig ist und mit den Türken immer ein gutes Einverständniß zu erhalten wußte. Der katholischen Kirche wurde 1463 in einem Ferman, dem sogenannten Atname, Sicherheit und freie Ausübung des Glaubens zugesagt, doch verhinderte dieser Freibrief im Sturme der Zeiten nicht, daß auch sie von den Wuthausbrüchen der Muselmanen heimgesucht wurde. So sind die 30 Klöster und 151 größeren Kirchen, welche das Königreich Bosnien gezählt hatte, bis auf 3 Klöster und 20 Kirchen zerstört worden.

Der Klerus steht, als der gebildetste unter der bosnischen Geistlichkeit, in hohem Ansehen, sowol bei den Katholiken als auch bei den Mohammedanern. Er wird theilweise in Italien erzogen und genießt Seitens der österreichischen Regierung und der französischen und italienischen Missionen Unterstützungen; sein Lebenswandel ist einfach und armselig. Der Bischof von Bosnien, welcher aus der Wahl der Ordensgeistlichkeit hervorgeht, bezieht als höchstes Kirchenoberhaupt nur ein Einkommen von etwa 3200 Mark.

Die katholische Bevölkerung besteht vorherrschend aus Ackerbauern und nur ein ganz geringer Theil widmet sich den Gewerben, ein noch geringerer dem Kleinhandel. Der Kaiser von Oesterreich ist in ihren Augen Kaiser und Haupt der Katholiken, gleich wie der von Rußland von den griechischen Christen als Schutzherr betrachtet wird.

Die griechisch-orientalische Bevölkerung betreibt in ihrer Hauptmasse Ackerbau, doch liegen 2—3 Prozent den Handwerken und 5—6 dem Handel und den Geldgeschäften ob, namentlich dem Waarenaustausch mit Oesterreich-Ungarn.

Zur Zeit des bosnischen Königthums war die griechische Kirche dem katholischen Bischof unterstellt und so kam es, daß sie schon damals ziemlich schutzlos, bei der türkischen Eroberung aber noch viel mehr der Knechtschaft verfiel, als die von den Franziskanern eifrig vertretene römische Kirche. Erst im Laufe der Zeiten erhielt die griechische Gemeinschaft Bischöfe (Wladika) als kirchliche Vorsteher. Anfangs Söhne des Landes, gingen sie später ausschließlich aus dem griechischen Fanar in Konstantinopel hervor und übertrugen die ganze Lasterhaftigkeit der Fanarioten auf den bosnischen Klerus. Alle Kirchenämter sind in demselben käuflich und werden dem Höchstgebote zugeschlagen. Der oberste Verkäufer ist der Patriarch von Konstantinopel, von dem die vier

Bischöfe in Bosnien abhängen und die seine Gunst durch beständige Geschenkleistungen zu erhalten haben. „Diese Gelder werden nun — schreibt Maurer — von der ihnen überlieferten Herde schonungslos erpreßt, indem der höhere Priester immer auf den niederen drückt und ihnen Tribut und Geschenke abnöthigt, welche diese wieder der allgemeinen Bereicherungsquelle, dem armen christlichen Volke, aussaugen." Der Kaufpreis einer Pfarre beträgt 20—200 Dukaten, der mit Gewinn aus den kirchlichen Gebühren herausgeschlagen wird. „Der Pope schreibt die verschiedenen Leistungen nach dem vermeintlichen Vermögen der Betreffenden vor; hier ist es ein Lamm, ein Paar Hühner oder etwas Getreide, dort ein Ochse oder eine Kuh; es giebt Fälle, daß erwachsene Personen noch ungetauft sind, weil ihre Eltern die im Voraus geforderten Taufgebühren nicht zu leisten vermochten. Beim Sterbefalle eines Hausvaters pflegt der Pope den besten Ochsen oder sonst ein Stück Vieh für sich zu nehmen, beim Tode der Hausfrau nimmt er eine Kuh. Der Metropolit von Serajewo soll nicht mehr als 12,000 Gulden, die anderen Wladika etwa 7000 Gulden beziehen, aber sie erpressen das Fünf- bis Achtfache dieser Summe. Der Vorgänger des Dionysos, — Maurer war bei Letzterem zum Besuch — ein wüster Trunkenbold, hat nachweislich mehr an Geschenken jährlich nach Stambul gesandt, als sein Gehalt betrug, und in seinem kolossalen hinterlassenen Vermögen fand sich allein für 8000 Gulden Luxuspelzwerk, und dennoch versicherten mir Serben, daß er nicht so schlimm war wie sein Nachfolger, der es überdies noch weit mehr als jener mit den Türken hält und jede geistige, beziehungsweise nationale Regung des unglücklichen bosnischen Volkes in schonungsloser Härte unterdrückt.

Die niedere Geistlichkeit ist in höchstem Grade unwissend, viele ihrer Mitglieder können nicht einmal lesen, sondern haben die altslavische, beim Gottesdienst gebräuchliche Litanei auswendig gelernt und beten sie ab, indem sie so thun, als ob sie lesen. Das Wissen der höheren Mitglieder beschränkt sich meistens auch nur auf Lesen und Schreiben, sowie auf Kenntniß der Landessprachen."

Die Popen erscheinen außerhalb der Kirche in landesüblicher Tracht und in manchen Gegenden der Herzegowina in solcher auch bei ihren Amtsverrichtungen. Viele haben sich sogar vom priesterlichen Vollbart losgesagt und begnügen sich, um dem Volke ganz gleich zu sein, mit dem Schnurrbart.

Was die dem griechischen Kultus dienenden Gebäude anlangt, so giebt es in Bosnien 14 meist sehr kleine und nur von 2—4 Kaludjeren (schwarzen Mönchen) bewohnte Klöster und etwa 20 gemauerte Kirchen, von denen einige, wie die von Serajewo und Mostar, in großem Verhältnisse pomphaft angelegt sind. Die große Mehrzahl der bosnischen Kirchen sind aber äußerst armselige Baulichkeiten, die man höchstens als Betschuppen bezeichnen kann, nach dem, was Maurer von der „Kirche" des Dorfes Laschkowatz erzählt: „Man denke sich einen bis zur Dachfirste etwa 8 Fuß hohen, 6 Fuß breiten und ungefähr 12 Fuß langen Stall aus hölzernen Sparren aufgeführt, die nur grob mit der Axt behauen waren und über handbreite Fugen zwischen sich ließen, durch welche man bequem in das Innere sehen konnte, welches einen ungedielten Boden und im Hintergrunde einen aus zwei Pfosten und einem Bret stehenden Tisch, den Altar, zeigte, sonst nichts. Dicht neben diesem Stalle, am Eingange, stand die an der Militärgrenze „Alarmbret“ genannte Vorrichtung, „— ein auf zwei Pfosten ruhendes Bret, das mittels eines federnden Hammers angeschlagen wird, —“ die aber hier als Kirchenglocke dient, da den Christen der Gebrauch von Glocken überall, wo der Islam herrscht, auf das Strengste verboten ist. Ich empfand eine wahre Freude bei dem Gedanken, daß der Schall der Alarmbreter auf österreichischem Boden mohammedanischen Räubern so oft als Sterbeglöckchen geläutet hatte.“

Die Kirchen sowol als die Klöster der griechischen Christen sind in Bosnien durchaus besitzlos, ein Umstand, der die orientalische Kirche der vermögenden katholischen gegenüber sehr benachtheiligt erscheinen läßt, insofern die habgierige Geistlichkeit lediglich auf Kosten der armen Gemeinde leben muß und deshalb als eine drückende Last wenig Einfluß auf dieselbe üben kann. Nichtsdestoweniger stehen aber die Klöster in hohem Ansehen, da sie von den altserbischen Königen gestiftet und, mit den Sagen und Liedern des Volkes eng verknüpft, immer die Horte des Glaubens und des Serbenthums gewesen sind. Die ältesten und berühmtesten Klöster, jetzt Ruinen, befanden sich in Raszien, der Wiege des Serbenreiches. Unter den noch vorhandenen sind das von Dusi bei Trebinje und das von Plewlje am bemerkenswerthesten.

Wie schon erwähnt, stehen sich die griechische und katholische Bevölkerung einander feindlich gegenüber und mancherlei schimpfwörtliche Namen werfen sie sich gegenseitig an den Kopf. So nennen die Griechisch-Gläubigen die Römer Schokri (von Uskoko, Ueberläufer), während diese wiederum jene mit Wlach, Wlaschi (Walache) betiteln. Auch das Wort Krschtjani bezeichnet die römischen Katholiken, weil sie Isu Krst sagen; Christjani oder Ristjani dagegen die Griechen, die Isos Christos aussprechen. Endlich werden auch die Lateiner Latinzi genannt.

Die große Kluft, welche die christliche Bevölkerung des bosnischen Landes trennt, erscheint besonders als die Gemeinsamkeit schwer schädigend in der Stellungnahme der Parteien gegen die Türken. Während die griechische Kirche, von ihren obersten Häuptern abgesehen, den Freiheitsgedanken hegt und pflegt, die Aufstände unterstützt, bleibt der katholische Klerus mit seiner Herde fern. Rom sieht, bei mäßiger Freiheit seiner Gläubigen, lieber die Roßschweife des Islam herrschen, als das Banner der abtrünnigen Kirche! Es ist die alte engherzige Politik des Vatikans, die ihren Zwecken alles Andere unterordnet.

Das Vilajet Bosna umfaßt einschließlich des Sandschaks Novibasar 60,569 □km., wovon auf Bosnien mit der Kraina und Raszien (circa 7800 □km.) 46,655 und auf die Herzegowina 13,925 □km. entfallen. Das ganze Gebiet ist in 7 Verwaltungskreise oder Sandschake und in 60 Bezirke oder Kasa eingetheilt. Die Namen der einzelnen Sandschake sind: Serajewo, Swornik, Trawnik, Banjaluka und Bihatsch (zusammen das eigentliche Bosnien mit der Kraina), ferner: Mostar (die Herzegowina) und Novibasar (das alte Raszien). Der Vorsteher eines Vilajets führt den Titel Vali, der eines

Sandschaks Kaimakam und der eines Kasa's Mudir; Letzterem sind die Sabite, die Vertreter der Gemeinden (Nahien), untergeordnet. Die Herzegowina war bis vor Kurzem als Ejalet oder Statthalterschaft vom Vilajet Bosna getrennt und unterstand nur in beiden Gebieten gemeinschaftlichen Verwaltungsangelegenheiten dem bosnischen Vali-Pascha. Die Vorsteher der Ejalete und Sandschake haben ebenfalls den Rang eines Pascha's. Beiläufig bemerken wir, daß „Pascha" ein den höheren Würdenträgern im Civil- und Militärdienst beigelegter Titel ist, welcher etwa den Rang eines Generals bezeichnet.

Bosnischer Bauer.

Die wirthschaftliche Lage Bosniens und der Herzegowina ist, da die Steuern jede Thätigkeit ungemein belasten, im Allgemeinen eine sehr ungünstige. Die Gewerbthätigkeit beschränkt sich nur an einigen Orten auf die Herstellung von Waffen, Sattlerarbeiten, Tschibuke, rohen Tuchen, Leinwand, Thongefäßen und Pelzbereitung, auch wird etwas Bergbau auf Eisen, Quecksilber und Blei getrieben. Von größerer Bedeutung ist der Handel, der im Jahre 1865 eine Einfuhr von 73 und eine Ausfuhr von 59 Millionen Piaster vermittelte. Die hauptsächlichsten Ausfuhrgegenstände sind: Getreide, Vieh, Felle, Wolle, getrocknetes Obst, Eisen (nach Serbien und Rumänien), Posamentirarbeiten, Wachs, während die Einfuhr besonders folgende Dinge umfaßt: Tuche, Baumwollstoffe, fertige Kleider, Tabak, Seide für Posamentirarbeiten, Kaffee, Reis, Zucker, Spiritus 2c.

Die Verkehrswege sind in Bosnien noch auf einer sehr tiefen Stufe der Entwickelung. Fahrbar sind nur die strategisch wichtigen Verbindungslinien von Serajewo nach Brod (Burud), nach Banjaluka, nach Mostar über Konjitza und durch das Narentathal, dann nach Novibasar und Mitrowitza nebst den davon ausgehenden Seitenstraßen.

Die Reisen im Lande werden bei den mangelhaften Wegen am besten zu Pferde ausgeführt. Das bosnische Pferd ist klein und unansehnlich, aber vorzüglich zur Ueberwindung aller Schwierigkeiten geeignet. Es hat sich vollkommen der Natur des Landes und der Bewohner angepaßt; es ist an karges Futter, schlechte Abwartung und bedeutende Leistungen gewöhnt. Es legt in 6—8 Tagen 250—300 km. zurück, ohne eines Rasttages zu bedürfen; immer im Paßgange, einer Gangart zwischen Trab und Schritt, wobei immer die Füße einer Seite vorgesetzt werden.

Deutet schon die Beschaffenheit der Wege auf geringen Verkehr im Lande, so spricht sich dieser Mangel noch viel mehr in der Ursprünglichkeit der Gasthäuser aus. Der bosnische Han ist eine Stätte der Trostlosigkeit, die jedem Kulturmenschen das Reisen verleiden muß. Man höre, was Maurer über die Bewirthung erzählt. — Er hatte vor einem auf dem Rasen ausgebreiteten Tuch mit seinem Zaptieh (Gensdarm) Platz genommen und zuerst, zur Abkürzung der langen Zeit des Wartens, ein paar Hände voll Haselnüsse erhalten. „Nunmehr legte die Wirthin ein flaches, rundes, in der Asche gebackenes und noch dampfendes Brot (kuka) vor, welches der Zaptieh zerlegte und mich einlud, davon zu essen; es war aus geschrotenem Roggen bereitet, stachelte auf der Zunge und war so locker gebacken, daß es kaum Zusammenhang hatte. Man aß dazu frischen Käse (sir), der in einer hölzernen Schüssel aufgetragen wurde und lauter trockene Krümchen bildete, die mit Hülfe des Daumens und eines Stückchens dieses Kuchens genommen und in den Mund geführt wurden. Dazwischen wurden Knoblauchszwiebeln (luka), nebst den Stengeln in Salz getaucht, verzehrt. Diese Stengel sind so dick wie ein kleiner Finger und etwa einen Fuß lang; ihr Duft ist durchdringend und für den Bosniaken die wahre, nie entbehrte Würze der Mahlzeit. Jeder aß etwa 10 solcher Pflanzen vollständig auf. Die Krone des Ganzen bildete jedoch die saure Milch (sirutka), welche in einer hölzernen Kanne aufbewahrt wird, aus niedergefallenem Käse nebst obenstehendem grünen Wasser besteht und so sauer ist wie der schärfste Essig. Sie wurde in eine hölzerne Schüssel gegossen und dann der heiße Brotkuchen hineingebrockt, worauf sie mit plumpen hölzernen Löffeln verzehrt wurde. Ich hatte an einem Löffel voll genug. Die Wirkung dieser Speise auf einen europäischen Magen ist schlimmer als die von Aloe, wie ich später erfahren sollte." In einem andern Han gab es eine reichere Mahlzeit. „Wir erhielten Pilaw oder gequollenen Reis mit Kohlwassersauce, gehacktes Schaffleisch in einer Knoblauchsbrühe, gepfeffertes Schaffleisch in Gestalt walnußgroßer Klößchen, Salat von Knoblauchszwiebeln, in Oel gebratene Eier und Brot; den Schluß bildete ein Schälchen Kaffee."

Schlimmer als die Verpflegung ist aber in Bosnien das Unterkommen mit seiner blutsaugenden Fauna, von der Maurer ein böses Lied zu singen weiß.

Wir sind nun auf die Schwierigkeiten des Reisens in Bosnien vorbereitet und wollen einen Streifzug durch das Land antreten. Zu unserem Führer wählen wir keinen Geringeren als den dermaligen deutschen Konsul in Serajewo, Dr. Otto Blau, der in seinem Buche „Reisen in Bosnien und der Herzegowina" (Berlin, Dietrich Reimer 1877) sehr werthvolle Aufschlüsse über die bosnische Provinz uns liefert.

Bosna-Serai.

Die Stadt Serajewo oder Bosna-Serai liegt am Ostende der Ebene Serajewsko-Polje zu beiden Seiten der von Ost nach West laufenden Miljatzka, welche oberhalb der Stadt aus einem engen Thale hervorbricht, das im Süden von den Abhängen des Trebewitj (Gipfel 1624 m.), im Norden von den Vorbergen des Osren (1560 m.) gebildet wird. Unterhalb der Stadt öffnet sich die Ebene nach Südwest bis Nordwest; den Westrand bildet das gegen 1230 m. hohe Igman-Gebirge, den Nord- und Nordwestrand zwei Höhenzüge, deren beide Kuppen Kobilja Glawa genannt werden und zwischen welchen hindurch die am Fuße des Igman entspringende, in die Save fließende Bosna sich durchschlängelt, nachdem sie in der Ebene selbst die Miljatzka und Scheljesnitza von rechts und die Schujewina von links aufgenommen hat. Diese Hochebene ist in der Richtung von Ost nach West durch einen Ausläufer des Trebewitj von durchschnittlich 160 m. Höhe in eine nördliche und südliche Hälfte getheilt, jene das Miljatzkathal, diese das Scheljesnitzathal bildend.

Das Igmangebirge, dessen früherer Name Smartnitza jetzt verschollen ist, fällt in einer steilen, 15 km. langen Wand schroff nach Nordost ab; die auf ihm entspringenden Quellen laufen theils wie die Zubäche der Schujewina nach Nordwest ab, theils sickern sie nordostwärts durch die Kalkfelsen hindurch und brechen mit einer auffallend großen Wassermenge in einem Bassin nahe bei dem Dorfe Wrelo Bosna (d. i. Bosnaquell) sprudelnd hervor, so daß die Bosna sofort als ein ziemlich breiter Fluß in die Ebene tritt.

Die durchschnittliche Meereshöhe der Ebene von Serajewo läßt sich danach bestimmen, daß die Stadt Serajewo 559 m., die Bosnaquellen 568 m. hoch angegeben werden. Die Ebene ist in ihrer größten Ausdehnung 20 km. lang und eben so breit und durchgängig angebaut: Weizen, Gerste, Mais, Hafer, Hirse, seltener Roggen und Lein; in der Nähe der Ortschaften Kraut; Hülsenfrüchte und Zwiebeln sind die vorzüglichsten Kulturen. Die Hügel, welche die Ebene umgrenzen, sind, nachdem seit Jahrhunderten aller Baumwuchs vernichtet und nichts nachgepflanzt worden ist, mit niedrigem Buschwerke besetzt; ein nennenswerther Waldbestand erscheint erst auf dem Kamme des Igman, auf dem Ostabhange des Trebewitj, auf der Spitze des Glog, eines Vorberges der Osren-Planina, und auf der Höhe der Romanja, gemischt aus Nadel- und Laubholz.

Von Serajewo führt eine Poststraße über Konjitza nach Mostar. Von Pararitsch, der ersten Relaisstation, fünf Stunden von Serajewo entfernt, ist die Hranitzawa-Alpe zu ersteigen, welche einen prächtigen Umblick gewährt. Der Igman erscheint von ihren höchsten Kuppen aus wie ein kleines Vorgebirge zu den Füßen des Beschauers. Bei Konjitza, wo die Teschanitza in die Narenta mündet, wird die Sohle des Neretwa-(Narenta-)Thales erreicht und der Strom auf einer schönen steinernen Brücke, welche im Jahre 988 von dem serbischen Könige Hwalimir erbaut wurde, überschritten. Die Vorstadt am rechten Brückenkopfe heißt wie der Fluß Neretwa; jenseits liegt der eigentliche Flecken Konjitza, berühmt durch seine Wein- und Obstkultur. Von hier aus geht es bald am rechten, bald am linken Ufer der Narenta weiter Mostar zu, über Gorja (Ober-) und Donja (Unter-)Jablanitza, durch eine 1½ Stunde lange Felsenschlucht nach Grabowitza, dessen zerstreute Häuser und Fluren eine Erweiterung des Thalbeckens, gegenüber dem tief eingeschnittenen Bette der wilden Grabowitza, füllen. Eine ausgezeichnete Felsenpartie ist 1½ Stunde weiter abwärts der sogenannte Schwarze Born (türkisch Kara Kainak, serbisch Crno Wrelo).

In einer mehrere Klafter tiefen, geräumigen Höhle quillt ein klares Wasser, das im Widerscheine des rings herabhängenden, spannenlangen Mooses (Cinclidotus aquaticus) tiefdunkelgrün aussieht und im Hintergrunde der Höhle einen kleinen See bildet, welcher bei hohem Wasserstande über den Rand der Grotte austritt und in rauschenden Kaskaden zur Narenta abfließt. Ueber dem Eingange thürmen sich wol 300 m. hohe Felsen auf. Die Landschaft nimmt immermehr ein südliches Gepräge an; die Häuser sind durchgängig schon seit Jablanitza, zum Theile schon in Konjitza mit Steinplatten gedeckt; die Kulturen von Sorghum saccharatum und haleppense, die

Pflanzungen und das verwilderte Vorkommen von Feigen und Granaten sind dem heißeren Klima entsprechend. Nach der Einmündung der Bjela, über welche eine neue steinerne Brücke führt, öffnet sich das Thal der Narenta allmählich, halbwegs zwischen Jablanitza und Mostar (je $4^1/_2$ Stunde), und erweitert sich nach einer Stunde zu der fast horizontalen Ebene von Mostar. Die Straße von Bjela bis Mostar ist eine solide, ausgebaute Chaussee.

Mostar.

Ob **Mostar**, die Hauptstadt der Herzegowina, eine schon in alter Zeit gegründete Stadt ist und welchen Namen sie im Alterthume geführt haben möge, ist noch eine offene Frage. Andetrium und Bistuë, wofür man es ausgegeben, lagen erweislich viel westlicher; Andere haben diesen Namen nach einer grammatisch unzulässigen slavischen Etymologie auf „Pons vetus" gedeutet und halten insbesondere die berühmte Brücke über die Narenta inmitten der Stadt für römischen Ursprungs. Diese Brücke, der Mittel- und Glanzpunkt von Mostar, ist in einem hohen Spitzbogen über die ganze Breite des Stromes gespannt.

Die Stadt Mostar liegt zu beiden Seiten der Brücke, der Hauptmasse nach in der Thalsohle, am linken Ufer aber sich an dem Berge hinaufziehend. Die Hauptstraßen laufen parallel dem Flusse, in welchen der Bach Radobolje von rechts her oberhalb der Brücke einmündet. Auf dem linken Ufer bildet die alte Citadelle mit dem Palaste des Gouverneurs die Hauptgruppe.

Die Stadt hatte vor dem Aufstande und Kriege nach ziemlich verläßlichen Angaben 2200 mohammedanische, 500 griechisch-orthodoxe, 400 römisch-katholische, 100 zigeunerische und 20 hebräische Familien, mag also im Ganzen 14- bis 15,000 Einwohner zählen. Sie ist Sitz eines Kaimakam, eines Divisionsgenerals, eines griechischen und eines römisch-katholischen Bischofs, besitzt an dreißig Moscheen, zwei griechische und eine katholische Schule und treibt einen lebhaften Binnenhandel sowol als mit Dalmatien. Die Häuser sind durchgehends massiv und plump gebaut und mit Steinplatten gedeckt. Wenige nur bestehen aus mehr als einem Geschosse, so daß das Ganze einen gedrückten, äußerst kunstlosen architektonischen Eindruck macht. Hin und wieder wird die Einförmigkeit durch eingestreute Obst- und Weingärten unterbrochen und das Profil durch die hervorragenden Minarete der Moscheen gehoben. Die Vorstädte ziehen sich theils südwärts in die Ebene, wo insbesondere das Militärhospital der Garnison und eine im Bau begriffene Kaserne sich abheben, theils westwärts den Radoboljebach aufwärts bis zu der Residenz des katholischen Bischofs eine halbe Stunde weit hin.

Beim Austritte aus Mostar auf dem Wege nach der südlichen Herzegowina, Ragusa, Klek und der Bocche di Cattaro treten die Berge zu beiden Seiten, namentlich aber der Podweleschj, gleich im scharfen Winkel zurück und bilden die Ränder der Ebene von Buna, welche zwei Stunden lang und in ihrer größten Ausdehnung von Blagaj längs des Bunaflusses bis zu deren Einmündung in die Narenta über zwei Stunden breit ist.

Jenseit der Buna klimmt der neuerdings chaussirte Weg einen sehr steilen Abhang hinan. Oben angelangt, hat man eine weite, hin und wieder durch Schluchten unterbrochene und stellenweise mit Eichenwaldungen bewachsene Hochebene vor sich: die Dubrawa. Anscheinend wenig bewohnt und kultivirt, leidet sie namentlich an Wassermangel. Inzwischen mag es sich hier wie in manchen anderen Theilen Bosniens verhalten, daß die Dörfer und menschlichen Ansiedlungen sich möglichst fern von den großen Verkehrsstraßen halten.

Stolatz (d. h. Stuhl) und namentlich die im Südwesten der Stadt gelegene Citadelle mit ihren eigenthümlichen fünf Thürmen gilt für eine der ältesten Burgen der Herzegowina. Im frühen Mittelalter soll das Schloß den Namen Brega geführt haben und von ihm auch der am Fuße des Schloßberges vorbeifließende Bach Bregawa benannt worden sein. Es wäre dann die Stammburg des Grafen von Branitwoj gewesen, welche um 1244 den Nemanjern von Chelm nachfolgten. Noch bis auf unsere Tage sind die Burgherren von Stolatz die angesehenste Familie des Landes gewesen und haben sich sogar einer gewissen stolzen Unabhängigkeit erfreut, bis die Einführung der administrativen Neuerungen durch Omer Pascha 1851 die Macht des alten Landadels brach. Der Kreis Stolatz ist überwiegend christlich; es kommen auf etwa 500 türkische Hausstände 1500 christliche. Die Entfernung von Stolatz nach Mostar beträgt sechs Stunden türkischer Postrechnung.

Trebinje (das alte Trebunium oder Terbunia), am rechten Ufer der Trebinschtjitza gebaut und nach türkischer Art mit einer Umwallung und festen Thürmen und Thoren versehen, ist vermöge seiner Lage nahe den Grenzen

Trebinje.

Dalmatiens und Montenegro's ein wichtiger Platz, daher Garnisonsort für ein bis zwei Bataillone Infanterie und einige Artillerie, sowie Sitz einer höheren Verwaltungsbehörde. Die Straßen sind eng und winkelig, die Häuser dürftig und unsauber; der Bazar, trotz der Nähe Ragusa's, außerordentlich bescheiden versorgt. Durch größere Lebhaftigkeit des Temperaments, körperliche Rührigkeit, lebhaftere Farben in der Tracht und mehr Bildsamkeit und Empfänglichkeit im Allgemeinen unterscheiden sich die südlichen Herzegowzen von den Bosniaken in vortheilhafter Weise. Sie sind so ganz desselben Schlages wie die Montenegriner und Bochesen.

Die Bucht, welche das Sutorina genannte türkische Stückchen Landes bespült, ist seit Jahr und Tag arg versandet. Ganz vereinzelte menschliche Wohnstätten deuten auf eine sehr spärliche Bevölkerung. Einen ähnlichen Zipfel türkischen Gebietes an der See, zu dem der Zugang nur durch österreichische Gewässer möglich ist, bildet der Hafen von Klek mit seinem Gestade, eine Bucht des sogenannten Kanals von Stagno piccolo. Die trefflich gebaute, wenig frequentirte und wasserarme Küstenstraße über Malfi und Slano durchschneidet das Gebiet von Klek eine halbe Stunde landeinwärts von dem innersten Winkel der Bucht und steht auch auf diesem fremden Territorium als Militär-Etappenstraße ausschließlich unter österreichischer Oberhoheit und Aufsicht. Im rechten Winkel schneidet sie die türkische Militärstraße nach Stolaß.

Ein Bosnier.

Albanesen.

IX. Albanien.

Abstammung der Albanesen. — Aelteste Geschichte. — Namen des Landes. — Geschichte im Mittelalter. — Skanderbeg. — Geographische Beschreibung des Landes. — Die beiden Hauptstämme des albanesischen Volkes. — Kirchliche Scheidung. — Die freien Stämme. — Ihre Vertretung beim Pascha von Skodra. — Stammesverfassung. — Volksversammlungen. — Namen und Gebiete der freien Stämme. — Mirditen. — Typus des Volkes. — Tracht. — Sitten.' — Blutrache. — Blutsbrüderschaft. — Lebensweise. — Wohnungen. — Familienleben. — Stellung der Frauen. — Mädchenraub. — Der erste Haarschnitt. — Geistige Kultur der Albanesen. — Gewerbebetrieb. — Aberglaube. — Elfen, Dämonen. — Geschwänzte Menschen. — Albanesische Poesie. — Sprache. — Eintheilung und Bevölkerung des Landes. — Reise nach Skutari.

Mit Albanien betreten wir das Gebiet eines uralten, eingeborenen Barbarenvolkes, dessen Geschichte bis in die nebelgraue Vorzeit der Thraker und Illyrier zurückreicht. Etwas Genaues wissen wir über die Vorfahren der Albanesen nicht, da die Berichte der griechischen Geschichtsschreiber über die ältesten Bewohner ihrer nördlichen Nachbarländer zu schwankend und verworren sind, um aus ihnen sichere Aufschlüsse über dieses Völkerdunkel gewinnen zu können. Dank aber den scharfsinnigen philologischen Untersuchungen Thumann's, Leake's und vor Allem von Hahn's darf man mit großer

Wahrscheinlichkeit annehmen, daß die Albanesen aus einem Stamme der alten Illyrier hervorgegangen sind und daß ferner die Illyrier, mit den Epiroten und Makedoniern stammverwandt, einen Zweig der halb sagenhaften Pelasger, der älteren Brüder der Hellenen, gebildet haben. Weiter hat sich aus den Sprachvergleichungen in Uebereinstimmung mit den geschichtlichen Anhalten ergeben, daß die illyrischen Vorfahren der Albanesen in der Zeit der Keltenwanderung nach Griechenland und Kleinasien, von keltischen und germanischen Völkern unterworfen wurden und daß ferner die Griechen, Römer, Serben und Türken größeren oder geringeren Einfluß auf die Entwicklung des albanesischen Volkes gehabt haben.

Bekannt ist aus der griechischen Geschichte, daß das heutige südliche Albanien im Gegensatz zu Kerkyra (Corfu) Epeiros, d. h. Festland, genannt wurde und daß die Geschicke seiner pelasgischen Bewohner vielfach mit denen der Griechen verknüpft waren. Mit der Ausbreitung der römischen Herrschaft über Griechenland verfiel Epeiros der Einverleibung in das Römerreich (168 v. Chr.) und etwa um dieselbe Zeit wurde auch das heutige Mittel- und Nordalbanien — das südliche Illyrien —, in eine römische Provinz verwandelt, womit Albanien auf mehrere Jahrhunderte vom Schauplatze der Geschichte wieder zurücktritt.

Erst mit den Stürmen der Völkerwanderung gewinnt Albanien eine geschichtliche Bedeutung wieder. Mit Alarich fielen 396 die Gothen in Epeiros ein und blieben, besonders unter Sidimund und Gento eine mächtige Rolle spielend, bis 535 im Besitze des albanesischen Landes. Nach der Zurückdrängung des gothischen Heeres nach Italien unterwarfen sich die zurückgebliebenen Gothen dem Kaiser Justinian, um später im Slaventhume aufzugehen. Im Jahre 517 wird Epeiros von Bulgaren und Ungarn heimgesucht und 10 Jahre später von einem anderen Verheerungszuge der vereinigten Bulgaren, Gepiden und Heruler. 539 verwüsten die katurigischen Ungarn Alles, was zwischen dem Jonischen Meere und den Vorstädten von Byzanz lag. — Auch die Longobarden durchstreifen, nachdem sie Sitze in Pannonien erhalten, und verwüsten das Land bis an die Grenzen von Dyrrhachium (das heutige Durazzo). Ihnen folgen die Slaven, welche im Jahre 548 eben so weit verheerend vordringen, und den Slaven die Avaren. Bei alledem blieb aber das albanesische Gebiet immer noch mehr verschont als die östlichen Provinzen der Balkanhalbinsel.

In der Mitte des 7. Jahrhunderts beginnen die in Illyrien eingewanderten Serben und Kroaten nach dem Süden vorzudringen; sie erobern das nördliche Albanien und behalten dasselbe bis 1360 als eine Provinz des Serbenreiches im Besitz. — Das südliche und mittlere Albanien (Alt- und Neuepirus) wird 861 vom byzantinischen Kaiser Michael an die Bulgaren abgetreten, welche Ochrida zur Residenz ihrer Könige machen. Das Bulgarenreich bestand lange, blutige Kämpfe mit den Byzantinern, bis es endlich 1010 dem Kaiser Basilius gelang, dasselbe zur Unterwerfung zu bringen.

Mit der Wiedervereinigung der epirotischen Provinzen mit dem Byzantinischen Kaiserreiche gedenken auch dessen Annalen wieder der Ureinwohner

Albaniens, welche einer fast tausendjährigen Vergessenheit anheimgefallen waren. Sie erscheinen unter dem Namen „Arvaniti", einer Umänderung des Namens „Albani", den schon zu Ptolemäus' Zeit eine ihrer Völkerschaften trug. „Albani" ist keltischen Ursprungs und bedeutet in seinen Wurzeln Alb und Alp = weiß und hoher Berg. Die schottischen Hochländer nennen sich in ihrer Sprache Albanach und ihr Bergland Albain und im Alterthum gab es außer unserem, hier betrachteten Albanien noch zwei andere, gleichfalls bergige Länder, welche diesen Namen führten; das eine im östlichen Kaukasus, das andere im nördlichen Britannien. Uebrigens entspricht der albanesische Name Albaniens, Schkiperia oder Skiperia und in gegischer Mundart Sipenia vollkommen dem Begriffe Bergland, und Schkipetar, beziehungsweise Skipetar, wie sich die Albanesen selbst nennen, heißt Bergbewohner. Der türkische Name „Arnaut" endlich ist eine Umgestaltung des byzantinischen „Arvaniti".

Nach den Eroberungszügen der aus Italien übersetzenden Normannen unter Robert Guiscard und Boemund in den Jahren 1081—1107 blieben die Byzantiner fast anderthalb Jahrhundert lang im Besitze von Epeiros. Es bildete unter der Herrschaft eines Zweiges der Kaiserfamilie ein besonderes Despotat, von welchem sich später (1261) die Provinz Neu-Epeiros als ein zweites Despotat ablöste. Die Geschichte dieser Staatswesen läßt sich mit wenigen Worten abmachen: eine fortgesetzte Reihe innerer und äußerer Kämpfe, Morde, Blendungen und anderer Greuelthaten; das albanesische Element tritt lebhaft in den Vordergrund.

Die serbische Eroberung unter Stephan Duschan machte der Despotenwirthschaft ein Ende. Epeiros wurde 1346 mit Thessalien und Makedonien dem serbischen Zarenreiche einverleibt. Aber schon nach Stephan's Tode gelang es der Familie der vertriebenen Despoten, sich wieder in den Besitz des epeirotischen Landes zu setzen, in welchem ihnen bald aber einzelne Führer der aus Mittelalbanien eingewanderten albanesischen Stämme folgten.

Die albanesische Wanderung nach Epeiros scheint in dem Maße, als die Serben im nördlichen Theile Albaniens sich ausbreiteten, stattgefunden zu haben und sie beschränkte sich nicht nur allein auf Epeiros, sondern sie erstreckte sich auch über Thessalien und den Peloponnes, ja selbst über die Kykladen. Wir bemerken, daß die ursprüngliche Bevölkerung von Epeiros, als eine pelasgische, wol mit den illyrischen Albanesen verwandt, nicht aber mit ihnen gleichen Stammes war, ein Unterschied, der sich durch die spätere Hellenisirung noch weit stärker ausprägte. Man hat daher, wenn in der byzantinischen Zeit von Albanesen in Epeiros gesprochen wird, immer aus dem Norden eingewanderte Illyrier zu verstehen. Diese haben sich in ihren schwer zugänglichen Berggebieten frei von fremder Kultur erhalten: sie sind immer Barbaren geblieben, die jede Gelegenheit zum Kampf und Raub benutzten.

Nach dem Tode Spata's, eines der albanesischen Despoten, bemächtigte sich im Jahre 1400 Karl II. Tocco der Herrschaft über das südliche Epeiros, in welcher er sich bis zu seinem Tode 1430 behauptete. Der hierauf unter seinen Söhnen ausgebrochene Streit zog die Türken herbei, welche 1430 vom größten Theile und schließlich vom ganzen Lande Besitz nahmen. Wie in Bosnien trat auch hier der Adel bald zum Islam über, während das niedere Volk dem griechischen Christenthume treu blieb. Obwol nun die herrschende Klasse im Glauben mit den Türken vereint war, so fanden letztere doch immer nur so lange unbedingten Gehorsam, als er durch eine ergebene Heeresmacht erzwungen wurde. Der Adel bieb den türkischen Machthabern gegenüber stets feindlich gesinnt und die Pforte konnte nur dadurch Einfluß und Geltung im Lande sich verschaffen, daß sie die albanesischen Häupter in hohe Regierungsstellen einsetzte und dieselben den Familien erblich überließen. Einer dieser eingeborenen Verwaltungsdespoten war der durch seine Grausamkeit europäisch bekannte Ali von Tepelen, Pascha von Janina, der letzte Vertreter des epeirotischen Mittelalters. Mit unmenschlicher Härte brach er in der zweiten Hälfte des vorigen Jahrhunderts die Unabhängigkeitsgelüste seiner Landsleute und er ging bei der Zerstörung des Alten so gründlich zu Werke, daß später die Oberherrlichkeit der Pforte nie mehr einem größeren Widerstand begegnete.

Wie wir bis jetzt aus der Geschichte Albaniens gesehen haben, fehlt ihr vollkommen die Gemeinsamkeit. Unabhängig vom Norden gestalteten sich die Geschicke des Südens und unbeeinflußt von diesem entwickelten sich die Ereignisse im Norden.

Wir verließen Nordalbanien als eine Provinz des Serbischen Reiches. Bis zu Stephan Duschan's Tode ist nur der Uebertritt der binnenländischen Bevölkerung von Nord- und Mittelalbanien zur römischen Kirche (1250) zu melden; die Küstengebiete gehörten derselben seit alter Zeit schon an. Während der serbischen Thronstreitigkeiten dehnten die Fürsten von Zenta (s. Montenegro) ihr Gebiet bis zu den Keraunischen Bergen aus. 1383 überschwemmten die Türken zum ersten Male das Land und Iwan Straschimir mußte sogar Skutari an dieselben abtreten; doch erhielt er von Murat II. die Stadt gegen ein schönes Mädchen, eine Verwandte, zurückerstattet. Nun folgen lang' andauernde Kämpfe der Serben, Venetianer, Ungarn und Albanesen, theils gegen die Türken, theils gegen einander, bis endlich gegen Ende des 15. Jahrhunderts die Osmanen als Herren des Landes den Sieg davontrugen. Einige Bergstämme, wie die Mirditen (Miriditen oder Merditen), behaupteten indessen ihre Freiheit auch fernerhin und bildeten fortan unter türkischer Oberhoheit selbständige Gemeinwesen; andere Stämme wanderten nach Italien aus, wo wir heutzutage noch albanesische Kolonien antreffen.

Als ein glänzendes Bild albanesischer Tapferkeit leuchtet aus den Kämpfen des 15. Jahrhunderts der vielbesungene Mirditenheld Skanderbeg hervor. Georg Kastriota ward als vierter Sohn Johann Kastriota's 1404 zu Kroja in Nordalbanien geboren und diente gleich seinen Brüdern für die Treue seines Vaters dem Sultan Murat II. als Geisel. Mohammedanisch erzogen und beim Großherrn sehr beliebt, erhielt er mit dem Namen und Titel Iskanderbeg, d. h. Herr oder Fürst Alexander, ein Sandschak zur Verwaltung. Als nach dem Tode seines Vaters (1432) die Türken von seinem Heimatlande Besitz nahmen, plante er die Zurückeroberung des väterlichen Erbes und benutzte Hunyadi's Sieg bei Nisch (1443), die Reihen der Türken zu verlassen.

Er eilte nach Kroja, der Hauptstadt seines Gebietes, trat zum Christenthume über und vertrieb in Vereinigung mit anderen albanesischen Dynasten binnen 30 Tagen die Türken aus dem Lande. Mit wechselndem Glück währte der Krieg bis 1461, in welchem Jahre Mohammed II., der Nachfolger Murat's, mit Skanderbeg Frieden schloß und ihn in seinem vollen Besitze bestätigte. Heimgekehrt von einem Kriegszuge in Italien, wo er Ferdinand von Neapel siegreich gegen Johann von Anjou unterstützte, betheiligte sich Skanderbeg an dem vom Papste 1463 angeregten Kriege der Venetianer gegen die Türken, die er in mehreren Schlachten glänzend schlug. Skanderbeg endete sein thatenreiches Leben im Jahre 1467.

Grabmal Ali Pascha's in Janina.

Betrachten wir nach diesem geschichtlichen Ueberblick das albanesische Land selbst, so finden wir, daß zwei Albanien — ein geographisches und ein ethnographisches — zu unterscheiden sind. Ersteres ist ein durch natürliche Grenzen scharf umrahmtes Gebiet, letzteres ein Bild der albanesischen Geschichte.

Das geographische Albanien wird im Norden von Montenegro und Rascien, im Osten vom Weißen Drin, vom Khar-, Grammos-, und Pindosgebirge, im Süden von Griechenland und dem Golfe von Arta und im Westen vom Jonischen und Adriatischen Meere begrenzt. Es ist in der vollsten Bedeutung des Wortes ein Bergland, denn mit Ausnahme des flachen östlichen Ufer-

22*

gebietes am Skutari-See und einiger Küstenstriche am Adriatischen Meere und am Golfe von Arta, giebt es in Albanien keine Ebenen von größerer Ausdehnung; überall Gebirgskämme, Höhenzüge und Thäler. Im Norden des Landes erhebt sich, im Anschluß an das montenegrinische Karstgebiet, ein hoher Gebirgsstock, welcher nach allen Himmelsrichtungen mächtige Aeste entsendet. Er erscheint als die Durchdringung zweier Erhebungsrichtungen: der allgemeinen nordwest-südöstlichen des periapenninischen Systems und der südwest-nordöstlichen der Schljeb-Planina. In ersterer Richtung treten die aus Bosnien und dem östlichen Montenegro sich erstreckenden und im Dormitor und Kom gipfelnden Gebirgszüge auf, welche jenseit der genannten Planina als Bastrik-Gebirge bis zur Vereinigung des Schwarzen und Weißen Drins sich fortsetzen. Die Schljeb-Planina steigt mehrfach verzweigt aus der Niederung des Skutari-Sees empor und bildet in der Durchdringung des Hauptgebirges ein von hohen Gipfeln überragtes, schwer zugängliches Hochland, welches nach Osten in das Thal und die Ebene des Weißen Drin abfällt. Als höchste Punkte in diesem Alpenknoten sind zu nennen: der Prokletja oder „verfluchte Berg" mit 2436 m., der Bor mit 2274 m., der Visitor mit 2079 m., der Schljeb mit 2013 m. und der Pekle mit 1925 m. Höhe. Nach Süden schließt dieses Alpengebiet mit dem engen, tiefeingeschnittenen Flußbette des vereinigten Drin ab.

Der südliche Quellstrang dieses Flusses, der Schwarze Drin, geht aus dem Ochrida-See hervor und nimmt in einem von zwei verschiedenen Gebirgssystemen gebildeten Thale in nördlicher Richtung seinen Lauf. Der östliche Zug, der Schar-Dagh oder Skardus der Alten, ist ein Urgebirge, das bis zur Trockenlegung des Kreidelandes Albaniens einen Theil des westlichen Ufers der archolitischen Balkan- oder besser Rhodope-Insel darstellte. Die mittlere Höhe des Schar-Dagh beträgt 1950 m., während seine höchsten Gipfel der Kobilitza und der Krivosia 2631 und 2600 m. erreichen. Am Nordostende erhebt sich der 2111 m. hohe dreieckige Ljubatrn, von welchem man nach Nordwesten eine von niedrigen Hügelketten durchzogene Hochebene übersieht. Es ist dieselbe das in der serbischen und ungarischen Geschichte so denkwürdige Amselfeld (Kossovo polje), auf welchem 1389 die Serben unter Lasar und 1448 die Ungarn unter Hunyadi den Türken in mörderischen Schlachten unterlagen. Das Amselfeld war noch zur Kreidezeit der Boden eines Sees, welcher sich im Westen bis zum Schljeb- und Bastrikgebirge, im Norden bis zur Sucha-Planina und im Osten bis zu den Höhenzügen längs des rechten Ufers der Sitnitza ausdehnte. Dieser Fluß bezeichnet den Westrand des nördlich bis zum Kopavnik und östlich bis zur bulgarischen Morawa und Sukowa sich erstreckenden halbinselartigen Vorsprungs der archolithischen Rhodope-Insel. Beide Gebiete, das Amselfeld und die alte Halbinsel, waren früher durchaus von Serben bewohnt und gehörten mit Rascien zum alten serbischen Stammlande. Jetzt herrscht in beiden ersteren Landschaften das albanesische Element vor und sie bilden deshalb die nordöstliche Provinz des ethnographischen Albaniens. Bemerken wir gleich hier, daß in Epeiros die griechische Bevölkerung die albanesische überwiegt, so würde Albanien ethnographisch folgendermaßen etwa begrenzt sein.

Podgoritza.

Im Nordwesten liegen Montenegro und Bosnien, mit Ausschluß der Umgegend von Novibasar, im Norden Serbien, abgesehen davon, daß das Grenzgebiet slavisch, im Osten einerseits die bulgarische Morawa und anderseits das Schar- und Grammosgebirge, im Süden gegen Rumelien der Kara-Dagh und gegen Epeiros etwa vom 40. Breitengrade und im Westen endlich das Adriatische Meer.

Das linke Thalgehänge am Schwarzen Drin wird von einem etwa 1000 m. hohen, schwer zugänglichen Gebirgszuge gebildet, welcher, allmählich nach Süden abfallend, im Bargora-Gebirge am Westufer des Ochrida-Sees zu Ende geht. Er entsendet nach der Adriatischen Küste mehrere Zweige, von welchen wir nur drei, als die hauptsächlichsten, kurz erwähnen wollen. Der nördlichste führt den Namen Kerubi-Gebirge. Er bildet mit den Südspitzen des oben besprochenen Alpenknotens, den Cañon des vereinigten Drin, eine 20 Stunden lange enge Bergspalte, in welcher der Drin, von hohen Felsenwänden hart begrenzt, seinen Lauf nimmt. Die zweite Abzweigung, vom Kerubi durch das Mati-Thal und von der dritten, der Gabarkette, durch den Arsen-Fluß getrennt, heißt Kraba-Dotna. Sie ist uns mit dem Kerubi-Gebiete als das Land der Mirditen besonders merkwürdig. Hier liegt Kroja, die Hauptstadt Skanderbeg's. Der dritte Gebirgszweig wird im Süden vom Schkumb oder Skumbi begrenzt. Derselbe entspringt an der Südspitze des Bargora-Gebirges und mündet südlich vom Kap Laghi in das Adriatische Meer. Man kann diesen Fluß als die südliche Grenze von Nordalbanien betrachten. Mittelalbanien umfaßt das Gebiet des Ergent und breitet sich südlich bis zur Wojutza aus, dem Grenzflusse gegen Südalbanien oder Epeiros.

Wir verließen die beiden Hauptgebirgssysteme Nordalbaniens am Ochrida-See, dem alten Lychnitis.

Während das westliche mit dem Bargora- oder Djurad-Gebirge bis zum Südende des Sees sich ausdehnt, reicht der Skardus nur bis gegen den Ausfluß des Schwarzen Drin. Die östliche Uferkette des Sees gehört dem Kreidegebiete der Periapenninen an. Letztere setzen sich nach Süden im Grammos- und Pindosgebirge fort.

Von den Uferketten des 692 m. hoch gelegenen Ochrida-Sees durch den Dewolpaß getrennt, beginnt das Grammosgebirge mit dem 1462 m. hohen Sbok und endigt, nachdem es mehrere Abzweigungen nach Mittelalbanien entsendet hat, mit 1690 m. Höhe im Wassilitza-Berg. Seinen Fuß bespült der Quelllauf der Wojutza, welche in fast ununterbrochen nordwestlicher Richtung dem Meere zueilt, und parallel zu ihm läuft sein linksseitiger Nebenfluß, der Dryno. Deutet die Richtung dieser Wasserzüge im Vergleich zu den ostwestlichen Flußläufen Nord- und Mittelalbaniens auf eine andere Bodengestaltung Südalbaniens, so tritt ein solcher Unterschied noch viel mehr in dem Entwässerungssysteme des südlichen Epeiros hervor. Hier nehmen, von einem gemeinsamen Erhebungscentrum ausgehend, der Aspro Potamus (Achelous der Alten), die Arta (Arachthous) und der Luro (Charadros) von Nord nach Süd und der Mawro Potamus (Acheron) und die Kalama (Thyamis) von Nordost nach Südwest ihren Lauf, theils in den Golf von Arta (Ambrakia), theils in das Jonische Meer mündend. Als das gemeinsame Erhebungscentrum müssen wir den Zygos (Lakmon oder Metzowo), einen 1692 m. hohen Gneißgipfel, betrachten. Ihm entstrahlen nach Süden die Pindos- und Tsumerkakette, denen nach Westen mehrere Parallelzüge folgen, und nach Nordwesten das Nemerzikagebirge mit der parallelen Entwicklung der Ergenik-Griwa-Gruppe.

In gleicher Richtung erstreckt sich an der Küste bis zum Kap Glossa das steil aus dem Meere bis zu 1900 m. Höhe emporsteigende Chimara- oder Tschika-Gebirge. Seiner wildgezackten Gipfel und der donnernden Brandung zu seinen Füßen wegen schien es den Alten der Sitz des blitzeschleudernden Zeus zu sein und sie nannten es das Keraunische Gebirge, den zungenartigen Vorsprung aber, welcher die Avlonabucht bildet, Akrokeraunia.

Epeiros ist reich an unterirdischen Wasserläufen, besonders in der Gegend des Janina-See's. In der südlichen Umgebung desselben erblickt man vier kleinere Becken, welche zur Zeit des Wasserwuchses aus dem See sich füllen und zahlreiche kleine Wasserkessel, „Augen" genannt, bekunden die unterirdischen Flußläufe. Der Janina-See, der Pambotis der Alten, besteht eigentlich aus zwei Theilen, welche mittels eines schilfbedeckten Sumpfes untereinander verbunden sind. Aus dem nördlichen kleineren, Labschistas-See, geht auf unterirdischem Wege der Thyamis hervor, während der südliche, eigentliche Janina-See den Arachthous und den Acheron speist. — Das geheimnißvolle Verschwinden und Auftreten der Gewässer in den Landschaften am Janina-See mußte wol dem auf Naturanschauungen beruhenden Glauben der Alten als bedeutungsvoll sich aufdrängen, und der Umstand, daß die Griechen unter anderem Pelasgischen auch den Acheron mit seinem Nebenflusse, dem Kokytos (Bobos der heutigen Bevölkerung), in ihren Mythos aufgenommen, deutet darauf hin, daß die Pelasger, obwol Barbaren, nicht unwesentlichen Einfluß auf die griechische Kultur gehabt haben.

Die albanesische Bevölkerung zerfällt in zwei Hauptstämme: den toskischen, welcher Süd- und Mittelalbanien, und den gegischen, welcher das nördliche und serbische Albanien bewohnt. Beide unterscheiden sich durch ihre Mundarten, welche etwa wie Hoch- und Plattdeutsch von einander abweichen, d. h. Tosken und Gegen verstehen sich entweder gar nicht oder nur höchst nothdürftig, wenn sie in dem fremden Dialekte unerfahren sind. Obwol eine genaue Scheidelinie zwischen beiden Mundarten noch nicht festgestellt werden konnte, so darf man im Großen und Ganzen doch den Schkumb als Sprachgrenze bezeichnen und dieser Fluß scheint, wie aus einer Bemerkung Strabo's hervorgeht, auch schon in alten Zeiten als solche gegolten zu haben. — Was die Namen Toske und Gege anlangt, so ist zu bemerken, daß beide nur in beschränktem Umfange in Albanien bekannt sind. Ersterer bezieht sich eigentlich nur auf die Bewohner der Toskeria, einer kleinen Landschaft am nördlichen Ufer der unteren Wojutza; doch nennen sich die Albanesen der oberen Wojutza auch Tosken und dieser Name wurde schließlich von den Gegen zur Bezeichnung aller südlichen Albanesen angewendet. „Gege" aber ist ein Spitzname, mit welchem die Tosken ihre nördlichen Nachbarn belegten, und der, obwol bei seinen Trägern ungebräuchlich, ein Sammelname für die Stämme des nördlichen Albaniens geworden ist. Diese selbst nennen sich Schkipetaren, wenn sie ihre weitere Stammesangehörigkeit bezeichnen wollen.

Nicht nur die Sprache scheidet die Albanesen von einander, sondern auch der Glaube. Wie in Bosnien, so zerfällt die Bevölkerung auch in Albanien in drei große Gruppen: in Mohammedaner, griechische und römische Christen.

Erstere bilden, soweit sich bei dem Mangel jeder Statistik schätzen läßt, die Mehrheit und sind fast über das ganze Land verbreitet. Von wenigen Ausnahmen abgesehen gehören sie alle dem albanesischen Stamme an, denn die Griechen und Walachen in Süd- und Mittelalbanien bekennen sich ausschließlich zur griechischen Kirche und unter den Slaven im Norden scheinen die Mohammedaner in der Minderzahl zu sein. — Die beiden christlichen Konfessionen theilen sich derart in Albanien, daß die römische hauptsächlich in Nord-, die griechische in Mittel- und Südalbanien herrscht und diese Scheidung ist eine Hauptursache, daß sich die Gegen und Tosken feindlich gegenüberstehen. Die Pforte macht sich diese gegenseitige Abneigung wohl zu Nutze, indem sie bei den häufigen Auflehnungen der Stämme mit Hülfe der einen Volkschaft die andere zu bekämpfen sucht.

Die Gegen sowol als die Tosken zerfallen in zahlreiche, phis oder phares genannte Stämme, die von eingesetzten türkischen Beamten oder selbstgewählten Oberhäuptern regiert werden. Die katholischen Bergstämme Nordalbaniens leben ganz nach eigenen Gesetzen und erkennen die Oberherrlichkeit der Pforte in der Person des Pascha's von Skodra (Skutari) nur so weit an, als sie für gut finden. Sie zahlen weder Tribut noch Steuern und kein türkischer Beamter darf sich in ihren Gebieten sehen lassen. Der einzigen Verpflichtung, der Heeresfolge, kommen sie nur nach, wenn Vortheile in Aussicht stehen, oder wenn die angeborene Raub- und Kampflust und der Stammeshaß darnach Verlangen tragen.

Ihre Beziehungen zur Pforte vermitteln stehende Bevollmächtigte beim Pascha von Skodra. Dieselben, Buluk Paschi genannt, müssen Mohammedaner sein, da die Pforte, im Geiste des Islam, amtlich nur mit solchen als Vertretern der Rajah verhandeln kann. Der Buluk Paschi ist in dieser Stellung jedoch nicht mit den Bevollmächtigten (wekil) zu vergleichen, welche die Statthalter und andere Würdenträger der Provinzen in Konstantinopel unterhalten, denn er ist nicht blos, wie der Wekil, eine Mittelsperson, sondern in mancher Hinsicht auch der Vorstand seines Bezirkes. In ersterer Eigenschaft vertritt er sämmtliche Angelegenheiten seines Stammes; er führt die Häupter sowol als auch die einzelnen Mitglieder desselben bei dem Pascha ein und unterstützt ihre Anliegen als Sachwalter und Dolmetscher, während er als Vorstand die Befehle des Pascha's an den Bezirk übermittelt und die auf Mord und hie und da auch die auf geringere Vergehen gesetzten Geldstrafen einzieht und davon ein Drittel für sich behält. Je nach seinen Verhältnissen und der Größe des Stammes hält er mehr oder weniger bewaffnete Diener, Tschausche, die er mit den einzelnen Geschäften betraut und in den Bezirk entsendet; er selbst erscheint daselbst nur ausnahmsweise, und nie ohne sich vorher der Einwilligung der Häuptlinge versichert zu haben. Im Kriege ist der Buluk Paschi der Vermittler zwischen der Oberleitung und den Stammesanführern.

Die Stämme bilden nur insofern ein politisches Ganzes, als sie einen gemeinschaftlichen Vertreter haben; ihrer Verwaltung und Verfassung nach zerfallen sie aber in mehrere, auf Geschlechtsverwandtschaft gegründete, unabhängige Gemeinwesen, deren Vorstand sich aus dem Wojwoden und dem

Altenrath zusammensetzt. Die Mitgliedschaft in letzterem ist ebenso wie die Wojwodenwürde erblich und wird, im Falle der dazu Berufene unmündig ist, von seinem nächsten Verwandten bis zur Großjährigkeit stellvertretend übernommen. Gleichwol erhalten die jeweiligen Wojwoden und Senatoren vom Pascha persönliche Bestallungsbriefe (türk. Bujurdis).

Der Stammesverfassung entsprechend ist auch die Heerfolge sehr einfach geordnet; jeder Altenrath stellt eine Fahne, deren Anführer türkisch Bairakdar, d. h. Fahnenträger, genannt wird. Auch dieses Amt ist in der Regel erblich und meist mit dem des Wojwoden vereinigt.

Neben dem Altenrath besteht in allen Bezirken noch ein anderer Körper, welcher von den Häuptern der Geschlechter gebildet wird und hauptsächlich bei den Volksversammlungen zusammentritt: seine Mitglieder heißen Gjobaren.

Die höchste Gewalt im Bezirke übt jedoch das Volk selbst aus und zwar in regelmäßigen und außerordentlichen Volksversammlungen. Für erstere ist in ackerbautreibenden Bezirken Ort und Zeit, in Viehzuchtgebieten aber nur der Ort bestimmt, und es heißt dann: „Der »Berg« versammelt sich, wenn er (mit seinen Herden) an dem und dem Punkte angekommen ist." Zum Troste unseres deutschen Reichstages diene die Bemerkung, daß die albanesischen Volksvertreter ebenfalls diätenlos arbeiten, dabei aber unentschuldigtes Ausbleiben mit 2—4 Schafen büßen müssen. — In der Versammlung wird über die gesammten Angelegenheiten des Bezirkes berathen und beschlossen. Das Verfahren ist — nach v. Hahn („Albanesische Studien") — ungefähr folgendes: An dem für solche Versammlungen bestimmten Platze setzen sich die Obrigkeiten des Bezirkes in einen Kreis, die Masse des Volkes sitzt oder steht um sie her, Jedermann trägt seine Waffen. Ein Wojwode oder ein anderer Häuptling eröffnet die Versammlung mit einer Rede, in der er die zu verhandelnden Gegenstände vorträgt und die Gjobaren anweist, über dieselben zu verhandeln. Diese besprechen sich dann abgesondert in einem Kreise. Bei ihrer Rückkehr erhebt sich das ganze Volk, mit Ausnahme der Häuptlinge. Nachdem wieder Alles Platz genommen, fragt der Wojwode die Gjobaren, was sie ausgemacht, worauf ihr Sprecher den Beschluß mittheilt und auseinandersetzt. Bei wichtigen Angelegenheiten verlangt dann auch wol der Wojwode die Zustimmung des ganzen Volkes, ja mitunter läßt er die Anwesenden auf die kreuzweise gelegten Flinten schwören, der neuen Satzung gehorsam zu sein, oder es wird beschlossen, dieselbe dem Pascha zur Bestätigung vorzulegen. — Trifft es sich, daß bei wichtigeren Fragen der Berg in Parteien zerfällt und eine derselben nicht mit der gegebenen Entscheidung zufrieden ist, so erfolgt wol gegen den Beschluß der Gjobaren Einspruch aus dem Volke und oft gehen dann die Versammlungen unter Streit und Tumult auseinander. Der Parteihader ist mitunter so groß, daß jahrelang gar keine Versammlung zu Stande kommt. — In der Regel hat sich aber der Altenrath wenigstens mit den einflußreichsten Gjobaren bereits vorher über die Frage verständigt und es ist dann die öffentliche Verhandlung nichts weiter als eine Formsache.

Die Berathungsgegenstände der Volksversammlungen sind weniger gesetzgeberischer als strafrechtlicher Natur, indem sie sich hauptsächlich auf die

Festsetzung und Beitreibung der Bußen beziehen, welche in der letzten Zeit durch Weide- und andere Frevel verwirkt worden sind. Diese Bußen bestehen meist in so und so viel Schafen, nur selten in Geld, und werden noch während der Dauer der Versammlung von den Gjobaren beigetrieben und von denselben unter sich vertheilt. Die Ahndung des Mordes steht, wenn nicht die Blutrache ausgeübt wird, dem Pascha zu.

Das hier Gesagte über die Stammesverfassung der katholischen freien Bergvölker bezieht sich auf die Stämme nördlich vom vereinigten Drin und zwar auf die zum Bisthum Skodra gehörigen Malisori (Gebirgsbewohner), als: Klementi (circa 3700 Köpfe), Hotti (2300 K.), Kastrati (2300 K.), Triepschi (700 K.), Grudi (1500 K.) und Schkrieli (2500 K.), doch dürfte es auch für die westlich von ihnen wohnenden Pulati (d. h. Waldbewohner) Geltung haben, da diese unter ganz ähnlichen Verhältnissen leben. Die südlich vom Drin hausenden Mirditen (Miriditen oder Merditen), Duladschinen und Maten oder Matia, deren Gesammtstärke 12—15,000 Köpfe beträgt, haben eine mehr monarchische Verfassung, indem sie unter einem Fürsten (prink) einen Stämmebund bilden. Dieser Fürst, ein Nachkomme Skanderbeg's, hat seinen Sitz in Orosch, einer kleinen Stadt unweit Kroja. Er übt, im Verein mit der höheren Geistlichkeit und den einflußreichsten Aeltesten des Landes, die Rechte eines Souveräns aus und handhabt als solcher die Regierung. Unter ihm stehen die mit patriarchalischer Machtvollkommenheit ausgestatteten Häuptlinge der Stämme. Sie sind Kriegsführer, Richter und Kirchenobere in einer Person und genießen bei ihren Stammesgenossen einen kindlichen Gehorsam. Sowol die Häuptlings- als auch die Fürstenwürde ist in den Familien erblich. — Bezüglich der Fürsten wollen wir noch bemerken, daß in den Zeitungen öfters von dem Mirditenfürsten Prenk oder Prink gesprochen wird, ein Irrthum, der vollkommen dem „König Pharao" der Schulkinder entspricht, denn prink ist kein Name, sondern eine Art Titel des Fürsten und heißt auf Deutsch „Vater". — Die bisjetzt genannten Völkerschaften sind unter den gegischen Stämmen die bekanntesten; außer diesen giebt es aber noch mehrere andere, sodaß sich die Gesammtzahl auf 16—20 belaufen mag.

Die toskischen Stämme sind alle der türkischen Herrschaft unmittelbar unterworfen und treten deshalb als Gemeinwesen weniger scharf hervor als die unabhängigen Völker des Nordens. Neben den eigentlichen Tosken an der unteren Wojutza nennen wir, um einige Stämme anzuführen, die Japiden oder Lapiden an beiden Gehängen des Chimara-Gebirges bis zur mittleren Wojutza und die Tschamiden an der Kalama.

Betrachten wir das albanesische Volk nach seiner äußeren Erscheinung, so stellt sich uns dasselbe dar als ein schöner, edler Menschenschlag. Vertreter der Häßlichkeit fehlen natürlich, wie bei anderen schönen Rassen, auch dieser nicht, doch bestimmen sie nicht den allgemeinen Eindruck. Von hohem oder mittlerem Wuchs, kräftiger, aber wohlgestalteter Körperentwicklung, mehr mager als beleibt, bietet der Albanese mit seiner stolzen, etwas theatralischen Haltung, der eine hochgewölbte Brust sehr zu statten kommt, ganz den Anblick einer Athletengestalt. Der Schädel ist lang geformt, häufig an den Schläfen etwas ausgebaucht, die Stirn breit, die Nase länglich und gerade. Bei den südlichen Stämmen herrscht helle Haut-, Augen- und Haarfarbe mehr vor als bei den nördlichen Bergbewohnern, während bei anderen Völkern immer das umgekehrte Verhältniß zu beobachten ist. Wir unterlassen an diesem Umstande, Muthmaßungen zur Abstammungsgeschichte der Albanesen — wir erinnern an Illyrier, Pelasger, Kelten, Gothen, Slaven u. s. w. — anzuknüpfen und vollenden die Beschreibung unserer Helden, indem wir hinzufügen, daß Cyprien Robert ihre Augen klein und die Augenbrauen schwach, den Hals dagegen lang findet.

Eigenthümlich ist die Haartracht der Albanesen. Sie rasiren den ganzen Rand ihres Haupthaares ringsum etwa drei Finger breit ab, sodaß auf dem Schädel nur eine kleine Kappe stehen bleibt, deren Haarwuchs nicht geflochten, sondern, vier- oder fünfmal zu einem losen Zopfe gedreht, unter das Fes gesteckt wird und demnach über dem Nacken einen sogenannten Chignon bildet. Oft ist auch das ganze Vorderhaupt von einem Ohr zum anderen glatt geschoren und es fällt dann das Haar lang über das Genick hinab. Aehnlich tragen, wie wir gesehen haben, auch die Montenegriner und Bosnier das Haar, während die erstere Art, die Haarkappe, auch bei den Griechen des Festlandes beliebt ist. — Der Bart wird nur als Schnurrbart getragen.

Die Kleidung der Albanesen ist im Süden eine etwas andere als im Norden, doch machen sich scharfe Unterschiede nicht bemerkbar. Das Fes ist allgemeine Kopfbedeckung und die im Epeiros übliche Fustanella, ein bis zu den Knieen reichendes weißwollenes, faltiges Gewand, ist im Norden ebenso bekannt wie im Süden die blaue, baumwollene Schifferhose der nördlichen Bevölkerung. Ebenso allgemein ist auch der braune Schiffermantel (capota) von Wolle mit Ziegenhaaren vermischt. Nur die Flokate wird ausschließlich in der Toskerei, hier aber von Jung und Alt, Sommers und Winters getragen. Dies ist eine Art Ueberrock von weißem Wollenzeuge, ohne Kragen und Aermel, welcher Brust und Leib unbedeckt läßt. Die Flokate ist unverkennbar eine Nachbildung des Schafpelzes; sie zeigt daher auf der einen Seite eine Masse weißer Wollenfäden, unter welchen einige rothe sind, die an dem Vließe haftende Blutspuren darstellen sollen. An dem oberen Theile der Armlöcher sind ein Paar Dreiecke angenäht, deren Spitzen bis zur Hälfte des Oberarms herabfallen und das Fell der beiden Vorderfüße andeuten. Eine schmucke Flokate muß bis zum Gürtel hart an den Körper anschließen, von da an aber, gleich der Fustanella, in weiten Falten auseinander gehen. — Die Dukadschinen und Malisoven tragen größtentheils keine Hemden, wol aber einen weißwollenen, vorn offenen, bis zum halben Schenkel reichenden Oberrock ohne Kragen, an den Hüften durch einen rothen Gürtel zusammengehalten. Statt der Schifferhosen sind auch, besonders in Südalbanien, kurze Beinkleider und Gamaschen gebräuchlich; letztere sind reich verziert und erinnern an den Kothurn der Alten. Knöpfe, Rosetten und Stickereien aller Art erfreuen sich überhaupt bei den Albanesen großer Beliebtheit, und wo nur immer möglich bringen sie solche Dinge an.

Die Tracht der Frauen ist fast dieselbe wie die der Montenegrinerinnen: einfaches Kleid mit Gürtel, Busentuch, kurze gestickte Jacke und ein langer, ärmelloser Ueberrock; den Kopf bedeckt ein Fes oder ein Tuch, unter welchem das mit Münzen geschmückte Haar wie bei den Männern angeordnet ist. —

„Außen beglissen, innen be—schmuzt" ist ein ebenso derbes als zutreffendes deutsches Sprüchwort, welches auf den Albanesen seine volle Anwendung findet. Sein glückliches Körperäußeres, seine malerische, glänzende Tracht ist nur die Hülle unendlicher Barbarei und fabelhaften Schmuzes. Der Albanese ist ein unbeleckter Naturalist, ein Bild verkörperter Naturlogik, welche Schönheit und Leben mit der Häßlichkeit rücksichtsloser Vernichtung paart. Sein Denken und Fühlen ist durchaus barbarisch; seine glänzendste Charakterseite, die Tapferkeit, ist nur der Ausdruck lebensverachtender Wildheit. Ein Menschenleben gilt ihm gar nichts, es wird geopfert und eingesetzt für jede vermeintliche Unbill, und jede Tödtung zieht die Blutrache an dem Thäter oder dessen Familie nach sich. Lejean, der leider zu früh verstorbene Durchforscher der Türkei, giebt an, daß in Albanien die Blutrache im Jahre durchschnittlich 3000 Opfer erfordere. Das Wort Djak (Blut) bedeutet auch Blutrache, bildet gewissermaßen das Hauptwort in der ganzen Sprache und der Fremde vernimmt es sicherlich sogleich, wenn er das Land betritt. Alle Gespräche drehen sich um Männer, welche bereits erschossen worden oder noch erschossen werden sollen. Der genannte Reisende giebt uns einen Einblick in dieses blutige, unmenschliche Treiben. Er erzählt, daß er im Sommer 1867 mit der Fürstin der Mirditen zusammenkam und von ihr Allerlei über ihren Lebenslauf erfuhr. Sie war, wie alle Frauen der mirditischen Edlen von mohammedanischen Eltern, von einem Mirditen entführt oder geraubt, dann getauft und an den Fürsten Nikolaus verheirathet worden. Dieser hatte im Jahre 1829 im Kriege gegen die Russen sich ausgezeichnet. Nachdem er in seine Heimat zurückgekehrt war, wurde sein Vetter, der schwarze Alexander, an ihm zum Meuchelmörder. Die Wittwe verlor ihre Zeit nicht mit Wehklagen, sondern eröffnete mit der Familie des Vetters sofort ein Contocorrent von Mordthaten, das erst dann zum Abschluß kam, als auch der schwarze Alexander und dessen beide Söhne von Kugeln durchlöchert am Boden lagen. Nun war wieder freie Bahn; der minderjährige Sohn, Bibdoda, wurde ohne Widerstand als Fürst anerkannt. Aber Alexander's Verwandte und Freunde trachteten der entschlossenen Wittwe unablässig nach dem Leben und diese mußte sich mehrere Jahre in einer Höhle verborgen halten, welche sie nur dann und wann und immer nur in der Dunkelheit zu verlassen wagte. — Bibdoda hatte geheirathet, war aber sehr betrübt darüber, daß die Ehe kinderlos blieb. Wenn er sich scheiden ließ, durfte er als Katholik nicht wieder heirathen. Die Fürstin-Mutter brachte auf ihre Art die Dinge schnell ins Reine: sie nahm eine Flinte und schoß die Schwiegertochter todt. Niemand hatte dagegen Etwas einzuwenden.

Ueber das Wesen und die Handhabung der Blutrache nun giebt uns v. Hahn in seinen „Albanesischen Studien" näheren Aufschluß.[1]

Ist ein Mord vorgekommen, so muß der Thäter und seine nächste Verwandtschaft augenblicklich fliehen, um sich der Blutrache zu entziehen.

Albanesinnen.

In vielen Gegenden wird dann das Haus des Mörders durch den Buluk Paschi niedergebrannt und eine herkömmliche Geldstrafe vom Vermögen des Flüchtigen oder dessen nächsten Verwandten eingetrieben, und ständen sie im Grade noch so fern. Diese Gewohnheit bringt ganze Familien, denen das

Schicksal einen Taugenichts zum Verwandten beschert hat, an den Bettelstab; ja mitunter begeht ein solcher Unhold nur deshalb eine Mordthat, um sich auf diese Weise an seinen wohlhabenden Verwandten zu rächen, deren Blut er nicht vergießen darf.

Der Betrag der für einen Mord zu entrichtenden Geldstrafe ist nirgends fest bestimmt — im Bisthum Pulati beläuft sie sich auf 1500 Piaster — und daher wandert in den Bezirken, wo die türkische Herrschaft fester steht, meistens die ganze bewegliche Habe des Mörders in den Besitz des Buluk Paschi und der Gjobaren, deren Amt es ist, das Gesetz in dieser Richtung zu handhaben. Die Verwandten des Mörders zahlen 300—800 Piaster und kommen wol auch, wenn sie arm sind, mit noch weniger durch.

Neben dem von Staats wegen gegen den Mörder eingeleiteten Verfahren besteht aber noch die durch die Sitte geheiligte Blutrache. Die Familie des Gemordeten ist nicht nur berechtigt, sondern wol auch verpflichtet, für das ihr zugefügte Leid an dem Mörder oder dessen Familie Vergeltung zu üben. Die Blutrache steht allemal dem nächsten Verwandten des Getödteten zu, und in demselben Orte oder Bezirke ist auch der nächste Verwandte des Mörders ihr Gegenstand, wenn jener nicht erreichbar ist. — Zeichnet sich in dem Geschlechte des Mörders ein Mitglied durch Ansehen oder Tapferkeit aus, so gereicht es der verletzten Familie zu Trost und Ehre, wenn es ihnen gelingt, an diesem Rache zu nehmen. Auch fordert sie wol für einen ihrer Angehörigen mehrere Opfer aus der Verwandtschaft des Mörders und in diesem Sinne rühmt sich ein Albanese: „Jeder meiner Verwandten wiegt sechs Männer." — Da nun jedes Vergeltungsopfer ein neues aus dem Schoße des feindlichen Geschlechtes erheischt, und die Rachepflicht und Blutschuld von Vater auf Sohn erbt, so rottet mitunter diese Sitte in wenigen Jahren zahlreiche Geschlechter aus.

Wer ohne sein Verschulden tödtet, muß zwar anfangs auch fliehen, doch wird er vom Pascha nicht gestraft und erhält nach einiger Zeit gewöhnlich Verzeihung von den Verwandten des Getödteten.

Ehebruch, welcher nicht selten sein soll, berechtigt und verpflichtet den Ehemann und dessen Verwandten zur Blutrache gegen den Ehebrecher und die Sitte verbietet diesem, jemals zu vergeben.

Wer sein Weib in flagranti delicto ertappt und dasselbe zugleich mit dem Buhlen tödtet, wird wegen dieser That, wenigstens vom Pascha, nicht gestraft. Verführung und Entführung der Tochter oder Schwester erzeugt gleichfalls Blutrache, doch kann dieses Vergehen von dem Verletzten verziehen werden. Nicht selten wird aber auch die Verführte ein Opfer der bluttriefenden Sitte.

Bloße Verwundungen unterliegen ebenfalls der Blutrache, doch beschränkt sich diese in der Regel auf die Personen des Thäters und des Verletzten. Bei dergleichen Fällen ist es auch weit leichter Verzeihung zu erhalten, sei es durch eine Geldsumme oder die Bezahlung der Kurkosten, oder auch ohne alle Entschädigung. Kommt die Sache auf Betreiben des Verletzten beim Pascha zur Verhandlung, so besteht dort die gesetzliche Taxe von 500 Piaster (etwa 100 Mark), auf welche bei bedeutenden Verwundungen oder Verstümmelungen zu Gunsten des Verletzten erkannt wird.

Weit schwieriger und seltener ist dagegen von den Angehörigen eines Ermordeten Verzeihung zu erhalten. Das in solchen Fällen herkömmliche Verfahren ist dabei folgendes:

Hat der Mörder je nach den Umständen längere oder kürzere Zeit das Land gemieden und scheinen die Verhältnisse günstig zu sein, so beginnen dessen Verwandte mit den feindlichen Familiengliedern Unterhandlungen anzuknüpfen und suchen gewöhnlich zuerst die entfernteren und durch diese die näheren Verwandten des Ermordeten zu gewinnen. Solche Unterhandlungen ziehen sich oft Jahre lang hin, sind sie aber glücklich beendet, so wird zur Versöhnungsceremonie geschritten. Der Zug der um Verzeihung Bittenden, welcher aus der Freundschaft des Mörders besteht und sich durch die entfernteren Stammesglieder der verletzten Familie vergrößert, zieht vor das Haus des nächsten Verwandten des Ermordeten. Voraus der Priester mit Kruzifix und Evangelium, hierauf 4—6 Wiegen, in welchen Säuglinge liegen, dann der Reuige mit auf dem Rücken gebundenen Händen, verbundenen Augen und um den Hals einen Strick, an welchem ein Yatagan hängt, umgeben und bewacht von den Seinigen, um ihn gegen etwaige Wuthanfälle von Seiten der Verletzten zu beschützen. In der Nähe des Hauses nehmen die Männer ihre Fese ab, ein Zeichen tiefster Demuth, und legen sie auf die Wiegen. Der Reuige wird in das Haus geführt und an das Herdfeuer gestellt. Der ihn begleitende Zug bleibt vor der Thüre und stellt die Wiegen in der Art vor dieselbe, daß die Füße der Kinder gegen Osten gerichtet sind. — Ist dies geschehen, so fragt der nächste Verwandte des Ermordeten die Mitglieder des Zuges, in welcher Absicht sie gekommen seien. Hierauf antwortet der Priester und mahnt in einer bewegenden Rede unter Hinweis auf die Christenpflicht und das unschuldige Blut der Kinder zur Verzeihung. Nun erfolgt eine Scene langen Sträubens und Bittens, welche endlich damit schließt, daß der Verletzte, sich gleichsam Gewalt anthuend, eine der Wiegen aufhebt, sie dreimal von der Linken zur Rechten im Kreise herumträgt und sie dann wieder niedersetzt, jedoch so, daß nun die Füße des Kindes gegen Westen gerichtet sind. Diesem Beispiele folgen die nächsten Verwandten mit den übrigen Wiegen.

Die Bedeutung dieser Handlung ist nicht bekannt; es ist aber Gebrauch, daß die Todten mit dem Kopfe nach Westen bestattet werden, und daß man sich zum Schlafen mit dem Kopfe nach Osten gerichtet hinlegt. Es ist daher möglich, daß durch die erste Stellung der Wiegen die Todeswürdigkeit des Verbrechers und durch die zweite die Rückgabe zum Leben ausgedrückt werden soll.

Nach einer weiteren Scene des Flehens und Sträubens, die oft mehrere Stunden noch dauert, erfolgt endlich die Verzeihung. Der Verletzte begiebt sich mit seinen nächsten Verwandten in das Haus und entledigt den Mörder mit den Worten „Es sei Dir verziehen!" der Bande und man umarmt ihn der Reihe nach. Darauf sagt der Verletzte: „Die Rache erlasse ich Dir, aber die Buße will ich." Demzufolge übergeben ihm die Verwandten des Straffälligen eine Anzahl Waffen zum Pfande, deren Werth oft den Betrag der verlangten Summe um das Drei- und Vierfache übersteigt, und fahren so lange fort, neue Stücke zuzulegen, bis der Verletzte sich für befriedigt erklärt.

Dann geht es an die Bereitung des Gastmahles, zu welchem der Verzeihungsuchende alle nöthigen Dinge mitgebracht hat. Nachdem man wacker gegessen und getrunken hat, beginnt ein neuer Angriff auf die Großmuth des Verzeihenden, um an der Bußsumme Etwas abzuhandeln. Anstands halber giebt nun dieser die überwerthigen Pfandstücke heraus, erläßt dann auf einen anderen Bittsturm einen Theil der Summe oder verlängert die Zahlungsfrist, um endlich, wie es meistens geschieht, die ganze Strafe nachzulassen, und in diesem Falle verlangt es dann die Sitte, daß ihm der Begnadigte irgend eine werthvolle Waffe zum Geschenk mache.

Um übrigens die neugeschlossene Freundschaft noch mehr zu befestigen, verbinden sich die Versöhnten, je nach den Umständen, entweder durch Gevatterschaft bei der Taufe oder dem ersten Haarschnitte ihrer Kinder, oder durch Blutsbrüderschaft. Letztere, welche im nördlichen Albanien den slavischen Namen probatinia führt, wird unter folgenden Gebräuchen geschlossen: Der von den Brüderschaftmachenden gewählte Kumparos unterbindet beiden den kleinen Finger der rechten Hand, ritzt dann das unterbundene Glied auf, läßt von jedem ein Paar Tropfen Blut in ein Glas Branntwein fallen und giebt dies dem Anderen zu trinken, oder es leeren beide das gemeinschaftliche Glas, worauf sich die Verbrüderten umarmen und mit ihren Freunden zu einem Schmause niedersetzen.

Dieser auf eine Blutschuld folgende Bund wird von den Hochländern sehr heilig gehalten, dagegen die unter anderen Verhältnissen geschlossene Blutsbrüderschaft nicht so hoch angeschlagen. In anderen Gegenden Albaniens begründet sie einen Bund für das ganze Leben und wird selbst mitunter der Blutsbruder für näherstehend als der leibliche angesehen.

Giebt die Blutrache dem mordlustigen Albanesen schon häufige Gelegenheit, sein wildes Treiben zu befriedigen, so genügt ihm doch diese keineswegs. Der Kriegszustand ist ihm das liebste Verhältniß und sein ganzer Stolz ist, ein Palikari, ein Braver, ein Krieger zu sein. Er ist deshalb, wo ihm die türkische Herrschaft nicht auf dem Nacken sitzt, wie im Norden, in fortwährende Fehden mit den Nachbarstämmen verwickelt, oder er bekämpft die gehaßten Montenegriner oder andere Feinde der Pforte, wenn er sich nicht selbst gegen letztere auflehnt. Auch geht er als „Arnaut" in die Dienste der Pascha's und siedelt sich dann nach so vollbrachter längerer Dienstzeit in seinem Wirkungskreise an. In allen Theilen des weiten Türkischen Reiches, in Armenien, in Bagdad, in Arabien, findet man unter dem Namen „Arnaut Köi", d. h. Arnautendorf, Kolonien solcher albanesischer Söldlinge. Früher nahmen die Albanesen auch im Abendlande Kriegsdienste, in Neapel, Deutschland, Frankreich, ja selbst in England; sie waren die Schweizer des Orients.

Dem Kriegergeiste entsprechend, welcher dieses Volk beseelt, gestaltet sich auch seine Lebensweise als eine sehr einfache und rauhe. Die Nahrung besteht gewöhnlich aus Reis oder Mais, in Milch gekocht, und nur an Festtagen wird eine Ziege gebraten, oder Schaffleisch und Reis zu einem türkischen Pilau zugerichtet. Den Schluß solcher größeren Mahlzeiten bildet, wie in Bosnien, Honig mit Milch vermischt; geistige Getränke werden fast gar nicht genossen.

Albanesische Hütten.

Der Albanese schläft stets in seinen Kleidern auf dem mit Blättern oder einem geraubten Teppich bedeckten Lehmboden seines unwirthlichen Gemaches, in welchem Kochgefäße und Weidenkörbe und ein Webstuhl den ganzen Hausrath bilden. Die Häuser sind in Nordalbanien aus Stein erbaut und in der Regel zwei Stockwerke hoch, von welchem das untere als Stall und Vorrathskammer, das obere, in zwei Räume getheilt, als Wohnung dient. Zum oberen Stock führt eine Leiter oder eine steinerne, mit einem Vordache überdeckte Treppe. Oft ist dem Hause ein Thurm angebaut, welcher mit der Treppe mittels einer Zugbrücke verbunden ist. Die schießschartenförmigen Fenster, die freie hohe Lage der Gebäude — Alles deutet darauf hin, daß bei einem Hause vor Allem auf Sicherheit und Vertheidigungsfähigkeit gesehen wird.

In den ackerbautreibenden Bezirken Mittel- und Südalbaniens gewähren aber die Gebäude ein wesentlich anderes Ansehen. Das geräumige Gehöfte ist von einem Gehege, meistens aus lebendem Schilfrohr, umgeben und enthält 3, 4 und mehr kleine Häuser, von denen das eine zur Wohnung, die anderen zur Stallung und zu Wirthschaftsräumen dienen. Das Gerippe dieser Bauten besteht aus Holz, die Dachung aus Schilf, die Wände aus Rohrstäben, welche höchstens einen leichten Anwurf von Lehm und Kuhmist haben; nur die schmale Wand der Feuerseite ist von Lehmsteinen. Das Feuer selbst brennt, wie in den griechischen Bauernhäusern, auf der Erde 3—4 Fuß von der Mitte jener Wand entfernt. Längs dieser Mauer, an welcher verschiedene Krüge und Schüsseln aufgehängt sind, läuft eine 2 Fuß hohe und etwa ebenso breite Bank aus Lehm, woraus auch der Fußboden besteht — kein Tisch, kein Stuhl oder Schemel.

Ueber das Familienleben der Albanesen ist nicht viel zu sagen; es charakterisirt sich durch die Gütergemeinschaft und die untergeordnete Stellung des weiblichen Geschlechtes. Die Frauen sind die vollkommenen Sklavinnen der Männer; sie verrichten alle Haus- und Feldarbeiten und finden die Mißachtung seitens ihrer Gebieter so natürlich, daß sie eine aufmerksame Behandlung für eine Entwürdigung der Männer halten würden. Als treue Gefährtinnen ihrer Herren ziehen sie mit ihnen in den Kampf, tragen die Verwundeten weg und greifen nicht selten auch selbst zu den Waffen. Die albanesischen Stammesgeschichten haben von manchem Heldenweibe zu erzählen.

Die Mädchen treten meist im 12. Jahre schon mit dem nur wenig älteren Manne in die Ehe. Der Bräutigam kauft die Braut, welche keine Mitgift, nicht einmal ihre Kleider, erhält. Die Kaufsumme beläuft sich, in den verschiedenen Gegenden mehr oder weniger, auf etwa 100 Piaster, d. i. 20 Mark. Nach der Ansicht der Albanesen begründet sich die Ungleichheit zwischen Mann und Frau auf diese käufliche Erwerbung des Weibes. Bei den nördlichen Bergstämmen ist übrigens der Mädchenraub sehr beliebt. Der heirathslustige Bursche überlegt sich, in welcher mohammedanischen Familie wol ein passendes Mädchen vorhanden sei, ladet seine Freunde zu einem Unternehmen ein, entführt die Schöne, bringt sie zu seinem Geistlichen, wo sie in derselben Stunde getauft und ihm angetraut wird. Sie fügt sich bald und gern in die neuen Verhältnisse. Ihre Familie nimmt allerdings den Mädchenraub nicht ruhig hin. Der Ehrenpunkt verlangt, daß Einigen das Lebenslicht ausgeblasen werde; hinterher gleicht man aber die Sache so oder so aus und Christen und Mohammedaner umarmen und vertragen sich bei einem Zechgelage.

Wir übergehen die Verlobungs-, Hochzeits-, Kindtaufs- und Begräbnißgebräuche; sie sind bei den zahlreichen Stämmen vielfach verschieden und nur von wenigen näher bekannt. v. Hahn giebt in seinem gelehrten Werke eine ausführliche Beschreibung der genannten Gebräuche, wie sie in der Risa, einer Landschaft des Drinothales, üblich sind. Auf dieselbe verweisend, bemerken wir nur, daß die altgriechische Sitte, den Todten ein Geldstück mitzugeben, in Albanien ebenso wie in manchen Gegenden Griechenlands und auch in Rumänien heutzutage noch in Kraft ist. Hier möge auch des festlichen Gebrauches des ersten Haarabschnittes gedacht werden. Derselbe ist im nördlichen Hochlande allgemein in Uebung, scheint sich aber in den übrigen Theilen Albaniens, namentlich in den Städten, nur unter den Mohammedanern erhalten zu haben und wird von den angesehenen Familien mit großem Aufwand begangen. Befreundete Christen werden dabei häufig zu Gevattern gebeten.

Diese Gevatterschaft wird eben so hoch gehalten wie die, welche die Taufe begründet.

Nach dem, was v. Hahn aus der Risa erzählt, ist in Südalbanien das Familienverhältniß weniger rauh, als wie es bei den nördlichen Bergstämmen gefunden wird. Hier übt der Vater in großer Ausdehnung seine Gewalt aus und mit Ehrerbietung behandelt man die Eltern; dort wird das Alter verspottet und Mißhandlungen der Eltern sind nicht selten. Bemerkenswerth ist auch in Südalbanien das Verhältniß zwischen Schwager und Schwägerin. Während der Mann der landesüblichen Sitte gemäß seiner Frau immer in barscher, herrischer Weise begegnen muß, verlangt es der gute Ton, daß er seiner Schwägerin kleine Aufmerksamkeiten erweise, und nie wird er nach einem längeren Ausbleiben nach Hause zurückkehren, ohne die Schwägerin mit einem Geschenk zu bedenken.

Charakteristisch für die Stellung der Ehefrau selbst sind aber die Vorschriften, welche das junge Weib in der Risa im ersten Jahre ihrer Ehe zu beobachten hat: Die Neuvermählte muß ihren Mann als ihren unbeschränkten Herrn betrachten, der sie nach Gefallen prügeln, ja wegen des geringsten Versehens gegen Erlegung einer durch das Herkommen festgesetzten Summe wegschicken kann, und sie darf nichts ohne seine Erlaubniß vornehmen. Aber auch ihren Schwiegereltern hat sie die größte Demuth und Aufmerksamkeit zu erweisen, denn bei der Jugend ihres Mannes geht in der Regel die väterliche Gewalt so weit, daß sie der Schwiegervater auch gegen den Willen ihres Eheherrn wegschicken oder behalten kann. Daher ist die junge Frau ihren Schwiegereltern gegenüber äußerst dienstfertig und liebenswürdig. Sie begleitet sie zur Ruhe und bleibt so lange vor dem Lager stehen, bis sie Erlaubniß erhält, sich zu entfernen. — Im ersten Ehejahre, ja bis zur Geburt des ersten Kindes, im Beisein Anderer oder gar der Schwiegereltern mit ihrem Manne zu plaudern geht gegen allen Anstand. Sie darf ihren Mann nicht einmal beim Namen nennen und schämt sich häufig, Andere, die ebenso heißen wie er, namentlich zu rufen oder im Gespräche anzuführen. — Die junge Frau muß nicht nur gegen die Verwandten ihres Eheherrn, sondern gegen alle Nachbarn und überhaupt gegen Jedermann die größte Demuth beweisen, und wem sie begegnet, gleichviel ob jung oder alt, hoch oder niedrig, bekannt oder fremd, die Hand küssen. Auch die kleinsten Knaben der Verwandtschaft oder Nachbarschaft nennt sie Herr, die jungen Mädchen aber Schwester, ältere Frauen Herrin.

Von Jugend auf an die Mißachtung des weiblichen Geschlechts gewöhnt, erscheint es dem Albanesen als eine Lächerlichkeit, Liebe für ein weibliches Wesen zu empfinden. Seine zarten Regungen wendet er nach dem Beispiele der alten Dorier seinem eigenen Geschlechte zu und komisch und widerlich genug: ein Schmuzfinke läuft dem anderen liebegirrend nach.

Der Albanese besitzt viel natürlichen Verstand, aber keine Kenntnisse. Sein Unterricht beschränkt sich auf die Einprägung der Glaubensgegenstände; Lesen und Schreiben ist mit wenigen Ausnahmen, die unter der mohammedanischen und griechischen Bevölkerung der Küstengegenden gefunden werden, fast ganz unbekannt. Eignet sich auch der Albanese sehr leicht fremde Kultur an, so bleibt doch dieselbe immer nur äußerlich, einen wesentlichen Einfluß auf seine Charakteranlagen gewinnt sie nie, da ihm die Vergesellschaftlichung seines Ich vollkommen abgeht. Diese Abgeschlossenheit des Charakters, dieses Beharren im eigenen Anschauungskreise, ist der Grund der politischen Zerfallenheit des Volkes, der Absonderung desselben in Stämme und Geschlechter, der Grund des ungebändigten persönlichen Ehrgefühls, das in der Blutrache seinen barbarischen Ausdruck findet. Mißtrauisch gegen Fremde, hartherzig und grausam gegen seine Feinde und stets bereit zum öffentlichen Raub, achtet der Albanese das Gastrecht und verschmäht den heimlichen Diebstahl. Für Gewerbthätigkeit hat er keinen Sinn, doch entschließt er sich, trotz seiner angeborenen Faulheit, auch zu einem Handwerk, wenn „schlechte Zeiten" das lustige Kriegerleben unmöglich machen. Namentlich sind es die Epiroten, welche sich in dieser Hinsicht auszeichnen. Mit Beginn des Winters ziehen sie aus, um in der Türkei ihr Brot zu suchen und im Frühjahr mit einer kleinen Ersparniß heimzukehren. Es findet unter diesen wandernden Handwerkern eine gewisse gewerbliche Theilung statt, indem ein Thal nur Bäcker, ein anderer Fleischer entsendet; ein Dorf bei Argyrokastro liefert nach Konstantinopel die Brunnenmacher und aus dem Bezirk von Zagori kommen die Heilkünstler, welche in allen Theilen des Türkischen Reiches als fahrende Jünger Aeskulaps angetroffen werden. Viele dieser unternehmenden Albanesen bleiben auch ganz in der Fremde, oder kehren erst heim, wenn sie ihr Glück gemacht.

Im Lande selbst gelangt aber das Volk zu keinem Wohlstande; hier fristet es das Leben in kümmerlicher Weise, dürftigen Ackerbau und Viehzucht treibend. Auf letztere ist fast ausschließlich die Bergbevölkerung angewiesen, da ihre kahlen Felsen und das rauhe Klima dem Feldbau wenig Raum gestatten. In den ebenen Küstengegenden und Tiefthälern aber, wo südlicher Pflanzenwuchs in üppiger Fülle prangt, ist es die Faulheit und geistige Trägheit, welche die Naturvortheile nicht ausbeutet. Die Getreidefelder werden noch ganz in alterthümlicher Weise bestellt und jede Ortschaft hat einen freien Platz, auf welchem Pferde die Halmfrüchte austreten. Wenn trotzdem neben dem Ueberfluß an Oliven und Citronen Getreide zur Ausfuhr gelangt, so ist dies nicht die Schuld der Albanesen. Auch von ihrer Küstenlage machen sie keinen Gebrauch, sie überlassen die Schiffahrt den Italienern und Oesterreichern, die mit circa 15 Mill. Mark Umsatz die ganze Ein- und Ausfuhr des Landes — letztere ein Drittel des genannten Betrags — vermitteln. Unwissenheit und Aberglaube gehen immer Hand in Hand. Wie alle Leute, welche aus Denkfaulheit und Einfalt die Vorgänge im Natur- und Menschenleben auf ihre wahren Ursachen nicht zurückzuführen vermögen, sondern dieselben mit den fernliegendsten Dingen und Erscheinungen in geheimnißvolle Verbindung bringen, bewegt sich auch der Albanese mit seinen Anschauungen in einem förmlichen Zauberkreise. Jede Zufälligkeit ist ihm bedeutungsvoll und jedes Ereigniß steht mit dem Walten böser und guter Geister in Zusammenhang. Merkwürdig ist die Uebereinstimmung mancher abergläubischer Ansichten und Gebräuche der Albanesen mit denen anderer Völker, z. B. der Deutschen. Der böse Blick bringt Kindern und Vieh Schaden, ebenso ausgesprochenes Lob. Gegen den bösen Blick schützt man die Kinder durch Amulette, eine Knoblauchwurzel, Aufmalen eines Kreuzes (oder bei den Mohammedanern eines Halbmondes), auf die Nasenwurzel, und den Thieren hängt man eine blaue Perle an. — Wenn ein Reisender hinter sich Rufe hört — erzählt v. Hahn aus der Risa — so ist es nicht gut für ihn, daß er umwende, sondern er muß auf dem Platze stehen bleiben und den Reisenden erwarten, eine Sitte, die von Fremden häufig als persönliche Grobheit betrachtet wird. Ebenso schickt der Reisende einen Anderen zurück, um etwas Vergessenes von zu Hause zu holen. — Eine böse Vorbedeutung ist es, wenn dem Reisenden ein Hase quer über den Weg läuft. Das Wasser, welches unter vollkommenem Schweigen von der Quelle geholt wird, hat eine besondere Kraft. Bei außerordentlichen Gelegenheiten, z. B. beim Sterben eines Stück Viehes, holt man unbesprochenes Wasser. — Wenn Einer vom bösen Blick erkrankt, so taucht man drei Brennesselzweige in unbesprochenes Wasser und besprengt ihn damit. Zugleich giebt man ihm drei Maulbeerknospen zu essen, denn dieser Baum schützt überhaupt gegen den bösen Blick, so auch unbesprochenes Wasser bei Wöchnerinnen. Unglückstage sind der 9., 19., 29. jedes Monats und der Dienstag jeder Woche. An diesen Tagen unternimmt man nichts Bedeutendes, wie eine Reise oder Hochzeit. — Wenn Jemand vom Schlucken befallen wird, so glaubt er, daß ein Freund oder Verwandter von ihm spreche, und um zu erfahren, wer es sei, nennt er der Reihe nach alle Namen seiner Angehörigen und bei wessen Namen der Schlucken aufhört, der hat von ihm gesprochen. — Das Jucken im Auge bedeutet Regen. Juckt einem die rechte Hand, so wird er traurig, weil er fürchtet, daß er Geld zu zahlen haben werde; juckt ihm aber die linke Hand, so freut er sich, da ihm Geld in Aussicht steht. — Der Glaube an umgehende Verstorbene ist in Albanien allgemein verbreitet; der Toske nennt sie, wie der Neugrieche, Wurwolak. In einigen Gegenden weiß man, daß jede Leiche, über welche eine Katze oder sonst ein Thier springt, ein Wurwolak wird, d. h. nicht verwest und nach 40 Tagen wieder aufsteht und Unheil stiftend umgeht. Von Alters her wurden solche Leichen, die an allnächtlichem Lichtschimmer über ihrem Grabe zu erkennen sind, ausgegraben und verbrannt, und dies geschieht mitunter auch jetzt noch. Man wählt zu diesem Akte die Nacht vom Freitag zum Sonnabend, in welcher der Wurwolak in seinem Grabe ruht. Die Gegen haben umgehende Türkenleichen mit ungeheuren Nägeln; sie erscheinen in ihre Sterbetücher gehüllt, erdrosseln die Menschen und verzehren, was sie vorfinden. Todte Zigeuner treiben sich kettenbeladen in den Januarnächten umher und tödten mit ihrem Hauche. Solchen gefährlichen Athem haben in der Gegerei auch Menschen, welche über 100 Jahre alt werden. Erkennt man sie mit dieser Eigenschaft behaftet, so verurtheilt man sie zum Feuertode, was besonders zur Zeit der Pest und anderer Seuchen häufig vorkommen soll. — Wahrscheinlich von den Slaven übernommen, findet sich auch bei den Albanesen der Vampirglaube.

Die Elfen wohnen in den Bergen und kommen des Nachts in die Wohnungen der Menschen, um sich schöne Knaben, seltener Mädchen, zum Tanze zu holen. Schwatzt der Knabe sein Verhältniß aus, so erwürgen ihn die Elfen. Uebrigens wirkt dieser Umgang stets nachtheilig auf die Gesundheit der Begünstigten, sie zehren ab oder fallen in Tiefsinn und sterben bald. Die Elfen nehmen auch kleine Kinder aus den Wiegen, spielen mit ihnen auf den Dächern und bringen sie unbeschädigt zurück. Sie sind harmlos und schaden dem Menschen nie ungereizt; doch nehmen sie es sehr übel, wenn man sie in ihren unsichtbaren Gelagen stört und den Platz betritt, den sie dazu ausersehen haben. In der Regel sind dies zwar einsame, schattige Orte, aber mitunter finden sie Gefallen, sich mitten auf einem Weg zu lagern. Wer nun so unglücklich ist, sie bei ihrem Gelage zu stören, die Schüsseln oder Flaschen umzuwerfen, oder einen Elfen zu streifen, der erhält einen Schlag und erkrankt. Es heißt dann von ihm: er wurde von einem Schlage getroffen, er wurde bestiegen, geritten. Mit den Elfen ist aber das Geisterreich der Albanesen noch keineswegs abgeschlossen; sie haben auch Feen, Dämonen, Hausgeister und anderes unheimliches Gesindel; sie scheinen zu ihrer illyrischen und griechischen Erbschaft solcher Wesen auch einen guten Theil aus der Dämonologie fremder Völker — aus der Zeit der Völkerwanderung — übernommen zu haben.

Mit den Malayen, Papuanen und einigen anderen Völkerschaften haben die Albanesen die Sage von geschwänzten Menschen gemein. Es heißt, zwei Sorten gäbe es: eine mit Ziegen- und eine mit kleinen Pferdeschwänzen. Die damit Begabten seien sehr starke und besonders kräftig und untersetzt gebaute Menschen und ganz außerordentliche Fußgänger. v. Hahn erzählt, daß einer seiner Kawassen behauptete, daß in seiner Heimat, der Gegend von Dragoti, geschwänzte Menschen gar nichts Seltenes seien und er habe selbst als Junge seinen geschwänzten Vetter beim Baden an dieser Naturgabe gezerrt. Auch ein anderer Kawasse, der früher im Pindos Räuber war, berichtete dem Konsul v. Hahn, daß bei seiner Bande sich Jahre lang ein untersetzter, breitschulteriger, hochblonder Mann befunden habe, von dem es hieß, daß er geschwänzt sei. Um sich davon zu überzeugen, hätten sie sich eines Nachmittags, als er schlief, zu Sechsen — denn er war ungemein stark — über ihn geworfen und an dieser Besichtigung habe er theilgenommen. Er erinnere sich genau, einen etwa vier Finger breit langen, ziegenähnlichen Schwanz gesehen zu haben, dessen innere Seite unbehaart, auf der Rückseite aber mit kurzen, hochrothen Borsten besetzt gewesen sei, und dieser Haarstreif habe sich etwa eine Hand breit über dem Rückgrat hinauf gezogen. Die türkischen Militärärzte, die v. Hahn darum befragte, erklärten aber, nie geschwänzte Menschen bei ihren Aushebungsgeschäften gesehen zu haben. — Der Glaube an solche Menschen beschränkt sich nicht allein auf das südliche Albanien, sondern erstreckt sich über Griechenland und bis nach Kleinasien.

Abschließend mit unseren Betrachtungen über das geistige Leben der Albanesen, geben wir einige Proben ihrer Dichtungen. Dieselben zeichnen sich, wie die ganze Anschauungsweise des Volkes, durch Nüchternheit, durch Mangel an Idealismus aus.

Die Liebeslieder, soweit sie sich auf das weibliche Geschlecht beziehen, sind meist spöttisch und neckend, in der Art etwa, wie unsere Schnaderhüpfeln. Sie werden von der nachtschwärmenden Jugend vor den Häusern der Schönen gesungen und sind daher immer auf bestimmte Gelegenheiten und Personen gedichtet:

„Ach, was muß ich doch ertragen!
Meine ganze Sippschaft bringt
Mir Mehlspeisen her und ringt
Ihre Hände, zu beklagen
Mich, damit ich nur gesunde
Von dem Jammer und der Pein,
Die du mir machst, du allein,
Mädchen mit dem Schachtelmunde (d. h. ein wohlgeformter)."

In wörtlicher Uebersetzung lautet ein Wechselgesang wie folgt:

Er: Freundin mit dem Kopftuch auf einer Seite,
Langsam, denn du verbrennst das Dorf.
Sie: Was thue ich dem armen Dorfe,
Wenn ich hin und her wandle?
Er: So viel Bursche darin sind,
Haben sie Liebe zu dir.
Sie: Was haben sie? Mögen sie Böses finden,
Daß sie mich Aermste nicht (in Ruhe) lassen.

Tieffühlender sind die Klagelieder, welche beim Hinscheiden eines Familiengliedes von den Frauen in Soli und Chören gesungen werden. Auf den Tod einer jungen Frau bezieht sich folgendes:

„Schöne, goldene Gerte, wie die Frauen der Stadt.
O, Schöne von Gesicht, wie das Steinhuhn auf der Spitze des Felsens.
O du Schnelle, wie ein Weberschiffchen, wo wirst du dein Leben zubringen?
Steinhuhn auf dem rothen Felsen, Brautschatz, zurückgelassen in der Truhe,
Wo wirst du den Sommer zubringen, geschieden von deinem (Ehe-)Herrn?
O schöne, leichte Rede, du warst eine Braut mit Züchtigkeit.
O du Aufgeschossene wie der Grashalm und geläutert wie das Gold;
Freudenlose, die du dich nie gefreut, die du dein Leben nicht vollbracht hast."

Am beliebtesten sind die Lieder in der Geschmacksrichtung der alten Dorier. Nesim Bey, der gefeiertste Dichter der Gegen, singt unter Anderem:

„Mich hast du zum Knechte und ich habe dich zum Liebling!
Mein Leben, darum flehe ich dich:
Entweder tödte mich oder gewähre mir Heilung,
Nimm und wähle, was dir gefällt.
Ich weine und weine und vergehe,
Denn mir macht Ueberdruß die Welt,
Und mich selber möchte ich tödten,
Damit ich von der Liebe erlöst werde.
Zu all' den Leiden, welche wir haben,
Sprechen die Geliebten nicht mit uns;
Wir sind ihre Sklaven,
O, möchten sie uns doch tödten!"

Eigentliche Heldenlieder besitzt die albanesische Poesie nicht; sie besingt nur im Allgemeinen den Ruhm der Volkshelden in den Klageliedern über deren Tod und überläßt es der Ueberlieferung und den Stammessagen, die Thaten der Edlen zu verherrlichen. Die poetische Gestaltungskraft, die in so hohem Grade die südslavische Heldendichtung auszeichnet, geht den albanesischen Liedern vollkommen ab, sie sind tönende Phrasen ohne tieferen Inhalt.

Was die albanesische Sprache anlangt, so gilt sie, auf Grund der scharfsinnigen Forschungen v. Hahn's, Bopp's u. A., als ein mit alt- und neugriechischen, lateinischen, keltischen, gothischen, slavischen und türkischen Zuthaten stark vermischter Ueberrest der alten illyrischen Sprache und bildet als solcher einen selbständigen Zweig des großen indoeuropäischen Sprachstammes. Von seinen nächstverwandten Schwestern, dem Griechischen und den slavischen, germanischen und neulateinischen Sprachen unterscheidet sich das Albanesische durch große Härte und Ungelenkigkeit der Formen. Geschrieben wird es von den Gegen mit lateinischen, von den Tosken mit griechischen Buchstaben. Außerdem ist in Elbassan, einer Stadt am Schkumb, noch ein altes Alphabet gebräuchlich, welches nach v. Hahn als eine Vereinigung des wenig veränderten Phönikischen und Urgriechischen sich darstellt.

Das geographische und ethnographische Albanien umfaßt in politischer Hinsicht das Vilajet Skutari und Gebietstheile der Vilajete Janina, Saloniki und Kosowo, und zwar von Janina die Sandschake Berat, Ergheri (Argyrokastro, Janina und Preveza-Arta; von Saloniki die Kasa Ochrida und Kastoria und das Sandschak Dibre (Mittelalbanien) und von Kosowo: die Sandschake Prisrend und Prischtina. — Zur näheren Erläuterung dieser Bestimmungen bemerken wir, daß nach der neuesten Vilajetseintheilung das Vilajet Bitolia oder Monastir, zu welchem bisher die Sandschake Prisrend, Dibre und die Kasa Ochrida und Kastoria gehörten, mit dem Vilajet Saloniki vereinigt worden ist, und daß aus den Sandschaken Prisrend, Nisch, Ueskub und Novibasar das neue Vilajet Kossowo hervorgegangen ist.

Der Flächeninhalt des geographischen und ethnographischen Albaniens mag sich auf etwa 50,000 □km. und die Bevölkerung auf 1,200,000—1,600,000 Köpfe belaufen. Der albanesische Stamm ist der vorherrschende im Lande; nach ihm ist im Süden der griechische, im Norden der slavische und im Pindosgebirge der romanische zu nennen. Der Bodenverlust, welchen die albanesische Rasse in ihrem Stammlande erfahren hat, ist aber durch ihre weite Verbreitung über fremde Gebiete reichlich ausgeglichen. Wir finden Albanesien in Thessalien, Makedonien, Rascien, Bosnien, Bulgarien, Rumelien, Kleinasien, Syrmien, Dalmatien, Calabrien, Sizilien und Griechenland, überall in größeren Kolonien oder abgeschlossenen Ortsgruppen auftretend. v. Hahn schätzt die albanesische Bevölkerung in der Türkei auf 1,600,000, in Unteritalien auf 186,000 und in Griechenland auf 200,000 Köpfe, so daß sich der ganze Stamm auf etwa 1,886,000 Seelen beziffern würde, eine Summe, die Lejean für bei Weitem zu hoch hält und glaubt, sie mit 300,000 niedriger ansetzen zu müssen.

Brechen wir hier in der trockenen Schilderung des Landes ab und lassen uns ein Weiteres von einem Reisenden und Berichterstatter des „Wanderer" (1872) aus eigener Anschauung erzählen.

Am Morgen des 23. Dezember 1871 — schreibt derselbe — verließen wir den Hafen von Cattaro. Die Musik eines österreichischen Infanterieregiments spielte auf dem Quai, eine ganz europäische Gesellschaft war dort versammelt. Damen in Wiener Toiletten, Offiziere in schmuckem weißen Waffenrock, mit dalmatinischen Matrosen und montenegrinischen Bauern vermengt, die von ihren rauhen Bergen zum Marktbesuch herabgekommen waren, sahen dem Lloyddampfer „Miramar" entgegen, der langsam durch den engen Kanal angefahren kam, der Cattaro mit dem Adriatischen Meere verbindet. Wir hatten eben noch in unserer Sprache mit improvisirten Freunden gesprochen, die sich der Reisende so leicht gewinnen kann; wir hatten französische Journale gelesen, die kleine Stadt, in der es keinen Luxus, aber Behaglichkeit und Komfort giebt, in allen ihren Theilen besichtigt. Eine glänzende Wintersonne beleuchtete den Golf, die steilen Bergwände, an denen die langgestreckten Festungsmauern von Cattaro wie Guirlanden hängen, die 20 Schiffswersten, auf denen die Bocchesen ihre Schiffe bauen, und die lange Reihe freundlicher, reiner, stattlicher Häuser, welche die ganze Küste schmücken. Einige Stunden später warf der „Miramar" vor einem öden Strande Anker. Vor unserem Schiffe erhob sich eine elende Hütte; da war kein Molo, kein Landungspunkt zu sehen; man unterschied nur einen von einem Bache gebildeten Sumpf. Als unser Landungsboot sich dem Ufer näherte, mußten sich die Entschlossensten unter uns den Schultern der „Hamal" (Lastträger) anvertrauen, welche herbeikamen, um uns ans Land zu tragen. Sie setzten uns auf Felsenblöcken ab, wo es selbst dem Gewandtesten schwer war, nicht auszurutschen und herabzugleiten. Wir hatten im Kanal von Cattaro von Europa Abschied genommen und befanden uns jetzt auf türkischem Boden!

Und zwar ist der Punkt, wo wir gelandet waren, der Stapelplatz des Hauptortes einer ganzen Provinz; hier muß man sich ausschiffen, wenn man nach Skutari in Albanien gehen will. Aber der Ort ist trostlos unwirthlich; die Hütte, in welcher die Zollwächter wohnen, denen die Aufgabe obliegt, von den Reisenden die obligaten Trinkgelder in Empfang zu nehmen, die Breterbaracke des Polizeibeamten, der die Pässe abverlangt, eine dürftige italienische Lokanda, die dem Gaste Brot, ein Stück Fleisch und eine schlechte Matratze bietet — sind die einzigen menschlichen Wohnungen an diesem Strande, der schon seit 30 Jahren regelmäßig mehrere Male in der Woche von den Lloyddampfern berührt wird. Die Stadt Antivari selbst liegt linker Hand in bedeutender Entfernung, in einer Bergschlucht. Wagt man es, sich einige Schritte von der Herberge zu entfernen, so findet man weder Weg noch Steg; man muß sich durch das Schilfrohr auf dem sumpfigen Boden einen Weg bahnen, die Furt des Baches aufsuchen und Felsen erklimmen, um wieder in eine Wasserlache hinabzusteigen. Wie lange man auch in der Türkei gelebt haben mag, man scheint doch immer zu vergessen, wie wenig dieses Land irgend einem andern gleicht, denn die Ueberraschung, die man beim Wiederbetreten derselben empfindet, ist eben so peinlich wie das erste Mal. Dieser Gegensatz zwischen der Civilisation und der Barbarei läßt den Reisenden nie unempfindlich. Dalmatien ist gewiß auch nicht das Land, wo man bei jedem Tritte dem Fortschritt begegnet, der morlachische Bauer ist ebenfalls roh und ungeschlacht; wie weit man aber auch in das Innere der Provinzen vordringt, so findet man doch Gebräuche, welche an uns, an unsere Heimat erinnern, Häuser, in denen ein Reisender wohnen kann, eine Herberge, in welcher der Wirth auch ein Tischtuch und eine Gabel besitzt, Straßen, eine Verwaltung, eine wirkliche Polizei — mit einem Worte: Europa. Hat man aber die Grenzsäule passirt, welche die Dalmatiner von den Türken trennt, so verschwindet auch dieser Rest der Civilisation.

Um von Antivari nach Skutari zu reisen, muß man mit einer Karawane reiten. Die Reise währt sieben, fünfzehn, manchmal auch zwanzig Stunden, je nach der Jahreszeit und Witterung. Hat vieler Regen den Boden erweicht und die Furten des Bojanaflusses unsicher gemacht, so kommt man nur mit Mühe vorwärts. Man muß sich einen Weg durch die Felder suchen, bald dem Bette der Gießbäche folgen, bald stufenartige Felsen erklimmen oder auf schiefen Ebenen hinabreiten, die der Regen bis zur Marmorglätte abgewaschen hat, und die Beine seines Pferdes mitten durch ein Gewirre scharf zugespitzter Steinblöcke riskiren.

Aber die größte Gefahr der Reise bilden die großen Kothlachen, welche Abgründe bedecken. Einer unserer Führer, der vorausritt, verschwand plötzlich vor unseren Augen bis an die Schultern — Roß und Reiter waren in eines jener Löcher versunken, welchen man bei der größten Vorsicht nicht ausweichen kann. Auf einer nur etwas fahrbaren Straße könnte man diesen Weg in drei Stunden zurücklegen. Oft ist man genöthigt, auf halbem Wege in einer verlassenen Mühle zu übernachten. Da es auf der ganzen Strecke kein Dorf giebt, so muß der Reisende, wenn er nicht Lebensmittel bei sich hat, sich resigniren, erst am folgenden Tage in Skutari seinen Hunger zu stillen. Endlich erblickt man die Stadt, aber die letzte Probe, die man noch zu bestehen hat, ist die gefährlichste.

Skutari.

Diese Hauptstadt erhebt sich nämlich auf dem linken Ufer der Bojana, die hier aus dem See herausfließt und sehr breit ist. Die wurmstichige hölzerne Brücke, über die man hier reiten muß, ist so niedrig angelegt, daß das unbedeutendste Hochwasser sie überschwemmt und die Brustwehren fortreißt. Die Pferde sind nur mit Mühe zu bewegen, diesen schwankenden Breterboden zu betreten, wo ihre Beine Gefahr laufen, in die Zwischenräume der Dielen zu gerathen. Oft geschieht es, daß die Karawanen, wenn sie bis an die Brücke gelangen, sich genöthigt sehen, im Angesichte der Stadt so lange zu lagern, bis das Wasser abgelaufen ist oder bis man Boote beigeschafft hat. Der Bazar von Skutari, einer der wichtigsten der Türkei, denn er wird von den Bewohnern der ganzen Provinz und der Schwarzen Berge besucht, ist in einer Mulde, in der Nähe der Brücke, gebaut. Alljährlich dringt das Wasser in die Kaufläden ein und zertrümmert von Zeit zu Zeit einen Theil derselben. Die Stadt selbst ist schon einige Male durch die Ueberschwemmungen des Sees zerstört worden; auf allen Seiten sieht man Ruinen, welche an diese Katastrophen erinnern — nirgends aber Dämme, die hier so leicht aufzuführen wären und welche der Wiederkehr dieser Kalamitäten vorbeugen würden.

Wir waren bereits durch ganz Skutari durchgeritten, und suchten noch immer diese Hauptstadt. Einige verfallende Häuser, die wir links und rechts von der Straße wahrnahmen, hatten wir für eine Vorstadt gehalten. Die Straßen sind sehr breit, die Häuser, von Gärten umgeben, sind hinter hohen Mauern versteckt. Jedes Wohnhaus steht isolirt da; seine Bewohner verschließen sich darin wie in einer Festung. Nur dicke Thore von gebräuntem Holz bezeichnen diese Wohnungen. Ich kenne keine Stadt, die einem Dorfe mehr gleichen würde als Skutari, und doch zählt sie über 35,000 Einwohner. Im Frühjahre verwandelt sich die weite Fläche, welche die Stadt einnimmt, in einen grünen Wald. Aber trotz der vielen Bäume wird dann die Hitze und der Staub unerträglich. Im Winter dagegen liegt die ganze Stadt in einem sumpfigen See, aus welchem die einzelnen Häuser wie kleine Eilande emporragen. Alle Moscheen sind moderne Gebäude; der Palast des Gouverneurs, ein großes, einstöckiges, rechtwinkeliges Haus, mit einer inneren Galerie versehen, giebt uns einen ziemlich genauen Begriff davon, wie die ersten, primitiven Bauten aussahen, in denen die Könige der Hunnen ihr Hoflager hielten. Einer der letzten Pascha's hat die Anlage einer europäischen Straße in Angriff nehmen und ein Kasino bauen lassen; auch sieht man, wenn man die Vorstadt verläßt, eine Chaussee von 2 km. Länge, welche die Behörden den Fremden als Merkwürdigkeit zu zeigen nicht ermangeln, und von der es heißt, daß sie eines Tages bis ans Meer fortgesetzt werden wird.

Die Pascha's von Albanien finden die Hauptstadt, unter den jetzigen Verhältnissen, für vollkommen geschützt; keine Mauer und kein Wall könne die Sümpfe und Abgründe ersetzen, die sie vom Meere trennen. Welche Armee würde es wagen, mit Geschützen und Bagage in dieses unzugängliche Land vorzudringen? Bietet auch dieser gänzliche Mangel an fahrbaren Straßen gewisse Unzukömmlichkeiten, so ergiebt sich der Osmane darein. Von Skutari nach Konstantinopel zählt man zwanzig Tagreisen, und die Reise kann nur in der guten Jahreszeit bewerkstelligt werden. Die Beamten, welche die Pforte in diese Provinz schickt, wählen, um sich auf ihren Posten zu begeben, die seltsamsten Wege. Sie fahren die Donau hinauf bis Wien, von dort begeben sie sich nach Triest, von wo sie mittels der Lloyddampfer nach Antivari gelangen. Oder sie schiffen sich im Bosporus nach Syra ein und fahren, um den ganzen

Peloponnes herum, nach Korfu. Leute, die es auch treffen kann, nach Bagdad oder in die Provinz Konia versetzt zu werden, schreckt so Etwas nicht ab. Hat die Regenzeit begonnen — und sind die versetzten Beamten keine Gouverneure, in welchem Falle sie sich immer beeilen müssen — so erwarten sie gemüthlich die Wiederkehr des Frühlings. Sie wissen, daß im Winter Niemand in der Türkei reist und daß ihre Mitbewerber sich ebenfalls nicht die Mühe nehmen werden, nach Konstantinopel zu gehen. Während des ganzen Winters feiern bei den Osmanli alle Intriguen.

Es ist die Ueberzeugung der Partei der Alttürken, daß die modernen Verbesserungen den Muselmännern nur nachtheilig sein können. Sie sagen: die Straßen werden nur der Rajah, welche Handel treibt, nützlich sein, oder den Fremden, welche die Rajah beschützen und leichter sehen werden, was in der Türkei geschieht; die Häfen und Eisenbahnen werden den Europäern dienen, die Schulen werden die revolutionären Ideen fördern, der öffentliche Reichthum würde das Reich zu Grunde richten, denn er würde sich nur in den Händen der unterworfenen Völkerschaften befinden. Die Barbarei ist der Schutzwall der Osmanli, gerade sowie dieser unbebaute, mit Schluchten und großen Felsen übersäete, von hohen Bergen durchschnittene, jeder Straße ledige Landstrich die beste Vertheidigung von Skutari bildet. Es giebt ihrer Ansicht nach nur einen Feind der mohammedanischen Rasse und das ist der Fortschritt. Bei den Muselmanen in Albanien wurzeln diese Ideen sehr tief. Sie sprechen sie mit einer rohen Freimüthigkeit aus, und mögen sich wol auch nicht ganz irren.

Das Vilajet von Skutari, welches aus Oberalbanien, dem Weißen Albanien oder dem Gegenland gebildet ist, hat den offiziellen Titel einer Ausnahmsprovinz, weil es eine geringe Ausdehnung hat. Die Nachbarschaft Montenegro's, die Unabhängigkeit der Bergstämme, ihr störrischer Geist, der sich nur schwer der Ordnung unterwirft, und ihr Privilegium, obwol sie Christen sind, in der türkischen Armee dienen zu können, sind die Ursachen, warum man aus einem Gebiete, welches in jedem andern Theile der Türkei ein bloßes Sandschak bilden würde, ein General-Gouvernement gemacht hat.

Ober-Albanien zählt in der That nicht mehr als 250,000 Einwohner. Das benachbarte Vilajet von Janina hat eine Bevölkerung von 700,000 Seelen, jenes von Adrianopel nahe an $1\frac{1}{2}$ Millionen. Mit Ausnahme der Umgebungen des Sees von Skutari und der Meeresküste ist das Land nur eine Anhäufung von Bergen, deren Hauptgipfel mit ewigem Schnee bedeckt sind. Diese langgestreckten Ketten bilden, wenn man sie vom Meere aus betrachtet, eine Reihe von dunkelgrauen Abstufungen; sie erheben sich in riesigen Terrassen, die mit Spitzen und Kuppen besäet sind, die sich in sehr einfachen Linien entwickeln. Man findet in ihnen schon die Schönheit der griechischen Gebirge, dieselbe Nettigkeit der Formationen, dieselbe Harmonie der Verhältnisse. Die Sonne, wenn sie diese riesigen Massen beleuchtet, läßt die Aehnlichkeit noch mehr hervortreten. Dann erscheinen die entfernteren Ketten mit einem grauen und leuchtenden Duft bedeckt, wie mit einem Flor, den man ergreifen und herabreißen zu können wähnt. Auf den näheren Bergen treten alle Vorsprünge mit ihren Umrissen deutlich hervor; die Felswände absorbiren die Lichtmasse in einem solchen Grade, daß sie sich dem Auge als eine durchscheinende Masse darstellen. Man erräth, was dieses Land eigentlich ist: eine Reihenfolge von meist sehr engen Thälern, die von Felsengürteln wie von Festungswällen eingerahmt sind, und in denen die Bewohner derselben im Winter von Schneemassen eingeschlossen werden. In vielen Bezirken ist der Boden sehr undankbar; der Landmann sieht nichts um sich herum als Steine, die von spärlichem Gras umsäumt sind; aber Albanien hat auch prachtvolle Wälder, Seen und Weiden; die gebirgigen Distrikte besitzen beinahe überall an den Ufern der zwei breiten Ströme, Bojona und Drina, die das Land bewässern, wie auch in den Umgebungen des großen Sees von Skodra, ausgedehnte Wiesen.

Die türkische Verwaltung hat die Provinz in zwei Theile getheilt, die Bergdistrikte oder, wie sie offiziell genannt werden, die Berge, und die Kantone oder Nahien der Küste und der unmittelbaren Umgebungen von Skutari. Nur die letzteren Kantone sind der gewöhnlichen Verwaltung der Vilajete unterworfen; sie haben dieselbe Organisation, die man allenthalben im Türkischen Reiche findet. Der Anblick der Städte, die größtentheils auf Hügeln liegen und die Ueberreste griechischer, slavischer und venetianischer Niederlassungen sind, wie Antivari, Alessio, Dulcigno, bieten nichts Originelles als die Spuren von alten Festungswerken und Kirchen, die mit dem Markuslöwen verziert sind. Das Land befindet sich im elendesten Zustande und die Verödung nimmt noch immer zu. Eine Sandbank versperrt die Mündung der Bojona, welche die Quelle des Reichthums der Provinz werden könnte; treffliche Häfen, wie z. B. jene von St. Johann von Medua und Dulcigno, versanden mit jedem Tage mehr. Der Drin und die Bojona, deren Lauf nicht geregelt ist, machen Ebenen, die lange Zeit fruchtbar waren, unergiebig, das Fieber vertreibt die Bewohner einst sehr gesunder Städte, so haben z. B. die Türken Alessio verlassen und sich in entlegenen Bergen Häuser bauen müssen.

Albanien ist besonders in den Küstenstrichen mit Ruinen bedeckt. Die einen sind älteren Datums, die Folgen der Kriege im 16. und 17. Jahrhundert, und keine Wiederkehr des alten Aufblühens hat sie wieder hergestellt und verschwinden gemacht; die anderen gehören der neueren Zeit an und verdanken ihre Verödung den Fiebern und anderen Epidemien. Man ersieht daraus, daß diese Provinz das Schicksal beinahe aller anderen des Türkischen Reiches theilt.

Der Olymp.

X. Thessalien und Makedonien.

Thessalisches Gestade. — Das Tempe-Thal. — Geographischer Charakter Thessaliens. — Ampelakia. — Larissa. — Altgriechische und slavische Ortsnamen. — Herkunft der Neugriechen. — Typus, Tracht, Sitten und Gebräuche der Alt- und Neugriechen. — Sprache und Volkspoesie, Charakter, geistige Kultur der Neugriechen. — Verbreitung der Griechen in der Türkei. — Die Zinzaren. — Die Meteorenklöster in Thessalien. — Geographischer Charakter Makedoniens. — Die Chalkidische Halbinsel. — Der heilige Berg Athos. — Saloniki. — Statistisches über Makedonien und Thessalien.

„Die Morgenröthe fand uns auf der Höhe von Platamona dicht am Fuße des schneebedeckten Olympos, dessen Ausläufer sich hier dem Strande nähern und die natürliche Grenze Makedoniens gegen Thessalien bilden. Hinter uns war das Schlachtfeld von Pydna, vor uns der lieblich runde, noch immer schneelose, bis auf den Gipfel waldbekleidete Ossa im Glanz der aufgehenden Sonne; rechts der hohe Olymp, das halbverfallene Kastell auf dem isolirten Platamonakegel, der Tempespalt und, zwischen Bäumen und Gebüsch einer fetterdigen Deltaniederung, die gelblich-schlammige Flut des Peneios, an dessen Mündung das Schiff erst gegen Mittag unter mattem Hauch vorüberzog. Welche Erinnerungen, in welch' engen Raum zusammengedrängt! Um 2 Uhr

Nachmittag waren wir am Ziel, hatten aber schon in weiter Ferne vom Meere aus gesehen, wie sich oberhalb des Dorfes auf der Halde mitten im Wald des Ossa die Rauchsäule eines romantisch gelegenen Mönchsklosters in die Lüfte schwang. Das gewerbliche Karitza hat weder Hafen noch Landungsplatz. Die Schiffer trugen uns über die seichte Uferstelle auf ihren Schultern an den buschreichen Strand, und mehr als zwei Stunden angestrengter Arbeit bedurfte es, um mit Beistand sämmtlicher Genossenschaft und roher Maschinen das schwere, hochkielige Fahrzeug aufs Trockene herauszubringen, da sich die Schiffahrt mit diesem Tage bis zum Frühling schloß."

Mit diesen Worten, welche Fallmerayer, der geistvolle Fragmentist, im Dezember 1841 niederschrieb, versetzen wir den Leser an die thessalische Küste des Golfes von Saloniki. Olympos, Ossa, Tempe und Peneios — Alles erinnerungsreiche Namen aus der griechischen Geschichte und Mythologie. Wir stehen auf klassischem Boden!

Durch das Tempethal, den Alten der Inbegriff einer vollendet schönen Landschaft, eines irdischen Paradieses, nehmen wir den Weg landeinwärts. Was ist Tempe? fragen wir mit Fallmerayer. Ist es ein breites oder schmales, oder hoch eingewandetes, am Ende geschlossenes Wald- und Wiesenthal mit vollem Strom in der Mitte, wie Kaschmir? oder ist es eine wasserreiche Baumoase, wie Damaskus? oder eine vor dem Blicke des Wanderers verborgene Waldöde voll Quellen, voll Stille, voll Lieblichkeit und hochwipfeliger Cypressen, wie Gargaphie? Nichts von Alle dem ist Tempe. Es ist ein Heerweg, ein tiefeingeschnittenes Rinnsaal, ein langes, hohes, busch- und schattenreiches Felsenthor ohne Decke; die Wolken schauen hinein und die Sonne, wenn sie durch die Mittagslinie von Thessalien geht. Doch muß das Bild dem Leser noch immer dunkel bleiben, wenn nicht zugleich ein anschaulicher Begriff des großen, innerhalb dieser hohen Pforte liegenden Ringbeckens das Verständniß der romantischen Scenerie erleichtert. Schon das Wort Ringbecken erklärt die Natur des Landes, der ebenen, fetterdigen, in der Runde von Bergen eingeschlossenen Gartenmulde, die wir Thessalien nennen. Nur denke man sich diesen Bergring nicht glatt und senkrecht wie eine Wand. Er dacht sich nach innen langsam ab, bildet Halden, streicht stellenweise in Form niedriger Hügel und steiler Vorsprünge regellos in die Ebene hinaus. Auch an Höhe und Massenhaftigkeit sind sich die einzelnen Bestandtheile des Ringes, Olympos, Pindos, Ossa, Pelion und Othrys, nicht einander gleich; nur die Wasser rinnen rund von allen Seiten mit ihrer reichen Gabe an Schlamm in den Mittelpunkt hinab. Ein riesenhaftes Amphitheater, ein Colosseum im größten Stil, hat die Natur aufgebaut, und inmitten der Arena steht Larissa, die alte pelasgische Hauptstadt am tiefen, wellenreichen Peneios.

Der Peneios (Salamwria) selbst stürzt vom westlichen Rand herab und wälzt sich in weiten Krümmungen der größten Länge nach durch die Ebene, aus welcher links und rechts alle Flüssigkeit des Ringes (der Xeragi, Phersalitis u. A.) in diese gemeinsame Pulsader zusammenströmt. Das Becken müßte sich mit Wasser füllen, und Thessalien wäre heute noch wie in der Mythenzeit ein großer Binnensee, hätte nicht ein geheimnißvoller Werkmeister vergessener Jahrhunderte den riesig tiefen Spalt im festgekitteten Bergring durchbrochen und der süßen Binnenflut die Bahn geöffnet. Dieser Durchlaß ist das Tempethal, eine großartige, in das krystallinische Randgebirge eingeschnittene Erosionsfurche. Thessalien war im Urgebirge-Zeitalter, wie die Rhodopeinsel, ein krystallinisches Eiland, das mit letzterer zuerst in der Juraperiode in Verbindung trat. Mit der Erhebung des peri-apenninischen Kreidegebirges, dem der Pindos mit dem Amarbes- und Schabkagebirge im Norden und dem Othrys im Süden, angehört, wurde Thessalien im Verein mit seinem östlichen Randgebirge (Olympos, Ossa und Pelion) kesselförmig umschlossen und mit der Zeit in einen See verwandelt. Während der langen Tertiärzeit nagte sich derselbe einen Ausfluß an der tiefsten und schwächsten Stelle seiner Umwallung und bildete, den Ossa vom Olympos trennend, das Tempethal.

Wunderbar üppig und mannichfaltig ist hier der Pflanzenwuchs; Platanen, Terebinthen, Granaten, gelber Jasmin, Eschen, Steinlinden, Ilex, die immergrüne Eiche, der Kermes, der wilde Oelbaum, Arbutus Andrachne mit der röthlich feinen Rinde, Arbutus Unedo, Agnus Castus, besonders Lorber, wuchern in ungewöhnlicher Fülle, Höhe und Pracht, und bilden, von Weinreben und lianenförmigen Clematis malerisch umschlungen, ein unverwelklich grünes Schattendach, unter dem der breite, volle Strom, an vielen Stellen durch die Ueppigkeit des Pflanzentriebes verdeckt, die sanfte Flut vorüber wälzt. — Mehr noch vielleicht als Pflanzentrieb und Immergrün überrascht der Bach- und Quellenreichthum in dieser Schlucht. Aber nicht von der Höhe stürzt es herab, plätschernd über Wald und Felsenriff, wie im kolchischen Melasthal; hier bricht es rasch und voll neben der Sohle des Wanderers unter dem Gestein der Seitenwände, unter den Wurzeln der Platanen hervor und eilet breitströmend, diamanthell und kühl dem Peneios zu. Welcher Reichthum, welche Frische da vergessen und unbenutzt verrinnt!

Die Ossaseite des Thales, an der die Straße zieht, ist waldschluchtartig eingebrochen und bietet wiederholt deltaförmige Ruheplätze mit hellgrünem Rasen, Blumenflor, Quellen und Gebüsche. Dagegen fällt der Olympos fast in der ganzen Tempelänge steil und wie durch Künstlerhände durchgesägt in den Fluß hinab. Doch fehlt auch hier nicht auf allen Punkten der immergrüne Pflanzenschmuck. Mäßig am Eingang, wächst die Olymposwand nach der Mitte des Thales an Höhe. Wundervolle Formen, runde Thürme, Bastionen, lange Courtinen, Festungswälle in kolossalem Stil ziehen vorüber bis zum Mittelpunkt, wo die Schlucht am engsten, die Wand beiderseits am höchsten — man meint über 300 Fuß — und der Charakter der Landschaft am wildesten ist. Hier ragt über der Spitze eines über 600 Fuß senkrecht hohen Ossafelsens ein zerstörtes Kastell als Thalsperre dicht über die Straße herein. — Wie sich der Spalt von der makedonischen Mündung bis in die Mitte herein trichterförmig verengt, dehnt er sich von dort gegen die thessalische Mündung in gleichem Maße wieder aus, so daß zwei lange, an der Spitze sich berührende Hörner das treueste Bild von Tempe geben.

Am thessalischen Ausgange des Thales erhebt sich, einsam am Felsenabhange des Ossa angelehnt, das berühmte Ampelakia, weiland in Europa auch durch seine türkische Garnfärberei wohlbekannt. Hier sowol als auch in Turnowo und Tscharnitschena waren früher die Baumwollen- und Seidenspinnerei und Türkischroth-Färberei in hoher Blüte, denn Baumwolle, Maulbeerbäume, Krapp, Ginster und Potaschenpflanzen wachsen im Lande und die Erzeugnisse fanden im westlichen Europa großen Absatz. Von der Höhe von Ampelakia überblickt man die thessalische Ebene, aus der wie Nebelschatten in dunkler Ferne das Minaretgewirr von Larissa emportaucht.

Zu sehen ist in Larissa nichts, schreibt Fallmerayer; es ist eine Türkenstadt ohne die geringste Spur, als hätte hier jemals das kunstreiche Volk der alten Hellenen gewohnt. Selbst die Festungswerke der byzantinischen Periode sind verschwunden sammt Thor und Burg, in welcher noch Mohammed IV. während seines Aufenthalts in Thessalien (1669) residirte. Lange, grasbewachsene Erdlinien mit verfallenen Holzthoren und halbgefüllten Gräben, über leere Felder streichend, verrathen streckenweise die Richtung der alten Mauern und die verschwundene Größe von Larissa. Die Stadt ist offen und zieht sich bei einer Viertelstunde Breite fast eine Stunde Weges in der Länge dicht am rechten Stromufer des Salamwria fort. Bemerkt sei beiläufig, daß Salamwria der alte einheimische Name des späteren hellenischen Peneios ist und von den heutigen Thessaliern auf der letzten Silbe betont wird.

Larissa oder Jenischehr (d. h. Neue Stadt), wie sie türkisch heißt, ist die größte Stadt Thessaliens und zählt etwa 30—36,000 Einwohner. Ihr zunächst sind Tirkhala, das alte Trikka, und der Hafenplatz Volo (Demetrias) mit je 10,000 zu nennen, während das denkwürdige Phersala (Pharsalos) nur 5000 und die Färberstadt Turnowo 4000 Einwohner aufweisen. Alle diese Städte sind „sträflich“ neu und unbedeutend; sie haben, mit Ausnahme Phersala's, wo noch die Ruinen einer alten Akropolis zu sehen, während der Völkerstürme alle Denkmäler ihrer klassischen Vergangenheit eingebüßt. Von den 75 Städten, sagt Fallmerayer, die man zu Plinius' Zeiten nur innerhalb des Ringbeckens oder Bergtheaters von Thessalien zählte, haben sich nur die Namen Larissa, Pharsalos, Thaumakos (Domokos), Trikka und Oloosson (Elassona) und zwar verstümmelt erhalten, die übrigen 70 sind alle verschwunden.

Von den Bergen, deren die Alten in Thessalien 34 kannten, hat nur der einzige Olympos, von den Flüssen und Seen aber keiner seinen Namen auf unsere Zeiten gebracht. Indessen ist durch eine Ironie eigener Art selbst der riesige Götterberg der Profanation nicht entgangen und nennen die griechisch redenden Thessalier den See in einem Hochthale des Olympos noch immer Nezero, was bekanntlich das slavische Appellativum für lacus ist und auch im übrigen Griechenland, besonders in Akarnanien, wiederholt gefunden wird.

Slavische Namen werden in den altgriechischen Gebieten noch vielfach angetroffen, so Metzovo für Pindos, Kissowa für Ossa, Sagora für Pelion, ferner Turnowo, Tscharnitschena, Lipochowo, Strunitza, Lapenitza, Smokowo, Goritza u. A. m. Diese Ueberbleibsel aus der Zeit der großen Slavenstürme, welche die griechische Halbinsel vom 5. Jahrhundert an überfluteten, führten bekanntlich den sonst so scharfblickenden Fallmerayer mit zu der Ansicht, daß die heutigen Griechen gar keine Nachkommen der alten Hellenen, sondern gräkisirte Slaven seien. — Die Unhaltbarkeit dieser Aufstellung ist hinlänglich erwiesen worden und man darf mit gutem Recht annehmen, daß die Neugriechen, obwol mit Slaven, Albanesen, Romanen, Türken und anderen Stämmen vielfach vermischt, Abkommen des klassischen Hellenenvolkes sind. Typus sowol als Sprache, Charakteranlagen, Sitten und Gebräuche weisen darauf hin.

Heute noch finden wir, und zwar nicht blos bei den ihrer Schönheit wegen so oft gepriesenen Inselgriechen, die herrlichsten Gestalten und Körperformen und sehen unter ihnen nicht selten den echt hellenischen Typus gerade so erscheinen, wie ihn die Werke des Praxiteles uns zeigen. Jene „tiefe Lage der Augen in gewölbten Augenhöhlen", der „edle Schnitt und hohe Bogen der Augenlider, die kurze aufgebogene und aufknospende Oberlippe, das vollrunde feste Kinn, die geradwinkelige Senkung der Stirn und Nase, der breite feste Nacken, über dem Allen der von Aphrodite selbst gescheitelte und gelockte Haarschmuck" — dies Alles ist noch jetzt keine außergewöhnliche Erscheinung.

Nicht weniger Antikes erkennen wir an den Neugriechen in deren Tracht. Die zottigen Wollenmäntel der heutigen Epiroten dürften wol die zottigen Chlamiden der Alten sein; die rothen Käppchen der Neugriechen stammen von den antiken Schiffermützen her, die ebenso geformt und mit derselben rothen Farbe gemalt auf alten Vasen vorkommen und die uralte phrygische Mütze tragen jetzt noch die Hirtenknaben in Arkadien. Die aus schuppenartig über einander genähten Silbermünzen gebildeten Brustlatze der livadischen Bräute erinnern lebhaft an den Brustpanzer der Minerva. Die Form der Ohrringe, der Halsbänder und Armspangen der neugriechischen Frauen, ihre Sitte, das dunkle Haar der Braut mit Goldpuder zu bestreuen, dies Alles und noch sonst Vieles in dem weiblichen Putz nähert sich in hohem Grade dem Antiken. Auch färben sie noch jetzt die Spitzen ihrer zierlichen Finger mit einem röthlichen Stoffe, ohne daran zu denken, daß schon Homer von der „rosenfingerigen Eos" gesungen hat.

Die alte phrygische Tracht, die bei den griechischen Kolonisten in Kleinasien vorherrschte, gleicht zuweilen, selbst in Einzelheiten, dem, was wir jetzt türkisch und neugriechisch nennen. Z. B. kommen schon auf alten Gemälden, welche das Thun und Treiben des Achilles darstellen, die noch jetzt üblichen gelben und rothen Farben der türkischen Pantoffeln vor. Selbst die bekannte, aus Tüchern und Shawls gebildete Kopfbedeckung, der sogenannte Turban, war bei den Griechen schon lange vor Ankunft der Türken in Gebrauch. Die heftige und plötzliche Einwirkung der Sonne jener Länder hat von jeher die Hauptbedeckung mit Zeugstoff auch bei den Männern nothwendig erscheinen lassen.

Brechen wir hier in der Vergleichung der Alt- und Neugriechen (s. „Die Völker Europas" von J. G. Kohl) vorläufig ab und schildern wir die griechische Volkstracht im Ganzen. Zum Anzuge eines Kriegers, Palikaren, gehört eine farbige, vorn nicht geschlossene, am Rande gestickte Weste, darüber eine kurze Jacke derselben Art, gewöhnlich reich gestickt, und um die Schultern hängt ein farbiger, gestickter Ueberwurf, dessen längs aufgeschlitzte Aermel frei flattern. Ueber den Hüften schnallen sie einen breiten, farbigen und verzierten

Gürtel um, in welchem die Pistolen und der Handschar stecken, und von diesem abwärts bis unter die Kniee hängt ein weißer, linnener Rock, in zahllose, schmale Falten zusammengelegt, oft 10 m. Leinwand enthaltend, die sogenannte Fustanella, deren vorderes und hinteres Ende beim Reiten zwischen den Knieen zusammengefaßt ist und deren unterer Rand in die hohen Reitstiefeln gesteckt wird. Die Fustanella der Inselbewohner ist gewöhnlich aus blauer Leinwand gefertigt. Von den Knieen abwärts decken die Wade ein weißer Strumpf oder knappe, farbige, mit Stickereien und Quasten gezierte Kamaschen, die Füße aber rothe, zierliche Schnabelschuhe. Ein grober, brauner, blau benähter und mit einer Kapuze versehener Mantel aus Wolle oder Ziegenfellen dient zur Umhüllung des ganzen Oberkörpers.

Bezüglich der Fustanella wollen wir noch bemerken, daß diese von den Albanesen entlehnt sein soll. Leake giebt an, daß die albanesische Männertracht in Morea erst im 19. Jahrhundert bei griechischen und selbst bei türkischen Junkern Mode geworden sei.

Die Tracht der Frauen ist je nach der Gegend verschieden, besteht im Allgemeinen aber aus einem vom Halse bis zu den Füßen herabfallenden Wollrock, der unterhalb der Hüften von einem breiten, shawlartigen Tuch als Gürtel zusammengehalten wird; ein kürzeres Oberkleid vervollständigt den Anzug und das Fes dient beiden Geschlechtern als Kopfbedeckung.

Nicht minder als in den Trachten, fahren wir mit Kohl fort, lassen sich auch in den Gebräuchen und Sitten der Neugriechen so bedeutende Ueberreste aus dem Alterthum nachweisen, daß man oft glauben möchte, es habe sich in vieler Beziehung seit 2000 Jahren fast gar nichts geändert. Sogar kirchliche und religiöse Handlungen, wie z. B. Hochzeits- und Begräbnißgebräuche, die doch mit dem Religionswechsel vorzugsweise verwischt und umgewandelt werden sollten, enthalten mehrere solche Ueberreste aus dem Heidenthum. Wie in alten Zeiten, so wird noch jetzt dem Brautpaare, als Symbol des Familienglücks, ein Granatapfel überreicht und wie ehemals beim Eintritte ins Haus mit Reis bestreut, zum Zeichen, daß eben so viel glückliche Jahre als Körner beschert sein möchten.

Den Todten giebt man, wie früher, eine Münze mit und stellt bei der jährlichen Erinnerungsfeier der Verstorbenen Gerste, getrocknete Weinbeeren, Backwerk und Wein als Todtenopfer auf die Gräber. An den Kopfenden werden kleine Kerzen befestigt, so daß der Gottesacker in der Nacht von vielen zum Himmel aufstrebenden Flämmchen beleuchtet wird. Der alte Charon ist noch jetzt wie sonst die Personifizirung des Todes. Auch sind noch die alten Ausdrücke „Hades" und „Tartarus" in gewöhnlichem Gebrauche und finden sich häufig in den Klageliedern der einfachen, poetischen und abergläubischen Hirten, welche im Sommer die Hochthäler der Gebirge durchziehen. Die Ansichten der Neugriechen über das Leben nach dem Tode — weit entfernt, der christlichen Lehre vom Paradiese und der Hölle gewichen zu sein — zeigt sich in der Poesie jener Naturkinder als vollkommen antik, und dies Alles läßt sich nur aus einem direkten, mit seinen Ueberlieferungen durch die Jahrhunderte herabreichenden Zusammenhang mit dem heidnischen Alterthum erklären.

Griechische Volkstrachten.

Die alten hellenischen Tänze werden noch jetzt fast alle geübt, sowol die kriegerischen Waffentänze als auch der Chorreigen der Hirten und der Tanz der Ariadne oder der sogenannte Geranos. Dieser letztere, jetzt die Romaika genannt, ist einer der merkwürdigsten Ueberreste althellenischer Schaustellung. Die Tanzfiguren, die von Gesang begleitet werden, erinnern an die Irrgänge des Labyrinthes, in welchem Theseus, am Faden der Ariadne geleitet, gegen das Ungeheuer loszog. Die Angst der Geliebten des Theseus giebt sich lebhaft kund in den sprechenden Pantominen der jungen Vortänzerin, welche ein weißes Tuch schwingend die lange Reihe ihrer Genossinnen anführt. Homer beschreibt diesen Tanz in herrlichen Versen, als einen der Gegenstände, welche auf dem Schilde des Achilles bildlich dargestellt waren. — Weniger anmuthig sind aber die Tänze der Männer. Nach dem musiklosen Kratzen auf einer schlechten Fidel bewegen sich die Burschen ohne jede Lebhaftigkeit, Arme und Beine erhebend, bald um —, bald gegen einander, und ein zuweilen ausgestoßener Schrei oder ein Schlag auf die Fußsohle bezeugt die Erregtheit.

Wie die Tänze der Jungfrauen, so sind auch noch die Spiele der Knaben dieselben, z. B. das sogenannte Astragalusspiel, bei dem es derbe Schläge setzte, und bei welchem einst Patroklus spielender Weise den Sohn des Amphidamas erschlug. — Zaubermittel bereiten die alten griechischen Weiber noch jetzt wie ehemals und wie sonst sind die Thessalierinnen als besonders geschickt in dieser Kunst berühmt oder berüchtigt. Der Knoblauch, den schon Hermes in der Odyssee als Gegenmittel gegen die Zaubereien der Kirke anwendet, wird auch griechischen Kindern unserer Tage in Form eines Amulets um den Hals gehängt, um das verhexende Auge gegen sie unschädlich zu machen. C. Bybilakis giebt in seinem Buche „Neugriechisches Leben verglichen mit dem Altgriechischen, zur Erläuterung beider" (Berlin 1840) über diesen abergläubischen Gebrauch nähere Auskunft, und viel des Interessanten bietet W. F. L. Schmeidler in seiner „Geschichte des Königreiches Griechenland" (Heidelberg, 1877).

Die Ackerbau-Werkzeuge und häuslichen Geräthschaften der Neugriechen haben so ganz die antiken Formen, daß die jetzigen griechischen Bauernhütten unsere Museen mit den echtesten Mustern derselben versehen könnten. Und selbst die Schäferhunde dieser neugriechischen Bauern gleichen den berühmten molossischen Herdenwächtern, die wir in den Galerien von Florenz und des Vatikan von alter Meisterhand nachgeahmt erblicken. Die Wassergefäße der jetzigen Thessalierinnen ähneln auffallend den antiken Vasen und tragen zum Theil auch noch dieselben Namen. — Wie diese Dinge, so ist u. A. der runde Handspiegel mit Griff, den wir in den Händen so mancher marmornen Venus erblicken, unverändert geblieben. Ebenso die Handmühlen, deren sich die Griechinnen auf den Inseln, indem sie ihre Arbeit mit Gesang begleiten, zum Mahlen des Getreides bedienen, und noch unzählige andere Dinge des Alltagslebens.

Was aber noch wichtiger als dies Alles ist: auch das Echo der alten Sprache tönt uns von den Lippen der Neugriechen hell und deutlich entgegen. Die Sprache der Neuhellenen steht der alten näher als irgend eine der romanischen Sprachen dem Lateinischen, als unser dermaliges Deutsch dem Gothischen, als das Russische dem alten Slavischen. Sie hat fremde Elemente (von Slaven, Franken des Mittelalters, von Türken, Arabern, Albanesen u. A.) immer wieder ausgeschieden und ist weniger Mischsprache als andere neuere Sprachen. Vom Slavischen hat das Neugriechische nach Franz Miklositsch nur 129 Wörter entlehnt, unter denen aber auch diejenigen stehen, die man nur für slavisch hält. — „Für das relative Alter der gegenwärtigen Gemeinsprache", schreibt Lorenz Diefenbach in seinem gehaltvollen Werkchen „Die Volksstämme der europäischen Türkei" (Frankfurt a. M., 1877), „spricht auch ihre Verbreitung in weiten Räumen auf dem griechischen Festlande, auf den Inseln und in den Kolonien; sie wird selbst neben den Volksmundarten überall verstanden. Ihr erwähnter Anschluß an die alte Gemeinsprache ist keineswegs ein unbedingter. Mehrere von dieser abweichende Flexionen und sehr viele Wörter gehen nicht blos auf die älteste byzantinische Zeit zurück, sondern auch auf alte mundartliche Eigenthümlichkeiten in Griechenland und in Egypten bis nach Aethiopien hinauf, ja auf vorgeschichtliches (vorliterarisches) Alter, soweit wir die Belege der Inschriften u. s. w. durch induktive Schlüsse ergänzen dürfen. Die lebenden Mundarten bieten reichliche Zeugnisse für die Erhaltung uralten Hellenenthums, wie z. B. Benennungen für Gegenstände des Ackerbaues, die auch sachlich aus ältester Zeit verblieben, ebenso Formeln und Rufe der Schiffer."

Die neugriechische Sprache wird noch mit denselben Buchstaben geschrieben wie die alte, ja die griechischen Dorfschreiber bringen sie noch in derselben Weise zu Papier — auf dem Knie — auf langen Streifen, die sie zusammenrollen wie die Alten.

Selbst die Sagen, Mythen und Märchen, welche sich das Volk in seiner Sprache erzählt, der ganze dichterische Stoff, den es mit ihr auskleidet, sind noch heutigen Tages vielfach die alten. Im Peloponnes z. B. tragen sich die Bauern noch jetzt mit den Geschichten von den Thaten des Herkules herum, die sie an die Höhlen und Sümpfe ihre Nachbarschaft knüpfen, und die aus ihrem Munde noch jetzt ein griechischer Dichter als Thema für eine „Herakleide" eben so gut sammeln könnte, wie die alten Mythendichter sie aus dem Munde ihrer Vorfahren gesammelt haben. Den Namen des Hercules vertauschen sie dabei freilich mit dem eines christlichen Helden, nämlich mit dem des heiligen Johannes.

Sonderbar, aber natürlich genug spricht sich die klassische Erbschaft der Neugriechen am wenigsten in deren Volksliedern aus. Die unheilvollen Erlebnisse des Griechenvolkes seit den Einbrüchen der Slaven und Türken waren nicht dazu angethan, das poetische Empfinden im althellenischen Geiste wach zu halten, und namentlich war es die kulturverachtende Türkenherrschaft, welche, wie jedes Geistesleben, auch den dichterischen Schöpfungstrieb unterdrückte. Möglich, daß sich der Zorn und der Jammer des Volkes aussang und in unaufgeschriebenen Liedern verklang, denn erst mit dem Wiedererstehen eines griechischen Staatswesens begann man die Volkslieder zu sammeln und diese, meist Klephtengesänge, athmeten Kampf und Haß gegen die türkischen Unterdrücker.

Sehr verbreitet ist die Meinung, daß der Charakter der verschmitzten, im Handel und Wandel übel berufenen Neugriechen kaum auf eine Abstammung derselben von den durch Hoheit der Gesinnung und edle Begeisterung sich auszeichnenden Althellenen hinweisen möchte. Allein auch hierin — sagt Kohl — giebt es weit mehr Aehnlichkeit mit dem Antiken, als die allgemeine Stimme es zugeben will. Verschlagenheit, List, Gewandtheit und Verstellungskunst, die den Neugriechen jeder beilegt und die man gewöhnlich dem Türkendrucke und Slavenjoche zuschreibt, waren nach Homers Zeugniß auch schon den alten Hellenen in hohem Grade eigen, und der erfindungsreiche Odysseus war mit allen jenen Anlagen, und dazu noch mit betrügerischem Diebssinn, Raublust, hinterlistiger Ueberredungskunst, und je nach Umständen auch mit schmeichlerischer Höflichkeit, reichlich begabt. Also auch diese Untugenden der Neugriechen sind schon althergebrachte. Auf der anderen Seite sind die Neugriechen noch jetzt durch Lebhaftigkeit des Gefühls und der Phantasie, Schärfe des Geistes und Frohsinn wie die Alten ausgezeichnet.

Liebe zu ihrer Berg- und Inselheimat und dabei doch ein großer Wandertrieb bewegt sie, gleich ihren Altvorderen, und an glorreichen Beispielen patriotischer Hingebung und heldenmüthiger Vertheidigung des Vaterlandes hat es weder in alter noch in neuerer Zeit gefehlt, eben so wenig wie an Antrieben zur größten Eifersucht, Parteiwuth und zur leidenschaftlichsten Racheübung. „Neben den größten Intriganten findet man zuweilen noch im jetzigen Griechenland die biedersten und geradesten Männer, neben der ärgsten Charakter- und Tugendlosigkeit den reinsten, festen Willen, ja sogar den großherzigsten Heldenmuth." Andreas Miaulis, dessen Gebeine neben denen des Themistokles ruhen, Lazarus Konduriotti und Johann Kolettis sind Namen, welche neben den edelsten des alten Griechenland genannt werden dürfen.

Für Gelehrsamkeit und Wissenschaft war bei den Griechen der Sinn zu keiner Zeit völlig erstorben, und es hat, selbst in den schlimmsten Zeiten des Türkendruckes, in Konstantinopel immer ein Häuslein Griechenabkömmlinge gegeben, unter denen Bildung und Kenntnisse gepflegt wurden und aus deren Mitte dann und wann große Gelehrte hervorgegangen sind, die selbst im Abendlande die Aufmerksamkeit auf sich zogen. In neuester Zeit hat sich das ganze Volk, soweit es frei wurde, wieder dem Studium, der Lern- und Lehrbegierde hingegeben und Hoch- und Volksschulen, wie ehemals, in seinem Schoße errichtet; nach dem Befreiungskriege sah man Greise, welche sich zu den Kindern auf die Schulbank setzten.

Auch in Bezug auf die Künste ist in den Volksanlagen die Bildsamkeit nie ganz abhanden gekommen, und die Bewohner von Neugriechenland haben auf diesem Gebiete alsbald nach ihrer Freiwerdung sich einigen neuen Ruhm erworben. — Als die geschicktesten Stickerinnen der Türkei waren die Griechinnen stets anerkannt und als Kunstgärtner weit berühmt ihre Männer, die aus ihren Obstpflanzungen wahre Gärten der Armide zu gestalten wußten. Die Bildhauerkunst, die einst der Ruhm und das Entzücken der alten Griechen war, ist den Nachkommen nie völlig fremd geworden. Ein Zweig derselben wenigstens, die Kunst in Holz zu schneiden, ist in Griechenland immer in

Ehren geblieben. Die griechische Malerei hat zwar im Schatten der Kirche nur ein kümmerliches Dasein gefristet, doch war sie im Mittelalter immerhin bedeutender als ihre abendländischen Schwestern, und die glänzenden italienischen Schulen des 14. und 15. Jahrhunderts verehren jene griechisch-byzantinische Muse als ihre Mutter. Und jetzt wieder in der Neuzeit, seit dem Freiheitskampfe, werden mehrere griechische Jünger dieser Muse selbst im Auslande mit Ehren genannt.

Wenn wir in dieser Vergleichung der Geistes- und Charakteranlagen der Alt- und Neugriechen die guten Seiten der letzteren besonders hervortreten ließen, so geschah dies keineswegs in der Absicht, die heutigen Griechen zu verherrlichen. Dieses Volk hat noch zu schwer an den Folgen seiner langen Leidensgeschichte zu tragen, es hat noch zu wenig seine guten Anlagen entwickelt, um mit Genugthuung betrachtet zu werden. Wenn Fallmerayer sagt: „Ein häßlicheres Amphibium als der europäisirte Handelsgrieche auf seinem byzantinischen Boden besteht in der Natur der Dinge nicht", so hat er jedenfalls alle Ursache zu diesem harten Ausspruche gehabt und wir fühlen uns nicht in der Lage, diesen Satz zu bestreiten; die Gerechtigkeit erfordert aber, auch die lobenswerthen Eigenschaften der Neugriechen gebührend anzuerkennen, und es ist dies um so erfreulicher, als dieses Volk jetzt noch, wie früher, als Träger der Kultur im Orient genannt werden muß.

In der Europäischen Türkei nimmt der griechische Volksstamm gegenwärtig das ganze Gestade des Archipels, des Marmora- und theilweise des Schwarzen Meeres ein, vom Golfe von Lamia bis zur Mündung des Kamtschik. Selbstverständlich wird dieses ausgedehnte Küstengebiet nicht ausschließlich von Griechen bewohnt, sondern an einigen Stellen, wie bei Saloniki und Burgas, erreichen die Bulgaren das Meer, während an anderen türkische Niederlassungen zu finden sind. Auch die asiatische Küste der Türkei ist vorwiegend von Griechen bevölkert und auf den Inseln bilden sie mit Ausnahme weniger befestigter Städte, wo türkische Garnisonen, die einzige Bewohnerschaft; die sogenannten „Türken" auf Kreta sind größtentheils mohammedanische Griechen.

Am geschlossensten tritt das griechische Element auf der Chalkidischen Halbinsel auf, denn dort leben, von der halbtürkischen Stadt Nisvoro und dem auch von Slaven bewohnten Berge Athos abgesehen, ausschließlich Griechen. In einer weniger zusammenhängenden Masse findet man sie in Thessalien, wo die Türken das fruchtbare Tiefland und die Albanesen und Walachen (Zinzaren) das Pindosgebirge im Besitz haben. In Makedonien sind die Griechen auf die südlichen Grenzgebiete gegen Thessalien, mit den koniaritischen Türken vermischt, und auf einen schmalen Küstenstreifen zwischen Platamona und Kolakia beschränkt, während die Bulgaren die übrigen Theile einnehmen. Vom Strymon (Struma) bis zur Maritza bildet die griechische Zone nur einen schmalen, von Seeleuten und Fischern bewohnten Küstensaum mit bulgarischem Hinterland. Als Gewerbtreibende zeigen sich die Griechen erst jenseit Makri wieder, längs der Maritza bis Adrianopel und im ganzen östlichen Thrakien bis an den Bosporus, und sie erreichen in diesem Theile der Türkei ihre größte Ausbreitung.

Die Gesammtzahl der Griechen in der Europäischen Türkei und auf den Inseln wird zu 1,120,000 oder 13 Prozent der Gesammtbevölkerung angegeben; 38,000 gehören von diesen dem mohammedanischen Glauben an. Ueber die Vertheilung der Griechen auf die einzelnen Provinzen läßt sich nichts Genaues anführen, da die amtlichen sogenannten Zählungen die Bevölkerung nicht nach der Abstammung, sondern nur nach dem Glauben unterscheidet. Im Allgemeinen aber darf man sagen, daß in Epirus und Thessalien einerseits und in den Sandschaken Gallipoli und Rodosto des Vilajets Adrianopel, andererseits die Griechen in der Mehrzahl sind.

Bekanntlich nennen sich die Griechen der heutigen Türkei seit den byzantinischen Zeiten Römer oder Romäi (Ῥωμαῖοι), während der Name Hellene (Ἕλληνες, jetzt Ellines gesprochen) nur von den Bewohnern des Königreichs Griechenland gebraucht wird; bei den Türken heißen sie Rumler (Einzahl „Rum") und bei den Slaven Reki.

Wir haben in diesem Buche schon mehrfach, zuletzt als einen Theil der Bevölkerung Thessaliens, der Zinzaren erwähnt und es dürfte deshalb hier der Ort sein, dieses merkwürdige Völkchen näher zu betrachten. Die Zinzaren, Rumuni, Romanen, Makedo-, Mauro-, Kutzo- oder Pindos-Walachen bilden, wie wir aus dem Kapitel „Rumänien" wissen, einen Zweig des walachischen Volksstammes, mit welchem sie die Dunkelheit der Herkunft vollkommen theilen. Ihre weite, gruppenweise Verbreitung in den Ländern rechts von der unteren Donau, in Bulgarien, Makedonien, Thrakien, Thessalien, Griechenland, Albanien, Serbien, Bosnien und Istrien, bezeichneten wir als eine Hauptstütze der Roesler'schen Ansicht, nach welcher die Rumänen sowol als die Zinzaren von jenen aus dem trajanischen Dakien nach dem rechten Donauufer übergesiedelten römischen Kolonisten abstammen. Eignen wir uns diese Meinung an, so müssen wir die Zinzaren als die Abkommen der nach der Rückwanderung nach Dakien übriggebliebenen und vielfach versprengten Reste jener römischen Kolonialbevölkerung auffassen. Die Zinzaren selbst nennen sich, nach F. Kanitz, am liebsten Rumuni und halten sich für Abkömmlinge der Römer und zwar in Makedonien angesiedelter römischer Kolonisten, von welchen allerdings die Geschichte nichts weiß. Ihre Benennung „Zinzaren" erhielten die thrakischen Walachen von den Slaven wegen ihrer Aussprache der Zahl 5 mit zinz, statt dem tschintsch der dakischen Rumänen. Die Griechen nennen sie Kutzo- (hinkende) Walachen, ein Spottname, dessen Begründung nicht genügend nachgewiesen ist, und in den byzantinischen Zeiten hießen sie Mauro- oder schwarze Walachen.

Ihre Sprache ist wesentlich die rumänische, nur stärker mit den Sprachen ihrer Nachbarn, besonders der Griechen, weniger der Slaven, gemischt und in mehreren Unterarten gesprochen, vom Volke selbst aber nicht geschrieben. Neben ihrer eigenen sprechen sie stets noch die Sprache des sie umgebenden Volkes und beinahe allgemein auch das Neugriechische als Handelssprache. Die Zinzaren neigen überhaupt mehr zum Griechen- als zum Romanenthum hin und in ersterem werden sie mit der Zeit ganz und gar aufgehen.

Mit ihren „dakischen" Brüdern jenseit der Donau theilen die Zinzaren den Hang zum Nomadenleben, keineswegs aber die klassische Faulheit. Wo sie nicht Viehzucht betreiben, wie in Süd- und Mittelalbanien, finden wir sie als ungemein thätige und betriebsame Handwerker und Kaufleute. Mit welchem Erfolg sie namentlich in letzterer Eigenschaft zu wirken wissen, bezeugen uns die weltbekannten Wiener Firmen Sina, Dumba, Tirka und andere, fälschlich für „Griechen" gehaltenen zinzarischen Handelsgrößen. Als Handwerker befaßt sich der Zinzare gern mit der Waffen- und Goldschmiedekunst, mit der Schneider-, Bäcker-, Schlächter- und Talgsiederei, vor Allem aber mit dem Bauhandwerk.

Zinzaren.

Größtentheils ist er in letzterem Falle Architekt, Maurer, Schlosser, Tischler und Zimmermann in einer Person und leistet in dieser Vielseitigkeit, bei nur praktischer Ausbildung und mit sehr einfachen Werkzeugen, sehr anerkennungswerthe Arbeiten.

Als fleißig, verständig, nüchtern bekannt, ist der Zinzare überall gesucht und bei seiner ungemein sparsamen Lebensweise erwirbt er gewöhnlich weit mehr, als die Bedürfnisse seiner daheimgebliebenen Angehörigen erheischen. Auch in der Fremde behält er seine eigenthümliche, der albanesischen ähnliche Tracht bei. Er trägt ein faltiges, bis auf die Kniee reichendes Hemd, einen gelben Tuchrock mit engen Aermeln und aufgenähten schwarzen Schnüren;

über demselben oft eine schwarze Jacke mit Halbärmeln und langem, nach rückwärts fallendem Kragen, einen rothen Gürtel, einen Fes von gleicher Farbe und als Fußbekleidung Opanken. Der zinzarische Kaufmann kleidet sich gewöhnlich halb türkisch, halb europäisch.

Der Typus der Zinzaren ist, ungeachtet der öfteren Vermengung mit den sie einschließenden fremden Völkern, ein höchst charakteristischer. Im Allgemeinen ist (nach F. Kanitz) die Stammverwandtschaft mit den dakischen Romanen nicht zu verkennen. Die Farbe des Haares ist gewöhnlich dunkel. Der wohlgeformte Kopf, die scharfgeschnittenen Gesichtszüge, die dunklen stechenden Augen verrathen Klugheit, Betriebsamkeit und Energie.

Die Zinzaren gehören sämmtlich der orthodox-griechischen Kirche an und hängen wie die Griechen der Europäischen Türkei vom Patriarchen von Konstantinopel ab; die Liturgie aber wird bei ihnen in rumänischer Sprache gelesen.

Ueber die Kopfstärke des makedo-walachischen Stammes läßt sich bei der Mangelhaftigkeit der türkischen Statistik nichts Genaues berichten. Annähernd richtige Anhaltepunkte verdanken wir von neueren Reisenden nur Pouqueville, der für das Königreich Griechenland 11,000 und für das Pindosgebiet 70,000 Zinzaren annimmt; dann dem Engländer Leake, der die in Epirus, Thessalien und Makedonien zerstreuten Walachendörfer auf 500 veranschlagt, wobei jedoch die zahlreichen Zinzarenorte in Mittelalbanien, der Musakja und Griechenland kaum gerechnet sein dürften. Die Gesammtzahl der Zinzaren, als 15. Theil des ganzen walachischen Stammes, etwa 1/2 Million Seelen, würde nach F. Kanitz der Wahrheit sehr nahe kommen, wenn man in dieselbe die zahlreichen, durch die ganze Türkei und Oesterreich zerstreuten Angehörigen und Abkömmlinge dieses Volkes mit einschließt. In dieser Zahl sind jedoch jene walachischen Kolonisten nicht mit veranschlagt, die sich in diesem Jahrhundert in Serbien, Bulgarien und in der Dobrudscha am rechten Donauufer angesiedelt haben. Ihre Zahl allein beträgt an 180,000 Seelen und merkwürdig genug ist es, daß diese dakischen Romanen — im Gegensatz zu ihren makedonischen Brüdern, den Zinzaren — täglich mehr unter der slavischen Bevölkerung Ausbreitung gewinnen.

Bevor wir Thessalien verlassen, wollen wir noch einen Blick werfen auf eine der merkwürdigsten Schöpfungen des griechischen Kirchenlebens, auf die Meteoren von Stagus.

In der Nähe der auf dem linken Ufer der Salamvria gelegenen Stadt Stagus endigt ein Bergzug von geringer Höhe, vom makedonisch-thessalischen Scheidegebirge ausgehend, in einer beträchtlichen Zahl von hohen, säulenartigen oder kegelförmigen Felsen. Diese stehen isolirt neben einander, haben hinsichtlich der Gruppirung, Höhe und Gesammtausdehnung wol nicht ihres Gleichen in unserem Erdtheile und müssen in der historischen Zeit nicht nur sehr bedeutende Veränderungen ihrer Formen erlitten haben, sondern erleiden dieselben sogar noch fortwährend.

Außerdem sind sie auch dadurch merkwürdig, daß ihre zum Theil horizontal abgestumpften Gipfel seit mehreren Jahrhunderten Klöster tragen, zu welchen man nur vermittels herabhängender Seile oder angelegter Leitern gelangen kann, und von denen es fast unbegreiflich ist, wie dieselben haben erbaut werden können. Diese Klöster werden von den Griechen Pindosklöster, oder noch häufiger nach dem bedeutendsten derselben Meteoren genannt. Sie sind endlich noch in anderer Hinsicht interessant. Es finden sich nämlich in ihnen griechische Manuskripte, welche noch nicht näher untersucht worden sind, und vielleicht einige bisher unbekannt gebliebene Schriften des Alterthums enthalten. Mehrere Reisende, wie Holland, Leake, Pouqueville u. A., haben uns über diese merkwürdigen Naturgebilde sowie über die ihnen von Menschenhand aufgesetzten Bauten Berichte erstattet, aus denen das Interessanteste aus Neumann's „Zeitschrift für allgemeine Erdkunde" zusammengestellt ist und hier im Auszug mitgetheilt wird. Die Höhe der einzelnen Felsen ist sehr verschieden. Sie wechselt zwischen 26 und 100 m.; der höchste Felsen erreicht sogar eine Höhe von 160 m. Ihrer Form nach sind die Meteoren meist abschüssige Felsen; sie steigen so senkrecht aus dem Boden hervor, daß sie durch die symmetrische Beschaffenheit ihres Schnittes überraschen, oder daß jede ihrer Seiten nicht durch die Natur, sondern durch Menschenhand gebildet zu sein scheint. Diese isolirten Steinmassen haben die Form von Pfeilern, Obelisken oder abgestumpften Kegeln. Diejenigen zwei Felsen, deren Gipfel die beiden größten Klöster tragen, stehen einander so nahe, daß man von diesen Klöstern aus über den tiefen, sie trennenden Abgrund hin mit einander sprechen kann. Der eine dieser Felsen, der des Klosters Barlaam, erhebt sich als ein einziger kolossaler Felsblock aus dem Boden empor; der andere, auf dem das Kloster Meteoron steht, ist aus zwei Felsmassen zusammengesetzt, von denen die obere wie ein senkrecht stehender Thurm auf der unteren aufsitzt. Der Gipfel ist bei manchen Felsen zugespitzt; bei anderen dagegen bildet er eine kleine Ebene. Diese hat auf dem Barlaamfelsen einen Umkreis von 130 m.; beim Meteoron ist sie sogar noch größer. Die Felsen bestehen aus einem Aggregat von Kieseln und Steintrümmern aller Formen und Größen, welche durch einen erdigen oder kiesigen Cement mit einander verbunden sind. Dieses Agglomerat (Nagelfluhe) hat aber keine große Festigkeit, und der Zahn der Zeit nagt daher stets zerstörend an den Felsen. Von den darauf erbauten Klöstern sind infolge davon manche, ja vielleicht sogar die meisten verschwunden, andere sinken sichtlich ihrem Einsturze entgegen. Die ganze Felsenmasse muß daher im griechischen Alterthum ein ganz anderes Aussehen gehabt haben. Daraus allein erklärt sich die sehr überraschende Erscheinung, daß in den Schriften der Griechen und Römer diese eigenthümlich gestalteten und noch dazu durch den Kontrast ihrer Umgebungen höchst auffallenden Felsengebilde nirgends erwähnt werden. Ja, dieses Schweigen der Alten ist sogar ein sicherer Beweis dafür, daß die Meteoren erst nach der Zeit derselben ihre so sehr auffallende jetzige Gestalt erhalten haben. Diese Felsen dienen wegen ihrer Steilheit, Unzugänglichkeit und Einsamkeit den Griechen seit mehreren Jahrhunderten als religiöse Zufluchtsstätten und als Wohnsitz von Mönchen. Außer den Klöstern, die auf einem Theile der Gipfel erbaut sind, sind auch in den Höhlungen der Seiten Einsiedeleien und Kapellen angebracht. Die Zahl dieser Felsenklöster betrug nach Versicherung der Griechen einst 24 oder gar 50; sie ist aber durch den Einsturz mancher Felsen nach und nach immer mehr reduzirt worden und es giebt jetzt nur 7 bis 10 Klöster, welche bewohnt sind. Die Zahl der Bewohner dieser Klöster ist gering. In Meteoron, dem größten, fand der schwedische Reisende Bjornstahl 15 Mönche und ebenso viele Laienbrüder, der Engländer Leake 20 Mönche und die gleiche Zahl von Laienbrüdern. Barlaam, nach diesem das bedeutendste, enthielt zur Zeit des ersteren Reisenden 9 bis 10, zur Zeit des letzteren 5 bis 6 Mönche. Die Gesammtzahl der Mönche aller Klöster giebt Pouqueville zu 40 an. Ueber die Zeit der Entstehung dieser Klöster ist man nicht im Klaren. Das älteste derselben, das von Ajo Stephano, mag im Jahre 493 n. Chr. erbaut worden sein, laut einer Inschrift, deren Buchstaben jedoch bei weitem nicht so alt aussehen. Meteoron wurde im 14., Barlaam im 16. Jahrh. gegründet.

Mit **Makedonien** bezeichnen wir jenes ausgedehnte Bergland, welches im Norden vom Schar- und Kara-Dagh, der Dowanitza-Planina und Rilo-Dagh, im Osten vom Karasu- oder Mestafluß, im Süden vom Aegäischen Meere, Olympos, Schabka- und Amarbesgebirge und im Westen vom Grammos- und Schargebirge begrenzt wird. Die Flußthäler des Struma und Wardar, ersteres in nordöstlicher, letzteres in nordwestsüdöstlicher Richtung streichend, theilen die Bergmassen, welche das Land erfüllen, in drei große Gruppen. Die östliche derselben, mit dem Rilo-, Perim-, Bos- und Pinari-Dagh gehört zum Rhodopegebirge, welches durch Gneiß und Glimmerschiefer, mit einzelnen Granit- und ausgedehnten Trachytstöcken, charakterisirt wird. Der geologisch gebildete Leser wird nach Nennung dieser vorherrschenden Gesteinsarten sich sofort eine Vorstellung vom landschaftlichen Charakter dieses Gebirges machen können. Er wird sich denken, daß hier die Bergformen im Allgemeinen gleichmäßig verlaufend sein werden, wo nicht der Glimmerschiefer in zackigen oder scharfen Linien zu Tage tritt oder Eruptivgesteine, wie der Trachyt, die Gebirgsmassen steil aufrichtet. Er weiß, daß Gneiß und Granit breit angelegte, sanft ansteigende Berge mit rundlichen Kuppen bilden, und daß der Trachyt das Hochland mit kegelförmigen Gipfeln ziert. Fügen wir noch hinzu, daß im Rhodope die obere Baumgrenze in 2030 m. Höhe liegt und daß diese nur vom Rilo (2750 m.), vom Jel-Tepe (2700 m.) und Perim (2380 m.) überschritten wird, und daß in diesen Gegenden das holzhungernde Elend noch unbekannt ist, so begehen wir keinen Irrthum, wenn wir uns die Berge mit prächtigen Nadelwäldern bedeckt vorstellen. In welchem Zusammenhange Wald- und Quellenreichthum zum Klima und bei südlicher Lage und geeignetem Alluvium zur Fruchtbarkeit des Landes stehen, ist unseren Lesern wohlbekannt.

Das mittlere und westliche Makedonien ist nur in einzelnen Theilen erst näher durchforscht worden und wir beschränken uns darauf, diese Gebiete im Allgemeinen dahin zu kennzeichnen, daß sie, von einem Triaseinschluß abgesehen, wie das Rhodopeland, der Urgneiß- und Urschieferformation angehören

Der Berg Athos.

und, von nordwest-südöstlich und nordsüdlich streichenden Höhenketten mit Querriegeln durchzogen, in größere und kleinere Becken und Hochflächen zerlegt werden. So begrenzt in Mittelmakedonien der 1300 m. hohe Tschengel-Dagh, mit seinen Abzweigungen an die südlichen Theile des Rhodopegebirges anschließend, die herrliche Ebene von Seres, in welcher der vom Struma gebildete Tachynosee sich ausbreitet. Baumwolle, Sumach, Mais, Wein und Maulbeerbäume wachsen hier in Ueberfluß. — In Westmakedonien tritt uns als das ausgedehnteste Tiefland das fruchtbare Tschermathal entgegen. Dasselbe ist in seinem oberen Theile etwa 150 km. lang und bis zu 18 km. breit und wird im Osten von der Babuna-Planina und im Westen von der Sukha-Gora gebildet. Eine zahlreiche, sehr gemischte Bewohnerschaft hat sich hier in 170 Ortschaften angesiedelt, unter welchen die wichtigste die Sandschak-Hauptstadt Bitolia (45,000 Einw.) ist. Schon im Alterthum war dieses Becken unter dem Namen Pelagonia ein Hauptsitz der makedonischen Bevölkerung; hier lag an der Via Egnatia, der römischen Heerstraße von Tyrhachium (Durazzo) nach Thessalonike (Saloniki), die Stadt Heraklea. — Jenseit der Sukha-Gora, welche schon dem periapenninischen Kreidegebiet angehört, breitet sich in 845 m. Höhe der Presbasee aus, welcher im Dewol, dem Nebenfluß des Ergent (in Albanien), seinen Abfluß findet. Ein anderer See ist der von Kastoria in der Ebene der oberen Wistritza, längs dem Ostabhange des Grammosgebirges und ferner weiter östlich, in einem lang gestreckten Thalkessel, der Ostrowo Göl (See).

Der merkwürdigste Theil Makedoniens ist aber die Chalkidische Halbinsel. Dieselbe springt mit den drei fingerförmigen, schmalen Halbinseln Kassandra, Longos und Hagion Oros in das Aegäische Meer vor, ist mit Ausnahme weniger Stellen durchaus gebirgig und gehört wie das benachbarte Festland zur Urschieferformation. Alle den geologischen Urzeiten entstammende Landgebiete zeigen eine stark entwickelte Halbinselgliederung oder vorherrschende Längenrichtung. — Wie Hagion Oros nur durch eine flache Landenge mit der Chalkidischen Halbinsel verbunden ist, so hängt auch letztere mit dem Festlande nur mittels einer Niederung, die theilweise der Betschiksee einnimmt, zusammen; nichtsdestoweniger zeigt aber das Gebirgsgerippe der Halbinsel dieselben Erhebungsrichtungen, Nordwest-Südost bis Ost, wie die Höhenzüge Mittelmakedoniens. Von den chalkidischen Gebirgsketten nennen wir den 1185 m. hohen Kortatsch, den Cholomonda und den Hagion Oros mit dem heiligen Athosberge (1935 m.) an der Südspitze der nach ihm benannten Halbinsel.

Athos — sagt Fallmerayer — ist Hochwarte des Aegäischen Meeres und Leuchtthurm aller Orthodoxen in Byzanz. Vom Festlande in das Meer hinausspringende Chersonese sind vorzugsweise eine Eigenthümlichkeit der griechischen Welt. Zu Kerasunt in Kolchis, bei Sinope in Paphlagonien und in der Umgebung des Athos selbst, hat die Natur ähnliche Gebilde bald nur begonnen, bald ausgeführt, nirgend aber ein so schlankes Maß angelegt, die Wände so romantisch gebildet und den Wuchs in so liebliche Formen gegossen wie hier. Ein felsiges, schroff und mühevoll zu erklimmendes Nadelholzgebirge, quer über den Isthmus streichend, hütet wie ein Säulengang das Thor zur immergrünen Baumregion des Athos, und wenn der Fremdling nach Ueberschreitung dieser Querwand über tiefe Schluchten und Hügel aus wildem Rosmarin den Hochpfad erklommen hat, thut sich eine Scene auf, deren Schönheit man wol empfinden, aber nicht beschreiben kann.

Wie ein langer Silberfaden läuft über Sattel, Kamm und Bergscheide durch hellgrünes Gebüsch und dicht verwachsenes, epheuumranktes Baumgewühl der Hochpfad mitten durch die Halbinsel bis zum Athoskegel. Bald schroff und ohne vermittelnden Uebergang, bald sanft und in verlorenen Halden senkt es sich zu beiden Seiten des Weges in romantischen Vorsprüngen und verschlungenen Thalwindungen, oder in weiten, amphitheatralisch ausgebrochenen Prachtfächern über Waldöde, über lieblich bebautes Einsiedlergehöfte, in dunklen Waldschatten, hier zum singitischen, dort zum strymonischen Golf hinab.

Kloster Esphigemus am Berge Athos.

Die Sonne blitzt auf den Wasserspiegel und lockt, durch die laubigen Bäume fallend, eine Thräne wehmuthvoller Erinnerung aus dem Auge des fremden Wanderers. Tief unten am Strande, in weiter Entfernung von einander abgesondert, durch Wald und Vorgebirge getrennt, auf grüner Matte ausgebreitet oder auf meerumbrandetes Gestein mittelalterlich hingezaubert, oder in waldüberhangenen Schluchten, an rauschenden Silberbächen, zwischen Limoniengärten und langwipfligen Cypressen heimatlich verborgen, erscheinen die Mönchskastelle mit hohen Mauern, mit gewölbten Thorgängen, mit Glockenhaus, mit Wart- und zinnenbekränzten Festungsthürmen und eisenbeschlagenen Doppelflügeln zur Hut der byzantinischen Heiligthümer wider feindliche Gewalt. Das von der Natur zu beiden Seiten des Pfades in der Senkung der Bergflügel eingehaltene Ebenmaß, der bei aller Mannichfaltigkeit der

Schwellung, bei allem Wechsel der Schatten, des Lichts, der üppigen Scenerie doch überall gleiche Abstand vom Bergkamm giebt dem Auge die volle Herrschaft über die wunderbare Doppelpracht.

Brechen wir hier in Fallmerayer's blühender Schilderung ab, um uns von Griesebach („Reise durch Rumelien und nach Brussa im Jahre 1839". Göttingen 1841) über den Athos weiter berichten zu lassen.

Giebt es im Orient kaum ein von der Natur schöner und prächtiger entfaltetes Landschaftsbild, so hat der Hagion Oros zugleich für die Christenheit griechischen Glaubens die Bedeutung der heiligsten und verehrtesten Stätte. Schon Konstantin der Große hatte hier das Kloster Vatopedion gegründet und während der byzantinischen Herrschaft entstanden allmählich auch die übrigen Klöster, deren jetzt außer den Klausen und Kapellen noch 21 bestehen. (Der englische Reisende Tozer giebt die Gesammtzahl der Klöster, Kirchen, Kapellen, Oratorien und Klausen auf 935 an.) Indem ihnen sämmtlicher Grund und Boden der Halbinsel gehört, bilden sie noch heute den kleinen, jedoch durch sich selbst regierten Staat Hagion Oros, der zu der Pforte in keinem anderen Verhältniß steht, als daß er Tribut (circa 70,000 Mark) zahlt. Die Privilegien dieser Mönche gehen so weit, daß kein Muselmann ohne ihre Erlaubniß die Halbinsel betreten darf. Auch gestatten sie keinem Türken, den Aufenthalt auf der Halbinsel, mit alleiniger Ausnahme des Aga, der den Tribut in Empfang nimmt, die Sicherheitspolizei mit Hülfe einiger im Dienste der Klöster stehenden Soldaten ausübt und in Karyäs, dem Hauptorte des Hagion Oros residirt, indessen keinen Harem halten darf.

Die Hagioritenklöster gelten infolge ihrer Satzungen den Griechischgläubigen als eine Stätte höherer Frömmigkeit und bilden gleichsam einen heiligeren Mittelpunkt für die übrigen in Arabien, Syrien, Anatolien und Rumelien zerstreuten griechischen Klöster, über welche sie jedoch keineswegs eine kirchliche Gewalt ausüben; sie sind in geistlichen Angelegenheiten dem Patriarchen von Konstantinopel unterthan.

Aus dem religiösen Ansehen, dessen die Kalögeri, die Mönche des Athos, sich erfreuten, erklärt es sich leicht, wie sie allmählich einen bedeutenden Grundbesitz in den meisten Ländern, wo griechischer Glaube herrscht, erwarben. Am beträchtlichsten sind die Einnahmen, welche sie aus Makedonien und den Fürstenthümern an der Donau beziehen. Da jedoch diese bedeutenden Einkünfte nicht genügen und da bei getrenntem Haushalt einige Klöster reich, andere hingegen arm sind, so wird das Fehlende durch Almosen gedeckt, die herumziehende Mönche einsammeln. — Hierbei ist zu bemerken, daß die Einzelnen in gewissen Klöstern eigenes Vermögen besitzen dürfen, ohne, wie sonst üblich, ihr Gut dem Kloster zu überantworten. Dies hat zur Folge, daß sie, bei aller Entfremdung vom Weltlichen, doch gern auf abgesonderten Erwerb Bedacht nehmen.

Die Klosterregel wird dem Buchstaben nach ohne Nachsicht festgehalten. Nur Männern ist der Zutritt zu den in Karyäs abgehaltenen Märkten gestattet, da alle Frauen von der Halbinsel verbannt sind, ja selbst weibliche Thiere nicht einmal geduldet werden! Fleisch in den Fasten, überhaupt etwas Thierisches, zu genießen erlaubt sich kein Kalógeros. Er lebt von Oliven, gedörrtem Brot, mit Wasser und Salz bereitetem, oft rohem Gemüse, gesalzenen Fischen, Honig und Käse. Er trägt ein wollenes Hemd und ein dunkelfarbiges Priestergewand. Seine Thätigkeit ist dem Kloster gewidmet: die Gärten zu bebauen, etwa ein Handwerk zu betreiben, während die übrige Zeit — mindestens 8 Stunden täglich — zu religiösen Uebungen bestimmt bleibt.

Archimandrit.

Zu einem solchen Leben hat die ganze Bevölkerung des Hagion Oros, die man gewöhnlich auf 5000 Mönche schätzt, sich frei entschlossen, indem Niemand auf der Halbinsel geduldet wird, der sich den gegebenen Vorschriften entgegenstellen wollte.

Einstimmig bemerken die Besucher von Hagion Oros, daß hier Bildung und Wissenschaft nicht gefunden werden. Auf byzantinische Klöster überhaupt — sagt Fallmerayer — und auf den Berg Athos insbesondere die

25*

abendländischen Begriffe von Literatur und geistigem Leben anzuwenden wäre großer Irrthum. Liturgischen Bedarf ausgenommen, hat man auf dem Hagion Oros, so lange die Klöster bestehen, noch niemals ein Buch gekauft, und vom Klostervermögen nur einen Pfennig für solche Zwecke hinzugeben würde in allen zwanzig Abteien Niemandem in den Sinn kommen. „Für was seien Bücher gut?" fragen die Mönche. „Was der Mensch zur Seligkeit nöthig habe, sei schon lange festgesetzt; weltliches Wissen und Grübeln führe vom Wege des Heils ab und das Verderben sei durch die Gelehrten in die Welt gekommen; studirte Leute brächten Alles in Unordnung, Glaube und christliche Demuth könnten mit Philosophie und gelehrtem Dünkel in einer und derselben Seele nicht beisammen wohnen, das eine oder das andere müsse nothwendig weichen; und eben hierin bestehe der Vorzug des Athos-Instituts, daß sie den Wissensteufel aus dem Herzen geworfen und sich ganz mit Leib und Seele dem Dienste des Herrn ergeben hätten. Die Büchersammlungen der Athosklöster haben sich ohne Zuthun der Gemeinde aus der Verlassenschaft verstorbener Bischöfe oder büßender Laien zufällig und ohne Plan gebildet. Weltmüde Intriganten, Feldherren, bankerotte Hofleute und ausgetriebene Fürsten aus Byzanz brachten mit ihrer Langweile und ihrem Lebensüberdruß zugleich ihre Politur und ihre Bücher mit, die nach ihrem Tode dem Kloster blieben, die aber Niemand las und die man späterer Zeit nach Europa verhandelte oder aus Unwissenheit und Mißgeschick in Massen verfaulen ließ."

Verlassen wir den heiligen Berg der Geistesinvaliden, der Selbstpeiniger mit „ihrem kindischen Gerede täglicher Mirakel und himmlischer Erscheinungen", und begeben wir uns an das diagonal entgegengesetzte Ende der Chalkishalbinsel, nach Saloniki, dem ägäischen Babel. Diese Stadt scheint nach dem 1. Briefe (Kap. 4. V. 3 und 5) des Apostels Paulus an die Thessalonicher schon in alten Zeiten keines guten Rufes sich erfreut zu haben und nach Fallmerayer übertrifft sie in Bezug auf Sittenlosigkeit sogar das übelberüchtigte Konstantinopel. Ihre günstige Lage am Meeresstrande eines üppig fruchtbaren Landes, dessen Ueberfluß sie sammelt und in gewinnbringendem Handel verwerthet, die Sittenmischung einer bunt zusammengewürfelten Bevölkerung, das warme, zur Sinnenlust anregende Klima, die türkische Herrschaft und andere Umstände wirken zusammen, diese Stadt sittlich zu verlottern. Nichtsdestoweniger hat sie aber eine große Zukunft, wenn die Eisenbahn, die jetzt nur bis Ueskūb führt, durch Bosnien, bez. Serbien, an die österreichisch-ungarischen Linien Anschluß gewinnt und dadurch den Orient dem Abendlande bedeutend näher rückt.

Saloniki wurde im Jahre 315 v. Chr. von Kassander, dem Schwager Alexander's des Großen, auf der Stelle der Ortschaft Thermä gegründet und zu Ehren seiner Gemahlin Thessalonike genannt, aus welchem Namen das slavische Solun, das italienische Salonichi und das türkische Selanik hervorging. Nach der Schlacht von Pydna fiel Thessalonike in die Hände der Römer, unter deren Herrschaft es als Hauptstadt der illyrischen Provinzen zu hoher Blüte gelangte (220,000 Einw.). In der byzantinischen Zeit war es ein fester Hort des Griechenthums gegen die andringenden Völkerfluten.

Moschee in Saloniki.

Sechsmal erschienen die Slaven innerhalb 130 Jahren (580—710) vor den Mauern der Stadt, ohne sie bezwingen zu können. Im Jahre 904 wurde Thessalonich von den Sarazenen, 1185 von den Normannen unter Tancred genommen. Zu Anfang des 13. Jahrhunderts kam es unter die Gewalt der Marquis von Montferrat, welche den Titel Kaiser von Thessalonich annahmen. Die Byzantiner verkauften später die Stadt den Venetianern, die sie 1430 den Türken überlassen mußten.

Saloniki steigt amphitheatralisch von der Küste des Meeres am Abhange eines steilen Hügels empor und bietet mit seinen hohen Mauerzinnen und Streitthürmen, seiner Akropolis, seinen Triumphbögen und alten Tempeln einen gar malerischen Anblick. Weniger anmuthig ist aber das Bild im Innern. Hier herrscht Schmuz und Verkommenheit in Fülle. — Die Bevölkerung der Stadt beziffert sich auf etwa 80,000 Köpfe und besteht aus circa 35,000 Juden, 25,000 Griechen und 20,000 Türken (d. h. Mohammedanern), Bulgaren und Fremden. Der ganze Handel und Wandel ist in den Händen der Kinder Israels, die hier sogar, als seltsame Ausnahme, den schweren Geschäften der Hafenarbeiter und Lastträger obliegen.

Die Bevölkerung Makedoniens besteht vorwiegend aus Bulgaren; das griechische Element ist, wie schon bemerkt, auf das südliche Grenzgebiet gegen Thessalien und auf einen schmalen Küstenstreifen zurückgedrängt. Die Türken sind, mit Ausnahme der Koniariden (d. h. der aus Ikonium, Konia, gekommenen Türken), welche in größerer Masse an der thessalischen Grenze auftreten, nur in kleinen Gruppen unter die Bulgaren vertheilt und ebenso die Zinzaren. Ueber die Stärkeverhältnisse der einzelnen Bevölkerungstheile fehlen uns statistische Unterlagen und wir müssen uns in folgender Uebersicht mit der Scheidung nach dem Glauben begnügen. Soweit Makedonien in den Eingangs angegebenen Grenzen die nachbenannten Sandschake umfaßt, würden uns folgende Zahlen einen Anhalt über Größe und Bevölkerung des makedonischen Gebietes gewähren können:

Sandschak:	Flächeninhalt in qkm.:	Gesammtzahl (in Tausenden)	Mohammedaner (in Tausenden)	Mohammedaner in Prozent:
Saloniki	14,322	167	70	42
Seres	12,431	220	86	39
Drama	6,785	112	94	84
Bitolia	18,440	379	126	34
Ueskub	10,670	231	110	47
Sa.	58,648	1,190	486	44

Wir bemerken hierzu, daß die Sandschake Seres und Drama, obwol nur theilweise zu Makedonien gehörig, hier in ihrem Gesammtumfange in Rechnung gestellt sind, um die makedonischen Gebietsantheile anderer, hier nicht berücksichtigter Sandschake annähernd zu ersetzen. Für Thessalien, welches als Sandschak Tirkhala zum Vilajet Janina gehört, gelten folgende Zahlen: 14,866 □km. Flächeninhalt, 173,000 Einwohner, davon 23,000 oder 13 Prozent Mohammedaner.

Die Hohe Pforte.

XI. Thrakien.

Die Türken und der Islam. — Der Koran. — Der heilige Krieg. — Charakter, Sprichwörter, Aberglaube der Türken. — Die Jungtürken. — Geistige Kultur. — Pflege der Wissenschaften. — Türkische Literatur und Sprache. — Typus und Tracht des Volkes. — Türkische Frauen. — Wohnung. — Panorama von Konstantinopel. — Straßenleben. — Hunde. — Pera. — Tanzende Derwische. — Uebersicht über Konstantinopel, Skutari und den Bosporus. — Geographisch-geologische Charakteristik Thrakiens. — Das Tiefland der Maritza. — Adrianopel. — Philippopel.

Thrakien mit der Reichshauptstadt Konstantinopel ist der Hauptsitz des Türkenthums in Europa. Nicht in der Masse des osmanischen Volkes wurzelt hier, wie in der Dobrutscha und im östlichen Bulgarien der Fall ist, die Bedeutung des Türkenthums, sondern in seiner Vergangenheit, in seiner durch die Geschichte befestigten Stellung. War es doch diese Provinz, in welcher die Osmanen in Europa zuerst festen Fuß faßten, indem sie 1356 unter Orchan die Veste Tzympe bei Gallipoli und in folgendem Jahre letzteren Platz selbst eroberten; war es doch Adrianopel, welches schon Murad I., der Nachfolger Orchans (gest. 1359), zur zweiten Residenz der Sultane erhob, und ging doch von hier aus die Ausbreitung der türkischen Macht nach Westen, Norden und Osten vor sich, bis sie in Konstantinopel die „hohe Pforte" errichten konnten. Hier in Thrakien, wo die byzantinischen Griechen, die Bulgaren und Slaven in beständigen Kämpfen mit einander begriffen waren, fanden die asiatischen Eroberer den besten Platz, um sich fest zu setzen und die Parteien eine nach der anderen ihrer Herrschaft zu unterwerfen. Betrachtet man eine ethnographische Karte der Balkanhalbinsel, so erscheinen die türkischen (strenger mohammedanischen) Volksinseln unter den bulgarischen und griechischen Massen, welche Thrakien bedecken, wie wildes Fleisch am faulen byzantinischen Staatskörper!

Ueber die dermalige Verbreitung des Türkenthums, soweit dasselbe durch den Islam ausgedrückt wird, geben uns für Thrakien oder Rumelien, wie die Provinz heute genannt wird, folgende Zahlen nach Jakschitsch für 1864 nähere Auskunft.

Städte und Sandschaks:	Flächeninhalt (□ Kil.):	Gesammtbevölkerung in Tausenden:	Mohammedaner in Tausenden:	Mohammedaner in Prozenten:
Stadt Konstantinopel	2,6[illegible]	377	200	53
Sandsch. Adrianopel	18,[illegible]	353	117	33
„ Rodosto	7,640	116	40	34
„ Gallipoli	9,112	139	61	44
„ Philippopel	22,740	525	208	40
„ Sliwne [illegible]	10,2[illegible]0	173	81	47
Vilajet Adrianopel	67,752	1,306	507	39

Bemerkt sei, daß Konstantinopel in Europa und Asien neuerdings auf 600,000 Einwohner geschätzt wird, während ältere Angaben von 1 Million und mehr fabelten.

Türkenthum und Islam gelten gewöhnlich für eine und dieselbe Sache, doch mit Unrecht, denn der Islam, d. h. Ergebung, der Inbegriff der mohammedanischen Religion, ist ohne das Türkenthum wol denkbar, nicht aber Letzteres ohne den Islam. Das Türkenthum ist der Ausdruck der mohammedanischen Religion im türkischen Volke.

Diese Verquickung der Religion mit dem Volksthume ist allen mohammedanischen Völkern in hohem Grade eigen, bei keinem tritt sie aber in so charakteristischen Formen auf wie beim türkischen, dessen ganzes Volks- und Staatsbewußtsein im Islam begründet ist. Wollen wir daher dieses Volk kennen lernen, so ist vor Allem nöthig, uns mit dem Quell seiner Lebenskraft, dem A und dem O seines Daseins, dem Koran, bekannt zu machen, soweit derselbe nicht schon im 3. Kapitel dieses Buches, in seinem Verhältnisse zum staatlichen Leben, beleuchtet worden ist.

Der Koran, ein dem Hebräischen nachgebildetes Wort, welches „Vorlesung" bedeutet, ist der arabische Name für die mohammedanische Bibel, oder die Sammlung der von Mohammed, im Namen Allah's, in seiner Eigenschaft als inspirirter Prophet, gehaltenen Vorträge, die ihm nach seiner Angabe bald durch den Engel Gabriel mitgetheilt, bald durch Träume oder Visionen unmittelbar von Gott geoffenbart wurden.

Betende Derwische.

Der Koran ist aber nicht, wie die Bibel, ein nach chronologischer Ordnung oder nach der Verschiedenheit des Inhalts redigirtes Buch, sondern eine bunte Mischung von Hymnen, Gebeten, Dogmen, Predigten, Gelegenheitsreden, Erzählungen, Legenden, Gesetzen und Tagesbefehlen, mit vielen Wiederholungen und Widersprüchen. Nach Mohammed's Tode (632) sammelte man alle in vielen Händen zerstreute Koranstheile, welche, auf Pergament, Palmblättern, Knochen, Steinen und anderen rohen Schreibmaterialien aufgezeichnet, oder auch nur dem Gedächtnisse seiner Gefährten und Jünger gegenwärtig waren, und theilte sie, meistens ohne Rücksicht auf ihren Inhalt oder auf die Zeit, in welcher sie geoffenbart worden waren, in größere oder kleinere Kapitel (Suren) und so entstand der jetzige Koran mit allen seinen Mängeln. Die erste Sammlung geschah unter dem Khalifen Abu Bekr (632—634); sie wurde aber, da sie unvollständig war und zu mancherlei Streitigkeiten über die Auslegung der Sprüche und Gebote Anlaß gab, auf Osmans, des dritten Wahlkhalifen von Medina (644—656) Befehl, durch Aufnahme früher unbeachteter Fragmente vervollkommnet und neugeordnet, in 114 Suren getheilt, den Gläubigen als Richtschnur übergeben. (Vgl. G. Weil's „Geschichte des islamitischen Völker", Stuttgart 1866.)

Die sittliche Ordnung, welche der Prophet auf seine Sendung gründete, ist mit Nachahmung der sinaitischen Gesetzgebung in folgenden zweimal fünf Vorschriften abgefaßt: 1) neben Gott keine anderen Götter zu erkennen; 2) Ehrfurcht den Eltern zu bezeigen; 3) Kinder aus Besorgniß vor Nahrungsmangel nicht zu tödten; 4) Keuschheit zu beobachten; 5) das Leben Anderer zu schonen, außer in den Fällen, wo die Gerechtigkeit es anders verlangt. Dieser ersten Reihe ließ er als Befehle noch folgen: 6) Unverletzlichkeit des Vermögens der Waisen; 7) redliches Maß und Gewicht; 8) keine Ueberbürdung der Sklaven; 9) Unparteilichkeit der Richter; 10) Heilighaltung des Eides und des Bundes mit Gott.

An Einfachheit ist das mosaische Gesetz jedenfalls diesem Zehngebote überlegen und der Prophet hat sichtlich auf der Folter gelegen, um die herkömmliche Zahl zu erreichen; hat er doch sogar marktpolizeiliche Vorschriften eingeschoben. — Eine Heiligung des Sabbaths wurde nicht vorgeschrieben; sie sei den Juden, behauptete Mohammed, nur wegen ihrer Hartnäckigkeit aufgebürdet worden, weil sie die Feier des Samstags und nicht die des Freitags, wie Moses gewollt habe, durchgesetzt hätten. — Die Verstattung von vier gesetzlichen Frauen und einer unbeschränkten Zahl von Sklavinnen zeigt uns die Schwäche des Propheten, der seiner eigenen Genußsucht keinen Zügel anlegte. Nur mit Unrecht aber würde man in der Polygamie den wesentlichen Gegensatz zwischen dem Islam und der christlichen Religion finden, denn schon lange vor derselben war die Einzelehe bei vielen Völkern Gesetz und ist es jetzt noch bei heidnischen Stämmen; in den ältesten Zeiten konnte man selbst der christlichen Kirche angehören und doch mehrere Frauen haben. — Wie alle Völker auf früheren Entwickelungsstufen hatten sich die Araber in ihrer Heidenzeit sehr verwickelte Speiseverbote auferlegt; der Prophet beschränkte sie auf das Fleisch der Schweine sowie der gefallenen Thiere und den Genuß des ausgeflossenen Blutes und des Weines.

Um seinen Offenbarungen Glauben zu verschaffen, suchte der Prophet seine Anhänger mit den Schrecken der Auferstehung und eines jüngsten Tages zu ängstigen. Hier kam ihm die Flammenschrift seiner dichterischen Sprache zu statten und versäumte keine Gelegenheit, an die bereits vollstreckten Strafgerichte biblischer und alt-arabischer Legenden zu mahnen. Andererseits verhieß er in ermüdenden Wiederholungen den Gläubigen und den Gerechten einen

Wonneaufenthalt nach volksthümlichem Geschmack, einen schattigen Garten mit sprudelndem Wasser, köstlichen Früchten, schwellenden Ruhekissen und einem Frauengeschlechte (Huri), das alle geforderten Reize vereinigte, um ewige Begierden ewig zu stillen. Allerdings enthält der Koran Stellen, welche jene berauschenden Schilderungen nur auf Gleichnisse für menschliches Verständniß herabsetzen; andere bezeichnen das Anschauen der Herrlichkeit Gottes als den Lohn des Frommen, aber die unheimliche Anziehungskraft des Islam gründete sich auf das buchstäbliche Verständniß jener sinnlichen Verheißungen und die späteren Ueberlieferungen haben nicht gesäumt, die gierigen Erwartungen der Gläubigen mit märchenhaften Schilderungen des Paradieses zu sättigen.

Der bedenklichste Inhalt des Korans betrifft aber die Leugnung der menschlichen Willensfreiheit. Das Schicksal eines jeden Menschen ist vorher bestimmt und aufgezeichnet, so daß der Lebenswandel sich zu dieser Schrift verhält, wie das Schauspiel zu dem Texte einer dramatischen Dichtung. Die Verdammniß ist nach einem unwiderruflichen Rathschlusse Allah's über Diejenigen verhängt, die sie treffen wird; denn, fährt der Koran fort, hätte Allah gewollt, so würden alle Menschen geglaubt haben; ohne seinen Willen aber gelange keine Seele zum Glauben. Die Lehre von der Gnadenwahl wurde von den Rechtgläubigen immer festgehalten, und wenn auch die freieren Sekten die Unvereinbarkeit der Schicksalsbestimmung und des Strafgerichtes mit der göttlichen Gerechtigkeit und Barmherzigkeit klar erkannten und mildere Ansichten vertraten, so blieb wie anderwärts die gedankenschwache Masse der Gläubigen an dem Buchstaben hängen. — Neben dieser Lehre konnte auch niemals in der islamitischen Gesellschaft ein Priesterstand zur Macht gelangen, da er nichts zu binden und zu lösen hatte; obendrein standen die Khalifen und ihre Nachfolger immer an der Spitze der Gläubigen. (Vgl. O. Peschel's „Völkerkunde".)

Darf man in dieser Hinsicht die Lehre von der unabänderlichen Schicksalsbestimmung als eine günstige für das Volkswohl betrachten, so muß man sie aber andererseits, in Bezug auf die Kulturförderung, als eine sehr gefährliche bezeichnen, da sie jedes selbstthätige Streben nach Vervollkommnung und Verbesserung der Lebenslage lahm legt.

Die Ueberzeugung, nichts an seinem Schicksale ändern zu können, befähigt aber den Muselmann in hohem Grade zu einem todesverachtenden Krieger und Verbreiter seines Glaubens, eingedenk eines Hauptgebotes des Koran, den Islam auf alle Weise zu verbreiten und mit Feuer und Schwert die andersgläubigen Völker zur Annahme desselben zu zwingen. Ist aber der Glaube oder der Staat bedroht und der heilige Krieg (el dschihad) erklärt, so ist es dem Mohammedaner ein religiöser Ehrenpunkt, mit den Waffen in der Hand sich als Islamite zu bewähren.

Nach den kanonischen Gesetzen darf der „heilige Krieg" selbst dann schon erklärt werden, wenn nur das geringste Gebot des Korans in Gefahr ist, oder wenn man die Gläubigen zwingen will, eine Lebenssitte anzunehmen, welche die Sumrah (das geschriebene Gesetz des Islam) zwar nicht verbietet, aber auch nicht ausdrücklich anbefiehlt. Der Dschihad muß übrigens gerade nicht vom Scheikh-ul-Islam, sondern kann, wie die Korankommentatoren schon im 8. Jahrhundert unserer Zeitrechnung erklären, von jedem „Schriftkenner" und im Nothfalle sogar von jedem Moslem proklamirt werden. Indessen haben die späteren Koranausleger den Laien nur dann das Recht zugestanden, den Dschihad zu erklären, wenn es sich um einen Aufstand gegen einen nicht-moslemitischen Fürsten handelt, oder wenn ein moslemitischer Fürst ein Verbot, das den Satzungen des Koran direkt zuwiderläuft, erläßt. So hat im Jahre 1837 Abdel Kader, der gefürchtete Held Algeriens, trotzdem er nur ein Laie war, den Franzosen den Dschihad erklärt, und einige Jahre später erklärte er denselben sogar dem Sultan von Marokko, Sidi Abdurrahman, mit der einfachen Motivirung, daß dieser Fürst es seinen Unterthanen verboten hätte, ihre Glaubensbrüder in Algerien in ihrem Dschihad gegen Frankreich zu unterstützen. Die Verpflichtungen, welche der „heilige Krieg" den Gläubigen auferlegt, sind folgende: 1) der Fürst muß sich, natürlich wenn es sich um einen Krieg gegen einen auswärtigen Feind handelt, an die Spitze der Gläubigen stellen und dieselben anführen; 2) alle Gläubigen, die das dreizehnte Lebensjahr überschritten haben, sind verpflichtet, zum Schwerte zu greifen und in den Kampf zu ziehen; 3) die Gläubigen, welche nicht in den Kampf ziehen können, als: Alte, Weiber, Kinder und Kranke, sind verpflichtet, für die kämpfenden Gläubigen die Arbeiten zu verrichten und sie zu ernähren; 4) darf der Anführer der kämpfenden Gläubigen alle Güter der Nation, selbst die den Moscheen gehörenden, zu Kriegszwecken verwenden; 5) um den Dschihad gehörig führen zu können, dürfen sogar, aber nur zeitweilig, die Gebote des Korans, welche dem Kriege hinderlich sind, außer Kraft erklärt werden. Als Belohnung für ihre Anstrengungen dürfen dagegen die Gläubigen in Feindesland Alles für sich behalten, was sie an Werthsachen, als: Geld, Felder, Frauen u. s. w., finden; Diejenigen aber unter ihnen, die in diesem Kampfe fallen, gehen, selbst wenn sie im Leben die größten Sünder waren, sogleich als Chehid, d. h. Märtyrer, ins Paradies ein. Ist aber einmal der Dschihad erklärt, so darf er nicht eher aufhören, bis der Feind gänzlich unterjocht wurde, oder, wenn er ein Ungläubiger ist, bis er sich zum Islam bekehrt hat. Mit demselben darf aber nur ein kurzer Waffenstillstand, nie aber ein förmlicher Friede geschlossen werden.

Die zahlreichen „heiligen Kriege", welche die Pforte schon geführt und durch Friedensverträge geschlossen hat, beweisen aber auch in Bezug auf die Koransatzungen, daß nichts so heiß gegessen, als wie es gekocht wird, und daß die Bestimmungen des Korans in allen Formen des Rechtes umgangen werden können. In dieser Richtung zeichnet sich überhaupt das islamitische Gesetzbuch durch große Dehnbarkeit aus; gelang es doch sogar, den Brudermord durch Koranaussprüche zu rechtfertigen. „In Erwägung des Ausspruches des Korans: daß «Unruhe ärger als Hinrichtung», in Erwägung des von seinem Bruder Saudschi gegebenen üblen Beispiels der Verschwörung und Empörung, wovon die Möglichkeit der Nachahmung aus dem Wege zu räumen, und in Erwägung des nachzuahmenden Beispiels Gottes, der allein und ohne Nebenbuhler sei, und wornach denn auch Gottes Schatten (d. h. der Sultan) auf

Erden der Herrscher der Rechtgläubigen, gleich Gott, einzig auf dem Thron, von aller Nebenbuhlerschaft enthoben, herrschen müsse", ließ Bajasid (1389—1402) seinen Bruder Jakub hinrichten. „Diese bewegenden Gründe" — schreibt J. v. Hammer in seiner «Geschichte des Osmanischen Reiches», „fand die Politik der nachfolgenden Sultane so gewichtig, daß die Nachahmung dieses Beispiels denselben zum Gesetze, und in der Folge durch Sultan Mohammed's des Eroberers Satzungen der Brudermord bei jeder Thronbesteigung sogar zum öffentlich ausgesprochenen Reichsgesetze ward."

Außer dem Koran hat die Sunna oder das Herkommen und die Rechtsgewohnheit, wo sie nicht der Offenbarung widerspricht, volle Kraft und enthält Rechtssätze in bürgerlichen oder peinlichen Sachen, sowie Nahrungs- und Kleidungsvorschriften. Neben ihr genießt auch die „Nachricht" oder Hadyth, d. h. die Ueberlieferung von Aussprüchen des Propheten, wenn sie durch gute Zeugen bis auf Mohammed zurückreicht, rechtsverbindliche Kraft. Wie bekannt, wurden in Persien beide Gesetzesquellen nicht anerkannt und daher trat eine Spaltung unter den Gläubigen in Anhänger der Sunna oder Sunniten, und in Abtrünnige oder Schyiten ein.

Betrachten wir nun den Volkscharakter, wie er sich aus dieser Religion entwickelt hat, so fällt uns vor Allem bei den Türken, wie auch bei anderen islamitischen Völkern, das ernste Zurschautragen einer tiefwurzelnden Frömmigkeit auf. Mit großer Strenge verrichtet der Türke die vorgeschriebenen täglichen Waschungen und Gebete, er fastet zu den bestimmten Zeiten, giebt Almosen, wie ihm der Koran befiehlt, und hält beschauliche Sitzungen am Grabe des verstorbenen Familiengliedes. Ist es ihm nicht möglich; eine Pilgerreise nach Mekka zu machen, so kauft er sich wenigstens von einem unternehmenden Frommen eine Bescheinigung über stattgehabte Stellvertretung oder wol gar über eine Pilgerfahrt selbst. Seine Ehrfurcht vor dem Koran ist so groß, daß er der bloßen Lektüre desselben allerlei Wunder zuschreibt, so die Heilung von Krankheiten, und das Wunderbarste dabei ist, daß der psychische Einfluß, der fromme ernste Glaube an die Unfehlbarkeit der heiligen Schriften wirklich oft eine merkliche Heilkraft ausübt.

Die Ergebung in das Schicksal verleiht dem Charakter des Türken in ausgesprochenem Maße den Stempel des Gleichmuths und der Gleichgiltigkeit. In jedem Mißgeschick erkennt der fromme Tropf eine Bestimmung, die unausweichlich zu ertragen ist, und die Tage der Fülle und der Macht genießt er mit der Zuversicht eines Glücksprotzen. — Ueberzeugt von der alleinigen Wahrheit seiner Religion, die ihm die Verachtung der Andersgläubigen zur Pflicht macht, vereinigt der Osmane mit der Würde des Orientalen den Stolz und die Gewaltthätigkeit des Fanatikers. Selbstverständlich, wenn nicht unter fremden Einflüssen erzogen, ist er ein Feind jeder Neuerung, die den engen Anschauungskreis des Korans überschreitet, und fränkisches, d. h. abendländisches Wesen und Wissen sind ihm ein Greuel. Aus religiösen Gründen verachtet er auch die bildenden Künste, die ihm nur „Teufelswerke" schaffen, während er die Musik zwar liebt, nicht aber selbstthätig übt. Das ganze künstlerische Schaffen der Türken beschränkt sich auf die Herstellung buntfarbiger Zierlinien in Geweben und Thonplatten zur Auskleidung ihrer Wohnungen. Ihre Leistungen in der Poesie und in den Wissenschaften werden wir weiter unten würdigen lernen und bemerken hier nur noch, daß, wie in allen Kulturgebieten, so auch in dieser Richtung der Islam beengend einwirkt, indem er Gesichtskreis und Urtheil verdunkelt.

Um aber nicht ungerecht gegen die mohammedanische Religion zu sein, wollen wir ihren günstigen Einfluß auf die Charakter- und Geistesbildung durch folgende, dem Volksleben entnommene Sprüchwörter und Sinnspüche, vielfach koranischen Ursprungs, kennzeichnen.

„Sitze meinetwegen krumm, mein Sohn, sprich aber nur gerade." — „Wer von der Lüge sich entfernt, der nähert sich Gott." — „Wandle nicht über die zerbrechliche Brücke des Lügners; besser, mein Freund, schwimme durch den Strom." — „Die Zunge ist eine knochenlose Schlange, die dennoch Knochen zerbricht." — „Eine Wunde vom Messer vernarbt; eine Wunde, welche die Zunge geschlagen hat, ist unheilbar." — „Die Zunge hat mehr Menschen getödtet als der Säbel." — „Wer seine Zunge fesselt, der rettet seinen Kopf." — „Wer spricht, der säet, er weiß nicht was; wer höret, der erntet und hat die Wahl." — „Das Herz des Thoren ist auf seiner Zunge, die Zunge des Verständigen ist in seinem Herzen." — „Höre tausendmal, sprich einmal." — „Der Hund bellt, der Wolf geht seinen Gang." — „Der Hund heult, die Karawane zieht vorüber." — „Thue das Gute und wirf es ins Meer; sieht es der Fisch nicht, so weiß es der Herr." — „Thue Gutes Demjenigen, der dir Böses anthut, dann wirst du bei ihm und bei Gott Gnade finden." — Von diesem letzten Spruche, sagt J. G. Kohl, könnte man fast zu glauben geneigt sein, daß die Türken, die wir gewöhnlich dem alten „Aug' um Aug'", „Zahn um Zahn" so sehr zugethan halten, ihn von außen her empfangen hätten, wenn es nicht ausgemacht und nachgewiesen wäre, daß derselbe bei den türkischen Stämmen selbst schon in der Zeit vor Mohammed zu finden gewesen sei.

Drückt sich in diesen Sprüchwörtern neben ernst empfundener Sittlichkeit ein hoher Grad von Lebensklugheit aus, so reicht derselbe aber doch nicht hin, den im Glauben wurzelnden Aberglauben zu überwinden. Unzählig sind dem Türken die Mittel, die Zukunft zu erfahren und böse Einwirkungen von sich abzuwenden. Sie übertreffen darin, wie J. G. Kohl sagt, noch die heidnischen alten Römer von echtem Schrot und Korn. Wie diese lesen sie Gutes oder Böses in den Eingeweiden frischgeschlachteter Thiere, — leiten Augurien ab aus dem Fluge der Vögel, — haben glück- oder unglückbedeutende Stunden und Tage, die ernsthaft von den Astrologen in den Kalendern bestimmt werden, und kein Osmane unternimmt eine Reise, einen Hausbau, eine Ehe oder sonst etwas Wichtiges, ohne über den Punkt der Gunst des Augenblicks und der Konstellation der Gestirne ins Klare gekommen zu sein. Ist er krank oder haben böse Träume ihn in Melancholie gestürzt, so verschafft er sich vom Imam einen Topf, dessen Inneres mit vielen Koransprüchen beschrieben ist, füllt ihn mit Wasser, läßt die daran verschwendete Tinte auflösen und trinkt dann diese flüssig gewordene Schrift mit dem tröstlichsten Vertrauen. Um noch sicherer zu gehen, schneidet er sich in solchen Fällen auch wol ein Stück von seinem

Gewande ab, befestigt den Lappen auf dem Grabe eines Heiligen und hofft, daß dieser so das Unglück wie eine Last auf sich nehmen werde. — Das Dach seines Hauses, den Schnabel seines Bootes, die Mütze seines Kindes, den Hals

In einem türkischen Kaffeehause.

seines Pferdes, den Bauer seines Vogels behängt der gläubige Osmane mit Amuleten und Gegenmitteln gegen das böse Auge oder gegen anderen Zauber. Vieles von diesem Aberglauben mag noch aus der Steppe und aus der Zeit des heidnischen Nomadenlebens stammen. Entschieden aus dem Islam oder in weiterem Sinne aus dem Juden- und Christenthume überkommen ist aber der Glaube an den Teufel. Dem Teufel schreibt man nicht blos zu, daß er die Menschen zur Sünde zu verleiten suche, daß er sie vom Wege des Heiles abwendig zu machen unablässig bestrebt sei, sondern man betrachtet ihn auch als den beständigen boshaften Störenfried, der sich ein Vergnügen daraus macht, die Menschen zu necken und selbst in den kleinsten Dingen sie zu ärgern. Entfällt der ungeschickten Hand eines Dieners ein Gefäß und zerbricht, so flucht man dem Satan, als dem moralischen Urheber dieses Schabernaks; oder wenn ein ehrbarer Spießbürger des Morgens seinen Kaffee verschüttet, so murmelt er eine Verwünschung gegen den Teufel in den Bart, aber halblaut, damit dieser es nicht höre; wenn ihm aber auch dann noch seine Wasserpfeife umfällt, die glühenden Kohlen seinen Teppich oder die Strohmatte verbrennen, dann kennt sein Unmuth keine Grenzen mehr und laut ruft er voll Entrüstung: „Genug für dies Mal, du Verfluchter!" — Neben dem Teufel haben die Türken, wie alle mohammedanischen Völker, noch eine ganze Reihe Geister, Elfen u. s. w., mit denen sie sich in ihrem Aberglauben abfinden; wir werden noch mehrfach Gelegenheit haben, auf die Dämonenwelt des Islam zurück zu kommen.

Die Charakterzüge, die wir im Großen hier vom osmanischen Volke entwarfen, sind jedoch nicht für die ganze Masse desselben zutreffend, sie beziehen sich nur auf die sogenannten Alttürken, die noch nicht von abendländischer Kultur angekränkelt sind, wie ihre geistigen Gegenfüßler, die Jungtürken. Letztere, meist im Abendlande oder doch von fränkischen Lehrern erzogen, sind frei von den religiösen Vorurtheilen und Unliebenswürdigkeiten ihrer Väter, frei aber auch von deren Tugenden, ohne sich die sittlichen Grundlagen der abendländischen Kultur angeeignet zu haben. F. v. Löher charakterisirt in den „Griechischen Küstenfahrten" die jungtürkischen Kulturschmarotzer mit folgenden trefflichen Worten: „Mancher vornehme Türke, sobald er fränkische Luft geathmet, fränkisches Wissen aufgenommen, wird gar leicht der ausbündigste Hallunke, der über die Erde läuft. Unter seinem glatten, verbindlichen Wesen birgt sich dann nichts als rohe Raubsucht und Wollust. Sein ganzes Innere ist rein und hell, nicht ein leiser Dunst schwimmt mehr darin von Gewissen, von Ehre, von Mitgefühl. Ganz anders der gemeine Türke, so weit er noch in seinem alten Glauben und Volksthum verharrt. Er ist offen und ritterlich, ohne Falsch, und von Herzen gütig und wohlthätig. Daß das Türkische Reich so lange fortdauert, ist außer dem kirchlichen Zusammenhalt nicht zum Wenigsten den tüchtigen Eigenschaften des gemeinen Volkes zuzuschreiben, aus welchem für den Staat immer wieder frische und kräftige Talente emporwachsen."

An einer andern Stelle sagt derselbe Autor: „Schwerlich findet man in irgend einem Lande junge Männer, die feiner, glatter, verbindlicher in Wort und Manieren sind, als diese jungen Türken der neuen Schule. Wenn man sich aber wundert, daß bei den Levantinern keine Spur von geistiger Schöpfungskraft ist — wie kann das denn anders sein? Jeder Bube lernt, als wenn es in der Luft läge, vier oder fünf Sprachen, und ganz von selbst richtet sich darauf, sie gut zu sprechen, sein Sinnen und Denken. Wird er zwölf Jahre, so muß er sie zwar methodisch lernen, aber eigentlich denken lernt er in keiner einzigen

Sprache; jede ist ihm nur ein Werkzeug zum Verkehr, das er immer fertiger zur Hand zu haben strebt. Den tiefen Reiz, durch die Denkarbeit Etwas zu ergründen, lernt er gar nicht kennen. Er will blos Geld und Macht erraffen und erschleichen, und sein Verstand wird scharf und funkelnd wie eine Klinge und den Franken hundert Mal überlegen. Wie gescheidt, wie gewitzt und geschmeidig schauen uns diese jungen Köpfe an! Wenn ein Levantiner aber besitzt, wonach er einzig trachtet, Reichthum und Titel und ein schönes Haus, dann geht all' sein Vergnügen im orientalischen Kef auf, in träumerischem Nichtsthun und behaglichen Einschlürfen des feinen Tabaks, Kaffees und der köstlichen Luft. Denn längst versiegt ist in seinem Innern jede Quelle geistigen Lebenswassers."

Träumerisches Nichtsthun, Kaffeetrinken und Rauchen das sind des Türken größter Lebensgenuß; er ist ein Fanatiker der Ruhe und geht jeder Körper- und Geistesanstrengung gern aus dem Wege. Am liebsten widmet er sich deshalb dem Handels- und Beamtenstande, in welchen Stellungen er bei der orientalischen Zeitverschwendung in aller Gemächlichkeit und Würde sein Leben verbringen kann. Vorzüglich geeignet ist er auch für den Beamtenberuf durch seine Geistesanlagen, indem er sich durch natürlichen Verstand, schnelle Auffassung und namentlich gutes Gedächtniß auszeichnet. Diese Geistesgaben, verbunden mit der würdevollen Zurückhaltung, dem vorsichtigen Urtheil, dem Sprachtalent und der orientalischen Höflichkeit befähigen den Türken besonders auch zum Diplomaten und Konstantinopel gilt unseren Gesandtschaftsattachés als eine gute Schule für diplomatischen Verkehr. — Nicht ihre Unfähigkeit ist es also, welche den Osmanen in der Kulturentwickelung so hinderlich im Wege steht, sondern ihr Mangel an Rührigkeit, an Ausdauer und Arbeitsdrang.

Daß bei dieser Geistesträgheit und bei dem ungenügenden Volksunterricht, der sich nur auf Lesen und Schreiben beschränkt, von exakten wissenschaftlichen Leistungen nicht die Rede sein kann, ist selbstverständlich. Die Türken bewegen sich in der Erkenntniß der Dinge noch ganz auf der niederen Stufe ihrer nomadischen Vorfahren. Recht augenscheinlich geht dies aus folgendem, der „Kölnischen Zeitung" über die Mondfinsterniß vom 27. Februar 1877 erstatteten Bericht aus Konstantinopel hervor: „Sind wir denn hier in der That in der Residenz des Türkischen Reiches, der drittgrößten Stadt Europa's, oder nicht vielmehr unter einem Stamme der Komanchen, Sioux oder Schwarzfüße, die da Europa's übertünchte Höflichkeit nicht kennen?" so konnte man sich gestern mit Recht fragen, als beim Beginn der Mondfinsterniß in den mohammedanischen und theilweise auch in den griechischen Quartieren des neuen Rom sich ein geradezu fabelhaftes Treiben entwickelte. Kanonen, Böller, Flinten und Revolver erdröhnten, ohrzerreißendes Geschrei stieg zum Himmel empor, auf Straßen und Gassen standen die Neugierigen zusammen, schreiend und gestikulirend, als ob der jüngste Tag im Anbrechen begriffen sei. Und so dauerte sie fort, diese tolle Wirthschaft, bis das Phänomen verschwunden war, worauf männiglich und weibiglich sich vergnügt in seine Kemenate begab, hocherfreut darüber, das grimmige Unthier — mit welchem nach hiesigem Volksglauben der Mond während einer Verfinsterung zu kämpfen hat — noch ein Mal vertrieben zu haben. Und dergleichen Scherze treiben hier selbst Leute, die verhältnißmäßig nicht ganz ungebildet sind und in allen Fragen des pekuniären Interesses, wie überhaupt des gewöhnlichen Lebens, einen ganz gesunden Menschenverstand entwickeln. „Aber sage mir doch, Achmet," fragte am folgenden Morgen einer meiner Bekannten seinen hiesigen Diener, „was war denn gestern für ein Schießen und Lärmen?" — „Weißt Du das nicht, Efendi?" war die ruhig ernste Antwort; „der Mond hat Krieg gehabt, und da haben wir den Drachen verjagt, mit dem er im Streit war!" — „Und glaubst Du denn, daß Euer Spektakel den Drachen vertrieben hat?" — „Maschallah! Was denn anders? Es hat freilich lange gedauert. In meiner Heimat (der Gute war aus der Gegend von Erzerum) schleppen wir alle Kessel im Dorfe herbei und schlagen recht tüchtig drauf. Das macht noch mehr Lärm — dann läuft der Drache aber auch ganz schnell weg!"

Um aber nicht ungerecht gegen die Türken zu sein, müssen wir bemerken, daß sie, bei aller wissenschaftlichen Armuth, die Wissenschaften selbst sehr hoch schätzen, wenn die Ergüsse einiger türkischer Schriftsteller über den Werth der Wissenschaften und das üppige Gebahren der jungtürkischen Efendi mit ihren oberflächlichen Kenntnissen als volksthümliche Zeugen dieser Achtung betrachtet werden dürfen.

Indessen dreht sich die türkische Wissenschaft hauptsächlich um die Lehren und die Mystik des Korans, auf welchem Gebiete allerdings viel geleistet worden ist. An diese Gattung wissenschaftlicher Erzeugnisse schließen sich in der türkischen Literatur, in Bezug auf Reichhaltigkeit, die geschichtlichen und geographischen Schriftwerke an. In beiden Richtungen haben sich die Türken, da es sich hier in der Hauptsache nur um Darstellung und Datenangaben handelt, nicht unbedeutend ausgezeichnet; wurde doch sogar eine Geographie „Ansicht der Welt" von Hadschi Khalifeh (geb. 1589, geb. 1657) ins Italienische (Venedig 1697) und Lateinische (Lund 1818) übersetzt. Neben diesem Autoren, der sich auch als Geschichtschreiber hervorthat, nennen wir noch als Geographen Sidi-Ali-ibn Husein, in der Mitte des 16. Jahrhunderts lebend, und Ewlija Efendi im 17. Jahrhundert. Als Historiker zeichneten sich aus: Ahmed ben Jahia, einer der älteren Autoren, Sead-ed-din, in der Mitte des 15. Jahrhunderts, Naima, 16. Jahrhundert, Kemal Pascha Sadeh (geb. 1535) u. A.

Das Feld der Ethik ist von den Türken vielfach bebaut worden und sie besitzen einige Werke dieser Gattung, die einer Verbreitung in Europa sehr würdig wären. Dahin gehören das Humajun Nameh von Ali Tschelebi, eine Nachahmung, aber keine wörtliche Uebersetzung der unter dem Namen „Fabeln des Pilpai" aus Indien stammenden und vielfach übersetzten Moral in Fabeln. Neben ihm glänzen in den ersten Reihen der türkischen Literatur das „Chairijel Nabi", die Rathschläge des oben erwähnten Nabi Efendi an seinen Sohn; ferner Edeb (Sittensprüche) von Mohammed Efendi u. A. m.

Auf dem Gebiete der Dichtung weist die türkische Literatur hauptsächlich Erzählungen (Fabeln, Schwänke, Romane) und lyrische Schöpfungen auf. In beiden Richtungen entbehrt aber die osmanische Dichtkunst der Natürlichkeit, sie ist in ihrem Ausdruck gesucht, mehr Nachahmung als Wahrheit der

Empfindung verrathend. Sie entwickelte sich nach den Vorbildern der arabischen und persischen Poesie, ging aber nicht wie diese theilweise aus dem Volke hervor, sondern begann in den dunklen Köpfen einzelner Glaubensmänner mit religiös-didaktischem und mystischem Unkraut und pflanzte sich als Hof- und Kanzlei-Treibhausblume fort. Selbst die Sprache, in der sie gepflegt wurde, war ein besonderes Idiom, das der Masse des Volkes unverständlich blieb.

Diese Hof- und Kanzleinatur der ottomanischen Dichtkunst — sagt Murad Efendi in seinen „Türkischen Skizzen" — bringt es mit sich, daß ihre Entwickelung und Blüte mit jener des Reiches zusammenfällt, ja von ihr bedingt erscheint; sie ist der Ausdruck der geistigen Bildung und das Spiegelbild des Zustandes der Humanität im engen Rahmen der maßgebenden Gesellschaft. Wohlverstanden bezieht sich diese Blüte und Entwickelung nicht sowol auf ihr inneres Wesen, als vielmehr auf die Zahl der Erscheinungen und auf äußere Umstände, welche sie gefördert haben. Keiner der ottomanischen Dichter tritt aus dem Kreise der theologischen Weltanschauung in den weiteren der humanistischen hinaus.

Reine Lyrik ist im Garten ottomanischer Dichtkunst äußerst spärlich vertreten, und bei dem Umstande, daß das weibliche Geschlecht aus der Gesellschaft verbannt ist und der Begriff Minne kein Verständniß findet, fehlen auch der romantischen Lyra die zartesten Saiten. Der Mensch findet in der orientalischen Kunst überhaupt wenig Beachtung, das rein Menschliche ist auf ein Minimum beschränkt. Die rein seelische Stimmung und der Gefühlskonflikt fehlen in der ottomanischen Poesie gänzlich. — Das ottomanische Wesen entbehrt im Allgemeinen der Innerlichkeit, und so sehr es dem Genuß der Natur auch einen lebhaften Sinn entgegen bringt, so bleibt doch seine Empfindung dafür vorwiegend sinnlich. Zu einer Durchempfindung, Verdichtung in unserem Sinne erhebt sie sich fast nie und nirgends.

Um unseren Lesern einen Einblick in die türkische Dicht- und Denkweise zu gewähren, geben wir in Nachfolgendem nach Wollheim's „Nationalliteratur sämmtlicher Völker des Orients" einige Proben osmanischer Poesie.

Kassideh.

Apotheose Sultan Suleiman's.

Nachts, als in des Himmels Ferne
Leuchtete das Heer der Sterne,
Als der Mond die Fackel trug
Und die Milchstraß' Funken schlug,
Als Merkur, des Himmels Schreiber,
Schleuderte der Schnuppen Leiber,[1]
Venus wohlgemuth die Leier
Tönte zu des Himmels Feier,
Als im Himmelsreif, dem runden,
Sonnentrommel war verschwunden,
Mars mit einem goldnen Schwerte,
Fehd' und Kampf die Himmel lehrte,
Jupiter mit Weisheitslichte,
Saß als Herrscher zu Gerichte.
Als ich solchen Schmuck und Zier
Schaute sinnend für und für,
Bei der Sterne Perlenschaar,
Ward's mir wie die Sonne klar,
Meinem innern Auge war
Das Geheimniß offenbar:
Diese Herrlichkeit und Pracht
Hat der Herr der Welt gemacht;
Thronend auf der Herrschaft Kissen,
Dem die Kaiser sind zu Füßen,
Dchen[2] des Fest's, Dara[3] der Schlacht,
Skender[4] und Chosrew[5] an Macht,
Herr von Ost und West, von Meer und Land,
Schah, Sultan, Suleiman genannt.

In dieser blödsinnigen Vergötterung ergeht sich der Verfasser **Mahmud Abd-el-Baki** (geb. 1526, gest. 1599), der größte Kassidendichter, noch einige Verse weiter. Nicht minder geschmacklos zeigt er sich in einem „Frühlingsgedicht zum Lobe Ali Pascha's" (des Großvezir's Suleiman), in welchem u. A. folgende schreckliche Stelle vorkommt:

— — — — — — — — — — — —

Rosen sammeln Thaujuwelen, helle,
Auszustreu'n sie vor des Pascha's Schwelle.
Herrn des Schwerts, des Kiels, des Siegelrings,
Welchem Assaf's[6] Macht nur ein Geringes!
Ali Pascha's, dem die Himmel weichen,
Dessen Größ' Gedanken nicht erreichen!
Träufet seine Huld mit Thau die Rosen,
Werden Knospen noch viel süßer kosen.
Will er grimmig seinen Zorn aussprühen,
Werden Kohlen wie Granaten glühen;
Wenn sein Wohlgeruch erfüllt die Lüfte,
Hauchen sie nur Rosen —, Moschusdüfte;
Mir als seine Hand die Sonn' vorkäme,
Wenn sie nicht dem Mond das Licht entnehme.

— — — — — — — — — — — —

Zur Erläuterung: 1) Die Sternschnuppen werden für Dämonen gehalten, welche nächtlich den Himmel erklimmen wollen, aber von den Engeln immer wieder in den Abgrund geschleudert werden. 2) Dschen oder Dschemschid, ein fabelhafter König und vergötterter Heros. 3) Dara ist Darius. 4) Skender-Alexander. 5) Chosrew der berühmte persische König Chosru Parwiß. 6) Assaf war nach den moslemitischen Sagen der Großvezir des Königs Salomo.

Nedschati, ein anderer gefeierter Poet, lebte zu Ende des 15. und zu Anfang des 16. Jahrhunderts; er wird wegen seiner schwungvollen und melodischen Verse der **König der türkischen Dichter** genannt. Charakterisiren wir ihn durch einige seiner Gedichte:

Beït.

Wer dein holdes Bild, o Engel, im Spiegel sieht,
Wähnt im Himmel das Angesicht Jesu zu sehen.

Beït.

Lerne, mein Sohn, von der Muschel, den Mund selten zu öffnen,
Wie sie, wirst du dann Perlen im Munde führen.

Rubijat oder Rubaji.

Wenn der Ewige am großen Tage der Prüfung
Strenge Rechenschaft fordert, dann will ich ihm sagen:
Herr ich bewohnte als Gast ein paar Tage das Haus der Welt;
Wie kann nun der Herr, der ihn gütig aufnahm, seines Gast's Handlungen prüfen?

Kitaa.

Freund! glaube mir, es ist schwer,
Ein Ghasel zierlich und fein zu schreiben;
Nach eines jeden Lesers Sinn
In jedem Verse Schönes zu sagen;
Welt und Nachwelt schmackhaft zu bewirthen,
Glaube mir, Freund, es ist schwer.

Weniger schwer scheinen es sich die dichtenden Zeitgenossen Nedschati's gemacht zu haben, wie folgendes Rubaji erkennen läßt:

Höfliche Menschen essen und trinken öffentlich, ungescheut;
Aber nur heimlich befriedigen sie Bedürfnisse der Gedärme;
Umgekehrt unsere Dichterschar!
Heimlich nährt sie sich mit gestohlenem Gut — öffentlich entledigt sie sich ihres Unraths!

Sati (geb. 1546, ein gewerbsmäßiger Gelegenheitsdichter) an Meffihi.

Der seines Nächsten Ehre raubt, Meffihi! ist er nicht ein Bube?
So höre, du der Dichtkunst großer König, höre Meffihi! höre, was mir geschah:
Meiner Habe Kostbarstes, meine Gedanken, sind mir gestohlen.
Herr der Dichtkunst! hilf; du kannst — in deinem eig'nen Divan ist mein Eigenthum verborgen!

Meffihi an Sati.

Glaube nicht, daß ich nach Einfällen der Unwissenden greife,
Ich esse nicht, wie ein Kind, was Andere gekäuet haben.
Ich! der mich täglich zehntausend Mal schäme,
Daß die Seele in meinem Körper geborgt und nicht mein eigen ist.

Zum Schlusse unserer literarischen Betrachtungen wollen wir noch kurz der Schwänke des Nassr-ed-din Erwähnung thun.

Chodscheh Nassr-ed-din Efendi lebte im vorigen Jahrhundert und war der Till Eulenspiegel der Türken; die spaßhaften Erzählungen, die wir von ihm besitzen, etwa 130 an der Zahl, sind Muster des türkischen Humors, und viele von ihnen sprudeln in der That von Witz, während andere sehr matt oder unflätig sind. Wir geben einige der ersteren Sorte zur Beurtheilung des türkischen Witzes, oder vielmehr Spaßes, in wörtlicher Uebersetzung.

Eines Tages ging Chodscheh Efendi — Gott sei ihm gnädig — nach Konia und trat daselbst in den Laden eines Konditors. Die Worte: „Im Namen Gottes" (bismillah wird für „Gesegnete Mahlzeit" gebraucht) sagend, begann er das Konfekt aufzuessen. Der Konditor rief: „Mensch, was machst Du da?" und prügelte ihn durch. Der Chodscheh sagte: „Was ist Konia für eine schöne Stadt, wo man die Leute schlägt und sie dabei mit Konfekt füttert."

Einst während des heiligen Ramass'an (Ramad-an, der neunte Monat, in welchem Fasten beobachtet werden müssen) dachte Chodscheh-Nassr'-ed-din bei sich: was habe ich nöthig, es den anderen Leuten nachzumachen und zu fasten? ich werde einen irdenen Topf nehmen und täglich einen Stein hinein legen; wenn dann dreißig Tage um sind, so mache ich Beiram (das drei Tage dauernde Fest am Schlusse der Fasten). So begann er denn täglich einen Stein hinein zu werfen. Es begab sich nun eines Tages, daß die Tochter des Chodscheh eine Handvoll Steine hineinwarf. Einige Zeit darauf fragte man den Chodscheh: „der wievielste Tag des Monats ist heute?" — es war der fünfundzwanzigste Tag des Monats. Der Chodscheh antwortete: „Ein wenig Geduld, ich werde nachsehen." So gesprochen habend und in sein Haus zurückgekehrt, dreht er das Gefäß um, und findet, daß die Zahl der Steine 120 beträgt. Er sagte: „Wenn ich ihnen die ganze Zahl nenne, so würden sie sagen, ich sei toll geworden!" Mit diesen Worten kehrte er zu den Leuten zurück und sagte: „Heute sind es volle 45 Tage im Monat." Darauf antworteten diese: „O, Chodscheh, ein vollständiger Monat hat nur 30 Tage, wie kannst Du denn sagen, daß es der fünfundvierzigste ist?" Der Chodscheh erwiederte: „Ich habe noch sehr mäßig gezählt, denn, wenn Ihr in das Gefäß nach seinem Inhalt sähet, so wäre heute schon der hundertundzwanzigste."

Eines Tages brach ein Spitzbube in das Haus des Chodscheh ein, packte Alles, was da war, zusammen, lud es auf den Rücken und machte sich damit von dannen. Der Chodscheh nahm, was Jener noch übrig gelassen hatte, und folgte dem Diebe. Als dieser in sein Haus trat, ging der Chodscheh hinter ihm her und klopfte an dessen Thüre. Der Dieb fragte den Chodscheh Efendi: „Was willst Du?" Dieser antwortete: „Wie, bin ich nicht eben in dieses Haus eingezogen?"

Als Nass'r-ed-din Efendi einmal in Akscheher spazieren ging, rief er aus: „O Gott, gieb mir doch 1000 Dukaten, aber wenn nur einer daran fehlt, so nehme ich sie nicht." Der Chodscheh hatte einen Juden zum Nachbarn. Als der Jude dieses hörte, wollte er einen Versuch machen, that 999 Dukaten in eine Börse und warf sie den Kamin des Chodscheh's hinunter. Als dieser die Börse mit dem Gold gewahrte, rief er: „Mein Gebet ist erhört worden!" öffnete die Börse und zählte die Dukaten. Als er bemerkte, daß einer fehlte, sagte er: „Der, welcher diese gespendet hat, wird auch noch den einen geben" und mit diesen Worten nimmt er das Gold zu sich. Der Jude wurde inzwischen unruhig, erhebt sich, klopft an des Chodscheh's Thüre, und ruft: „Guten Morgen, Chodscheh Efendi, gieb mir meine Dukaten wieder." Der Chodscheh entgegnete dem Juden: „Bist Du verrückt geworden, Kaufmann? ich habe sie vom lieben Gott erbeten, er gab sie mir, wie kannst Du mir das Geld hingeworfen haben?" Der Jude sprach: „O mein Freund Chodscheh, ich that es, um mit Dir einen Scherz zu treiben; Du hattest gesagt, wenn auch nur einer daran fehlt, so will ich sie nicht nehmen; laß doch sehen, ob er sie nehmen wird! Den Spaß habe ich mir gemacht." — Der Chodscheh sagte: „Ich kenne keinen Scherz, und habe die Dukaten genommen." Als er so gesprochen hatte, sagte der Jude: „Komm, laß uns zum Mahkameh (Gerichtshof) gehen." Der Chodscheh entgegnete: „Ich will nicht zu Fuß nach dem Mahkameh gehen." Der Jude brachte darauf dem Chodscheh ein Maulthier. Der Chodscheh fuhr fort: „Aber ich muß nothwendiger Weise auch einen Pelz auf den Schultern haben", und der Jude besorgte einen Pelz. Darauf machen sich Beide nach dem Mahkameh auf und treten vor den Kadi Efendi. Der Jude sagte, als der Kadi ihn befragt hatte: „Dieser Mann hat mir so viele Dukaten genommen und jetzt leugnet er es." Der Kadi Efendi wendet sich zum Chodscheh und dieser spricht: „O Herr, ich habe stets zu Gott um 1000 Dukaten gefleht, und er hat sie mir gegeben, ich fand jedoch einen zu wenig; nichtsdestoweniger sagte ich: der Geber so vieler Dukaten wird mir auch noch den einen geben, nahm das Gold aber dennoch an. Dieser Jude aber, o Herr, wird am Ende auch noch den Pelz auf meinem Leibe und das Maulthier, das ich reite, beanspruchen." Als er so gesprochen hatte, rief der Jude: „Herr, allerdings gehören auch diese mir."

„Was für Judenstreiche sind das!“ rief der Kadi aus, und nachdem man Jenen auf den Kopf geschlagen und aus dem Mahkameh hinausgeworfen hatte, nahm der Chodscheh den Pelz und das Maulthier und kehrte heim.

Die türkische Sprache gehört mit dem eigentlichen Tatarischen in seinen verschiedenen Dialekten, wie dem Sibirischen, Nogaischen, Jakutischen, Tschuwaschischen, Kirgisischen u. s. w. (nicht aber dem Mongolischen) zu den tatarischen Sprachen. Im Laufe der Zeiten bereicherte sich das Türkische aus dem arabischen und persischen Sprachschatze, und zwar führte die Religion das

Betende Muselmänner.

Arabische, die Politik das Persische in die von den Türken gesprochene tatarische Mundart ein. Zeichnet sich das Persische durch Anmuth und das Arabische durch Fülle und Kraft aus, so besitzt die türkische Sprache eine außerordentliche Würde. Nichtsdestoweniger steht sie aber in Bezug auf ihre Entwicklung als Sprache auf einer sehr niederen Stufe, auf der der Agglutination, d. h. sie bildet ihre Formen und abgeleiteten Begriffe durch Anhängung oder Anlöthung (Agglutination) von sinnbegrenzenden Wurzelzusätzen (Suffixe) an eine Hauptwurzel; z. B. bedeutet im Türkischen: dog-mak, schlagen; dog-ur, einschlagender; dog-ur-um, einschlagender ich = ich schlage; dog-ur-lar, schlagende sie = sie schlagen. Ein anderes Beispiel ist: sewmek, lieben; sewilmek, geliebt werden; sewmemek, nicht lieben; sewilmemek, nicht geliebt werden; sewehmemek, nicht lieben können; sewilehmemek, nicht geliebt werden können; sewdurmek, lieben machen; sewdurememek, nicht lieben machen können;

sewdurilmek, machen, daß man geliebt werde; sewdurilmemek, machen, daß man nicht geliebt werde; sewdurilebmemek, nicht vermögen, daß man geliebt werden könne; sewildurmemek, nicht machen, daß Jemand geliebt werde; sewildurebmemek, nicht machen können, daß Jemand geliebt werde; sewischmek, einander lieben; sewischmemek, einander nicht lieben; sewischebmemek, einander nicht lieben können; sewischilmek, gegenseitig geliebt werden; sewischdurmek, verursachen, daß man einander liebe u. s. w.

Ueber den Typus der osmanischen Türken in Europa läßt sich nichts Allgemeines sagen, da er infolge der starken Blutmischung, welche das Renegatenthum und die Einführung von fremdländischen Sklavinnen bedingte, sehr verschiedenartig sich darstellt. Der asiatische Türke mit seinem wohlgeformten Kopf, seinem länglichen Gesicht mit regelmäßigen Zügen, seinen schwarzen oder braunen Haaren und seinen schönen Formen zeugt in Europa — nach Ami Boué („La Turqui d'Europe", Bd. II) — in der Vermischung mit Serben oft eine durch bedeutende Körpergröße auffallende Nachkommenschaft, und mit Bulgaren meist einen ungeschlachten massigen Menschenschlag. Wir fanden unter diesem Geschlecht, bemerkt der genannte Forscher, neben den edelsten Gestalten, Menschen mit wirklich affenähnlichen Gesichtern, und andere mit ungeheurem Nacken, rauher Stimme und ausgesprochener Wildheit, mehr an Stiere als an höher begabte, empfindende Wesen erinnernd. Das Zigeunerblut vererbt auf seine Mischlinge die dunkle Hautfarbe und die Neigung zur Ruhelosigkeit, während die halbgriechische Abstammung durch Adlernase, lebhafte, stechende Augen und mißtrauisches Wesen, an Stelle des sorglosen Zutrauens der asiatischen Türken, sich bemerklich macht. Im Allgemeinen soll aber das türkische (Misch-)Volk durch einen gewissen wilden oder wenigstens befremdenden Ausdruck des Auges, durch Magerkeit der Gliedmaßen und in den Städten durch Mangel an Hautfarbe sich auszeichnen.

Charakteristisch ist aber die Tracht der Türken, soweit sie nicht durch die europäische verdrängt worden ist. Zur alttürkischen Männerkleidung gehört zunächst der Turban, d. h. der mit einem wollenen Tuche umwundene Fes, welcher den geschorenen Kopf bedeckt; der Turban ist bei Nachkommen Mohammeds grün, bei Christen und Juden schwarz oder blau. Ferner die sehr weite Tuchhose (Tschakür), welche, fast einem Weiberrocke gleichend, wie dieser um den Leib festgebunden wird. Den Oberkörper umhüllen eine westenartige Jacke (Anteri) und der Dolman oder Tschekman, mit herabhängenden geschlitzten Aermeln, meist roth und mit goldgelben Seidenschnüren besetzt; über diesem folgt der Benisch oder Tuchrock. Im Harem trägt der Türke sein Nachtkleid und darüber stets einen langen Pelz (Kürk) an den Füßen Socken und Saffianschuhe oder Halbstiefel. Die Kleidung der Frauen besteht aus einem vorn aufgeschlitzten, zugeknöpften, oft rothen oder gelben Hemd (Kjümlek), aus weiten bis zu den Knieen reichenden und unterhalb derselben zusammengezogenen Beinkleidern (Schalwar); ferner aus einem langen Oberkleide (Anteri), welches um die Hüften von einem Shawl zusammengehalten wird, und endlich aus wollenen Strümpfen und Pantoffeln. Der Kopf, mit einem Fes oder Käppchen bedeckt, wird außerhalb des Hauses mit weißen Tüchern (Jaschmak), die Augen freil ssend, verhüllt und ebenso wird die ganze Gestalt durch einen unschönen Mantel (Feredsche) bedeckt.

Die muselmanischen Frauen sind meist sehr schöner, weißer Haut, wie das viele Baden ihr Hauptvergnügen und das beständige Verhülltsein außerhalb des Hauses wol erwarten läßt. Werden sie durch dunkleren Teint an dunkele Vorfahren erinnert, so suchen sie durch Auflegen weißer Schminke die unliebsame Erbschaft zu verdecken. Ihre Formen, obwol sie der Straffheit entbehren, sollen schön sein und kein Schnürleib oder Strumpfband engt sie ein, wie Boué zu berichten weiß. Ihrem faulen Leben verdanken die türkischen Frauen die bekannte Körperfülle, doch gilt dieselbe keineswegs, wie vielfach behauptet wird, als ein allgemein geschätzter Vorzug. Boué meint, daß es im Orient, ebenso wie im Abendlande, Liebhaber dicker Schönheiten gebe und dort vielleicht mehr als hier, daß aber die große Masse die Ebenmäßigkeit ebenso wie wir bevorzuge. Wenn die Türken von ihren „breiten Frauen" sprächen, so beziehe sich dieses Lob auf den weiten Bau ihrer Becken, der die leichte Erfüllung ihrer Hauptpflicht, des Kindergebärens, gewährleiste, denn Kinder muß eine anständige Frau bei ihnen haben. Das beständige Sitzen der Türkinnen mit gekreuzten Beinen bringt es mit sich, daß letztere sowol als die Füße nach einwärts gekrümmt sind und das Gehen zu einem Watscheln sich gestaltet. Viel Anmuth entwickeln überhaupt die türkischen Frauen in ihrem Wesen nicht. Sie sind träge, schwerfällig, unwissend, putz- und klatschsüchtig, und durchaus Naturkinder im engen Rahmen unnatürlicher Schranken.

Werfen wir nun einen Blick in das Innere eines türkischen Hauses, so finden wir dasselbe meist durch einen langen Korridor in zwei Theile getrennt, dem Selamlik und dem Odalik; ersterer ist die Wohnung der Männer, wo der Hausherr seine Besuche empfängt, letzterer ist aber die den Frauen geheiligte Räumlichkeit, welche jedem fremden Manne, dem Sultan ausgenommen, zu betreten bei Lebensgefahr verboten ist. Jede Frau und jede Odalik hat ihr eigenes Zimmer und eigene Dienstboten. Nur selten findet man in alttürkischen Häusern ein Himmelbett; in der Regel werden nur Matratzen und Betten für die Nacht auf den ringsum des Zimmers laufenden Erhöhungen ausgebreitet. Unter dem Odalik befinden sich Vorrathskammern, Küche und Bäder. Der Selamlik enthält mehrere Zimmer, welche um das Vorzimmer oder das Soffah liegen: das für die Diener, für den Kaffeekocher, für die Geschäfte und das Oda oder Wohnzimmer. Letzteres ist mit einem rings um die Wände laufenden und mit Matratzen und Teppichen belegten Divan ausgestattet. Auf der nach Mekka gerichteten Seite befindet sich die Gebetnische. Zur Erwärmung des Zimmers dient ein metallenes Kohlenbecken und eine kleine, bunte Truhe zur Aufbewahrung der Schreibmaterialien. (Vgl. v. Klöden's „Handbuch der Geographie".) In diesem Zimmer sitzt nun der brave Muselmann, wenn er kein Geschäft betreibt, den Tag über, raucht seinen Tschibuk, träumt und trinkt Kaffee dazu; des Abends begiebt er sich, nach genommener Mahlzeit, in den Harem, um sich dort von den Anstrengungen des Tages auszuruhen.

Alle Handbücher, Itinerarien und Reisebeschreibungen behaupten, daß das Panorama von Konstantinopel, vom Bosporus aus gesehen, das schönste der Welt sei und von keinem andern schönen Punkte übertroffen werde. Vielleicht gewährt Venedig vom Meere her, wie es auf der Lagune zu schwimmen scheint, noch einen origineller en Anblick und hinterläßt mit seinen herrlichen Architekturen einen mehr ästhetischen, dauernden und tieferen Eindruck, aber Konstantinopel überrascht durch die unabsehbare Größe des Ortes, die Verschiedenheit der Gegenstände, unter welchen das Auge keine Ruhe findet, und durch die lärmende Bewegung, welche überall herrscht. Der Anblick vom Verdecke des im Goldenen Horn, gegenüber Galata, ankernden Dampfschiffes inmitten des Amphitheaters, welches das Serail, Stambul, Galata, Pera, kurz ganz Konstantinopel bildet und sich um das Goldene Horn, den Hafen, einen Meeresarm, der sich vom Bosporus ins Land hinein bis zu den „süßen Wassern von Europa“ und die Mündung des Flüßchen Barbyses erstreckt, ausbreitet, ist um so wunderbarer, als man nur den äußeren Schein gewahrt. So von außen her kommend, würde man niemals an die traurige Wirklichkeit des Innern glauben, noch vermuthen, daß Konstantinopel einen so seltsamen und fortwährenden Gegensatz bildet von Paradies und Hölle, von Schönem und Scheußlichem, von Sauberkeit und Schmuz, von Civilisation und Barbarei in allen Formen und Erscheinungen. Das Auge, indem es das Panorama durchschweift, heftet sich zuerst auf die ferneren Gegenstände am Horizonte; da ist zu einer Seite Skutari auf der asiatischen Küste, wo, wie man auch schon aus der Ferne sieht, die europäische Kultur noch nicht hingedrungen ist; weiterhin ist ein asiatisches Dorf, mit welchem die Küste gegen das Marmarameer abschließt, in welchem ganz unbestimmt und wie durchsichtig die fernen Prinzeninseln schwimmen. Von da wendet sich der Blick der Landspitze des Serails zu, welches jetzt von den Sultanen verlassen ist, seitdem ein Brand den alten Palast zerstört hat. Wenige Reste weißer Mauern glänzen hier aus dem Grün dichtbelaubter Bäume hervor. Dann folgt das eigentliche Konstantinopel, das Stambul der Türken, überragt von Moscheen und Minareten von außerordentlich malerischer Wirkung. Einige der Moscheen bilden schöne architektonische Linien, aber nicht St. Sophia, welche von außen mit ihren neueren Anbauten und ihrer gedrückten und schwärzlichen Kuppel kein schönes Ansehen hat. Die Moscheen, welche sich über die dichtgedrängten Häuser erheben, werden alle überragt von dem hohen Thurme des Seraskiers, der schmal wie ein Minaret, aber beinahe doppelt so hoch ist und der Feuerwache dient. Das Goldene Horn ist so eng, daß an zwei Stellen Schiffbrücken hinüberführen, die ebenso interessant durch ihre Konstruktion als durch die Tausende und aber Tausende von wunderlichen Figuren sind, welche dieselben überschreiten, von Stambul nach den Vorstädten Galata, Pera, Pancaldi und zurückwandernd. Galata mit seinen Schiffswerften, Arsenalen, Magazinen und Zollstätten faßt das Ufer ein; auch hier ragt ein gewaltiger hoher Thurm empor, den noch die Genuesen als Wartthurm erbauten und der sich mit den Gebäuden umher gut gruppirt; weiter hinauf erstreckt sich dann das große Stadtviertel Pera mit modernen europäischen Häusern, mit den Gesandtschaftshotels, deren einige,

Konstantinopel bei der Brücke Karaköi (von Galata gesehen).

besonders das russische, wahre Paläste sind; weiter herwärts dann Top-Hane, wieder ganz türkisch, mit einem sehr großen Ausschiffungsplatze, dem Artilleriearsenal und der schönen Moschee Mahmud, welche sich mit ihren kühnen und schlanken Minareten weiß vom blauen Himmel abhebt.

Man muß einen guten Theil von Galata durchschreiten, um nach Pera und zu der mit Ironie so genannten Grande rue de Pera zu gelangen. Die Enttäuschung fängt an, sowie man den Fuß in diese engen, schmuzigen Gäßchen setzt; da beginnen die Mühseligkeiten des Gehens auf spitzen Steinen oder durch tiefen Koth und schmuziges Wasser. Das Gewühl in diesen Gäßchen ist derart, daß man nicht durchkäme, ginge nicht der Kammal vorauf, der sich mit seinem Geschrei „varda, varda!" Platz macht. Die Kammale sind mächtige Kerle mit breiter, behaarter Brust, herkulischen Armen und schlanken, sehnigen Beinen; sie schleppen durch die Stadt, wo man sich beständig bergauf und bergab bewegt, unglaubliche Lasten. Sie haben auf den Schultern ein Kissen von Leder mit starken Riemen befestigt und tragen darauf ganze Haufen von Gepäck, Waarenballen, Kisten und Hausrath; ich habe, schreibt ein Berichterstatter der „Perseveranza", dem wir nach der „Kölnischen Zeitung" diese Schilderung entnehmen, einen den steilen Aufgang nach Pera mit einem Pianoforte auf dem Rücken ersteigen sehen, als wäre es nur eine Kleinigkeit. Ihre Kleidung ist einfach und läßt ihre schönen Formen sehen. Auf dem Kopfe tragen sie den Fes mit einem darum gewickelten Lappen; dann eine Jacke von unbestimmter Farbe mit schwarzen Verzierungen, weite Hosen bis zum Knie und Stiefelchen oder Schuhe von bunter Farbe. So lumpig sie auch sein mögen, etwas Malerisches haben sie immer, wie alle Türken, auch das ärmste Volk, die immer, entweder auf dem Kopfe oder an den Füßen oder sonst wo an den Kleidern, irgend etwas Farbiges tragen, Gelbes, Grünes oder Rothes, welches glänzt. Ueberdies sind die türkischen Stoffe lebhaft gefärbt und im Vergleich damit erscheinen die europäischen kalt und farblos. Bei unserer Ankunft trafen wir das größte Gedränge, besonders unten in der Vorstadt Galata an den Landestellen und an der großen Brücke. Es ist ein Durcheinander von Menschen, Eseln und Pferden. Esel mit schweren Lasten von Ziegeln oder den kleinen Steinen, womit die Straßen gepflastert werden, die manchmal mit großem Lärm zur Erde fallen; Pferde, bepackt mit Früchten, Gemüsen oder sonstigen Produkten, oft noch mit einem Reiter dazu. Die Lastthiere kommen manchmal zu ganzen Haufen und man geräth in Gefahr, hier von einer Ladung Ziegel, dort von einem Mehlsacke angerannt zu werden. Die Menge ist höchst merkwürdig durch ihre Verschiedenheit; türkische Soldaten, Zuaven oder Cirkassier, rumänische Priester mit langen Bärten und den flatternden schwarzen Kopftüchern, Türken in Kleidern von allen Formen und Farben, einige europäisch gekleidet, aber mit dem Fes, andere im Kaftan mit weißen Turbanen, Derwische mit hohen, wie ein Pinienapfel gestalteten Filzhüten, englische Gentlemen, neugierige Fremde, eilige Wechselagenten, Kaufleute, lautschreiende Verkäufer aller Art und arme, schlampige Türkenweiber, welche ihre Pantoffeln durch den Koth schleppen, mit Füßen, die vom fortwährenden Sitzen auf den Fersen krumm und einwärts stehen. An den

Seiten der schmalen Straßen Kleinkrämer aller Art, Tabaksverkäufer, Geldwechsler, deren ganzer Geschäftsfonds in einer Schale voll Münzen besteht, Fleischerbuden, Fruchtstände, Verkäufer von Pfeifen rc.; auf jedem Schritte kleine Kaffeestuben, vor denen Kammale kauern und rauchen, und in den Gäßchen, welche zu der großen Straße von Galata führen, stehen an den Thüren die Damen, welche besonders unter den Seeleuten viele Freunde haben, Griechinnen oder Armenierinnen, die Alles zeigen, was ihnen Gott gegeben hat.

Vervollständigt wird dieses Straßenbild durch die herrenlosen Hunde, welche sich in ungezählten Massen in den Gassen Konstantinopels herumtreiben. Diese Thiere sind von einer ganz eigenen Rasse, sie kommen in der äußeren Gestalt wol unseren Schäferhunden am nächsten, doch haben sie keine gekrümmte Ruthe und kurze Haare von schmuziggelber Farbe. Sie sind von W. Thornbury ganz vortrefflich geschildert worden. Er sah einmal, wie vier Hunde gleichzeitig an einem alten europäischen Filzhut nagten. Er will damit nicht gesagt haben, daß die Tausende von Kötern nur von alten Filzhüten leben; er hat gesehen, daß sie auch todte Esel und Katzen, altes Riemenzeug und Pantoffeln, Melonenschalen, Ziegenfelle und Pferdeknochen fressen, kurz Alles, was nur irgendwie organischen Ursprungs ist. Ihr Charakter ist verschieden. In den abgelegenen, menschenleeren Straßen ist der Pariahund ein grimmiger Misanthrop und ein cynischer Gesell; aber in den volksbelebten Gassen, am Hafen, im Bazar und am Serail erscheint er feig und kriechend, sein Muth wird hier von Jugend auf durch manchen Schlag gebrochen. Jede Gasse hat ihre eigenen Hunde, die sie nicht verlassen, und wehe dem Hunde, der es wagt, ein fremdes Revier zu besuchen, er wird unverzüglich weg- oder gar todt gebissen. Uebrigens sind diese Hunde in Konstantinopel ganz am Platze, indem sie, bei dem Mangel an straßenpolizeilicher Aufsicht, die überdies sehr schmuzigen Gassen wenigstens von den Verwesungsstoffen reinigen.

Von Galata gelangt man auf einer in Absätzen steil ansteigenden, gepflasterten Straße nach Pera. Um nun diesen nicht langen, aber unbequemen Weg den Leuten zu ersparen, hat seit 1875 eine natürlich aus Ausländern zusammengesetzte Aktiengesellschaft einen mächtigen Tunnel unter den Häusern weg graben lassen, in welchem eine Drahtseilbahn angelegt ist. Der ganze Zug besteht nur aus zwei Wagen, einem offenen und einem überdeckten; alle 5 Minuten fährt ein solcher hinauf und zugleich herunter — für Beamte und Geschäftsleute, die in Galata und Pera zu thun haben, eine große Wohlthat. Morgens und Abends ziehen daher wahre Heerscharen nach den Abfahrtshallen und auch während des Tages sind die Züge immer gut besetzt.

Pera ist das Hauptquartier der Diplomaten und der Franken, die hier in einer Anzahl von etwa 50,000 vertreten sind. Mit seinen Backsteinhäusern, welche, enge, treppenartige Gassen bildend, am Hügel in die Höhe steigen, mit seinen fränkischen Trachten und Gesichtern, seinem europäischen Treiben, erinnert Pera mehr an eine italienische als orientalische Stadt. Doch fehlt es auch hier nicht an türkischen, fremdartigen Bildern. Man begegnet türkischen Sänften und Kutschen mit vergoldeten Kuppeldächern und Verzierungen; türkische Damen liegen darin, welche in den europäischen Läden Einkäufe machen.

Die dunkeln Augen funkeln über dem Schleier her, der aber bei den jungen und schönen so dünn ist, daß man den lächelnden Mund und die herausfordernde Miene darunter sieht, mit der sie mit den Vorübergehenden kokettiren. Gewöhnlich aber ist hinter der Karosse ein schwarzer Eunuch zu Pferde, der nicht verfehlt, die allzu eifrigen Bewunderungen mit seiner Peitsche in respektvoller Entfernung zu halten. — Oben auf der Kuppe des Hügels erheben sich die stolzen Paläste der europäischen Botschafter, große Hotels und andere ansehnliche Gebäude, von denen man eine prächtige Aussicht über Konstantinopel und den Bosporus genießt.

Eine Sehenswürdigkeit in Pera sind die tanzenden Derwische. Sie geben jeden Freitag in ihrer Moschee eine Vorstellung, eigentlich Andachtsübung, die darin besteht, daß die sonderbaren Käuze sich wie toll im Kreise herumdrehen, bis sie vollkommen schwindelig niederstürzen.

Jenseit des Goldenen Horns, der 7 km. langen und bis 600 m. breiten Meeresbucht, welche das heutige Konstantinopel in zwei Haupttheile zerlegt, breitet sich über sieben Hügel das türkische Stambul aus. Besteigen wir hier den hohen Feuerthurm des Seraskierats (Kriegsministeriums), um unter Führung Murad Efendi's („Türkische Skizen") einen Ueberblick über die Stadt zu gewinnen. — Von diesem Thurm verkündet gar oft das Alarmsignal nicht einen Haus-, nein, einen Straßenbrand; ja, die beginnende Einäscherung eines ganzen Stadttheils. Trotz dieser sich oft wiederholenden Verheerungen sind die Türken bis jetzt bei den Holzbauten verblieben. Diese Vorliebe ist sehr leicht erklärlich. Jeder muselmännische Familienvater, selbst der unbemittelte, muß ein Haus für sich bewohnen und folglich, da Jeder nur für sich baut, besitzen. Holz ist das billigste Material, darum wird in Holz gebaut und darum zählt Stambul so viele und so viel hüttenähnliche Häuser. Die meisten Vornehmen haben kein anderes Vermögen als ihr Amt; ihre Bedürfnisse übersteigen fast immer ihre Einkünfte. Der Brauch, die Standesrücksichten zwingen sie, räumliche Häuser zu bewohnen und zwar in Konstantinopel deren zwei: einen Winterkonak in Stambul, ein Landhaus am Bosporus, und so bauen sie ebenfalls in Holz.

Unter uns dehnt sich die Riesenstadt aus, auf zwei Welttheilen ruhend. Die Stadt der Griechen, der Kreuzfahrer, der Ottomanen — erobert, zurückerobert, oft zerstört und ebenso oft aus der Asche neu entstanden. Menschengeschlechter auf der Reise treten sie nieder, besitzen sie, plündern sie unter dem Vorwande, sie zu beschirmen, und verschwinden.

Vor uns, knapp am Gestade der Marmara, am Südwestende der Stadt, liegt das berüchtigte Schloß der sieben Thürme (Jedi Küle), bis noch vor einem Menschenalter der unfreiwillige Aufenthalt manches unverletzlichen Gesandten, heute ein harmloses, zeitmüdes Gemäuer. — Auf der Serailspitze, dem äußersten Vorsprung Stambuls, finden wir den noch von Sultan Mahmud bewohnten kaiserlichen Palast. Der alte Palast mit seinen Thürmen, Kiosken und weitläufigen Galerien bildet eine Stadt für sich. Doppelte Ringmauern umschließen die durch Gartenanlagen getrennten Gebäude, die zu verschiedenen Zeiten in verschiedenen Stilarten aufgeführt wurden. Die Serailsspitze zählt zu den merkwürdigsten Punkten Konstantinopels, zu den ſchönſten der Welt. Heute iſt der ehrwürdige Palaſt vereinſamt und verwaiſt. Nur die Huldigung bei der Thronbeſteigung und anläßlich der Beiramfeſte wird an der inneren Eingangspforte nach altem Brauch unter freiem Himmel

Das Goldene Horn.

begangen und giebt ihm auf Stunden den verblaßten Schein ſeiner einſtigen Herrlichkeit wieder. Der alte Palaſt hat die Tage des Glanzes hinter ſich, ganz wie ſeine nunmehr einzigen Bewohnerinnen. Die Gebäude der inneren Höhe nämlich, die den oberen Theil des Hügels einehmen, werden dazu ver=

wendet, den kaiserlichen Frauen außer Dienst und den Witwen der Sultanen eine beschauliche Zurückgezogenheit zu gewähren. — Die Lage dieser Frauengemächer bietet einen unbeschreiblich schönen Anblick auf die von den Bergen begrenzte Marmara. Die Höhen, der Olymp bei Brussa in ihrer Mitte und die von freundlichen Inseln getheilte Flut wechseln zauberhaft in rosig durchhauchtem Schimmer und azurnem Duft.

In diesen schmachtenden Linien ersteht uns eine ideale Harmonie. Wir fürchten, das Bild werde plötzlich unseren Blicken entrückt werden und im Himmel entschwinden.

Der Blick schwingt sich so frei, so fesselledig, so ahnungsbeflügelt über Fluten und Bergfirste, über die Welt der Erscheinungen — freilich nicht der Blick der in diese Räumlichkeiten Verbannten; sie blicken nicht hinaus, sie blicken nicht vor sich, nein, einzig um und hinter sich. Sie sehen den Schwarzen, der nicht mehr scheu nach ihrer Wimper schielt, sie sehen in ihren prunkenden Gemächern das ewig Gestrige, das ihre Launen jetzt beschränkt, statt wie einst ihr Spielzeug zu sein.

Der an die Aja Sofia grenzende obere Theil des Palastes wird als Finanzministerium, der untere, dem Thore gegen die Hohe Pforte zunächst gelegene, als Münzamt benutzt. Auf diesem Thore wurden die Köpfe der dem Seidenstrange verfallenen Würdenträger ausgestellt, um ihren Nachfolgern im Amte, wenn sie an diesen blutigen Mahnzeichen vorbei zur Installation ritten, zur Warnung, dem Volke aber als sichtbares Zeichen der stets wachenden Gerechtigkeit des unsichtbaren Padischah zu dienen. Jedoch die Nachfolger dachten für sich: „Wir sind klüger als diese", und die Alten im Volke brummten: „Wie die Einen gethan, so werden die Anderen thun; wie's den Einen geschehen, so wird's den Anderen geschehen. Allah weiß, was er thut. Allah ist groß!" Und die Jungen freuten sich an der Grimasse der Köpfe auf den Silbertellern und an den Ehrenpelzen und Stickereien der Neuernannten, an den schimmernden Waffen ihrer Diener und an den funkelnden Geschirren ihrer Pferde.

Nächst dem Thore auf dem höchstgelegenen Punkte des Serails, wo das Finanzministerium, zwischen Vorrath und Bedarf balancirend, seine defizitnehmenden Tage fristet, begegnen wir einem mächtigen Kuppelbau, — es ist die Aja Sofia, von außen durch keinen architektonischen Zierrath, sondern nur durch ihre gewaltigen Maße und eine den Kunstsinn tief verletzende gelbe Tünche bemerkbar, von innen aber durch eine wunderbar gelungene Kuppelwölbung ausgezeichnet. Nicht treffender kann man das Innere der Sofia charakterisiren, als Moltke in seinen „Briefen über die Türkei": „Unsere christlichen Kathedralen gleichen einem Wald mit schlanken Stämmen und breiten Blätterkronen, diese Dome sind dem Firmament selbst nachgeahmt." Sonderbarerweise haben die Mohammedaner die griechische Benennung „heilige Sofia dieser nach der Eroberung zur Moschee umgestalteten Kirche beibehalten, indem sie das griechische „Hagia-", in „Aja Sofia" verwandelten.

Tiefer gelegen, dem oben erwähnten Schreckensthore gegenüber, tritt uns aus dem Dächergemenge ein langgestrecktes, kasernenförmiges Steingebäude entgegen, dem unter seiner gleichfalls gelben Tünche kein Fremder die

Bedeutung abmerken würde: es ist die „Hohe Pforte", auch „Kaiserliches Thor" genannt, der Sitz des Diwans und der Regierung. Schmucklos nüchtern, wie das Aeußere, ist die innere Ausstattung des Gebäudes. Korridore, deren Fußboden mit Strohmatten überspannt ist, laufen durch alle Flügel; sie können durch eiserne Thüren versperrt werden, indeß die zahlreichen Eingänge in die Bureaux durch die landesüblichen Teppichvorhänge geschlossen sind.

Die Aja Sofia.

Nicht weit von Aja Sofia entfernt sehen wir noch eine stattliche Moschee mit ausnahmsweise 6 Minareten; es ist diejenige Sultan Achmet's auf dem Atmeïdan, dem Hippodrom der Byzantiner. Auf diesem Platze gaben vor Zeiten die Padischah große Feste; aber auch die Janitscharen hielten daselbst ihre Zusammenkünfte und gaben von hier, durch das Umstürzen ihrer Suppenkessel, das Zeichen zur Erhebung und zur Massacre der ihnen jeweilig mißliebigen Machthaber und Persönlichkeiten, bis sie auf eben diesem selben Platze von den Kartätschen Sultan Mahmud's, dem Rächer seines Oheims Selim III., niedergestreckt wurden.

Zwischen der „Hohen Pforte" und dem prächtigen Seraskierat läuft eine lange Reihe verbundener Kuppeln, die sich wieder mehrfach nach rechts und links auszweigen; es ist der große Bazar von Stambul. Die Abtheilungen im Bazar sind nach Zünften und Handwerken geordnet, sodaß man beim Einkauf eines Gegenstandes immer die volle Auswahl an einem und demselben Punkte findet. Der in Stein gewölbte Bazar ist der belebteste Sammelplatz Stambuls und zwar nicht blos infolge des Zuspruchs der Käufer, sondern auch des Besuches aller Zeittodtschläger, Stutzer und galanten Damen der Stadt.

Wer das Straßenleben Stambuls studiren will, findet hier den geeignetsten Beobachtungspunkt. Natürlich fehlt es im Bazar nicht an Garküchen, Kaffeebuden, Barbierstuben, Bädern und Brunnen, nicht an ambulanten Pasteten-, Konfekt- und Scherbetverkäufern. — Der Spezereien-Bazar ist von dem großen Bazar getrennt. Zunächst seinen Hallen, die in tiefe Dämmerung eingehüllt sind und einen berauschenden Duft von Gewürzen aushauchen, ragt die schöne Moschee Jeni Tschamessi empor.

Wir hätten noch Manches zu betrachten und zu bemerken; wir möchten in mancher der Straßen, die zum Bazar gehören, anhalten und hier bei der ernsten Bude des öffentlichen Schreibers verweilen, dort auch an dem frischduftenden, mit Blumen und Früchten geschmückten Laden des Gemüseverkäufers verweilen, wenn wir nicht Eile hätten. Es liegt aber noch viel Weg vor uns, denn Konstantinopel ist so ausgedehnt wie eine abendländische Großstadt mit der dreifachen Bevölkerungszahl. Stambul zählte 1873 nach Konsul Sax 210,000, Pera 130,000 und die anderen Theile auf der europäischen Seite 260,000 Einwohner. Rechnet man hierzu noch die asiatischen Stadttheile mit 110,000 Köpfen, so ergiebt sich für ganz Konstantinopel eine Bevölkerungssumme von 600,000 Seelen.

Im Fluge eilen wir über die weite, von Kuppeln und Minareten überragte Dächermasse und machen erst am fernen Nordende, dort, wo sich der schwarze Cypressenhain im Bogen hinzieht, einen Augenblick Halt, um uns den muselmanischen Friedhof Ejub flüchtig zu betrachten. Der Fromme, der sich nicht an das heimatliche Gestade Anatoliens, in die Erde von Skutari zur letzten Ruhe betten läßt, erwartet gern unter den Cypressen von Ejub die Posaune der Auferstehung. Dreimal heilig ist die Moschee, gesegnet der Umkreis um das Grab Ejub's, des Freundes des Propheten! Unter jeder Cypresse stehen buntbemalte Steine aufrecht, mit Inschriften von Versen in vergoldeter, blumenhaft verschlungener Schrift; die meisten Steine sind mit steinernen Turbanen gekrönt. Der Turban bezeichnet die Ruhestätte der Männer, je nach der Form, Streiter mit dem Schwerte oder mit der Feder. Ein tiefer, wohlthuender Friede waltet über diesen Wipfeln, eine fesselnde Trauer in dieser grünen Nacht. Nur wenn der Sultan bei seiner Thronbesteigung zur Moschee Ejub's zieht und sich dort mit dem Schwerte Osman's umgürtet, wird es in dieser stillen Gegend lebendig. — Vorwärts! — Einen Blick auf das angrenzende Viertel, wo die Laken für die Leichen gewebt werden. Wie ist es hier still, wie verlassen! Man vernimmt keinen anderen Laut als das monotone Klappern des Handwerks. Es muß sich rühren, denn Konstantinopel ist trotz seiner gesunden Lage, in Folge des unvernünftigen Lebens seiner Bewohner, ein reiches Ernteteld des Sensenmannes! — Vorwärts! Zu den alten Ringmauern, die seit den byzantinischen Tagen keine andere als eine geschichtliche Bedeutung haben, darüber hinaus, bis an die „süßen Wässer von Europa", die kleinen Flüsse Kydaris (Alibeykensu) und Berbyses (Kiahatsu), welche am Nordende in das Goldene Horn einmünden. Diese „süßen Wässer" (im Gegensatz zum Meerwasser so genannt) sind die Winterpromenade der feinen Stambuler Welt. Von dort kehren wir auf der anderen Seite nach dem

Bosporus zurück. Wir streifen über den Ok Meidan (Platz der Pfeile), einer freien Gegend, wo die Inschriften zahlreicher Marmorsäulen uns belehren, wie weit dieser oder jener Sultan seinen Speer geschleudert habe, lassen den vielgenannten Phanar, den Sitz des griechischen Patriarchen, das Nest der längst flügge gewordenen Fanarioten, einst Dolmetscher, Unterhändler, Hospodare der Moldau und Walachei im Dienste der Pforte, auf der Höhe und fliehen entsetzt vor der Verkommenheit des in wirklich unglaublichem Schmuz wuchernden Judenviertels. Es sind portugiesische Juden, die hier wohnen.

Der Palast Dolma-Bagdsche.

Sie haben vorgezogen, ihren Rücken unter den Stock der Janitscharen zu beugen, anstatt ihre Leiber ad majorem Dei gloriam auf den alleinseligmachenden Scheiterhaufen der heiligen Glaubensgerichte braten zu lassen.

Wir durcheilen nun den großen Cypressenhain, der sich von der Vorstadt Kassim Pascha nach Pera zieht; wir überblicken das Goldene Horn, den schönsten Hafen der Welt, mit seinen unzähligen Schiffen und Kaiken und seinen drei Schiffbrücken, welche Stambul mit Galata und den anderen Ufervorstädten verbinden, und wenden uns nach Dolma-Bagdsche, dem von Sultan Abdul Medschid erbauten Kaisersitz am Bosporus. Der weiße, mit vielen Schnörkeln und Zierrathen ausgestattete Palast ist kostbar, in gewissem Sinne auch kaiserlich; uns will aber der schief gegenüber auf dem anatolischen Gestade zu Beglerbeg gelegene Sommerpalast besser gefallen. Die Bauart

27*

dieses letzteren, die sich an den maurischen Stil anlehnt, und der vielfarbige Marmor stimmen weit richtiger zu dem allgemeinen Begriff von einem orientalischen Fürstenpalast.

Auf beiden Ufern des Bosporus reiht sich Dorf an Dorf (Kjöi). Wenn wir hier von Dörfern sprechen, so sind Luxusdörfer, wie z. B. in der Umgebung Wiens, Dornbach, Hietzing u. s. w., zu verstehen. Die Häuser, meist niedliche, buntbemalte Landsitze (Jali), oft aber vollkommene Paläste, erheben sich terrassenartig vom Meeresufer gegen die theils kahlen, theils wieder üppig bewaldeten Anhöhen. Die Zwischenräume zwischen den Dörfern füllen Jali und deren Gärten aus. Auf den Anhöhen giebt namentlich die Pinie mit ihrem hohen, kahlen Stamm und ihrer buschigen, reichbelaubten Krone der Landschaft das besondere südliche Gepräge. Die Linien des landschaftlichen Bildes sind mitunter herb und trocken, aber die Farbe dämpft ihre Schroffheit durch jene süß verschwommenen, man möchte sagen, nachlässigen Töne, die nicht der geringste Reiz dieser Gegend sind. Ein unbestimmtes Lila, ein in Milch getränktes Azurblau, eine blasse Rosenfarbe schwimmt um die verbrannten Rasenflächen, die kahlen Steinflecken. Ja, die Herbheit dient als nothwendiger Gegensatz und erhöht die Großartigkeit des Gesammteindrucks. In der Mitte des Bosporus und auf beiden Seiten desselben erheben sich die Schlösser, welche Sultan Mohammed der Eroberer bei der Belagerung Konstantinopels aufführen ließ, um die Schiffahrt und die Zufuhr nach der eingeschlossenen Stadt vom Schwarzen Meere aus zu hemmen. Weiterhin begrüßen wir auf dem europäischen Ufer Therapia und Bujukdere, die Sommeraufenthalte der Gesandten und der feinen Perotenwelt. Von da an werden die Villen seltener, die letzten Lokaldampfer, die letzten Kaike (Barken) haben wir in Bujukdere gelassen, der belebte Bosporus ist hinter uns; aber die Natur entwickelt sich hier üppiger, besonders auf dem anatolischen Ufer. Mehrere Erdverschanzungen, über denen das Halbmondbanner flattert, kündigen die Nähe des Schwarzen Meeres an. Bald gelangen wir zu den beiden Schlössern, die am Bosporus Wache halten, wie Sestos und Abydos an den Dardanellen. Die Brise wird frischer und salzduftiger, Fischgeier kreisen uns zu Häupten, die Wellen zu unseren Füßen hüpfen lebhafter, der Horizont weitet sich, es rauscht und braust wie Brandung an Felsen: wir sind am Pontus!

Doch zurück an das andere Ende des Bosporus, nach Skutari, welches, dem Goldenen Horne gegenüber, terrassenförmig gegen die waldigen Höhen von Tschamlidje ansteigt. Skutari, obschon eine Hauptstadt für sich, wird in Konstantinopel einbegriffen, als dessen schönster Punkt sie nach der Serailspitze gelten darf. Von ihrer Höhe, der beliebten Sommerfrische Tschamlidje, genießt man die überwältigendste Aussicht auf das Goldene Horn. Der Gedanke, aus Europa einst verdrängt zu werden, spricht sich bei den Türken Konstantinopels in der Bevorzugung der Friedhöfe Skutari's als letzte Ruhestätte aus; hier, im heimatlich-asiatischen Boden, glauben sie ruhig vor den verhaßten Christen den Tag der Auferstehung erwarten zu können und weitausgedehnte Flächen bedecken hier die Cypressen und die turbangeschmückten Grabsteine. An den Thurm, der sich zwischen Skutari und dem Goldenen Horn aus der

Flut erhebt, knüpft sich eine der Leandermythe ähnliche Sage; er heißt deshalb auch bei den Franken Leander-, und bei den Türken Mädchenthurm.

Bazar in Konstantinopel.

Südöstlich von Skutari liegen die neun Prinzeninseln, anmuthig bewaldete Felseneilande, von welchen die vier größeren bewohnt werden. Sie sind das Capua der Türken. (Vgl. Murad Efendi's „Türkische Skizzen".)

Thrakien oder Rumelien oder das Vilajet Adrianopel besteht, geographisch-geologisch betrachtet, in der Hauptsache aus fünf Theilen: 1) Im Osten das Urgebirgsland des Istrandscha Dagh's, welches, von Südost nach Nordwest dem Schwarzen Meere entlang streichend und nach Norden sich ausbreitend, Anschluß an das 2) verschiedenen geologischen Zeitaltern angehörende Balkangebiet gewinnt. Von beiden ist 3) das Urgebirgsland des Rhodope- oder Despoto-Dagh's 4) durch das Eocänbecken der Maritza getrennt, dem sich im Süden 5) die Küstengebirgsentwicklung am Marmarameer vorlagert. Dieses Ufergebiet ist in verschiedenen geologischen Epochen gehoben worden. Während die Halbinsel, auf welcher Konstantinopel liegt, wie der asiatische Landvorsprung gegenüber, der unteren Abtheilung der Devonformation angehört, stellt sich der Gebirgsstock südwestlich von Rodosto als eine archolitische Insel inmitten der eocänen Küstenerhebung dar; die gebirgige Halbinsel Gallipoli ist ebenfalls tertiären und zwar pliocänen Ursprungs.

Der Charakter des Urgebirgslandes ist uns aus der allgemeinen Schilderung des Rhodope-Dagh's (s. voriges Kapitel) bekannt, ebenso die Eigenthümlichkeiten des Balkangebietes und des Marmaraküstenlandes; uns bleibt daher nur übrig, das rumelische Eocänbecken kennen zu lernen.

Weites, wellenförmiges Land mit vereinzeltem Buschwerk zieht sich von den Thoren Konstantinopels bis zur alten Sultansresidenz Adrianopel und die wenigen Städte, die man auf einer Tour durch die Provinz trifft, bieten das trostlose Bild türkischer Verwahrlosung, es wäre denn daß Griechen oder Bulgaren sie bewohnten, wo die Ortschaften sodann wenigstens stellenweise das Ansehen von menschlichen Ansiedelungen annehmen. Und diese Provinz, die durch ihre Lage südlich des Balkans in der einen Hälfte des Jahres ein überaus mildes Klima besitzt und von zahlreichen Zuflüssen der Maritza bewässert wird, ist nichts weniger als unkultivirbar. Was heute weites Steppen- und Weideland ist, auf dem Schildkröten ihr melancholisches Dasein fristen und über dessen Mulden zahllose Geier und Falken hungrig kreisen, könnte unter thätigen Händen über Jahr und Tag aufblühen, die Hügel würden sich bewalden und wie in den Gebieten des oberen Tundschathales gäbe es bald kein Naturprodukt, das die verarmten Bewohner nicht erfreuen würde. So aber geht Alles seinen gewohnten lässigen Gang und die Rosenkultur und die Gewinnung des Rosenöls ist das Einzige, was jetzt dem Lande eine wirthschaftliche Bedeutung verleiht.

Adrianopel, noch unter Mohammed IV. und Suleiman II. im 17. Jahrhunderte vorübergehend die Residenz der Sultane, ist heute ein ungeheures Nest von vielen Tausenden Holzhäusern, deren graue Dächermassen sich über niedere Hügel hinziehen. Ein Wirrsal enger schmuziger Gassen durchirrt nach allen Richtungen den Barackenhaufen und mühsam klettert der Fuß nach den höheren Quartieren. Nur wenige monumentale Bauten halten auf. Zu diesen gehören neben mehreren ehemaligen Karawansereien, die ihres ursprünglichen Zweckes längst entfremdet sind und heute als Waarenmagazine dienen, drei große Moscheen, welche knapp neben einander in der Stadtmitte liegen.

Die älteste, von Murad I. gegründet, ist für Andersgläubige nicht zugänglich, denn wie die Stambuler Ejub-Moschee dient auch jene den von Mekkapilgern heimgebrachten Kaaba-Reliquien als Aufbewahrungsort.

Nicht weit von der „Muradjeh" steht ein zweiter moslemitischer Tempel, die „Moschee der drei Minarete", so genannt, weil jedes der letzteren in Form, Höhe und Stil von dem anderen abweicht.

Ein großartiger Bau ist die Moschee Selim's II. Sie ist das Meisterwerk des aus der osmanischen Kulturgeschichte bestens bekannten Baumeisters Sinan, der in ihr den schönsten Tempel des Türkischen Reiches geliefert hat. Ihre Kuppel ist um 2 Fuß weiter gespannt als jene der Aja Sofia, die sie auch an Höhe übertrifft, und ihre Minarete sind viele Stunden weit sichtbar.

Adrianopel.

Wir treten in den geräumigen Moscheenhof. Verschiedenartige weißrothe Bändermuster laufen quer über die Rundbögen der Arkadengänge. Die Säulen sind aus ägyptischem Granit. Ueber das geschweifte Flugdach des monumentalen Marmorbrunnens fällt der Blick auf das Riesenportal, durch das wir in das fremdartige Heiligthum eintreten. — Behagliches Dämmerdunkel, von den Lichtern des Abendroths durchirrt, empfängt uns. Rings konzentrische Kreise von farbigen Glasampeln, darüber hinaus die weiß-roth-blauen Bändermuster, die sich nach dem Kreuzgesimse hin verlieren, dann grüne Felder mit Koransprüchen in goldener Schrift und das bunte Farbengeschiller der Kuppelwölbung, von der Goldrosetten und Medaillons herableuchten. Einfache dunkle Teppiche, hin und wieder gar nur simple Strohmatten, belegen das Marmorgetäfel des Bodens, nur ein Thronhimmel mit vergoldeten Trägern, Seidendraperien und werthvollem dekorativen Schmuck deuten auf den Glanz der Sultane, die einst in diesem Tempel zu ihrem Gotte beteten.

Wer einige Zeit hier verweilt, der wird unwillkürlich zur Erkenntniß gelangen, daß der Islam immerhin noch hinreichende äußere Mittel besitzt, um die Macht des Glaubens in Tausenden von fanatischen Hassern fremder Religionen blitzartig zu erwecken.

Um dem öffentlichen Leben Adrianopels einige Worte zu widmen, bedarf es keiner zu eingehenden Studie. Ein großer Theil der türkischen Bevölkerung verbringt seine freien Stunden, wie jene Konstantinopels, im Bazar und in der großen Marktbude Ali Pascha Tscharschy.

Die letztere, eine ungemein lange, gewölbte Bazarhalle, ist weitaus großartiger, als irgend eine in Stambul. Unter den Waaren sieht man bereits sehr abendländische Erzeugnisse vorwiegen. Im Uebrigen ist das Volk apathisch, die Geselligkeit ihm unbekannt; dagegen sind die Reibereien zwischen Moslemin, Bulgaren und Griechen an der Tagesordnung. Vgl. v. Schweiger-Lerchenfeld, „Unter dem Halbmond".

Mit dem Gefühle, als entfernte man sich von einem Friedhofe, kehren wir der thrakischen Hauptstadt den Rücken, um weiter westwärts zu wandern. Es ist wieder der Schienenweg, der uns vorwärts bringt.

Wir kommen nach Philippopel (türkisch Filipe, bulgarisch Plowdi), dem römischen Trimontium, der makedonischen Sträflingskolonie Poneropolis. Drei hohe Syenitberge, auf welche der römische Name sich bezieht, umschließen die Stadt, welche auf beiden Ufern der hier schiffbar werdenden Maritza sich ausbreitet.

Der hochgelegene Theil der Stadt — sagt Hochstetter — ist das gesündeste und vornehmste Viertel, in welchem die reichen türkischen Kaufleute und die Konsuln wohnen, während die türkischen, bulgarischen und jüdischen Viertel sich am Fuße jener Syenitfelsen in zum Theil sehr ungesunden und der Ueberschwemmung ausgesetzten Niederungen ausdehnen. Diese eigenthümliche Topographie, wodurch gerade die schönsten und besten Häuser der Stadt, indem sie an den Hügeln terrassenförmig über einander gebaut sind, weithin sichtbar werden, das verhältnißmäßig gute Pflaster, die vielen Verkaufsgewölbe, welche österreichische und englische Waaren aufgestapelt enthalten, alles dieses trägt dazu bei, daß Philippopel, mehr als irgend eine andere Stadt im Innern der Türkei, auch seinem äußeren Ansehen nach unseren Begriffen von einer Stadt mehr entsprechen dürfte.

Ende.

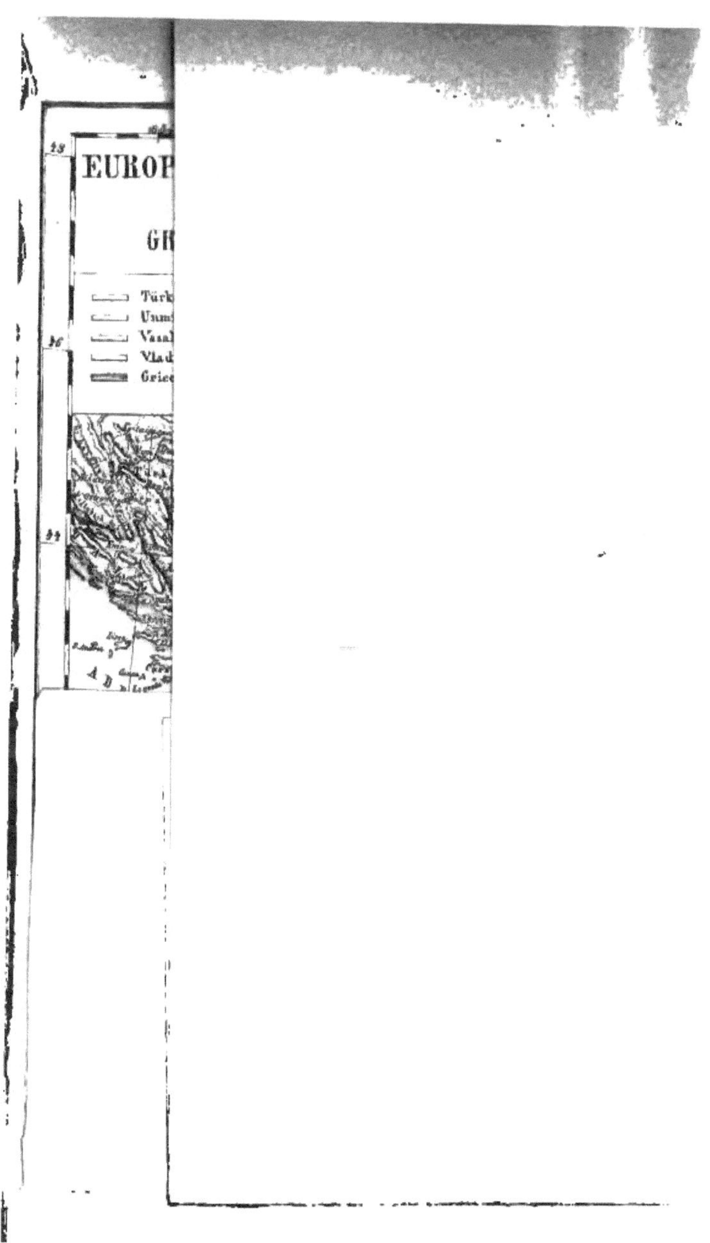

Zeitfracht Medien GmbH
Ferdinand-Jühlke-Straße 7
99095 Erfurt, Deutschland
produktsicherheit@kolibri360.de